Steve Chapple/Reebee Garofalo

Wem gehört die Rock-Musik?

Geschichte und Politik der Musikindustrie

Aus dem Amerikanischen
von Teja Schwaner

rororo

Rowohlt

Die Originalausgabe erschien 1977 unter dem Titel «Rock 'n' Roll is Here to Pay»
bei Nelson-Hall Inc., Chicago, Illinois
Redaktion Kerstin Lorenzen
Umschlaggestaltung Berndt Höppner
Deutsche Erstausgabe
Veröffentlicht im Rowohlt Taschenbuch Verlag GmbH,
Reinbek bei Hamburg, März 1980

Satz Times (Linotron 404)
Gesamtherstellung Clausen & Bosse, Leck
Printed in Germany
1180-ISBN 3 499 17313 1

Inhalt

Dieses Buch ist Phil Ochs gewidmet, mit dem wir uns oft unterhielten, als wir noch Konzerte veranstalteten. Wir wünschten, wir hätten uns öfter mit ihm unterhalten können.
Die Autoren widmen dieses Buch außerdem und danken:
Dog-Woman, Dorothy M. und Little Gil von The Chapper, Evelyn und Big Mario in New Haven, der Grant Street (Larry, Katherine, Tim, Tequila und Jack) für drei Jahre Widerstand in der Musikindustrie, der Prospect Street für den Abend, als Diane C. Scotch über The Chart ausgoß, Marcia Steinberg, Dinah Vaprin, Melanie, und Laura Tillem für das, was sie in Jamaica Plains taten und wagten, für Janet Axelrod, für Annie und Pris, und Jimmy, Danny und Tommy, für den Mut, den sie uns zusprachen, für Karen Shatz, für Patty-O Stein, und zuletzt, aber am allermeisten, für Nic mit besonders viel Liebe – von Reebee und für alle unvergessenen Helfern: Buck Bagot, Jeff Bean, Tim Bernett, Brandy Brandt, David Minard, Laurie Nicholson, Evelyn Rosenthal, Peter Wassyng, Herb York, Patty Fountain, Andy Gold, John McLaughlin, Joel Rodgers, Tony Rostain, Sarah Siskind und Tricia Tunstall.

1

Die frühen Jahre

Die Gründungen der Aktiengesellschaften

Als Thomas Edison, zu jener Zeit schon taub, den Phonographen erfand, erahnte er wohl nicht den Rock' n' Roll, geschweige denn Elvis Presley oder gar Alice Cooper. Die Möglichkeiten, in deren Rahmen er die Plattenindustrie sah, begannen beim gesprochenen Wort und endeten bei der klassischen Musik. Die ersten Aufnahmen wurden auf Wachszylindern konserviert.

Die Plattenindustrie wuchs von Anfang an sehr schnell. Gesprochenes Wort und klassische Musik, sodann die zeitgenössische populäre Musik wurden auf Schallplatten verbreitet und zielten auf ein weißes Publikum. Die frühen Jahre der Schallplatte wurden in den USA von zwei Firmen beherrscht – der Victor Talking Machine Company, gegründet 1901, und der Columbia Graphophone Company, in der eine Reihe früher Platten- und Phonographenfirmen fusionierten, die aus den ehemaligen Charles Tainter-Chichester Bell Tonlabors erwuchsen. Die Jahre nach dem Ersten Weltkrieg bis ungefähr 1920 waren die goldenen Jahre der Schallplatte. 1921 wurden für mehr als 106 Millionen Dollar Schallplatten verkauft. Da es kein kommerzielles Radio gab und die Filmindustrie in den Anfängen steckte, übertrafen die Ausgaben für Schallplatten alle anderen der Freizeitindustrie.

Aber der Erfolg dauerte nur kurz. 1922 wurde das Radio populär, und damit war die Aufmerksamkeit, die man dem Phonographen geschenkt hatte, reduziert. Bis zur Depression sanken die Verkäufe auf den Nullpunkt.

Während der zwanziger Jahre standen die beiden großen Firmen im Wettbewerb mit einer Anzahl unabhängiger Gesellschaften. Die Hauptströmung der Popmusik jener Zeit bestand aus sogenannten «show tunes», geschrieben von Komponisten der Tin Pan Alley, jener Gegend der Vaudeville Theater um die 27th Street in New York, und später des Brill Building. 1920 nahm Mamie Smith als erste Schwarze eine Platte auf. Ihr Titel war *Crazy Blues*, und zur Überraschung der leitenden Angestellten der Okeh Recording Company, die die Plattenveröffentlichung zu verantworten hatten, verkaufte man 7500 Exemplare die Woche. Der Markt für schwarze Musik war entdeckt. Den Schallplatten für die schwarze Bevölkerung – hauptsächlich Blues – gab Ralph Peer, Mamie Smiths Produzent, den Namen «race records». Und obwohl zu jener Zeit der «race»-Markt nur begrenzt war, vermochte man in den frühen zwanziger Jahren 5 Millionen Exemplare jährlich abzusetzen. Nachdem die Börse 1929 ihren Zusammenbruch erleben mußte, verschwand der Großteil der kleinen Firmen entweder vom Markt, oder wurde von den großen aufgekauft.

Victor wurde um 1929 von der Radio Corporation of America (RCA) gekauft. Das Radio war in wenigen Jahren zu einem gigantischen Geschäft geworden; anfänglich von der Marine und in der Industrie genutzt, erreichte es sehr schnell den Verbrauchermarkt. Bis in die fünfziger Jahre finanzierten die Gewinne aus dem Rundfunk über die Gesellschaften RCA und das Columbia Broadcasting System (CBS) einen großen Teil des Plattengeschäftes. Erst in den sechziger Jahren sollte die Plattenindustrie das Radio übertreffen, und zu der Zeit richteten RCA und CBS ihr Hauptaugenmerk schon auf eine lukrativere Industrie – das Fernsehen.

David Sarnoff, als Präsident der RCA für viele jener Entscheidungen verantwortlich, die im vergangenen halben Jahrhundert die Entwicklungen der Medienindustrie der USA bestimmten, äußert sich auf charakteristisch sachliche Weise, wenn er erklärt, wie die Schallplattenfirma Victor in das Rundfunkunternehmen eingegliedert wurde:

> Ich erinnere mich noch daran, als man bei der Victor Talking Machine Co. – bei der man in der Zeit zuvor hervorragende Arbeit geleistet hatte – nicht verstehen konnte, daß die Leute zu Hause sitzen mochten und jener Musik zuhören, die andere für sie ausgewählt hatten. Man war der Überzeugung, Musik aus dem Radio werde von statischen Geräuschen gestört, und man war der Ansicht, die «radio music box» und der Rundfunk seien nichts als Spielzeug. Ergebnis? Es vergingen nur wenige Jahre, bis RCA die Victor Talking Machine Co. aufkaufte, der kleine Terrier nicht mehr auf seines Master's Voice hörte, sondern auf die eines neuen, und schließlich eine größere Phonoindustrie aufgebaut wurde.[1]

Der Aufbau der Radio Corporation of America war ein interessanter Prozeß, in dem deutlich die Rolle ausgewiesen wurde, die die Regierung der Vereinigten Staaten zur Unterstützung der größten Korporationen in der Kommunikations- und Elektronikindustrie spielte. Der Rundfunk wurde von Guglielmo Marconi entwickelt (jenem italienischen Erfinder, der später zum Unternehmer wurde) und ursprünglich von ihm in Zusammenarbeit mit einer Gruppe englischer Kapitalgeber vermarktet. Während des Ersten Weltkrieges wurde die Bedeutung des Rundfunks für die Kommunikation sowohl von Schiff zu Schiff wie von Schiff zu Küste und zur Erhaltung der Stellung in den Übersee-Territorien offenkundig. Bei der Friedenskonferenz in Paris wies Woodrow Wilson mit aller Deutlichkeit darauf hin, daß die Kommunikationsmittel auf See nicht länger britisches Monopol bleiben dürften. Amerika war im Begriff, Großbritannien von der Weltvormachtstellung zu verdrängen. Die US-Marine kam mit dem Vorschlag, sämtliche zum Rundfunk gehörigen Geräte sowie die entsprechenden Patente Marconis in die Kompetenzen der Regierung zu überstellen.

Eine solche Lösung jedoch hätte den Privatunternehmen eine hochprofitable Industrie entzogen und konnte daher von US-Firmen wie General Electric (GE), Westinghouse und American Telephone and Telegraph (AT&T) nicht akzeptiert werden, die begonnen hatten, Geräte für den Kommunikationsbedarf zu entwickeln. GEs zu jener Zeit wichtigster Ratgeber, Owen Young, erarbeitete einen Kompromiß, auf Grund dessen alle Marconi-Entwicklungen und -Geschäftsvereinbarungen in den Vereinigten Staaten einer Holding-Firma übergeben wurden – der Radio Corporation of America –, und zwar im Austausch für Aktienanteile an der neuen Firma.

Diese im Grunde teilweise Verstaatlichung des Firmenvermögens bedauernd, wandte sich der Präsident des amerikanischen Zweigunternehmens von Marconi an die Aktienbesitzer:

> Wir müssen uns damit abfinden, daß von seiten der Regierung der Vereinigten Staaten ein sehr starker und beharrlicher Widerstand (gegen American Marconi) besteht, weil ein großer Teil der Aktien von der britischen Firma gehalten wird.[2]

Owen Young kam mit dem cleveren Vorschlag, der Fremdbesitz an der neuen RCA-Korporation solle auf 20 Prozent begrenzt bleiben und ein Repräsentant der US-Regierung möge einen Sitz im Aufsichtsrat bekommen. Die Regierung zeigte sich erkenntlich, indem sie Young, RCA und GE dabei half, französische, deutsche und englische Firmen ihrer Rundfunkinvestitionen in Südamerika zu beheben.

Im Laufe der nächsten Jahre gewannen GE, Westinghouse und AT&T in jeweils unterschiedlichem Maße Kontrolle über die Korporation und brachten ihre jeweiligen Patente in einen gemeinsamen Pool ein, so daß sich der Rundfunk als standardisiertes Medium entwickeln konnte. Die Firmen teilten sich in die Herstellung von Rundfunkzubehör. AT&T zum Beispiel stellte die Sendegeräte her, GE baute Radioteile, und alles wurde von RCA vermarktet.

Der Rundfunk gewann jedoch so schnell an Popularität – allein 1928 wurden Empfangsgeräte im Werte von 650 Millionen Dollar verkauft –, daß die ehedem im Hinterstübchen konzipierten Abmachungen nicht mehr haltbar waren und neu verhandelt werden mußten. RCA und Western Electric (Teil von AT&T) machten sich gegenseitig Konkurrenz in der Herstellung von Sendegeräten, während RCA das Monopol für die

Ausstrahlung gegeben wurde. AT&T gab das Versprechen, keine Heimempfänger herzustellen, bekam jedoch die Möglichkeit, RCAs Übertragungen durch Relaisstationen abzuwickeln, so wie sie in den frühen Tagen der Rundfunknetzorganisation stattfanden. Außerdem zahlte man AT&T 1 Million Dollar für WEAF, eine «Rundfunkgebühr»-Station in New York, bei der die Werbeträger ihre eigenen Programme finanzierten.*

1926 gründete RCA die National Broadcasting Company als Zweigunternehmen, und an deren Aktienkapital waren General Electric mit 20 Prozent und Westinghouse mit ebenfalls 20 Prozent beteiligt.

Die erste NBC-Rundfunkübertragung bestand in einer viereinhalbstündigen Unterhaltungssendung von Küste zu Küste, an der das New York Symphony Orchestra, Will Rogers in Kansas, Mary Garden, die Opernsängerin aus Chicago, und viele andere teilnahmen. NBC teilte sich im darauffolgenden Jahr in zwei Unterabteilungen, das blaue Rundfunknetz, das aus den WJZ-Studios in New Jersey hervorging, und das rote, das auf der alten AT&T-Kette und WEAF basierte.

RCA war bis 1930 eng mit GE und Westinghouse verknüpft, als andere Hersteller bei der Regierung eine Anti-Trust-Klage anstrengten, weil sie verärgert waren über die Schwierigkeiten, die ihnen von dem Monopolunternehmen bereitet wurden. Die Klage zwang GE und Westinghouse schließlich dazu, NBC zu verlassen und in der Herstellung von Rundfunkgeräten mit RCA in Konkurrenz zu treten.

RCAs wichtigster Mann in diesen Verhandlungen war David Sarnoff, der ehrgeizige und disziplinierte leitende Angestellte, der im Alter von fünfzehn Jahren als Telegrafenjunge begonnen hatte, 1930 Präsident geworden war und von 1947 bis 1969 der Firma als Aufsichtsratsvorsitzender gedient hatte. Als kleiner Junge war Sarnoff aus Rußland in die Vereinigten Staaten immigriert, und er galt als ebenso zäh wie barsch. Nicht wenige Mitarbeiter waren über sein Verhalten verärgert. Arthur Judson war einer jener, die sich von Sarnoff übervorteilt fühlten, und er begründete RCAs wichtigste Konkurrenzfirma, was Rundfunk und Schallplatten betraf – CBS.

---

* Das «Rundfunkgebühr»-Konzept war ungewöhnlich. In den frühen Tagen des Radios waren Sendestationen einzig eingerichtet und mit Programmen ausgestattet worden, um den Markt für Heimempfänger zu stimulieren. Ihre laufenden Kosten wurden von jenen Firmen getragen, die Radioteile herstellten, und Werbung war nicht erlaubt.

CBS tritt auf den Plan:
La Palina verteilt Zigarren

Judson war ein ehemaliger Violinist, der sich zum Geschäftsmann gewandelt hatte. In New York, Philadelphia und Cincinnati managte er eine Anzahl von Künstlern und Sinfonieorchestern. Obwohl Judson nicht besonders viel vom Rundfunkwesen verstand, machte er sich doch Sorgen über dessen Einfluß auf das Konzertgeschäft. 1924 wandte er sich mit einem Plan, potentielle Talente für das Rundfunknetz zu buchen, an Sarnoff. Sarnoff gefiel dieser Plan, und er versprach, daß Judson als Programmdirektor arbeiten könne, sobald RCA ein eigenes Rundfunknetz betriebe.

1927 jedoch, als feststand, daß RCA die einzige Korporation sein werde, die ein Rundfunknetz betreiben sollte, informierte Sarnoff Judson darüber, daß sein Plan inzwischen uninteressant sei. Der Manager war außer sich, und er reagierte, indem er sein eigenes Konkurrenznetz aus zwölf Radiostationen aufbaute. Nach diversen Änderungen der Besitz- und Gläubigersituation und mehreren hunderttausend Dollar Verlust wurde aus dem neuen Sendenetz das Columbia Broadcasting System. Effektiv geführt wurde diese Gesellschaft jedoch erst 1928, als einer ihrer Werbeträger, ein Zigarrenhersteller aus Philadelphia, sie aufkaufte. Der Hersteller hatte seine La Palina-Zigarren im CBS-Radio angepriesen und war mit dem Werbeerfolg sehr zufrieden gewesen. Er kaufte die Gesellschaft auf und übergab sie seinem Sohn William Paley.

Paley war sechsundzwanzig, als er CBS übernahm. Seine Herkunft war ganz anders als die Sarnoffs. Er war in Reichtum aufgewachsen und hatte schon in frühen Jahren ein Gefühl von Macht entwickelt. An der University of Pennsylvania und der Wharton School of Finance hatte er studiert. Wenn man den Chef von RCA als Draufgänger bezeichnen konnte, der seine Autorität mit äußerster Konsequenz ausspielte und allenthalben auf Abneigung traf, mußte man Paley im Vergleich als einen sanften, fast schon entspannten Unternehmer wahrnehmen. Er enthielt sich der unangenehmeren Aufgaben der Unternehmensführung, indem er damit seinen Gefolgsmann Edward Klauber beauftragte, einen ehemaligen Zeitungsmann, dessen erste Handlung nach seiner Anstellung darin bestand, eben jenen Mann zu entlassen, der ihn Paley vorgeschlagen hatte.

Da sich Klauber um die Einzelheiten der Geschäftsführung kümmerte, war Paley in der Lage, die Firmenpolitik zu lenken. Während er sich mit diversen Krisen in der Programmgestaltung auseinandersetzen mußte – geschmacklose Werbeeinblendungen ebenso wie religiöse Rundfunksendungen und der demagogische Father Coughlin –, wurde er in der Presse und in Branchenkreisen für seine «scharfsinnige» und «staatsmännische» Leitung der CBS-Geschicke gepriesen. In den dreißiger und vierziger Jahren avancierte er zum Sprecher der Industrie, immer ausgewogen in seiner Beurteilungsweise, immer Profite erwirtschaftend.

Wenn auch ihr Arbeitsstil verschieden war, erwies sich Paley dennoch nicht als weniger effektiv als sein Konkurrent bei RCA. Nur wenige Wochen, nachdem er CBS übernommen hatte, handelte er ein Geschäft mit Paramount Pictures aus, in dem ein Minoritäts-Aktienanteil für 5 Millionen Dollar dringend benötigten Kapitals an das Hollywood Studio veräußert wurde. Innerhalb eines Jahres schon konnte CBS Profit machen, und 1931 erwirtschaftete man mehr als das größere RCA-Netz. In jenem Jahr beschäftigte CBS 408 Angestellte und machte einen Profit von 2346000 Dollar, während die RCA-Netze Rot und Blau 1359 Beschäftigte zu verzeichnen hatten und den etwas geringeren Profit von 2325000 Dollar aufweisen konnten. Im nächsten Jahr kaufte Paley sämtliche an Paramount abgegebenen Aktien zurück. Er kaufte von den Profiten neue Stationen auf und vergrößerte das CBS-Netz von neunzehn Sendern im Jahre 1928, als er die Firma übernommen hatte, auf siebenundneunzig im Jahre 1935.

Während Sarnoffs unternehmerische Fähigkeiten darin bestanden, neue Technologien zu entwickeln, erwies sich Paley als hervorragend in Programmneuerungen und Entwicklung der Rundfunkpolitik. Während jener Zeit bediente sich RCA zum Beispiel eines komplizierten Systems der Abrechnung mit seinen angeschlossenen Stationen. Die Tochterstationen wurden dafür bezahlt, daß sie national gesponsorte Shows ausstrahlten, die sogenannten «Unterstützungs»-Programme, die über keine kommerziellen Geldgeber verfügten, wurden ihnen in Rechnung gestellt. Paley vereinfachte das ganze Verfahren. Er berechnete den Tochterstationen nichts für die Unterstützungsprogramme, unter der Bedingung, daß er eine Option auf jede von ihm gewünschte Plazierung innerhalb der Programmstruktur seiner Tochtergesellschaften zugesichert bekam, um die gesponsorten Network-Shows unterbringen zu können. Die Einkünfte aus diesen Shows wurden dann 70 zu 30 zwischen dem Netz und der lokalen Tochterstation geteilt. Auf diese Weise wurde CBS für neue Tochterstationen mit geringem Kapital attraktiv und vereinfachte die nationale Programmstruktur. Die Werbeträger waren zufriedener. Die Tochterstationen waren zufriedener. Diese Geschäftsführung war scharfsinnig und staatsmännisch – und sie war profitabel. Die RCA-Verkäufe sanken nach der CBS-Neuerung, bis die RCA ein paar Jahre später eine ähnliche Werbepolitik einführte.

1934 kaufte die American Record Corporation, welche die Brunswick und Vocation Label betreute, die alte Columbia Graphophone auf, und vier Jahre später erwarb das Columbia Broadcasting System den Firmenverband. Erst jetzt verfügte die CBS über eine Schallplatten-Abteilung. Die Konkurrenz zwischen RCA und CBS erweiterte sich vom

Rundfunk auf die Schallplatte. In den späten vierziger Jahren kam es zu der Auseinanderetzung zwischen RCA und CBS über die Schallplatten-Abspielgeschwindigkeiten. In den fünfziger Jahren erweiterte sich die Konkurrenz aufs Fernsehen. In den dreißiger Jahren waren die Schallplatten jedoch ein Nebenerwerbszweig für die großen Rundfunknetze. Elektronisch und musikalisch waren der Rundfunk und die Schallplatte zwar verwandt, aber darüber hinaus erwiesen sich wahrscheinlich die niedrigen Preise, die man während der Depression für den Erwerb von Schallplattenfirmen zahlen mußte, als gleichermaßen zwingende Gründe zum Kauf.

In den späten dreißiger Jahren hatte NBC, neben CBS, ein derartiges Monopol bei den größeren Stationen, daß sich RCA gezwungen sah, das Blue-Netz zu veräußern. Blue wurde von dem Süßwaren-Magnaten Edward Noble erworben, der es in American Broadcasting Company umbenannte. Diese Firma (ABC) wartete bis in die fünfziger Jahre, bevor sie eine Schallplattenabteilung ins Leben rief.

Die dritte große Plattenfirma aus der Vorkriegszeit war Decca. Auch sie wurde mitten in der Depression gegründet und mit einer Marketing-Strategie gestartet. Sir Ted Lewis von der britischen Decca und Jack Kapp, der erste Firmenpräsident, faßten den Entschluß, Victors und Columbias vorherrschenden Preis von 75 Cents pro Platte mit einem Preis von 35 Cents oder drei Platten für einen Dollar zu zerschlagen. Als die beiden anderen großen Gesellschaften dieser Preispolitik folgten, wurden Schallplatten schnell zu einem wichtigeren Bestandteil des Freizeitkonsums, und die Verkäufe stiegen.

Eine weitere, ziemlich clevere Idee half, Decca in Amerika zu etablieren. Kapp hatte für Brunswick, einen Vorläufer von Columbias Schallplattenabteilung, gearbeitet, bevor er Sir Ted die Idee unterbreitete, eine amerikanische Decca aufzubauen. Bei Brunswick hatte er eine Anzahl von Künstlern, darunter Guy Lombardo, Louis Armstrong und Bing Crosby, zu ziemlich ungewöhnlichen Bedingungen unter Vertrag genommen, die ihnen individuelle Vorteile boten und sie persönlich an ihn banden. Als er Decca ins Leben rief, konnte er sie mit hinübernehmen. Bei Brunswick war man darüber sehr überrascht.

Zum Ende der dreißiger Jahre gelangten viele der Platten, die von Decca, Victor und Columbia hergestellt wurden, ohne Umwege in die Musikautomaten. 1940 standen 350000 Musikboxen in den Bars und Cafés der Vereinigten Staaten, und 44 Prozent aller hergestellten Platten, so wird angenommen, erklangen aus diesen Boxen.* Da es fünf Cents

* Viele Platten aus der ersten Veröffentlichungsserie der Decca waren zu groß, um in die Musikboxen zu passen. Sie mußten remittiert werden, und die Musikboxenaufsteller, von denen viele aus der Unterwelt stammten, wurden durch finanzielle Entschädigungen besänftigt. Decca wurde später Teil der Music Corporation of America (MCA).

kostete, eine Platte zu spielen, und nur 35 Cents, sie zu kaufen, erwiesen sich die neuen Musikautomaten als sehr profitabel.

Die Macht der Musikindustrie lag jedoch noch nicht im überwiegenden Maße bei den Plattenherstellern, sondern bei den Musikverlegern, die den Großteil ihres Einkommens aus dem Verkauf von Notenblättern (Sheet-Music) und aus den Tantiemen für Live-Darbietungen der Songs bezogen, für die sie das Copyright besaßen. Schallplatten und Musikboxen trugen ihren Teil bei, waren jedoch nicht so wichtig wie Live-Auftritte über das Rundfunknetz, Club-Darbietungen und Bühnen-Musicals, die das Vaudeville-Theater früherer Jahre ersetzten.

Im Jahre 1939 hatten der wirtschaftliche Aufschwung, der von Decca initiierte Niedrigpreis, die Popularität der Musikboxen und die wachsende Herausstellung von Schallplattenkünstlern im Rundfunk die Schallplattenverkäufe von einem niedrigen 6-Millionen-Dollar-Umsatz 1933 auf 44 Millionen gesteigert. Die Macht in der Musikindustrie teilten sich die großen Verleger mit den großen Schallplattenfirmen, wobei die Verleger noch immer die Initiative behielten.

Ein Verleger pflegte den Song auszuwählen, aus dem er den nächsten großen Erfolg zu machen gedachte, und er bot ihn den Plattenfirmen an. Mehrere Firmen nahmen dann den Song auf: Hal Kemp sang ihn zum Beispiel für Columbias Brunswick Label, und dann Bing Crosby oder die ANDREW SISTERS für Decca. Durch Crosby kam es oft zu Verbindungen mit einem Film. Die verschiedenen Versionen erschienen zu ungefähr derselben Zeit, so daß der Song im Radio zu hören war und im Film, in den Plattengeschäften gekauft wurde und in Form von Sheet-Music erhältlich war. Die Tantiemen für den Verleger waren damit immer garantiert.

Musik entwickelt sich

In den späten dreißiger Jahren dominierten immer mehr unabhängige Big Bands oder Swing Bands wie die von Artie Shaw, Harry James oder Glenn Miller die Charts. Von 1937 bis 1941 waren unter den dreiundvierzig Schallplatten, die jeweils mehr als eine Million Exemplare verkauften, neunundzwanzig von Bands.[3]

Im Hintertreffen waren die schwarzen Big Bands von Louis Armstrong, Louis Russel, Duke Ellington, Count Basie, Cab Calloway (dem «Hi-deho Man») und anderen. Den schwarzen Big Bands zahlte man in jenen Tagen der rassengetrennten Konzertstruktur weniger als den weißen. Armstrong und Ellington spielten manchmal in weißen Theatern, aber meistens blieben sie ebenso wie die anderen Schwarzen auf eigenem Parkett. Jazz- und Blues-Platten, besonders jene, die in den Vereinigten Staaten nur auf den Markt der Schwarzen gerichtet waren, wurden von den Plattenfirmen höchstens als geringes Zubrot angesehen. Man produzierte derartige Platten weiterhin, weil sie nicht viel kosteten und einen weltweiten Markt sättigten, auf dem Interesse an amerikanischem Jazz bestand. Schallplatten, die man für 150 Dollar produziert hatte, wurden noch fünfzehn Jahre später in Belgien, Frankreich, Deutschland und England verkauft, wo die drei großen Firmen ihre Tochtergesellschaften oder Vertriebsvereinbarungen mit ausländischen Firmen hatten.

Da der größte Teil des Materials der Big Bands in den Vorkriegsjahren von Bandmitgliedern geschrieben und arrangiert wurde – niemand sagte Duke Ellington, was er spielen solle –, konnten die Verleger immer weniger Aufnahmen, Songs ihres Broadwaystils, verzeichnen. In den Kriegsjahren 1942–46 erreichten die Sänger der Bands in manchen Städten eine größere Popularität als die Bands selbst. Diesem Trend kam ein Streik der Musiker, nicht aber der Sänger, gegen den Rundfunk zustatten, und diese Situation brachte die Verleger neu ins Geschäft, denn jetzt konnten sie ihr Material von Leuten wie Frank Sinatra singen lassen.

Die Kriegsjahre erweiterten überdies das Feld der populären Musik. Country-Musik, damals als «hillbilly music» bezeichnet, und «race music», die bald mit dem neuen Namen «rhythm & blues» (r&b) benannt wurde, wurden von einem Publikum außerhalb des Südens oder der schwarzen Gettos gehört. Viele Schwarze und arme Weiße zogen nach Norden und Westen, um in der Rüstungsindustrie zu arbeiten. Sie brachten ihre Musik mit. Zur gleichen Zeit wurden Leute aus dem mittleren Westen und dem Osten im Süden stationiert und waren dort der Musik von ungefähr 600 Hillbilly-Sendern ausgesetzt. Die neuen Publikumsgruppen mochten das, was sie zu hören bekamen. Musikautomatenaufsteller in Detroit vermeldeten 1943, daß Hillbilly-Platten die populärsten waren, und in Europa wies das American Armed Forces Radio Network Roy Acuff, einem fiedelnden «Grand Ole Opry»-Star aus Nashville, höhere Popularität zu als Frank Sinatra.

Auch schwarze Musik wurde populärer, obwohl sie noch immer auf den nicht-weißen Markt begrenzt blieb. Die frisch eingewanderten Schwarzen aus den Südstaaten verfügten wegen der prosperierenden Wirtschaft in der Kriegszeit über genügend Geld, um einige wenige auf das schwarze Publikum gerichtete Rundfunkstationen unterhalten zu können und sich die große Vielzahl der Race Records zu leisten, die laufend von den Plattenfirmen herausgebracht wurden.

Die großen Firmen – Columbia, Victor und Decca – hatten während der Depression nach dem Scheitern unabhängiger Firmen wie Black Swan und Paramount die Race Music gut in den Griff bekommen. Den

Unabhängigen waren ihre Kataloge von den Großen abgekauft worden, oder sie verschwanden einfach vom Markt. Ähnliche Kontrolle durch die Großen hatte auf dem Hillbilly-Markt bestanden, seit Ralph Peer für Victor die erste Country-Plattenaufnahme gemacht hatte – 1927 mit Jimmy Rodgers und der Carter-Familie. (Es handelt sich dabei um denselben Peer, der die erste Race-Aufnahme gemacht hatte und der als erster die Bezeichnungen «hillbilly» und «race» bei der Plattenindustrie in Anwendung brachte.)

Während des Zweiten Weltkrieges kam es jedoch zu einem Mangel an Schellack, dem Hauptmaterial, aus dem die 78er Platten hergestellt wurden. Es wurde fast unmöglich, das Material aus Indien zu beschaffen, wo man es aus einem baumbewohnenden Schuppeninsekt gewann. Um dem Mangel zu begegnen, verlangte man in vielen Schallplattengeschäften von den Kunden, eine alte Platte abzuliefern, wenn sie eine neue kaufen wollten. Diese Maßnahme erwies sich jedoch nicht als ausreichend, und die großen Firmen entschlossen sich, auf die Spezialgebiete Hillbilly, Race und Gospel zu verzichten, um allein den Mainstream-Pop zu erhalten.

Nach Ende des Krieges wollte man diese Märkte zurückgewinnen. Auf dem Feld der Country Music war dies relativ einfach, denn viele der führenden Country-Sänger hatten ihre Verbindungen mit den Großen aufrechterhalten. Mehrere unabhängige Firmen – hauptsächlich King, denen es gelungen war, vier Millionen-Erfolge für zwei ihrer Künstler (Moon Mullican und Cowboy Copas) zu verzeichnen, und Imperial, wo man eine riesige Menge von Slim Whitman-Platten verkauft hatte – waren einige Jahre aktiv, aber sehr bald schon befanden sich die Spezialbereiche wieder fest in den Händen der Großen, wo sie bis in diese Tage sind. Es gibt eine ganze Anzahl von Gründen dafür, daß sich der Rhythm & Blues als zu schwierig für die Großen erwies. Zu jener Zeit zeigten sie sich jedoch kaum darüber enttäuscht, daß sie diesen Markt nicht zurückgewinnen konnten, denn er war schließlich auf eine relativ kleine schwarze Käuferschicht beschränkt.

Auf der Suche nach Elvis

1950 hatte der Plattenumsatz in den Vereinigten Staaten die Summe von 189 Millionen Dollar erreicht. Das kennzeichnete eine fast zehnprozentige Steigerung gegenüber dem Jahr zuvor, war jedoch dem Rekordjahr 1947 (224 Millionen) noch weit unterlegen und konnte sich nicht messen mit den 277 Millionen, die 1955 umgesetzt werden sollten.* Grund für diesen mittleren Umsatz war wohl die Tatsache, daß die Vereinigten Staaten sich gerade erst aus einem Nachkriegs-Produktionstief erholt hatten und begannen, die Wirtschaft für den Korea-Krieg wieder aufzuheizen (Kriege bleiben die einfachste, wenn auch blutigste Weise, die Nationalwirtschaft zu beleben). Aber ein Teil der Erklärung liegt auch in der nicht besonders aufregenden Situation der Plattenindustrie. Außer den Publikumslieblingen Frank Sinatra und Frankie Laine sowie dem Kreischer Johnny Ray (*Cry*) gab es nur wenige aufregende Künstler auf dem Pop-Markt. Die meisten Platten richteten sich an ein Publikum der oberen Mittelklasse, und die Verkäufe waren gering (wiederum mit gewissen Ausnahmen wie zum Beispiel *Cry*, eine Platte, von der Columbia über 2 Millionen Exemplare verkaufte). Die Erregung, die der Rock 'n' Roll brachte, scheint der Hauptgrund dafür gewesen zu sein, daß die Plattenindustrie 1955 derart große Umsatzsteigerungen zu verzeichnen hatte. (siehe Schaubild 1. 1)

1950 konnten die fünf führenden Schallplattenhersteller nur einen Gewinn von 3,81 Prozent nach Abzug der Steuern verzeichnen. Die Großen waren der Ansicht, daß das Hauptproblem in der niedrigen Anzahl von Hits unter den Veröffentlichungen begründet war. 1952 zum Beispiel gelangte nur eine von sechsunddreißig Single-Seiten in die Top 20 der tonangebenden Branchenzeitung «Billboard». Aber ein niedriges Verhältnis Hit-zu-Veröffentlichung ist ein chronisches Problem der Plattenindustrie gewesen. Ein A&R-Mann («artist and repertoire») bei Capitol gestand zehn Jahre später ein, daß man «einfach Platten gegen die Wand warf, um festzustellen, welche hängenblieben». Zu jener Zeit wurde man auf diese Problematik einzig deswegen aufmerksam, weil sie eine neue war und zusammenfiel mit einer Plattenproduktion, die sich viel eher auf das Publikum zu Hause richtete als auf Musikautomaten und das Rundfunknetz.

Ein größeres Problem bestand vielleicht darin, daß sich die A&R-Kontrolle (welche Songs werden aufgenommen, und von wem) bei den Firmen jeweils in der Kompetenz eines einzigen Mannes konzentrierte. 1955, als die unabhängigen Firmen mit ihrer neuen Rock 'n' Roll-Musik auf den Plan traten, entwickelten sich Bedingungen, die den Zusammenbruch derartiger Kontrollmacht einleiteten.

Für die großen Firmen ergaben sich die wichtigsten Entwicklungen jener Zeit auf dem Felde der Technologie und des Marketing. Das Anwachsen des Rhythm & Blues-Publikums wurde von den großen Firmen ignoriert, zumindest bis die Rhythm & Blues-Hits Zugang auch auf den

* Die Zahlen basieren auf den Listenpreisen der Hersteller, die sich in jenen Jahren wahrscheinlich 10–20 Prozent über den tatsächlichen Verkaufspreisen einpendelten.

Schaubild 1.1: U.S.-Gesamtverkäufe von Schallplatten und Tonbändern 1921–1973 (in Millionen Dollar)

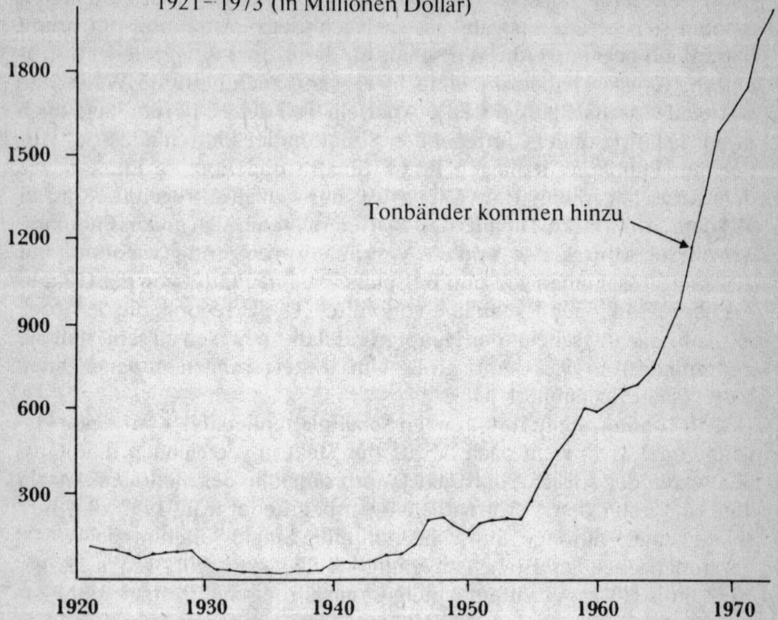

Quelle: RIAA

(weißen) Pop-Markt fanden, aber da war es ohnehin schon zu spät. Die technologischen Entwicklungen – die Einführung des Magnetbandes in Amerika, die Erfindung der Langspielplatte, die Einführung der 45er-Geschwindigkeit, die Entwicklung der High Fidelity und die wachsende Verbreitung des Plattenspielers – bereiteten die Industrie und das Publikum gemeinsam mit der Modernisierung des Schallplattenhandels ökonomisch auf die musikalischen Explosionen vor, die sich außerhalb der Reichweite der nach alten Bedingungen operierenden Firmen anbahnten.

Die Großen

In den frühen fünfziger Jahren wurden jene Plattenfirmen als «major» (groß) bezeichnet, die zusätzlich zur Plattenproduktion über eigene Preßwerke verfügten und ihre Vertriebsnetze direkt kontrollierten. Nach dieser Definition existierten 1950 sechs Große: Columbia, RCA, Decca, Capitol, MGM, Mercury (nach Ansicht mancher sollte auch die kleinere Firma London Records dazugehören). Columbia und RCA waren die führenden Firmen, und nach 1950 fungierte Columbia als Sprecher der Industrie. Columbia und RCA waren gewöhnlich in der Lage, weitaus mehr Macht auszuüben, als die anderen es konnten, weil sie sich durch den immensen finanziellen Rückhalt durch das Columbia Broadcasting System und die Radio Corporation of America gestützt sahen. In den sechziger Jahren erweiterte sich die Definition von «major» auf jene Firmen, die ebensoviele Schallplatten verkauften wie die alten Großen, aber ihre Platten selbst preßten und oft unabhängige Vertriebsfirmen beschäftigten.

Columbia wurde in den frühen fünfziger Jahren zum führenden Label und drängte damit den langjährigen Rivalen RCA an die Seite. Sie wurde 1951 zur erfolgreichsten Firma auf dem Pop-Sektor und behauptete diesen Platz, bis Warner Brothers in den sechziger Jahren groß herauskam. Auf dem Feld der klassischen Musik war die Firma nicht so stark wie RCA, da aber die Schallplattenkäufer immer weniger elitär wurden, erwies sich die Pop-Orientierung von CBS als großer Vorteil. Die wichtigsten Pop-Stars, die den Columbia-Erfolg in den fünfziger Jahren trugen, waren Frankie Laine, ein Sänger von Liebesballaden, dessen Gefolgschaft mindestens so fanatisch war wie die von Frank Sinatra; Johnny Ray, ein Komet aus dem ländlichen Oregon, der der Firma *Cry* bescherte, den Top-Hit von 1952; Jimmy Boyd (*I Saw Mommie Kissing Santa Claus*); Guy Mitchell sowie eine Reihe eher seichter Sängerinnen, unter denen Rosemary Clooney, Doris Day und Jo Stafford zu nennen wären.

Wichtigerer Faktor als die Künstler jedoch war der Erfolg der Schallplattentechnik, durch den Columbia RCA überflügelte. Mit der Einführung der LP ging Columbia ein großes Risiko ein, zumal RCA schon in den dreißiger Jahren mit einer ähnlichen, wenn auch von der Qualität her schlechteren Langspielplatte dies Wagnis eingegangen war und Schiffbruch hatte erleiden müssen. Die neue Mikrorillen-LP, die CBS einführte, erwies sich als riesiger Erfolg bei den Hörern, die lange Passagen ununterbrochener Musik zu hören wünschten. Sie gaben der CBS-LP den Vorzug gegenüber den Zusammenstellungen jeweils fünf Minuten langer 45er, die von RCA als «albums» veröffentlicht wurden.

Die Firma war damals nicht wie heute ausgeklügelt in eine komplexe

Struktur spezieller Einzelabteilungen geordnet. Es war noch zu früh, um getrennte Album-Abteilungen für verschiedene Musikarten zu unterhalten. Es gab die Klassik-Abteilung (Masterworks), die Pop-Abteilung, die internationale Abteilung, die Kinder-Abteilung und die Country-Abteilung.

RCA war ebenso wie Columbia bereit, Risiken einzugehen, um den Profit, den neue Entwicklungen brachten, zu monopolisieren, aber die Firma erwies sich dabei als nicht so erfolgreich wie CBS. Im Gegenteil: weil die Firma soviel Geld und Energie investiert hatte, um in den späten vierziger Jahren die 45er Schallplatte zu entwickeln und auf dem Markt durchzusetzen, dann aber das Publikumsinteresse an die LP Columbias verlor, sanken die Umsätze 1950 von der erwarteten Höchstquote 80 Millionen Dollar auf 50 Millionen. Bis zum Ende 1953 hatte sich die Firma jedoch wieder erholt. Man hatte eine Reihe von Pop-Hits herausgebracht und zwei äußerst erfolgreiche Spezialpakete von Toscanini und Glenn Miller auf den Markt gebracht. Ebenso wie Columbia verfügte RCA über die finanziellen Mittel, nach einer Reihe falscher Entscheidungen wieder an Boden zu gewinnen. Man konnte namhafte Künstler bei kleineren Labels einkaufen – zum Beispiel 1955 Elvis Presley – um stabile Verkäufe zu garantieren. Oder man konnte die geschäftlichen Verflechtungen mit RCAs NBC-Fernsehsendenetz benutzen, um langfristige Vereinbarungen zu treffen.

Manche Künstler wie zum Beispiel Perry Como und Vaughn Monroe schlossen Verträge über fünfundzwanzig Jahre mit RCA-Victor und NBC ab. RCA-Angestellte heuerten gewöhnlich eine «show biz figure» oder einen «handler» an, wie man es im Straßenjargon nannte, der solche Verträge für die Fernseh- wie die Schallplattenabteilung aushandelte. Außer Monroe und Como hatte Victor noch die Millionenverkäufer Eddie Fisher, Spike Jones (*My Two Front Teeth*) und Mario Lanza sowie einige wenige andere – alle in der Zeit von 1948 bis 1953. Obwohl die Schallplattenabteilung erfolgreich war, lagen RCAs bedeutsameren Geschäfte doch im Bereich des Fernsehens.

Decca wurde unter Milt Rachmil nicht ganz so streng geführt wie RCA oder Columbia, aber konnte die Industrie auch während jener Zeitspanne nicht derart beeinflussen, wie es dann 1954 mit den Aufnahmen von Bill Haley and the Comets oder 1957 mit dem Vertrieb von Buddy Hollys Platten geschah. Im Februar 1952 kam es zu einer Fusion mit Universal Pictures. Im Dezember 1952 verbot die Regierung der Vereinigten Staaten der Decca ebenso wie der britischen Decca und der EMI (Electrical and Mechanichal Industries, Limited) ihre Politik der Kartellisierung – der Aufteilung von Exklusivrechten für bestimmte Teile der Welt.

Capitol war nach Decca die erste neue Firma, die Erfolg hatte. Sie wurde 1943 von dem Sänger/Songschreiber Johnny Mercer, Glenn Wallichs, der aus dem Schallplattenhandel kam (seinem Bruder gehört die Wallichs Music City-Ladenkette in Kalifornien), und Buddy de Sylva von Paramount Pictures gegründet. Die ursprüngliche Investition soll 10000 Dollar betragen haben, und sie wurde sehr schnell durch zwei typische Hits jener Zeit wieder eingebracht: Ella Mae Morse' *Cow Cow Boogie* und Mercers *Strip Polka*. Die Firma setzte mit diesen Künstlern und einigen anderen wie Paul Whiteman in den ersten sechs Monaten 195000 Dollar um. Capitol erweiterte sich schnell und wagte sich auf die Gebiete des Country und Rhythm & Blues. Man richtete das Augenmerk auf die mexikanische und schwarze Bevölkerung von Los Angeles, lange bevor die Großen in anderen Städten ethnische Käuferschichten berücksichtigten. Zu verschiedenen Zeiten waren bei Capitol Frank Sinatra, Nat King Cole, Dean Martin, Stan Kenton, Ferlin Husky und Tex Ritter unter Vertrag.

1955 war Capitol die dritt- oder viertgrößte Firma im Lande, und der Umsatz aus dem vorangegangenen Jahr betrug über 17 Millionen Dollar. Ihr Erfolg reizte die gigantische britische Holding-Firma EMI (interessanterweise jene Gesellschaft, die die Rechte an den europäischen Marconi-Patenten erben sollte), und sie kaufte die überlebenden Gründer für ungefähr 8500000 Dollar aus. Da der Nettogewinn in dem Jahr 736000 Dollar betrug, kam EMI so zu einem Label, das einen jährlichen Gewinn von 10 Prozent der Investition versprach. EMI kaufte Capitol auch zum Teil deswegen, um Zugang zu amerikanischen Künstlern zu bekommen. Dieses Verhältnis kehrte sich in den sechziger Jahren um, als Capitol den US-Vertrieb von EMIs BEATLES übernahm.

MGM Records wurde 1946 als Abteilung von Metro-Goldwyn-Mayer, der Filmgesellschaft, gegründet. Obwohl es ursprünglich der Verbreitung von Filmmusik dienen sollte, erweiterte das Label sich fast auf alle Bereiche von Musik. MGM war besonders stark auf dem Sektor der Country-Musik. Hank Williams (*Your Cheatin' Heart, Hey, Good Lookin', Jambalaya*) nahm elf Songs für MGM auf, die zwischen 1949 und 1953 in jeweils einer Million oder mehr Exemplaren verkauft wurden.

Die Mercury Recording Corporation wurde 1947 in Chicago gestartet. Ihre Gründer waren Berle Adams, ein Manager und Agent, und Irving Green, der Sohn von Al Green, einem Kunststoffhersteller, der National Records ins Leben gerufen hatte, um ein Produkt herstellen zu können. Außer in seiner Größe und der Tatsache, daß zur Firma ein eigenes Preßwerk gehörte, unterschied sich Mercury kaum von den vielen neuen unabhängigen Firmen jener Tage. Man begrenzte sich anfangs auf zwei Spezialbereiche – Polka und Rhythm & Blues, wo Eddie «Cleanhead» Winson aufgenommen wurde. Im frühen Stadium hatte Mercury auch die Atmosphäre einer unabhängigen Firma. Wie ein ehemaliger wichtiger Angestellter zu berichten weiß: «Mr. Green pflegte ganz nach seinem eigenen Wunsch zu handeln, zu reden, Musik zu spielen. Er konnte betrügen und stehlen . . . Für eine große Firma ging es bei Mercury ganz schön hoch her.» Wie die meisten Unabhängigen verdiente sich auch Mercury sehr bald den Ruf, seinen nicht-weißen Künstlern nur selten die vollen Tantiemen auszuzahlen.

. . . und ihre Bosse

Als der Löwenanteil von Schallplatten an private Käufer und nicht mehr an Musikautomaten ging und als die Radiostationen ihr Augenmerk darauf zu richten begannen, was die Schallplattenkäufer hören wollten, gewannen die leitenden Angestellten der Plattenfirmen bei der Auswahl von Songs Macht gegenüber den Verlegern. Diese Veränderung fiel zusammen mit einem 15–20prozentigen Sinken der Sheet Music-Verkäufe in den frühen fünfziger Jahren. Selbstverständlich waren die Musikverleger über diese beiden Entwicklungstendenzen ärgerlich.

Bei den Plattenfirmen konzentrierte sich die neue Macht in der Person des A&R-Chefs. Der A&R-Chef (immer ein Mann) entschied, welche Songs aufgenommen werden sollten und von welchen Gesangskünstlern sie aufgenommen wurden. Er arbeitete die Orchesterarrangements aus, suchte die Begleitmusiker und machte die Arrangements selber oder stellte die Person ein, die dafür verantwortlich war. Damals war der A&R-Chef das, was im modernen Sinne der Produzent ist. Man arbeitete bei weitem nicht so lange im Studio wie heute. Die Sessions wurden gewöhnlich nach ein, zwei Tagen abgeschlossen. Es hatten sich nur wenige Aufnahmetechniken entwickelt, um den Sound zu verbessern, so daß man kaum zu mischen brauchte. Auch der Toningenieur hatte noch kaum Bedeutung. Der A&R-Chef war verantwortlich für die Gesamtveröffentlichung der Firma. Und dies erwies sich in den Jahren vor der LP und der 45er Single auch kaum als Problem, denn die Veröffentlichungsliste einer Firma konnte durchaus aus nur zehn oder zwölf 78ern bestehen. Als sich die reine Anzahl der Plattenveröffentlichungen zu Mitte der fünfziger Jahre jedoch vergrößert hatte und darüber hinaus in verschiedenen Genres Aufnahmen gemacht werden mußten, wurde es für den A&R-Chef unmöglich, alles unter Kontrolle zu behalten. Seine Machtbefugnisse wurden undeutlicher. Später waren Rock 'n' Roll-Sänger und -Bands selbständig genug, keinen A&R-Chef mehr zu benötigen, der gewöhnlich den Rock 'n' Roll sowieso nicht leiden konnte. Die technischen Aspekte der Studioarbeit unterlagen dem neuen Produzenten und dem Toningenieur, dessen Geräte immer zahlreicher und ausgeklügelter wurden. Mitte der sechziger Jahre schrieben und arrangierten die meisten Rock 'n' Roll-Gruppen ihre Songs selber.

In den fünfziger Jahren jedoch war der A&R-Chef der große Boss. Der Musikverleger kam zu ihm ins Büro und stellte ihm Songs vor. Er konnte zwar seine Ansicht äußern, daß ein bestimmter Song vielleicht für Rosemary Clooney oder Vaughn Monroe geeignet sei, aber in den meisten Fällen hatte der A&R-Chef das letzte Wort. Wenn ihm ein Song nicht gefiel, forderte er den Verleger auf, ihn umschreiben zu lassen. Wenige weigerten sich – Arthur Schwartz, der Songschreiber, verließ einmal Mitch Millers Büro bei Columbia, weil er zu keinem Kompromiß bereit war –, und die meisten gaben ihre Zustimmung. Bei dieser Struktur fand Payola (Bestechung) zwischen Verleger und A&R-Chef statt. Es wurden so wenige Platten veröffentlicht, daß manche Verleger auf jeden Fall dafür sorgen mußten, daß ihr Material darunter war. Zu jener Zeit passierte es auch, daß der A&R-Chef Musiker überbezahlte, indem er zusätzliche Sessions veranlaßte. Dafür wurde ihm von den Musikern wieder ein Anteil zurückgegeben. Diese Gepflogenheit verbreitete sich in den sechziger Jahren bei unabhängigen Produzenten, hatte aber ihren Anfang in den frühen fünfziger Jahren bei dem angestellten A&R-Personal.

Mitch Miller, der A&R-Chef bei Columbia Records, war der archetypische A&R-Mann seiner Zeit. Er verfügte über absolute Macht, brachte es zu großem kommerziellen Erfolg, hatte das Gespür eines Meisterkochs für die Zutaten eines populären Songs und haßte aus tiefster Seele den Rock 'n' Roll, der ihn schließlich in den späten fünfziger Jahren auch an die Seite drängte. Er hatte seine eigene Art, Songs so clever zu produzieren, daß sie anders klangen als die einige Jahre zuvor einfach live produzierten Darbietungen. Bei Rosemary Clooney setzte er zum Beispiel eine Harfe ein und bei Guy Mitchell Waldhörner. 1948 trat er auf den Plan, und bis 1952 hatte er schon zweiundzwanzig Hits produziert. Ganz besonders verstand er sich darauf, Country-Musik für den Pop-Markt zu adaptieren. Er verwandelte einen Country-Sänger aus Detroit namens Al Cernick in den Pop-Sänger Guy Mitchell. Er nahm sich eine Anzahl von Hank Williams-Hits von MGM und machte aus ihnen glatte Cover-Versionen mit Pop-Sängern aus dem Columbia-Stall: Jo Stafford nahm *Jambalaya-On The Bayou* auf, Rosemary Clooney sang *This Ole House* und Tony Bennett coverte *Cold, Cold Heart*. Ian Whitcomb vermerkte dazu in «After The Ball»: «Die Songs mochten ursprünglich ziemlich gesalzene Geschichten über Sünde, Sex und Erlösung gewesen sein, voller Moral und Reue und Schuldgefühle – Miller verwandelte sie in Pop für gesundes Volksempfinden.»

Bei Victor und Columbia gab es jeweils einen weiteren A&R-Mann für klassische Platten. Die klassische Abteilung hatte immer ein höheres Ansehen genossen, aber das änderte sich. Klassische Platten erreichten nie den kommerziellen Erfolg von Pop-Songs. 1950 wies George Marek, damals Chef der Klassik bei RCA, später Generalmanager der Schallplattenabteilung, darauf hin, daß für jeweils zwei Platten, die die klassische A&R-Abteilung auf Grund ihres ästhetischen Wertes veröffentlichen wollte, acht Platten mit Musik herausgebracht werden mußten, «die das Publikum will». Im Bereich der klassischen Musik wollte das Publikum «mood (Stimmung) music». Marek holte sich Melachrino, um mit Columbias Kostelanetz und Londons Mantovani konkurrieren zu können. Columbia und RCA erhielten sich ihre starken Klassik-Abteilungen, weil sie für deren Platten einen höheren Preis verlangen konnten und es gut war für das Firmen-Image.

Promotion:
Harry Cook macht sich auf Reisen

In den vierziger und frühen fünfziger Jahren wurde Promotion von den großen Firmen mit Intensität noch auf besonders raffinierte Weise betrieben. Die Großen ließen sich nicht auf aggressive Promotion, besonders beim Rundfunk, ein, bis sie in den frühen fünfziger Jahren durch die Initiative der Unabhängigen dazu gezwungen wurden. Das Rundfunknetz der späten vierziger Jahre war auch im Grunde für Plattenpromotion nicht empfänglich. Martin Block, der zu jener Zeit populärste Diskjockey in New York, spielte ganz einfach fünfzehn Minuten von, sagen wir, Bing Crosby, dann fünfzehn Minuten Glenn Miller, dann fünfzehn Minuten Tommy Dorsey. Das kompakte und auf Wettbewerb ausgerichtete Top 40-Programm, in dem verschiedene Platten nacheinander gespielt wurden, entwickelte sich erst viel später, als der Rundfunk sich im Wettstreit mit dem Fernsehen verändern mußte.

Natürlich existierte Promotion auch in den vierziger Jahren, aber sie war die Kunst von Gentlemen. Wenn zum Beispiel eine neue Dinah Shore-Platte fertig war, reiste Howie Richmond, ihr Promotion-Mann, einige Tage mit dem Flugzeug durchs Land und sprach mit Diskjockeys in Schlüsselpositionen wie Howard Miller in Chicago oder Bill Randall in Cleveland, die seine Freunde waren. Die großen Firmen schickten kaum Promotion-Leute los, nicht mal zu den etablierten Stationen. Sie verschickten einfach ihre Schallplatten. Promotion war nicht notwendig, so meinten sie zumindest. Sie wußten, daß ihre namhaften Künstler gespielt wurden. Die neugegründete Firma Capitol war die erste große, die sich die Mühe machte, Freiexemplare von Neuveröffentlichungen an Diskjockeys zu verschicken.

Wenn eine spezielle Promotion-Kampagne bei einer Radiostation durchgeführt wurde, so nahm man dies als neue und ungewöhnliche Praktik wahr. Mercury finanzierte zum Beispiel Rundfunkwettbewerbe, in denen Hörer ihren Lieblingssong von Frankie Laine an 150 Diskjockeys im ganzen Land telefonisch durchsagten. Damit sollten die Verkäufe aller Laine-Songs angeregt werden. Mercury nahm für sich in Anspruch, die erste Plattenfirma gewesen zu sein, die für einen ihrer Künstler eine Promotion-Tournee finanzierte – wiederum für Laine, und zwar 1948. Die Tournee umfaßte zwölf Auftritte in zwölf Städten, und Laine reiste mit Jan August und seinem Trio sowie dem HARRY COOK ORCHESTER in einem Eisenbahnwaggon, der an der Seite das Mercury-Logo trug. Mercury-Vertriebsleute verkauften die Eintrittskarten in Schallplattengeschäften am Ort für einen bis zwei Dollar fünfzig. Es war noch ein langer Weg bis zum Lear-Jet der ROLLING STONES.

Zu jener Zeit gab es bei den Plattenfirmen noch keine Promotion-Abteilungen, oder sie waren gerade erst in den Anfängen. Promotion wurde oft unabhängig von den Verlegern gemacht oder von den unabhängigen Vertriebsfirmen einzelner Label.

Technische Entwicklung:
Hitler in High Fidelity

In den späten vierziger Jahren modernisierten verschiedene technische Entwicklungen die Plattenindustrie. Die Veränderungen schufen ein neues Interesse an Schallplatten, das mit der Ausweitung der populären Musik in den fünfziger Jahren zusammenfiel.

Die erste dieser Entwicklungen war die Einführung des Magnetbandes und des modernen Tonbandgerätes in den USA kurz nach dem Zweiten Weltkrieg. Beides war den Nazis gestohlen worden, die bemerkenswerte Aufnahmesysteme entwickelt hatten, um ihre Propaganda-Sendungen, besonders Hitlers Reden, ausstrahlen zu können. Außer den offensichtlichen Vorteilen für die nachträgliche Abmischung und verbesserte Klangreproduktion ermöglichten es die Tonbandgeräte, an jedem beliebigen Ort der Vereinigten Staaten Aufnahmen zu machen. Die Plattenaufnahmen brauchten sich nicht mehr auf aufwendige Studios in wenigen großen Städten beschränken. Erst jetzt wurde es für jemanden wie Buddy Holly möglich, in Clovis, New Mexico, aufzunehmen. Unabhängige Produktionen und damit die Gründung unabhängiger Label wurden gefördert.

Die High Fidelity-Langspielplatte wurde 1948 von Columbia eingeführt. Sie wurde zusammen mit einer Unzahl notwendiger Nebenprodukte und Aufnahmeprozesse von Dr. Peter Goldmark entwickelt, der über sechsunddreißig Jahre lang Chef der CBS-Labors war. Goldmark, der selbst Kammermusik spielte, sagt, daß er verärgert gewesen sei über die Unterbrechungen einer von Toscanini aufgenommenen Symphonie durch die viel zu kurze Spieldauer der alten 78er-Platten. In einem interessanten Interview von 1972 erklärte er ziemlich prägnant die Entwicklung der LP:

Man mußte ein ganzes System entwickeln, ja – es erforderte so viele theoretische Überlegungen . . .

Zuerst war es notwendig, um die Spieldauer zu verlängern, die Anzahl der Rillen zu verändern – wodurch es notwendig wurde, die Abspielgeschwindigkeit zu verändern – wodurch wiederum die sich daraus ergebende Klangverzerrung aufgehoben werden mußte – wodurch sich die Aufgabe stellte, die damit auftauchende Begrenzung der Frequenzwiedergabe aufzuheben. Wir wollten ja schließlich das Gegenteil: eine Platte mit besserer Frequenzwiedergabe, weniger Verzerrung und weniger Nebengeräuschen. Alles wies in die gegensätzliche Richtung, und daher mußten wir genau den erforderlichen Umsetzer entwickeln, der in jenen Tagen in Unzen gemessen wurde.

Die erhältlichen Abspielnadeln waren vielleicht Kaktusstacheln oder sonst relativ spitze Dinge. Also mußten wir die Rillen verkleinern, um Verzerrung zu verhindern, denn wenn man eine Platte in ihrer Abspielgeschwindigkeit verringert, bedeutet es, daß die Lineargeschwindigkeit zur Innenseite der Platte hin eine unerträgliche Verzerrung hervorgerufen hätte. Also mußten wir den Radius der Abspielnadel verändern. Wir benutzten zuerst Saphire, dann Diamanten. Damit die winzigen Radii jedoch nicht die Platte zerstörten, mußten wir den Auflagedruck verringern – aber dann blieb die Abspielnadel nicht in der Plattenrille. Also mußten wir uns wieder des alten Konzepts der Nachgiebigkeit bedienen, wonach die Abspielnadel eine gewisse vertikale Elastizität haben mußte.

Mit anderen Worten: wir mußten eine ganz neue Technologie entwickeln. Die schmalere Rille erwies sich als empfindlicher für die Geschwindigkeitsveränderungen des Motors, der nicht für die 33⅓ Geschwindigkeit konzipiert war. Das Magnetfeld des Motors führte zu einem Brummton, und wegen der niedrigeren Signale, die es hervorrief, mußten wir gewährleisten, daß diese vereinigt wurden. Also mußten wir neue Motoren entwickeln und neue Antriebsysteme, außerdem neue Tonarme.

Die Resonanz des Tonarmes befand sich durchaus innerhalb des Frequenzsystems . . . durchaus innerhalb dessen der neuen Platte, außerhalb jedoch dessen der alten. Daher mußten wir alles neu konzipieren. Sogar die Mikrofone. Soviel war im Schellack verborgen. Den Leuten war nicht klar, warum die Platte Geräusche machte. Ich hielt Schellack für ein sehr geräuscharmes Material, aber es machte dennoch Geräusche. Dem Schellack mußte ein Schleifmittel beigegeben werden, damit die Abspielnadel verschleißen konnte und nicht der Schellack. . . . also mußten wir mit einem neuen Material aufwarten.

In jenen Tagen wurde Vinyl bei experimentellen Bedingungen für Schallplatten benutzt, aber das nützte nicht viel, denn Vinyl war teuer. Als wir uns aber vergegenwärtigten, daß wir ein ganzes Werk auf eine einzige Schallplatte bringen konnten, erschienen uns die Vinyl-Extrakosten als mehr oder weniger vertretbar, und um am Vinyl einzusparen, mußten wir die Platten dünner machen. Aber wenn die Platten dünner waren, bekam man Schwierigkeiten mit Verkrümmungen, und man mußte neue Wege finden, um das Vinyl zu stabilisieren, und das bedeutete neue Preßmethoden.

Dann hatte man schließlich eine wunderbare Klangqualität, aber man verfügte nicht über Mikrofone, die wunderbare Klangqualität einfangen konnten. Wir fanden heraus, daß die Mikrofone nicht in der Lage waren einzufangen, was wir den Summton der Geige nennen. Also begannen wir eine neue Untersuchung der Mikrofontechnik – benutzten Pistolenschüsse, um scharfe Klangwellen zu erzeugen, und wir fanden heraus, daß wir uns etwas einfallen lassen mußten. Das wurde schließlich das Kondensatormikrofon, das im Vergleich zur Wellenlänge kleiner war. Nachdem wir es entwickelt hatten und dabei eine schreckliche Menge Geld hatten ausgeben müssen, fanden wir heraus, daß die Deutschen es schon entwickelt hatten.

Dann wandten wir uns dem Lautsprecher zu und mußten daraus ein Instrument entwickeln. Ich bin nicht sicher, ob es bekannt ist, aber wir kamen mit dem ersten sogenannten Tisch-Hi-Fi-Gerät heraus; wir nannten es 360er. Wir mußten verdeutlichen, daß man nicht irgendein gigantisches Gerät brauchte, um außergewöhnliche Qualität zu gewährleisten. Also fanden wir heraus, wie man laute Boxen und gute Niederfrequenzen durch Luftkanalisierung und elastische Aufhängung in kleinen Gehäusen schaffen konnte – und daraus entwickelte sich die Hi-Fi-Industrie.[4]

Als Dr. Goldmark in den dreißiger Jahren mit einem Doktorgrad in Physik von der Universität in Wien in die USA kam, wollte man ihn bei der RCA nicht anstellen. Da er insgesamt gut 160 Patente sein eigen nennt, ist er ein wohlhabender Mann, aber für die Erfindung der Langspielplatte bekam er keine Tantiemen. Die gingen alle an die CBS.

Die ersten LPs hatten einen Durchmesser von 10 Inches (25,4 cm). Sie waren so geplant, daß sie ein Paket aus vier 78er-Platten ersetzen konnten. Dieselbe Menge Studiozeit, zwei Sessions, wurde für die Produktion einer 10″ (Inches) LP aufgewendet wie sonst für vier 78er. Die ersten Pop-LPs waren kaum «Konzept»-Platten. Sie dienten eigentlich nur als der Rahmen, innerhalb dessen ein Sänger seine Hit-Singles neu präsentieren konnte. Ein oder zwei Hits, die das Album verkauften, wie *Cry* für Johnny Ray, wurden mit einer Anzahl unbekannter Songs gekoppelt, die das Album füllten. Die Firmen, die LPs veröffentlichten, waren im Bereich der klassischen Musik auch ein wenig geldgierig. Sie teilten eine Symphonie in zwei Teile, die sie jeweils auf einer Plattenseite veröffentlichten. Das in der Mitte der Platte klebende Etikett (Label) wurde entsprechend vergrößert, um den unbenutzten Raum zu füllen. Insgesamt betrachtet bekam der Käufer aber auf einer LP mehr Musik für sein Geld.

Durch die Einführung der LP sicherte sich Columbia einen Vorsprung vor RCA in dem sogenannten «Kampf um die Geschwindigkeiten». Columbias Erfolg machte besonders General Sarnoff von RCA schwer zu schaffen – so heißt es jedenfalls –, weil RCA in den dreißiger Jahren eine LP mit der Geschwindigkeit 33⅓ versuchsweise auf den Markt gebracht hatte, jedoch wieder davon ablassen mußte, weil das Publikum sie – wahrscheinlich wegen ihrer geringen Klangqualität – nicht akzeptieren wollte. Sarnoff war entschlossen, ein Produkt auf den Markt zu bringen, das die Columbia-LP überflügeln sollte.

Seine Antwort war die 45er Single. Sie hatte bestimmte Vorteile. Da sie leichter und weniger zerbrechlich war als die 78er, ließ sie sich zu geringeren Kosten und schneller verschicken. Das machte sie besonders geeignet für den Pop-Singles-Markt, auf dem es wichtig war, daß eine Firmen-Version eines Songs erhältlich war, bevor die Cover-Version veröffentlicht wurde. Die 45er begann sich auf dem Singles-Sektor durchzusetzen. RCA half nach, indem man einen 45er-Plattenspieler herausbrachte, der zum Niedrigstpreis verkauft wurde. 1953 hatte man schon 10 Millionen Geräte verkauft und die anfänglichen Widerstände der Konsumenten gegen die Geschwindigkeit überwunden. Die Rundfunkstationen konnten sich ebenfalls anfangs nicht mit der 45er anfreunden, weil man um ihretwillen ziemlich viel Geld in neue Abspielgeräte investieren mußte. RCA und Mercury forcierten jedoch den Wechsel, als sie 1954 ankündigten, sie würden nur noch 45er statt 78er-Platten an die Sender verschicken. Da die 78er-Platte damit langsam ausgebootet wurde (bis 1957 blieb sie auf dem R&B-Markt noch erhältlich), reduzierte sich der Kampf der Geschwindigkeiten auf die Auseinandersetzung zwischen der 45er-Single und der LP.

Für längere Musikstücke, besonders für Symphonien und klassische Musik, war die 45er trotz ihrer überlegenen Klangqualität nicht viel besser geeignet als die 78er; es war noch immer notwendig, sechs oder sieben 45er abzuspielen, um sich eine Symphonie anzuhören, die auf einer einzigen LP hätte wiedergegeben werden können. Diese Tatsache war einigen leitenden Angestellten der RCA – zu ihrem eigenen Pech – nicht sonderlich bewußt. Nach einer Umwälzung bei RCA im Jahre 1950 sagte ein Angestellter zu George Marek, dem neuen Chef der Klassik: «45er spielen fünf Minuten, und die Pause, die dann notwendig wird, dauert nur sieben Sekunden. Wen könnten diese lumpigen sieben Sekunden stören?» «Das muß man anders sehen», erwiderte Marek mit dem Humor, der für jene Zeit vielleicht kennzeichnend ist. «Sie befinden sich mit der Frau ihres besten Freundes im Bett, und alle fünf Minuten wird die Tür geöffnet. Sie ist nicht lange offen, nur sieben Sekunden . . .»

Columbias Nachteil in diesem Wettbewerb bestand von Anfang an darin, daß man für die neue LP kein Abspielgerät anbieten konnte. Ja, die Angestellten der Schallplattenabteilung von Columbia waren in den späten vierziger Jahren von ihren Vorgesetzten in der Dachgesellschaft angewiesen worden, die LP ohne den dazugehörigen Plattenspieler zu starten. Die Columbia-Dachgesellschaft war besorgt, daß die RCA-Kombination von 45er und Abspielgerät zu stark in den Markt einbrechen würde, wenn sie einen mehrjährigen Vorsprung vor einer ähnlichen von der Columbia auf den Markt gebrachten Kombination bekäme. Der Konkurrenzkampf war zu jener Zeit erbittert, denn es ging um mehr als nur die Plattenabteilungen beider Korporationen. Es gab auch noch den Kampf um den Fernsehmarkt, bei dem es um weitaus größere Summen Geld ging.*

Jedenfalls kam Columbia mit einer Teillösung, einem Adapter, auf den Markt. Unterstützung erhielt die Firma von dem Plattenhändler Sam Goody in New York City, der Adapter «verschenkte», wenn ein Kunde bei ihm Schallplatten im Werte von 25 Dollar Listenpreis einkaufte. Tausende von Adaptern wurden in den Goody-Läden an die Kunden abgegeben oder durch die Abteilung für den Postversand verschickt.

Endergebnis war, daß sowohl LP wie 45er sich durchsetzten – die 45er für Singles und die LP für Albenzusammenstellungen und klassische Musik. Hauptsächlich wegen der Einführung der High Fidelity (Hi-Fi) und der Etablierung der beiden neuen Geschwindigkeiten zogen die Verkäufe von Phonographen jetzt an. Zwei Drittel mehr Geräte wurden 1954 verkauft als 1953, doppelt so viele wie 1952. Die Anzahl lag immer noch weit unter der von 1947, welche den Konsum-Boom der Nachkriegszeit reflektierte, aber der Anstieg war immerhin bezeichnend. Die Verkäufe von Rundfunkgeräten in derselben Zeitspanne von 1952–54 blieben gleich. Die wachsende Anzahl von Plattenspielern in amerikanischen Haushalten bildete die Basis für die Schallplatttenverkäufe und besonders für den Rock 'n' Roll und die in den sechziger Jahren folgende progressive Rock-Explosion.

---

* Ein derartiger Konkurrenzkampf wiederholte sich in jüngster Vergangenheit bei der Einführung alternativer Video-Systeme verschiedener Firmen. Obwohl diese Kämpfe von der Oberfläche her als irrational oder gar verschwenderisch erscheinen mögen, sind sie doch im korporativen System «notwendig». Wenn es einer Firma gelingt, den Markt mit ihren Geräten zu monopolisieren, ist sie in der Lage, das langfristige und lukrative Geschäft mit Ersatzteilen zu kontrollieren, die zukünftige Entwicklung zu diktieren und die Verbesserung des Systems nach Gutdünken zu betreiben. Schließlich kann sie sich die absolute Kontrolle über die Software sichern, die mit dem Verkauf der Hardware einhergeht. Dazu kommt, daß die Firma ihr System weltweit in Lizenz geben kann und daher weitere Profite macht.

«Schuhe, Schallplatten, das ist doch alles dasselbe»:
Sam Goody erobert die Stadt

Der Vertrieb von Schallplatten in den frühen fünfziger Jahren war im Verhältnis dazu, was in den sechziger Jahren aus ihm werden sollte, ein stetiges und ruhiges Geschäft. In den Fünfzigern vertrieben die großen Firmen – Columbia, RCA-Victor, Decca und Capitol – ihre Schallplatten über Zweigunternehmen; im Falle RCA bedeutete das: über die Filialen, die Geräte verkauften. Unabhängige Vertriebsfirmen versorgten die Mehrheit der unabhängigen Labels. Jede Vertriebsfirma hatte jeweils eine Anzahl von Labels zu betreuen, zum Beispiel Atlantic, Dot und Jubilee, und manchmal auch größere Firmen wie MGM und London. Diesen Vertriebsfirmen wurden die Rechte für bestimmte Bereiche des Landes übertragen.

Inzwischen hatte eine bestimmte Vertriebsform mit der Bezeichnung «one-stop» sich allenthalben etabliert. One-Stops boten Singles von den meisten Firmen an und verkauften sie an Automatenaufsteller, die sich nicht an viele verschiedene Vertriebsfirmen wenden wollten, um an die gewünschten Schallplatten zu kommen. Der Vertrieb ist eine Funktion der Schallplattenindustrie, über die außerhalb der Branche nur selten geredet wird, aber sie ist nichtsdestoweniger von enormer Bedeutung. Besserer Vertrieb war oft einer der Gründe, daß eine große Firma einem unabhängigen Label das Wasser abgraben konnte, wenn beide mit konkurrierenden Versionen eines und desselben Songs auf den Markt kamen. Später wurde die Promotion, die unabhängige Vertriebsfirmen machten, zu einem der Faktoren, die verantwortlich waren für den Aufschwung eines unabhängigen Label.

Die wichtigste Veränderung im Schallplattenhandel, die zu jener Zeit eintrat, bestand darin, daß immer mehr Diskount gegeben wurde. Lange Zeit waren Schallplatten hauptsächlich in kleinen «Tante-Emma»-Läden zum «vom Hersteller empfohlenen Preis» oder zum «Listenpreis» verkauft worden. Die Besitzer dieser Geschäfte machten kaum Werbung und führten ihre Geschäfte auf die ihnen entsprechende normale Weise.

Die fünfziger Jahre brachten weitreichende Veränderungen im Kauf- und Verkaufsverhalten in den Vereinigten Staaten. Ladenketten wie die von Sears, Korvettes und Montgomery Ward breiteten sich aus, Supermärkte nahmen die Plätze der kleinen Lebensmittelgeschäfte an den Straßenecken der Städte und Großstädte ein, und die moderne Idee, Waren im Preis herabzusetzen, dann die Preisreduzierung durch große Anzeigenkampagnen bekanntzumachen und schließlich durch Massenabsatz die erforderlichen Gewinne zu machen, setzte sich immer mehr durch.

Im Schallplattenhandel war der berühmteste dieser neuen Diskount-Händler Sam Goody in New York City. Goody war ein auffälliger Mann, der eines Tages begann, neben seinem «Tricks, Games and Magic»-Laden in der Cortland Street ins Geschäft mit gebrauchten Platten aus Musikautomaten einzusteigen. Goody war überrascht, wie gut sich Schallplatten verkaufen ließen und verschaffte sich immer mehr Restposten. Nachdem er sich einen Kundenstamm aufgebaut hatte, wandte er an, was er als allgemeine Verkaufsprinzipien bezeichnete.

«Es hätte alles mögliche sein können, was wir verkauften», sagte er später einmal. «Schuhe, Schallplatten, das ist doch alles dasselbe.» Ziemlich schnell senkte Goody für sich den Listenpreis der Hersteller um dreißig Prozent und verkaufte eine 3,98 Dollar-Platte für 2,80 Dollar. Da die Platte ihn ungefähr 1,86 Dollar kostete, hatte er selbst noch immer einen Dollar oder ungefähr 30 Prozent über. «Wenn man 30 Prozent vom Listenpreis runtergeht, heißt das nicht, daß man nur 10 Prozent verdient – man verdient noch immer 30 Prozent. Die anderen Leute wollten das nie einsehen.» Goody machte seinen Massenumsatz, indem er Preise und Sonderangebote in weitgestreuten Zeitungsanzeigen verbreitete – eine zu jener Zeit neue Idee. Und er richtete sein Geschäft so ein, daß die Unkosten sich nicht höher als auf 12–15 Prozent beliefen. Goody ging es sehr gut damit, und der Schallplatten-Diskounthandel verbreitete sich.

Das geschah jedoch nicht ohne Widerstand. Nachdem die kleinen Händler auf diese Weise aus dem Geschäft getrieben wurden, vereinigten sich die übriggebliebenen in der Association of Record Dealers und erhoben den Vorwurf, sie seien «Opfer unfairer Geschäftspraktiken». Goody wies darauf hin, daß die Listenpreise der Hersteller keine von der Regierung überwachten und regulierten «Festpreise» seien und daß überdies «faire» Gesetze unmöglich durchzusetzen seien, da die Anzahl der Platteneinzelhändler viel zu groß sei. Faire Handelsbestimmungen wurden im Plattengeschäft nie in Anwendung gebracht, aber das mag einfach daran gelegen haben, daß die Kräfte, die sich dafür einsetzten, politisch nicht stark genug waren, um die Regierung zum Handeln zu bewegen. In anderen Industrien wurden derartige Bestimmungen zum Wohle von Herstellern in Anwendung gebracht, um künstlich hohe Preise zu gewährleisten und einer Wettbewerbssituation entgegenzuwirken. Diese Industrien waren jedoch mächtiger als die Schallplattenindustrie jener Zeit.

Willkürliche Preissenkungen hielten an – in Washington, D. C., arbeiteten Einzelhändler sogar mit Columbia zusammen, um für jeweils drei verkaufte LPs eine umsonst abgeben zu können –, bis 1954 diese Art des Diskount fast zu einer Selbstverständlichkeit geworden war und es keine kleineren Händler mehr gab, die Proteste hätten anmelden können.

Die Verkäufe von Victor lagen 1953 um 20 Prozent über denen des Vorjahres, und die Gesamtumsätze der Industrie hatten auch leicht angezogen. Der Firmenchef Mannie Sachs schrieb den Zuwachs den Abspielgeräten mit mehreren Geschwindigkeiten zu und außerdem dem gestiegenen Interesse an Schallplatten, das wohl durch den Hi-Fi-Sound hervorgerufen war. Es hatte den Anschein, als werde das Schallplattengeschäft aus seiner sechsjährigen Stagnation erwachen. In einem Augenblick des gesteigerten Optimismus sagte Sachs voraus, die Umsätze könnten im Jahre 1959 die 300 Millionen-Grenze erreichen. Er täuschte sich nur um 211 Millionen (70 Prozent). Im Jahre 1959 beliefen sich die Umsätze auf 511 Millionen Dollar. Die Expansion des Geschäftes sollte bald sogar jene überraschen, die es führten.

2

Der Rock ’n’ Roll bleibt uns erhalten

Das Schallplattengeschäft in den fünfziger Jahren

Die überschäumende Lebensfreude und die Spontaneität des Rock ’n’ Roll brach mit Übermacht über der jungen Generation der fünfziger Jahre herein, die sich eher in der einsamen Masse verloren fühlten. In Amerika war es langweilig. Mit der Wahl Eisenhowers 1952 begann das Land eine Zeitspanne nie dagewesener konservativer Hegemonie und Kontrolle. Der greise General mit dem schwachen Herzen und dem noch schwächeren Golfschlag wurde Präsident einer expandierenden Pax-Americana-Ökonomie, der McCarthy-Ära antikommunistischer Hysterie, einer Anzahl militärischer Interventionen in Übersee zur Sicherung von US-Investitionen und schließlich der notwendigen Außenpolitik des Kalten Krieges, mit dem alle Gegner in Schach gehalten wurden. Daheim wuchsen Millionen von Kindern an neuem Ort auf – in Suburbia. Jeden Tag pendelten ihre Väter in die Stadtzentren, um das täglich Brot zu verdienen und die Konsumwirtschaft auf Trab zu halten. Die Nachkriegskinder konnten kaum gehen, doch ihre älteren Brüder und Schwestern fühlten sich schon wie die Goldhamster in der Tretmühle und ahnten eine gewisse Verzweiflung in der Zukunft. Obschon die Arbeitnehmer und Arbeiter angeblich in eine glücklichere Mittelklassen-Existenz hineinwuchsen, war ihr neu erworbener Reichtum kaum in der Lage zu übertünchen, daß ihr Lebensstil unbefriedigend blieb. Es war kein Geist darin. Der steckte jedoch im Rock ’n’ Roll. Und eben diese Energie war es, die die Kids anzog.

Während sich diese neue Musik im Süden und in den Gettos der großen Städte in den Jahren nach dem Zweiten Weltkrieg zusammenbraute, brachten die großen Firmen munter Mainstream-Pop von Crooners wie Frank Sinatra und Frankie Laine auf den Markt. Ein halbes Jahrzehnt verging, bevor die großen Firmen in der sich immer höher türmenden Flutwelle des Rhythm & Blues und Rock 'n' Roll mit ihrem Konzept populärer Musik kein Land mehr sahen. Und so geschah es . . .

Während der Kriegsjahre erweiterte die Rhythm & Blues-Musik, in der Industrie noch immer als «race music» bezeichnet, ihr Publikum unter den Schwarzen. Durch die Verbreitung der sich an Schwarze richtenden Radiostationen, die natürlich auch von jungen Weißen gehört wurden, drang die Rhythm & Blues-Musik auf den Markt der weißen Bevölkerung. Nachdem sie den Erfolg der unabhängigen Firmen auf dem expandierenden R&B-Markt konstatieren mußten, versuchten die Großen, die diesen Markt ja vor dem Krieg kontrolliert hatten, ihn wiederzugewinnen, indem sie R&B-Sub-Labels ins Leben riefen oder R&B-Songs von ihren eigenen Pop-Sängern covern ließen. Außer bei einigen speziellen Songs schlugen diese Versuche jedoch fehl, und die von den Unabhängigen kontrollierte R&B-Musik nahm weiter an Bedeutung zu. Mitte der fünfziger Jahre begannen einige weiße Musiker, die ihre Wurzeln im Country hatten, die Country-Musik mit dem Rhythm & Blues zu verbinden. Die sich daraus entwickelnde Form nannten sie Rockabilly, und sie wird inzwischen als reiner Rock 'n' Roll angesehen. Sun Records in Memphis, wo man Elvis Presley, Carl Perkins und Jerry Lee Lewis entdeckte, waren die Pioniere dieses neuen Rock, und ihnen zur Seite trat die in Chicago ansässige Blues-Firma Chess, die Chuck Berry aufnahm.

Dieser neue Rock 'n' Roll wurde von einer zunehmenden Zahl von Radiostationen sowie durch rassenintegrierte Konzerte unterstützt. Die Entwicklung des reinen Rock 'n' Roll sorgte für unglaublichen Aufruhr auf der Pop-Musik-Szene und zwang die Großen zu dem Versuch, die neue Musik zu adaptieren und deren immer größer werdendes Publikum zu gewinnen. Ihr Versuch jedoch mißlang, und ihre ersten Erfolge hatten sie nicht vor 1958, als die Musik, wenn auch nicht die Unabhängigen, etwas ruhiger wurde.

In jener Zeitspanne von 1958 bis zum Auftauchen der Beatles 1964 gab es tatsächlich eine Art Aufweichung des Reißt-alles-in-Stücke-Rock 'n' Roll der Sun- und Chess-Musiker, obwohl einige wichtige Stilarten des Rock 'n' Roll wie die Harmoniegesangsgruppen aus den Städten populär blieben. Eine Anzahl miteinander in Verbindung stehender Faktoren war verantwortlich für Einschläferung, darunter an erster Stelle der Beginn der Fernsehserie «American Bandstand».

Obwohl für die Rock 'n' Roll-Ära der Konkurrenzkampf zwischen den Großen und den Unabhängigen als dynamischer Faktor am allerwichtigsten war, beeinflußten auch einige andere Entwicklungen die Industrie. Schallplattenclubs, bei denen man per Post bestellte, und die Stereoplatte traten auf den Plan.

Die Ausweitung des Rhythm and Blues

Der Zweite Weltkrieg führte zu den meisten jener Bedingungen, die für die Ausweitung der Rhythm & Blues-Musik verantwortlich waren. In großer Anzahl zogen Schwarze aus dem Süden in die Großstadt-Gettos des Nordens und Westens. Mehr als dreimal so viele Menschen (1260000) verließen in den vierziger Jahren den Süden als im Jahrzehnt zuvor. Da wegen des Kriegszustandes Arbeitskräfte gesucht wurden, bekamen die Schwarzen Anstellungen in der Rüstungsindustrie, in der relativ hohe Löhne gezahlt wurden. Die Vollbeschäftigung verschaffte ihnen einen neuen Wohlstand, durch den sie in der Lage waren, mehr Geld für Unterhaltung auszugeben.

Durch den Krieg kam es zudem fast zu einem Stillstand bei den Schallplattenaufnahmen von Rhythm & Blues-Musik. Während der zwanziger Jahre versorgten, wie schon zuvor erwähnt, nicht wenige unabhängige Firmen zusammen mit den Großen den Markt für schwarze Musik; da aber die kleinen Firmen durch die Depression ihrer Existenzgrundlage beraubt wurden, gelangten die Großen an die Kontrolle über den sogenannten «race»-Markt. Während des Krieges gaben die Großen dann die schwarze Musik ebenso wie die Country & Western-Musik auf, weil ein Mangel an Schellack herrschte. Man hatte sich entschieden, ausschließlich den Pop-Sektor weiterzubetreiben.

Zu einer Zeit, da in der schwarzen Bevölkerung eine beträchtliche Nachfrage an Schallplatten bestand, ergab sich aus der Aufgabe des R&B-Sektors durch die Großen für eine große Anzahl unabhängiger Firmen die Möglichkeit, ins Gescnäft einzusteigen. Beobachter und Kenner der Szene wie Nat Shapiro sprechen davon, daß in den vierziger Jahren ungefähr vierhundert neue Firmen gegründet wurden. Bis 1952 überlebten wahrscheinlich ungefähr hundert von ihnen. Die wichtigsten waren Atlantic in New York, Savoy in Newark, New Jersey, King in Cincinnati, Chess in Chicago, Peacock in Houston und Modern, Imperial und Specialty in Los Angeles.

Obwohl einige dieser Firmen aus einem bestimmten Interesse an Jazz und Blues gegründet wurden, wurden die meisten von ihren Gründern als gute Möglichkeit angesehen, Geld zu verdienen. Man brauchte keine Angst vor der Konkurrenz durch die großen Firmen zu haben, es bestand eine wachsende Nachfrage nach derartigen Schallplatten, und überdies war der Rhythm & Blues-Sektor noch durch einen weiteren Faktor attraktiv: anders als auf dem Pop-Sektor bestand hier keine zwingende Notwendigkeit, den Künstlern ihre Tantiemen auszuzahlen. Komponistenrechte wurden für wenige Dollar eingekauft oder gar für das «Privileg» einer Schallplattenaufnahme beansprucht. Saul Bihari, der Gründer von Modern, einem Label, bei dem Lightnin' Hopkins,

John Lee Hooker, Etta James, B. B. King und andere Aufnahmen machten, sagte dazu:

> Wir brachten sie ins Studio, gaben ihnen 'ne Flasche Schnaps, und sagten: «Singt was von eurem Mädchen!» Oder: «Sing mir 'n Lied von Weihnachten.» Sie zupften ein bißchen an Gitarren, dann sagten sie «O. K.» und improvisierten irgendeinen Song. Wir gaben ihnen 'n Thema, und los ging's. Wenn es Zeit wurde, daß sie aufhörten, winkten wir ihnen, daß sie noch zehn Sekunden hatten.[1]

Die Großen hatten sich nicht viel besser verhalten, als sie die schwarze Musik kontrollierten. Auch die besten Musiker bekamen nicht mehr als 5 Dollar für eine Plattenseite. Der Lead-Musiker oder -Sänger bekam 10 Dollar.

Obwohl die R&B-Unabhängigen kaum über einen Etat für Promotion oder Geschäftsexpansion verfügten und sich mit einer unzureichenden, oft nur regionalen Vertriebssituation abfinden mußten, machten sie mit den Hits oft beträchtliche Profite. Modern verkaufte seine Blues-Singles in den späten vierziger Jahren für jeweils 1,05 Dollar, während die Großen 78 Cents für ihre Pop-Singles bekamen. Die Schwarzen waren bereit, für ihre Musik mehr zu zahlen.

«Rhythm & Blues» war ein Oberbegriff, der sich auf verschiedene Stilarten schwarzer Musik in verschiedenen Gebieten des Landes bezog. Die einfachste Definition von Rhythm & Blues war folgende: Vorkriegs-Blues-Stile mit einem zusätzlichen Tanzrhythmus, aber überdies auch Harmoniegesangsgruppen. Der frühe Rhythm & Blues ist auf die verschiedenste Weise kategorisiert worden, zum Teil vielleicht übertrieben, denn das Publikum machte durchaus nicht dieselben komplexen Unterscheidungen, wie sie von den Blues-Historikern getroffen wurden. Für das allgemeine Publikum existierten eigentlich nur drei Arten von R&B: der coole West-Coast-Sound, an dem gewöhnlich eher sanfte Sänger mitwirkten, Hörner und anpassungsfähige Rhythmusgruppen, der elektrische Blues der Muddy Waters-John Lee Hooker-Prägung und schließlich die Harmoniegesangsgruppen wie die DOMINOS oder CLYDE MCPHATTER AND THE DRIFTERS. Für viele unabhängige Firmen bestand eigentlich nicht der geringste Unterschied in den Stilarten. Don Robey, der Gründer von Duke-Peacock in Houston, sagt dazu: «Ich glaube nicht, daß es einen Unterschied zwischen R&B und Blues gibt. Wir veröffentlichen es, und wenn es in New York ankommt, gilt es schon als etwas anderes. Manchmal wird es sogar Folk Music genannt.» Für die Musikindustrie insgesamt und das weiße Publikum war «rhythm and blues» nichts als ein Euphemismus für «race music», jedwede Musik, die sich an ein schwarzes Publikum richtete und für dieses konzipiert war.

Aber nicht nur die Zuwanderung der Schwarzen in die Städte und Übernahme des Race Music-Sektors durch die Unabhängigen, sondern auch das Auftauchen von Radiostationen, die sich an die schwarze Bevölkerung richteten, waren Ursache dafür, daß sich das Publikum der R&B-Musik vergrößerte. Die R&B-Stationen wurden in den Kriegsjahren gegründet, da die Mehrheit der Schwarzen höhere Löhne erhielt, wenn sich diese auch weiter unter dem Niveau der Verdienste weißer Bürger befanden. Die ersten Werbeträger der Sender waren Spare-Rib-Restaurants und Hersteller von Haarpomade. Die Stationen sendeten Blues, Jazz, Gospel und verschiedene Stilrichtungen des R&B und beeinflußten dadurch naturgemäß die Verkäufe der unabhängigen Schallplattenfirmen.

Der Zuwachs unter den R&B-Stationen ging einher mit dem zahlenmäßigen Anwachsen anderer nicht an die nationalen Netze gebundener Stationen in den späten vierziger und den fünfziger Jahren. Das Fernsehen, das in den frühen fünfziger Jahren auf dem Massenmarkt eingeführt wurde, zwang viele Radiostationen, besonders die dem Netz angeschlossenen, sich eher lokal auszurichten. Das nationale Publikum schaltete auf Fernsehern um.

Das Radio war der wichtigste Faktor dafür, daß das weiße Publikum Bekanntschaft mit schwarzer Musik machte. Für eine immer größer werdende Anzahl weißer Teenager, die unzufrieden waren mit der Hausmannskost Rosemary Clooney und Frankie Laine, eröffnete sich durch leichte Drehung der Sendereinstellung eine völlig neue Welt. Es war unmöglich, in den Ätherwellen eine Rassentrennung durchzusetzen, und weiße Teenager begannen, den R&B-Sendungen zuzuhören: Hunter Hancocks Show in Los Angeles, die von Dewey Phillips in Memphis, von Poppa Stoppa in New Orleans, John Sharp Williams in Oakland, Daddy-O-Daily in Chicago und Gene Noble in Nashville.

Die Verbreitung des R&B durch das Radio führte zu einem Phänomen, das bald die Plattenindustrie drastisch verändern sollte: weiße Teenager begannen R&B-Schallplatten zu kaufen. Das begann schon 1952 in Los Angeles und Cleveland, etwas früher sogar im Süden. Im Mai 1952 meldete der Dolphin Record Store in Los Angeles, daß man 40 Prozent des Umsatzes mit Weißen machte, obwohl man noch ein paar Monate zuvor einen fast ausschließlich schwarzen Kundenstamm gehabt hatte. Am besten verkauften sich bei den weißen Kunden R&B-Instrumentals. Frühe Platten, die bei schwarzen und weißen Kunden populär waren: Fats Domino *The Fat Man*, Imperial 1950; Jackie Brenston *Rokket 88*, Modern 1951; Lloyd Price *Lawdy Miss Clawdy*, Specialty 1952; Joe Turner *Chains Of Love* (1951), *Sweet Sixteen* (1952) und *Honey Hush* (1953); Sticks McGhee *Drinkin' Wine Spo-dee-o-dee* – alle auf Atlantic.

Ahmet geht zum Berge und Atlantic überschreitet Grenzen

Die vielleicht wichtigste Schallplattenfirma, die auf dem R&B-Sektor aktiv war, hieß Atlantic Records und war in New York ansässig. Die Firma hat bis heute ihren äußerst wichtigen Standort in der Plattenindustrie behalten. Sie profitierte von der Ausweitung des R&B ins weiße Publikum während der Freed-Ära und später von den Blues-Revival ausgehend von Großbritannien, sowie vom Aufkommen des progressiven Rock in den USA in den späten sechziger Jahren.

Atlantic Records wurde im Oktober 1947 in New York von Ahmet Ertegun und Herb Abramson gegründet. Anders als die Gründer vieler anderer unabhängiger Schallplattenfirmen, war Ertegun weder ein ausgebuffter Plattenladenbesitzer noch ein bettelarmer Einwanderer. Er war der Sohn eines prominenten türkischen Diplomaten, der in den vierziger Jahren Botschafter seines Landes in den USA war. Er und sein Bruder Nesuhi, der sich der Firma 1955 anschloß, um die Jazz-Abteilung zu leiten, waren begeisterte Anhänger von Jazz und Blues. Sie veranstalteten Jazz-Konzerte in der türkischen Botschaft und verfügten über eine private Schallplattensammlung von mehr als 30000 Exemplaren. Ihre Liebe zu der Musik verhalf ihnen zu einem intuitiven Gefühl dafür, was gut war – und kommerziell auf dem R&B-Sektor. Ihr eigener Geschmack war für sie Vorteil gegenüber jenen Männern, die R&B-Labels nur gründeten, um auf einem offensichtlichen Markt Geld zu machen.

Abramson war A&R-Mann bei National Records gewesen, einer erfolgreichen frühen unabhängigen Firma, während er noch die Universität in New York besuchte. Er hatte JOE TURNER AND THE RAVENS für National unter Vertrag genommen. Überdies hatte er Jubilee Records gegründet. 1953 wurde Abramson als Zahnarzt zur Armee einberufen – er verfügte über diverse Talente –, und Jerry Wexler kam zu Atlantic, ursprünglich, um administrative Aufgaben zu erfüllen. Wexler war der Assistent von Abe Ollman bei Robbins Music gewesen und hatte außerdem beim «Billboard» gearbeitet. Bald wurde er in Zusammenarbeit mit Ahmet Ertegun Produzent/A&R-Chef. Abramson verkaufte 1958 seine Anteile und gründete Triumph Records.

Ertegun und Abramson begannen die Arbeit in ihrer Firma vom Wohnzimmer des Hotelappartements aus, das Ertegun in Manhattan bewohnte, bevor sie etwas geeignetere Büroräume an der Eighth Avenue bezogen. Die ersten Veröffentlichungen der Firma waren *Old Black Magic* von Tiny Grimes und *The Spider* von Joe Morris. Die frühen Platten waren größtenteils Instrumentalaufnahmen. Ihr erster Hit wurde *Drinkin' Wine Spo-dee-o-dee* von Sticks McGhee, und ihr erster «Star» –

jemand, der des öfteren bei ihnen Platten aufnahm – war Ruth Brown, die mit *So Long* begann.

1953 hatten sie schon eine Anzahl von Künstlern mit Hits zu verzeichnen: Ruth Brown, die außer *So Long* noch *Teardrops From My Eyes* (1951) und *5–10–15 Hours* (1952) aufnahm; LaVerne Baker; die DRIFTERS – *Money Honey*; JOE TURNER AND THE CLOVERS – *Don't You Know I Love You* und *One Mint Julep* (1952). Da viele ihrer populärsten R&B-Künstler einen mittleren Bereich zwischen Country-Blues und anspruchsvollem Jazz-Big-Band-Blues abdeckten, die beide beim weißen Publikum in ihren reineren Formen nicht ankamen, hatten sie einen starken Ausgangspunkt, als die R&B-Platten die Grenzen zum Markt der weißen Schallplattenkäufer überschritten. In den Jahren 1954–56 überschritten viele der Atlantic-Platten die Schwelle zum Pop: *Sh-Boom* von den CHORDS, *Tweedle Dee* und *Tra La La* von LaVerne Baker, *Oh What A Dream* (1954) und *Lucky Lips* (1956) von Ruth Brown sowie das berühmte *Shake, Rattle And Roll* (1954) von Joe Turner. 1950 hatte Atlantic drei Platten, die die Top 10 auf dem R&B-Markt erreichten, aber schon 1956 konnte die Firma siebzehn Top 10-Hits verzeichnen, etwas über 20 Prozent auf dem R&B-Markt jenes Jahres.

Es ist nicht ganz klar, ob Ertegun seine Künstler in Richtung des weißen Pop-Markts dirigierte, aber von Anfang an strebte er nach Kommerzialität, und sie begannen, die Grenzen zu überschreiten. 1967 erinnerte er sich:

> Ich sagte zu Ruth Brown: «Singen wir etwas Blues», und sie antwortete mir, ihr gefiele Blues nicht. Also ließ ich Künstler wie sie einen Blues aufnehmen, gleichsam als Gefälligkeit für mich. In diesen Aufnahmen war etwas von Kirchen-Feeling. Und als Ergebnis kamen die Blues-Platten, die wir mit Ruth Brown machten, heraus wie urbanisierte, leicht verwässerte Versionen des echten Blues. Aber wir entdeckten, daß weiße Kids begannen, diese Platten zu kaufen, weil sie den echten Blues nicht schlucken konnten. Die Vertriebsleute sagten uns, daß sie diese Platten als Pop verkauften.[2]

Atlantics Stärke war von Anfang an die Produktionsarbeit. Man schaffte es, Künstlern, die für andere Firmen Aufnahmen gemacht hatten – wie zum Beispiel Ray Charles, Ivory Joe Hunter, Chuck Willis, Joe Turner und Aretha Franklin –, einen deutlich neuen Stil zu geben. Turner und Franklin verhalfen Atlantic zu ihren ersten wirklichen Erfolgen. In den fünfziger Jahren nahm man Leiber und Stoller unter Vertrag, und diese neuen Produzenten brachten unter anderem eine lange Reihe von Hits mit den COASTERS heraus. In den sechziger Jahren holte man sich jüngere Produzenten wie Bert Berns, obwohl Wexler mit anscheinend ununterbrochenem Erfolg dabeiblieb. In den fünfziger Jahren war die Firma überdies mit äußerst talentierten Session-Musikern gesegnet: King Curtis und Sam Taylor am Saxophon, Mickey Baker an der Gitarre und Henry Van Wells am Klavier, sowie einige andere.

Die Erteguns und Wexler erfreuten sich des Rufs, sehr gut mit ihren Künstlern auszukommen, ob sie nun weiß oder schwarz waren. «Sie liebten Ahmet», sagte Phil Spector Jahre später in einem Interview mit der «Rolling Stone», «denn er sieht aus wie Lenin, er hat seinen Bart und ist clever und feinfühlig, er trifft den richtigen Ton, er spricht die Sprache der Schwarzen, er geht mit ihnen nach Harlem und ist gut drauf. Er raucht Shit, und alle stehn auf ihn.»

Erteguns Glaubwürdigkeit verschaffte ihm einen gewissen finanziellen Einfluß bei den schwarzen Musikern, die größtenteils mit extrem unehrlichen Managern und Plattenfirmenangestellten zu tun hatten. Spector erzählt im selben Interview darüber eine Geschichte:

> Es ist ein paar Jahre her, da saßen wir mit ein paar Schwarzen am Tisch, und einer von ihnen sagte: «Scheiße, Mann, dein Vertrag ist einen verdammten Scheißdreck wert.» Wir waren in einem Restaurant, und Ahmet sieht sich um, ob uns auch keiner hört. Der Typ fing wieder an: «Mercury will uns sieben Prozent geben, und du kommst mit fünf Prozent. Das nenn ich Halsabschneiderei.» Ahmet sagte: «Nicht so laut.» Und der andere sagte: «Nee, Mann, ich kann bei dir keinen Vertrag für fünf Prozent unterschreiben, wenn ich bei Mercury sieben haben kann.»
>
> Und ich lehnte mich zurück, um abzuwarten, was Ahmet dem Typen antworten würde. Der hat den Mercury-Vertrag dabei, und da steht's: sieben Prozent. Und dann hat er das Angebot von Atlantic, das ihm nur lumpige fünf Prozent zusagt. Jetzt ist Ahmet dran, mit dem Rücken zur Wand, er steckt in der Falle, und Ahmet weiß, daß er in der Falle steckt, und wir sitzen alle drum rum, und da kommt Ahmet genau mit den richtigen Sätzen raus: «Mann, hör mir mal zu, weißt du was, ich werd dir fünfzehn Prozent geben, aber ich werd dich nie bezahlen.» Und der Typ sagte: «Was?» Und Ahmet sieht ihn an und sagt: «So machen die das doch. Die geben dir sieben Prozent, aber sie geben dir nie einen Cent, und ich geb dir fünf Prozent und ich bezahl dich auch. Das ist eben der große Unterschied, verstehst du?» Der Typ sagte: «Das stimmt auch – so hab ich die Sache noch nie gesehn. Das leuchtet mir verdammt ein. Ich werde bei dir unterschreiben, Ahmet.»

In den frühen Tagen der Firma schrieb Ertegun einige Songs. Damals produzierte er auch noch. Er drehte seinen Namen in «Nugetre», und so stand es auf den Platten. Zwei der Songs waren *The Mess Around*, aufgenommen von Ray Charles, und *Chains Of Love* von Joe Turner.

Obwohl in New York ansässig, schenkte man bei Atlantic dem Rock 'n' Roll aus den Südstaaten besondere Aufmerksamkeit ebenso wie dem R&B aus jener Gegend. Man benutzte oft Studios und Musiker in New Orleans und Atlanta, und außerdem wurden Produktionsvereinbarungen mit unabhängigen Produzenten/Managern in Memphis (Stax, die Otis Redding und andere einbrachten) und in Macon (Capricorn mit den ALLMAN BROTHERS und vielen anderen) getroffen.

Als der Rock 'n' Roll immer populärer wurde, kam es zu vielen Cover-Versionen von Atlantic-Platten durch die Großen. Das wichtigste

Beispiel dafür ist Bill Haleys Cover von Joe Turners *Shake, Rattle And Roll* für Decca. Bei Atlantic zeigte man sich flexibel genug, um zumindest einen weißen Rock 'n' Roller unter Vertrag zu nehmen – Bobby Darin, der in den späten fünfziger Jahren auf dem Label eine ganze Reihe von Hits präsentierte.

Die Firma nutzte ihr Netz unabhängiger Vertriebsfirmen auf hervorragende Weise, bis sie 1967 mit Warner Brothers fusionierte und deren Vertriebssystem angeschlossen wurde. Die unabhängigen Vertriebsfirmen leisteten den Löwenanteil an der Promotionarbeit für Atlantic-Platten, denn die Firma selbst verfügte über keinen Promotion-Mann, wenn man auch Wexler nachsagte, daß er stundenlang am Telefon mit den wichtigsten Diskjockeys sprach. Der unabhängige Vertrieb war der Grund für die Sub-Labels Atco und Cat. Wexler erklärte dazu: «Angenommen, man hat zehn Platten, die alle gute Aussichten haben. Es wäre zuviel erwartet, wenn man hoffte, eine einzige Vertriebsfirma könne sie alle ins Laufen bringen. Wenn man sie jedoch in zwei Gruppen zu jeweils fünf aufteilt und jede Gruppe einem anderen Vertriebsapparat übergibt, dann hat man eine weitaus bessere Chance.» In den fünfziger Jahren behielt sich Atlantic eine kluge und sorgfältige Abrechnungspolitik vor – anders als die konkurrierende und erfolgreiche unabhängige Firma Dot – und bot Platten nur mit Kommission an, wenn versucht werden sollte, mit einer Cover-Version einer der Atlantic-Platten durch eine große Firma mitzuhalten. Diese Firmenpolitik, einhergehend mit einer nicht abreißenden Reihe von Hits, verhinderte, daß die Firma, wie viele andere Unabhängige, in Zahlungsschwierigkeiten geriet, weil unabhängige Vertriebsfirmen oder Einzelhändler mit ihren Zahlungen zu lange auf sich warten ließen.

Die Großen antworten (so gut es geht)

1952 wurden für 15 Millionen Dollar (so schätzte man) Schallplatten auf dem sich immer mehr ausweitenden R&B-Markt verkauft, und Ende 1954 hatte eine beträchtliche Anzahl von R&B-Platten auch auf dem weißen Pop-Markt eindrucksvolle Erfolge aufzuweisen. Besonders die Vertriebsfirmen im Süden verlangten lautstark nach R&B-Platten. Die Großen sahen sich zu einer Reaktion gezwungen. Schließlich hatten sie doch den «race»-Sektor unangefochten kontrolliert, bevor sie ihn während des Krieges den Indies (independents, den Unabhängigen) kampflos überließen!

Columbia übertrug den Vertrieb des Sub-Label Okeh an unabhängige Vertriebsfirmen, weil man davon ausging, daß gerade dieses System den

Erfolg der kleineren Plattenfirmen ausmachte. Decca reaktivierte das Brunswick-Label für R&B-Platten. RCA-Victor gründete 1953 Groove, ein R&B-Sub-Label. Man hatte darauf MICKEY AND SYLVIA anzubieten, Piano Red und die DU DROPPERS, schaffte es jedoch nie, jemanden aufzubauen, der mit den Sängern und Musikern der unabhängigen Firmen ernsthaft hätte konkurrieren können. Fast jährlich kündigte die Firma eine neue große Talentsuche an, vergrößerte die Anzahl von Veröffentlichungen oder stellte jemanden als Label-Chef an, der «näher an der Quelle» war, wie zum Beispiel Roy Clark, ehemals Experte für den Südstaatenmarkt, aber es gelang ihr nicht, jene Stellung wiederzugewinnen, die sie einstmals auf dem Markt für Race-Musik hatte. Diese Mißerfolge machten besonders Columbia und Victor zu schaffen, denn dort verfügte man über umfangreiche Kataloge von Blues-Musik aus den zwanziger und dreißiger Jahren. Einige wenige der ehemaligen Künstler ließen sich neu verpackt auf den Markt bringen, wie zum Beispiel Bessie Smith, aber die neuen schwarzen Künstler und die weißen Teenager zogen die moderne, urbanisierte Rhythm & Blues-Musik vor.*

Ende 1954 verfügten die Unabhängigen nahezu über die absolute Kontrolle auf dem R&B-Markt. Sie hatten 23 der Top 30-Hits jenes Jahres zu verzeichnen. (Atlantic und das Cat-Sub-Label hatten elf, Federal-Deluxe vier, Herald zwei, Chess zwei und Imperial, Rama und Vee Jay jeweils einen Hit. Columbias Epic-Label brachte es zu drei Hits, und deren Okeh-Label hatte einen, während Mercury sich zwei gutschreiben konnte.) 1956 hatten die Großen den R&B so gut wie aufgegeben. Ende des Jahres stellte Victor das Groove-Label ein, weil man es in zwei Jahren nicht zu einem einzigen Hit gebracht hatte.

Obwohl die Großen nicht in der Lage waren, den R&B-Markt zurückzuerobern, fanden sie zeitweilig einen Ausweg aus dem Crossover-Problem, indem sie R&B-Hits «coverten», das heißt, sie von ihren eigenen Pop-Künstlern aufnehmen ließen. «Bei Victor wie bei Columbia denkt man», so berichtete «Billboard» 1955, «‹wenn es das ist, was die Kids wollen, dann sollen sie das haben›.» Die Strategie hatte ihren Sinn, denn die Großen verfügten über bessere Vertriebssysteme, mit Hilfe derer sie oft ihre Version eines Songs schneller als die Unabhängigen in die Geschäfte bringen konnten, und Diskjockeys der Rundfunknetze (jedoch nicht die der neueren Stationen) erklärten sich einverstanden, die Cover-Versionen der Großen zu spielen.

In den folgenden Jahren wurden einige Dutzend Songs erfolgreich

---

* Schwarze Künstler, die nicht «schwarz» klangen, wie Nat King Cole (Capitol), die MILLS BROTHERS und die INK SPOTS (beide Decca), brachten den Großen, die sie unter Vertrag nahmen, keine Probleme, aber sie kamen beim Mainstream-Pop-Publikum an, nicht bei den Teenagern und den Schwarzen, und halfen daher nicht, das wahre Problem zu lösen.

von den Großen gecovert. RCA begann mit *Kokomo* von Gene und Eunice (Combo) in einer Fassung mit Perry Como. Columbia nahm denselben Song in einer Fassung mit Tony Bennett auf. Columbia und Victor waren als Korporationen so abgeneigt, auch nur das geringste mit Rock 'n' Roll zu tun zu haben – und als das galt eine weiße Cover-Version eines schwarzen Songs zu jener Zeit –, daß sie kaum je auch nur mit einer Cover-Version Erfolg zu verzeichnen hatten. Mercury und Decca hatten unter den Großen das meiste Glück, wahrscheinlich deswegen, weil die beiden Firmen schon immer auf eine lockerere Weise geführt worden waren, die in gewisser Hinsicht der Art ähnelte, wie die Unabhängigen ihre Geschäfte betrieben (siehe Kapitel 7, «Schwarze Wurzeln – weiße Früchte», dort steht mehr über Cover-Versionen).

Den meisten Cover-Versionen fehlten das Feeling und das Gespür fürs Publikum, das den Originalen innewohnte. Eine wichtige Ausnahme jedoch war Haleys Fassung von *Shake, Rattle And Roll.* Sie verband schnelle Country-Rhythmen, an sich schon vom R&B beeinflußt, mit Joe Turners lässigem Blues und veränderte so den Charakter des Songs vollständig. Der Unterschied war eben jener zwischen dem, was später «reiner Rock 'n' Roll» oder Rockabilly werden sollte, und älterem R&B.

Cover-Versionen erfuhren manchmal die Unterstützung der Eigentümer unabhängiger Label, die die Originalversion produziert hatten. Da die Eigentümer oft auch die Verlagsrechte an den Songs besaßen, ermutigten sie die großen Firmen zu Cover-Versionen, um die weitaus höheren Tantiemen aus Darbietungen, Plattenverkäufen und Sheet Music-Verkäufen, die sich auf dem weißen Markt ergaben, einstreichen zu können. Derartige Praktiken jedoch verhinderten den Eintritt der schwarzen Version auf den Pop-Markt und brachten den Original-Interpreten um die Tantiemen, die er hätte erhalten können, wenn die ursprüngliche Plattenfirma und/oder der Verlag die erste Version als mögliche Crossover-Platte gefördert hätten. Solche Praktiken verärgerten auch die unabhängigen Vertriebe der Firma, da diese mitansehen mußten, wie die Cover-Version einer großen Firma durch den Vertrieb über deren eigene Filiale das Original überflügelte.

Das Covern von Rhythm & Blues-Songs wurde 1956 zu einer unbefriedigenden Lösung für die Großen, als die Songs in ihren Originalfassungen in immer bedeutsamerer Anzahl auf die Pop-Charts vorzudringen begannen. Zu dem Zeitpunkt sahen sich die Großen mit einer weitaus unangenehmeren Situation konfrontiert, als ein erweiterter Markt für R&B für sie hatte sein können. Eine neue Form des Rock 'n' Roll wurde neben dem R&B stark und drohte gar, zum neuen Pop-Mainstream zu erwachsen, wodurch er die «gute Musik» verdrängte, die so lange Zeit den Großen ihre Vormachtstellung in der Industrie garantiert hatte. Die Großen sahen sich gezwungen, weitere kommerzielle Kompromisse zu schließen, als das geschah. Aber davon später.

«Rockabilly» eroberte in der Mitte der fünfziger Jahre den Markt im Sturm.

Reiner Rock 'n' Roll:
Haley, Berry, Presley; Chess und Sun

Bill Haley war einer derjenigen, die am wirkungsvollsten für die Popularisierung des Rock 'n' Roll sorgten. Er interpretierte die ersten Songs, die eine Mischform aus Rhythm & Blues und Country waren, erlebte, wie sie die Spitze der Pop-Charts stürmten, und stellte sie dann in drei Filmen vor, die den Rock 'n' Roll weltweit verbreiteten.

Haley stammte aus Detroit, aber spielte Standard-Country & Western der Bob Wills Western-Swing-Prägung. Er nannte seine Bands THE FOUR ACES OF WESTERN SWING und THE SADDLEMEN, bevor er Elemente des R & B und der Country-Musik zu einem klaren und dichten Rock 'n' Roll-Sound verschmolz. «Der Stil, den wir damals, '47, '48 und '49, spielten, war eine Kombination aus Country & Western, Dixieland und Rhythm & Blues alter Prägung», sagte er 1952.[3] «Ich meinte, wenn ich eine Dixieland-Nummer hernahm, den ersten und den dritten Beat fallenließ und den zweiten und vierten akzentuierte, und einen Beat hinzufügte, zu dem die Hörer klatschen und auch tanzen konnten, dann wär erreicht, was wir wollten.»[4] Und genau das war es, was die weißen Teenager «wollten», und Haleys *Crazy, Man, Crazy* erreichte 1953 die nationalen Charts, sein *Shake, Rattle And Roll* 1954. 1955 brachte er *Dim Dim The Lights* heraus, die erste Rock 'n' Roll-Platte eines weißen Interpreten, die in die schwarzen R&B-Charts vordrang. Das schwarze Publikum zog den originalen R&B vor, und es gab da nur wenige Ausnahmen, wie zum Beispiel Johnny Rays *Cry*. (Schwarze Künstler hatten die R&B-Charts aber schon mit einigen Platten erreicht, die man berechtigterweise als Rock 'n' Roll bezeichnen konnte, wie zum Beispiel *Gee* von den Crows, veröffentlicht 1954.)

Als der Film «Blackboard Jungle» im Februar 1955 veröffentlicht wurde, war Haleys Zeit endlich gekommen. In dem Film war der Hit *Rock Around The Clock* zu hören, der im Jahr zuvor ohne besonders großen Erfolg herausgebracht worden war. Da jedoch der Film Teenager-Rebellion mit Rock 'n' Roll verband, wurde die Platte zum Pop-Hit Nummer Eins des Jahres. Es folgte ein weiterer Film, «Rock Around The Clock», der in New Jersey und London zu Krawallen führte (nach späteren Maßstäben unerheblich) und in weniger als einem Jahr fünfmal soviel einspielte, wie er gekostet hatte. «Rock Around The Clock» schilderte, wie Haley und seine Band entdeckt und von Alan Freed, der sich im Film selbst spielte, ins nationale Fernsehen gebracht wurden.

Bis auf seine frühesten nahm Bill Haley all seine Hits bei Decca auf. Es ist etwas zweifelhaft, ob man bei Decca Haley bewußt wegen seines neuen Rock 'n' Roll unter Vertrag nahm, oder ob die verantwortlichen Leute eher seine Country-Musik mochten. Nach Haleys Erfolg hatten sie jedoch genug gelernt, um weiterhin auf Rockabilly zu setzen: man nahm Buddy Holly und seine Gruppe THE CRICKETS mit ihrem klaren Sound unter Vertrag, die von 1957 an Platten auf den Decca-Sub-Labels veröffentlichten. Haley war schon fast mittleren Alters, als er der erste «Rock Star» wurde, viel zu alt, um noch Hysterie hervorrufen zu können. Obwohl seine Songs bald zu sehr gebastelt wirkten, war es die Musik, die überzeugte. Zu ungefähr derselben Zeit produzierte einer der talentiertesten und wildesten aller Rock 'n' Roller seine ersten Instant-Hits: Chuck Berry. Berry hatte nur ein Problem: er war schwarz. Wenn es nicht so gewesen wäre, hätte er ganz sicher Elvis Presley als König der Rock 'n' Roller in den fünfziger Jahren harte Konkurrenz gemacht.

Glaubt, was Leonard euch sagt

Chess Records, wo Berry seine Platten aufnahm, war eine Blues-Firma in Chicago, die 1949 von den beiden polnischen Immigranten Leonard und Phil Chess gegründet worden war. Die Brüder führten eine Anzahl Nachtlokale, bis zuletzt die «Macamba Lounge», in denen Jazz und Bar-Blues gespielt wurden. Eines Abends kam zufällig ein Hollywood-Agent, um einen der Sänger, Andrew Tibbs, zu hören, und Leonard Chess beschloß, «wenn der gut genug für Hollywood sei», könne er auch «selbst» mit ihm eine Platte machen. Ergebnis war ein mäßiger, wenn auch kontroverser Hit (die Rückseite *Bilbo's Dead* durfte im Süden der USA nicht gespielt werden), und das Aristocrat-Label wurde ins Leben gerufen. Auf Anraten eines Vertriebsleiters im Süden änderte man 1949 den Namen in Chess.

Chess' erster Hit, die zweite Veröffentlichung, war eine Country-Blues-Nummer mit dem Titel *Rolling Stone* von Muddy Waters. Für eine Country-Blues-Platte verkaufte sie sich gut – ungefähr 70000 Exemplare –, aber dennoch weit weniger als ein zeitgenössischer R&B-Hit sich verkauft hätte. Der Erfolg der Platte veranlaßte Chess, seine Autofahrten durch die Südstaaten zu beginnen, auf denen er neue, meistens ländliche Talente aufzuspüren gedachte. Die Legende will, daß er Schallplatten aus dem Kofferraum seines Wagens verkaufte und seine Stiefel mit Erde beschmutzte, wenn er seine Aufnahme inmitten von

Ackerfurchen machte, aber hauptsächlich schloß er eben Verträge ab, oft mit Schallplattenhändlern in kleinen Städten, die für ihn nach einheimischen Talenten suchten. Er kaufte die Rechte an Fats Washingtons *I'll Be Home* von Stan «The Record Man» Lewis in Shreveport, Louisiana. Er ließ die FLAMINGOES den Song für Chess' Sub-Label Checker aufnehmen, als er wieder zu Hause angekommen war, und der Song wurde zu einem R&B-Hit, der bald darauf von Pat Boone aufgenommen wurde und sich auf dem Pop-Markt zum Millionen-Seller entwickelte.

Chess' Einfluß auf die Musik, die als Chicago-Bar-Blues-Stil bezeichnet wurde, wuchs, und er nahm Little Walter, Howlin' Wolf und Sonny Boy Williamson zusätzlich zu Muddy Waters unter Vertrag. 1954 wagte die Firma den Sprung auf den moderneren R&B-Markt, indem sie *I'll Be Home* von den FLAMINGOES und *Sincerely* von den MOONGLOWS veröffentlichte. Beides waren sentimentale Songs im Vokalgruppen-Stil, und von beiden gab es Cover-Versionen: von Pat Boone, wie schon erwähnt, und dann *Sincerely* von den MCGUIRE SISTERS für Deccas Sub-Label Coral. Die Chess-Brüder hatten seit ihren Nachtclub-Tagen in Chicago schon immer Gespür für die cleveren Geschäftsmethoden bewiesen, die sich eher hinter den Kulissen abspielten, und sie versicherten sich der Hilfe Alan Freeds, um ihre Platten auf die bestmögliche Weise zu promoten. Er hatte die beiden Gruppen auch ursprünglich Chess zugeführt.

Leonard, der dominierende Bruder, ist von einigen Autoren später als musikalisches «Genie» bezeichnet worden, aber seine Talente lagen eher in kommerziellen Bereichen, besonders darin, auf jede erdenkliche Weise dafür Sorge zu tragen, daß seine Songs auch gespielt wurden. Die Firma Chess benutzte eine Anzahl von Aufnahmetechniken zum erstenmal, so daß sich daraus ein charakteristischer Chess-Sound ergab. Zum Beispiel erfand man den Echo-Hall-Effekt, indem man bei Junior Mance' *Foolish Heart* ein Mikrophon im Badezimmer aufhängte und eine Zehntelsekunden-Verzögerung bewirkte, indem man ein Abflußrohr an der Decke befestigte. Aber manche Effekte traten absolut zufällig auf, wie Phil Chess später einräumte, und andere mögen den angestellten Toningenieuren, wie zum Beispiel Willie Dixon, zu verdanken sein. Ahmet Ertegun hat gesagt, Chess sei nur wegen des Geldes im Geschäft gewesen und habe später auch Geschmack entwickelt. «Man muß wissen», sagte Marshal Chess kürzlich, «daß mein Vater auf sehr eigenartige Weise Musikliebhaber war. Die Leute redeten über ihn, sie mögen ihn für eine Art Freak gehalten haben, denn nichts gefiel ihm mehr, als in alle diese kleinen funky Clubs zu gehen, in die sonst kein Weißer sich je reingetraut hätte, um neue Acts zu hören, neue Talente einzukaufen. Ich glaube nicht, daß er sich je selbst für einen Musikliebhaber gehalten hat. Aber auf seine eigene Weise war er es ganz gewiß.»[5]

Sänger wie Johnny Shines und Chuck Berry sprachen Chess zu, daß er eine ganz besondere Fähigkeit hatte, das beste aus seinen Interpreten herauszuholen, aber Etta James, die 1960 zum Chess-Label kam, und unter anderem *Sunday Kind Of Love* und *Tell Mama* aufnahm, klingt eher verbittert:

Die Chess-Brüder hatten nicht den geringsten Schimmer. Leonard Chess kam in die Aufnahmekabine, wenn ich sang, und wenn wir zu einer Stelle kamen, wo ich kreischen oder «Jiiauoh!» schreien sollte, dann versetzte er mir einen Hieb in die Seite, ich meine, er schlug richtig zu. Oder er kniff mich ganz fest, damit ich aufschrie. Und derjenige Song, der die meisten «oooch» oder «eeech» oder so was hatte, von dem war er überzeugt, daß es ein Hit werden würde.

Wenn wir dann zusammensaßen und uns die Playbacks anhörten, dann klopfte er den Rhythmus erst mit dem Fuß, nachdem er verstohlen nachgeschaut hatte, ob ich auch mit dem Fuß klopfte. Er mußte sich dessen erst vergewissern. Und manchmal, aus reiner Bosheit, habe ich dann nicht mit dem Fuß geklopft. Und wenn er sah, daß bei mir keine Regung war, dann sagte er: «Etta, ich glaube, der Song taugt nicht viel.» Und ich wartete, bis irgend so ein blödes Ding kam, das nicht das geringste taugte, und dann klopfte ich mit dem Fuß und sagte: «Wie gefällt dir das?» Und er sagte: «Das isses! Das wird die Hit-Platte! Glaubt, was Leonard euch sagt.» Er hatte nicht die geringste Ahnung.[6]

Was auch immer seine Fehler gewesen sein mögen, jedenfalls vermochte Chess Talente zu entdecken. Als Chuck Berry auf Empfehlung von Muddy Waters, der ihn am Tag zuvor hatte spielen hören, das Büro der Chess-Brüder betrat, war Berrys *Ida Red* (auf der Rückseite eine Blues-Nummer, *Wee Wee Hours*) sowohl von Capitol wie von Mercury abgelehnt worden. Bei den anderen Firmen war man der Ansicht, *Ida Red* klänge für einen Schwarzen zu sehr nach Country (schließlich mußten ja auch noch zwei Jahrzehnte vergehen, bis Charlie Pride herauskam). Leonard Chess empfahl Berry, dem Song einen «bigger beat» zu geben, und dann änderten sie den Titel in *Maybellene*, einen Namen, den sie von einer Flasche Haarcreme hatten.

«Mir gefiel es, ich hielt es für etwas Neues», sagte Chess ein paar Wochen vor seinem Tode. «Ich wollte sowieso nach New York und nahm eine Anpressung mit zu Alan Freed und sagte ihm: ‹Spiel das mal!› Auf der Anpressung stand nichts drauf, auch nicht Chucks Name. Als ich in Chicago ankam, hatte Freed inzwischen ein dutzendmal angerufen und gesagt, es sei die größte Platte, die er je gehört habe. Und der Rest ist Geschichte, nicht wahr? Sicher, ‹Wee Wee Hours› auf der Rückseite der Platte, das war auch ein guter Song, aber die Kids wollten den härteren Beat, die Autos und junge Liebe. Es war ein Trend, und wir sprangen auf den Zug auf.»[7]

Berrys bestverkaufter Hit (unter der Voraussetzung, daß Chess nicht untertrieb), war jedoch nicht *Maybellene*, sondern einer der an die Teenager gerichteten Songs, die er ein paar Jahre später herausbrachte: *School Days* (1957), *Sweet Little Sixteen* und *Johnny B. Goode* (beide

1958), die alle die wöchentlichen Top 10 in den Pop-Charts erreichten. Berry war ein Stadt-Kid aus St. Louis, der Sohn eines Zimmermanns, und daher nicht so mit der ländlichen Vergangenheit verwurzelt wie die Country-Blues-Interpreten bei Chess. Wie Presley schien er ein besonders gutes Gefühl für die weiße Teenager-Kultur zu haben, für schwarzen R&B und für Country & Western-Musik, und damit war er nicht weniger erfolgreich als Haley und die Sun-Interpreten Carl Perkins und Jerry Lee Lewis. Little Richard ist vielleicht der einzige schwarze Rock 'n' Roller, der ihm nahekommt. Alle diese Sänger verfügten über einen Südstaaten-Hintergrund mit einer Mischung schwarzer und weißer Kultureinflüsse und schwarzer und weißer Musik, wie sie vor den fünfziger Jahren nicht denkbar war.

Berrys Karriere fand 1962 ein jähes Ende (zumindest eine erhebliche Unterbrechung), als er einer Verletzung des Mann Acts (Transport von Minderjährigen über die Staatsgrenzen) überführt und ins Gefängnis geschickt wurde. Er hatte nicht mehr getan, als von einer Tournee in Mexiko ein schwarzes Mädchen mitzubringen; da sie jedoch noch minderjährig war und das Gericht eine exemplarische Strafe gegen einen schwarzen Rock 'n' Roll-Sänger verhängen wollte, wurde er verurteilt. Es wurden zwei Prozesse geführt. Der erste ging in die Berufung, weil der Richter sich voreingenommen zeigte, denn er bezeichnete Berry nur als den «Neger». Die der Verurteilung zugrundeliegende Bedeutung zeigt sich in einer Schlagzeile aus jenen Tagen, die Michael Lydon zitiert: «Rock 'n' Roll-Sänger lockte mich nach St. Louis, sagt 14jährige». Berrys Songs wurden weiterhin aufgenommen, und 1972 hatte er sein Comeback mit einem Song, der ebenso erfolgreich wie letztlich kindisch pubertär war: *My Ding-a-Ling.* Aber der Prozeß und seine Gefängniserfahrung führten zu einer gewissen Paranoia, von der er wohl nicht mehr freikam.

Chess machte überdies Aufnahmen mit anderen erfolgreichen Künstlern wie Bo Diddley und sogar Ramsey Lewis, aber der Höhepunkt der Firmenerfolge lag in der Zeit mit Chuck Berry. Leonard starb, und 1969 verkaufte Phil die Firma für ungefähr 10 Millionen Dollar an GRT, die Tonband-Hersteller. Phil blieb noch eine Weile bei der Firma und arbeitete unter der Leitung von Leonards Sohn Marshal, der von GRT zum Firmenpräsidenten ernannt worden war, ging dann aber fort, um die Leitung von WVON, Chicagos führender Soul-Station zu übernehmen, die sein Bruder 1963 gekauft hatte (und in der typischen Chess-Manier auch bar bezahlt hatte – 1 Million Dollar in 10000 Dollar-Noten). Marshal Chess verließ später GRT, um das Rolling Stones-Label zu übernehmen.

Neben Presley hatte Chuck Berry den größten Einfluß aller Sänger der fünfziger Jahre auf die Rock 'n' Roll-Musik. Aber für das Massenpublikum dieser Jahre war es Elvis Presley, der den absoluten Sieg des Rock 'n' Roll symbolisierte.

Sam Phillips findet seinen weißen Jungen

«Wenn ich nur einen Weißen finden könnte, der den schwarzen Sound und das schwarze Feeling drauf hat, könnte ich eine Million Dollar machen», soll Sam Phillips immer wieder gesagt haben, wenn man seiner Sekretärin glauben darf.* Phillips, Besitzer von Sun Records in Memphis, fand seinen weißen Jungen, und der hieß Elvis Presley. Und bevor er durch war, hatte er noch ein paar mehr gefunden, unter anderen Carl Perkins und Jerry Lee Lewis. Phillips war ein ehemaliger Rundfunk-Ingenieur aus Florence, Alabama. 1950 errichtete er sich ein kleines Studio in Memphis und begann, Aufnahmen mit Musikern aus Memphis und dem Süden zu machen: B. B. King, Walter Horton, Howlin' Wolf, Little Junior Parker und Bobby «Blue» Bland. Er verkaufte die Bänder an Modern Records in Los Angeles und später an Chess. Auf einer von Chess' Aufnahme-Reisen durch den Süden traf er mit Leonard zusammen. Master-Bänder von Howlin' Wolf schickte er zur gleichen Zeit an Moderns RPM-Label und an Chess. Beide Label brachten die Platten heraus, und verärgert ließ Modern daraufhin Phillips fallen, der sein eigenes Label Sun gründete. Modern stellte Ike Turner, zu jener Zeit noch nicht mal zwanzig Jahre alt, ein, um Sam Phillips' Stelle einzunehmen.

Phillips produzierte in erster Linie Blues-Platten und veröffentlichte dreißig davon, unter anderen Rufus Thomas und Little Junior Parker, bevor er *That's All Right* (auf der Rückseite Bill Monroes *Blue Moon Of Kentucky*) mit Elvis Presley aufnahm. *That's All Right* war geschrieben von dem schwarzen Pachtbauern Arthur «Big Boy» Crudup aus dem Süden, der noch ein paar mehr Hits wie *Rock Me Mama* und *Everything's All Right* geschrieben hatte, ohne je dafür Tantiemen zu bekommen. Indem er Presley entdeckte und später Perkins, Lewis, Melvin Yelvington sowie andere, zapfte Phillips die erste Generation weißer Sänger aus den Südstaaten an, die von schwarzem Blues und von Hillbilly-Musik beeinflußt waren. Haley, der nicht aus dem Süden stammte, hatte die Stilrichtungen auf bestimmte Weise verschmolzen, aber ihm fehlte das Feeling, das die Sun-Interpreten in den Rock 'n' Roll einbrachten.

Alle Interpreten, die für Phillips Plattenaufnahmen machten, waren in einer Umgebung großgeworden, in der sich schwarze und weiße Kultureinflüsse auf eine Weise mischten, wie sie im Norden unbekannt war und im Süden vor den fünfziger Jahren sehr selten. Dieses kulturelle

---

* Diese Darstellung von Phillips folgt der von Peter Gulnarick in seinem kurzen Kapitel «Boppin' the Blues: Sam Phillips and the Sun Sound», Teil seines exzellenten Buches von Porträts der Chicago- und Memphis-Blues-Szenen: «Feel Like Going Home».

Crossover schuf die Bedingungen, unter denen die Rockabilly-Musik und durch sie weiterhin die beherrschende Rock 'n' Roll-Strömung entstand. Presley wuchs in Mississippi auf, und seine Familie zog, weil man Arbeit suchte, erst nach Memphis um, als er schon in den späten Teenager-Jahren war. Später beschrieb er seine Jugendjahre:

> Ich spielte zum Radio oder zum Plattenspieler und brachte mir selbst die Akkordfolgen bei. Wir waren eine religiöse Familie, zogen zusammen zu Meetings und Revivals, um zu singen, und wenn's ging, nahm ich immer meine Gitarre mit. Ich stand besonders auf die ganz echten Mississippi-Sängern, hauptsächlich Big Bill Broonzy und Big Boy Crudup, obwohl man mich zu Hause dafür schalt, daß ich sie hörte. «Sündige Musik», sagten die Leute in Memphis dazu. Aber das störte mich eigentlich nicht, denke ich.[8]

Perkins, der das Gitarrespielen von einem besonders guten schwarzen Baumwollpflücker lernte, und Jerry Lee Lewis, der als Junge immerzu in ausschließlich schwarzen Clubs herumging, waren ebenfalls von schwarzer Musik und Kultur besonders stark beeinflußt.

Ralph Bass, jahrelang A&R-Mann bei Chess, erzählte kürzlich, wie die Rassenschranken in Clubs der Südstaaten wie zum Beispiel «Haney's Big House», wohin Lewis zu gehen pflegte, fielen:

> Als ich mit den schwarzen Künstlern, die ich in den vierziger Jahren zu betreuen hatte, auf Tournee war, ließ man Weiße nicht in die Clubs. Dann gab es die «weißen Zuhörer-Eintrittskarten» für die schlimmsten Ecken in den Clubs, keine Stühle und keine Möglichkeit zu tanzen, und die Eintrittskarten waren zudem noch teurer als normal. Aber so konnten sie die weißen Kids einigermaßen fernhalten. In den fünfziger Jahren hatten sie dann manchmal «weiße» Abende, oder sie zogen einfach eine Leine mitten über die Tanzfläche. Die Schwarzen auf der einen Seite, die Weißen auf der anderen, und sie hatten ihren Spaß daran, wie die Schwarzen tanzten, und machten sie auch nach. Und dann, zum Teufel, wurde die Trennungsleine einfach niedergerissen, und sie tanzten alle zusammen.[9]

Presley war schon länger als anderthalb Jahre ständig im Sun-Studio, das nur fünfzehn Blocks von seinem Elternhaus entfernt lag, aufgetaucht, bevor Phillips mit ihm eine Session machte. Presley sang einen Country-Song, der, wie er später sagte, ganz schrecklich klang. Dann meldete sich Phillips eines Tages bei ihm und fragte, ob er es noch mal versuchen wolle, diesmal mit einigen Blues-Songs. «Ich hängte auf und rannte die fünfzehn Blocks zu Mr. Phillips Büro, bevor er den Hörer aus der Hand gelegt hatte. Wir sprachen über die Crudup-Platten, die ich kannte – *Cool Disposition, Rock Me, Mama, Hey, Mama, Everything's All Right* und andere, aber entschlossen uns schließlich zu *That's All Right*, einem meiner Lieblingslieder . . .»[10] Die Legende will es, daß dieser Song während einer Pause aufgenommen wurde, als Presley und die Session-Musiker sich besonders entspannt fühlten.

Die Platte wurde zu einem Hit auf dem Country-Markt, aber unter Diskjockeys und vielen anderen Leuten verursachte sie einige Verwirrung: War der Sänger weiß oder «farbig»? Dewey Phillips, der die Platte in Memphis in seiner «Red Hot And Blue»-Show bekanntmachte, ließ Presley persönlich im Radio den Leuten erzählen, daß er die Humes High School besucht hatte, die ausschließlich weiß war. «Ich wollte das auf jeden Fall geklärt sehen», sagte der DJ später, «weil eine Menge Leute, die ihn hörten, der Meinung waren, er sei ein Farbiger.»

Presley produzierte fünf Platten für Sun, davon waren fünf Songs Blues-beeinflußter Rock 'n' Roll und die anderen fünf reine Country-Musik. Die Platten verkauften sich auf dem Country-Markt sehr gut, und Presley machte sich langsam einen Namen – auf clevere Weise gemanagt von dem Colonel (ehrenhalber) Tom Parker, der aus dem Jahrmarktgeschäft, wo er angemalte Spatzen als Kanarienvögel verkauft hatte, zum Manager von Country-Sängern aufgestiegen war. Bis zum Ende 1955 hatte Presley genügend Aufmerksamkeit erregt und Steve Sholes, RCAs A&R-Mann für die Südstaaten, dazu gebracht, seiner Firma zu empfehlen, Sun den Elvis-Vertrag abzukaufen. RCA bezahlte nach eigenen offiziellen Angaben 35000 Dollar für Presley und erkaufte sich damit gleichzeitig die Rechte an fünf bisher unveröffentlichten Presley-Pressungen. Presley bekam zusätzlich noch einen rosafarbenen Cadillac.

Warum Phillips Presley verkaufte, ist nicht völlig geklärt, aber für jene Zeit war die Verkaufssumme ziemlich hoch, und Phillips brauchte das Geld, um eine finanziell sichere Grundlage für seine weitere Arbeit zu haben. (Um Geld für seine Geschäftsvorhaben aufzutreiben, hatte Phillips einmal sogar versucht, seinen gesamten Künstler-Stall, einschließlich Presley, an Chess Records zu verkaufen. Doch dort wollte man nicht. «Zu jener Zeit hielten wir uns nicht für ein Hillbilly-Label», sagte Phil Chess später.) Wahrscheinlich war Phillips der Ansicht, seinen Erfolg mit Presley wiederholen zu können, indem er andere weiße Sänger aus den Südstaaten, die es Elvis nachtun wollten und daher nach Memphis gekommen waren, aufbaute.

1956 hatte Sam Phillips seinen nächsten Rock 'n' Roll-Erfolg mit *Blue Suede Shoes* von Carl Perkins, einem Rock 'n' Roll-Song von unglaublicher Energie, der zum ersten Millionen-Erfolg im Rockabilly-Stil wurde. Phillips kam danach mit *I Walk The Line* von Johnny Cash, einer eher traurigen Country-Nummer, die er im Studio aufpeppte, und dann mit *Whole Lotta Shakin' Goin' On* von Jerry Lee Lewis, einem großen Hit von 1957. *Blue Suede Shoes und Whole Lotta Shakin' Goin' On* waren zusammen mit Presleys erstem Song für die RCA, *Heartbreak Hotel*, die ersten Songs, die in allen drei musikalischen Bereichen gleichzeitig Höchstplazierungen erreichten – Pop, R&B und Country. Presley war es seitdem gelungen, mit einer größeren Stetigkeit als jeder andere weiße Sänger auch auf den R&B- und Soul-Markt seine Platten zu verkaufen.
Im Laufe der nächsten Jahre verließen die wichtigsten Interpreten das Sun-Label, um ihren Erfolg bei größeren Firmen zu suchen. Cash und

Perkins gingen zu Columbia, Lewis zu Mercury und Presley, natürlich, zu RCA. Phillips, der einer der ersten war, die ihr Geld in die Holiday-Inn-Motel-Kette investierten, begann in den sechziger Jahren ein weiteres Label, das er Holiday Inn Records nannte, aber hauptsächlich widmete er sich seinen anderen Geschäftsinteressen.

RCA, wo man noch ein paar Monate, bevor man Elvis Presley unter Vertrag nahm, geschworen hatte, niemals etwas mit dem Rock 'n' Roll zu tun zu haben, brachte den neuen Star auf allen drei Märkten groß heraus. Presleys erste Veröffentlichung für die Firma wurde zur Schallplatte Nummer Eins im ganzen Land – *Heartbreak Hotel.* RCA benutzte auch das Fernsehen, um Presley national durchzusetzen. Er trat sechs Wochen lang in der Jackie Gleason Show auf, dann bei Milton Berle, dann bei Steve Allen (der von ihm verlangte, im Abendanzug zu erscheinen und nicht mit den Hüften zu wackeln), und schließlich bei Ed Sullivan. Der hatte ihn zuerst abgelehnt und als «ungeeignet für ein Familienpublikum» abgestempelt, später aber seinen Sinn geändert, als es unmöglich wurde, Elvis' phänomenale Popularität zu übergehen. Sullivan zahlte ihm 50000 Dollar für drei kurze Auftritte, ließ ihn aber nur von der Hüfte aufwärts von den Kameras aufnehmen. Presley sang *Love Me Tender* in der Show, und innerhalb eines Monats lagen bei RCA Vorbestellungen in Millionenhöhe auf die Platte, obwohl sie noch nicht einmal gepreßt war.

Presleys Schallplatten verkauften sich so schnell, daß RCA die Preßwerke konkurrierender Firmen in Anspruch nehmen mußte, um den Bestellungen folgen zu können! Der Verkauf von Presley-Platten belief sich bald auf fast 25 Prozent von Victors Gesamtumsatz und brachte die Firma durch die späten fünfziger Jahre, so wie später die BEATLES Capitols Existenz sicherten.

Ein Mann, der *April In Paris* liebt, wird *Louie, Louie* nicht mögen

Ende 1956 machten Rock 'n' Roll-Platten, die aus R&B-Crossovers und Rockabilly-Songs bestanden, mehr als ein Drittel der Top 10-Hits aus, so war es den «Billboard»-Charts zu entnehmen. Von den neunzehn Platten in den Top 10 stammten zehn von unabhängigen Firmen, neun von den Großen. Daß die Großen einen solchen Erfolg hatten, lag fast ausschließlich an Elvis Presley bei RCA und Bill Haley, der bei Decca noch immer große Erfolge mit seinem *Rock Around The Clock*-Image zu verzeichnen hatte.

Ende des nächsten Jahres hatten die Großen nur halb soviele Rock 'n'

Roll-Hits wie die Unabhängigen, vierzehn gegenüber neunundzwanzig. Vom Standpunkt der Großen aus war jedoch noch schlimmer, daß die unabhängigen Firmen die gesamten Pop-Singles-Charts zu dominieren begannen. 1957 gab es schon mehr Pop-Singles von den Unabhängigen als von den Großen, und Ende 1959 kamen fast doppelt soviele Single-Hits von den Unabhängigen wie Hits von den Großen. Das ganze Ausmaß des Erfolges, den die Unabhängigen verzeichnen konnten, läßt sich aus einem Vergleich mit der Situation in den Jahren 1946–52 erahnen. Damals waren nur fünf von einhundertzweiundsechzig Millionenerfolgen von unabhängigen Schallplattenfirmen produziert worden.

Die Bedrohung durch die Unabhängigen war jedoch noch nicht kritisch, denn nur ein Teil der Profite der Großen wurde aus dem Verkauf von Pop-Singles erzielt. Der Markt für Alben, etabliert von den großen Firmen, die die LP eingeführt hatten, lag noch immer fest in ihren Händen, denn sie verfügten über das Kapital, Alben zu produzieren und zu vermarkten. Große Alben kosteten oft 50000 Dollar, und manchmal dauerte es Jahre, bis sie das investierte Kapital wieder eingebracht hatten. Alben repräsentierten die Hälfte des Dollar-Volumens der Industrie 1955. Klassische Platten, die noch immer beträchtliche Verkäufe zu verzeichnen hatten und einen größeren Marktanteil beanspruchten als ein Jahrzehnt später, wurden ausschließlich von den Großen herausgebracht. Die wichtigen Exporte wurden fast vollständig von den Großen besorgt, die schon seit langer Zeit gewohnt waren, Geschäfte auf internationaler Ebene abzuwickeln.

Der Pop-Markt wurde jedoch immer verfeinerter. Die Verkaufssteigerung der Schallplattenindustrie, die 1955 begonnen hatte, war großenteils dem wachsenden nationalen Wohlstand zuzuschreiben, der es der Masse der Amerikaner erlaubte, mehr Geld für den Unterhaltungskonsum auszugeben. Teenager verfügten jetzt über Geld und wurden zu einer eigenständigen Konsumentengruppe. Jüngere Käufer gaben der Rock-Musik den Vorzug. Die wachsende Anzahl von Singles, die sich millionenfach verkauften, wurde innerhalb der Industrie der Kaufkraft der Teenager zugeschrieben. Ein Bestseller verkaufte sich jetzt eine Million mal, während ein oder zwei Jahre zuvor eine Top-Seller-Platte gewöhnlich nur um die 500000 mal verkauft worden war. Der Pop-Rock 'n' Roll-Markt bot die besten Zukunftschancen für die Schallplattenindustrie und ihre Profite.

Also wurde es 1956 oder zumindest ungefähr zu jener Zeit klar, daß sich die Großen eine Reaktion auf die unabhängigen Schallplattenfirmen einfallen lassen mußten. Der Widerstand gegenüber der Rock 'n' Roll-Musik war jedoch innerhalb der etablierten großen Firmen derart stark, daß sie vor Mitte der sechziger Jahre auf dem Rock-Sektor den Anschluß an die Unabhängigen nicht finden konnten – und dann kauften sie sie einfach auf. In den fünfziger Jahren versuchten die Großen alles – «Alles», sagte Atlantic-Präsident Ahmet Ertegun später, «alles, nur nicht die Musik.»

Um auf dem Pop-Singles-Markt mit den Unabhängigen konkurrieren zu können, verbesserten die Großen ihren Vertrieb, so daß, bei RCA zum Beispiel, die Plattenauslieferung schon zehn Tage nach Schnitt der Matrix erfolgen konnte – gegenüber zwei oder gar mehr Wochen zuvor. Die Anzahl der veröffentlichten Singles wurde reduziert, damit man den einzelnen Platten mehr Aufmerksamkeit widmen konnte. (Diese Methode mußte jedoch von den meisten Firmen wieder aufgegeben werden, denn es entwickelte sich das Gefühl, daß man bessere Erfolgschancen hatte, wenn man eine Treffer-oder-Fehlschuß-Methode anwendete, auch wenn man dadurch viel vergeudete – aber schließlich hatte man größte Schwierigkeiten, einen Hit vorauszusagen.)

Die Großen strukturierten ihre Pop-Abteilungen um und trennten die Produktion und das Marketing der Singles von dem der LPs. Das war insofern sinnvoll, als zu jener Zeit die Pop-Singles an ein jüngeres Publikum verkauft wurden als die Alben. Nachdem sie ihre eigene Abteilung hatten, ließen sich Singles auf eine Weise promoten, die sich den aggressiven Methoden anpaßte, welche von den Unabhängigen und ihren Vertriebsfirmen angewendet wurden. Die Großen begannen jetzt auch, Promotion-Leute zu den Rundfunkstationen zu schicken und als Sponsors von Rundfunkwettbewerben aufzutreten. Ihre Methoden blieben jedoch weitaus zurückhaltender als die der Unabhängigen, besonders was Payola betrraf. Um im Wettbewerb zu bleiben, mußten sie aber wenigstens teilhaben. Die zurückhaltendste Firma gegenüber derartigen Praktiken war RCA, wo man sich Sorgen darüber zu machen schien, daß möglicherweise die Regierung oder die Aktienbesitzer wegen illegaler Promotion-Methoden verärgert sein könnten.

Mercury begann sich des Konzepts der Hit-«Verbreitung» zu bedienen, das von einigen der Unabhängigen und von den Country-Abteilungen mehrerer der Großen angewendet wurde. Statt eine Single gleichzeitig in allen dreißig ihrer konzipierten Marktbereiche zu promoten, beschränkte die Firma den anfänglichen Einsatz von Werbemethoden auf mehrere ausgesuchte Städte, bis sich die Platte als erfolgreich erwiesen hatte – dann begann die «Verbreitung» auf andere Märkte.* Sowohl Unabhängige wie Große verschickten Werbeträger, die in den Plattengeschäften aufgestellt wurden, an ihre Einzelhändler, um zu versuchen,

* «Billboard» vermerkte, daß entsprechend einer Untersuchung, die 1958 in Zusammenarbeit mit der New York University durchgeführt wurde, 25 Prozent aller Plattenverkäufe in New York und Kalifornien gemacht wurden, während diese Bundesstaaten im Bereich anderer geschäftlicher Umsätze nur für 20 Prozent gut waren. Sechs Bundesstaaten teilten sich in 51 Prozent aller Plattenverkäufe: New York, Kalifornien, Illinois, Pennsylvania, Ohio und Michigan.

die Rundfunk-Playlists zu beeinflussen, die auf lokalen Verkäufen basierten. Für alle Formen der Werbung wurde mehr Geld ausgegeben, aber der Rundfunk entwickelte sich mit Beginn der sechziger Jahre zum am intensivsten genutzten Medium für die Verbreitung von Schallplatten.

Gleichsam als Vorgeschmack auf die Zukunft initiierte RCA 1957 eine unabhängige Produktionsvereinbarung mit Moe Gale. Er sollte für sie «R&B mit einem Pop-Appeal» produzieren. Nachdem man sich des Groove-Labels wegen mangelnden Erfolges entledigt hatte, versuchte man bei RCA einen neuen Start auf dem R&B-Sektor. Ein Jahrzehnt später sollte die Inanspruchnahme nicht an die Firmen gebundener Talente sich als nützlich für die Großen erweisen, aber aus diesem frühen Versuch ergab sich so gut wie nichts. Auch bei Columbia kam es zu einigen der erwähnten Veränderungen, aber um Pop-Singles kümmerte man sich nicht besonders stark, denn zu jener Zeit hatte man große Erfolge mit der LP, die auf dem Markt etabliert wurde.

Im nachhinein läßt sich sagen, daß es für die Großen wohl am einfachsten gewesen wäre, der Bedrohung durch die Unabhängigen entgegenzuwirken, indem man Rock 'n' Roll in großem Stil produziert hätte. Aber mit einigen wenigen Ausnahmen – Presley bei RCA, Haley und Buddy Holly bei Decca, Big Bopper bei Mercury und Gene Vincent bei Capitol – stieß der Rock 'n' Roll bei den großen Firmen auf unerbittlichen Widerstand.

Dafür gab es eine ganze Anzahl von Gründen. In erster Linie waren es ästhetische Bedenken, wie albern es jetzt auch erscheinen mag. Die leitenden Angestellten besonders bei RCA und Columbia waren der Ansicht, Cole Porter-Songs oder klassische Musikstücke seien einfach «besser» als Rock 'n' Roll. Ihr Geschmack war der der Oberklasse und zudem an europäischen Maßstäben orientiert.

«Man konnte nicht erwarten, daß ein Mann, der ‹April In Paris› liebte oder in den dreißiger Jahren Aufnahmen von Hudson DeLange gemacht hatte und damit ins Geschäft einstieg, plötzlich an Textzeilen wie ‹I wanna boogie your woogie› Gefallen fand», sagte Ahmet Ertegun. «Er hatte immer Race-Musik und Hillbilly für Schund gehalten und war natürlich jetzt der Meinung, Rock 'n' Roll sei Musik für geistig Minderbemittelte.»

Kommerziell waren die Großen zudem auf die Mainstream-Pop-Musik ausgerichtet. Dutzende von Interpreten hatten Fünf-Jahres-Verträge; Produzenten und A&R-Leute waren auf die «middle-of-the-road»-Musik (MOR) trainiert. Es erschien ihnen riskant, auf eine neue Musikart einzuschwenken, die erst vor so kurzer Zeit überhaupt «aufgetaucht» war und sich vielleicht als reine Modeerscheinung erweisen konnte. Das war selbstverständlich ein einigermaßen einleuchtendes Argument.

Stärkere Vorbehalte wurden gegenüber den sexuellen Inhalten mancher Songs erhoben sowie gegenüber der Tatsache, daß sie von Schwarzen vorgetragen wurden. Derartige Kritik wurde überall im Lande laut und beeinflußte daher die Leute bei den Plattenfirmen, die gewöhnlich solche Ansichten teilten. Die katholische Kirche rief zu einer Kampagne gegen die sexuellen Inhalte des Rock 'n' Roll. Reverend John P. Carroll aus Boston erklärte, «die anzüglichen Texte von Rock 'n' Roll-Platten» seien «Angelegenheit für einen Eingriff der Polizei», und Kardinal Stritch aus Chicago verkündete seiner bestimmt nicht besonders lebensfrohen Gemeinde, der Rock 'n' Roll-Tanz und die «Urwaldsitten», die er propagiere, seien einer katholischen Jugend nicht erträglich. In einem sicher nicht uneigennützigen Auftritt vor dem Kongreß im Jahre 1958 sagte Frank Sinatra den Kongreßabgeordneten, der Rock 'n' Roll sei «die brutalste, häßlichste, erschreckendste und bösartigste Ausdrucksform, die ich je das Unglück hatte, mir anhören zu müssen», daß er geschrieben und gesungen würde von «größtenteils schwachsinnigen Idioten» und daß er schließlich «durch seine schon fast imbezilen Wiederholungen und seine gemeinen – anstößigen – ja, offen gesagt, schmutzigen Texte zum Schlachtgesang aller Übeltäter auf Gottes Erdboden» werde. Der rebellische Charakter der Musik, der von Sinatra erwähnt wird, blieb auch anderen Erwachsenen jener Zeit kaum verborgen.

Was den Beitrag der Schwarzen zur Rock 'n' Roll-Musik betraf, gab es die verschiedensten Stellungnahmen, die von dem bissigen Vorurteil des Kongreßabgeordneten Emanuel Celler: «Rock 'n' Roll hat seinen Stellenwert. Er hat bestimmte Talente stark gefördert, besonders unter den farbigen Menschen: er ist natürlicher Ausdruck ihrer Gefühlswelt», bis zu den Schlägen reichten, die Nat King Cole bei einem Konzert 1956 in Birmingham, Alabama, von Mitgliedern einer weißen Bürgerbewegung einstecken mußte. Alan Freed und die Branchenzeitschrift «Billboard» mußten sich Beschwerden über die «nigger music» anhören. Von Freed wurde verlangt, er solle sie nicht mehr spielen, vom «Billboard», sie solle nicht mehr in die Hitlisten aufgenommen werden.

Der Rock 'n' Roll mit seiner Sexualität und seiner Prägung durch die Schwarzen erweckte auch die unterschwelligen Ängste vor Rassenvermischung. Alan Freeds nationale Fernsehshow «Rock 'n' Roll Dance Party» wurde abgesetzt, als man Frankie Lymon beim Tanzen mit einem weißen Mädchen gefilmt hatte. Die fünfziger Jahre in Amerika waren eine Zeit, in der es notwendig erschien, darauf hinzuweisen, daß Integration nicht schon Rassenvermischung bedeutete. «Es war eine Zeit, in der so manche Mutter über dem Bett ihrer Tochter die Bilder Fats Dominos abriß. Sie erinnerte sich wohl daran, was für sie Bing Crosby-Fotos bedeutet hatten, und wollte nicht, daß ihre Tochter ähnliche Sexträume für Fats hegte», erinnerte sich Russ Sanjek, jetzt Vizepräsident von Broadcast Music, Inc. (BMI).

Bei ihrer sowieso vorhandenen Abneigung gegenüber dem Rock 'n'

Roll, dem Risiko, das drohte, wenn sie sich mit ihm einließen, und der Reaktion der erwachsenen Öffentlichkeit auf seine sexuellen Inhalte und die schwarzen Interpreten brauchten die Großen, besonders jene, die zudem Zweigunternehmen größerer öffentlicher Korporationen waren, eigentlich keinen weiteren Grund, sich ihm zu widersetzen. Aber sie hatten dennoch einen: die organisierte Lobby der ASCAP (American Society of Composers, Authors, and Publishers), der Vereinigung der Hollywood- und Broadway-Musikverleger.

ASCAP war Lizenzträger der meisten Songs, die bis 1940 im Rundfunknetz ausgestrahlt wurden. Danach entschied man sich in einem Poker um höhere Gebühren für einen Boykott der Rundfunksender. Die Sender begründeten ihre eigene Lizenzagentur, BMI, und begannen, alte Standards zu spielen, für die kein Copyright vorlag, und die Hillbilly- und R&B-Musik, von der sich ASCAP fernhielt. BMI machte den Boykott unwirksam, und von da an hatte ASCAP ein ökonomisches Interesse, BMI daran zu hindern, gespielt zu werden. Man verballhornte BMI als «Bad Music Incorporated». 1954 gelang es der ASCAP, ein Sendeverbot für Johnny Rays Version von «Such A Night» für die Vereinigten Staaten zu erwirken, da der Songtext angeblich sexuell anzüglich war. Der Song, der von Clyde McPhatter stammte und bei BMI in Lizenz war, hatte einen Text, der höchstens als liebevoll-zärtlich bezeichnet werden konnte («Ooh, such a kiss/such a night»). ASCAP setzte derartige Belästigungen gegenüber Rock 'n' Roll-Songs, die von BMI lizenziert waren, fort. Gegen «Rock Around The Clock» wurden jedoch keine Beschwerden laut, und interessanterweise handelte es sich dabei auch um einen ASCAP-Song.

ASCAP mußte sich in späteren Prozessen gegen BMI geschlagen geben, hatte aber gewisse Erfolge mit den negativen Publicity-Kampagnen gegen den Rock 'n' Roll. Größere Firmen wurden nämlich dadurch beeinflußt, dem Rock 'n' Roll mit um so größerer Vorsicht zu begegnen. Bei Columbia war das besonders wirkungsvoll, denn deren mächtiger A&R-Chef Mitch Miller, der bis in die frühen sechziger Jahre seinen Job innehatte, hielt sehr enge Beziehungen zu den Broadway-Verlegern aufrecht und haßte den Rock 'n' Roll.*

---

* In einem Interview mit Sammy Davis, Jr., nannte Miller 1957 Rock 'n' Roll-Platten «die Comic-Hefte der Musik». «Wenn der Rock 'n' Roll bleibt», erwiderte Davis, «nehm ich mir das Leben.» Der Rock 'n' Roll blieb, und Sammy Davis auch.

Dot gesellt sich zu den Großen

Die unabhängigen Firmen hatten den Markt für Pop-Singles bis weit in die sechziger Jahre fest im Griff, als die Großen sie einfach aufkauften oder mit ihnen fusionierten, aber die Art der Rock 'n' Roll-Musik auf dem Singles-Markt veränderte sich von 1958 an rapide. Bevor diese Veränderung erklärt werden kann, ist es notwendig, sich kurz mit Dot Records zu befassen, einer unabhängigen Firma, die kommerziell während der Rock 'n' Roll-Ära eine wichtige Rolle spielte.

Dot wurde 1950 von Randy Wood in Gallatin, Tennessee, gestartet. Bevor er das Label gründete, hatte Wood sich ein Schallplatten-Versandgeschäft aufgebaut, das in den Tagen vor den Platten-Clubs zu einem der größten Versender im Lande geworden war. Davor hatte er ein kleines Reparaturgeschäft für Radios geführt. In der Annahme, daß sich seine Platten auch verkaufen würden, wenn Händler sie einfach vorrätig hätten, bot er ihnen ein 100prozentiges Remissionsrecht – alle nicht verkauften Platten konnten sie zurückschicken. Da Dot über einige sehr populäre Interpreten verfügte, erwies sich diese Geschäftspolitik als sehr erfolgreich und ließ die Firma äußerst schnell expandieren. Vor Dot war ein 10prozentiges Remissionsrecht allgemein verbreitet gewesen. Die neue 100prozentige Remissionsvereinbarung wurde von den meisten anderen Firmen übernommen und veränderte die Handelsstrukturen. Plattenfirmen ließen größere Posten von den Händlern auf Lager nehmen, um mehr Platten zu verkaufen und auf einen möglichen Hit besser vorbereitet zu sein. Diese Geschäftspolitik war einerseits ein wichtiger Faktor dafür, daß die Plattenindustrie in den USA so stark wachsen konnte, führte aber andererseits in den sechziger Jahren auch zu ernstzunehmenden Problemen mit «Rückläufen» und zu großen Vorbestellungen. Die Kosten für Arbeitskraft und Transport beliefen sich bei der Remission von Schallplatten auf -zig Millionen Dollar für Hersteller, Vertriebsfirmen und Einzelhändler.

Wood initiierte auch noch andere Verkaufstechniken, die allenthalben nachgeahmt wurden. Er räumte den Händlern bis dahin nicht gekannte Zahlungsziele ein und ermöglichte ihnen dadurch gewissermaßen einen Kredit, der für sie Ansporn war, Dot-Platten auf Lager zu nehmen. Die Verschiebung der Zahlungsziele war die vielleicht wichtigste Neuerung, die Wood einführte.

Dot erreichte den Status einer großen Firma. Man nahm LPs ins Programm auf und startete ein nationales Promotion-Netz, und Ende 1956 war ein 6-Millionen-Dollar-Umsatz erreicht. Dadurch war Atlantic, die unabhängige Firma mit dem nächsthohen Umsatz, um 2 Millionen übertroffen. Dot hatte Ähnlichkeiten mit den Großen nicht nur in der Art, wie mit Musik umgegangen wurde, sondern auch in den Umsätzen. Es handelte sich um eine äußerst ausbeuterische Firma, die die R&B-Hits anderer Unabhängiger durch verwässerte Rock 'n' Roll-Versionen coverte. Einige der bekannteren Cover-Versionen waren Gale Storms Fassung von *Ivory Tower* der CHARMS und dann die Pat Boone-Versionen von Fats Dominos *Ain't That A Shame*, *At My Front Door* von den EL DORADOS, Little Richards *Tutti Frutti* und Fats Washingtons *I'll Be There*.

Am Anfang hatte Wood dieselbe Idee wie Sam Phillips bei Sun: daß ein großer Markt existiere für einen weißen Sänger, der Blues-Musik singen könne. Seine Methode jedoch bestand darin, Boone und die anderen Interpreten in Richtung Pop-Markt zu dirigieren und alle erdenklichen stilistischen Kompromisse einzugehen, um die Platten verkäuflich zu machen. Die Firma hatte auch eine «schlock»-Stimmungsmusik-Gruppe unter Vertrag, das BILLY VAUGHN ORCHESTRA, das auf hervorragende Weise mit den Orchestern der Großen auf ihrem Sektor mithalten konnte.

1957 verkaufte Wood seine Firma für Aktien im Werte von 2 Millionen Dollar an Paramount Pictures. Er bekam das Angebot, für fünf weitere Jahre die Plattenfirma zu leiten – mit einem Gehalt von 100000 Dollar im Jahr. Dot war die erste große unabhängige Firma, die an eine größere verkauft wurde. Diese Praktik sollte sich jedoch in den sechziger Jahren viel weiter verbreiten.

Die Rock-Musik entschlummert: *1958–63*

Während der späten fünfziger und frühen sechziger Jahre schien der relativ rohe und grobe Rock 'n' Roll, der typisch für die Sun- und Chess-Interpreten war, langsam zu verweichlichen. Die ursprüngliche Energie des Rock 'n' Roll wich, und es folgte, was Peter Guralnick «die Sirup-Ära» genannt hat. Eine Anzahl miteinander zusammenhängender Faktoren waren für diese Einschläferung verantwortlich. Aus einer Vielzahl verschiedener und individueller Gründe waren die meisten der wichtigsten Rock 'n' Roller von der Szene verschwunden, obwohl einige neue auftauchten, die die Tradition fortsetzten. Am entscheidendsten war wohl die Einrichtung der Fernsehserie «American Bandstand». Ihre enorme Werbewirkung ersetzte frühere Formen des Rock 'n' Roll durch einen verwässerten «Philly-Sound».

Nur zu glücklich, hilfreich sein zu können, den Rock 'n' Roll von der Bühne zu vertreiben, unterstützten die Großen verschiedene Modeströmungen wie Calypso und die «saubere» Folk-Musik, während einige der einflußreichsten Unabhängigen wie Dot im Grunde musikalisch mit den Großen gemeinsame Sache machten, indem sie immer mehr «verpoppten». Bei derartigen Reaktionen von allen Seiten konnte sich das, was vom Rock 'n' Roll übrig war – die vom Rockabilly beeinflußten Sänger und die Harmoniegesangsgruppen – kaum behaupten, bis eine wiederbelebte Form des Rock 'n' Roll Mitte der sechziger Jahre von der anderen Seite des Atlantik kam.

In den frühen sechziger Jahren gab es einen Spruch, der den Verlust der wichtigsten Rock 'n' Roller beklagte: «Elvis in der Armee, Buddy Holly tot, Little Richard auf der Kanzel, Jerry Lee Lewis in Ungnade und Chuck Berry im Gefängnis.» Auch als Elvis wieder aus der Armee entlassen war, schien seiner Musik die ehemalige Kraft zu fehlen. Er zog sich vollkommen zurück, unternahm bis 1969 keine Tourneen mehr und brachte einen kommerziellen Kitsch-Film nach dem anderen heraus – von «Blue Hawaii» bis «Viva Las Vegas» – in denen er zu sehr nach Pat Boone klang. Holly starb 1959 bei einem Flugzeugabsturz zusammen mit Richie Valens und J. P. «The Big Bopper» Richardson. Lewis heiratete seine dreizehnjährige Kusine, und ein öffentlicher Sturm der Entrüstung verschloß ihm daraufhin sowohl in den USA wie in Großbritannien den Pop-Markt.

Die Situation war jedoch nicht absolut düster. Zwei sehr gute, oft nicht hinreichend beachtete Rockabilly-beeinflußte Interpreten tauchten 1959 auf und produzierten Hits bis in die sechziger Jahre: Roy Orbison und Brenda Lee. Orbison machte *Only The Lonely*, die fünfzehnte Bestseller-Single 1960, *Running Scared* und *Crying* 1961, und *Oh, Pretty Woman*, die Nummer vier Ende des Jahres 1964. Brenda Lee brachte *I'm Sorry* und *I Want To Be Wanted* 1960 heraus und *Dum Dum* 1961. Und die Everly Brothers, die manchen vielleicht ein wenig zu seicht waren, führten die sanfte Rockabilly-Tradition von Buddy Holly mit Hits wie *Bye Bye Love* (1957), *Bird Dog* (1958), *(Till) I Kissed You* (1959) und *Cathy's Clown* (1960) fort.

Die verschlafenen Jahre brachten auch einen stetigen Strom von R&B-Rock 'n' Roll, der zu oft übersehen wird. Die Platters, die Drifters und die Coasters, die auf die eine oder andere Weise seit 1955 von sich reden machten, erreichten von Zeit zu Zeit die Charts. Ray Charles und Sam Cooke tauchten zuerst 1957 in den Charts für Pop auf. Eine Anzahl von schwarzen Harmoniegesangsgruppen hatte Hits, wie zum Beispiel Little Anthony and the Imperials, The Impalas, Elegants und später Maurice Williams and the Zodiacs. Ihnen gesellten sich weiße Gesangsgruppen zur Seite wie die Teddy Bears, die Fleetwoods, die Crescendos und Dion and the Belmonts, um nur einige zu nennen. Die weißen Gesangsgruppen sind von Kritikern später oft unterbewertet worden, weil man der Meinung war, sie äfften ihre schwarzen Konkurrenten nur nach. Die meisten weißen Gruppen reproduzierten jedoch authentisch die Straßenecken-Kultur, die von Schwarzen und Weißen in rassischen und ethnischen Gettos der Städte im Norden (gewöhnlich östlich) geteilt wurde. Kritik an diesen Gruppen stammt gewöhnlich aus einem eigenartigen umgekehrten rassischen Snobismus.

1957 stürzten sich Columbia und RCA voll auf die Calypso-Musik, von der sie hofften, daß sie den Rock 'n' Roll vertreiben werde. Columbia hatte Hits mit den TARRIERS und TERRY GILKINSON AND THE EASY RIDERS, während RCA Erfolge mit Harry Belafonte verbuchen konnte, einem New Yorker, der einige Kindheitsjahre auf Jamaica verbracht hatte. Capitol gesellte sich mit *When Rock 'n' Roll Comes To Trinidad* von Nat King Cole dazu. Trotz der Unterstützung, die die Großen dem Calypso zuteil werden ließen, wurde er von den Teenagern kaum wahrgenommen und kam nicht über die Nachtclubs der Erwachsenen hinaus. Dann versuchten es die Großen aufs neue mit ihrer «sauberen» Version von Folk-Musik. 1958 stellte sich Capitol zum Beispiel voll hinter das KINGSTON TRIO, und 1962 promotete die neue große Firma Warner Brothers PETER, PAUL AND MARY. Beide Gruppen waren populär, aber hatten ihre Anhänger größtenteils unter den wohlhabenden College-Besuchern der späten fünfziger und frühen sechziger Jahre, die den Rock 'n' Roll nicht mochten. Natürlich repräsentiert die Folk-Musik eine durchaus legitimierbare eigene Stilrichtung mit eigenen Traditionen und einem treuen Publikum. In den Händen der großen Firmen galt sie aber nicht viel mehr als die Möglichkeit, eventuell den Rock 'n' Roll zu ersetzen. Mehr jedoch als die Großen trug Dick Clarks nationale Fernsehserie «American Bandstand» dazu bei, dem Rock 'n' Roll einen Maulkorb anzulegen.

Als die wichtigsten Rock 'n' Roller in den späten fünfziger Jahren zu schweigen begannen, wurden sie weder von den R&B-Interpreten noch von den wenigen Rockabillies ersetzt, die übriggeblieben waren. Statt dessen füllte sich das Vakuum mit «Philadelphia Schlock», einem Sound, der von drei Unabhängigen in Philadelphia produziert wurde und von einigen wenigen Labels an anderen Orten. Popularisiert wurde diese Musikrichtung durch «American Bandstand». Philadelphia Schlock reduzierte die Wirkung und die Aussage, die der wahre Rock 'n' Roll/R&B noch mit in die «Sirup-Ära» hinübergerettet hatte, auf ein Minimum. Die «Bandstand»-Show bestand aus einer informellen Tanzparty für einheimische Teenager. «Bandstand» entstand, als Teenager, die bei einer durch das Fernsehen übertragenen Radio-Show anwesend waren, plötzlich aufsprangen und zu tanzen anfingen. Ein Kameramann richtete seine Kamera auf sie, und damit war die spontane Tanz-Situation programmtragend geworden. Später wurde sie durch Tanzwettbewerbe erweitert. Neben den Platten liefen lippensynchrone Auftritte von Gast-Stars. Der Gastgeber war der joviale Dick Clark. Die Show wurde in Philadelphia so populär, daß Fernsehnetz-Verantwortliche, die mit dem neuen Teenager-Markt Geld verdienen wollten, sie 1957 zu einer im ganzen Land ausgestrahlten Show machten. Sie stand wochentags von 3–5 Uhr nachmittags auf dem Programm, also gleich nach der Schule, und wurde von einem riesigen Teenager-Publikum im ganzen Land gesehen. Die immense Popularität der Show verhalf ihr zu einer Werbewirkung, durch die Sänger, die in ihr auftraten, gleichsam auf der Stelle an die Spitze der Platten-Charts katapultiert wurden.

Sehr schnell machte sich Clark die Situation zunutze und präsentierte Interpreten verschiedener einheimischer Firmen, deren Teilhaber er war: Cameo-Parkway, Swan und Chancellor. Diese kleinen unabhängigen Firmen hatten einen größeren Anteil an der Schwächung des Rock 'n' Roll als der Widerstand der Großen.

Cameo-Parkway machte «The Twist» von Chubby Checker zur Platte Nummer vier des Jahres 1960 und zur Nummer eins im Jahre 1962. Checkers *Limbo Rock*, eine weitere Twist-Nummer, war nach *Cashbox* 1963 Nummer eins. Checker war zwar schwarz, aber antiseptisch genug, um in der «Bandstand»-Show auftreten zu können. Die Firma konnte ebenfalls mit Bobby Rydell Erfolge verbuchen (*Wild One, Volare* und anderen), mit Charlie Grace und Dee Dee Sharp (*Mashed Potato Time*). Swan präsentierte Freddie Canon (*Tallahassee Lassie* und *Way Down Yonder In New Orleans*). Chancellor nahm Frankie Avalon auf (*Venus, Why* und viele mehr) und Fabian (*Tiger*). Allein mit Avalon und Fabian hatte die Firma acht Top 10-Hits.

Diesen Sängern aus Philadelphia gesellten sich andere hinzu: Paul Anka (ABC-Paramount), Bobby Darin (Atlantic) und Johnny Tillotson (Cadence), die alle regelmäßig in «Bandstand» auftraten und alle gleich klangen. Sie alle hatten einen extrem verwässerten Rock 'n' Roll-Stil, der eher an die Crooner der frühen fünfziger Jahre gemahnte als an Rock 'n' Roller wie Carl Perkins oder Chuck Berry.

Die Degeneration der Musik konnte Clark nicht im geringsten bekümmern. Er verdiente über 500000 Dollar im Jahr durch seine «Bandstand»-Gage, die Beteiligung an Musikfirmen und durch «Komponisten»-Tantiemen. «Ich mache keine Kultur», sagte er später, «ich verkaufe sie.»

Philadelphia Schlock war kommerziell so erfolgreich, daß es die Charts dominierte, bis schließlich die Beatles und andere englische Pop-Gruppen 1964 in Erscheinung traten. Die einzigen, die dem Philadelphia Schlock Konkurrenz machen konnten, waren die schwarzen «Mädchengruppen», die Girl Groups, wie man sie nannte.

Mehr noch als Brenda Lee, Roy Orbison und die vorangegangenen Gesangsgruppen der späten fünfziger Jahre sind Mädchengruppen wie die Shirelles, die Crystals, die Shangri-Las und die Ronettes zu Unrecht von den männlichen Rock-Kritikern ignoriert worden, besonders die Shangri-Las und die Ronettes präsentierten ein «hartes» Image, das so weit nicht entfernt war von dem Presleys oder der Sun-Interpreten. Die Wirkung der BEATLES und der anderen englischen Pop-Gruppen vertrieb die meisten dieser «Mädchengruppen» aus den Charts. Die Tradition setzte sich jedoch ein wenig später mit den Motown-Mädchengruppen fort, die waren jedoch noch intensiver und überwältigender produziert und hatten das harte Rocker-Feeling und -Image der vorangegangenen Mädchengruppen verloren.

Die Surf-Musik, die in den frühen sechziger Jahren auftauchte, sollte nicht als nur eine weitere Modeerscheinung angesehen werden, welche zur Verweichlichung des Rock 'n' Roll beitrug. Viel eher war sie Vorläufer der progressiven «psychedelic» und «underground» Rock-Musik der sechziger Jahre. Einige der wichtigsten Leute, die mit der Surf-Musik zu tun hatten – besonders die BEACH BOYS *(Surfin' Safari, Surfin' USA, Surfer Girl)* und Lou Adler, einer der ersten Produzenten von Jan und Dean –, wurden zu zentralen Figuren in der Rock-Musik der sechziger Jahre. Die Surf-Musik repräsentierte eine authentische Rock 'n' Roll-Kultur der West Coast und unterschied sich in einem wichtigen Aspekt vom früheren Rock 'n' Roll der Schwarzen aus den Stadtgettos und der Rockabillies aus den Südstaaten: sie wurde von Weißen der Mittelklasse gemacht.

Plattenclubs und Stereo

Der Trend zu weniger und dafür größeren Schallplattengeschäften setzte sich während dieser Zeit fort. Das Diskount-Geschäft, inzwischen etabliert, dehnte sich auf kleinere Städte aus.

Das bedeutsamste Ereignis für den Absatz von Musik während der Rock 'n' Roll-Ära war das Auftauchen von Schallplattenclubs. Columbia begann den eigenen Columbia Record and Tape Club 1955 mit Blick auf das beträchtliche Geschäft, das Versandfirmen wie die von Sam Goody in New York und Randy Wood in Tennessee machten. Auch Capitol startete später einen eigenen Club, ebenso wie jene unabhängige Firma, die sich Record Club of America nannte.

Von den Schallplatteneinzelhändlern, die behaupteten, hier werde Wettbewerb mit unfairen Mitteln betrieben, wurde ungeheurer Widerstand gegen die Plattenclubs wirksam. Man wollte sogar einen Boykott gegen Columbia durchsetzen, aber als die Firma mit dem überaus erfolgreichen Album «My Fair Lady» auf den Markt kam, verzichteten die Händler für einen schnellen Profit aufs Prinzip und nahmen die Platte in ihre Lager auf. Später wurde gegen Columbia ein Anti-Trust-Verfahren angestrengt, weil die Geschäftspraktiken des Konzerns «den freien Wettbewerb einschränkten». Columbia verlor den Prozeß tatsächlich, setzte sich jedoch in einem Berufungsverfahren durch. Es dauerte Jahre, bis dieser Fall endgültig entschieden war, und währenddessen zeigten sich kaum Auswirkungen auf die reale Situation. Plattenclubs konnten sich sicher etablieren und beeinträchtigten die Einzelhandelsverkäufe, lange bevor über diese Methoden vor Gericht entschieden wurde. 1965 beliefen sich die Plattenclub-Umsätze auf 110 Millionen Dollar – 14 Prozent aller in jenem Jahr verkauften Schallplatten. Columbia wickelte ein 60 Millionen Dollar-Jahresgeschäft mit den 1750000 Clubmitgliedern ab.

Stereo-Platten wurden 1957 durch den gigantischen britischen Großkonzern EMI und durch die unabhängige amerikanische Firma Audio Fidelity auf den Markt gebracht, deren erste Stereo-Platte auf der einen Seite die DUKES OF DIXIELAND präsentierte und auf der anderen *Railroad Sounds.* Die meisten Großen widersetzten sich der Stereo-Technik, doch sie wurde bei den Plattenkäufern so populär, daß schon in den frühen sechziger Jahren die Mehrzahl aller LPs in diesem Verfahren aufgenommen waren. Ja, Stereo erweckte dieselbe Begeisterung, wie es sie bei der Einführung der LP gegeben hatte, und die Gesamtumsätze mit Schallplatten stiegen. Um Mono langsam vom Markt zu drängen und zusätzlich Profit zu machen, erhöhten die Großen den Preis von Mono-Platten, so daß sie ebenso teuer waren wie Stereo-LPs.

Das Crossover des Rhythm & Blues auf den weißen Markt und die Standfestigkeit des Rock 'n' Roll führten zu chaotischen Zuständen in der Musikindustrie – vom Standpunkt der großen Firmen aus, die noch immer im Geschäft vorherrschend waren. Sie zeigten sich nie in der Lage, R&B mit demselben Erfolg zu produzieren wie Atlantic oder Imperial, konnten nicht den Rock 'n' Roll von Chess oder Sun nachahmen, ja, vermochten nicht mal auf die Weise aus dem Philadelphia Schlock Kapital zu schlagen, wie es Unabhängige in New York und Philly taten. Die großen Firmen erwiesen sich als zu konservativ in ihren Reaktionen auf neue Stilrichtungen.

Diese Situation veränderte sich mit dem Auftauchen der BEATLES. Die BEATLES und andere englische Gruppen brachten einen derart unglaublichen finanziellen Erfolg, daß neue Musikformen sich nicht mehr ruhigen Gewissens ignorieren oder nachahmen ließen (bis viel später). «Zuviel Geld stand auf dem Spiel», sagte Ahmet Ertegun, «als daß persönlicher Geschmack da wirksam werden durfte.»

Nach den BEATLES entwickelten die alten Kräfte in der Industrie eine etwas feinfühligere Annäherung an neue Trends. Ihnen wurde bewußt, daß neue Stilrichtungen das Käuferinteresse stimulierten und Marktelemente aktivierten, die zu verstehen und vorauszusagen ihnen selbst schwerfiel. Das Problem bestand darin, Strukturen zu finden, mit Hilfe derer sich Vorteile aus der Instabilität des Marktes ziehen ließen, und zudem kreative Talente finanziell an die Firmen alten Stils zu binden, statt zu versuchen, sie zu eliminieren. Gelöst wurde das Problem oft durch die neue Instanz des unabhängigen Produzenten, der sich weit genug von den großen Firmen entfernt hielt, um die Trends der Straße wahrnehmen zu können, sein Material jedoch eben diesen Großen zum Vertrieb und zur Promotion überließ. Als musikalische und kommerzielle Neuerungen mit erfolgreichen unabhängigen Firmen wie Atlantic oder Elektra verknüpft blieben, kauften die Großen sie einfach auf und erhielten sich deren Chefs mit hohen Gehaltszahlungen, um Kreativität sicherzustellen.

Aber bevor wir uns dieser Situation weiter zuwenden, soll die Entwicklung des Radios während der Rock 'n' Roll-Ära ausführlich geschildert werden.

Rock 'n' Roll Radio

Die Wanderung der Schwarzen in die Industriezentren des Nordens und Westens, die dem Zweiten Weltkrieg folgte, die Aufgabe des «race-music»-Sektors durch die Großen, die Ausweitung der lokalen Rundfunkstationen und der Einbruch der schwarzen Musikstile auf den Markt der weißen Konsumenten fügten sich zueinander und schufen das Rock 'n' Roll-Phänomen. In diesem Prozeß kam dem Diskjockey (DJ) eine zentrale Funktion zu. In den frühen vierziger Jahren hatte die Federal Communications Commission vermerkt, daß Musik einen Gesamtprogrammanteil von 75 Prozent habe und fast die Hälfte aller Sender im Lande Musik als einzige Programmbasis nutzten. Was noch wichtiger war: fast die Hälfte dieser Musik (40 Prozent) kam von Schallplatten. Wie ein ‹Historiker› dieser Zeit berichtet:

> Jene Stationen, die hauptsächlich abhängig waren von Musikaufnahmen und Transkripten, waren Nicht-Rundfunknetz-Unternehmen in Gemeinden unter fünfzigtausend Einwohnern, mit fünfhundert oder weniger Watt Sendekapazität, Werbeeinnahmen unter 75000 Dollar und Profiten unter 7500 Dollar. Und sie machten, laut Chairman James Fly der FCC, 60 Prozent aller Radiostationen aus. Ihre Existenz war von Schallplatten abhängig.[11]

Als das Radio unter der Bedrohung durch das Fernsehen zu leiden begann, brauchten die lokalen Stationen billigere Programmformen. Pop-Schallplatten waren in dieser Hinsicht besonders brauchbar. In den frühen fünfziger Jahren bildeten Schallplattenprogramme schon die Basis des Radios, und der Diskjockey hatte jene Live-Unterhaltungskünstler ersetzt, die in den dreißiger und vierziger Jahren das Netzradio beherrscht hatten.

Die frühen DJs

Natürlich hatte es schon vor Beginn der fünfziger Jahre Diskjockeys gegeben. Reginald Fessenden, der an der New England-Küste im Jahre 1906 die Aufnahme von Händels «Messias» am Weihnachtsabend über einen Sender spielte, war vielleicht der erste von ihnen. Entmutigt von den Sendernetzen, die während der vierziger Jahre die Ausstrahlung von «aufgezeichneter» Musik ablehnten, bekam diese Praktik ihre nächste Chance nicht vor 1935. Während einer Pause im Lindbergh-Entführungsprozeß spielte der WNEW-Ansager und -Sprecher Martin Block eine Anzahl von Songs, die der Bandleader Clyde McCoy aufgenommen hatte, und führte zudem während der Sendung ein Fantasiegespräch mit dem Musiker. Auf diese Weise begann Blocks immens erfolgreicher «Make Believe Ballroom», der auf eine Idee zurückging, die er von dem weniger erfolgreichen Los Angeles-DJ Al Jarvis gestohlen hatte.

Block war ein meisterhafter Verkäufer und demonstrierte das seit seinen ersten Tagen, an denen er «Retardo Weight Reducing Pills» («Sei fair zu deinem Ehemann, indem du die Schlankheitspille nimmst!») anpries, bis zu dem Tag 1938, als er mehr als dreihundert Eisschränke während eines Blizzards an ein Warenhaus in Newark verkaufte. All dies überraschte die etablierten Rundfunknetz-Leute, die der Ansicht waren, man könne Produkte nur mit Live-Entertainment absetzen. Allzu langsam wurde den Sendernetzen bewußt, daß die DJs selbst inzwischen zu wichtigen «Persönlichkeiten» geworden waren. Block war ein Typ mit Crooner-Stimme, der auf Sendung ziemlich ernsthaft blieb; eine ganz andere Selbstdarstellung dagegen wurde von deftigen Jockeys wie Arthur Godfrey mit vergleichbarem Erfolg betrieben.

Während der späten dreißiger und frühen vierziger Jahre wurden DJs und aufgezeichnete Musik im Radio benutzt, um Swing Bands und nahmhafte Sänger populär zu machen. Ein frühes Beispiel bei Payola war Al Jarvis, der 1937 500 Dollar bekam, um Benny Goodmans Schallplatten kurz vor dessen Ankunft in L. A. zu präsentieren.

Bevor die schwarzen Gemeinden über genügend finanzielle Mittel verfügten, die (sich im Besitz Weißer befindlichen) R&B-Stationen zu unterstützen, und sich die weiße Haltung gegenüber der schwarzen Musik ein wenig entspannt hatte, tauchte schwarze Musik im Radio nur in einigen wenigen verstreuten R&B-Shows auf, wie zum Beispiel in der von Al Jarvis in Los Angeles, bei sonst ausschließlich Pop-orientierten Stationen. In den dreißiger Jahren war die Situation noch weitaus schlimmer gewesen. Schwarze Musik aller Art, sogar die von Louis Armstrong, wurde von so gut wie allen Stationen im Lande ferngehalten.

Als sich der Markt für schwarze Musik jedoch ausweitete, wurden auch die Stationen, die diese Musik spielten, zahlreicher. Anfangs waren die Südstaaten entscheidend für den R&B-Sound. Bei «Negro Stations», die im Besitz Weißer waren, wurden schwarze DJs in den späten vierziger und den frühen fünfziger Jahren immer zahlreicher, und Blues-Interpreten wie Howlin' Wolf, Sonny Boy Williamson, B. B. King und Rufus Thomas machten Radio-Shows in Memphis. DJs wie «Professor Bop» in Shreveport, Louisiana, «Jocky Jack» Gibson in Atlanta und der großartige «Sugar Daddy» in Birmingham spielten eine wichtige Rolle für die Popularisierung des R&B.

Schrittweise begannen die weißen Stationen, das potentielle schwarze Publikum in den Städten des Nordens in ihre Erwägungen einzubeziehen. Gewöhnlich spät abends oder nachts rückten sie R&B-Shows in ihre Programme. In Chicago stellte WEBC den ersten wirklich wichtigen schwarzen Diskjockey, Jack L. Cooper, ein und überließ ihm eine tägliche Sendezeit um 23 Uhr für sein Programm mit «race»-Platten. Al Benson, auch in Chicago bei WJJD, WAAF und WGES, war berühmt für sein Programm «Yo' Ol' Swingmaster». In New York bediente man sich schwarzer Jockeys wie Jack Walker, Joe Boston, Hal Jackson und Phil «Dr. Jive» Gordon, um das «Spezial»-Publikum der Schwarzen zu befriedigen, das die weißen Stationen inzwischen auch suchten. Obwohl es mittlerweile eine ganze Menge solcher R&B-Shows gab, deren DJs Schwarze waren, stellten diese nur einen minimalen Prozentsatz von AM-Radio-Persönlichkeiten.

Ein wichtiger Jockey, der Mitte der fünfziger Jahre eine Art Crossover zum R&B-Material vollzog, war Bill Randle in Cleveland. Seit Jahren hatte seine populäre Musiksendung im Blickpunkt der Promotion-Abteilungen der Plattenfirmen gestanden. Er spielte eine sehr wichtige Rolle bei der Entdeckung und Popularisierung von Johnny Rays *Cry* und brachte später den Leuten im Norden Elvis Presley nahe. (Randle war aus Detroit nach Cleveland gekommen, wo er sich gegen einen anderen lokalen DJ, Ed «Bellboy» McKenzie, nicht hatte durchsetzen können. Das Gerücht geht, daß seine Mutter ihm jahrelang Kopien von McKenzies erfolgreicher Playlist schickte und das zur Basis von Randles eigener Popularität wurde.) Der berühmteste und wichtigste weiße R & B-Diskjockey war jedoch jemand anders aus Cleveland: Alan Freed, der Vater des Rock 'n' Roll.

Alan Freed als Moon Dog

Freed machte 1952 seine erste R&B-Show für die Station WJW in Cleveland. Er war Gastgeber einer abendlichen Show mit «guter Musik» gewesen, als Leo Mintz, der Besitzer eines der größten Schallplattengeschäfte in Cleveland, ihn einlud, doch einmal bei ihm vorbeizukommen und zuzusehen, wie die Teenager auf Rhythm & Blues-Platten reagierten. Er tat es und erzählte später einem englischen Interviewer:

> Ich hörte das Tenorsaxofon von Red Prysock und Big Al Sears. Ich hörte Ivory Hunter den Blues singen und Klavier spielen. Ich überlegte. Ich überlegte fast eine Woche. Dann ging ich zum Stationsmanager und überredete ihn, mir die Möglichkeit für eine Rock 'n' Roll-Party anschließend an meine klassische Sendung zu geben.[12]

Mintz hat gesagt, Freed sei anfangs nicht so begeistert von einer Rock 'n' Roll-Show gewesen. Er habe nicht eine ganze Sendung der R&B-Musik widmen wollen, sei aber schließlich von Mintz dazu überredet worden. Freed nannte seine Sendung «The Moon Dog Show» (und später «The Moon Dog House Rock 'n' Roll Party»). Das «Moon Dog»-Thema stammte von Todd Rhodes' Platte für King, *Blues For Moon Dog*, und Freed pflegte zu heulen, wenn er den Song während der Einleitung seines Programms spielte. Er ließ die Bezeichnung Rhythm & Blues fallen und ersetzte sie durch Rock 'n' Roll. Diese Bezeichnung hatte er jedoch nicht erfunden, wie er manchmal behauptete. Sie war schon auf einigen R&B-Platten aufgetaucht, bevor er sie populär machte.

Freed war eine eigentümliche, sehr starke Persönlichkeit, perfekt dazu geeignet, den Rock 'n' Roll oder Rhythm & Blues einem weißen Publikum nahezubringen. Er war in Salem, Ohio, aufgewachsen, wo er zum klassischen Posaunisten und Ingenieur ausgebildet wurde. Bevor er nach Cleveland kam, war er schon DJ für klassische Musik in Newcastle, Pennsylvania, gewesen und für Pop-Musik in Akron, Ohio. Im Laufe der Zeit war er zum starken Trinker geworden. «Er war immer betrunken», sagte Soupy Sales, der morgendliche Ansager bei Freeds Cleveland-Station, «aber er war spät abends dran und bekam immer alles in den Griff.» Seine heiseren Wortkanonaden waren authentisch, denn seine Stimmbänder waren verletzt worden, als man ihm die Polypen operiert hatte. Oft heulte er während seiner Sendung mit, und er klopfte den Rhythmus mit der Faust auf ein Telefonbuch. Die Musik wurde zu seinem Leben. «Jeder, der sagt, Rock 'n' Roll sei nur eine Modeerscheinung oder eine Episode in der Musikgeschichte, hat sie nicht alle beieinander, Dad!» sagte er.

Freeds Show wurde so populär, daß sie ihn auch außerhalb Ohios bekannt machte, und 1954 wurde er von WINS in New York angeheuert. Seine Show machte WINS zur populärsten Radiostation unter den jungen Leuten in der Stadt. Später ging er zu WABC.

Im März 1952, bevor er nach New York ging, veranstaltete Freed den «Moon Dog Coronation»-Ball mit einigen der populärsten R&B-Interpreten in der Cleveland Arena. Angeblich soll er 18000 Eintrittskarten für die Halle verkauft haben, in die nur 10000 Leute paßten. Als die Zuschauermenge sich zusammen mit weiteren 10000 versammelt hatte, die keine Karten mehr bekommen hatten, kam es beinahe zu großen Krawallen, und die Show wurde abgesagt.[13] Man bezichtigte Freed, zu viele Eintrittskarten verkauft zu haben, konnte ihm aber nichts anhaben, und ein paar Monate später wurde das Konzert nachgeholt. In großer Zahl besuchten weiße Teenager das Konzert zusammen mit schwarzen, und Freed wurde dafür kritisiert, «die Rassen zu vermischen». Eine ähnliche Reihe von Konzerten veranstaltete er mit gleichem Erfolg in der Nichols Arena, nachdem er nach New York gekommen war. Um die Halle für 6000 Besucher auszuverkaufen, brauchte er nur in seiner täglichen Radio-Sendung Werbung zu machen. Es traten auf: Joe Turner, die DRIFTERS, die CLOVERS, die MOONGLOWS, die MOONLIGHTERS, das BUDDY JOHNSON ORCHESTRA, Fats Domino, Red Prysock und die HARPTONES. Alle in einem Programm!

Freed war einer der wichtigsten Männer für die Popularisierung des Rock 'n' Roll. Neben seiner achtjährigen Tätigkeit bei wichtigen Radiostationen und seinen zahlreichen Konzerten hatte er noch eine Sendung, die nach St. Louis, Baltimore und an Radio Luxemburg verkauft wurde, war Sponsor einer Anzahl von Top Hits-LPs und trat in Filmen wie «Rock Around The Clock» auf, die die Musik weltweit verbreiteten. Er tauchte als Mit-Autor von fünfzehn Rock 'n' Roll-Songs auf, darunter *Maybellene* von Chuck Berry, aber er hatte kaum mehr Anteil an ihnen als die Werbung, die er für sie machte.

Spiel's noch mal, Todd:
Der Erfolg von Top 40

Die Rundfunk-Szene der fünfziger Jahre war charakterisiert durch dezentralisierte unabhängige Sender, die Nachfolger der Rundfunknetze als bestimmend für Neuerungen in der Programmgestaltung geworden waren. Sie popularisierten eine Vielfalt regionaler Musik-Stilrichtungen, von Hillbilly und Country & Western bis zu Rhythm & Blues und dem Zwitterwesen Rock 'n' Roll. Schrittweise veränderten sich die Besitzstrukturen im unabhängigen Rundfunk von Individualbesitzern zu Senderketten, und Veränderungen im Programmformat und regionalen Radio folgten bald.

Die Senderketten-Besitzer waren gewöhnlich Geschäftsleute, die ihr Vermögen in anderen Geschäftsbereichen gemacht hatten und in den späten vierziger und frühen fünfziger Jahren den Rundfunk als Investitionsmedium schätzen lernten. Sie hatten keine Illusionen über das Musikgeschäft des Rundfunks und versuchten, die Radioproduktion so zu rationalisieren, wie sie mit Hilfe von Effizienzexperten auch in ihren Fabriken die Produktion zu steigern unternommen hätten. Der Präsident von Storer Broadcasting, einer Gesellschaft, die in den Fünfzigern in den Südost-Staaten begann und jetzt wichtige Stationen in Atlanta, Detroit, Cleveland, Los Angeles, Toledo, Milwaukee und New York kontrolliert, faßte einmal seine Geschäftsphilosophie so zusammen:

> Amerikanisches Radio ist das Produkt amerikanischer Wirtschaft! Es ist kein anderes Produkt als der Staubsauger, die Waschmaschine, das Automobil oder das Flugzeug . . . Wenn weiterhin die Legende besteht, die Radiostation sei eine Art Kunst- und Kulturzentrum, ein technisches Museum oder gar ein kleines Stück Hollywood, auf eigentümliche Weise in Ihre Heimatstadt verpflanzt, dann sollte der erste offizielle Akt des zweiten Vierteljahrhunderts (kommerziellen Rundfunkwesens) darin bestehen, die Radiostationen in einer Liste mit den lokalen Meiereien, Wäschereien, Banken, Restaurants und Tankstellen aufzuführen.[14]

Storer hatte sein erstes großes Geld mit Tankstellen gemacht. Nach dem Erfolg mit seinen Radiostationen expandierte er weiter. Die Senderkette wurde zur Basis eines Wirtschaftsimperiums, das Großinvestitionen in verschiedenartigste Geschäftsunternehmungen einschloß, unter anderen die Standard Tube Company, die Miami Beach Publishing Company und Northeast Airlines. Lokales Radio wurde als potentielles Big Business wahrgenommen und zog Unternehmer an, die darauf aus waren, aus ihren Einzelinvestitionen stabile Großkonzerne zusammenzuschweißen.

Der rassistische Anti-Semit George Richard war ein weiterer früher Senderketten-Besitzer. Er besaß WJR in Detroit, von wo aus Father Coughlin jahrelang seine Reden schwang, WGAR in Cleveland, KMPC in Hollywood, die Station of the Stars. An anderen Orten wurden die Starr-, Balaban-, Plough-, Bartell-, Storz- und McLendon-Ketten von einzelnen Geschäftsleuten zusammengekauft, die ihnen ihren persönlichen Namen gaben. Besonders Storz und McLendon wurden mit der ansteigenden Bedeutung der Teenager-Pop-Musik in Verbindung gebracht.

Todd Storz begann den Aufbau seines Rundfunkimperiums in den frühen fünfziger Jahren mit KOWH in Omaha, erweiterte es 1953 um die einflußreiche Station WTIX in New Orleans und kaufte dann WHB in Kansas City und WDGY in Minneapolis. Die Kette besitzt augenblicklich noch KQAM in Miami, KOMA in Oklahoma City und KXOH in St. Louis, hat aber die alte Omaha-Station aufgegeben. Gordon McLendon begann wie Storz im Süden und Westen, weit entfernt von dem alten Geschäftszentrum im Nordosten, von wo aus die Sendernetze finanziert und geführt wurden. McLendons erste große Station war KLIF in Dallas, Texas, dann KTSA in San Antonio, und KILT in Houston. Heute hat der «Old Scotchman» einen großen Teil seines Besitzes in Texas verkauft, aber hat noch immer Stationen in Los Angeles (KOST), Chicago (WNES), Buffalo (WPHD), Dallas (KNUS) und Pembina, North Dakota (KCND). Storz' und McLendons spektakuläres Wachstum in den fünfziger Jahren läßt sich zumindest teilweise einer Programmneuerung zuschreiben, die auch die anderen Sender beeinflußte und die Zukunft des AM-Radios prägte.

Auf der Suche nach einer treuen Hörerschaft und sicherem Geld von Werbeträgern hatten die verschiedenen regionalen Stationen schon lange nach Wegen gesucht, sich voneinander zu unterscheiden und einen unverkennbaren «Sound» zu entwickeln. Eine Weise, dieses Identifikationsproblem zu lösen, bestand darin, die Musikprogramme zu spezialisieren – nur R&B zu spielen, Country & Western oder eine andere spezifische regionale Stilrichtung. Programmspezialisierung lief jedoch der übergreifenden Geschäftsstrategie zuwider. Die Stationen gingen das Risiko ein, ihre Hörerschaft einzuschränken, in der Bewertung zu sinken und Werbedollars zu verlieren, wenn sie sich allzu einzigartig darstellten. Die Besitzer der Senderketten fanden eine weit bessere Lösung: das Konzept des Top 40-Radioprogramms.

Lange Zeit hatte Lucky Strike die Hit-Parade der NBC angeschlossenen Sender gesponsort. Es handelte sich dabei um eine wöchentliche Sendung der Top-Hits, die sich von den frühen vierziger bis in die mittleren fünfziger Jahre einer beständigen Popularität erfreute. Das Top 40-Radio machte eine derartige wöchentliche Sendung zum täglichen Programmkonzept, das sich nicht nur darauf bezog, ausschließlich die Top-Hits des Tages zu spielen, sondern den Stationen einen kompakten und klar identifizierbaren Sound gab. Die Top 40-Programmstruktur bedeutete die strikte Eingrenzung der Playlist einer Station auf die Pop-Singles des Mainstream-Marktes, oft wiederholte Stationsidentifikation, Jingles, eigenartige Sound-Effekte, extensive Nutzung von Echo-Hall, Integration stündlicher Nachrichtensendungen in das Musikprogramm, Promotion-Gags zur Eigenwerbung und Zuhörer-Wettbewerbe. Viele dieser «Neuerungen», besonders Jingles und Spezialeffekte, hatte es schon vor Mitte der fünfziger Jahre im Radio gegeben, aber das Top 40-Format setzte sie alle gemeinsam ein.

Storz machte sich dies Konzept als erster zunutze, und zwar bei seiner Omaha-Station, und ihm schreibt man auch zu, als erster das «Wiederholungs»-Muster bei Programmen mit Hits benutzt zu haben. Dies bedeutet, daß nicht nur das Gesamtprogramm aus nur vierzig Songs bestand, sondern daß die Top 10 dieser Songs häufiger als die anderen gespielt wurden. Storz kam die Idee der Top 40, als er und sein Programmdirektor Bill Stewart eines Nachmittags in einer Bar in Omaha saßen. Sie hatten sich den ganzen Nachmittag über Radio unterhalten, und es begann sie zu irritieren, daß aus der Musikbox der Bar ein und derselbe Song ständig wiederholt wurde, stundenlang. Schließlich herrschte Stille in der Bar, bis eine Kellnerin zur Musikbox ging, um Musik zu wählen. Sie suchte denselben Song aus, und er spielte weitere dreimal. Storz und Stewart wurden sich der Macht endloser Wiederholung für die Entstehung und Konsolidierung eines Hits bewußt, und sie erkannten die Attraktivität einer begrenzten Playlist.

Gordon McLendon steuerte dem Top 40-Radio das «instant news»-Konzept bei. Er stahl Storz' Idee der Wiederholung und der begrenzten Playlist, charakterisierte aber als erster seinen Sender KLIF gegenüber den anderen Stationen, indem er Reporter auf die Straßen von Dallas schickte. Wann immer in Dallas etwas geschah, das man als brauchbare Nachricht einschätzte, wurde es fast augenblicklich auch gesendet. In späteren Jahren, als die Programmformate strenger durchkonzipiert wurden, ist das «instant news»-Rezept zu einer stündlichen Nachrichtensendung modifiziert worden, und Bill Drake und andere Verantwortliche für Radioprogramme in den späten sechziger Jahren sendeten Nachrichten jeweils zwanzig Minuten vor und zwanzig Minuten nach jeder vollen Stunde. Wichtig blieb, daß das Top 40-Konzept ausgedehnte, stundenlange abendliche Nachrichtenprogramme ablöste und versuchte, die Nachrichten so aktuell und unterhaltsam zu machen wie die Musik.

Der Mann, dem man am häufigsten zuschreibt, er habe die wilden Promotion-Gags der Top 40-Stationen entwickelt und auf die Spitze getrieben, ist Chuck Blore, der zu verschiedenen Zeiten für Storz und auch McLendon arbeitete. Eines sonnigen Nachmittags in den Fünfzigern überraschte Blore seine südkalifornischen Rundfunkhörer mit der Meldung, ein Amöbenmonster sei in den Außenbezirken von Los Angeles gesichtet worden. Im weiteren Verlauf des Tages sendete er über seine Station KFWB ernstgehaltene Meldungen über das Vordringen der gigantischen Amöbe ins Innere der Stadt. College-Studenten, die solche Späße liebten, machten bei dem offensichtlichen Gag mit und riefen die Station an, um zu berichten, wo sie das «Monster gesichtet hatten». Hunderte leichtgläubigere Leute in L. A. ließen sich jedoch von den Meldungen schrecklich beeindrucken. (Jahre später versuchte ein anderer DJ denselben Gag in Arizona. Ihm wurde jedoch mit Verhaftung gedroht, und überdies feuerte man ihn.) Was auch immer die Massenpsychologie eines solchen Ereignisses sein mag, es half jedenfalls KFWBs Image als lebendige und witzige Radiostation zu etablieren.

Top 40 hatte als Programmneuerung sofortige Wirkung. Die DJ-Persönlichkeiten mit ihren großen Gehältern wurden in hohem Maße überflüssig, da jetzt der Sound selbst zur Formel wurde. Was die Rationalisierung des Pop-Radios betraf, bewirkte Top 40 zudem, daß für eine Zeitlang die R&B-Interpreten, die besser in lockerere Programme zu passen schienen, nicht mehr gesendet wurden. Ebenso erging es ja den DJs, die eben diese Musik verbreitet hatten. Sie wurden zu nur einem Element in der Gesamtformel und waren keine kreativen Kräfte mehr. Das Radio wurde so auf spezifischere Weise in die Gesamtstruktur der Musikindustrie integriert. Damit Platten zu Hits wurden, mußten sie im Radio gespielt werden, und zwar in den Top 40-Programmen, ständig.

Gleichzeitig bedeutete diese Neuerung jedoch auch eine Einschränkung der Programmvielfalt des AM-Radios. [AM–Amplitude Modulated-Radio sind die Mittelwellensender, die ausschließlich Hit-Singles spielen; zur Zeit gibt es etwa 4000 AM-Sender in den USA.] Die Beschränkung auf den augenblicklichen Hörergeschmack beeinträchtigte schließlich AMs Bereitschaft, unbekannte Musik zu spielen oder regionale Hits auf den nationalen Markt zu bringen. Diese Spannung zwischen reduzierten Playlists und der Sound-Formel des AM-Radios einerseits und dem Wunsch der Plattenindustrie andererseits, neue Produkte auf dem Markt zu etablieren und das Radio als Promotion-Mittel zu benutzen, bildet den Rahmen, innerhalb dessen das Promotion-System für Schallplatten bis heute zu verstehen ist.

Top 40 war fabelhaft erfolgreich. Von ihrer ursprünglichen Basis im tiefen Süden und Westen aus expandierten Storz und McLendon an die Küsten und auf die Märkte im Nordosten. Andere Rundfunkketten, auch ursprünglich im Mittleren Westen, Westen und Süden beheimatet, folgten ihnen in die Stadtzentren, wo sie klassische, fremdsprachige oder dem Sendernetz nicht mehr zugehörige Stationen aufkauften und das Top 40-Programm einführten.

3

Musik um der Musik willen bringt was ein. Die Sechziger

Das Plattengeschäft:

Beim zweitenmal klappt alles schon viel besser

Die Beatles feierten ihr Debüt in Amerika zu einer Zeit, als die US-Plattenindustrie stagnierte. In den Jahren 1955 bis 1959 waren die Einzelhandelsumsätze jährlich bis zu 36 Prozent gestiegen. 1960 jedoch waren die Industrie-Gesamtumsätze tatsächlich gesunken (0,5 Prozent), und 1963 waren sie um nicht mehr als 2 Prozent gegenüber dem vorangegangenen Jahr gestiegen. Die allgemeine Rezession war Teil der Erklärung für den Rückgang, aber ein größeres Problem bildete die Musik selbst. Die Begeisterung, die durch die R&B-Crossovers hervorgerufen worden war und durch die erste Rock 'n' Roll-Welle, hatte sich gelegt: eine Ausnahme bildeten nur die sogenannten «Mädchengruppen», der Philadelphia Schlock war nur wenig geeignet, die Begeisterung wiederaufleben zu lassen.

Die Beatles waren allerdings nicht ganz allein für die Wiederbelebung der Industrie verantwortlich. Neue Stile amerikanischer Musik entstanden in New York und Kalifornien, und eine neue Art von Platteneinzelhandel, das «rack jobbing», hatte die Schallplatten einer breiteren Konsumentenschicht zugänglich gemacht. Dennoch signalisierten die Beatles der Plattenindustrie eine neue Wachstumsperiode.

Die Beatles kamen, wie inzwischen wohl jeder Bewohner der westlichen Welt weiß, aus Liverpool, einer Industriestadt nordwestlich von London. Sie unterschrieben einen Plattenvertrag bei der riesigen, mit RCA vergleichbaren Elektronik-Firma EMI (Electrical and Musical Instruments, Ltd.), nachdem George Martin, ein EMI-Produzent, der bis dahin hauptsächlich Comedy-Alben gemacht hatte, in sie die Hoffnung setzte, sie hätten etwas Frisches zu bieten. Sie waren von den meisten anderen britischen Firmen, darunter auch der britisch Decca, abgelehnt worden. Bei Decca nahm man statt ihrer eine Gruppe unter Vertrag, die sich BRIAN POOLE AND THE TREMOLOES nannte. Ihr erster Vertrag mit EMI versprach den BEATLES Tantiemen in Höhe von einem Cent pro Single und sechs Cents pro Album.

Die Gruppe hatte 1962 einen guten Start mit *Love Me Do*, eine Platte, die Platz siebzehn in den britischen Charts erreichte, und darauf folgte *Please Please Me*, bald Nummer eins. 1963 gewann zum erstenmal seit zwölf Jahren eine britische Gruppe, eben die BEATLES, den Musikpoll der englischen Fachzeitschrift «Melody Maker». Die Jungs sahen eine große Zukunft für sich («größer als Elvis», hoffte John Lennon), und Ende des Jahres kamen sie in die Staaten.

Ihre Anerkennung in den USA kam nicht auf der Stelle, aber als sie stattfand, war sie fanatisch. Zehntausend Teenager erwarteten auf dem New Yorker Flughafen die Maschine, mit der die BEATLES eintreffen sollten. *I Want To Hold Your Hand* wurde zum schnellsten Hit, den EMIs amerikanisches Sub-Label Capitol je veröffentlicht hatte. Ende des Jahres hatte die Gruppe achtundzwanzig Plattenseiten in den Charts zu verzeichnen und sechs Top-Seller-Alben produziert. Die Plattenindustrie hatte derartiges noch nicht erlebt, nicht einmal mit Elvis Presley. In den Jahren 1963–68 verkaufte die Gruppe nach Schätzungen weltweit für 154 Millionen Dollar Schallplatten.

Die BEATLES hatten mehr zu bieten als ihren flotten Sex-Appeal und ihren Witz, doch diese beiden Eigenschaften waren schon neu, gemessen am Standard-Image amerikanischer Rock-Musiker. Ihr Manager, Brian Epstein, erwies sich als äußerst scharfsinnig in seiner Promotion-Arbeit. Auch er stammte aus Liverpool, hatte jedoch Privatschulen und die Royal Academy of Dramatic Arts besucht, bevor er nach Hause zurückkehrte, um die große Schallplatten-Abteilung im Warenhaus seiner Familie zu führen. Als ein Kunde eine Platte von den BEATLES wünschte, besuchte er den «Cavern Club», jenen überfüllten Musikkeller, der als Zentrum der Teenager-Kultur galt, soweit man davon in Liverpool sprechen konnte. Er verschaffte der Gruppe ihren ersten Schallplattenvertrag – keine leichte Sache, da sie für jene Zeit ziemlich unorthodox war. Achtzehn Monate später, nachdem er die Gruppe in Großbritannien etabliert hatte, überredete er Ed Sullivan, sie in seiner Show zu präsentieren, obwohl englische Gruppen gewöhnlich in Amerika erfolglos geblieben waren. Sullivan zahlte ihnen 2400 Dollar für ihren Auftritt. Das saubere Image (sie traten in Anzügen auf), das Epstein für die BEATLES geprägt hatte, verschaffte ihnen leichten Eintritt in die Herzen der Eltern ebenso wie in die der Teenyboppers. Zudem warb Epstein für seine Gruppe mit koordinierten Pressekampagnen, die nicht nur die Musik der BEATLES propagierten, sondern auch ihre Persönlichkeiten priesen.

Neben Epsteins Präsentation setzte Capitol eine 50000 Dollar-Promotion-Kampagne ein. Hauptsächlich wurde dies Geld in New York investiert, da man davon ausging, ein Erfolg im Medien-Zentrum werde sich auf andere Städte ausdehnen. Später sollten die BEATLES 50 Prozent von Capitols Umsatz gewährleisten, aber anfangs verhielt sich die Firma zögernd, bis EMI auf mehr Einsatz bestand. Offensichtlich teilte man Sullivans Bedenken, was britische Musikgruppen betraf. Bevor man bei Capitol seinen Sinn änderte, brachten zwei unabhängige Firmen, Vee Jay in Chicago und Swan in Philadelphia, Singles heraus, die sich auf relativ wenig bindende Vereinbarungen mit den BEATLES gründeten. Die Platten führten später zu diversen Prozessen, aber Swans *She Loves You* wurde zur zweitbestverkauften Single des Jahres. Sogar MGM preßte eine Single nach einer Bandaufnahme, die ein Filialunternehmen ein Jahr zuvor in der BRD hatte machen lassen.

Die Musik der BEATLES, Epsteins Promotion und Capitols etwas verspäteter Einsatz hatten natürlich ihre eigene Bedeutung, aber außerdem war die Zeit auch reif für einen neuen Teenager-Sound. 1964 war das Jahr, in dem sich der Nachkriegs-Baby-Boom deutlich offenbarte, und die Siebzehnjährigen waren in jedem Jahr die zahlenmäßig stärkste Altersgruppe.

Dem Erfolg der BEATLES in den USA schlossen sich in etwas geringerem Maße andere britische Gruppen an: die ROLLING STONES, die DAVE CLARK FIVE, die HOLLIES, die ANIMALS, die YARDBIRDS und GERRY AND THE PACEMAKERS, die ebenfalls von Epstein betreut wurden. Die BEATLES und die STONES blieben bis in die siebziger Jahre erfolgreich, und ihnen gesellte sich eine zweite Generation britischer Gruppen hinzu, an deren Spitze die CREAM, LED ZEPPELIN und JIMI HENDRIX standen.

Aber zu dieser Zeit entwickelte sich auch in den Vereinigten Staaten eine neue Musik. In New York wandte sich Bob Dylan von der Folk-Musik dem Rock zu und erweiterte seine traditionelle akustische Gitarrenbegleitung um elektrische Gitarren und eine Begleitband. Von überheblichen Folk-Fans wurde er deswegen ausgebuht. «Es war eine Menge Scheinheiligkeit und Heuchelei im Spiel», sagte er später zu Anthony Scaduto. Die Leute sagten, «es müsse entweder Folk sein oder Rock. Aber ich wußte, daß man sich nicht zwischen diesen Alternativen zu entscheiden brauchte. Ich fand toll, was die BEATLES machten, und habe (ihren Erfolg) immer im Kopf behalten.» Dylans neuer Stil, den man schnell mit dem Etikett Folk-Rock versah, erweiterte sein Publikum beträchtlich und verhalf ihm zu seinem ersten wirklichen kommerziellen Erfolg: «Bringing It All Back Home», sein fünftes Album, wurde zu einer der bestverkauften LPs im Jahre 1965. Dylan verstand es, in seinen Liedern unsentimental konkrete Aussagen zu gesellschaftlichen Situationen zu machen, und er verfügte über einen Ingrimm, gepaart mit ironischem Humor, wie er in den Rock-Songs jener Zeit selten war. Seine musikalische Synthese beeinflußte Tausende junger Leute, die sich von den Normen des Amerikas der fünfziger Jahre abzukehren begannen. Andere New Yorker Musiker wie die Mitglieder von BLUES PROJECT und auch die PAUL BUTTERFIELD BLUES BAND aus Chicago begannen damit, schwarzen Country-Blues mit elektrischen Instrumenten zu spielen und den Chicago-Blues einem neuen Publikum, das aus weißen Jugendlichen bestand, nahezubringen. Die Platten dieser Gruppen verkauften sich ohne viel Publicity und fast, ohne daß sie im Radio gespielt wurden.

Auch an der West Coast folgten Bands Dylans Wechsel zum Folk-Rock. Die BYRDS waren die erfolgreichsten. Sie machten Hit-Singles aus dem Dylan-Titel *Mr. Tambourine Man* und aus *Turn, Turn, Turn*. In Los Angeles machten sich Soft-Rock-Gruppen wie BUFFALO SPRINGFIELD und die MAMAS AND THE PAPAS einen Namen, die DOORS, eine härtere Rock-Gruppe, und die MOTHERS OF INVENTION, die wohl experimentellste und satirischste der neuen Gruppen aus Kalifornien. Die West Coast und einige zentrale Großstädte wie New York und Chicago produzierten eine neue weiße Mittelklassen-Rock 'n' Roll-Musik, die Anregungen aus dem Folk und früherer Rock-Musik entnahm. Sie war untrennbar von der neuen Jugendkultur, die die Konsum- und Karriereorientierten Verhaltensmuster der erwachsenen Mittelklasse Amerikas ablehnte und sich freieren Lebensstilen zuwandte, zu denen Kommunen und bewußtseinserweiternde Drogen gehörten.

Das am weitesten fortgeschrittene Zentrum dieser neuen progressiven Rock-Musik und dieser neuen Lebensformen war San Francisco. Dort waren die wichtigsten Bands die JEFFERSON AIRPLANE, BIG BROTHER AND THE HOLDING COMPANY mit Janis Joplin, die QUICKSILVER MESSENGER SERVICE, die GRATEFUL DEAD und COUNTRY JOE AND THE FISH. Die FISH kamen aus Berkeley und wurden oft von Kritikern und Gruppen von der anderen Seite der Bay etwas geringschätzig betrachtet, aber mit ihrem *Fish Cheer*, *Vietnam Rag* und anderen extrem psychedelischen Kompositionen hatten sie genausoviel Einfluß wie die übrigen Gruppen auf den Rest des Landes. Sie waren die einzige psychedelische Gruppe aus San Francisco, die einen Teil ihrer Musik als «rock and soul music» bezeichnete.

Die AIRPLANE waren kommerziell die Top-Band der Stadt, aber die GRATEFUL DEAD vereinigten in sich alle Elemente der San Francisco-Szene und symbolisierten diese für alle außerhalb Kaliforniens. Die Mitglieder der DEAD waren hauptsächlich Einheimische aus nordkalifornischen Städten. Ihre musikalischen Einflüsse entstammten einer beträchtlichen Anzahl von Stilrichtungen. Jerry Garcia hatte mit Folk- und Bluegrass-Musik zu tun gehabt, Phil Lesh hatte klassische Musik studiert und spielte Trompete, Pigpen (eigentlich Ron McKernan, der

Sohn eines weißen R&B-Diskjockeys) widmete sich dem elektrischen Blues. Ihren Namen fanden sie in einem Augenblick psychedelischer Inspiration: «Eines Tages waren wir alle bei Phil und rauchten DMT», erinnert sich Garcia. «Wir hatten ein großes Oxford Dictionary, ich öffnete es, und da stand ‹grateful dead›, die Wörter waren nebeneinander. Es war einer dieser Momente, weiß du, und alles andere auf der Seite schien zu verschwimmen, war einfach nicht mehr da, und es blieb übrig GRATEFUL DEAD, große schwarze Buchstaben, von einem goldenen Schimmer umrahmt, Mann, und sie explodierten vor mir, eine überwältigende Kombination. Und ich sagte: ‹Wie wär's mit Grateful Dead?›, und das war's.»[1]

Mitglieder der GRATEFUL DEAD hatten in den frühen Tagen Kontakt mit Ken Keseys Gefolgschaft in Palo Alto, und ein paar Jahre später spielten sie bei den Acid Tests. Außerdem machten sie unentgeltlich in den Parks und auf der Haight Street Musik.

Diese Musik wurde unterstützt durch die Existenz verschiedener Veranstaltungssäle, in die jedes Wochenende Tausende angetörnter Kids strömten, um die Gruppen und die Light-Shows zu sehen, die hier zum erstenmal eingesetzt wurden. Zur selben Zeit begann in San Francisco das FM-Radio [Frequency Modulated Radio, sind die anspruchsvolleren UKW-Sendungen in den USA, von denen es heute knapp 4000 gibt], und die Pioniere dieser Rock-Stationen waren einige Diskjockeys, die sich entschlossen, ein freieres Rundfunk-Konzept zu entwickeln, um die neue Musik auszustrahlen, nachdem sie die AM-Stationen verlassen hatten, um LSD zu nehmen und neue Perspektiven zu ersinnen.

Musiker aus San Francisco hatten enge Kontakte zu den neuen Bands in Los Angeles. David Crosby, zuerst bei den BYRDS, später Mitglied von CROSBY, STILLS, NASH UND YOUNG, war Zentralfigur in dieser Verbindung. Er wohnte mit David Freiberg und Paul Kantner in Venice (Los Angeles). Sie schlossen sich später den AIRPLANE an und waren befreundet mit Dino Valente, der später zu QUICKSILVER ging.

Das Jahr, in dem die San Francisco-Szene unüberhörbar die nationale Aufmerksamkeit auf sich ziehen wollte und ihr das auch gelang, war 1967. Im Mai wurde das «psychedelische» Album der BEATLES veröffentlicht – «Sergeant Pepper's Lonely Hearts Club Band». Dieses Album half, wie in geringerem Ausmaß zuvor schon die LP «Revolver», LSD und indische Musik populär zu machen, aber es wies auch in die weniger positive, wenn auch allgemeinere Richtung östlicher Kitsch. Die Macht und die Popularität der BEATLES, die sie in einer früheren und nicht so extremen Periode gewonnen hatten, ermöglichten es ihnen jetzt, Millionen junger Leute durch eine Reihe von Veränderungen zu führen. Im Juni fand dann das Monterey Pop Festival statt. 30000 Besucher erschienen, und dadurch wurde es zum ersten großen Rock-Festival. Obwohl es von Los Angeles aus konzipiert war und zudem ko-produziert von Lou Adler und John Phillips, Schüsselpersönlichkeiten der L.A.-Musikszene, präsentierte es außer Jimi Hendrix und den WHO hauptsächlich Musiker aus San Francisco. Dieses Festival half, die nationale Aufmerksamkeit auf San Francisco zu richten. «Time» und «Newsweek» begannen ihre Artikel über «die Hippies», und in jenem Sommer fielen Tausende von «love children» in die Stadt ein. Die kommerziellen Möglichkeiten eines derartigen Enthusiasmus' wurden von Schallplatten-industriellen jetzt wahrgenommen, von denen viele, wie zum Beispiel Clive Davis (Columbia), Monterey besucht hatten.

Mit dem Auftauchen der diversen neuen Formen weißer Rock-Musik lebte auch eine alte Kontroverse wieder auf: waren die BEATLES, STONES und die anderen vom R&B beeinflußten britischen Gruppen, waren die psychedelischen Bands aus San Francisco / Los Angeles und die weißen Blues-Gruppen wie PAUL BUTTERFIELD und ELECTRIC FLAG alle nichts anderes als weitere Auswüchse in der anhaltenden Ausbeutung schwarzer Rhythm & Blues-Musik? Da diese Kontroverse sich wahrhaft komplex darstellt, müssen ihre weitverzweigten Einzelaspekte einem späteren Kapitel vorbehalten bleiben (siehe Kapitel 7, Schwarze Wurzeln, weiße Früchte). Es ist jedoch offenkundig, daß, in größerem Rahmen betrachtet, die meisten Formen der Rock-Musik in den sechziger Jahren (besonders stark vom Folk beeinflußte Musiker wie Dylan und die AIRPLANE sind auf bestimmte Weise Ausnahmen) ihre Wurzeln im schwarzen R&B hatten, und das gilt auch für die vom Country beeinflußten Rockabillies, die zumindest 50 Prozent ihrer Inspiration von schwarzen Sängern, Sängerinnen und Tänzern erfuhren.

Unterschiedlich bei den meisten der weißen Gruppen nach 1967 ist nicht die grundlegende musikalische Struktur, die größtenteils auf den Blues/Rhythm & Blues gegründet ist, sondern wirklich anders sind eher die Songtexte und der Lebensstil, den diese Gruppen repräsentierten. Sie konfrontierten nicht einfach ein weißes Pop-Publikum mit schwarzer Musik, die diesem unbekannt war, wie es Perry Como und die anderen weißen Cover-Interpreten in den fünfziger Jahren getan hatten, sondern repräsentierten eine authentische weiße Subkultur, die in den sozialen und ökonomischen Bedingungen der sechziger Jahre entstanden war. Dabei handelte es sich nicht um eine extrem unterdrückte Kultur wie die der schwarzen Gettos, sondern um die Identität bestimmter gesellschaftlicher Gruppen, die wie die Schwarzen nicht in die Hauptströmung weißer amerikanischer Kultur einzuordnen waren. Songtexte, die sich mit psychedelischen Erfahrungen auseinandersetzten, und Songs, die vierzig Minuten dauerten, unterschieden sich von den musikalischen Techniken der weißen Pop-Musik ebenso wie von denen der schwarzen Soul-Musik.

Daß Rock-Musik, die von weißen Interpreten dargebracht wurde, dem jungen weißen Publikum den Rock 'n' Roll und dem R&B, der von

Schwarzen interpretiert wurde, ersetzen konnte, war nicht schwer einzusehen. Sagt Ahmet Ertegun: «Das kleine weiße Schulmädchen tanzte wahnsinnig gern zu Chuck Berry, aber irgendwie war John Lennon schon eher ihr Traumbild.»

Zur Schule gehen mit den Grateful Dead

Obwohl die Plattenfirmen, besonders die großen, die neue Rock-Musik als Musik nicht besser leiden konnten als den Rock 'n' Roll der fünfziger Jahre, gelang es ihnen, sie schneller zu akzeptieren – aus ökonomischen Gründen – als den Rock 'n' Roll ein Jahrzehnt zuvor. In mancher Beziehung war die Botschaft dieser Musik zu offenkundig, als daß man sie hätte übersehen können. Die BEATLES, von einer britischen Firma unterstützt, hatten eine kommerzielle Hochstimmung ausgelöst, wie sie bis dahin in der Industrie neu war. Daß man sich anderer englischer Gruppen annahm, lag auf der Hand. Der Vertrieb ihrer Schallplatten fiel automatisch an amerikanische Firmen, weil man mit britischen Lizenzabkommen hatte. Es gab jedoch auch amerikanische Gruppen, die man im Sound und Image den britischen Vorbildern anglich. PAUL REVERE AND THE RAIDERS auf Columbia, die aus Oregon stammten, und das SIR DOUGLAS QUINTETT aus Texas auf Tribe (produziert von Huey Meaux) zum Beispiel. Weiße englische Sänger waren überdies kein rassisches «Problem» für bigotte Firmenangestellte oder Programmdirektoren. Auch die Folk-Rock-Gruppen waren den Plattenfirmen eher erträglich, zumindest anfangs. Große Firmen hatten seit mehreren Jahren saubere Folk-Gruppen wie PETER, PAUL AND MARY (Warner Brothers) und das KINGSTON TRIO (Capitol) promotet, und die Zuwendung zum Folk-Rock wurde künstlerisch schrittweise akzeptiert. Columbia hatte Dylan unter Vertrag genommen, als er ein reiner Folkie war, auch wenn er seine Meinung sehr deutlich sagte. Mit den BYRDS hatte die Firma ihren ersten Nummer-eins-Hit der neuen Welle zu verzeichnen – *Mr. Tambourine Man*.

Mit zwei erfolgreichen «Sounds» auf dem Pluskonto nahm sich die Industrie eilig der Musik-Szene von San Francisco an. Entscheidende Leute bei Plattenfirmen, die das Festival in Monterey besucht hatten, empfahlen jetzt, diverse der dort aufgetretenen Gruppen unter Vertrag zu nehmen. Columbia sicherte sich Janis Joplin, RCA nahm die JEFFERSON AIRPLANE unter Vertrag, Vanguard kaufte JOE AND THE FISH, und Warner Brothers entschied sich auf Anraten von Tom Donahue für die GRATEFUL DEAD. Einige dieser Gruppen waren schon vor Monterey unter Vertrag genommen worden. Ein Jahr später schloß Capitol Verträge mit

Quicksilver Messenger Service und der Steve Miller Band, und man räumte ihnen hervorragende Bedingungen ein – 16 Prozent Tantiemen (basierend auf dem Großhandelspreis) und 40000 Dollar Vorschuß. «Einige der neuen Gruppen sind gut», kommentierte Max Weiss, zu jener Zeit einer der Besitzer von Fantasy Records in San Francisco, «aber ein bißchen verrückt. Sie sind jedoch absolut unkommerziell, und man muß ihnen beibringen, ein paar Kompromisse zu schließen, damit sie auch Geld machen.» Andere wiesen darauf hin, daß die Jugendkultur in Nordkalifornien ein derartiges Ausmaß erreicht hatte, daß eine Gruppe aus San Francisco allein auf diesem Markt schon existieren konnte.

Außerhalb der Bay Area, Los Angeles und bestimmter Teile von New York war Promotion jedoch notwendig – und gewöhnlich ein Problem. Die Songs waren zu lang oder zu «unkommerziell», um von AM-Stationen gespielt zu werden. «Wir mußten die Erfahrung machen, daß wir Platten von den Grateful Dead nicht auf traditionelle Weise verkaufen konnten», sagte Joe Smith, Präsident von Warner-Reprise. «Man konnte nicht einfach eine Anzeige im ‹Billboard› schalten und auf die Weise eine Platte verkaufen. Wir fanden heraus, daß die Dead im Konzert erlebt werden mußten. Sie mußten auftreten, man mußte sie sehen. Wir mußten Werbung in den FM-Stationen machen, die zu jener Zeit gerade aufgebaut wurden. Die Verpackung war wichtig. Der Kult um die Dead war wichtig. Freikonzerte, bei denen man Früchte und Nüsse verteilte, waren wichtig.»[2]

Die Underground-Clubszene wurde zu einem wichtigen Bestandteil für die Promotionkampagnen von Bands, die im Rundfunk kaum gespielt wurden. Firmen begannen, die Tourneen zu finanzieren und bei den Abschlüssen für Auftritte zu helfen. Anzeigen und Besprechungen in Untergrund-Zeitschriften erwiesen sich als äußerst wirkungsvoll. «Wenn die eine Platte hoch loben», entdeckte der Chef der Promotion-Abteilung von Mercury, «ist die Reaktion enorm. Und wenn sie eine Platte runtermachen, ist der Mangel an Reaktion entsprechend erstaunlich.» Bald schon stammte ein Großteil der Anzeigenkontingente in vielen Untergrund-Zeitschriften von Plattenfirmen. Columbia, später gefolgt von anderen, brachte ein eigenes, sorgfältig geschriebenes «Underground»-Nachrichtenblatt heraus, das «Keep Your Ear To The Ground» hieß. Es war für FM-Stationen und Head-Shops (Hippie-Läden) konzipiert. Man kann vielleicht sagen, daß CBS die unerhört heuchlerischste Werbekampagne der Großindustrie startete, als man während der militanten sechziger Jahre eine Anzeigenserie für die neuen «Underground»-Veröffentlichungen unter dem Schlagwort «The New Revolutionaries» realisierte. Als sich der FM-Rundfunk schnell in die anderen Großstädte des gesamten Landes verbreitete, entdeckten die Schallplattenfirmen, daß kurze Radio-Werbespots, während der neuen Musik eingeblendet, zu schnellen Verkäufen führten. Das Radio gewann bald einen Vorsprung gegenüber den gedruckten Medien, was Promotion-Effektivität betraf. Als sich College-Studenten den Hippies und in ihrem Geschmack sehr ausgeprägten Individualhörern in der Vorliebe für progressive Rock-Musik anschlossen, wurden auch die Universitäten Promotion-Zentren für die Schallplattenfirmen. Große Firmen stellten Campus-Repräsentanten ein (Warner Brothers hatte fünfundzwanzig), kauften Anzeigenraum in Campus-Zeitschriften und warben im Campus-Radio. Überdies subventionierten sie Konzerte auf Universitätsgelände. Ende der sechziger Jahre sprachen Schallplatten-Bosse wie Gil Frieson, damals Vize-Präsident von A&M Records, von dem «Standard American Promotional Package» für neue Gruppen: «Großplakate auf dem Sunset Strip (in Hollywood) und dem Broadway (in New York), ganzseitige Anzeigen in der Untergrund-Presse, den Branchenzeitschriften und verschiedenen anderen Druckmedien; Radio-Spots und eine Promotion-Tournee, die vollständig vom Label finanziert wird.» «Dieses Promotionpaket», fügte er hinzu, «wird praktisch von jedem großen Label angeboten, um ‹starke› Talente zu locken.»[3]

Die Underground-Gruppen brachten den Schallplattenfirmen neue Probleme, indem sie zum Beispiel darauf bestanden, daß die Plattenumschläge in ihrer künstlerischen Konzeption die Musik repräsentierten. So wurden die Firmen dazu gezwungen, mehr Geld für die Plattenumschläge auszugeben, als sie eigentlich wollten. Und was noch bedeutsamer war: die Gruppen brauchten immer mehr Studiozeit, um ihre Alben aufzunehmen. A&R-Leute werfen den BEATLES vor, diese «Unsitte» begonnen zu haben, indem sie Hunderte von Studiostunden für ihr «Sergeant Pepper»-Album brauchten. Bei Warner Brothers dachte man sogar daran, die GRATEFUL DEAD fallenzulassen, nachdem diese 120000 Dollar in Studios im ganzen Land verbraucht hatten, ohne eine einzige fertige Platte abzuliefern. (Schließlich stellte die Gruppe aus diesen Sessions drei Alben zusammen: «Live Dead», «Anthem Of The Sun» und «Aoxomoxoa».)

Die Kontroverse über Studiozeit war ein wichtiges Problem: die Firma wollte kommerzielle Hits, die kostengünstig oder gar billig produziert waren; die neuen Gruppen wollten musikalische Werke. Die Auseinandersetzungen über Studiokosten waren stets gegenwärtig, aber wenn Musik um der Musik willen auch kommerziellen Erfolg bedeutete, wie zum Beispiel bei den BEATLES oder SIMON AND GARFUNKEL, ließ man die Gruppen gewähren. Da die Aufnahmekosten von den Gruppen selbst aus den Tantiemenvorschüssen bezahlt wurden, gingen die Schallplattenfirmen bei erfolgreichen Gruppen sowieso kaum ein Risiko ein. In den frühen Jahren der Underground-Musik wurden oft sogenannte «Firmen-Freaks» angestellt, um die Zusammenstöße zwischen langhaarigen Rock-Musikern und Firmenangestellten entschärfen zu helfen.

Derek Taylor, der Publicity-Mann der BEATLES, arbeitete bei A&M. Andy Wickham arbeitete bei Warner-Reprise.

Die neue Rock-Musik führte zu einer Verlagerung von Singles zu Alben. «Das LP-Geschäft begann wirklich erst mit den wichtigen Rock-Gruppen», sagte Don Kirshner 1972. Da ihre Singles selten gespielt wurden, führte man Gruppen mit ihren Alben ein, und diese planten LPs im Grunde sowieso wie Singles, d. h. als einheitliche Konzepte. Die Kaufkraft der Schallplattenkunden in den sechziger Jahren war ebenfalls daran beteiligt, daß sich LPs wie Singles absetzen ließen, und diese Verschiebung wurde noch von den Rack-Jobbers unterstützt, die eine ausgewählte Anzahl von Bestseller-Alben in Kaufhäusern im gesamten Land anboten und absetzten [«racks» sind die Ständer, auf denen die LPs zum Verkauf präsentiert werden]. LPs boten eine höhere Profitmarge, waren nicht so leicht zerbrechlich, und ihr Transport kostete kaum mehr als der von Singles. 1969 kamen 80 Prozent der Dollar-Umsätze von LPs.

Die Plattenindustrie zeigte diverse Reaktionen und Annäherungen, was die progressive Rock-Musik betraf. Die meisten nahmen einige neue Gruppen unter Vertrag und trafen dann Vereinbarungen mit unabhängigen Produzenten, sie mit neuen Talenten zu versorgen, die zu entdecken sie selbst ihre nicht unerheblichen Schwierigkeiten hatten. Warner-Reprise und MGM auf der anderen Seite repräsentierten wohl die beiden Extreme in der Reaktion der Industrie. Bei Warners-Reprise traf man die Entscheidung, die neue Musik aggressiv zu fördern, und man schuf sich ein positives Image, das darauf kalkuliert war, Gruppen, die dafür empfänglich waren, anzuziehen. Bei Columbia wandte man eine große Summe Geldes und ein gewisses Maß an Geschmack auf, um Dylan, Joplin, SIMON AND GARFUNKEL, die BYRDS und SANTANA unter Vertrag zu nehmen. RCA bekam die AIRPLANE und diverse psychedelische Gruppen, mit denen man nicht den gewünschten Erfolg hatte, aber dafür brachten es die Bubblegum-Gruppen wie die MONKEES und die ARCHIES. Capitol konnte sich auf die BEATLES stützen.

MGM jedoch folgte ziemlich weitgehend einer eigenen Perspektive, die gewöhnlich der von Warner-Reprise gegensetzlich war. Man nahm eine Reihe progressiver Leute unter Vertrag – die MOTHERS OF INVENTION, Tim Hardin, John Sebastian, Eric Burdon, Laura Nyro, die VELVET UNDERGROUND und andere – und dann entfremdete man sich schrittweise von ihnen. Die Firma ließ die Songtexte der MOTHERS zensieren, ohne der Gruppe davon Mitteilung zu machen, und veröffentlichte ihre Platten, ohne ihnen Kenntnis zu geben. Man brachte eine John Sebastian-Platte heraus, die an einem einzigen Lautsprecher bei einem Konzert aufgenommen war, um ihn dazu zu zwingen, sich ihrer Interpretation des Vertrages zu unterwerfen. Man veröffentlichte sogar ein ganzes Album von den GRATEFUL DEAD («Vintage Dead»), aus den Bändern zusammengestellt, die ursprünglich als Ausgangsmaterial für die Wahl eines Songs zu einer «Sounds Of San Francisco»-LP gedacht waren, die eine andere Firma vorgeschlagen hatte, die aber nie produziert wurde. Legal konnten die DEAD nichts dagegen unternehmen. In den späten sechziger Jahren soll die Firma 4 Millionen Dollar Verlust durch ihre geschmacklose Promotion des «Boss Town Sound» aus Boston gemacht haben. Man schien zu hoffen, daß allein durch Hype Boston neben San Francisco zum zweiten psychedelischen Zentrum gemacht werden könne. 1970 wandte sich die Firma jedoch gegen ihre progressiven Gruppen, die plötzlich als «drug acts» bezeichnet wurden, und kündigte achtzehn von ihnen auf. «Gruppen, die mit harten Drogen zu tun hatten», sagte Mike Curb, der Firmenpräsident, «kamen zu uns ins Büro, verführten die Sekretärinnen zum Drogenkonsum, vergeudeten die Zeit unserer Promotion-Leute, mißbrauchten die Leute in der Firma zu ihren Zwecken, zeigten im Studio keine Verantwortung, gingen schlecht mit den Geräten um, und zu guter Letzt lösten sie sich dann auch noch auf.»[4]

Curb wurde von Präsident Nixon wegen «seiner schonungslosen Haltung gegen den Drogenmißbrauch» gepriesen, aber Skeptiker in der Branche wiesen sehr schnell darauf hin, daß Curb eher von wirtschaftlichen als von moralischen Erwägungen motiviert zu sein schien. Mehrere ganz offensichtlich an Drogen orientierte Gruppen, die sich jedoch sehr gut verkauften (Eric Burdon zum Beispiel und Bobby Bloom, der sang: «You ain't been 'til you been high in Montego Bay»), sollten nämlich auf dem Label bleiben, während eine Anzahl absolut nicht psychedelischer Gruppen, die keinen Erfolg hatten, sich unter denjenigen befanden, die man feuerte. Der Manager von Eric Burdon kommentierte, er wäre «vor Freude aus dem Häuschen», wenn Curb sie aus dem Vertrag entließe, denn es sei seiner Meinung nach offensichtlich, daß der Firmenpräsident die Rock-Musik nicht verstehe. Burdon ging so schnell wie möglich, gefolgt von anderen Gruppen, und bald richtete das Label sein Augenmerk auf sauberen Teenybopper-Schlock wie die COWSILLS und die OSMONDS.

Kreativität am Zügel:
Der unabhängige Produzent

Kennzeichnend für die Reaktion der Plattenindustrie auf die neue Rock-Musik der sechziger Jahre war der wachsende Einsatz unabhängiger Produzenten. In den fünfziger Jahren war der Löwenanteil der Musik von Hausproduzenten aufgenommen worden, die von den allmächtigen

A&R-Chefs abgestellt wurden, bestimmte Gruppen für die Firma zu produzieren. Aber diese Männer verstanden die neue Musik oft nicht. Entscheidender kam jetzt hinzu, daß die meisten Gruppen ihr eigenes Material schrieben und man keinen A&R-Mann brauchte, der Musikverleger und Interpreten zusammenbrachte. Als die Konflikte zwischen Hausproduzenten und Gruppen wuchsen und als sich die A&R-Leute der Firmen zunehmend als unfähig erwiesen, neue Untergrund-Talente zu erkennen, wandten sich die Plattenfirmen den unabhängigen Produzenten zu. In den fünfziger und frühen sechziger Jahren hatten einige unabhängige Produzenten das Verfahren entwickelt, ihre eigenen Gruppen zu entdecken und zu entwickeln und dann fertige Prototypen oder sogenannte «masters» von Singles an die Firmen zu verkaufen. Als die Kosten für ein Masterband jedoch von 400 bis 500 Dollar auf ungefähr 2500 Dollar stiegen, brachten diese Produzenten neue Gruppen mit der Firma zusammen, um ein grundsätzliches Einverständnis herzustellen, unterzeichneten Verträge, produzierten daraufhin das Masterband mit finanzieller Unterstützung der Firma und händigten es ihr dann schließlich aus, damit die Platten gepreßt und vertrieben werden konnten. Oft ließen diese selbständigen Gruppen als Vertragsklausel aufnehmen, daß sie mit einem bestimmten Produzenten zusammenarbeiteten.

Ende der sechziger Jahre war es soweit, daß wahrscheinlich 80 Prozent aller Schallplatten von unabhängigen Produzenten stammten. Für die Verhandlungen gab es gewöhnlich zwei verschiedene Verfahrensweisen: eine simple Vereinbarung mit einem Außen-Produzenten, der bei einer großen Firma die Platten einer Gruppe produzierte; oder ein schon etwas ausgeklügelterer «label deal» oder «joint venture», bei dem ein unabhängiger Produzent außerhalb der Firma ein Plattenlabel gründete und das Material der Künstler, die er produzierte, auf diesem Label veröffentlichte, es aber einer größeren Firma vertraglich zum Vertrieb überließ. Die Vereinbarungen wurden oft mit einem Manager oder der Gruppe selbst getroffen, wie zum Beispiel den Beatles – also nicht nur mit einem Produzenten –, und sie konnten zudem die Kontrolle über die Promotion und künstlerische Verpackungskonzeption zusätzlich beinhalten.

Einige der berühmteren unabhängigen Produzenten der fünfziger Jahre waren Norman Petty, der Buddy Holly in einem Studio in Clovis, New Mexico, produzierte; Lee Hazelwood, der in Phoenix, Arizona, arbeitete, bevor er nach Hollywood zog, und am bekanntesten für seine Arbeit mit Duane Eddy ist; Jerry Leiber und Mike Stoller, die ihre Karriere als Songschreiber machten (*Hound Dog*), als Hausproduzenten, unabhängige Produzenten und schließlich auch als Besitzer unabhängiger Plattenfirmen. Außer für ihre Arbeit mit Elvis Presley sind Lieber und Stoller wohl am besten dafür bekannt, was sie mit den Coasters und den Drifters produzierten. Einer der bekanntesten Produzenten in der Geschichte der Rock-Musik ist Phil Spector, der eine ebenso vielfältige Laufbahn wie Lieber und Stoller hatte.

Spector begann mit achtzehn Jahren, als er den Song *To Know Him Is To Love Him* schrieb (der Titel stammt vom Grabstein seines Vaters) und die TEDDY BEARS gründete, um den Song aufzunehmen. Die Single wurde 1958 ein Nummer-eins-Hit, aber Spector wurde bewußt, daß sein Haupttalent nicht im Gesang lag. Er begann Songs zu komponieren und half bei Produktionen mit Leiber und Stoller, später auch bei Atlantic und Liberty. In jenen Jahren war er als Ko-Autor an «Spanish Harlem» beteiligt. Dann gründete er mit dem PR-Mann Lester Sill, der später Präsident von Screen Gems Pictures wurde, die Firma Philles Records (Phil plus Les). Philles war eine vollständig unabhängige Schallplattenfirma, die ihren eigenen Vertrieb, Promotion und Produktion besorgte.

Bei dieser Firma entwickelte Spector seinen charakteristischen «Wall of Sound». Diese Klangtechnik benutzte hauptsächlich Überspielungen (overdubbing), zu jener Zeit selten, mit Hilfe derer zahlreiche Streicher, Bläser, Schlagzeuge usw. der zugrundeliegenden Gesangsspur dazugespielt wurden, so daß zum Schluß der Eindruck entstand, eine ganzes Rock-Orchester begleite den Gesang. Brian Wilson von den BEACH BOYS, selbst stark von Spector beeinflußt, nannte dies die «wagnerianische Annäherung an den Rock 'n' Roll». «Ich schreibe kleine Sinfonien für Kids», sagte Spector. Die Ein-Mikrofon-über-allem-Technik, eine wichtige Komponente des Sound, wurde zufällig entwickelt, als Gitarrentöne aus einem unabgesicherten Mikro während der Aufnahmen von, ausgerechnet, *Zip-A-Dee-Doo-Dah* in die anderen Mikrofone des Studios «einschlichen».

Nachdem *River Deep – Mountain High*, gesungen von Tina Turner, nur sehr schlecht angekommen war, zog sich Spector voller Verachtung zurück und tauchte erst mehrere Jahre später wieder auf, als unabhängiger Produzent, der mehrere Gruppen zu A&M brachte. Er wurde schließlich durch Allen Klein wieder den BEATLES nahegebracht und begann eine neue Phase seiner Karriere, gleichsam seine Wiedergeburt, indem er John Lennons *Instant Karma* und das BEATLES-Album «Let It Be» produzierte. Spector hatte die BEATLES 1963 kennengelernt und war mit ihnen sogar auf ihrer ersten Reise nach Amerika in demselben Flugzeug geflogen. Immer schrecklich ängstlich vor Flugzeugabstürzen, hatte er sich vorgestellt, bei ihnen im Flugzeug sicher zu sein, denn er war der Überzeugung, daß sie noch einmal ganz groß herauskommen würden. Nach der Auflösung der BEATLES produzierte er fast alle LPs von Lennon und George Harrison bis ungefähr 1974 und wurde so etwas wie der A&R-Chef des Apple-Label der BEATLES, gleichsam in der Tradition der A&R-Männer der fünfziger Jahre. Dann traf er eine Label-Vereinbarung mit Warner Brothers.

Obwohl Spector ein zukunftsweisender Produzent war, der im wesentlichen jenen technologischen Studio-Sound allein kreierte, der viele Gruppen und Firmen, besonders Motown, während der sechziger und bis in die siebziger Jahre beeinflußte, läßt er sich eigentlich nicht zu jenen unabhängigen Produzenten zählen, die den großen Plattenfirmen halfen, die Probleme in ihrem mangelnden Verständnis für moderne Rock-Musik zu lösen. Spectors erste großen Tage lagen vor der neuen Musikwelle. Obwohl er künstlerisch mit den BEATLES und Apple verbunden war, blieb es eher das Verdienst von Allen Klein (dem zweiten Manager der Gruppe) und den BEATLES selbst als das von Spector, das Apple-Label aufgebaut zu haben, welches Capitol mit Material versorgte. Ein unabhängiger Produzent, der eine direktere Rolle darin spielte, die großen Firmen mit der Idee vertraut zu machen, den unabhängigen Produzenten als Verbindungsglied zwischen sich und den neuen Gruppen zu nutzen, war Lou Adler.

Adler stammte aus dem East L.A.-Getto, und wie Spector wandte er sich der Plattenindustrie zu, kurz bevor er zwanzig wurde. Er und Herb Alpert machten einige Demos, die sich irgendwie nach Rock 'n' Roll anhörten, und landeten dann einen Job bei Keene Records, wo sie unter Bumps Blackwell arbeiteten und Adler Sam Cooke traf, der sein enger Freund wurde. Nach einem Intermezzo mit einer Management-Firma, die lateinamerikanische Musiker wie Tito Puente betreute, traf Lou Adler Jan Berry und produzierte eine Platte für JAN AND DEAN mit dem Titel *Baby Talk*. Dies war seine erste Produktion, und sie brachte ihn der Surf-Musik-Szene nahe. Er gründete die Produktionsfirma Dunhill Productions für ein Johnny Rivers-Album, das die erste der Go-Go-LPs wurde («Johnny Rivers Live At The Whisky A Go-Go»), und wandelte dann die Produktionsfirma in Dunhill Records um. Adler verband sein Label mit ABC Records, weil er sich nicht um Verkauf und Vertrieb kümmern mochte und überdies nicht das Geld hatte, die Sessions zu finanzieren. Die zweite Platte, die Dunhill herausbrachte, was Barry Mc Guires *Eve Of Destruction*, ein seltsamer Folk-Rock-Hit, der die Nummer eins in den Single-Charts erreichte. «Ich wollte mal die Wirkung von Dylans erstem elektrischen Album prüfen und gab es P.F. Sloan [dem Autor von ‹Destruction›]. Ich sagte ihm, er solle doch mal solch Folk-Rock-Zeug schreiben, so nannten wir das einfach . . . ich dachte nicht, daß es auch Erfolg haben würde.»[5] McGuire machte Adler mit den Musikern bekannt, aus denen THE MAMAS AND THE PAPAS werden sollten, und mit denen brachte er eine neue Serie von Hits heraus.

Zu diesem Zeitpunkt wurde ABC bewußt, daß Dunhill Quelle einer neuen Art Musik war und THE MAMAS AND THE PAPAS ihren extremen Wert als Songschreiber hatten. Man kaufte die Firma Adler für fast 3 Millionen Dollar ab. Fast auf der Stelle gründete Adler Ode Records und machte einen Vertriebsvertrag mit CBS. Es war das erste Mal, sagt Adler, daß CBS sich darauf einließ, ein unabhängig operierendes Label zu vertreiben. Bei CBS war man sich darüber klar, daß eine neue Musik entstand, und der Ansicht, daß Adler, der Anteil an der Surf-Musik gehabt hatte, an der Go-Go-Masche, dem Folk-Rock und der West Coast-Szene im allgemeinen, diese Musik verstand. «Clive Davis war zum Monterey Pop Festival gekommen und hatte gesehen, daß sich da etwas tat. Und er wußte, daß ich das Festival auf die Beine gestellt hatte. Aber ich hatte darüber hinaus auch noch einen Ruf. Er kaufte nicht jemanden ein, der absolut unbekannt war.»[6] Nach einer gewissen Zeit übertrug Adler den Vertrieb A&M, einer Firma, deren Mitbesitzer sein alter Freund Herb Alpert ist.

Adlers Sound ist anders als der Spectors. Platten, die von ihm produziert sind, klingen meistens einfach, verzichten auf ausgeklügeltes Overdubbing und Crescendo-Effekte. Jedes Instrument ist klar herauszuhören. Das zeigt sich ganz besonders deutlich bei den Carole King-Platten, die er produziert hat. *Tapestry*, mit mehr als dreizehn Millionen Exemplaren eine der meistverkauften Platten aller Zeiten, «hat einen fast nackten Sound. Es sollte so klingen, als spielte sie im selben Zimmer Klavier für den Hörer.» Obwohl die Platten mit Johnny Rivers und The Mamas and the Papas stärker produziert sind – Live-Effekte blieben erhalten, Streicher wurden hinzugefügt –, bleibt es doch immer das Ziel, den Gesangskünstler in den Vordergrund zu stellen, und nicht, wie im Fall Spector, etwas insgesamt Neues zu schaffen – wie er es scheinbar oft im Sinn hatte, wenn er den Gesang nur als eine Variable in der Gesamtproduktion einsetzte.

Wie noch ein paar andere Produzenten hat Adler immer mehr getan, als nur die Sessions zu produzieren. Er koordiniert gewöhnlich die Cover-Gestaltung und entwickelt auch die Anzeigen-Kampagnen. Seine Verträge mit den größeren Labels räumen ihm dazu immer das Recht ein.

Ende der sechziger Jahre begannen diverse Musiker und Gruppen, ihre eigenen unabhängigen Produktionsfirmen zu gründen, um Kontrolle über den künstlerischen Inhalt und die äußere Darbietung zu haben. Die Vertriebsvereinbarungen treffen sie mit größeren Firmen. Frank Zappa und die Mothers of Invention, die eine Haltung gegenüber progressiver Rock-Musik, wie sie sie bei MGM erleben mußten, satt hatten, verließen 1968 die Firma und gründeten Bizarre, Inc. Bizarre war hauptsächlich Platten-Label, aber auch Management-Firma für die Stone Poneys und Tim Buckley. Zappa und sein Geschäftspartner Herb Cohen schlossen einen Vertriebsvertrag mit Warner-Reprise ab. Bizarre bewies, welchen Wert derartige Vereinbarungen mit Unabhängigen für größere Firmen haben können. Zappa fand und entwickelte Interpreten wie Alice Cooper, die wahrscheinlich von einer Großfirma niemals entdeckt worden wären. Die Cooper Band ging mehrere Jahre später zu Warner-Reprise und wurde zu einer der meistverkaufenden Gruppen.

Ein anderes Beispiel in den späten sechziger Jahren waren die BEACH BOYS, die Brother Records gründeten und dieses Label von Capitol vertreiben ließen. Die Gruppe klagte später darüber, daß Capitol unrechtmäßig Tantiemen einbehalte und der unabhängige Label-Vertrag mit der Firma ihnen nicht mehr Freiheiten einräume als ein Normalvertrag. (Brian Wilson nannte Capitol Records gern «Captive Records».) Die JEFFERSON AIRPLANE gründeten Grunt Records, aber gestanden ihrer alten Firma RCA den Vertrieb zu. Wie Capitol und andere Firmen, die sich damit auseinandersetzen mußten, daß eine ihrer Gruppen nicht mehr zufrieden war, fand auch RCA, es sei besser, einen Label-Vertrag zu machen, als die Gruppe ganz zu verlieren. Außer der größeren schöpferischen Freiheit, die Label-Verträge gewöhnlich boten, gefiel den Gruppen daran auch, daß sie andere Musiker auf ihren neuen Labels herausbringen konnten.

Hatten einige Interpreten wie die TOKENS und Frank Sinatra ihre eigenen Labels schon lange vorher gegründet, so starteten doch die BEATLES den Trend zu Künstler-Firmen in den sechziger Jahren. Sie benutzten Apple als wirtschaftliche Grundlage, um ihre Ideen der Welt zu präsentieren. Nach Brian Epsteins Tod 1967 mit 2 Millionen Dollar gestartet, hatte die Firma fünf Abteilungen: Platten, Musikverlag, Filme, Elektronik und Einzelhandel.

Aber Apple war auch beispielhaft für die potentiellen Risiken einer von Künstlern geführten Firma. Die BEATLES verloren so manche hunderttausend Dollar an den verschiedensten Entwicklungen auf dem Elektronik-Sektor, die nie auf den Markt kamen, und an einer Boutique in London, die von einer finanziell zu leichtfertig operierenden Design-Gruppe namens The Fool geleitet wurde. Alkohol und Nebenkosten durch die Angestellten waren mehr als exorbitant, und die BEATLES wurden von einem ganzen Clan Freunde, alten und neuen, ausgenommen. Am Ende des ersten Geschäftsjahres hatte die Firma eine Million Dollar zugesetzt. John Lennon brachte den Musikverlagsbuchhalter Allen Klein in die Firma, und der stellte die Ordnung wieder her. Paul McCartney gab seinem neuen Schwiegervater, dem Anwalt Lee Eastman, den Vorzug und trennte sich daher von der Gruppe. Klein war ein zigarrerauchender Unternehmer, der sich ganz sicher seinen prozentualen Anteil sicherte, aber dafür traf er weniger Geschäftsentscheidungen nach dem «I Ching». Wie die meisten Gruppen mußten auch die BEATLES feststellen, daß sie als Teil der profitorientierten Wirtschaft in einer kapitalistischen Gesellschaft einen Kapitalisten für ihre Geschäftsinteressen benötigten. Gruppen, die andere Ansichten hatten, sind damit, mit Ausnahme vielleicht der GRATEFUL DEAD, in diesem Punkt gescheitert.

Das Apple-Label wurde von Anfang an durch Capitol vertrieben. Phil Spector wies darauf hin, daß die Gruppe «ihrem alten Capitol-Produkt hätte Konkurrenz machen müssen», wenn sie eine neue Vertriebsfirma gewählt hätte. Capitol wäre sogar in der Lage gewesen, Platten aus Sessions zusammenzustellen, die von den Beatles als nicht gut genug abgelehnt worden waren.

Fusionen

In den mittleren und späten sechziger Jahren kaufte eine große Anzahl von Firmen der Musikindustrie andere auf oder fusionierte mit ihnen. Dabei handelte es sich zum Teil um Musikfirmen, aber es geschah auch, daß große Konzerne, die nichts mit Musik zu tun hatten, Schallplattenfirmen kauften. Manche der Fusionierungen erfolgten als Reaktion auf die neue Rock-Musik oder, um es anders zu sagen, waren Reaktion auf den nicht abbrechenden Erfolg der Unabhängigen.

Aber die Fusionierungen in der Musikindustrie waren auch ein «folgerichtiger» Prozeß der Zentralisierung, in dem sich die erfolgreichen Firmen zusammenschlossen, um Kosten zu sparen, die Preise und den Markt effektiver kontrollieren zu können und um schließlich Firmen zu verbinden, die sich auf jeweils verschiedene Musikrichtungen spezialisiert hatten, um größere Investitionen zu ermöglichen und einen einfacheren zentralen Vertrieb. Diese Zentralisierung war nicht anders als der Prozeß, der schon in älteren Industrien vonstatten gegangen war wie zum Beispiel beim Film und genauso in der Stahl-, Gummi- und Tabakindustrie. Und schließlich waren die Fusionen in der Musikindustrie Teil einer niegekannten Fusionsbewegung in der amerikanischen Wirtschaft der sechziger Jahre. Weil das Musikgeschäft so profitabel geworden war und als Teil der Unterhaltungsindustrie hohe Wachstumsraten versprach, besaßen Musikfirmen für ganz fremde Konzerne eine ziemlich große Attraktivität.

Drei verschiedene Arten von Fusionen gingen in der Musikindustrie vonstatten. Alle geschahen gleichzeitig und waren miteinander in Beziehung zu setzen, aber wenn man sie einzeln darstellt, fällt es leichter, die verschiedenen Faktoren zu verstehen, die dabei eine Rolle spielten.

Die erste Fusionsart war eine «horizontale», dabei handelte es sich um Firmen, die innerhalb der Musikindustrie auf derselben Ebene operierten: Plattenfirmen, die andere Plattenfirmen kauften, oder Vertriebsfirmen, die mit anderen Vertrieben fusionierten. Horizontale Fusionen im Musikgeschäft reduzierten Konkurrenz, wo Firmen auf demselben Markt tätig waren – meistens bei Vertrieben und Rack-Jobbers – und vergrößerten die Reichweite über verschiedene Käufergruppen, wenn die beteiligten Firmen verschiedene Musikrichtungen produzierten – im

Falle von Plattenfirmen. Die augenfälligste horizontale Fusion der letzteren Art betraf Warner-Reprise, deren übergeordneter Konzern 1967 Atlantic kaufte und 1970 Elektra.

Mehrere große ausländische Firmen der Schallplattenindustrie fusionierten horizontal mit amerikanischen Firmen. EMIs Kauf von Capitol in den fünfziger Jahren war dabei wegbereitend. Phillips, der gigantische Elektronik- und Musik-Konzern in Europa, kaufte Mercury und später MGM.

Während der mittleren und späten sechziger Jahre kam es auch zu «vertikalen» Fusionen. Dabei fand eine Integration verschiedener Industrieebenen statt – Schallplattenfirmen kauften zum Beispiel Vertriebe oder Einzelhändler auf. ABC-Paramount war die erste große Schallplattenfirma, die sich sehr stark ins Vertriebswesen einschaltete, als sie den landesweiten Rack-Jobbing/Vertriebs-/One Stop-Komplex New Deal Records aufkaufte und dazu verschiedene Firmen, die bestimmte regionale Vertriebsgebiete betreuten. Capitol folgte dem Beispiel 1968 und kaufte 53 Prozent von Merco Enterprises, einem Long Island Rack-Jobber, der die Macy und Gimbel-Warenhausketten versorgte sowie dreihundert College-Geschäfte im Osten. Mehrere große Vertriebs- und Rack Jobber-Firmen wie Schwartz Brothers dehnten sich auf den Einzelhandel aus. 1969 kaufte CBS die Discount Record-Läden, eine Kette auf jugendliches Publikum gerichteter Schallplattengeschäfte, die hauptsächlich in der Nähe von Colleges und Universitäten lagen. CBS behauptete, dieser Kauf ermögliche es, mit neuen Marketing-Methoden zu experimentieren. Mehrere Jahre zuvor hatte CBS die Fender Guitar and Amplifier Corporation aufgekauft. Diese Käufe ermöglichten es, die Finanz-, Promotion- und Werbe-Strukturen einzusetzen, die man schon in anderen Bereichen der Musikindustrie entwickelt hatte.

Vertikale Fusionen erlaubten es den Firmen, Profite, die sonst an Zwischenhändler gegangen wären, für sich selbst zu erhalten und innerhalb der Industrie sowohl die Herstellung wie den Verkauf unter Kontrolle zu haben. Diese Fusionen hatten oft einen Schneeball-Effekt, weil sich andere absichern wollten. Sie versuchten, sich gegenüber den Monopolbestrebungen der Konkurrenten abzusichern, indem sie selbst vertikal fusionierten: Hersteller kauften Vertriebe, Rack Jobber-Firmen oder Einzelhandelsketten wurden von Vertrieben aufgekauft.

Die wichtigsten Fusionen der sechziger Jahre waren die weitpublizierten «Großkonzern-Fusionen», die ihren Ursprung außerhalb der Musikindustrie hatten. Als das Schallplatten- und Musikgeschäft sich immer mehr ausdehnte, wurden die daran beteiligten Firmen von den Großkonzernen wahrgenommen, die an den weitaus umfangreicheren Fusionen innerhalb des amerikanischen Wirtschaftsgefüges teilhatten. (Großkonzerne sind Firmengebilde, die Einzelbereiche miteinander nicht verwandter Geschäfte umschließen, aber zu einer finanziellen Einheit verschmolzen sind, die unter einem Management steht.) Die Fusions-Bewegung der sechziger Jahre war größer als jede andere Fusionsperiode in der Geschichte des amerikanischen Kapitalismus, sogar als die der Trust-Bildung um die Jahrhundertwende.

Obwohl manche dieser Fusionen aus den Standard-Gründen der Effizienz zustande kamen, unter denen ein Konzern eine Anzahl kleinerer Firmen in einer nicht zentralisierten Industrie zusammenfügte oder Hersteller und Einzelhändler aufkaufte, um vertikale Integration zu erreichen, geschahen doch auch viele dieser Fusionen, um die Aktienwerte der übergeordneten Konzerne zu erhöhen. Fusionen boten eine schnelle Möglichkeit für Konzerne, die Gesamtumsätze zu erhöhen und damit die Dividenden – zwei Faktoren von entscheidender Wichtigkeit für die Wertfeststellung der Aktien, zumindest in dem spekulativen Investitions-Klima der sechziger Jahre, in dem andere wichtige Wertbestimmungsfaktoren wie Nettowert oder Bilanzen oft übergangen wurden. Die Finanzierung des Erwerbs der gewünschten Firmen wurde den Konzernen durch die Bundessteuerstruktur jener Zeit leichtgemacht, denn sie ermöglichte es, den größten Teil der zum Kauf benötigten Summe als nicht zu versteuernde Kosten zu deklarieren.*

Firmen der Musikindustrie waren für die Fusions-hungrigen Großkonzerne besonders attraktiv. Die Profite der Musikfirmen waren nämlich hoch – 10 bis 15 Prozent nach Abzug der Steuern, wie ein Offizieller bei Atlantic mitteilte – und diese Firmen waren Teil der Unterhaltungsindustrie, die in den vom Überfluß geprägten sechziger Jahren hohe Zuwachsraten zu verzeichnen hatte. Diese Industrie bezog sich zudem auf die am schnellsten wachsende und konsumfreudigste Bevölkerungsschicht, die Leute zwischen 12 und 30. Ein Sprecher der Commonwealth United Corporation sagte: «Wir haben Marketing-Studien der Musikindustrie angestellt und Anzeichen für ein unbegrenztes Wachstumspotential in diesem Bereich konstatieren können.»[7] «Börsenmakler wissen», sagte Arthur Mogull, Präsident von Tetragrammaton Records, 1969, «daß auf unserem Feld die Gewinne viel schneller zu machen sind als in der Filmindustrie.»[8]

In den sechziger Jahren wurden Dutzende von Plattenfirmen, unabhängigen Produktionsfirmen, Buchungsagenturen, Managementfirmen und sogar Konzert-Promotion-Firmen von Großkonzernen aufgekauft. Das Ausmaß der Fusions-Aktivität wird zudem deutlich durch eine Anzahl geplanter Fusionen, die sich schließlich zerschlugen: ABC mit ITT,

* Zur Erklärung dieses komplizierten und auch extrem lukrativen Prozesses siehe «The Merger Movement: A Study in Power» von Paul Sweezy und Harry Magdoff, in: «Superconcentration/Supercorporation», herausgegeben von Ralph L. Andreano, Warner Modular Publications, Andover, Mass. 1973.

Imperial mit Studebaker-Packard (schon 1958) und MCA mit Westinghouse Electric.

Warner Brothers-Reprise wurde zusammen mit der Film-Abteilung und anderen Abteilungen an eine kleine Filmvertriebsgesellschaft namens Seven Arts verkauft. (Siehe wiederum die Warner-Darstellung auf den Seiten 237–246) Dann wurde die Firma für 350–450 Millionen abgestoßen.

Gulf and Western, ein Konzern mit einem Stammkapital von 2 Milliarden Dollar (von Grundbesitz über Zink-Minen bis zu Munitionsfabriken) kaufte 1967 die Paramount Schallplatten- und Film-Organisation. Ein «Experte für Geschäfts-Technologie» wurde von Litton Industries dazugeholt.[9] Gulf and Western fügten ihrer Firmenliste 1968 Stax Records hinzu, als Stax Atlantic verließ, durch die acht Jahre lang der Vertrieb vonstatten gegangen war. Stax' Präsident Jim Stewart blieb weiterhin an der Firmenspitze. Die großartige Chess-Firma wurde 1969 für 6 Millionen Dollar und 20000 Aktienanteile (GRT-Aktien) an GRT, die Tonband-Firma, veräußert.

Omega Equities, ein höchst gefräßiger Großkonzern, geführt von James Ling, einem der Gründer der aktivsten der *neuen* Großkonzerne, Ling-Temco-Vaught (im Gegensatz zu den *etablierten* Konzernen wie ITT), kaufte Roulette Records auf und startete die North American Leisure Corporation (NAL), um Tonbandkassetten herzustellen. Der Konzern erwarb außerdem die Labels des Produzenten Snuff Garrett. Ende 1968 bewirkten Omegas Geschäfte außerhalb der Musikindustrie, daß die Firma Schwierigkeiten mit der Staatlichen Kommission zur Überwachung des Wertpapier- und Wechselhandels bekam, die den Handel mit Omega-Aktien stillegte. Die Kommission machte Omega den Vorwurf, Wertpapiere verkauft zu haben «auf der Basis fehlerhafter und unvollständiger Information in bezug auf die finanzielle Situation, die Produktionsorientierung und das Akquisitionsprogramm der Firma».[10] Grund für das Durchgreifen der Behörde war zum Teil die Tatsache, daß ältere und etabliertere Konzerne wie ITT, General Electric und RCA, die sich Sorgen über die Konkurrenz der «neuen aggressiven» zu machen begannen, die Regierungsbehörden dazu beeinflußt hatten, die lockeren Fusionspraktiken intensiver zu überwachen.

Während die neuen Konzerne einerseits Schwierigkeiten mit Aufsichtsbehörden und ihren eigenen Über-Expansionen bekamen, hatten sie andererseits auch Probleme mit ihren Akquisitionen im Musikgeschäft. Viele der Musik-Leute wie Al Bell von Stax (eine Firma, die von G&W aufgekauft worden war), die unter dem Management der Großkonzerne als leitende Angestellte geblieben waren, nachdem sie oft ihre Anteile verkauft hatten, begannen unter den Zwängen zu leiden, ihre Musikfirmen jetzt so wie die anderen Tochterfirmen der Konzerne leiten zu müssen. Man verlangte von ihnen zum Beispiel, daß sie eine stabile Zuwachsrate aufrechterhielten, unabhängig davon, welche Talente ihnen zur Zeit zur Verfügung standen. Diesen Direktiven ausgesetzt, verließen viele leitende Angestellte ihre Arbeitsplätze, um eigene Firmen aufzumachen oder sich anderen anzuschließen. Da viele der kleinen Firmen, die von den Großkonzernen aufgekauft worden waren, ihren Wert in einzelnen Schlüssel-Persönlichkeiten hatten, waren sie nicht mehr zu verkaufen, wenn diese Leute weggegangen waren.

Für die besser geleiteten Firmen und jene, deren Interesse am Unterhaltungsgeschäft eher in dessen eigentlichen kommerziellen Möglichkeiten begründet war, als darin, Aktienpreise zu manipulieren, brachte die Konzentration gewisse Erfolge. Doubletten ließen sich vermeiden, und die Buchhaltung war zentralisiert. Profitable und koordinierte multimediale Promotion war für jene Firmen möglich, die über eine Kombination von Schallplatten-, Radio-, Fernsehfirmen und auch Talent-Management verfügten. Die Konzentration bestärkte überdies die stabile Preispolitik, die von den Großen RCA und Columbia schon vor langer Zeit etabliert worden war. In einer Industrie, die von ungefähr einem Dutzend großer Herstellerfirmen dominiert wird, macht jede Art von Preissenkung nur allen Beteiligten Schwierigkeiten. (Preiskonkurrenz würde natürlich von den Konsumenten begrüßt werden.) Wie bei vielen anderen US-Monopolen findet der Konkurrenzkampf in der Schallplattenindustrie nur sehr selten auf der Preisebene statt, und wenn eine große Firma sich entschließt, aus Markt- oder Profiterwägungen eine Preiserhöhung vorzunehmen, dann folgen ihr alle anderen. Die Konkurrenz beschränkt sich auf mit den Preisen nicht verbundene Strategien zur Umsatzsteigerung – auf Werbung, Promotion und Neuerungen.

Die Verbindung von Schallplattenfirmen mit Großkonzernen, die nicht in der Unterhaltungsindustrie angesiedelt sind, brachte moralische Erwägungen, von denen einige Musiker von Zeit zu Zeit beeinträchtigt waren: daß die Profite, die mit ihren Werken gemacht wurden, zum Beispiel benutzt wurden, um Kriegsgeräte zu entwickeln und herzustellen, die von anderen Tochterfirmen der Großkonzerne produziert wurden. Und tatsächlich wurden die Profite der Schallplattenabteilungen von RCA und Capitol-EMI, zum Beispiel von den Platten der JEFFERSON AIRPLANE oder denen John Lennons und George Harrisons, dafür verwendet, in anderen Bereichen des Großkonzerns Waffen zu entwickeln. Keith Richard von den ROLLING STONES sagte einem Interviewer darüber seine Meinung:

> Wie kann man noch auf die verdammte Plattenfirma aufpassen, wenn man sich zusammenreißen muß, um jeden verdammten Abend da oben auf der Bühne zu stehen, sich da hinzustellen vor all die Leute und zu sagen, hier bin ich und das hier habe ich euch zu bieten. Da kann man nicht noch auf die Plattenfirma achten und da alles checken. Irgend jemand anderes regelt die Sache mit der Kohle.
>
> Wir haben herausgefunden, und viele Jahre hat es nicht gedauert, bis wir's her-

ausfanden, daß all die Kohle, die wir für Decca machten, daß die für kleine schwarze Kästen draufging, die sie in amerikanische Air Force-Bomber einbauten, mit denen sie dann verdammt noch mal Nord-Vietnam bombardierten. Die nahmen die Kohle, die sie an uns verdienten, und steckten sie in die Radar-Abteilung von ihrer Firma. Als wir das ,rausfanden, waren wir fertig, Mann, wir sind ausgeflippt. Das war's. Gottverdammt, man findet plötzlich heraus, daß man mitgeholfen hat, wer weiß wie viele Tausende von Menschen umzubringen, ohne es überhaupt zu ahnen.

Da wär mir schon die Mafia lieber als Decca.[11]

Warum verkauften die Besitzer ihre Firmen? Für die meisten war der Verkauf der einfachste Weg, die Unternehmen, die sie aufgebaut hatten, zu Bargeld zu machen. Da es keinen Markt für den privaten Aktienbesitz der meisten dieser Firmen gab, war es notwendig, die Firmen an Großkonzerne, die Interesse zeigten, zu verkaufen oder gegen Aktienanteile zu tauschen. Da verdiente einer vielleicht viele tausend Dollar im Jahr an Gehalt, aber er saß gleichsam auf Millionen, von denen er nicht viel hatte. Verkauf bedeutete Sicherheit, denn der Besitzer brauchte sich keine Sorgen mehr darum zu machen, daß irgendeine Krise ihm vielleicht seine Firma kaputtmachen könnte. Und in den meisten Fällen wurde er von der Großfirma, die ihn aufgekauft hatte, zu einem attraktiven Gehalt in führender Position angestellt.

Die meisten Verkäufe waren eigentlich Tauschaktionen. Die Besitzer tauschten ihre Anteile an den eigenen Firmen gegen Aktien der größeren Konzerne. Der Besitzer einer kleinen Firma, der Unbeständigkeit des spezifischen Musikmarktes ausgesetzt, tauschte sich Aktienkapital an einer vielgestaltigen Firma ein, die auf diverse Märkte ausgerichtet war. Weder Einkommens- noch Kapitalerwerbsteuer brauchten bei den Tauschaktionen gezahlt zu werden – im Gegensatz zum Barverkauf. Wenn natürlich die Aktienwerte der größeren Firma sanken, wie es in den frühen siebziger Jahren bei einigen Großfirmen der Fall war, dann wurden Verluste gemacht. Für die kleine Firma selbst, nicht nur für deren ehemaligen Besitzer, bedeutete eine Fusion die Möglichkeit, über Kapital zur Expansion zu verfügen, und da sie Teil einer stärkeren Großfirma wurde, bestand auch für Krisenzeiten eine größere finanzielle Sicherheit. In den frühen sechziger Jahren hatten steigende Kosten, besonders bei den Künstlertantiemen, Verpackung, Promotion und Produktion, vielen unabhängigen Firmen die Vorstellung einer Fusion nähergebracht.

Die letzten der großen Unabhängigen:
Einsame Bullen und die Volkswagen-Karosserie

1970 waren nur noch wenige unabhängige Plattenfirmen von Bedeutung übriggeblieben. Larry Uttals Bell Records wurden 1970 von Columbia Pictures gekauft. Fantasy Records in San Francisco erregten Aufmerksamkeit mit CREEDENCE CLEARWATER REVIVAL, aber mehr als diese eine Gruppe hatte die Firma im Grunde auch nicht aufzuweisen. Die beiden wichtigen Unabhängigen, die übriggeblieben waren, hießen A&M und Motown.

A&M wurde 1962 von dem Trompeter Herb Alpert (das A) und dem Promotion-Mann Jerry Moss (das M) gegründet. Alpert hatte mit seinen Freunden Lou Adler und Sam Cooke bei Dore Records gearbeitet. (Die drei schrieben Sam Cookes *Wonderful World* zusammen.) Die Verbindung nahm ihren Anfang, als Moss half, die Promotion für eine Platte zu machen, die Alpert mit Adler produziert hatte. Alpert und Moss nahmen sich schließlich ein Instrumental mit dem Titel *Twinkle Star*, fügten zwei Trompeten als Lead-Instrumente hinzu, garnierten das mit einigen «Ole's» und dem Originalton der Menschenmenge bei einem Stierkampf in Tijuana, nannten den Song *The Lonely Bull*, verkauften davon 700000 Exemplare und starteten ihre neue Firma. Alpert brachte eine Reihe erfolgreicher Alben heraus – «Whipped Cream and Other Delights», «Going Places», «South Of The Border», «What Now My Love», «Lonely Bull» (alle in den Top 10!) –, die die TIJUANA BRASS 1966 im Umsatz an die zweite Stelle nach den BEATLES brachten. Die Musik schien über die Grenze des Pop-Marktes hinauszugehen, war aber besonders erfolgreich bei «middle of the road»-Plattenkäufern.

Die Firma machte große Umsätze mit nur wenigen «easy listening»-Gruppen – TIJUANA BRASS, SERGIO MENDEZ AND BRAZIL '66, den SANDPIPERS und Burt Bacharach. Nach dem Monterey Festival jedoch begab sich Jerry Moss nach England und nahm neue Gruppen wie PROCOL HARUM und Joe Cocker sowie Cat Stevens unter Vertrag, der eher ein Folk-Sänger war. Die Zusammenarbeit mit Joe Cocker lehrte die Firma, wie man neue Rock-Musik verkaufen mußte, so wie Warner Brothers «Lehrgeld» mit den GRATEFUL DEAD hatte zahlen müssen. Dann verband sich die Firma noch enger mit der neuen Musik, indem sie einen Label-Deal mit Lou Adlers Ode Records abschloß, wo unter anderen auch CHEECH AND CHONG herausgebracht werden. 1971 hatte A&M einen Umsatz von 32 Millionen Dollar und überdies den Ruf, eine kleine Anzahl sorgfältig ausgewählter Platten herauszubringen, die sich alle intensiver Promotion erfreuen konnten.

Das erste Motown-Label wurde zwei Jahre vor A&M gestartet. Und seither ist es vom Umsatz her zum größten von Schwarzen kontrollierten

Unternehmen der Vereinigten Staaten geworden. Die Motown-Legende hat es immer gewollt, daß Gründer Berry Gordy als Fließbandarbeiter in einer Ford-Fabrik angefangen habe. Gordy hat das zwar getan, aber seinen Start im Musikgeschäft hatte er, als er mit einem Kredit von seinem Vater, der im Baugewerbe war (seine Mutter war Versicherungsvertreterin), einen Schallplattenladen eröffnete. «Ich liebte Jazz – Stan Kenton, Thelonious Monk, Charlie Parker – und ich wollte die Leute wissen lassen, daß ich modern dachte, und darum nannte ich den Laden 3-D Record Mart. Und dann kamen die Leute und fragten nach Sachen wie Fats Domino. Bald wurde ich neugierig: ‹Wer ist dieser Fats Domino?› ‹Was ist dies Rhythm & Blues-Zeug?› Ich hörte mir die Sachen an und bestellte einige Platten von diesen Leuten und verkaufte sie auch. Aber noch immer war mein ganzes Kapital in Jazz angelegt, aber Jazz hatte nicht das, was gefragt war – den Beat. Ich machte pleite.»[12] Nachdem er dann für seinen Vater und für Ford gearbeitet hatte, begann Gordy Masterbänder zu produzieren und sie an Schallplattenfirmen in New York zu verkaufen. Bald darauf überredete ihn ein achtzehnjähriger Songschreiber namens William (Smokey) Robinson, eine eigene Firma zu gründen. Mit 700 Dollar, die er von Familienmitgliedern zusammengeborgt hatte, tat er es. Kurz danach schrieb Robinson *Shop Around*, und sie veröffentlichten den Song Ende 1960. Ein paar Monate später hatten sie mehr als eine Million Exemplare verkauft. In den nächsten beiden Jahren hatte die Firma eine Reihe von Hits mit den MIRACLES, MARTHA AND THE VANDELLAS und den CONTOURS, darunter zwei Singles, die Nummer eins wurden – *Please Mr. Postman* von den MARVELETTES und *Fingertips* von STEVIE WONDER im Alter von zwölf Jahren (siehe Seite 304–308, wo Motowns spätere Jahre ausführlicher beschrieben werden).

Motown war eine ungemein durchorganisierte Schallplattenfirma. «Eine Art Fabrik», sagte Berry Gordy. Für viele war der Sound von Motown in den sechziger Jahren auf jeder Platte ähnlich. «Die haben die Volkswagen-Karosserie erfunden, und damit kann nicht viel schieflaufen», sagte Phil Spector. Die Motown-Musik war konzipiert und ausgeführt für jeweils drei Minuten Radio-Spielzeit.

1967 machte die Firma einen Gesamtumsatz von schätzungsweise 30 Millionen Dollar jährlich.* 1972 war man bei 40 Millionen angelangt. 60 Prozent der Singles und fast 70 Prozent der Alben erreichten die Charts von «Billboard». Es ist schwer zu schätzen, welcher Prozentsatz der Motown-Verkäufe auf den Markt der weißen Schallplattenkäufer kam, aber bei der Firma schätzte man 1967 , daß 70 Prozent der Käufer weiß wa-

---

* Motown veröffentlicht nur selten Umsatzzahlen. Als einzige große Schallplattenfirma gestattet sie nicht einmal die Überprüfung, mit deren Hilfe Goldene Schallplatten bestimmt werden.

ren, wenn eine Platte sich eine Million mal verkaufte. Teilweise deswegen, aber auch um die Auswirkungen des Rassismus in der Industrie auf ein Minimum zu reduzieren, sind bei Motown weiße Angestellte besonders in den frühen Jahren in Marketing und Public Relations beschäftigt gewesen.

Großhandels-Chaos, Einzelhandels-Wahnsinn

Ende der sechziger Jahre hatte sich das Marketing von Schallplatten gegenüber dem Jahrzehnt zuvor vollständig gewandelt – die Orte, an denen Platten verkauft wurden, und die Vertriebsmethoden des Großhandels waren absolut nicht mehr dieselben. Die Veränderungen geschahen auf Grund mancher derselben Faktoren, die auch alle anderen Bereiche der Industrie in diesem Zeitraum beeinflußten: Sub-Urbanisation, die Fusions-Bewegung, das Aufkommen der progressiven Rock-Musik. Ergebnis waren größere Konzentration der Großhandels- und Einzelhandelsfunktionen sowie die Aufhebung der alten unabhängigen Vertriebsfirmen und der «Tante Emma»-Einzelhandelsgeschäfte, die weitere Integration der verschiedenen Teilbereiche der Schallplattenindustrie und, höchstwahrscheinlich, größere Gesamtumsätze an Schallplatten.

In den fünfziger Jahren wurden Schallplatten, wie schon erwähnt, größtenteils in «Tante Emma»-Schallplattengeschäften verkauft. Große Diskount-Läden wie Sam Goody in New York begannen sie in Großstädten abzulösen, aber massenweise aufgegeben wurden sie erst, als das Rack-Jobbing immer mehr Einfluß gewann: Rack-Jobbing ist die Bestückung von Regalraum oder «racks» (Ständer) in Einzelhandelsgeschäften mit den verschiedensten Produkten. Ein Rack-Jobber kauft zum Beispiel Toilettenartikel, Gewürze oder dergleichen von einer Vertriebsfirma (oder, wenn er groß genug ist, direkt vom Hersteller), bestückt mit ihnen reservierten Regalraum in Supermärkten oder Drugstores und ersetzt die verkaufte Ware regelmäßig.

In den fünfziger Jahren wandelten sich die allgemeinen Einzelhandelspraktiken in den Vereinigten Staaten. Die Idee der Selbstbedienung und das Konzept von «Gemischtwarenverkauf» – Drugstores, die Rundfunkgeräte verkauften, und Lebensmittelgeschäfte, die Toilettenartikel und technische Geräte anboten – verbreiteten sich. Supermärkte und große Kettenläden breiteten sich immer schneller aus und ersetzten die «Tante Emma»-Läden aller Schattierungen. Die «Ver-Vorstädterung» (suburbanization) Amerikas, die in diesem Jahrzehnt stattfand, war demographisch ein Grund für die Veränderungen der Vermarktungsorganisation.

Schallplatten-Rack-Jobbers begannen als Rack-Jobber anderer Produkte. Dave Handleman, jetzt an der Spitze einer der zwei oder drei größten Rack-Jobbing-Firmen, begann als Verkäufer von Präservativen, Tampons und Kerzen in Drugstores in ganz Michigan und entschloß sich später, auf dieselbe Weise 45er- und 78er-Schallplatten an den Mann zu bringen. Charlie Schlang war ein weiterer früher Racker. Er kaufte remittierte Platten, die die Schallplattenfirmen nicht mehr in ihren Katalogen wollten, und verkaufte sie zu Sonderpreisen. Schallplatten-Rack-Jobber trafen die Angebots-Auswahl, betreuten die Ständer und boten den Geschäftsbesitzern 100prozentiges Remissionsrecht. Warenhäuser begannen, Rack-Jobber für ihre Schallplattenabteilungen einzusetzen, die oft im Konkurrenzkampf mit den Diskount-Plattengeschäften Geld zusetzten. Als die Geschäftserfahrungen der Rack-Jobber wuchsen und die Kosten durch Masseneinkäufe niedriger gehalten wurden, wandten sich neben den normalen Warenhäusern auch Diskount-Ketten an diese Firmen. Eine Variation der allgemeinen Standard-Praktik bestand darin, dem Rack-Jobber eine ganze Abteilung im Diskount-Geschäft zu verpachten. Die Mehrheit der Firmen, die in diesem Pachtgeschäft operieren, betreibt auch das Rack-Jobbing.

Schnell wurden die unabhängigen Vertriebe durch diese neuen Geschäftsmethoden beeinträchtigt. Da sie auf regionaler oder nationaler Ebene operierten, kauften Rack-Jobber, wo die Preise am niedrigsten waren, nicht notwendigerweise bei dem lokalen Vertrieb, wo sich der betreute Einzelhandelsladen befand. Als die umgesetzte Warenmenge wuchs, übergingen die Rack-Jobber die Vertriebe gänzlich und begannen, direkt bei den Schallplattenfirmen einzukaufen. Diesen Dauerkunden, die große Mengen abnahmen, gaben die Plattenfirmen gern Preisnachlaß. In manchen Fällen richteten die Rack-Jobber Vertriebsfirmen ein, die nur auf dem Papier bestanden, und diese kauften zu Vertriebspreisen ein und kanalisierten die Platten zu einer Rack-Jobbing-Abteilung der Firma. Da überdies der Erfolg der Kettenläden und Warenhäuser, die von Rack-Jobbers versorgt wurden, so groß war, daß die «Tante Emma»-Läden aus dem Geschäft geboxt wurden, sahen sich die unabhängigen Vertriebsfirmen ohne Kunden. Der unabhängige Vertrieb war zu einer überflüssigen Zwischeninstanz geworden.

Die Eliminierung des unabhängigen Vertriebes wurde auf der anderen Seite durch die Praktiken der Schallplattenfirmen beschleunigt. Unabhängige Vertriebe hatten ihre Blütezeit mit der Verbreitung der unabhängigen Plattenfirmen in den fünfziger Jahren, aber nach dem Aufkommen der progressiven Rock-Musik begannen die Schallplattenfirmen, ausgeklügelte Promotion-Kampagnen mit Hilfe der neuen «creative services»- Abteilungen innerhalb ihrer Firmen zu starten. Jac Holzman, dessen Elektra Records Teil des Warner-Elektra-Atlantic-Vertriebssystems wurden, sagte: «Als die Hersteller die Promotion übernahmen, waren die Tage der unabhängigen Vertriebe gezählt.» Reduzierte Liquidität in den frühen siebziger Jahren war schließlich endgültig für den Untergang der unabhängigen Vertriebe verantwortlich. (Aber sie traf auch Rack-Jobbers.) Viele Einzelhändler konnten ihre Rechnungen nicht bezahlen, und die Vertriebe gerieten gegenüber den Herstellern in Zahlungsverzug.

Unter dem Druck der Rack-Jobbers einerseits und der Plattenfirmen andererseits gingen die unabhängigen Vertriebsfirmen entweder pleite, und das waren viele, oder erweiterten ihre Unternehmen, indem sie auch Rack-Jobbing betrieben. Diejenigen, die schnell genug expandierten, wurden große Unternehmen. Andere Vertriebe wurden von den Rack-Jobbers aufgekauft. Die One-Stops, jene kleinen Vertriebsfirmen, die in den fünfziger Jahren die Musikautomaten bestückt hatten, erweiterten ebenfalls ihre Operationen, indem sie kleine Geschäfte, oft Kramläden, belieferten, die zu klein waren, um mit Vertriebsfirmen zusammenzuarbeiten. Aber auch diese One-Stops wurden größtenteils von den Rack-Jobbers vereinnahmt.

1961 hatten die Umsätze über Racks 47 Millionen Dollar betragen und die übrigen 305 Millionen. 1966, nur fünf Jahre später, hatte sich das Bild verschoben: Umsätze über Rack-Jobber: 365 Millionen (40,9 Prozent), anderes: 372 Millionen Dollar (41,7 Prozent).* 1970 repräsentierten Rack-Jobbers und Pächter von Schallplattenabteilungen (größtenteils ebenfalls Rack-Jobbing-Konzerne) mehr als 70 Prozent aller Schallplatteneinzelhandelsumsätze in den USA. Indem sie Platten dort anboten, wo man sie bisher nicht hatte bekommen können, steigerten Rack-Jobber wahrscheinlich die Plattenverkäufe. In welchem Maße sie es taten, ist unmöglich zu sagen, aber es gibt Schätzungen, die besagen, daß durch Rack-Jobber die Anzahl von Einzelhändlern, bei denen man Platten kaufen kann, verfünffacht worden ist.

Das Rack-Jobbing bewirkte in der Musikindustrie außer den negativen Einflüssen auf die kleinen Einzelhändler und die unabhängigen Vertriebe noch andere Verschiebungen. Das Singles-Geschäft zum Beispiel wurde beeinträchtigt, da LPs, die größere Profite brachten, natürlich den größten Teil oder gar den gesamten Platz auf den Regalen in jenen Geschäften einnahmen, die von den Rack-Jobbers versorgt wurden. Ein größeres Problem für die gesamte Industrie jedoch waren die Remittenden.

Eine der Stärken der Rack-Jobbers war immer, daß sie nur die Hits anboten, im Höchstfalle 200 Bestseller-Alben, garniert von wenigen Singles. Indem man nur die Hits anbietet, verringert man das Risiko,

* Musikautomaten repräsentierten 1966 4,4 Prozent der Verkäufe und Schallplatten-Clubs und Versandfirmen 13 Prozent. Alle Umsätze beziehen sich auf die Listenpreise für den Einzelhandel und weichen daher mindestens um 20 Prozent von den tatsächlichen Verkaufspreisen ab.

Schallplatten zu wählen, die sich nicht verkaufen, aber Ausstellungsraum beanspruchen und zu Unkosten führen, denn Arbeitskraft wird besonders bei Remission benötigt. «All the hits» auf Lager zu haben, beinhaltet aber eine Begrenzung der Auswahl, und in den frühen siebziger Jahren begannen sogenannte «full line» Einzelhandelsgeschäfte, die fast die gesamten Kataloge vieler Labels anboten, den Rack-Jobbers Geschäftsanteile streitig zu machen. Full-Line-Geschäfte wie Tower Records in Kalifornien versuchten überdies, eine auf bestimmte Weise lokkere Atmosphäre zu schaffen, indem sie in ihren Verkaufsräumen Poster aufhängten, die Schallplatten auf dem Fußboden stapelten und allerhand Werbegeschenke verteilten (Einzelhandelswahnsinn oder «organisiertes Chaos», wie der Besitzer von Tower, Russ Solomon, es nannte), die im Gegensatz zu der Normalpräsentation von Schallplatten in Warenhäusern stand und viele Kunden angenehm ansprach. Die Full-Line-Geschäfte machten sogar jenen wenigen unabhängigen Vertrieben, die noch im Geschäft waren, etwas Hoffnung. Manche Rack-Jobbers/Vertriebe konterten, indem sie eigene Einzelhandelsgeschäfte eröffneten. Schwartz Brothers eröffneten in New Jersey einen Laden, in dem Ware für eine halbe Million Dollar im Angebot war. Pickwick International eröffnete 1970 fünfzehn Geschäfte und verfügte 1972 über eine Gesamtzahl von 130 Schallplatten/Tonband-Läden. Zu Beginn der siebziger Jahre waren Großhandel und Einzelhandel schließlich in den meisten Fällen integriert, und das Geschäft lag konzentriert in Händen einiger weniger großer Konzerne. ABC hatte ein nationales Netz von Rack-Jobbers und Vertrieben zusammengekauft, ebenso wie Capitol und Transcontinental. Pickwick, ursprünglich eine Kette von Billiggeschäften, hatte mit Heilicher Brothers fusioniert, Handleman, der größte Rack-Jobber/Vertrieb, war jedoch noch immer nicht mit einem größeren Unternehmen zusammengegangen. Gemeinsam hatten sie einen riesigen Anteil am Einzel- und Großhandelsgeschäft mit Schallplatten – mehrere hundert Millionen Dollar Umsatz. (1973 machten Handleman und Pickwick/Heilicher nach Meldungen in «Business Week» jeweils Nettogewinne von 10 Millionen Dollar aus Umsätzen von 100 Millionen.) Große Diskount-Unternehmen und Full-Line-Geschäfte dominierten den Markt zusammen mit den Rack-Jobbers und einigen großen Laden-Ketten – von denen eine der größten, Discount Records, wiederum ein Tochterunternehmen der CBS war. In einigen Fällen – bei CBS, ABC und Capitol, bevor sie ihre Rack-Jobbing-Abteilungen verkauften – waren alle Instanzen der Industrie, einschließlich der Herstellung und Produktion, des Vertriebes und des Einzelhandels, in einunddderselben Firmenhand. In allen anderen großen Firmen außer bei A&M und Motown befanden sich alle Instanzen außer dem Einzelhandel unter einem gemeinsamen Firmendach. Die Musik-Industrie hatte sich anderen monopolisierten Industrien wie Tabak-, Stahl-, Gummi- und Automobilindustrie angeglichen. Der Konzentrationsprozeß war ähnlich gewesen, war nur in weitaus kürzerer Zeit vonstatten gegangen: innerhalb eines Jahrzehnts.

Wie konzentriert ist die Musikindustrie?

Der Konzentrationsprozeß in der Musikindustrie ist in den verschiedenen Bereichen des Geschäftes – Einzelhandel, Großhandel und Produktion (die Plattenfirmen) – nicht immer derselbe gewesen. Im Einzelhandel ist das Muster identisch mit dem der meisten anderen Industrien. Eine große Anzahl kleiner Einzelhandelseinheiten ist zu einigen wenigen Super-Firmen zusammengefaßt worden, entweder Full-Line-Ketten oder Rack-Jobbers. Im Vertriebsbereich ist der Ablauf ebenfalls so gewesen, daß eine Anzahl kleiner Firmen durch einige wenige – und in diesem Fall noch größere – Firmen vom Markt verdrängt wurde. Ein Unterschied besteht insofern, als vertikale Integration weiter verbreitet war. Der größte Teil des Vertriebs wird jetzt von Plattenfirmen organisiert.

Bei den Plattenfirmen selbst verhält es sich ein bißchen anders. Die Industrie nahm ihren Anfang nicht in einer Anzahl kleiner Firmen, die dann Schritt für Schritt von wenigen mächtigen Konzernen monopolisiert wurden. Am Anfang hatten wenige, zwei oder drei, große Firmen den Hauptanteil des Industrievolumens gestellt. Der entscheidende Grund dafür war, daß die beiden größten Schallplattenfirmen seit 1900 mit Phonographen-Firmen verbunden gewesen waren und seit den dreißiger Jahren mit großen Rundfunk- und Elektronik-Korporationen. Eine Anzahl kleiner Firmen operierte in den zwanziger Jahren, aber sie wurden während der Depression vom Markt gedrängt oder von großen Firmen aufgekauft. In dem Zeitraum von 1947–57 trat wiederum eine Anzahl kleiner Firmen auf dem Markt in Erscheinung, aber die größten Firmen wickelten dennoch mindestens die Hälfte des Geschäfts ab. Im Zeitraum von 1957–67, als die Firmen alten Stils den Rock 'n' Roll nicht in den Griff bekamen, gelang es einigen Unabhängigen, einen wirklich wesentlichen Marktanteil zu gewinnen. In der letzten Phase jedoch, von 1967 bis jetzt, fusionierten die meisten der kleinen Firmen mit den älteren oder wurden von Großkonzernen wieder geschluckt.

Statistiken, mit deren Hilfe man korrekte Vergleiche anstellen könnte, sind sehr schwer zugänglich, aber ein einleuchtendes Bild der Situation läßt sich gewinnen, wenn man die Anzahl der Firmen betrachtet, die es zu Pop-Hits brachten. 1954 (als, ungünstig für einen Vergleich, klassische und Country-Musik signifikanter waren) teilten sich die acht

Top-Schallplattenfirmen in 85 Prozent des Pop- und Rhythm & Blues-Markts – so «Billboard».[13] (Dabei handelte es sich um die sieben «Großen» plus Dot. Die Statistiken wurden von der Branchenzeitschrift benutzt, um die «Großen», also die Firmen, die über ihren eigenen Vertrieb verfügten, mit den Unabhängigen zu vergleichen.) 1973 waren die acht Top-Schallplattenfirmen für einen Marktanteil von 82,9 Prozent aller verkauften Platten und Tonbänder verantwortlich (geschätzt nach den Platten, die in die «Billboard»-Charts kamen).[14] Mit anderen Worten: es hatte sich nur wenig verändert, außer daß die Top-Schallplattenfirmen jetzt einen Markt kontrollierten, der zehnmal größer war als 1954 (2 Milliarden gegenüber 213 Millionen)!

Verglichen mit anderen amerikanischen Industrien erscheint die Schallplattenindustrie hoch monopolisiert. 1973 konnten sich die vier Top-Schallplattenfirmen 52,8 Prozent aller Schallplatten- und Tonbandumsätze zuschreiben (wiederum basierend auf den «Billboard»-Charts). Im Vergleich dazu brachten es 1962 (ein Jahr, für das Zahlen zur Verfügung stehen) die vier größten Erdölraffinerien auf 50,3 Prozent der Umsätze, die vier größten Gummi-Firmen auf 48,1 Prozent, die vier größten Eisen- und Stahlwerke auf 40,2 Prozent, die vier größten Nahrungsmittelhersteller auf 12,5 Prozent, die vier größten Textilhersteller auf 4,9 Prozent.[15] Wenn alle Teile der Musikindustrie zusammengenommen werden, Schallplattenfirmen, Vertrieb und Einzelhändler, und wenn der Grad der vertikalen Integration in Betracht gezogen wird, muß die Musikindustrie als ein hoch-monopolisierter Sektor der US-Wirtschaft angesehen werden.

Obwohl in der Schallplattenindustrie leichter Fuß zu fassen ist als in vielen anderen Industrien, da man zum Beispiel mehrere tausend Exemplare einer Single für wenige tausend Dollar pressen lassen kann (einschließlich der Aufnahmekosten), ist es dennoch höchst unwahrscheinlich, daß eine Firma, die ganz unten anfängt, mit wenigen Hit-Erfolgen, es heutzutage zu einem Industriegiganten bringen kann. A&M und Motown konnten das während der sechziger Jahre erreichen, aber seither besteht die Tendenz, daß erfolgreiche kleine Unternehmen von großen Firmen, die ständig auf der Suche nach administrativen und produzierenden Talenten sind, aufgekauft werden (Asylum Records ist in dieser Hinsicht ein gutes Beispiel: siehe die Seiten 242f). Die meisten Produzenten machen heutzutage einfach einen Label-Deal mit einer größeren Firma, da der Vertrieb zu große Schwierigkeiten in sich birgt und außerdem sehr stark monopolisiert ist.

Tonband

Während einerseits die Full-Line-Geschäfte und die zahlreich verbreiteten Verkaufsstätten, die von Rack-Jobbers versorgt wurden, die Umsätze bei den Schallplattenkäufern vergrößerten, brachte andererseits die Einführung des Tonbands zum erstenmal wieder viele echte neue Konsumenten in die Musikindustrie. Das Tonband war schon jahrelang auf Spulen und mit den dafür geeigneten Abspielgeräten auf dem Markt, aber fand Zuspruch eher bei Hi-Fi-Enthusiasten. Den Massenmarkt eröffnete erst das Abspielsystem, das ins Auto eingebaut werden konnte. RCA war diejenige Plattenfirma, die am allerstärksten Pionierdienste im Bereich der Auto-Tonband-Geräte leistete, und das Firmenkonzept in bezug auf den neuen Markt zeigt, daß es sich dabei um eine sorgfältig recherchierte Politik handelte, typisch für die Entscheidungspraktiken innerhalb großer Konzerne.

Die wunderbare Idee der Acht-Spur-Stereo-Tonbandkassetten tauchte nicht eines schönen Morgens auf wie Venus aus dem Meer. Unter Schwierigkeiten, nach mehreren falschen Anfängen, entwickelte sie sich aus technologischen Fortschritten und sorgfältigen Motivationsstudien bei den Konsumenten über mehrere Jahre. Besonders diese Studien waren wichtig. Sie machten bewußt, daß ein neuer Lebensstil bestand und sich in unserem Lande rapide weiterentwickelte. Ein Lebensstil, der sich schlaglichthaft kennzeichnen läßt mit der Formel: «Eine Generation unterwegs» . . .

Es handelte sich dabei um jene Leute, deren Vorstellungen von Freizeit weit über die Grenzen von Heim und Herd hinausgingen, die Abwechslung in Reisen an ferne Orte suchten, im aktiven Sport, in teuren Hobbies, in Zweitwohnungen; ja, sogar in neuen Möglichkeiten der Ernährung durch vorbereitete Nahrungsmittel, seien sie jetzt tiefgefroren, pulverisiert oder auf andere Weise «instant». So vergeudeten sie wenig Zeit in der Küche und verstärkten sich die Freude am Ausgehen, um in Restaurants zu essen. Weiterhin wiesen diese Studien aus, in welch hohem Maße Freude an konservierter Musik empfunden wurde – bei den jungen Leuten besonders. Aber wir fanden auch heraus, daß trotz dieses Interesses und unserer ständig wachsenden Schallplattenumsätze nur die Hälfte der Bevölkerung zu unseren Konsumenten gezählt werden konnte. Der Konsument veränderte sich also, und es war offensichtlich, daß uns der Markt eines Tages davonlaufen könnte, wenn wir uns ausschließlich auf den Wohnzimmer-Phonographen stützten. Wir mußten also ganz dringend die konservierte Unterhaltung ebenso mobil machen, wie es der Konsument war, und es lag dabei auf der Hand, beim Automobil anzufangen.[16]

Während sich RCA auf das Acht-Spur-Konzept konzentrierte, wurden Auto-Tonbandgeräte zuerst als Vier-Spur-Systeme verwirklicht. George Eash und Earl Muntz waren die wesentlichen Neuerer. Sie lösten das technische Problem, genügend Tonband in einer Kassette herumlaufen zu lassen, ohne daß es sich verhedderte oder stoppte, indem sie einfach zwei kleine Spulen in Plastik faßten. Sie gründeten 1963 ihre Firma Muntz Stereo Pak und begannen, in Südkalifornien Installationseinheiten und Bänder zu verkaufen. Fast ohne Werbung wurde ihr System durch Weiterempfehlung bekannt.

Obwohl es technisch mindestens so gut war, wurde das Vier-Spur-System bald durch das Acht-Spur-System ersetzt, das von mehreren großen Firmen Unterstützung fand. RCA und Lear Jet, einer der Vertriebe des Muntz 4-Track, waren der Ansicht, das 8-Track biete längere Spieldauer und bessere Möglichkeiten der automatischen Bedienung. Man verkaufte 1965 die Idee an Ford, und Ford vergab die Lizenz zur Herstellung von Playback-Einheiten (Abspiel-Einheiten) an Motorola. RCA sollte für den anfänglichen Bandkatalog sorgen und Lear Jet für die Kassetten. Ford initiierte daraufhin eine Multimillionen-Dollar-Werbe- und Promotion-Kampagne, um das 8-Track-System populär zu machen, das es in seinen Autos anbot. Motorola führte gleichzeitig eine Kampagne, durch die General Motors, Chrysler, American Motors und Volkswagen beeinflußt wurden, ausschließlich das 8-Track-System zu installieren. Einer derartigen Konkurrenz ausgesetzt, verlor Muntz nach einem anfänglichen Versuch, ebenfalls Automobilhersteller für das eigene System zu interessieren, der aber fehlschlug, gegen das 8-Track-System. 1967 hatten sich alle großen Schallplattenfirmen für das 8-Track-System entschieden. 1970 repräsentierten Acht-Spur-Kassetten 79 Prozent Marktanteil und Vier-Spur-Kassetten nur ein Prozent. Man hielt das Vier-Spur-Kassetten-System im Hinblick auf große Temperaturschwankungen, starke Vibrationen, Stoßsicherung und Stromspannungsvariationen für weniger verläßlich. Die großen Firmen, die sich auf das System einließen, wollten darüber hinaus die Autogeräte an Heimgeräte anpassungsfähig machen, um höhere Verkäufe zu garantieren, und die Kassettengeräte in der Vier-Spur-Technik boten noch keine akzeptable Klangtreue.

Verbesserungen des Kassetten-Systems stellten sich jedoch sehr schnell ein, weil dessen wesentlicher Verfechter und Neuerer, der gigantische holländische Elektronik-Konzern Phillips, auf alle Tantiemen und Lizenzgebühren von Herstellern verzichtete, die Verbesserungen des Grundsystems entwickeln oder Software produzieren wollten. Phillips' Verhalten ermöglichte seinem System, die Konkurrenzsysteme zu verdrängen, die von RCA, Telefunken und Grundig gefördert wurden, die jedoch Tantiemen und Lizenzgebühren verlangten. 1967 machten Kassetten 5 Prozent des Tonband-Marktes aus, aber stiegen schon 1969 auf 18 Prozent.

Das Wachstum des Tonbandumsatzes wurde begleitet von der Umsatzsteigerung bei Auto-, Heim- und tragbaren Tonbandgeräten. 1971 übertrafen die jährlichen Verkäufe von Tonbandgeräten die von Schallplattenspielern und erreichten 1972 861 Millionen Dollar im Vergleich zu den 577 Millionen bei Phonographen (basierend auf Fabrikverkäufen plus Importen).

Die Auswirkungen des Tonbandes auf Plattenverkäufe sind komplex. Anfangs äußerten bestimmte Firmen, besonders Columbia, die Ansicht, das Tonband werde «eine Evolution» bringen, «keine Revolution». Aber Tonbänder verkauften sich so gut, daß sich diese Art Voraussagen als falsch erwiesen. 1968 fand man heraus, daß die Konsumenten Tonbandkassetten gerne kauften, weil sie bequem und leicht zu handhaben waren, weil sie über große Klangqualität verfügten (nicht korrekt, denn zu jener Zeit war die Klangqualität relativ geringer) und weil sie im Vergleich mit Schallplatten über eine größere Lebensdauer verfügten und besser aufbewahrt werden konnten.[17] Nachdem sie von 10 Prozent des Marktes 1967 immer weiter angewachsen waren, pendelten sich die Tonbandverkäufe 1970 auf ungefähr 30 Prozent der Schallplattenverkäufe ein. RCA ließ eine Studie über die Käufer von 8-Track-Stereo-Systemen aufstellen, die zeigte, daß 45 Prozent der Tonbänder von Leuten gekauft wurden, die entweder keinen Plattenspieler besaßen oder, auch wenn sie einen hatten, seit mindestens einem Jahr, bevor sie ihr Tonbandgerät gekauft hatten, keine Schallplatten mehr erworben hatten. Ganz sicher stellten diese Leute eine neue Käuferschicht für aufgezeichnete Musik. Die anderen jedoch kauften weniger Platten und mehr Bänder. RCA kam zu dem Schluß, daß sich die Tonbandkäufe verstärken würden. Ein Faktor, der in den Industrie-Marktforschungen außer acht gelassen wurde, war der Anstieg des Konsums von sogenannten «downer»-Drogen, hauptsächlich Methaqualon und Barbiturate. Junge Autofahrer, die unter dem Einfluß dieser Drogen standen, machten die Erfahrung, daß Heavy-Rock-Musik in hoher Lautstärke aus dem Stereosystem ihrer Autos ziemlich angenehm klang. Die Verkäufe einiger Heavy-Rock-Gruppen wie DEEP PURPLE lagen zu 70 Prozent bei Tonbandkassetten, wie mitgeteilt wurde.

Die Herstellung von Tonbandkassetten, die mit Musik bespielt waren, lag anfänglich in den Händen verschiedener Firmen, die sich auf Tonbandvervielfältigung spezialisiert hatten. Die drei wesentlichen dieser Firmen waren General Recording Tape (GRT), Ampex und die International Tape Cartridge Company. Diese Firmen erwarben Musik-Lizenzen von Plattenfirmen. GRT zahlte zwischen 1972 und 1977 7500000 Dollar für die exklusiven Rechte an RCAs Musik. Ampex schloß Verträge mit vielen anderen der großen Schallplattenfirmen. Diese entschieden sich jedoch bald, ihre eigenen Bänder herzustellen oder zumindest den Vertrieb und das Marketing ihrer Bänder selbst in die Hand zu nehmen. Die Tonbandvervielfältigungsfirmen begannen, unabhängige Produktionsfirmen aufzubauen oder zu finanzieren, um sich selbst mit Musikmaterial für die Vervielfältigung zu versorgen. GRT zum Beispiel finanzierte das Blue Thumb-Label.

In den ersten Jahren, nachdem sich die Tonbandkassetten durchgesetzt hatten, machten die Hersteller ein gutes Geschäft. 1971 jedoch mußten sie feststellen, daß sie sich übernommen hatten, und sie begannen überdies die Auswirkungen der Tatsache zu spüren, daß sich einige der großen Plattenfirmen zur Eigenproduktion entschieden hatten. Im Steuerjahr 1971 machte Ampex ungefähr 12 Millionen Dollar Verluste, 1972 gar fast 90 Millionen, teilweise aus der unprofitablen Herstellung von Tonbandgeräten, teilweise durch ungünstige Verträge der Abteilung für Tonbandvervielfältigung.[18] Die Kassettenhersteller hatten den Markt für Musik überschätzt, der in jenen Jahren zurückging. Aus der etwas selbstgefälligen Perspektive der Plattenfirmen faßte Clive Davis, ehemaliger Präsident von CBS Records, zusammen, was geschehen war:

> Nicht-Plattenfirmen haben sich in unsere Industrie gedrängt – hauptsächlich auf dem Tonband-Sektor – und Verwertungsverträge abgeschlossen, die jedem gesunden ökonomischen Menschenverstand zuwiderlaufen. Und was haben sie davon gehabt, daß sie so überaus freizügig mit dem Geld umgegangen sind? Nur sehr wenig. Hätten sie dieselben Summen dafür aufgebracht, auf sorgfältige Weise eine Organisation aufzubauen, die Kreativität versteht und unterstützt, wäre es zu weitaus besseren Ergebnissen gekommen.[19]

Piraterie

Der Erfolg des Tonbandes und der Kassetten richtete Aufmerksamkeit auf eine der schon seit längerer Zeit bekannten illegalen Machenschaften innerhalb der Schallplattenindustrie: nicht autorisierte Aufnahmen, gewöhnlich als «bootlegging» oder Piraterie bezeichnet.

Die Tonbandkassetten waren ein unkompliziertes Betätigungsfeld für illegale Vervielfältiger. Dieser Markt wuchs so schnell, daß er nur schwer zu kontrollieren war, die Kassetten waren kompakt und wurden durch eine Vielzahl neuer Verkaufsstellen wie zum Beispiel Tankstellen veräußert, bei denen man den weit entfernten Plattenfirmen kaum Rücksicht entgegenbrachte. «Die Bootlegger kontrollierten fünfzig Prozent des Geschäftes», sagte Earl Muntz. «Wir garantierten den Plattenfirmen bestimmte Summen, und die Bootlegger brauchten überhaupt nichts zu zahlen.»[20]

Joe Smith von Warner-Reprise behauptete, Bootleggers hätten 1970 130 Millionen Dollar Netto-Umsatz gemacht.[21] Andere schätzten die Zahl niedriger ein, aber niemand bezweifelte, daß es sich um ein ganz großes Geschäft handelte. Nach Aussagen von Henry Brief, dem Vorsitzenden der Branchenvereinigung der Schallplattenhersteller, kosteten illegale Tapes in der Herstellung nur 75 Cent und konnten für 1 Dollar oder mehr verkauft werden. Vervielfältigungsgeräte ließen sich für 500 Dollar anschaffen.

Der illegalen Kassettenherstellung überführte Personen wurden gewöhnlich nur nach dem Zivilrecht verurteilt und kamen oft mit einer Geldstrafe von 500 Dollar davon. Smith behauptete in einem Interview, daß nur Gelegenheitskriminelle im Spiel seien («real garbage people»), aber andere meinten, organisiertes Verbrechen könne durchaus beteiligt sein. «Es hat heute Proportionen erreicht, aus denen wir schließen müssen, daß es sich um eine in höchstem Maße organisierte Operation handelt», sagte Henry Brief 1970. «Meinen Sie damit die Mafia?» fragte der Interviewer. «Das haben Sie gesagt, nicht ich», erwiderte Brief. «Wir stellen unsere Untersuchungen an.»

In den späten sechziger Jahren begannen die Plattenfirmen einen intensiven Widerstand. Sie weigerten sich, Händler zu beliefern, die Bootleg-Platten und -Bänder führten. Man bildete eine Lobby, um ein neues Gesetz im Kongreß durchzubringen und bekam schließlich das «McClellan Antipiracy Amendment» zusätzlich zum nationalen Copyright-Gesetz von 1906. Um Schallplatten oder Bänder zu vervielfältigen, bedurfte es jetzt der Genehmigung der Schallplattenhersteller. Musikverleger konnten 1 Dollar Schadenersatz per verkaufte Einheit von den Profiten durch Bootleg-Tapes beanspruchen. Vor dem neuen Gesetz hatten sie höchstens Anspruch auf ein paar Cent.

Die Schallplattenindustrie und ihre Branchenvereinigung beklagten weiterhin die Aufnahmen, die aus dem Radio für den Heimgebrauch gemacht wurden, und man sah auch die große Anzahl winziger Transistorradios nicht gerne, denen die Teenager unentwegt lauschten, statt Schallplatten zu kaufen, aber das große Geld-Problem, die Piraten-Tapes und -Platten, schien sich langsam zu lösen.

Dennoch betrug nach einer Schätzung der Gesamtwert von illegal hergestellten Bändern und Platten im Jahre 1973 über 200 Millionen Dollar. 1973 führte «Billboard» zusammen mit der American Federation of Musicians und AFTRA eine dreiwöchige Untersuchung durch, mit der festgestellt werden sollte, in welchem Umfang illegale Ware in New Yorker Einzelhandelsgeschäften angeboten wurde. Dies erwies sich für eine ganze Anzahl von Läden als überaus peinlich. Nicht autorisierte Veröffentlichungen wurden entdeckt bei Colony, King Karol, Record Hunter, Dayton's und Doubledays Fifth Avenue Geschäften sowie bei Sam Goody. Jeff Teitlebaum, ein Einkäufer für Goody, wies die Beschuldigung von sich.

Die sechziger Jahre waren eine Phase extremen Wandels für die Musikindustrie. Eine neue Musik war entstanden oder zumindest in anderer Form wiedererwacht. Neue Arten von Promotion und Produktion hatten sich entwickelt, die diese Musik in die finanzielle und unternehmerische Struktur großer Firmen integrierten, gleichzeitig aber genügend Kreativität am Leben erhielten, um die Plattenkonsumenten zu befriedigen. Und die Musikindustrie als Ganzes war erwachsen. Einzelhandel, Großhandel und Herstellung hatten sich in manchen Instanzen getroffen, die Industrie war als solche entdeckt und zu einem Teil des wirtschaftlichen Establishment in Amerika gemacht worden.

Die wichtigste Institution, die die neue Musik der sechziger Jahre popularisierte, zumindest von 1968 an, was das FM-Radio. Dreißig Jahre lang durch unternehmerische Entscheidungen unterdrückt, hatte es sein Comeback gleichzeitig mit dem Erfolg des San Francisco-Rock. Auch das AM-Radio durchlief in den sechziger Jahren seine Veränderungen, aber paßte sich der neuen Musik weitaus langsamer an.

AM- und FM-Radio

Die Blüte der Rock-Musik nach den BEATLES erweiterte das Rundfunkgeschäft und machte es mit der Entwicklung der FM-Stereo-Übertragungen anspruchsvoller, so wie sie auch die Schallplattenfirmen selbst herausforderte und anspornte. Die Auswirkungen auf das AM-Radio bestanden anfangs darin, daß sich die Programmkonzepte noch mehr reduzierten als in den großen Tagen des Top 40. Während der mittleren und späten sechziger Jahre war der wichtigste Erneuerer des AM-Radios Bill Drake.

Bill Drake kämpft gegen den toten Äther

Das meiste dessen, was er über Radio wußte, lernte Bill Drake in den frühen sechziger Jahren bei der Station KYA in San Francisco. Nachdem der Payola-Skandal Philadelphia heimgesucht hatte, verließen die meisten Top-Jockeys wie «Big Daddy» Tom Donahue und Bobby «The Great» Mitchell WIBG, um in der Bay Area zu arbeiten, und sie spielten eine Menge altes R&B-Material bei der «jingle free» Top 40-Station. Außer durch seine abwechslungsreiche Playlist und die Mitarbeit einiger der besten DJs des Landes unterschied sich KYA von anderen Sendern durch seine eindringliche musikalische Selbstidentifikation («Radio KYA!!! Boss of the Bay!!!»), die an die Stelle der sonst normalen Senderansage trat, und durch eine geradezu endlose Reihe von Promotion-

Gags. Als Drake 1961 als Programmdirektor zu KYNO in Fresno, Kalifornien, ging, nahm er die besonders auffälligen Methoden aus dem Programmkonzept natürlich mit. Bei KYNO perfektionierte er sein Boss Top 40-Format, das «Mehr Mehr Musik!!» versprach, indem die Werbespots pro Stunde von dem erlaubten Maximum (18) oder der gewöhnlichen Anzahl (14–16) rigoros auf 12 reduziert wurden. Außerdem säuberte er den Sound des gewohnten Top 40-Konzeptes. Er verkürzte die Jingles, machte die Wettbewerbe mit Zuhörerbeteiligung einfacher, verzichtete auf die meisten der speziellen Sound-Effekte und, was vielleicht am wichtigsten war, beschränkte die DJs auf streng limitierte Zeitsequenzen zwischen Songs und Werbung.

Drakes Radio war kompakt. Er eliminierte Pausen, die er «toten Äther» nannte. Er perfektionierte jenen Stereotyp des unglaublich schnell sprechenden DJs. Wie er einmal sagte, ein Jockey solle das Gefühl haben, «frei reden zu dürfen, wenn er etwas zu sagen hat – inhaltlich oder sonstwie. Aber wenn er nichts zu sagen hat, soll er es in so wenigen Worten wie nötig sagen.» Drakes DJs sagten «nichts» schneller als alle anderen. Einer der berühmtesten war «The Real» Don Steele, der jeden Nachmittag über KHJ in Los Angeles ungefähr wie folgt klang:

> Three o' clock in Boss Angelese! And gey HEY, thitz me, The Real Don Steele, a billion dollar weekend there, and you're looking out of sidewalk call; I got nothing but those groovy golds. We're gonna fit Chuck out here on a fractious Friday boy, got to get a set outside that (unverständliches Wort, das aber klingt, als bliese er mit einem Strohhalm in ein Glas Wasser) jumbo city. (Pause) Take a trip. When you chase them, daylight.[22]

Dieser Steele-Monolog dauerte sechzehn Sekunden und war ungewöhnlich lang für eine Drake-Station, wo die Jockeys gewöhnlich ihre Kommentare, die sie zu den Einleitungstakten eines Songs herausschrien, auf nicht mehr als acht Sekunden beschränkten.

Drakes Rezept «Mehr Mehr Musik» befreite in der Tat den Top 40-Sound von überflüssigem Ballast und brachte mehr Musikanteile in jede Stunde Programm. Aber die Musik selbst wurde noch homogener als zuvor. Die Adaption von Drakes Programmstil brachte gewöhnlich die Reduzierung der Playlist von vierzig auf dreißig und manchmal noch weniger Platten. Drake vollendete die Depersonalisierung des AM-Radios, indem der DJ zum Roboter wurde. Er machte AM-Radio zu einer ständig präsenten Lärmkulisse, akzentuiert nur durch die sich wiederholende Song-Folge, und im Grunde hat er eigentlich nicht mehr getan, als das Top 40-Format auf besonders rigorose Weise zu verdichten. RKO General Radio-Boss Bruce Johnson kommentierte später: «Er war wie ein Küchenchef. Er fand ein neues Rezept für die alten Zutaten.»[23] Aber das Konzept war ungemein erfolgreich, und bevor schließlich alle anderen wichtigen Stationen auf dem AM-Markt ihn kopierten, war

Drakes Programm eigenwillig, und er selbst war allerorten stark gefragt.

KYNO wurde innerhalb von sechs Monaten zur heißesten Station auf ihrem Markt. Während der nächsten beiden Jahre, 1964 und 1965, etablierte sich Drake als «Programmberater» für KGB in San Diego und die RKO-Stationen KFRC in San Francisco und KHJ in Los Angeles. 1967 überließ ihm der General Tire and Rubber Company-Präsident Tom O'Neill (RKO ist Tochterunternehmen der Firma) die Kontrolle über den gesamten Rest der Radio-Kette, weil er beeindruckt davon war, was Drake für seine West Coast-Stationen erreicht hatte. Unter den dreizehn Stationen, über die er Befugnisse erhielt, war die progressive Station WOR-FM in New York, deren Programm Drake zu einem Golden Oldies-Format veränderte. Dies war seine erste starke Auseinandersetzung mit der wachsenden FM-Radio-Bewegung.

Eine etwas verfeinerte Version des Oldies-Konzeptes wurde mit Erfolg 1972 bei KRTH («K-Earth»)-FM in Los Angeles ausprobiert und dann bei WFYR-FM («Fire Radio») in Chicago, WAXY in Miami und WROR in Boston, alles RKO-Stationen. Die ursprüngliche WOR-FM Oldies-Show war noch von DJs gemacht worden. Die späteren waren gleichsam automatisiert – ein weiteres wichtiges Programmittel, das Drake im Rock-Radio populär machte. Bei den verschiedenen Stationen wurden einfach Bänder abgespielt, unterbrochen für Zeit- und Wetteransagen sowie lokale und nationale Nachrichten. Die Jockeys, die für die an viele Sender verteilte Oldies-Show von RKO-Drake arbeiteten, nahmen die Bänder in New York oder Los Angeles auf und verschickten sie dann an die Stationen. Kleine Ergänzungen wurden vom lokalen Senderpersonal vorgenommen, aber grundsätzlich bedurfte es kaum mehr irgendwelcher Arbeit.

Auf diese Weise kamen Drake und die nationale Leitstelle von RKO-General zu einer in ihrem Umfang nie gekannten Macht. Auch bei den AM-Stationen mit Disjockeys, die noch live sendeten, hatte Drake absolute Kontrolle über Stil und Inhalt. Während seiner Zeit bei RKO erhielt er sich den Kontakt zu seinem Äther-Imperium von dreizehn Stationen mittels eines roten «hot line»-Telefons in seinem Haus in Bel Air, Kalifornien, durch das er direkt mit den Kontrollräumen der verschiedenen Stationen verbunden war. Jederzeit konnte Drake auf diese Weise in eine Sendung eingreifen, den Stil eines Diskjockeys kritisieren oder die Plattenauswahl verändern. Die «heiße Leitung» war eine Art «Big Brother is watching you»-Kontrolle, um die Drake-Jockeys stilistisch rigoros zu reglementieren und den Drake-Sound absolut uniform zu erhalten.

Drake machte nicht nur die Programme für RKO, obwohl sie ganz sicher seine wichtigste Leistung waren, sondern bot seine Dienste jedem an, der sie sich leisten konnte. Für Programmberatung verlangte er 100000 Dollar und kassierte gewöhnlich noch weitere Honorare nach Abschluß der Arbeit, wenn die von ihm beratene Station viele seiner

Programmveränderungen beibehielt. 1970 erkannte Drake, auf welche Weise das progressive Rock-Radio FM den Musikmarkt beeinflußte, und empfahl RKO-General, die Anzahl der Werbeunterbrechungen in der durchschnittlichen Stunde Sendezeit auf vier «kommerzielle Blöcke» zu beschränken. Außerdem schlug er vor, neben den Singles auch Albentitel ins Programm aufzunehmen. Johnson berichtet:

> Das schien nicht besonders gut zu klappen. Zumindest sanken die Bewertungen unserer Stationen zu Anfang 1971. Ich glaube, daß viele AM-Stationen auf die vier Werbeblöcke umschwenkten, weil sie sich von den FM-Stationen bedroht fühlten. Und weil die FM-Stationen keine Top 40 spielten – sie spielten eher die neue Musik – aber es erwies sich als ein Fehlschlag. Im Falle unserer New York-Station WOR-FM, die den Oldies-Markt vollständig im Griff hatte und zu jener Zeit die Nummer zwei oder drei unter den Sendern in der Stadt war, begann man aus irgendeinem Grunde den Konkurrenzdruck von WPLJ und WNEW-FM, den Progressiven in New York, zu spüren und spielte immer mehr LP-Stücke statt Oldies. Und von 80000 Zuhörern per Viertelstunde sank die Quote auf 10000 in sechs Untersuchungen. Als wir im Juli 1972 wieder anfingen, nach viel Überlegungen und vielerart Information, die wir sammelten, hatten wir uns entschieden, zu den Wurzeln zurückzukehren, zum Top 40.[24]

Diesmal verzichtete RKO weitgehend auf die Hilfe Drakes, dessen Vertrag mit der Sender-Kette im August 1972 gelöst wurde. Es gab ausgiebige Streitigkeiten über die legalen Rechte an seinem Programmstil und die Rechte an dem zentral gesteuerten und produzierten Oldies-Konzept, das RKO-General bei den nicht so rigiden FM-Stationen im ganzen Land einen derartigen Erfolg beschert hatte. All diese Schwierigkeiten sind jedoch unterdrückt oder zu Bedingungen gelöst worden, die im allgemeinen für RKO günstig ausfielen. Drake syndikalisierte seine verschiedenen anderen zentral geleiteten Programmformate. Er machte noch immer für gut 150 Stationen die Programme, obwohl diese viel kleiner waren als die von RKO. Sein Gesamteinfluß in der Industrie sank rapide.

Syndikation und Automation

Drakes Oldies-Shows bei RKO kennzeichnen zwei wichtige Trends im AM-Radio der sechziger Jahre: ein Wiederaufleben des Konzeptes der Syndikation (dieselbe Sendung wird von einer Anzahl verschiedener Stationen ausgestrahlt) und das automatisierte Format, das die Vielzahl der Diskjockeys eliminierte und zu noch uniformerem und mehr kontrolliertem Sound führte. Die Syndikation reicht zurück in die frühen Tage des Radios. Martin Block verkaufte seine Sendung schon 1940 an andere Stationen, und Alan Freed hatte jahrelang eine Syndikations-Absprache mit WINS.

Watermark Inc. und Stereo Radio Productions sind jetzt die größten Firmen, die mit vorfabrizierten und auf Band aufgenommenen Programmen handeln. Watermark Inc. wird geleitet von Tom Rounds, der die lukrative «American Top 40»-Sendung produziert, welche jede Woche von 400 Stationen in den USA und in Übersee ausgestrahlt wird. Stereo Radio Productions ist die führende Firma im automatisierten Radio-Programm. Man hat sich auf «wall to wall»- oder «beautiful»-Musik spezialisiert, leichte klassische oder Hintergrund-Musik. Die Station WPAT in New York ist ein Beispiel für dieses Genre – sie benutzt Stereo-FM für ein total seichtes Hintergrund-Muzak-Programm.

Top 15?

In den sechziger Jahren expandierte das Am-Radio wie im vorangegangenen Jahrzehnt. In beiden Zeitabschnitten wurden tausend neue Stationen gegründet. Aber die Allgemeinsituation der Radio-Einflüsse veränderte sich in den sechziger Jahren relativ wenig, besonders im Vergleich zu den fünfziger Jahren.

Auf dem nationalen Markt gibt es nur ungefähr 181 wichtige AM-Stationen. Einundfünfzig davon werden als sogenannte «primary»-Stationen eingeschätzt, denn sie befinden sich in den vierundzwanzig Städten, in denen 54 Prozent aller Schallplattenumsätze gemacht werden. Weitere 130 Stationen sind «secondary», angesiedelt in lokalen oder Hilfs-Märkten. Die sekundären Stationen sind natürlich in ihren Gebieten wichtig und lassen sich durch sogenannte «back door promotion» von den Schallplattenfirmen nutzen, um einen Song für die primären Stationen aufzubauen.

Die heute mächtigsten Rundfunk-Ketten wie RKO, Bartell und die ABC-Netzstationen, denen die primären Sender gehören, haben die größten Umsätze und Einkünfte aus Werbespots und besitzen den stärksten Einfluß auf andere Stationen und ihr Publikum beim Aufbau von Hit-Songs und beim Verkauf von Produkten.* Alle diese und die sekun-

---

* Unter den ABC AM-Stationen befinden sich WABC New York, WLS Chicago, KGO San Francisco, KABC Los Angeles, WXYZ Detroit und KQV Pittsburgh; zu den Bartell Stationen zählen WOKY in Milwaukee, WADO New York, KCBQ San Diego; zu Metromedia AM gehören KLAC Los Angeles, KNEW Oakland, WCBM Baltimore, WIP Philadelphia; RKO-General besitzt WRKO Boston, WGMS Bethesda, WHBQ Memphis, KFRC San Francisco, KHJ Los Angeles und WOR New York.

dären Netze und Senderketten haben extrem reduzierte Playlists, die zentral kontrolliert werden. WRKO in Boston zum Beispiel hat ein ausgeklügeltes System der Plattenauswahl. Die Musikdirektorin der Station, Marie Wright, hört sich die ungefähr hundert neuen Platten an, die sie jede Woche bekommt, und dann überprüft sie die Popularität der wenigen Songs, die ihr gefallen, durch Anrufe bei einheimischen Einzelhändlern. Sie überprüft, ob sekundäre Stationen in benachbarten Städten irgendwelche dieser Platten spielen, ob sie auf die Playlists der wichtigen Stationen in anderen Städten wie New York und Philadelphia stehen und ob sie in die oberen Bereiche der Hot 100-Charts von «Billboard» vorgestoßen sind oder gar speziell im letzten Bill Gavin-Report oder anderen Radio-Vorschlagslisten und Charts vermerkt wurden. Als nächstes ruft sie den RKO-General Musikdirektor in Los Angeles an, der für nationale Belange zuständig ist und dieselben Recherchen auf nationaler Ebene vorgenommen hat. Zusammen entscheiden sie über die zwei oder drei Songs, die in der betreffenden Woche «ins Programm gehen».

Promotion-Leute von Schallplattenfirmen und Rundfunkpersonal anderer Sender in Boston sind der Meinung, daß RKO vollständig von L. A. aus programmiert wird. Marie Wright weist gern auf ihre lokale Autonomie hin, und es erscheint durchaus plausibel, daß regionale Geschmacksunterschiede im RKO-System zu Unterschieden führen. Aber in der Praxis ist diese Autonomie streng kontrolliert, denn die zentralisierte Hit-Auswahl bietet gewisse andere Vorteile. «Es gibt nicht die Möglichkeit», kommentiert Bruce Johnson, «daß es in unserer Struktur zu Payola kommt, denn die Jockeys können keine Plattenauswahl treffen, noch kann der lokale Musik- oder Programmdirektor einseitig eine Platte bevorzugen, ohne daß nicht tatsächlich hinreichend Beweise dafür vorliegen, daß sie auch ein Hit wird.» Bei einer solchen Kontrolle ist es kein Wunder, daß sich die Playlists von den legendären Top 40 auf ungefähr 27 bei den RKO-Stationen verringert haben und zu sogar noch weniger gespielten Platten bei WABC, einer der wichtigsten AM-Stationen im Land. Diese New Yorker Station spielt regelmäßig nur ungefähr fünfzehn Platten.

Die Popularität von Radiostationen wird gemessen von drei Umfrage-Organisationen, die auf nationaler Ebene operieren und deren Berichte von den Radiostationen abonniert werden. Eines der Unternehmen, das American Research Bureau, führt die Arbitron-Untersuchung durch, bei der ein «Tagebuch» an alle über zwölf Jahre alten Mitglieder ausgewählter Haushalte verschickt wird. Diese Tagebücher werden in den kooperierenden Haushalten ausgefüllt und registrieren die Hörgewohnheiten der verschiedenen Haushaltsmitglieder. Gewöhnlich dauert die Untersuchung vier Wochen, wobei jede der Auswahlfamilien die Tagebücher nur für eine der insgesamt vier Wochen ausfüllt. Auf den wichtigsten Märkten wird Arbitron viermal jährlich durchgeführt. Diese Untersuchung bietet den Radiostationen einen komplexen Katalog demographischer Daten (Statistiken über die Korrelation zwischen Alter, Geschlecht, Ortsansässigkeit und Hörgewohnheiten) über ihr Publikum. Das Arbitron-Tagebuch-System wird zeitweilig durch Telefon-Interviews ergänzt. Auch die an der Untersuchung teilnehmenden Haushalte werden bezeichnenderweise per Telefon kontaktiert. Die Pulse-Untersuchung stützt sich auf persönliche Interviews und verzeichnet nicht nur die Standard-Demographie-Daten und den geschätzten Publikumsumfang, sondern bezieht auch die rassischen und ethnischen Publikumsanteile ein. Viele Rundfunkleute sind daher der Ansicht, daß die Pulse-Untersuchung besonders nützlich sei, um das schwarze Radio-Publikum zu lokalisieren. Die Hooper-Untersuchung stützt sich ausschließlich auf Telefon-Interviews, obwohl sie die Einschränkungen dieser Methode einbezieht, und projiziert den zahlenmäßigen Umfang der ärmeren schwarzen Bevölkerung, die sich per Telefon nicht so leicht erreichen läßt. Bei der Hooper-Methode werden die Leute einfach angerufen und befragt, ob ein Radio im Haushalt ist, welcher Sender eventuell zur Zeit des Anrufs im Radio gewählt ist und welcher Station der Befragte am vorangegangenen Tag zugehört hat.

Sozialwissenschaftlern stehen heute wesentlich ausgefeiltere Untersuchungsmethoden zur Verfügung, und auch diese werden vielleicht eines Tages für Radioprogramm-Recherchen eingesetzt. Ein breites Feld ist das der «Psychographie», die Untersuchung der psychischen Reaktionen des Hörers auf bestimmte Songs, Commercials, Jingles und Nachrichten. Die Methoden der psychographischen Forschung sind in Laboratorien entwickelt worden, wobei man elektronische Sensoren auf der Haut der Testperson anbringt, ähnlich wie beim Lügendetektor. In diesem System stecken jedoch viele Nachteile, und natürlich besteht grundsätzlich das Problem, auf statistische Weise jenen Unterschied einzubeziehen, den es macht, ob jemand während der Autofahrt Radio hört oder ob er in einem Laboratorium sitzt und an eine größere Anzahl Elektroden angeschlossen ist. Zur Zeit scheinen jedenfalls die Pulse-, Hooper- und Arbitron-Untersuchungen auszureichen.

Die Rundfunkstationen sind vollkommene Sklaven der demographischen Daten dieser drei Untersuchungen. Werbeaufträge werden auf ihrer Grundlage erteilt und Programm-Konzepte verändert, um ihnen zu genügen. Grundsätzlich hat man herausgefunden, daß niemand besonders lange einer einzigen AM-Station zuhört, und daher besteht der entscheidende Trick weniger darin, ein Publikum durch ausgewogene oder vielfältige Programmstrukturen an sich zu binden, sondern eher darin, jenes unbeständige «Viertelstunden-Publikum» daran zu hindern, zu schnell abzustellen oder eine andere Station zu suchen. Eine kürzliche RKO-Untersuchung hat gezeigt, daß der durchschnittliche achtzehn- bis vierundzwanzigjährige männliche Hörer 5,2 Stationen am Tag hört. In den meisten Fällen wird keiner der Stationen mehr als nur wenige Minuten zugehört. Bei einem derart wankelmütigen Publikum erscheint eine extrem reduzierte Playlist, die aus wenigen der populärsten Songs besteht, durchaus sinnreich. Die Hits kommen immer.

Die Radiostationen sind wie andere Firmen streng hierarchisch strukturiert, und unter den Angestellten herrscht Arbeitsteilung. Das trifft besonders auf die großen AM-Stationen zu. In der RKO-Kette zum Beispiel steht an der Spitze jeder Station der Generalmanager, der alle endgültigen Entscheidungen trifft und überdies das Bindeglied zu der übergeordneten Firmenleitung ist. Unter ihm stehen ein Programmdirektor, ein Sales Manager, ein Chefingenieur und ein Rechnungsprüfer oder Business Manager. Der Programmdirektor ist verantwortlich für den Sound der Station, das heißt, alles, was gesendet wird, ist letztlich von ihm gutgeheißen. Er überwacht die Arbeit des Nachrichtendirektors, des Direktors für öffentliche Service-Leistungen und kommunale Angelegenheiten, des musikalischen Direktors oder Archivars. Bei Senderketten sind der Programmdirektor und der musikalische Direktor in ihrer Entscheidungsbefugnis über die musikalischen Inhalte des Programms eingeschränkt. Der Sales Manager verkauft die Werbezeit und hat oft mehrere Assistenten. Die Anzeigenvertreter arbeiten teils auf Gehalts-, teils auf Provisionsbasis. Große Stationen verfügen über einen festen Stab von fünf bis zehn Vertretern. Der Chefingenieur hat ebenfalls eine Anzahl von Leuten, die unter ihm arbeiten und die Sendeeinrichtungen der Station warten. Der Business Manager oder Rechnungsprüfer führt die finanziellen Geschäfte der Station.

Unter dem Programmdirektor, der selbst durch das Ketten-Management kontrolliert wird und eingeschränkt ist, arbeiten die Diskjockeys. Ihre Jobs sind inzwischen zu solchen Routineaufgaben geworden wie die des Buchhalters und erlauben ihnen ebensowenig Initiative. Die DJs hätten die bösen Vorzeichen schon in den fünfziger Jahren erkennen sollen, als die Bartell- und Plough-Top 40-Ketten sich die Copyrights auf die Namen verschiedener Diskjockeys, wie zum Beispiel Johnny Rabbit, Bob Rollins und Johnny Holiday, sicherten und dann verschiedene Leute unter diesen Namen bestimmte Programme ansagen ließen. Durch die Ausweitung von Top 40, durch Drake und schließlich durch die reduzierten Playlists und die automatisierten Programme nach Nach-Drake-Periode sind die DJs immer bedeutungsloser geworden. Obwohl sie so gut bezahlt werden wie die General-Manager der Stationen (bei großen AM-Stationen irgendwo durchschnittlich zwischen 30000 und 70000 Dollar im Jahr), treffen sie weit weniger wirkliche Entscheidungen. Einst machten sie eine neue Musik populär, jetzt aber sind die AM-DJs kaum mehr als fröhliche Roboter, deren Persönlichkeit und musikalischer Geschmack vorbestimmt sind durch die demographischen Daten der Hörerbefragungen und die vorfabrizierten Programme.

RKO-General zensiert, wie andere Ketten auch, Songs mit offenkundigen Drogen-Texten oder sexuellen Anzüglichkeiten. In der nationalen Leitzentrale hat man eine lange Liste von Kriterien erstellt, wonach zu beurteilen ist, was als obszön gilt, als geschmacklich fragwürdig und als politisch gefährlich. Was auch immer ein individueller Programmdirektor für eine Meinung zu einem Song haben mag, die Zensurentscheidungen werden aus dem Firmenhauptquartier getroffen. Wenn, so sagt Johnson, ein besonderes Wort oder eine Phrase in einem Song als anstößig empfunden wird, «nehmen wir sie heraus, oder wir gehen zur Plattenfirma und verlangen, daß sie herausgenommen wird, bevor wir den Song spielen, und solange das nicht geschehen ist, taucht der Song in unseren Programmen nicht auf». Von Schallplattenfirmen wird auch verlangt, Kurzversionen von Albumtiteln für das AM-Radio zu erstellen sowie das Produkt der Künstler auf vielfältige andere Weise zu modifizieren, damit es AM-tauglich ist. Oft kommen die Firmen diesen Ansinnen nach, weil das Medium kommerziell von entscheidender Wichtigkeit ist. Wenn WABC oder KJH sich zum Beispiel für einen Song entscheiden, dann bedeutet das, wie wieder und wieder bewiesen worden ist, fast automatisch ein Minimum von 50000 mehr verkauften Einheiten. Wenn eine wichtige Senderkette einen Song auf nationaler Ebene akzeptiert, steigert das die Verkäufe um mehrere hunderttausend Einheiten.

Auf seine schwerfällige und konservative Weise erscheint AM als unerheblich und geradezu tot für neue Entwicklungen in der Musik, aber es ist keinesfalls als gigantische und profitable Industrie tot. 1976 beliefen sich die nationalen AM-Radio-Umsätze in den Vereinigten Staaten auf ungefähr 1,4 Milliarden (siehe Schaubilder 3.1, 3.2). Eine einzige Station von RKO-General, WOR-AM in New York, verzeichnete einen Umsatz von mehr als 10 Millionen Dollar. Eine Minute Werbezeit bei KHJ-Los Angeles kostet für einen Multispot-Käufer ungefähr 135 Dol-

---

* Fernsehwerbung ist mehr als die im Radio unterschieden in Netz- und Einzelspot-Werbung. Der Kauf von Fernsehnetz-Zeit bedeutet, daß ein Werbekunde gewillt ist, über einen längeren Zeitabschnitt Geld zu investieren – gewöhnlich weit im voraus – und damit eine national ausgestrahlte Show zu finanzieren. Dies entwickelte sich aus dem ehemaligen Sponsor-System. Der Kauf von Spot-Zeit bezieht sich auf eine bestimmte Fernsehstation innerhalb des Sendernetzes, und dieser Spot wird vor oder nach der Show gesendet, beziehungsweise während der Stations-Eigenwerbung und Identifikation. In der Tat ist es nicht ungewöhnlich, daß Spot-Zeit bei einer lokalen Fernsehstation nicht mehr als ungefähr 200 Dollar pro Minute kostet, wodurch Vergleiche zum AM-Radio legitim erscheinen. Da jedoch Netz-Werbung noch immer ein sehr wichtiger Faktor in der Fernsehproduktion ist, wäre es irreführend, wollte man andeuten, Fernseh- und AM-Radio-Werbezeit seien vergleichbar, was die Kosten betrifft.

lar, bei WABC-New York ungefährt 205 Dollar. AM-Stationen lassen sich natürlich nicht in ihren Einkünften mit Fernsehstationen vergleichen, wo eine Minute im Sendernetz oft über 50000 Dollar kostet*, aber das liegt nur daran, daß sie kein Massenpublikum erreichen, wie es die Fernsehnetze tun. Insgesamt jedoch ist das AM-Radio-Geschäft von beeindruckender Größe, und es wirft noch immer gesunde Profite ab.

Schaubild 3.1: Einkünfte aus der Radiowerbung 1959–1974 *(Millionen Dollar)*

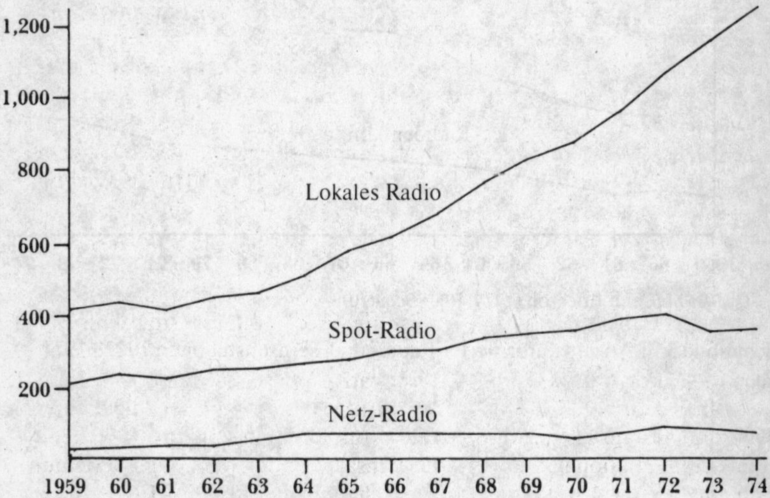

Quelle: Blair Research (1974 ist eine Schätzung)

Frequenzmodulation

In den sechziger Jahren konnte sich das AM-Radio, da es eine so kapitalintensive Operation mit eigener Geschichte, eigenen Gesetzen und individueller Werbephilosophie war, den progressiven Rock-Klängen der Nach-BEATLES-Zeit nicht anpassen. Als Drake sich noch ein Vermögen mit der RKO-Programmierung der späten sechziger Jahre verdiente, nahm die Entwicklung des Rundfunks eine Wende. 1965 hatte FCC angeordnet, daß Radiostationen in den wichtigsten hundert Märkten (in Städten mit mehr als 100000 Einwohnern) nur zu höchstens 50 Prozent

Schaubild 3.2: Einkünfte aus Radio- und Fernsehwerbung 1959–1974
(Milliarden Dollar)

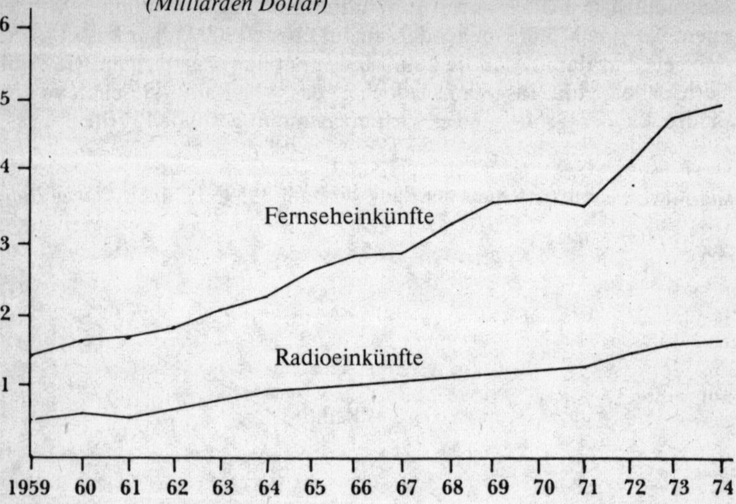

Quelle: McCann-Erickson (1974, Blair-Schätzung)

Schaubild 3.3: Anzahl autorisierter Radio- und Fernsehstationen 1922–1974

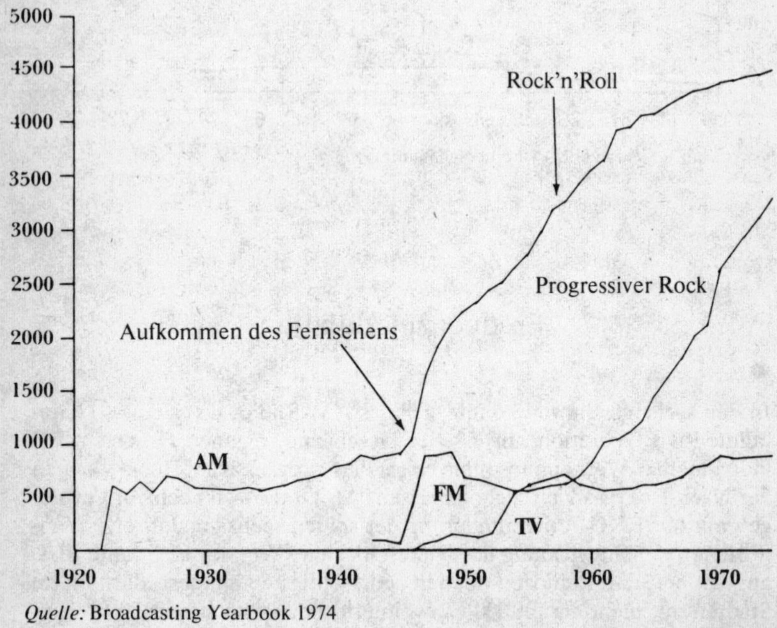

Quelle: Broadcasting Yearbook 1974

des täglichen Programms auf AM und auf FM gleiche Sendungen ausstrahlen durften. Die Kosten teilweise getrennter Programme zwangen die Besitzer von Radiostationen dazu, AM und FM vollständig voneinander zu trennen, wobei letzteres benutzt wurde, um neue Märkte aufzutun, und sich durch eine eigene Werbe-Basis tragen mußte. Viele Stationen wurden dadurch in zwei grundlegend verschiedene Sender geteilt, die oft auf verschiedene Hörerschichten zielten. Andere Besitzer von Radiostationen, die beiderlei Sender betrieben hatten, entschlossen sich, ihre FM-Abteilungen zu veräußern, so daß nach der Entscheidung von 1965 leichte Transaktionen zu konstatieren sind (siehe Schaubild 3.3). Als in den späten sechziger Jahren der Folk-Rock aus L. A., die psychedelische Musik aus San Francisco und der nicht abreißende Strom britischer Importe wesentliche Impulse boten, entwickelte sich das FM-Rock-Radio zu einer kommerziellen Kraft. Es hatte seinen Ursprung in San Francisco und verbreitete sich anfangs an der gesamten West Coast, auf einige wichtige Märkte der East Coast, dann auf die Colleges, schließlich in die Vorstädte und in den Midwest. Auf vielen wichtigen Märkten wurde Rock-FM zum Rivalen für das AM-Radio im Drake-Stil – zumindest bei den Teenagern und den jungen Erwachsenen. Die Werbe-Dollars folgten bald.

Tom Donahue wirft einem ertrinkenden Mann das Seil zu . . .

Einer derjenigen, die als erste mit FM experimentierten, war Tom Donahue, dessen Karriere die gesamte Geschichte des progressiven Rock-Radios umspannt. Und an seiner Laufbahn lassen sich die Ursprünge, die anfänglichen Hoffnungen und die Kommerzialisierung sehr gut darstellen. Donahue war ein Veteran unter den AM-Jockeys und verließ 1960 seinen langjährigen Job bei WIBG in Philadelphia, nachdem es dort zu dem Payola-Skandal gekommen war. Als Kollege von Bill Drake arbeitete er ein paar Jahre bei KYA in San Francisco, wo er meistens alte R&B-Platten aus den fünfziger Jahren spielte. Dann verließ er das AM-Radio, um sich als Konzertveranstalter zu versuchen (unter anderen das erste BEATLES-Konzert im Candlestick Park von San Francisco im Jahre 1964) und einige frühe San Francisco-Bands zu produzieren. Er gründete die Firma Autumn Records.

Er war überaus erfolgreich. In einem Zeitabschnitt von vier Jahren erreichten von den vierundzwanzig Singles, die sein Label auf nationaler Ebene veröffentlichte, achtzehn die nationalen Charts, und zwei waren Top 10-Hits. Autumn Records machte Aufnahmen mit den BEAU BRUM-

MELS, einer frühen amerikanischen BEATLES-Imitation, mit THE GREAT SOCIETY (einer Gruppe, zu der Grace Slick gehörte) und SLY AND THE MOJO MEN, der ersten Sly Stone Gruppe. Und Sly selbst (Sylvester Stewart) war Produzent vieler der Autumn-Gruppen. Trotz des frühen Erfolges hatte die Firma echte Management-Probleme. Donahue entschied sich 1966, Autumn aufzugeben. Er sagt dazu:

Ich hatte herausgefunden, daß mein Geschäftspartner an der Hodgkinschen Krankheit sterben würde und daher sein Interesse an der Firma verlor. Er wollte nur vergessen, daß er sterben mußte, und suchte irgendwas, das es ihn vergessen ließ. Ich schluckte eine ungeheure Menge LSD. Also, wenn man drei-, viermal die Woche auf einem Acid-Trip ist, fällt es einem schwer, sich mit 37 Vertriebsmenschen zu unterhalten und sie am ersten Tag zu fragen, wo das Geld bleibt, und am zweiten Tag, was sie für die Platten zu tun gedenken, und am dritten Tag, wo eigentlich das Geld bleibt. Also, das klappte auch nicht so richtig. Ich ging aber nicht sofort wieder zurück zum Radio. Anderthalb Jahre tat ich überhaupt nichts. Ich war ein halbwegs greiser Drop-Out. Meine old lady und ich nahmen uns eine Wohnung oben an der Grant, und wir warfen Trips ein und relaxten anderthalb Jahre. Und versuchten, irgendwie alles in der Schwebe zu halten, ich weiß wirklich nicht mehr, wie.[25]

Die anderthalb Jahre Nachdenken und Herumliegen und Musikhören brachten Donahue zu der Überzeugung, das Top 40-Radio habe sich der echten Musikszene entfremdet. Zuerst dachte er daran, zu irgendeiner AM-Station zurückzugehen und da mit einem vielfältigeren Programm für frischen Wind zu sorgen. Dann eines Tages:

Ein Freund von mir . . . erzählte mir . . . über Stereo-FM, von dem ich nicht das geringste wußte, denn ich hatte nicht mal ein FM-Radio. Und je mehr er darüber redete, desto mehr war ich fasziniert davon, und ich wußte, daß es eine Menge FM-Radios in San Francisco gab, denn da war ein starker ethnischer Markt. Ich wußte, daß all die chinesischen Kids FM-Radios zu Hause hatten, und auch eine Menge von den Latino-Kids. Also fing ich an, die FM-Stationen in der Stadt anzurufen. Ich läutete bei KMPX an, und der Anschluß war außer Betrieb, und da dachte ich: «Ah, da hab ich einen.» Ein ertrinkender Mann schert sich nicht darum, wer ihm das Rettungsseil zuwirft. Ich ging hin und redete mit denen. Zuerst wollten sie mir alle Sendezeit verkaufen, und ich sollte dann losziehen und sie verhökern. Nun, ich wußte, daß ich darauf nicht aus war. Schließlich einigten wir uns, denn der Typ, der chinesische Typ, der die Acht-Uhr-abends-bis-Mitternacht-Sendung machte, der hatte sechs Monate lang seine Rechnung nicht bezahlt. Sie sagten also O.K., ich könnte die Acht-bis-Zwölf-Sendung haben, und dann sollte ich die Werbezeit dafür verkaufen, und die würden eine Hälfte oder ein Drittel davon behalten. Die Idee war, wenn meine Sendung hinhaute, dann würden sie mich auch an die andere Sendezeit ranlassen.[26]

Das war am 7. April 1967. Schon nach wenigen Monaten war die gesamte Station von Donahues Freistil-Programm geprägt, die erste progressive kommerzielle FM-Station. Später im selben Jahr denunzierte

Donahue das AM-Radio im «Rolling Stone» als «ein verwesender Leichnam, der zum Äther stinkt» und erklärte den Erfolg von KMPX:

In den vergangenen sechs Monaten hat KMPX in San Francisco ein höchst erfolgreiches Experiment mit einer neuen Art zeitgenössischer Musikprogrammstruktur vollzogen. Es handelt sich dabei um ein Konzept, das die beste Rock 'n' Roll-Musik unserer Tage, Folk, traditionellen und City Blues, Raga, elektronische Musik, einigen Jazz sowie eine Auswahl klassischer Musik präsentiert. Ich bin der Meinung, daß man Musik nicht wie Eier in Handelsklassen einteilen sollte, die streng voneinander getrennt werden, und es ist ein aufregendes Gefühl, wenn man entdeckt, daß es ein großes Publikum gibt, das diese Ansicht teilt.[27]

KMPX gehörte Leon Crosby, obwohl Donahue sein eigenes Kapital und seinen Ratgeber Lew Avery einbrachte. Zusammen expandierten sie und eröffneten eine weitere progressive Station in Pasadena, KPPC. Dies waren gleichsam die Startschüsse für die Ausweitung des progressiven FM-Rock-Radios, die in den späten sechziger Jahren das ganze Land beeinflußte und sich noch heute auf die Suburbia-Märkte ausweitet.

Das spektakuläre Wachstum von FM läßt sich seiner technischen Überlegenheit dem AM gegenüber zuschreiben, hat aber auch damit zu tun, daß es als Investitionsmedium relativ preisgünstig ist. In den späten fünfziger Jahren fand man heraus, daß die große Reichweite der FM-Kanäle nicht nur eine höhere Klangtreue bei Einzelsignalübertragung bot, sondern auch benutzt werden konnte, um in einem sogenannten «multiplexing»-Prozeß zwei getrennte Signale gleichzeitig zu übertragen. Diese Entdeckung machte Stereo-Sendungen möglich. Sendungen in diesem Verfahren wurden besonders für jene Hörerschaft attraktiv, die geschmacklich entschieden und zudem reich genug war, High-Fidelity-Musik zu bevorzugen. 1961 schon sendeten 57 Stationen in diesem Verfahren hauptsächlich MOR und klassische Musik. Als das Rock-Publikum zahlenmäßig gewachsen und geschmacklich anspruchsvoll geworden war, begann es vom Radio dieselbe Klang-Qualität zu verlangen, die es zu Hause von Schallplatten gewohnt war (in den mittleren und späten sechziger Jahren hatte der Markt von Stereogeräten einen gewaltigen Zuwachs zu verzeichnen gehabt). Das AM-Radio vermochte dies nicht zu bieten.

1970, drei Jahre nach dem Aufkommen der ersten FM-Stationen mit progressiver Rock-Musik, gab es schon 668 Multiplex-Sender. In den späten vierziger Jahren war FM als Investitionsmedium durch eine Reihe von FCC-Einsprüchen, die Anti-Haltung der wichtigen Sendernetze und die teuren Empfangsgeräte behindert worden, in den späten sechziger Jahren jedoch waren die FM-Stationen, die für die Rock 'n' Roller so attraktiv wurden, viel billiger als die sehr gut ausgerüsteten und unter hohem finanziellen Erfolgszwang stehenden AM-Stationen. FM reizte eine neue Gruppe wagemutiger Kapitalisten, eine Art Avantgarde von

Geschäftsleuten, die Randbeziehungen zur Gegenkultur hatten und sehr kräftig in das neue Medium investierten. FMs Wachstum fügte sich nahtlos in andere Unternehmungen von «hip»-Kapitalisten ein, zum Beispiel die Konzerte in wiedereröffneten Ballrooms und die erste Welle höchst erfolgreicher Underground-Zeitschriften.

So einzigartig Donahues Programmkonzept bei KMPX auch war, es hatte seine Vorläufer in den freizügigeren Tagen des Radios, als mit dem Aufkommen der unabhängigen lokalen Stationen in den fünfziger Jahren R&B gespielt wurde, und bei einigen unkonventionellen Sendern in den sechziger Jahren, bevor Drake und der «Drake-Effekt» die Programmstruktur bei wichtigen AM-Stationen gleichsam automatisierten. Donahue sagt dazu: «Ich weiß, daß eine Menge von Dingen, die wir bei KYA entwickelten, Vorläufer dessen waren, was wir später bei KMPX taten. Wir versuchten, uns von der Kategorisierung von Musik fernzuhalten. Wir bemühten uns, einfach zu spielen, was uns gefiel.» Aber während sich die Playlists reduzierten, weitete sich die Musik-Szene immer mehr aus. Die Popularität der BEATLES war Ausgangspunkt für die Entwicklung des amerikanischen Folk-Rock und die psychedelischen Bands. Das Interesse an den BEATLES zwang die DJs zum erstenmal, neben den endlos wiederkehrenden Hit-Singles auch Titel von Alben zu spielen. Amerikanische Gruppen wie die BYRDS brachten von 1965 an Alben heraus, die von Anfang bis Ende sorgfältig produziert waren, auf denen es keine Stücke gab, die nur als Füllmaterial dienten oder eigentlich gar nicht hätten erscheinen sollen. Aber die Freiheit, auf diese musikalische Explosion zu reagieren, war beim AM-Radio nicht gegeben. Donahue sagt dazu:

> Es war einmal vor langer, langer Zeit, da bestimmten irgendwelche Rundfunk-Statistiker, daß unabhängig vom wirklichen Alter das geistige Alter des Publikums genau 12½ Jahre sei, und das Top 40-AM-Radio richtete seine Botschaft genau an diesen geringsten gemeinsamen Nenner. Die Diskjockeys sind zu Robotern geworden, die ihren Schwachsinn auf Geheiß von Programmdirektoren ablassen, die von ihnen nichts anderes verlangen, als zu piepen und zu fiepen und fröhliche, ja, immer fröhliche Idioten zu sein, die sich alle drei Stunden auswechseln lassen.[28]

. . . aber die Sendernetze marschieren ein

In den späten sechziger Jahren wurde FM zum wirklich aufregenden Medium für Rock-Musik. Das neue Radio weitete sich aus von den Anfängen bei Drop-Outs und West Coast-Hippies hin zu den Studenten und den Märkten an der Ostküste. Es erwies sich als ein ausgezeichnetes

Marketing-Medium für die großen Schallplattenfirmen, besonders Warner Brothers und Columbia, deren Abteilungen für «creative service» und deren Promo-Leute emsig darauf sannen, die relativ ausgeflippten San Francisco-Bands auf den Markt zu bringen und die englischen Gruppen, für die ein potentielles Publikum da war, das sich aber wegen der mangelnden Flexibilität des AM-Radios nicht erreichen ließ. Auf dieselbe Weise, wie das Rock 'n' Roll-Radio der fünfziger Jahre das Entstehen neuer Plattenfirmen gefördert und die Stärke der unabhängigen R&B-Schallplattenfirmen gestützt hatte, war die Ausweitung des FM-Radios in den späten sechziger Jahren zusammen mit dem expandierenden Konzert-Markt wesentlich verantwortlich für die Popularisierung und Kommerzialisierung der progressiven Rock-Musik. Das kommerzielle Potential von FM reizte eine relativ kleine Gruppe von Unternehmern, die in vielen Städten sowohl die Konzertveranstaltungen wie das Radio der progressiven Rock-Promotion-Maschine monopolisierten.

In Boston befanden sich die FM-Rock-Station (WBCN), der Ballroom («The Boston Tea Party») und auch die Untergrund-Zeitung («The Phoenix») anfangs im Besitz einer einzigen Person, nämlich des cleveren ehemaligen Strafanwalts Ray Reipen. In Detroit wurde der Ballroom lange von dem WKNR-DJ Russ Bibb gemanagt. In anderen Städten arbeitete jeweils eine kleine Clique von Konzertveranstaltern und FM-Radio-Leuten auf ein gemeinsames Ziel hinaus: die lokalen Musikmärkte zu entwikkeln. FM ist noch immer der wichtigste Werbefaktor für Konzertveranstalter, die in Städten wie San Francisco enge Beziehungen zu FM-Radio-Programmdirektoren und Diskjockeys haben, die fast zehn Jahre in die Vergangenheit zurückreichen. Von lokaler Werbung getragenes FM-Radio hat sich als wichtiger Faktor erhalten, besonders auf den suburbanen Märkten. Von 1967 bis 1972 war die jährliche Wachstumsrate bei lokaler Werbung nahe an 17 Prozent. Und auch nationale Werbung hat besonders seit 1969 diesem Medium viel Geld beschert. Die Besitzverhältnisse bei FM-Stationen auf den wesentlichen Märkten haben sich in Richtung Sendernetze und Ketten konsolidiert.

Außerhalb der Stadtzentren, in denen Studenten und Freaks das FM-Radio stützten, waren es in den Anfangszeiten College-Sender, die sehr früh das progressive Rock-Programm übernahmen. Besonders an einigen Orten der Ostküste war College-FM-Radio dem kommerziellen FM um einige Jahre voraus. Ein, zwei Jahre lang wurden diese College-Sender von den Schallplattenfirmen wie kommerzielle Hilfsorganisationen behandelt. Man schob den DJs Geld zu, spezielle Werbeverträge wurden ausgehandelt, alle Privilegien des im großen Stil operierenden Radios kamen diesen kleinen Sendern zugute. Die College-Stationen verloren jedoch gegenüber den kommerziellen lokalen FM-Sendern an Boden, als sie schließlich nicht über genügend Kapital verfügten, ihre Senderreichweiten zu vergrößern, und weiterhin einem freien Programmstil fronten, nachdem dieser schon lange von den kommerziellen FM-Stationen aufgegeben worden war. Die Schallplattenfirmen folgten den sich ausdehnenden regionalen FM-Senderketten, die über größere Senderreichweiten verfügten und eine größere erwachsene Hörerschaft hatten.

Die Netz- und Kettenbesitzer reagierten durchaus nicht konform auf dem expandierenden FM-Markt. Das von Drake programmierte RKO wandelte WOR-FM mit seinem progressiven Programmkonzept in den späten sechziger Jahren zu einem Sender mit Oldies-Shows um. Die Metromedia-Kette hatte beständigen Erfolg mit den progressivsten kommerziellen Programmen auf Top-Märkten wie San Francisco (KSAN), Los Angeles (KMET) und New York (WNEW). Das ABC-Sendernetz erkannte den Trend zu spezialisierteren erwachsenen Hörerschichten und teilte 1968 seine Programme in vier verschiedene Komplexe für die angeschlossenen Stationen auf: «contemporary», «information», «entertainment» und «FM». ABC entwickelte das FM-Konzept «Love Radio» und beschickte Netzstationen in New York, Detroit, Chicago, San Francisco, Pittsburgh, L. A. und Houston mit sendefertigen Bändern, die entsprechend vorprogrammiert waren. Die Stationen tauschten Bänder aus und beschäftigten lokale DJs, die Wettbewerbe, Wettervorhersagen und Zeitansagen präsentierten.

Die «Love»-Programme waren kein großer Erfolg. Anderthalb Jahre später ließ das Sendernetz die Idee fallen und heuerte Larry Yurdin von der progressiven Upsala College-Station WFMU und Tony Piggs von KSAN an, um das FM-Gemeinschaftsprogramm neu zu konzipieren. Vorher jedoch versuchte man «Love» unter großem Aufwand als Werbeträger zu verkaufen. Man verschickte aufwendige Broschüren an die Werbeabteilungen großer Firmen. In «Rolling Stone» stand:

> Auf der Broschüre war die Fotografie eines Kartons mit dem Love-Logo auf der Vorderseite. In dem Karton befinden sich vier junge Leute jenes Alters zwischen achtzehn und fünfunddreißig, das den Rundfunkleuten auf Grund ihrer demographischen Studien als das sicherste erscheint. Einer ist schwarz, trägt einen gepflegten Afro, dann ein Mädchen, ein Typ hat lange Haare ungefähr so wie Donovan, der andere sieht aus wie Bobby Sherman in jungen Jahren. Und wenn das noch nicht hinhaut, dann sagt der Werbetext alles: «Wie jedes erfolgreiche Unternehmen investieren auch wir in neue Produkte. Und eines unserer neuesten heißt LOVE . . . es richtet sich auf ein neues Publikum . . . jenes Publikum, das so denkt, wie es sich fühlt, und so kauft, wie es denkt und fühlt. Eine Gruppe, bei der die Kaufkraft dieses Landes liegt. Und LOVE ist das einzige Radio-Konzept, das dieses Publikum wirkungsvoll erreicht . . . Als Marketing- und Geschäftsleute ahnen wir die Bedürfnisse des sich wandelnden Marktes. Und daher haben wir fast ein Jahr darauf verwendet, zu recherchieren und zu planen, bevor wir das neue LOVE-Konzept starten. Wir sind ähnlich verfahren, wie Sie es tun, bevor Sie ein neues Produkt auf den Markt bringen. Und wenn Sie auch unsere neuen Produkte nicht auf den Regalen der Supermärkte finden, so können wir Ihnen doch helfen, die Ihren von diesen Regalen verkaufen zu lassen.»[29]

Diese lange Passage ist nicht nur interessant als Illustration dafür, wie die Gegenkultur verkauft wurde, sondern kennzeichnet auch die Musikzeitschrift «Rolling Stone» selbst, die exakt dieselben Techniken verwendete, um sich selbst als Werbeträger attraktiv zu machen.

In der Gegenkultur lief auch nicht alles nach Plan. Nachdem Lew Avery KPPC gekauft hatte, verbrachte Tom Donahue immer mehr Zeit in Südkalifornien. Er sendete live und organisierte die Station, während seine Fans in San Francisco über KMPX nur Bänder von ihm zu hören bekamen. Es kam zu Spannungen zwischen Crosby und Donahue und dem Rest der Angestellten. Später erinnerte sich Donahue: «Avery war im Krankenhaus, und Crosby versuchte zusammen mit seinem Anwalt, auf einen großen Schlag die Kontrolle über das Unternehmen in L. A. zu gewinnen. Teil des Plans war, uns auszusperren. Und zur selben Zeit wurden wir mit ungedeckten Schecks bezahlt. Das war schlimm für uns, denn wir bekamen sowieso schon einen Hungerlohn für unsere Arbeit bei dem Sender.»[30] Die Situation eskalierte schnell. Nach einer Versammlung entschloß sich die Belegschaft im Frühling 1968 zum Streik.

> Um drei Uhr morgens am Montag, dem 18. März, entschloß sich die gesamte Belegschaft der besten nationalen Rock 'n' Roll-Station zum Streik und verließ das Studio. Es kam zu einer improvisierten Straßen-Party. Die Angestellten von KMPX, die ihre Arbeit geradezu als Freiwillige zu einem Minimallohn begonnen hatten, behaupteten, sie seien Zensur unterworfen worden, man hätte ihnen nachspioniert, ihnen einen fairen Anteil an den Profiten der Station verweigert und sie immer wieder behelligt, weil sie «zu lange Haare» trugen. Der richtige Augenblick für den Streik war von Philip Mannond, Pförtner der Station und Astrologe, bestimmt worden, der darauf hingewiesen hatte, daß die Position des Mondes zu der Zeit «keine schlechten Aspekte» befürchten ließ.[31]

Kurz danach streikten auch die Mitarbeiter bei PPC. Die Streikenden gründeten eine Gewerkschaft: die Amalgated American Federation of International FM Workers of the World, Inc., aber wiesen darauf hin, daß es der Mangel an künstlerischer Freiheit sei, der sie zum Streik beeinflußt habe, nicht die schlechte Bezahlung, die sie als zweitrangig erachteten. Unterstützung für die Streikenden bei KMPX und PPC kam durch Benefiz-Konzerte lokaler Bands wie JEFFERSON AIRPLANE, GRATEFUL DEAD, COUNTRY JOE MCDONALD AND THE FISH, BLUE CHEER, Joan Baez und Judy Collins. Ein Solidaritätstelegramm schickten die ROLLING STONES. Schallplattenfirmen wie Warner Brothers/Reprise, MGM/Verve und A&M kündigten zeitweilig zusammen mit 95 Prozent der anderen Werbeauftraggeber ihre Etats bei den Stationen.

Was auch immer die Probleme der Auseinandersetzung waren, im Mai hatte man sie noch nicht gelöst. Donahue nahm seine Mannschaft mit hinüber zu KSAN, einer Station, die Metromedia gehörte. Auch das Werbebudget brachte er mit. 1969 ging Donahue für kurze Zeit, kehrte aber als Station Manager zurück, als 1970 die Popularitäts-Ratings der Station zu sinken begannen. Im April 1975 starb Big Daddy Tom Donahue, der «46jährige Perfect Master» und Vater der FM-Rock-Musik, an einem Herzschlag.

Mitte der siebziger Jahre war KSAN die größte Station in San Francisco und führte in den Ratings bei Männern zwischen achtzehn und neunundvierzig Jahren (ein unglaublich gesunder Hörerbereich) und bei den Frauen. Donahue sagte: «Wir sind die Nummer Eins – was das auch wert sein mag. Zumindest ist es für uns insofern wertvoll, als es die wirtschaftlichen Zwänge nimmt und uns erlaubt, mit anderen Dingen, die wir tun wollen, experimentieren und spielen zu können.»[32]

Die angesprochenen wirtschaftlichen Belastungen wären vom Management der Metromedia gekommen, der großen Kette von AM-, FM- und Fernsehstationen, die zusammen mit ABC führend in den kommerziellen Experimenten mit dem FM-Radio war. Metromedia ist mit den progressiven Rock-Programmen zufrieden. Vor langer Zeit wandelte man KMET in Los Angeles zu einer progressiven Rock-Station um, und WNEW-FM in New York ist die führende FM-Station auf dem Markt. Vernar Paulsen, langjähriger leitender Angestellter bei Metromedia, der Vizepräsident der Gesamtfirma und General Manager von WNEW-AM, arbeitete als General Manager während der Aufbauperiode 1967–68 bei KSAN und 1970–74 als General Manager bei WNEW-FM. Er hat keine Illusionen über die Ästhetik oder die Politik des FM-Radios, das, wie er sagt, «wie jedes andere Produkt, zum Beispiel Zahnpasta, ein Bedürfnis befriedigen muß».

Einen Großteil des Erfolges von Metromedia im FM-Radio schreibt Paulsen der auffälligen Risikobereitschaft des Firmenpräsidenten und Aufsichtsratsvorsitzenden John W. Kluge zu, der sein erstes Vermögen in der Lebensmittelindustrie verdiente, indem er bei Börsengeschäften spekulierte, bevor er sich 1958 Metromedia widmete. Anfänglich besaß er Stationen in Buffalo und Oklahoma, aber wie die anderen Ketten-Besitzer expandierte er auf die größeren Märkte in den Stadtzentren. Bevor Metro mit dem FM-Aufstieg eine Menge Geld verdiente, verlor die Firma viel, indem sie auf eine andere Konzeption setzte: Telefon-Radio-Shows mit namhaften Gastgebern wie ihrem erfolgreichen Talk-Show-Gastgeber Joe Pyne aus L. A. Nach dem Erfolg von KSAN programmierte Metromedia weitere FM-Sender auf Rock-Musik um: 1968 KMET und im selben Jahr WMMR in Philadelphia. Bei der New Yorker Station WNEW dauerte die Umwandlung etwas länger, aber man begann mit Bill «Rosco» Mercer und stellte danach eine Anzahl von DJs der aufgegebenen WOR-FM-Rock-Station ein. Seit 1968/69 geht es auch bei WNEW voran.

Metromedia und andere Senderketten waren schneller als die großen Sendernetze (Ausnahme ist hier ABC) in der Wahrnehmung, daß man mit FM viel Geld verdienen konnte. Aber während Donahue und seine Freunde ein gewisses Glück mit den Rundfunkketten hatten, bleibt doch die Geschichte von KMPX ein klassisches Beispiel für die Entwicklung des Underground. Aus dem Traum der Gegenkultur wurde ein unangenehmes Scharmützel um die kommerzielle Ausbeutung eines lukrativen Unternehmens.

KMPX wurde ursprünglich vorangetrieben durch die Energien von Leuten, die überzeugt waren von dem, was sie taten: von der Musik, der Idee progressiven Rundfunks und der Rock-Szene. Sie waren bereit, für einen Hungerlohn hart zu arbeiten, und sie wurden ausgestoßen, als sie einen größeren Anteil an den Profiten und weiter andauernde Kontrolle über die Station verlangten. Es ist vielleicht widersinnig, aber nicht untypisch, daß die endgültigen Lösungen für die Probleme des progressiven FM-Radios durch liberale Sponsor-Firmen kommen sollten, die alle gesellschaftspolitischen Aspekte des experimentellen FM ausschalteten, aber die Musik und die Schallplattenwerbung beibehielten.

Metromedia zum Beispiel hat im Laufe der Jahre stillschweigend und auch nicht so stillschweigend eine Anzahl von DJs entlassen. Wenn sie die Entlassungen vornehmen, geben die Station Manager der Belegschaft zu verstehen, daß sie nicht anders können, formulieren ihr Mitgefühl mit den Opfern und schieben alle Schuld auf die Firmenbesitzer. Nach einer Weile glätten die Musik und das relativ leicht verdiente Geld die Wogen der Entrüstung, und die Opposition legt sich. Im Laufe der Jahre hat eine ganze Anzahl von Leuten Metromedia verlassen, weil sie aus politischen Gründen unter Druck standen. Dazu zählen der KSAN-Diskjockey Roland Young, der den Black Panther David Hilliard zu offensichtlich in einer Auseinandersetzung über Obszönität unterstützte, Larry Bensky und Scoop Nisker, der von einem Polizeichef in Berkeley beschuldigt wurde, durch seine Nachrichtencollagen Anti-Kriegs-Demonstranten «aufgewiegelt» zu haben. Bei WMMR in Philadelphia wurde Robert Brinkley gefeuert, weil er eine zurückhaltende Lenny Bruce-Aufnahme spielte. Bei KPPC kam es zu massenhaften Entlassungen aus politischen Gründen, die sich ganz besonders gegen «The Credibility Gap» richteten, eine der wenigen informativen Nachrichten-Sendungen, die übriggeblieben waren und die sich auf satirische Weise mit den Tagesereignissen auseinandersetzten. Ein Streik wegen der Kontrolle über das Programm bei KZAP in Sacramento endete damit, daß der Besitzer der Belegschaft zugestand, die Geschäfte (kollektiv) in eigener Regie zu führen, solange sie keine Verluste machten. Zu jener Zeit wurde diese Haltung als ein großer Sieg für die Gegenkultur angesehen.

... und FCC und der Teufel melden ihre Ansprüche an

Die Entpolitisierung des FM setzte sich 1970 fort, als der erzrepublikanische FCC-Vorsitzende Dean Burch eine Warnung gegen obszöne oder auf Drogen anspielende Song-Texte aussprach. Metromedia sowie die Sendernetze und andere Ketten-Besitzer benutzten diese «Warnung», um bei ihren Stationen eine Säuberungsaktion gegen politisch mißliebige DJs und Songs durchzuführen. WNEW in New York sprach ein Sendeverbot gegen *The Pusher Man* von STEPPENWOLF aus, einen Anti-Drogen-Song. «Rolling Stone» nahm die Gelegenheit wahr, um eine kritische Würdigung des Underground-Radios zu veröffentlichen: Wohin war es gekommen, was war falsch gelaufen? Und Ben Fong-Torres (selbst ein DJ) kommentierte: «Es hat den Anschein, als werde das Underground-Radio unter dem regressiven Einfluß der Sendernetze und/oder der Konzernbesitzer nur zu einem weiteren Ableger des kommerziellen und standardisierten Radios.»[33]

Als John Lennons *Working Class Hero* 1970 erschien, war die Verbindung beider gefürchteter Elemente gegeben: Politik und Obszönität, künstlerisch eingesetzt. «Rolling Stone» kommentierte: «Die progressiven FM-Stationen im Lande sagen, sie wollen Lennons Song spielen, aber sie haben alle verdammt noch mal zuviel Angst.» George Yahraes von ABC-FM äußerte sich: «Wenn wir versuchen, daraus einen Testfall zu machen und deswegen nach Washington zitiert werden, dann würde die Linke sagen: ‹Nun, die haben uns sowieso schon jahrelang an der Nase rumgeführt›, und die Rechte würde sagen: ‹Sind wir froh, daß man der Station endlich das Maul gestopft hat›. Die Leute selbst müssen entscheiden, was sie im FM-Radio hören wollen.» Yahraes hatte keine Vorschläge, auf welche Weise «die Leute» ihre Wünsche in den Büros der Konzerne, in denen die Entscheidungen gefällt wurden, hörbar machen sollten. CBS-FM war ein bißchen offener, aber auch genauso lahm, indem von Jim Smith bei WBBM-FM in Chicago formuliert wurde: «Entweder hat man den Mumm, den Song in der Original-Version zu spielen, oder man läßt es ganz. Wir haben nicht den Mumm.»[34] Eine der beziehungsreichen Zeilen des Songs lautet: «You think you're so clever and classless and free, but you're still fucking peasants as far as I can see.»

Der Aufruhr wegen der FCC-Einflußnahme wurde von den wichtigen Kräften innerhalb des Rundfunks übertrieben. In den vierzig Jahren ihrer Existenz hatte die Kommission nur einen Rundfunksender seiner Lizenz enthoben, weil «Unvertretbares» gesendet worden war. Wenn die Kommission wirklich versuchen würde, einen Sender zu schließen, weil Song-Texte obszön seien oder auf Drogen anspielten, hätte sie vor Gericht keine Chance. Fast jedem Text, der zu Musik geordnet ist, mag er gedruckt auch pornographisch erscheinen, würde in der Beurteilung ein künstlerischer Wert zugeordnet werden, und daher wäre er geschützt (trotz der Entscheidung des Obersten Gerichtshofes, die sich gegen die Obszönitäts-Definitionen lokaler Instanzen richtet). Die FCC hat jedoch Macht, da sie eine Station mit Verwarnungen malträtieren kann, da sie Lizenzen nur für kurze Zeit zu erneuern braucht und zudem über andere Einflußnahmen verfügt, die zwar keine wirklich entscheidende Aktion beinhalten, die Sender jedoch zu langwierigen legalen Auseinandersetzungen zwingen und ihnen hohe Kosten verursachen.

Die FCC verwendete diese Taktiken gegenüber einer Anzahl von gemeinnützigen und nicht am Profit orientierten Stationen. Sie verhängte eine Geldstrafe, als Jerry Garcia bei WUHY in Philadelphia «Scheiße!» sagte, während er auf Sendung war, obwohl sich niemand bei der Station und auch nicht bei FCC über den Vorfall beschwerte. Obwohl die Strafe ausgesprochen wurde, machte der liberale Kommissionsangehörige Nicholas Johnson seine abweichende Meinung aktenkundig, insofern, als er es als «bedauerlich» empfand,

> «daß wir uns offensichtlich immerzu an den kleinen und eher gemeinnützigen Stationen wie KPFK, WBAI, KRAB und jetzt WUHY-FM auslassen. Es ist schon widersinnig, daß von den Beschwerden der Öffentlichkeit über Geschmacksverirrungen der Sender, die mir auf den Schreibtisch kommen, wahrscheinlich hundert oder mehr Fernsehsendungen der Netze betreffen und in Relation dazu höchstens eine sich gegen Stationen dieser Art richtet. Wenn jemand wirklich besorgt über die Wirkung von Sendungen auf die Moral der Nation wäre, müßte er eher sein Augenmerk auf die ABC-, CBS- und NBC-Netze richten als auf die kleinen FM-Radiostationen, die einen erzieherischen Zweck verfolgen und über so wenig finanzielle Mittel verfügen, daß sie sich kaum das Porto leisten können, unsere Briefe zu beantworten, geschweige denn in der Lage sind, sich einen Anwalt zu nehmen.»[35]

Die mit der Universität Yale verbundene Station WYBC und die Philadelphia-Station WDAS wandten sich schließlich gegen die Drogen-Text-Warnungen der FCC und wurden dabei von dem liberalen Medienanwalt Terry Westein, einem ehemaligen Assistenten von Johnson, kostenlos unterstützt. Nach Jahren der Auseinandersetzung gelang es ihnen, die Warnung der Kommission als konsequenzlos mattzusetzen.

Mit den wichtigen Netzen und anderen wirtschaftlich orientierten Interessenträgern arbeitete die FCC wirkungsvoll darin zusammen, interessante und innovative FM-Programmkonzepte zu stören. Außer durch die Anti-Drogen-Warnung wurden verschiedene kleine politische Sender damit behelligt, daß man ihnen unterstellte, sie verletzten die «Fairness Doctrine», ein antiquiertes und wirkungsloses gesetzgeberisches Konzept, für das sich die Mitglieder der Bürgerrechtsbewegung anfangs stark eingesetzt hatten, das aber schließlich immer wieder auch gegen sie benutzt worden war. Es verlangte eine inhaltliche Ausgewogenheit innerhalb der Berichterstattung. Das ganz offenkundige Problem liegt darin, daß die FCC beurteilen darf, was fair ist und was nicht und was zur inhaltlichen Ausgewogenheit des Programms beiträgt. Das gesamte kommerzielle Rundfunkwesen stützt den Status quo der Wertvorstellungen, der politischen Parteien, der Machtverhältnisse und der Kultur schon insofern, als es ihn nicht herausfordert. Ein populäres Argument verweist darauf, daß jede Station, die extrem einseitig politisch orientiert ist (und keine der Stationen, die behelligt wurden, waren das), insofern einen gesellschaftlichen Nutzen hat, als sie das repressive, homogene und apolitische Programm der anderen herausfordert und so in eine weitergehende Interpretation der «Fairness Doctrine» durchaus paßt.

Da sich mehr und mehr FM-Stationen dem Rock-Programm öffnen (ungefähr jede achte), wird das politische Versprechen des Underground-Radios eher zu einem Witz. Die meisten FM-Stationen werden von denselben Netzdiensten mit Nachrichtenkommentaren versorgt wie die AM-Stationen und die größten kommerziellen Sendeanstalten. Eine bedeutsame Ausnahme davon ist die Kette der Pacifica-Stationen, KPFA-Berkeley, KPFK-Los Angeles, WBAI-New York und KPFT-Houston.

Pacifica ist eine von der Zuhörerschaft finanzierte Kette von Radiostationen, die 1949 von der Pacifica Foundation ins Leben gerufen wurde. Trotz vieler Probleme bleibt die Pacifica-Kette das beste Beispiel für alternatives (echtes Underground-)Radio. Ihre an den Belangen des Gemeinwesens orientierten Nachrichtensendungen und ihre Programme hatten oft fast dramatische Repressionen durch lokale Polizei-Instanzen und rechtsgerichtete Fanatiker zur Folge, abgesehen von den ständigen Schwierigkeiten mit der FCC. Der General Manager von WBAI, der Pacifica-Station in New York, wurde inhaftiert, nachdem er Bänder aus dem Attica-Gefängnis gesendet hatte, als dort 1971 ein Aufstand war. Der KPFT-Sender in Houston wurde 1970 zweimal von Ku-Klux-Klan-Leuten durch Bombenanschläge erheblich zerstört. Ein Angestellter der Station sagte: «Nach dem ersten Bombenanschlag bauten wir einen Betonbunker um unsere Sendeeinrichtungen. Beim zweitenmal legten sie das Dynamit direkt auf den Bunker, und der brach über unseren Geräten zusammen.»

Für viele der kommerziellen FM-Stationen bestand die Sende«politik», nachdem sie radikale Nachrichtenanalysen und Reportagen aus den lokalen Gemeinwesen aufgegeben hatten, nur noch darin, die Werbung gewisser Sponsors zu überprüfen. WBCN in Boston verfocht jahrelang die Politik, keine Werbung für Zigaretten, Ölgesellschaften oder die Produkte besonders beargwöhnter Hersteller von Kriegsgerät zu machen (eine Politik, die seither fallengelassen worden ist). Viele der College-Stationen, die in den frühen Tagen des FM-Radios von Bedeutung waren, akzeptierten keine Werbung von Konzernen außer von Schallplattenfirmen. Andere Stationen, darunter alle, die der Metromedia-Kette angehörten, waren anfangs offen für jede Art von Werbung auf nationaler Ebene, lehnten jedoch manche ab wegen des «Sound» der auf Tonband aufgenommenen Werbespots, weil dieser sich nicht angemessen in den entspannten Stil der DJs und das Programm progressiver Rock-Musik einpassen ließ. Scott Muni, Programmdirektor bei der erfolgreichen Station WNEW in New York, erklärt dazu:

Über die Produkte kann man sich nicht streiten. Manchmal bekommen wir einen Brief von einem Hörer, und darin steht: «Warum wird bei Ihnen für ein Mittel geworben, mit dem man sich die Haare blond bleichen kann? Es stimmt einfach nicht, daß Blonde mehr Spaß im Leben haben.» Nun, wenn Sie sich die Haare nicht blond färben wollen, o.k., aber was ist mit den Leuten, die gern blond sein möchten? Oder Hamburger von McDonald's: «Warum wird bei Ihnen Werbung für McDonald's gemacht?» Nun, essen wir nicht alle Hamburger? Es ist der Sound, der Sound, der uns Probleme macht. Ich erinnere mich, daß wir im letzten Jahr einen Spot von Mobil Oil abgelehnt haben, der 20000 Dollar gebracht hätte, aber er war fürs Fernsehen gemacht, und der Soundtrack zu dem Film war laut und ziemlich harsch. So was im Radio zu hören, ohne gleichzeitig die Bilder zu sehen, das war einfach zuviel.[36]

Wegen der Sound-Probleme, so sagt Muni, leistete es sich WNEW, auf mehr als 20000 Dollar Werbegelder zu verzichten. Bei der ursprünglich unabhängigeren Station KMPX an der West Coast kämpfte man lange darum, auch von anderen Werbeetats als von denen der Plattenfirmen berücksichtigt zu werden. Donahue erinnerte sich:

Wir machten Werbung für kleine Geschäfte. Der erste Sponsor, den wir hatten, war ein Laden für Ski-Gerät und Bergsteiger-Ausrüstung, und der hieß «North Face». Und wir hatten natürlich eine Menge von Plattenfirmen, denn die merkten gleich, daß sie bei uns richtig waren. Aber ich hatte zu jener Zeit meine Prinzipien und akzeptierte keine Werbung einer Plattenfirma, wenn wir nicht auch die Platte spielten. Die erste nationale Werbung, die uns angeboten wurde, war von Pepsi Cola. Ich erinnere mich daran, daß wir morgens um vier Uhr eine Sitzung hatten, und alle waren dabei, um zu entscheiden, ob wir nun die Pepsi-Werbung akzeptieren sollten oder nicht. Sie klang uns zu sehr nach Plastik. Wir wollten eines ihrer alten Jingles senden, das lautete «Pepsi Cola hits the spot!», und sie hatten es in den vierziger und fünfziger Jahren benutzt, aber das wollten sie nicht. Und dann wurde plötzlich alles geklärt, als einer von den Jungs aufstand und sagte: «He, Leute, ich weiß zum Teufel nicht, worüber wir uns hier streiten. Ich trinke Pepsi, und ihr alle trinkt auch Pepsi.» Und so löste sich das Problem irgendwie von selbst.[37]

Die meisten großen FM-Stationen treffen mit den nationalen Werbekunden Abmachungen, die ihnen erlauben, bestimmte Spots zu verändern oder sie vorlesen zu lassen, statt irgendeine kleine Kassette abzuspielen. Die intelligenteren Werbekunden lassen sich auf solche Wünsche ein, seit ihnen bewußt geworden ist, daß es nur in ihrem Interesse sein kann, wenn die «hip»-DJs ihrem jungen «hip»-Publikum die Produkte im gewohnten Sound und Stil anpreisen. Donahue sagte den Werbekunden:

> Wir versuchen nicht, die Anzeigen zu verändern, weil uns Ihr ästhetisches Konzept nicht gefällt, denn wir haben Interesse daran, daß Sie uns bei der Stange bleiben. Wenn Sie aber mit dem falschen Konzept rangehen, dann bleiben Sie nicht bei der Stange, denn Sie verkaufen Ihre Produkte nicht.[38]

Die ersten nationalen Werbekunden waren die Schallplattenfirmen, die sehr schnell das richtige Gefühl für das FM-Medium und sein Publikum entwickelten. Schon 1968 schickte Reprise den Radio-Stationen Spots für eine John B. Sebastian-LP mit der Auswahl zwischen zwei Slogans. Beim ersten sollte der Ansager verkünden: «John B. Sebastian. We think the B. stands for beautiful.» Wenn das nicht «hip» genug war, lautete die Alternative: «John B. Sebastian. We think the B. stands for . . . ballsy.»

Bei manchen Stationen protestierte die Belegschaft gegen die werbeintensiven nationalen Spots, aber sie wurden von den Werbeakquisiteuren und dem Station Management überstimmt. Als der Nachrichten-Mann Larry Bensky sich dafür aussprach, daß KSAN einen Werbespot für den Standard Oil-Zusatz F-310 ablehnen sollte, weil unabhängig ausgeführte Tests bewiesen hatten, daß dieser Zusatz keine Wirkung hatte, formulierte ihm Tom Donahue eine schonungslose und grundlegende Wahrheit: «Radikale Community-Stationen werden von Werbekunden mit Geld gestützt. Wenn man sich mit dem Teufel ins Bett begibt, sollte man auch bereit sein zu ficken.»

Die Werbung im FM-Radio ist der klassische Fall für den Ausverkauf der Gegenkultur und dafür, wie man die Gegenkultur benutzen kann, um große Geschäfte zu machen. Wo es noch immer zu schwachen Protesten von Diskjockeys mit Gewissen kommt, werden diese von Werbekunden und Station Managers zum Schweigen gebracht. Bei WBCN in Boston kommentierte einmal der Super-DJ Charles Laquidara nach einem Werbespot für Honeywell-Pentax-Kameras, daß die Mutterfirma Kriegsgerät hergestellt habe, mit dessen Hilfe «all die kambodschanischen Babies getötet worden» seien. Er wurde für eine Woche suspendiert und nicht bezahlt.*

---

* Laquidaras Suspendierung dafür, daß er eine Bemerkung über einen Werbespot gemacht hatte, steht in interessantem Kontrast zu den frühen Tagen bei der Station, als er den Besitzer aufs Korn nahm und damit durchkam. Ein relativ neuer Diskjockey namens John Brodey hatte eines Sonntagnachmittags seine Sendung und spielte gerade *Do What You Like* von Blind Faith, als der leicht reizbare Ray Reipen ihn über die «Hotline» der Station anrief. Das Telefon klingelte direkt im Kontrollraum. Die DJs hatten Reipen gebeten, diese Telefonverbindung nicht zu benutzen, um Kommentare zum Programm zu machen, denn ein derartiger An-

Mit dem Wachstum des FM-Radios – von Gesamteinkünften, die 1967 bei 40 Millionen Dollar lagen, bis zu mehr als 260 Millionen im Jahre 1975 (siehe Schaubild 3.4) – haben die Stationen auch zunehmend ihre Abhängigkeit von den Werbekunden wahrgenommen. Außerdem müssen sie sich eine beständige Hörerschaft erhalten, um ihre Ratings nicht sinken zu lassen. Donahue berichtete, daß die frühen KMPX-Diskjokkeys fast kein Geld bekamen, dann hundert Dollar die Woche, und jetzt bei 350 Dollar die Woche (KSAN) angelangt sind. WBCN hat inzwischen sein Hauptquartier in Multimillionen-Dollar-Büros im obersten Stockwerk des Prudential Tower in Boston bezogen. Die Station, die politisch wohl weiter links steht als alle anderen wichtigen Sender in den Vereinigten Staaten, schenkt ihren Werbekunden inzwischen weit mehr Aufmerksamkeit als in der Vergangenheit. Eine neue Dienstleistung, die sie lokalen Veranstaltern bietet, besteht darin, daß sie den Schallplatten von Gruppen, die zu Konzert- oder Club-Auftritten in die Stadt kommen, in ihren Sendungen besonders viel Platz einräumt.

Da es auf vielen Märkten den Umfang des AM-Radio-Publikums erreicht und teilweise sogar übertrifft, muß auch FM beim Kampf um die Ratings mitspielen, die zum Top 40-Konzept geführt haben. Besonders während der letzten beiden Jahre haben die progressiven Rock-Stationen ihre Programme kompakter gemacht und sind angetreten, eine immer breitere Hörerschaft für sich zu gewinnen. Einen Großteil des freizügigen DJ- und Programmstils haben sie inzwischen aufgegeben. Programmdirektoren haben die Diskjockeys angewiesen, öfter kommerzielles Material zu spielen, damit die Station mit ihrem «progressiven Programm» im Konkurrenzkampf mit dem AM-Radio bestehen kann und außerdem mit den noch bedrohlicheren, weil konservativ konzipierten «Top 40»-FM-Stationen, die eigentlich alle Hits spielen, wenn auch viele davon LP-Titel sind. Sogar WNEW, die progressive Metromedia-Station in New York, hat Mühe darauf verwendet, ihr Programm mehr zu strukturieren. «Wir haben ein sogenanntes ‹ready rack› (einen Ständer

---

ruf verärgerte und unterbrach nur denjenigen, der gerade auf Sendung war. Schließlich war die «Hotline» für Notfälle gedacht und nicht für persönliche Kommentare. «Hey, Hotdog!» brüllte Reipen also dem überraschten Brodey ins Ohr. «An einem Sonntagnachmittag will niemand ein Schlagzeugsolo hören!» Als Laquidara anschließend seine eigene Sendung hatte, berichtete er den Hörern ausgiebig über den Vorfall und legte dann eine seiner «Lieblingsplatten», eine lange Version von Ginger Bakers Schlagzeugsolo auf *Toad*, auf. Anschließend spielte er noch andere Schlagzeug-Titel wie zum Beispiel Ainsley Dunbars *Mutiny* und eine Auswahl von Buddy Rich-Titeln. Laquidara war zu der Zeit gerade auf einem Meskalin-Trip und wäre vielleicht ohne die Droge in seinem Protest nicht so entschieden gewesen. Aber sein Verhalten hatte großen Erfolg bei den BCN-Hörern, die die Telefonzentrale der Station noch eine Stunde nach der Sendung mit ihren Glückwunsch-Anrufen lahmlegten.

Schaubild 3.4: AM- und FM-Radio-Einkünfte 1962–1974 *(Millionen Dollar)*

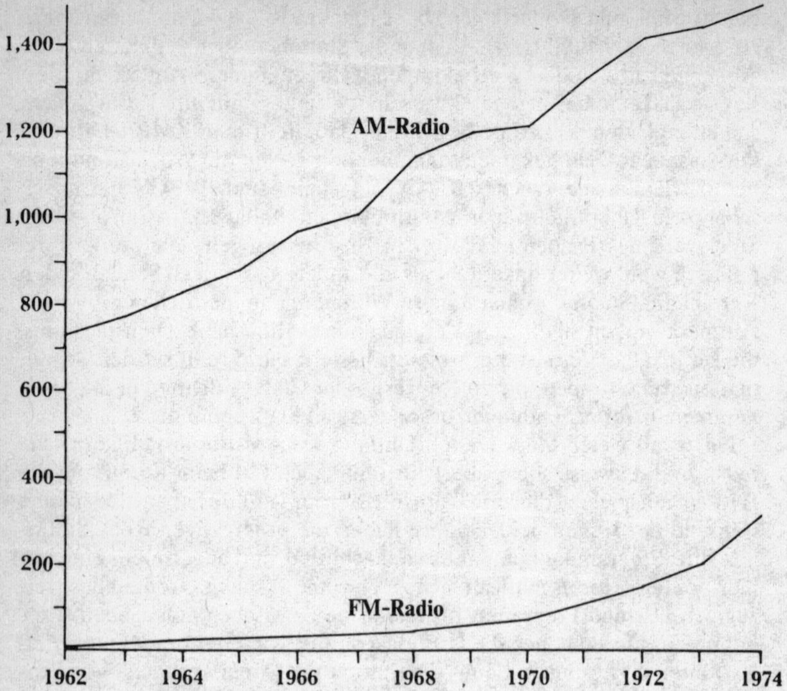

Quelle: Blair Research (1973/74 sind Schätzungen)

mit griffbereitem Material) zusammengestellt, in dem die Top-LPs, die neuesten Alben von Carly Simon zum Beispiel oder den ROLLING STONES, stehen, und versuchen, hauptsächlich damit zu arbeiten», sagt Muni.[39] Es ist heutzutage unwahrscheinlicher, Donahues gepriesene Mischung aus «Rock 'n' Roll, Folk, traditionellem und City-Blues, Raga, elektronischer Musik, einigem Jazz und ausgewählten klassischen Musikstücken» zu hören, als vielmehr eine geschmackvolle Auswahl bestverkaufter weißer Rock-Musik. Oft erfahren einzelne Titel von LPs besondere Unterstützung.

Außerhalb der Großstadt-Märkte und der für Studenten und Freaks ist das FM-Format sogar noch enger geworden. Viele Stationen haben eine Auswahl verschiedener Songs getroffen, die sie versuchen, regelmäßig im Programm unterzubringen; andere benutzen «ready racks» oder «emphasis racks» (Schwerpunkt-Auswahlen), aber operieren doch weitaus eingeschränkter als bei Metromedia, wo man Hunderte von LPs verwendet. Viele verfügen über extensive, aber doch auch klar definierte Playlists. FM ist nicht auch zu einem «Leichnam geworden, der zum Äther stinkt», aber hat doch eine ganze Menge Rückschritte gemacht, seit diese Form einmal freien Zugang zu der besten neuen Musik versprach. Die Leute, die beim FM-Radio arbeiten, und die Investoren sind mit dem Medium gewachsen und willens, das gegebene Versprechen Kompromissen zu unterwerfen, um das Geschäft profitabel zu erhalten. Ben Fong-Torres, der für den «Rolling Stone» schreibt und bei KSAN eine Sonntagnachmittag-Sendung hat, beschreibt den Prozeß:

Die typische FM-Station verbreitet gute Vibes und baut sich eine loyale Hörerschaft auf, indem sie LP-Titel spielt, die im AM nicht zu hören sind, indem sie sich mit den Hörern unterhält, statt nur zu ihnen zu sprechen, und indem sie sich dem sie umgebenden Gemeinwesen öffnet. Wenn die Hörerschaft größer wird, dann steigen jedoch auch die Ratings, die «numbers», und plötzlich merken die Stationsbesitzer, daß sie ein Marktobjekt in der Hand haben. Plötzlich scheint man umgeben von zunehmend verbisseneren Werbekunden, die Administration übernimmt schrittweise, und alles ist auf einmal wie sterilisiert. Plötzlich gibt es Playlists; bestimmte Platten dürfen nicht gesendet werden. Keine Interviews mehr – man darf den ständigen Fluß der Musik nicht unterbrechen. Keine politischen Kommentare – man denke an die «Fairness Doctrine». Man muß schließlich immer eine Erlaubnis haben, um machen zu können, was man will. Plötzlich ist das draußen kein Gemeinwesen mehr, keine Community, sondern nur noch ein «Anteil» an der «Viertelstunden-Hörerschaft». Und am Ende steht auch der FM-Rock entkleidet da. Er ist schließlich nichts anderes als auch nur eine kommerzielle Radiostation.[40]

Ja, das ist er.

Die Expansion des Rock-Musik-Marktes veränderte in den späten sechziger Jahren nicht nur die Musikindustrie und den Rundfunk, sondern brachte auch die kommerzielle Bedeutung einer Anzahl der Industrie verwandten Unternehmungen in den Vordergrund und entwickelte sie, so zum Beispiel das Geschäft mit den persönlichen Auftritten von Rock-Stars. Konzertauftritte waren angewiesen auf bestimmte Tournee-Abfolgen, wobei Veranstalter in den verschiedenen Städten arbeiteten und Agenturen die Buchungen von Rock-Gruppen abwickelten. Auch die Manager von Rock-Gruppen traten in den Vordergrund, einfach deswegen, weil die Klienten, mit denen sie umgingen, soviel Geld wert waren. Und die Musik und die Jugend, von denen die Industrie lebte, ließen eine eigene Presse entstehen, die die traditionellen Branchenblätter ergänzte.

Wir werden eine Anzahl dieser sekundären und stützenden Teile der Rock-Szene zusammen abhandeln und dabei ihre jeweilige Entstehungsgeschichte berücksichtigen, denn die Art, wie sie heute funktionieren, ist ziemlich stark dadurch bestimmt, auf welche Weise sie sich in den letzten Jahren entwickelt haben. Zudem dienen sie alle im weitesten Sinne einer ähnlichen Funktion, indem sie dafür sorgen, daß die Maschinerie des Rock-Business wohlgeölt weiterläuft. Die Abhandlung der gegenwärtigen Abläufe auf diesem Feld ist der Diskussion des eigentlichen Business vorangestellt, weil wir uns entschlossen haben, sie auf diese in gewisser Weise integrierte Form zu besprechen, wobei ihre Geschichte und ihre gegenwärtige Ausprägung in einem Zuge dargestellt werden sollen. Das bedeutet jedoch nicht, daß sie etwa nicht sekundär bleiben, wenn man sie mißt an den wirklichen Machtträgern und Kerninstitutionen des Musikgeschäftes, eben den Schallplattenfirmen selbst.

4

Die expandierte Industrie

Agenten und Manager

Zwei Arten von Geschäftsleuten arbeiten Tag für Tag mit Rock-Musikern zusammen – die Manager und die Agenten. Agenten verschaffen ihren Acts (Klienten) Auftrittstermine. Gewöhnlich arbeiten sie von Agenturen in New York oder Los Angeles aus, die Unterhaltungskünstler und Medienberühmtheiten aus vielen anderen Bereichen außer der Rock-Musik repräsentieren und selbst größeren Konzernen angehören. Agenturen wickeln unter den Direktiven vom Management vertragliche Verpflichtungen von Künstlern ab. Das Management informiert die Agenturen darüber, wann ein Act oder Künstler das jeweilige Land besucht oder auf Tournee geht, und bestimmt die finanziellen Bedingungen einer solchen Tournee. Darüber hinaus ist es verantwortlich für die Gesamtplanung und den Aufbau der Karriere eines Künstlers. Das Aufkommen der Rock-Musik in den sechziger Jahren und die gewaltige Expansion der Musikindustrie schufen die Grundbedingungen für einen nationalen Markt, auf dem persönliche Auftritte «zeitgenössischer» Künstler verlangt wurden. Die Struktur der Promotion persönlicher Auftritte existiert seit den fünfziger Jahren, hat sich jedoch beträchtlich verändert und in den späten sechziger Jahren konsolidiert, und zwar während der «Ballroom»-Zeit und kurz danach. Gleichermaßen hat das kommerzielle Potential der Musik zusammen mit der speziellen Nachfrage nach ihren Interpreten den überkommenen Stil des Managements verändert und die daraus erwachsenden Verdienste vergrößert.

Frank Barsalona
Nur vom Besten

Der wichtigste Rock-Agent dieser Tage ist Frank Barsalona, Präsident der Agentur Premier Talent, die ausschließlich Rock-Musiker betreut. Er begann seine Laufbahn im Musikgeschäft als:

. . . jugendlicher Country & Western-Interpret namens Greg Mitchel, eine ziemlich ulkige Sache, denn ich kam aus New York. Kurz nachdem ich meinen College-Abschluß gemacht hatte, wurde mir bewußt, daß ich in dieser Laufbahn keine rechte Zukunft hatte. Ich dachte mir also: «Was ich wirklich tun sollte, ist, dorthin zu gehen, wo ich die beste Chance habe, allen den Leuten zu begegnen, die mir jetzt noch im Wege stehen, wo ich Manager kennenlernen kann und Verleger und Agenten und Veranstalter.» Und ich wußte, daß ich zu einer Konzertagentur gehen sollte.[1]

Barsalona ging zur General Artists Corporation (GAC), die zu jener Zeit eine der größten Talent-Agenturen in New York war. In den frühen sechziger Jahren wurde er mit der Betreuung von Rock-Gruppen beauftragt, die als «das Niedrigste vom Niedrigen» galten. Barsalona war der jüngste Agent im Geschäft und hatte gewaltige Meinungsverschiedenheiten mit seinen Chefs darüber, wie man mit den jungen Rock 'n' Roll-Künstlern zu verfahren hatte.

Mir wurde bewußt, daß all diese Leute, von denen ich so viel gehalten hatte, eigentlich ziemlich dumm waren, und die Art und Weise, wie ich ihrer Meinung nach meine Klienten behandeln sollte, war ebenfalls ziemlich dumm. Ich wollte ihre Karrieren unterstützen und nicht ihren Erfolg ausbeuten. Aber das war bei uns nicht gefragt. Wir nahmen uns einen Künstler, der eine Hit-Platte hatte – alle Agenten bei GAC schlugen jede Woche den «Billboard» auf und sahen nach, welche Leute irgendwie Erfolg hatten –, und dann riefen wir dessen Manager an und versuchten, uns mit ihm zu treffen, und dann bemühten wir uns, diesen Act repräsentieren zu können, und dann machten wir den Act kaputt.[2]

Mit einer Top 10-Schallplatte konnte ein Act zu jener Zeit anderthalb Jahre auf Tournee gehen.

Agenturen verlangten soviel Geld wie irgendmöglich von den Veranstaltern, die nach Aussagen von Barsalona in ein System von drei Rängen eingeteilt waren. Ganz unten rangierten die jungen Veranstalter, «die ständig aus dem Geschäft geboxt wurden, weil wir sie ständig übers Ohr hauten». Die zweite Ebene der Veranstalter, denen die Agenturen gelegentlich Gefallen erwiesen, war finanziell auch nicht abgesichert, aber dennoch nicht so unstabil wie die ersteren. Der dritte Rang war repräsentiert durch den wesentlichen Promotion-Zirkel, und hier wurden alle wichtigen Produkte der Industrie gehandelt. Auf dem dritten Rang operierten «Typen, die schon lange im Geschäft waren und einen Rock-Act nicht anfaßten, es sei denn, die Sache war bombensicher». Diese Leute machten ihr Geld mit «middle of the road»-Acts wie Tony Bennet, Steve Lawrence-Eydie Gorme oder Frank Sinatra. Gelegentlich befaßten sie sich auch mit einem Rock 'n' Roller, der Durchhaltevermögen bewiesen hatte, wie zum Beispiel Elvis Presley.

1964 schaute Barsalona zu, wie Teenager massenweise die BEATLES bestürmten, als diese auf dem Kennedy-Airport in New York ankamen. Ähnliche Szenen spielten sich in ihrem Hotel ab, beim Konzert in der Carnegie Hall und bei einem weiteren Konzert, das sich Barsalona in Washington, D. C., ansah. Im Rückblick auf seine Reaktionen, die diese von GAC gebuchte Tournee hervorrief, kommentiert er: «Mir wurde damals klar, daß die Rock-Musik wirklich große Möglichkeiten bot, und ich erinnerte mich daran, daß es hieß, all die Kriegs-Babies werden zur gleichen Zeit groß, und dann entschloß ich mich, meine eigene Agentur zu gründen.»[3]

Er gründete Premier Talent. Die Firma hat kein einziges Jahr Verluste gehabt. Sie bucht jährlich für 50 Millionen Dollar Rock-Künstler.* Von jedem Dollar bekommt Barsalona 11 Prozent für die in seinem Privatbesitz befindliche Firma. Premier repräsentiert jetzt die meisten großen Acts der Rock-Musik, darunter britische Gruppen wie BLACK SABBATH, TEN YEARS AFTER, PROCOL HARUM, THE WHO, YES, EMERSON, LAKE AND PALMER, JETHRO RULL und TRAFFIC sowie Amerikaner, unter anderen David Crosby, Graham Nash, Neil Young, J. GEILS BAND, Johnny und Edgar Winter und BLACK OAK ARKANSAS.**

Barsalonas Geschäft wuchs mit der britischen Invasion, dem Revival des Rhythm & Blues nach den BEATLES und dem Aufkommen des progressiven Rock in den späten sechziger Jahren. Er begann mit Acts, die

---

* Barsalona selbst ist nicht die Quelle für diese Zahl. Es handelt sich um eine Schätzung, die auf den Bruttoumsätzen anderer Agenturen beruht, zum Beispiel CMA und IFA, und sich auf die relative Bedeutung von Premier auf dem Rock-Sektor bezieht. Ein Offizieller bei IFA sagte, daß ungefähr 40 Prozent ihres 100 Millionen Dollar-Umsatzes sich auf Rock-Konzerte gründen. Premier wickelt ungefähr 25 Prozent mehr Geschäfte ab. Daher die Zahl von 50 Millionen, die als korrekte Minimalschätzung durch eine Reihe anderer Industrie-Zahlen bestätigt wird. Wir möchten noch vermerken, daß die 10 Prozent, die Barsalona bekommt, abgeschöpft werden, bevor die Agenturausgaben einbezogen sind.

** Zu den anderen gehören BAD COMPANY, Maggie Bell, BROWNSVILLE STATION, Joe Cocker, JAMES COTTON BLUES BAND, EARTH, WIND AND FIRE, FOCUS, FOGHAT, FRAMPTON'S CAMEL, GOLDEN EARRING, HUMBLE PIE, JAMES GANG, JO JO GUNNE, KING CRIMSON, LINDISFARNE, LITTLE FEAT, Mark Almond, Dave Mason, MONTROSE, POCO, POUSETTE-DART STRING BAND, PFM (Premiata Forneria Marconi), ROXY MUSIC, SANTANA, John Sebastian, SHARKS, SLADE, SPARKS, SPOOKY TOOTH, STEELEYE SPAN, STRAWBS, Livingston Taylor, 10 C.C., Robin Trower und Rick Wakeman.

er schon bei GAC kennengelernt hatte, den CHIFFONS und LITTLE ANTHONY AND THE IMPERIALS (die er half, wieder zusammenzubringen), und übernahm dann HERMAN'S HERMITS, die er dem gierigen Dick Clark vor der Nase wegnahm.* Die Erfahrung mit den Hermits brachte ihm Kontakt zu anderen britischen Gruppen wie WAYNE FONTANA AND THE MINDBENDERS und FREDDIE AND THE DREAMERS. Premier war aber noch immer eine relativ kleine amerikanische Agentur und konnte mit den anderen etablierten Agenturen in den USA nicht konkurrieren. In England zählte sie jedoch zu den großen, und Barsalona konzentrierte sich darauf, dort seine Künstler einzukaufen.

Mitte der sechziger Jahre zog er eine ganze Reihe britischer Acts an sich, darunter THE WHO, PROCOL HARUM und die ANIMALS sowie eine Reihe zweitrangiger amerikanischer Gruppen wie SAM THE SHAM und MITCH RYDER AND THE DETROIT WHEELS. Von Anfang an nahm Barsalona die Möglichkeiten, mit dem Rock 'n' Roll Geld zu verdienen, sehr ernst. Sein Stil unterschied sich in der Tat von dem seiner Mentoren bei GAC. Er war ein harter Verhandlungspartner, aber seinen Klienten und ihren Karrieren gegenüber immer loyaler als gegenüber dem Absahn-System der MOR-Veranstalter. Seine Geschäftspolitik, die darauf basierte, seine Künstler nicht zu übervorteilen, sondern statt dessen mit ihnen zusammenzuarbeiten, um ihre Karriere aufzubauen, war eine logische Geschäftsentscheidung, die auf seinem Interesse basierte, daß diese Investitionen sich in langen Jahren der Zusammenarbeit auszahlen sollten.

Vor ein paar Jahren ließ George Harrison verkünden, daß Eintrittskarten für eine Konzert-Tournee im Dezember schon im Frühherbst erhältlich seien. Dieses Vorgehen hätte dem Herbstgeschäft mehrere Millionen Dollar entzogen und verschiedene Bands empfindlich getroffen, die zu der Zeit auf Tournee waren. Barsalona rief Harrisons Leute an und «sagte ihnen nur, wenn sie die Tickets zu früh verkauften, würden sie damit vielleicht davonkommen, diesmal wenigstens, aber sie könnten Schwierigkeiten haben, Unterstützung für spätere Tourneen von Dark Horse (Harrisons Label)-Künstlern zu finden». Harrison gab nach.

---

* Der Manager der HERMITS war in New York, bevor sie den Durchdruch in den USA hatten, und versuchte, die Gruppe bei einer Agentur unterzubringen. Keine der großen zeigte Interesse, auch nicht Barsalona, aber am Tag, bevor der Manager nach England zurückkehren mußte, und zwar mit leeren Händen, arrangierte Barsalona ein Zusammentreffen mit Clarks Organisation. «Es war klar, daß dieser Manager Clark die HERMITS geschenkt hätte, nur damit er sagen konnte, er hätte einen Deal für sie abgeschlossen, wenn er nach England zurückkam, und die Clark-Leute wollten ihn echt anschmieren, also bin ich gekommen und habe eine Vereinbarung getroffen.» Die HERMITS waren sehr erfolgreich, und Barsalona blieb weiterhin Repräsentant des dankbaren Managers und der Gruppe bei ihren US-Verhandlungen.

Barsalona wird mittlerweile in der Industrie als überragender Agent angesehen, als wichtigster Mittler zwischen Schallplattenfirmen und dem Konzert-System, das die Gruppen dem Publikum präsentiert und dadurch die Märkte öffnet. Ahmet Ertegun stellte Barsalona dem Wall Street-Senator Jacob Javits mit den Worten vor: «Und hier ist der mächtigste Mann im Musikgeschäft.»

IFA, CMA, William Morris

Während Barsalona sein Premier-Imperium mit dem Geld aufbaute, das er an der britischen Musik-Invasion verdiente, wechselten andere Künstleragenturen die Besitzer und formierten sich neu. In den fünfziger Jahren war die wichtigste Agentur die Music Corporation of America gewesen (MCA). Sie wurde jedoch eingestellt, als das Management in den frühen sechziger Jahren die Künstlerrepräsentation aufgeben mußte, nachdem es zu einer Fusion mit Universal Pictures gekommen war. Viele der Agenten, die MCA verließen, nahmen ihre Künstler mit und gründeten eigene Firmen. Keine dieser neuen Firmen überlebte jedoch bis in die Mitte der sechziger Jahre außer der Ashley-Famous Agency, die zu einem gewissen Zeitpunkt von der Kinney Corporation aufgekauft wurde. Als Kinney Warner Brothers kaufte, mußte man den Agentur-Zweig ebenso aufgeben, wie es bei MCA geschehen war.

Ashley-Famous wurde von Marvin Josephson Associates, einer kleinen Management-Agentur gekauft, die sich auf Fernseh-Vermittlung spezialisiert hatte und von zwei ehemals langjährigen Fernseh-Anwälten der Sendernetze geführt wurde. Kurz nach dem Kauf von Ashley-Famous überredete Josephson Herb Spar, sich der aufblühenden Firma anzuschließen. Spar hatte eng mit Bill Graham zusammengearbeitet, als sie die Millard Agency aufbauten, die viele der wichtigsten San Francisco-Bands und sonst hauptsächlich West Coast-Gruppen vertrat. Er löste Millard auf, aber nahm viele der Acts mit und verschaffte so Marvin Josephson Associates Zugang zu den neuen Rock-Talenten. Heute ist die International Famous Agency (IFA) nach Premier Talent die zweitwichtigste Agentur auf dem Rock-Sektor. Zu ihren Klienten gehören AEROSMITH, die BEACH BOYS, JEFFERSON STARSHIP, LOGGINS AND MESSINA, MOTT THE HOOPLE, James Taylor, Stephen Stills, SEALS AND CROFTS, das MAHAVISHNU ORCHESTRA und viele andere. Während Premier fast ausschließlich Acts repräsentiert, die ein junges Publikum ansprechen, ist IFA eine traditionell vielfältigere Agentur, die Einkünfte aus einem weiten Bereich von Unternehmungen der Unterhaltungsindustrie bezieht. Sie arbeitet für Klienten aus Literatur, Fernsehen, Film, Werbefilm und sogar für Nachrichtenkommentatoren (John Chancellor, Harry Reasoner).

IFA-Präsident Ralph Mann wies in einem Interview darauf hin, daß die Konzert-Abteilung seiner Firma zwar wachse, daß aber nur ein relativ kleiner Prozentsatz der Gesamteinkünfte aus dem Rock-Business stammten. 1976 machte International Famous einen Profit von 1,6 Millionen Dollar.

Barsalonas Erziehungsstätte GAC wechselte ein paarmal die Besitzer und wurde schließlich zu Creative Management Associates (CMA). CMA operiert auch heute auf dem Pop-Sektor und vertritt unter anderen Cat Stevens, Carly Simon, das Electric Light Orchestra und Grand Funk Railroad. Ihre Konzert-Abteilung wird von dem langjährigen Agenten Norman Weiss geleitet, der einen leicht anrüchigen Ruf als Hintertreppenagent «alter Schule» genießt. Aber der wahre Glanz dieser Agentur kommt von den Middle of the Road-Acts und der Film-Abteilung, die von Sue Mengers geleitet wird, einer der wenigen wichtigen Frauen im Agenten-Geschäft. Die William Morris Agency ist eine weitere alte Theater-Firma, die die Jahre überdauert hat. Sie ist noch immer eine der drei wichtigsten Buchungsagenturen des Unterhaltungsgeschäftes, aber hat sich nie besonders hervorgetan, was die Rock-Musik betrifft. Weniger wichtige Agenturen sind die Associated Booking Corporation (ABC), Agency of Performing Artists (APA) und American Talent International (ATI). Die drei größten sind William Morris, CMA und IFA, die zusammen auch das New York-Hollywood-Film/Fernseh-Business dominieren. Die drei wichtigsten Agenturen in der Rock-Musik sind IFA, CMA und an der Spitze Premier.

«Die Veranstalter sind mir gegenüber verantwortlich»

Der Aufstieg von Barsalona verlief parallel zum Aufstieg der Rock-Musik, und mit wachsendem Einfluß prägte er erfolgreich einen «neuen» Stil für Agenten und Konzertveranstalter. Als die Ballroom- und kommerzielle Konzert-Szene in den späten sechziger Jahren begann, benutzte Barsalona seinen Einfluß auf die wichtigen englischen Gruppen dazu, eine kleine Gruppe junger Veranstalter heranzubilden, die eine Art Monopol an Premiers Künstlern bekamen und als Gegendienst für bestimmte Verpflichtungen gegenüber der Agentur bevorzugt wurden. Zwischen den Veranstaltern und der Agentur wurde eine deutliche Wechselbeziehung aufgebaut. Als Ausgleich für den Zugang zu Headliners (bekannteste und wichtigste Gruppe bei einer Veranstaltung), Sonderpreise und Vorzugsbehandlung bei der Auswahl von Terminen und Lokalitäten, ja sogar Spezialabmachungen bei eventuellen Verlusten mit Premier-Künstlern, übernahmen die Veranstalter die Verantwortung, auch mit den neuen, noch nicht etablierten Acts der Agentur zu arbeiten. Der Konzertveranstalter Don Law aus Boston, der natürlich mit seinem Geschäft vollkommen von Barsalona abhängig ist, verdeutlicht seine Ansichten zu diesem «Barsalona-System» von freundschaftlicher Verbindung zwischen Agent und Veranstalter:

Frank hatte wichtigen Anteil daran, in der Industrie einen ethischen Kodex zu prägen. Wenn einer bei einem Termin Geld zusetzt, dann sollte er versuchen, es wieder reinzuholen. Wenn er sich Mühe gibt und das Beste gibt, was er kann, das Risiko trägt und Geld verliert, dann sollte er auch die Headline-Acts bekommen. Und Frank hat sich dafür eingesetzt, so daß dies Geschäft immer mehr wie das in einer richtigen Industrie geführt wurde.[4]

Veranstaltern, die bei den neuen Regeln nicht mitspielen wollten, wurde einfach verwehrt, Premier-Künstler zu buchen. Die Firma vertrat ausschließlich Rock-Musiker und hatte daher keine Verpflichtungen gegenüber den alten MOR-Veranstaltern. «Ein paar von den Leuten ließen wir aussteigen», erinnert sich Barsalona. «Die Veranstalter sind mir gegenüber verantwortlich. Wenn sie diese Verantwortung nicht zu tragen bereit sind, dann brauche ich mit ihnen keine Geschäfte zu machen.»[5]

Andere Agenten, besonders Herb Spar bei Millard und IFA, folgten Barsalonas Methode, eng mit jungen Rock-Veranstaltern zusammenzuarbeiten. Im Laufe der Jahre, da die Veranstalter selbst an Macht gewonnen haben, wurde dadurch auch die Macht einiger Agenten auf Kosten anderer vergrößert. Wieder erinnert sich Law:

Es gab da bestimmte Typen, von denen wußte man schon, daß sie einen aufs Kreuz legen wollten. Ich erinnere mich an einen bei IFA, der uns wirklich leimte, besonders Howard Stein. Also hielt ich mich von dem zurück. Ich kaufte ihm nichts ab, es sei denn, es ging gar nicht anders, und ich war überaus vorsichtig. Herb Spar hingegen war einer, dem man abnehmen konnte, daß er eine Menge von unserem Geschäft verstand, und ich wußte, daß ich ihm trauen konnte. Er kannte die Größe der Hallen, die Probleme, wie die Polizei-Szene war, alles. Und daher verpflichtete er uns nicht brutal zu einem Deal, mit dem er uns das Wasser abgegraben hätte. Und das betraf eine Anzahl von Leuten, mit denen wir daher zusammenarbeiteten. Und damals waren sie noch nicht so wichtig, inzwischen sind sie wichtiger geworden.[6]

Die Drei-Rang-Struktur der Konzertveranstalter wurde durch ein neues System ersetzt, in dem relativ junge Promotor sowohl junge Acts wie auch die Headliner buchten. Während der Blüte der Ballroom-Szene verwischte sich diese doppelte Funktion der Veranstalter. «Headline»-Acts wurden oft blind eingekauft, und kleine unbekannte Gruppen wurden gemeinhin über Nacht zu Headliners erhoben. Aber die kommerziellen Hallen und Konzertsäle und Ballrooms waren nicht die einzigen Orte, wo die Agenturen für ihre Klienten Auftritte buchen konnten. Der Rock-Musik-Markt erreichte sehr schnell auch ältere Studenten. Jene Acts, die man nicht in Ballrooms buchen konnte, wurden auf Tourneen durch die Colleges geschickt. Im Laufe der Jahre jedoch wurde das Geld bei den Colleges knapper und überdies hatte man Sorgen, daß bei Rock-Konzerten die Einrichtung beschädigt wurde. Das Publikum für Headline-Acts überstieg das Fassungsvermögen der Ballrooms. Ein einzelner Veranstalter kontrolliert im allgemeinen jetzt nicht nur eine größere geographische Region, gewöhnlich um eine Großstadt, sondern verfügt auch über eine Vielzahl verschiedener Auftrittsmöglichkeiten für von ihm gebuchte Musiker: Clubs, kleine und mittlere Hallen (2000 bis 5000 Besucher) sowie Stadien.

Das «neue» System der Buchung von Rock-Musikern über Agenten wurde aus jenen Anfängen aufgebaut, als die Rock-Musiker noch als «das Niedrigste vom Niedrigen» galten, bis in die heutigen Tage, da sie einen Status als Millionen Dollar-Geschäftsobjekte haben. Die Agenten beglückwünschen sich gern selbst zu der Moral dieses Systems, aber die ist eigentlich nichts anderes als eine simple Defensiv-Struktur, die auf geschäftlicher Einschätzung beruht. Veranstalter und Musiker haben sich zu unabhängigen Instanzen mit eigenem Status entwickelt, und die Interessen beider müssen von den wichtigen Agenturen respektiert werden. Die gegenwärtige rationalisierte Monopolsituation bei Konzertveranstaltungen schränkt die Konkurrenz zwischen den gegenseitig abhängigen Agenturen und Konzertmärkten ein. Die Agentur kann ihre neuen Talente ebenso wie die Headliner in attraktiven Hallen durch respektierte und beständige Veranstalter präsentieren lassen. Die Veranstalter bekommen alle lohnenden Künstler angeboten, und in ihren Bereichen werden sie gemeinhin von allen Agenturen berücksichtigt.

Der «ethische» Kodex, von dem Don Law spricht, verschwindet, wenn die Agenturen mit weniger mächtigen Veranstaltern zu tun haben. Es ist nicht ungewöhnlich, daß ein junger Promotor, der versucht, ins Geschäft zu kommen, indem er einen neuen Act zu Headliner-Status aufbaut, dann zusehen muß, wie sein Künstler einem mächtigeren Veranstalter übertragen wird. Da sie nur noch für 20 Prozent aller Konzerte verantwortlich zeichnen, sind die College-Konzert-Komitees nicht mehr so wichtig, aber sie waren diejenigen, die ständig übervorteilt wurden (durch inflationäre Preise, Zwänge, Vertragsänderungen in letzter Minute oder Absagen ohne Ersatzangebote), und zwar von Agenturen aus New York oder Los Angeles, oder durch regionale Vermittlungsfirmen, die in den großen Zentren Buchungen vornahmen und diese an Colleges weiterverkauften.

Was in der Industrie als eine neue Art, Geschäfte zu führen, gilt, ist nur eine bessere, verfeinerte und glattere Art, innerhalb etablierter

Machtstrukturen Geschäfte abzuwickeln. Auf dieselbe Weise, wie die Schallplattenfirmen sich bei Tantiemenzusicherungen nicht mehr so kleinlich verhielten, weil sie bei ihren Haupt-Acts auf langandauernde stabile Profite setzten, haben auch die Agenturen ihren Stil modifiziert. Mehr noch als Veranstalter müssen Künstler auf eine familiäre und freundliche Weise behandelt werden, die das gemeinsame Interesse widerspiegelt. Der Rock 'n' Roll wird uns erhalten bleiben, und er wird für Profite sorgen – aber nur, wenn wir ihn richtig behandeln. Herb Spar sagt: «Das ist doch nur einleuchtend, denn es handelt sich um ein gutes Geschäft. Wenn man bei einem bestimmten Produkt bleiben will, muß man auch ein Verhältnis zu ihm gewinnen . . . zu einem Rock-Künstler, zu einer Gruppe, und dies Verhältnis zum gegenseitigen Nutzen ausbauen.»[7] Agenturen betrachten die Acts als Produkte, mit denen man sorgfältig umgehen sollte, während die hochgeschätzten und erfolgreichen Agenten diejenigen sind, die ein gutes Verhältnis zu den Rock-Gruppen und ihren Managern aufbauen. «Wissen Sie», gestand IFA-Präsident Ralph Mann, «dies ist ein sehr persönliches Geschäft. Wenn man Agenten mit Persönlichkeit hat, mit der Fähigkeit, die Leute zu verstehen und freundlich zu ihnen zu sein und so weiter, dann macht man auch mehr Geld.»[8]

Die Entscheidung, einen Act bei einer großen Agentur anzunehmen, ist von einer Reihe Faktoren abhängig: Bühnenpräsenz und Show, Art des Plattenvertrags, Bereitschaft der Plattenfirma, intensive Promotion-Arbeit zu leisten, Ruf und Geschäftsbeziehungen des Managers, persönliche Probleme und, vage ausgedrückt, «kommerzielles Potential». Es handelt sich dabei um eine Geschäftsentscheidung, die Hunderttausende von Dollar an Ausgaben oder Profiten bedeuten kann, und dementsprechend wird sie auch behandelt. Bei Premier, wo außer Barsalona nur sieben Leute arbeiten (vier Agenten), ist der Klientenkreis relativ klein und auf eminent verkäufliche Künstler beschränkt. Wenn ein neuer Act bei der Agentur aufgenommen wird, dann wird er fast immer von Managern vertreten, die jahrelang eng mit Premier zusammengearbeitet haben (zum Beispiel Dee Anthony), oder er hat ausgedehnte Konzert-Erfahrung vorzuweisen. Wenn ein junger Act von einer Agentur unter Vertrag genommen wird, ist es nicht ungewöhnlich, daß Image-Korrekturen und Veränderungen der Bühnenshow vorgenommen werden, die zwischen Manager und wichtigen Leuten bei der Agentur ausgehandelt werden.

Die Arbeit eines Agenten ist klar definiert und von Routine geprägt. Ihm werden bestimmte Klienten zugeteilt, die er in bestimmten Regionen vertritt. In IFAs New Yorker Büro zum Beispiel leitete Herb Spar die Konzert-Abteilung, hatte aber auch noch spezifische Aufgaben bei Veranstaltern in Indiana, Kentucky, New Jersey, Michigan und Ohio. Ein anderer Agent betreut die Colleges im mittleren Westen und in New

England, ein weiterer die Veranstalter in den Südstaaten, und so weiter. Außer daß sie für die Buchungen in bestimmten Gebieten verantwortlich sind, müssen Agenten auch noch andere Aufgaben wahrnehmen: gegenüber verschiedenen Künstlern haben sie bestimmte Verantwortlichkeiten, stellen zum Beispiel Tourneen zusammen oder repräsentieren die Agentur gegenüber dem Management, arbeiten auf Tourneen mit Road-Managern und Künstlern zusammen. Vor ein paar Jahren arbeitete die gesamte IFA an einer Elton John-Tournee, aber der Engländer war besonders einem Agenten dankbar, der die Tour-Betreuung gewährleistete, und bedankte sich bei ihm mit einem goldenen Rolls Royce.

Agenten verbringen ihren Arbeitstag am Telefon und schließen Deals, Deals, Deals ab. Sie gehen mit einer Menge Geld um und empfinden Selbstbestätigung ebenso wie die begrenzte kreative Befriedigung, junge Künstler aufzubauen und sich in Gesellschaft von Stars zu befinden. Aber ihre Arbeit ist durchaus vergleichbar mit dem telefonischen Verkauf von Enzyklopädien. «Nach einer Weile bekommt man davon Magengeschwüre», sagte Spar. «Ich muß möglichst bald aus der Tretmühle raus, sonst werde ich noch sehr krank.»[9] (Spar starb 1976). Ein Agent verbringt einige Abende der Woche damit, nach neuen Talenten Ausschau zu halten oder die Konzerte zu besuchen, die er arrangiert hat. Wenn ein Agent einen besonders erfolgreichen Künstler zum Klienten der Agentur macht, dann kann er ebenso wie ein Anwalt, der für eine große Anwaltsfirma einen besonders lukrativen Klienten wirbt, mit einem kleinen Bonus rechnen oder auf bestimmte Weise Provision angerechnet bekommen. Aber die meisten angestellten Agenten, die einige Jahre Erfahrung in der Buchung von Rock-Gruppen haben, verdienen ungefährt 20000 Dollar im Jahr, eine geringe Summe im Vergleich zum Gesamtumsatz in ihrem Geschäft. Sie beziehen von der Agentur Gehalt. Es ist einzig die Gesamtorganisation, welche die legendären «10 Prozent von allem» einkassiert.

Dear Landlord:
Die Manager

Die Agenturen waren jedoch nicht die einzigen, die die Nachfrage erkannten, die im neuen Rock-Geschäft bestand. Auch Manager veränderten ihren Stil. Mit wenigen Ausnahmen waren sie in den fünfziger Jahren ein ausgebuffter Schlag Geschäftsleute gewesen, die oft ihre schwarzen R&B-Klienten für ein paar schnelle Dollars aufs Kreuz legten und die wenig Respekt für Musiker als Künstler und deren Rechte hatten. Eine Ausnahme in dieser Allgemeinsituation war «Colonel» Tom Parker, ein Industrie-Veteran aus Nashville, der Manager von Eddy Arnold gewesen war und dann seinen wertvollsten Besitz in der Person Elvis Presleys auftat.

Man kann fast sagen, daß Parker den weißen R&B-Sänger adoptierte. Eine einundzwanzigjährige Karriere verbrachte er mit ihm und widmete sich vollkommen der Planung des kommerziellen Lebens des jungen Stars. Er versuchte sich mit ihm in einer Vielzahl musikalischer Unterhaltungssparten und Medien, vom Rock 'n' Roll über den Armeedienst, den Presley ableistete, bis zu religiösen Alben und diversen Filmen. Zwei wichtige Faktoren im Karriere-Plan des Colonels waren natürlich Presleys außergewöhnliches Talent und die Wirkung, die er ausstrahlte, sowie seine Bereitschaft, auch für ein MOR-Publikum zu arbeiten. Presleys Karriere und sein Manager repräsentierten den alten Stil zwischen Unterhaltungskünstler und Geschäftsmann, in dem ein junger Rock 'n' Roll-Musiker, Soldat, Mann Gottes, Filmstar und lebende Legende konsequent (wenn auch mit Sympathie) von einer älteren Vaterfigur manipuliert wurde. Elvis Presley war ein einzelner Künstler, keine Gruppe, und daher konnte man ihn als Ausnahme von der Regel ansehen.

Der erste wichtige Manager im Rock-Bereich, der wirklich anders war als die stereotypen Gestalten der fünfziger Jahre, war Brian Epstein, der außergewöhnliche Innenarchitekt, Schauspieler, Plattenverkäufer und Manager der BEATLES. Epstein war eine «neue» Persönlichkeit, insofern als er sich mit seinen Klienten identifizierte und sie verstand, indem er sich auf sie als Menschen und als lukrative Investition bezog. Er widmete seine Aufmerksamkeit der Entwicklung ihrer Karriere und legte es nicht hauptsächlich darauf an, einen schnellen Dollar zu verdienen.

Epstein war eine ungewöhnliche Persönlichkeit. Er bezog sich absolut auf die BEATLES, bemühte sich, jeden einzelnen von ihnen persönlich zu verstehen und ihre Karriere bis in die letzte Einzelheit zu planen und zu gestalten: von ihren identischen Anzügen bis hin zu den Verbeugungen vor dem amerikanischen Publikum bei ihrem ersten Auftritt in der Ed Sullivan-Show. Er war wie ein Schutzengel der Gruppe. Als John Lennon formulierte, die BEATLES seien populärer als Jesus Christus, und daraufhin ihre Schallplatten in besonders religiösen Gegenden Amerikas öffentlich verbrannt wurden, flog Epstein demonstrativ in die USA, um dem Aufruhr entgegenzusteuern. Auf dem Flughafen schon aggressiven Fragen und Kommentaren von Reportern ausgesetzt, gestand er seinem Anwaltfreund Nat Weiss, daß er eher die bevorstehende Amerika-Tournee der BEATLES absagen werde und damit einen Verlust von einer Million Dollar in Kauf zu nehmen bereit sei, als zu verantworten, seine Jungs einer negativen Presse auszusetzen.[10]

Als Paul McCartney öffentlich aussagte, er habe mit LSD experimentiert, stellte sich Epstein sofort hinter ihn und erklärte, auch er selbst habe die Droge benutzt. In der Tat hatte er die Droge schon vor den BEATLES versucht.

In gewissen Industriekreisen erinnert man sich an Epstein als einen ziemlich einfältigen Geschäftsmann, der viel zu nachgiebige Abschlüsse mit Schallplattenfirmen und Veranstaltern getroffen habe und dadurch seiner Gruppe nicht genügend Geld einbrachte. Außer während der letzten sechs Monate seines Lebens, in denen er unter einer depressiven Psychose litt und häufig unter Drogeneinfluß stand, hat er doch offensichtlich die Karriere der Gruppe mit einem Einfühlungsvermögen aufgebaut und betreut, wie man es ähnlich bisher nicht wiedererleben konnte.

Als er 1964 in New York ankam, um die erste US-Tournee der BEATLES zu betreuen, und Zeuge der «Beatlemania» wurde, traf er am Flughafen Sid Bernstein, den Veranstalter, der den Carnegie-Hall-Auftritt organisiert hatte. Bernstein fuhr Epstein direkt zum Madison Square Garden und deutete an, daß die Nachfrage nach Eintrittskarten den BEATLES ein zweites Konzert in dieser weitaus größeren Halle ermöglichen würde. Epstein sah sich die gigantische Halle an, die ganz sicher schon nach einigen Tagen Publizität mit BEATLES-Fans hätte gefüllt werden können, und sagte: «Sid, das heben wir uns für's nächste Mal auf.»[11]

Epstein war homosexuell. Nat Weiss hat die Vermutung geäußert, daß die Anziehungskraft, die die BEATLES auf ihn hatten, vielleicht der wichtigste Grund gewesen sein mag, daß er ihr Manager zu sein wünschte. Aber ob Epstein nun die Möglichkeiten der Gruppe ahnte oder nur seiner Zuneigung zu John Lennon folgte – oder ob gar beides entscheidend war – jedenfalls hatte er, als er 1967 an einer Überdosis von Barbituraten starb, den Standard für Rock-Management auf höchster Ebene gesetzt.

In den Vereinigten Staaten war der wichtigste Manager neuen Stils Albert Grossman, der auf der Folk-Szene begann und PETER, PAUL AND MARY betreute, dann aber an dem jungen Singer/Songwriter Bob Dylan Gefallen und Interesse fand und seinen Weg zu nationaler und schließlich weltweiter Berühmtheit begleitete. Nachdem sich Dylan der elektrifizierten Musik zuwandte, übernahm auch Grossman das Management einiger der amerikanischen Underground-Bands, die ihre Musik mit elektrisch verstärkten Instrumenten machten: unter anderen Janis Joplin und BIG BROTHER AND THE HOLDING COMPANY. Außerdem nahm er Dylans Begleitgruppe THE BAND unter Vertrag.

Grossman war schon ein etwas älterer Mann, der zusammen mit seinen Partnern Bennet Glotser und Bob Schuster jahrelange Erfahrung auf der New Yorker Folk-Szene hatte. Er war «neu» wie Epstein insofern, als er das kommerzielle Potential seiner Acts verstand – auch das kommerzielle Potential ihres «gesellschaftskritischen» Lebensstils und ihrer Ansichten. Offen identifizierte er sich mit seinen Künstlern gegen den Rest des musikindustriellen Establishments. New Yorker Freunde zeigten sich verblüfft, daß Grossman in seinem Alter Blue Jeans trug und seine langen Haare zum Pferdeschwanz band. Sorgen hätten sie sich jedoch nicht zu machen brauchen. Grossman war ein überaus besonnener und vorsichtiger Geschäftsmann, der die Millionen, die er an und mit seinen Künstlern verdiente, die sich der Gegenkultur zurechneten, in Immobilien und Restaurants im Gebiet von Woodstock anlegte und zudem seine fünf wichtigsten Acts mit jeweils 200000 Dollar gegen Unfalltod versicherte. (Als Janis Joplin 1967 an einer Überdosis Heroin starb, ergab sich zwischen Grossman und der Versicherungsgesellschaft eine lange und ziemlich häßliche gerichtliche Auseinandersetzung. Grossman verwies auf Unfalltod, die Versicherungsgesellschaft sah die Überdosis als Selbstmord an. Schließlich kassierte Grossman nach einem Vergleich 112000 Dollar, die er sich mit seinen Partnern teilte.)

Vielleicht hatte er nicht mehr das richtige Fingerspitzengefühl, oder es lag daran, daß er sich aus dem Brennpunkt des musikindustriellen Geschehens zurückzog und mehr Augenmerk auf Immobilieninvestitionen in New York richtete, jedenfalls verlor Grossman Ende der sechziger Jahre erheblich an Bedeutung. Dylan schrieb eine bittere Satire auf seinen Manager (*Dear Landlord*) und brach dann die Geschäftsbeziehungen ab. (Von seinen berühmtesten Acts bekam Grossman 25 Prozent.) Auch die BAND verließ ihn. Janis Joplin starb; PETER, PAUL AND MARY und Paul Butterfield waren einfach nicht mehr zugkräftig wie ehedem. Ein spezieller Label-Deal mit Warner Brothers 1970 rief die Firma Bearsville ins Leben, aber der einzige wichtige neue Künstler, der hier mit Grossman zusammenarbeitete, war Todd Rundgren.

Grossmans Karriere kennzeichnet vielleicht ein Übergangsstadium im Veränderungsprozeß der Supermanager-Idee, und jetzt repräsentiert Eliot Roberts den neuen und gegenwärtigen Typus. Er managt CROSBY, STILLS, NASH UND YOUNG zusammen, Stills individuell, Joni Mitchell, Jackson Browne, die EAGLES, Joe Walsh und eine Anzahl anderer L.A.-Acts. Zusammen mit David Geffen gründete er Asylum Records und ist überdies, auch durch die gemeinsame Management-Firma Geffen-Roberts, repräsentativ für die «hip»-L.A.-Ideale künstlerische Freiheit plus viel, viel Geld. (Die beiden Firmenchefs sind noch immer gute Freunde, die mehrmals täglich miteinander telefonieren, obwohl das G-R-Management inzwischen allein Roberts' Firma ist. Geffen übernahm zuerst die absolute Kontrolle über Asylum-Records und das Elektra-Asylum-Label bei Warner Communications und ging dann zur Warner Film-Abteilung.) Wie Roberts sagte, sei ihm und Geffen ziemlich früh klargeworden, daß ein wirklich humanes Management von Künstlern sich letztlich auszahle. «Die Leute sehen inzwischen ein, daß sie Millionäre werden können, indem sie es fair anpacken. Vorher herrschte die Meinung, man müsse jemanden um all seine Verlagsrechte bringen, um die große Mark zu machen. Wir zeigten ihnen, daß es umgekehrt ging. Wenn man die Verlagsrechte beim Künstler ließ und richtig mit ihm umging und wenn der Künstler überdies gut war, dann schaffte man es auch so.»[12]

Die Veröffentlichungsrechte oder die Rechte an Tantiemen für Songs, die von den Künstlern selbst geschrieben worden waren, wurden immer wieder von Managern ihren Künstlern gestohlen. Diese Praktik war in den fünfziger und sechziger Jahren unter den Rock-Managern weitverbreitet. Auch heute besteht sie noch fort, besonders auf den niedrigeren Ebenen des Geschäftes, wo sich Musiker weiterhin überreden lassen, die Verlagsrechte an ihren Songs für die Möglichkeit herzugeben, Eintritt ins Musikgeschäft zu finden. Viele der Leute, mit denen Roberts zusammenarbeitete, darunter Graham Nash, Joni Mitchell, David Crosby und Stephen Stills, waren vorher auf diese Weise um ihre Verlagsrechte gebracht worden.*

Managen

Manager sind verantwortlich für die Beziehungen zu Anwälten, Schallplattenfirmen, Agenturen, und in diesen Bereichen vertreten sie ihre Klienten. Aber ein Manager ist auch zum Schutz seines Klienten da, er baut die Karriere auf und bietet seinem Schützling eine gewisse Freiheit von geschäftlichen Dingen, so daß dieser sich künstlerisch unbeeinflußter entwickeln kann. Die Verantwortung gegenüber einem Klienten bedeutet alles: angefangen dabei, daß der Manager dafür sorgt, daß die Promo-Leute der Plattenfirma die DJs der Rundfunkstationen dazu be-

* Manager übervorteilen ihre Acts jedoch auch auf andere Weise. Manchmal stellen sie Presseagenten an und berechnen die Kosten dafür ihren Künstlern, oder sie stellen einen Teil ihrer Bürokosten den Klienten in Rechnung, die Anmietung von Limousinen oder sonst dergleichen. Oft schließen Manager Scheinabmachungen mit Agenten ab, indem sie ihre Künstler für einen zu niedrigen Preis anbieten und sich selbst zusätzlich Geld auszahlen lassen. Dieses Buch beschäftigt sich fast ausschließlich mit den etablierten Kräften innerhalb der Industrie, die schon erfolgreich sind und hinter denen Geld steht. Sie können es sich «erlauben», ehrlich zu sein. Die andere Seite des Musikgeschäftes, die etwas dunklere, die weniger mit wichtigen Platten-Labels zu tun hat und sich eher darin abspielt, irgendwelche Club-Auftritte zu bekommen, ist voller junger, naiver und um ihre Existenz kämpfender Musiker und voller Mittelsmänner, die ihre 15 Prozent abkassieren. Aber auch auf höchsten Ebenen der Industrie sind skrupellose Manager wie Terry Knight (GRAND FUNK RAILROAD) keine absoluten Ausnahmeerscheinungen.

kommen, die neueste Platte zu spielen, bis zur Funktion als weiser väterlicher Ratgeber oder Guru für oft zerstrittene und unschlüssige Bands. Die Art des Managements ist jedoch von Künstler zu Künstler verschieden. Roberts sagt dazu:

> Nehmen wir mal an, Sie möchten, daß ich Sie manage. Dann müssen wir uns erst mal zusammensetzen. Ich muß herausfinden, was Sie wollen, wie Sie sind, ob Sie vielleicht verbissen oder hart, ob Sie sensibel und eher weich sind. Ich muß herausfinden, wozu Sie in der Lage sind. Kann ich Sie allen möglichen Interviews aussetzen, oder sind Sie zu schüchtern und fühlen sich davon überfordert? All das ist von Person zu Person verschieden. Es kommt also alles auf die jeweilige Persönlichkeit an. Was stellen Sie sich eigentlich vor? Wollen Sie sich vielleicht nach drei oder vier Jahren zurückziehen? Wissen Sie, all das ist zu bedenken. Es kommt alles darauf an, was die betreffende Person will.[13]

Die alltäglichen Aktivitäten eines Managers beinhalten vielerlei: Studio-Zeit für ein geplantes Album buchen, das Material auswählen, das aufgenommen werden soll, Begleit-Bands für Solo-Künstler finden und Road-Crews für Gruppen, ein wachsames Auge auf die Plattenfirma richten, den Vertrag mit der Schallplattenfirma aushandeln, dafür sorgen, daß für den Künstler die angemessene Promotion gemacht wird, die Künstler an der Vorplanung von Konzertauftritten und Tourneen beteiligen, die Veröffentlichungspolitik konzipieren und die Werbekampagnen der Plattenfirma mitbestimmen. Die Manager stehen in ständigem Kontakt mit der Publicity- und der Marketing-Abteilung einer Schallplattenfirma, um zeitlich koordinierte Werbekampagnen zu gewährleisten und dafür zu sorgen, daß die Plattenprodukte während Tourneereisen an den jeweiligen Auftrittsorten auch erhältlich sind. Manager überwachen die Arbeit der Agenten und haben das letzte Wort, was die Gagen ihrer Klienten betrifft. Sie sind das Verbindungsglied zwischen A&R-Leuten von Schallplattenfirmen, unabhängigen Produzenten, Künstlern, und sie überschauen das wahre Labyrinth von Verträgen, das die Existenz eines Produktes gewährleistet und letztlich dafür sorgt, daß dieses auf dem Markt umgesetzt wird.

Es bedarf einer Menge Geld, um eine Gruppe von unbekannten Anfängen zu Starruhm zu bringen. Ein Manager, der mehrere Gruppen diesen Weg geführt hat, ist Dee Anthony, der immer wieder Hunderttausende von Dollar investiert hat, um Gruppen wie HUMBLE PIE, ALVIN LEE AND CO. und JACK GEILS zu Stars zu machen. Wenn ein Act jedoch Erfolg hat und Profit macht, dann kann ein Manager aus seinen Investitionen viel herausholen. Manager bekommen zwischen 15 und 25 Prozent aller Gagen ihrer Künstler, ob sie nun von Auftritten stammen oder aus Plattenverkäufen. Management-Künstler-Verträge haben oft eine Eskalations-Klausel, die den Anteil des Managers mit zunehmendem Erfolg der Gruppe erhöht.

Während der sechziger Jahre veränderten sich die Beziehungen zwischen Künstlern und Managern von ihrer zuvor typischen Form zu dem, was Roberts andeutete. Die meisten Rock-Gruppen suchten sich ihre Betreuer und Manager eher unter ihresgleichen. Manager wurden gleichsam zu zusätzlichen Mitgliedern der Bands – betreuten nur eine Gruppe, mit der sie lebten und auf Tournee gingen. Manchmal managten sich Bands auch selbst. Road-Manager wie Bill Thompson von Jefferson Airplane und Bill Siddens von den Doors übernahmen auch die geschäftliche Betreuung ihrer Gruppen. James Guercio, Manager von Chicago, und Peter Asher, Manager von James Taylor, begannen als Musiker.

Viele der erfolgreichen jungen Rock-Manager scheinen ins Geschäft gekommen zu sein, weil sie einfach die Musik liebten, selbst als Künstler frustriert waren oder sich einer besonderen Band, einer Gruppe von Leuten oder einer Szene zugeneigt fühlten. Eliot Roberts beschreibt, wie er drei der geschäftlich wertvollsten Musiker des Rock, David Crosby, Steve Stills und Neil Young, begegnete, als er außer Joni Mitchell niemanden managte:

> Als ich mit Joni zusammenarbeitete, begann auch die Arbeit mit David Crosby in Kalifornien. David war gerade bei den Byrds «rausgeflogen» – wie immer man es bezeichnen möchte – und allein. Wir wohnten in Davids Haus, Joni und ich. Als Joni mit den Aufnahmen für ihr erstes Album begann, waren die Buffalo Springfield im Studio nebenan. Das war im Sunset Studio hier in L. A. Und Joan kannte Neil aus alten Zeiten in Toronto. Sie waren beide alte Kanadier und hatten da auf der Folk-Szene ihre Musik gemacht. Also gingen wir nach nebenan, und Joni stellte mich den Jungs vor. Neil kannte Joni – das war ganz toll. Wir waren dann zusammen, als die Sessions liefen, und mir gefielen die Buffalo Springfield immer besser. Vorher hatte ich von solchen Gruppen, bei denen die Autoren mitmachten – hier waren es Neil und Stephen –, gar nicht soviel gehalten. Die Springfield waren wirklich selbständig, und sie schrieben Sachen, so aktuelle politische Themen darunter, die ich für sehr wichtig und interessant hielt. Zu der Zeit hatten sie gerade *For What It's Worth* gemacht – wegen der Krawalle am Sunset. Und sie waren . . . politisch ist vielleicht nicht das richtige Wort, aber sie waren zumindest unheimlich engagiert in dem, was um sie herum vorging.[14]

Bald darauf bezog Roberts mit Stills zusammen ein Haus; die Springfield lösten sich auf, Roberts wurde Manager von Neil Young; Crosby und Stills trafen auf einer Party mit Graham Nash zusammen. Eins führte zum anderen.

Andere wichtige Rock-Manager sind viel älter. Sie waren schon lange im Geschäft, als Anwälte oder Manager, und paßten sich einfach der Entwicklung zur Rock-Musik an. Allen Klein war jahrelang Buchhalter im Verlagswesen, bevor er sich einer Reihe nicht so bekannter Klienten annahm und schließlich die Geschäfte der Rolling Stones übernahm. Von dort aus ging es weiter zu den Beatles, bei denen er Epsteins Nachfolge antrat. Außer Paul McCartney betreute er alle anderen.

Nat Weiss, der jetzt Mahavishnu John McLaughlin und sein neues Orchestra managt, die übrigen Mitglieder des ehemaligen MAHAVISHNU ORCHESTRA, CHICK COREA AND RETURN TO FOREVER sowie den relativ unbekannten Andy Pratt, repräsentiert zudem Peter Asher (und damit auch James Taylor). Er war ehemals ein Scheidungsanwalt in New York, den Brian Epstein bei einer Party kennenlernte und eines Tages anrief, weil er einen Rat brauchte. Weiss stieg bei Epsteins Nems Publishing Company ein, und jetzt hat er sein eigenes Label, das er zu Ehren der alten Freundschaft Nemperor Records nannte. Dee Anthony ist seit Jahren im Musik-Management. Bevor er all die Heavy-Rock-Acts betreute, die heute seine Klienten sind, arbeitete er mit MOR-Interpreten wie Buddy Greco, Jerry Vale und Tony Bennett. Jerry Weintraub, der Manager von LED ZEPPELIN und John Denver, ist ebenfalls seit Jahren im Geschäft. In den Fünfzigern betreute er die Sängerin Jane Morgan.

Auch die jungen Manager umgeben sich mit Anwälten, Finanzberatern und Industrie-Veteranen, die ihnen helfen, das Geld zu verwalten, das die lukrativen Rock-Acts einbringen. So können sie sich auf ihre Beziehungen zu den Bands und die Arbeit an deren LPs konzentrieren. Weiss berät Asher. Barsalona hat dieselbe Funktion für mehrere Manager, deren Künstler von der Premier-Agentur betreut werden. James Guercio produziert die Alben von CHICAGO und verwaltet unter Mithilfe von mehreren Anwälten, des Finanzexperten Harold Kaufmann und des Managers Larry Fitzgerald das Geschäftsimperium dieser Gruppe.

Die neuen Manager sind wie die neuen Agenten nicht grundsätzlich oder radikal verschieden von ihren Vorgängern. Obwohl sie sich gegenüber ihren Acts ehrlicher darstellen und sich von einer Art anarchistischer Attitüde, die da lautete «Man greife sich das Geld, solange es greifbar ist», entfernt haben, um auf verfeinertere Art und Weise die Entwicklung von Künstlern und deren Möglichkeiten zu analysieren und zu betreiben sowie deren Zukunft auszubauen, sind sie doch in erster Linie daran interessiert, Geld zu machen. Wo keine direkte finanzielle Abhängigkeit vorherrscht oder wo diese nicht als solche durchschaubar ist oder wahrgenommen wird, gehen auch diese «neuen» Manager skrupellos mit schwächeren Geschäftsleuten um, wenn sich dazu die Möglichkeit bietet.

Vor ein paar Jahren hielt sich Eliot Roberts nicht an den eigenen «humanen» Kodex und verärgerte damit einige wesentliche Kräfte innerhalb der Industrie. Bei einer nationalen Tournee von CROSBY, STILLS, NASH AND YOUNG verlangte er von einer Anzahl Veranstaltern bis dahin nicht gekannte Summen und prozentuale Beteiligungen. Kurz darauf ging die neue Roberts-Gruppe SOUTHER, HILLMAN AND FURAY auf Tournee. Roberts verlangte den Veranstaltern alle möglichen Vergünstigungen ab, um diese erste Konzert-Tournee der Gruppe zum Erfolg zu machen. Trotz der übermäßigen Werbung und einer guten Produktion hatte die Band in einigen Städten extreme Mißerfolge, und die Veranstalter mußten erhebliche Zusätze hinnehmen. In diesem Fall scheinen die gegenseitigen Zugeständnisse und Hilfeleistungen zwischen Top-Acts, den Agenturen und den zwanzig Veranstaltern, die über das Monopol des gesamten Konzert-Marktes gebieten, unzumutbar strapaziert worden zu sein, und dafür gab es nachweisbare Konsequenzen. Ein wichtiger Veranstalter kommentierte inoffiziell: «Wenn Eliot das nächste Mal mit einer neuen Gruppe auf den Markt kommt, wird er einige Überraschungen erleben. Man wird ihm Hilfe versagen. Die Leute werden versuchen, ihn genauso in die Enge zu treiben, wie er es mit ihnen gemacht hat.»

Im Bereich der Konzertauftritte nehmen die Veranstalter ihre Aufgaben an der «Front» wahr, indem sie Konzerte möglich machen, die Manager sorgen für das Konzept und bereiten ihre Klienten auf öffentliche Auftritte vor, und die Agenturen agieren als wirkungsvolle Mittelsmänner. Wenn auch gelegentlich diese Selbstregulierung nicht funktioniert, wie bei Roberts in Boston, so ist doch unglaubhaftes und nicht zu vertretendes Geschäftsgebaren eher jenen vorbehalten, die außerhalb dieses Clubs der Mächtigen auf dem Markt operieren.

Agenturen kontrollieren ein Multi-Millionen-Dollar-Business. Innerhalb des Musikgeschäftes kommt ihnen eine entscheidende Aufgabe zu. Sie sind zwar weniger stabile und weniger wichtige Instanzen als die großen Schallplattenfirmen und zudem weitaus kleiner, aber sie bieten doch neben dem Radio die einzige weitere Möglichkeit, neue Produkte vorzustellen und damit verkäuflich zu machen. Obwohl sie in hohem Maße von den Schallplattenfirmen abhängig sind, haben sie doch ihre eigene Stärke und ihr eigenes Potential. Die Super-Agenten stehen im Zentrum der täglichen Abwicklung aller Geschäfte der Industrie.

Es erscheint nicht wahrscheinlich, daß die Agenturen zu einer derart wichtigen Kraft werden, daß sie den Schallplattenfirmen auf die Weise Konkurrenz machen wie die auch in anderen Bereichen arbeitenden Agenturen den großen Studios in Hollywood, aber ihre Macht innerhalb der Rock-Maschinerie wächst zunehmend. Manager hat es schon immer gegeben, und solange die Industrie besteht, wird es sie auch weiterhin geben. Sie werden den Stil ändern, in dem sie mit ihren Klienten verfahren, und sie werden immer ihre 15 Prozent einkassieren. Sie sind nicht so zentralisiert wie die Agenturen, und sie sind auch nicht so wichtig. Als individuelle Geschäftsinstanzen wickeln sie ein relativ geringes Umsatzvolumen ab. Es handelt sich bei ihnen auch um Talentsucher, die ihre wesentliche Aufgabe darin haben, Künstler in den weitreichenden Geschäftsprozeß zu integrieren, und als Unternehmer machen sie ihre Profite dadurch, daß sie Künstler zu kommerziell nutzbaren Investitionsträgern entwickeln.

Konzertveranstaltungen

Solange es den Rock 'n' Roll gibt, solange gibt es auch schon Rock 'n' Roll-Konzerte. Alan Freed veranstaltete während seiner gesamten Laufbahn Konzerte. Sein erster großer Termin in Cleveland brachte 20000 Kids vor und in eine Halle, die nur 10000 faßte. Als Freed 1954 zu WINS ging, begann er, in der St. Nichols Arena Konzerte zu veranstalten, und ließ viele derselben Künstler auftreten, die schon in Cleveland dabeigewesen waren, zum Beispiel Joe Turner, CLYDE MCPHATTER AND THE DRIFTERS, die CLOVERS, die MOONGLOWS und die MOONLIGHTERS. Im Frühling desselben Jahres benutzte er für Konzerte das Brooklyn Paramount Theater, und seine erste Show in der großen Halle brachte den Rekordumsatz von 125000 Dollar. Im selben Jahr übertraf ein zweites Konzert diesen Hausrekord: 155000 Dollar Umsatz. Unbestreitbar war mit Rock-Konzerten Geld zu verdienen.

Der Erfolg von Freeds Konzerten ermutigte eine Anzahl von Nacht-Clubs und Tanzhallen, in denen nicht mehr viel Leben war, es neu zu versuchen, indem sie Rhythm & Blues-Acts buchten. Andere Diskjokkeys und Persönlichkeiten der Musikszene wie Dick Clark (mit seinem berühmten «Caravan of Stars») und Murray «the K» Kaufman aus New York ließen sich auf Konzertveranstaltungen ein. Kaufman machte Shows im Brooklyn Fox Theater. Clark ließ seinen «Caravan» besonders an der gesamten Ostküste auf Tournee gehen. DJs waren als Konzert-Promoter ideal geeignet. Sie hatten unbegrenzten Zugang zu den Werbemöglichkeiten über das Radio, täglichen Kontakt mit Managern und Künstlern und waren in vielen Fällen selbst Berühmtheiten. Freed, Clark, Kaufman und all die anderen DJs zahlten ihren Acts so gut wie gar nichts. Freed zahlte einem Headliner selten mehr als 200 Dollar die Woche, und Frank Barsalona, der Chef von Premier Talent, sagte, daß Clark noch schlimmer gewesen sei. Prozentuale Beteiligungen bei unerwartet hohen Umsätzen wurden mit Künstlern nicht vereinbart. Die meisten der Shows waren sogenannte «package deals», bei denen zwischen fünf und zehn Gruppen oder Einzelkünstler auftraten, jeweils einige Titel vortrugen und dann von der Bühne gingen. Oft gab es bei den DJ-Tourneen fünf oder sechs Shows an einem Tag.

1964 und 1965 veranstaltete Sid Bernstein BEATLES-Konzerte in der Carnegie Hall und im Shea Stadium, wobei letzteres einen Umsatz von weit über 300000 Dollar brachte. Jahre später war Bernstein der erste Veranstalter, der den Madison Square Garden für ein Konzert anmietete. Bernstein war ein Impresario alten Stils, der seit langen Jahren dem Musik-Establishment von New York angehörte. Nur indem er sich in englischen Musikzeitschriften wie dem «Melody Maker» ständig informierte, kam ihm zu Bewußtsein, welch populäres Phänomen die BEAT-

LES waren. Seit seinen Veranstaltungen mit den BEATLES ist sein Erfolg wechselhaft gewesen.

Die frühen sechziger Jahre sahen die Entwicklung zweier paralleler Konzertbuchungs-Systeme, mit Hilfe derer zwei verschiedene Arten von Konzerten für zwei verschiedene Sorten von Publikum abgewickelt wurden. Eines dieser Systeme beschäftigte die Rock 'n' Roll-Acts jener Zeit, bei denen es sich gewöhnlich um junge Leute handelte, die alles daranzusetzen bereit waren, den Erfolg zu gewinnen, die auf eine Hit-Single hofften und nur zu gern die Chance wahrnahmen, mit anderen Ein-Hit-Gruppen zu einer Package-Tournee zusammengefaßt zu werden. Die Rock-Veranstalter waren die nicht besonders ehrenhaften Mittler zwischen bekannten DJs, die die Tourneen leiteten, und den halsabschneiderischen New Yorker Agenturen, die sie buchten. Das zweite System war eng verknüpft mit der Boston–New York–Philadelphia-Folk-Szene und lag in den Händen von Leuten wie Manny Greenhill von Folklore Productions und Harold Leventhal. Die Folk-Agenturen buchten ihre Acts in Clubs wie «Gerde's» in New York, «Club 47» in Cambridge, «Troubadour» in L. A., «Mainpoint» in Philadelphia und «Cellar Door» in D. C. sowie in eine ganze Anzahl von kleinen Colleges und Clubs im Südwesten. Es gab wirkliche Klassenunterschiede zwischen den beiden verschiedenen Musikszenen. Die Folk-Anhänger waren größtenteils weiße Studenten der Mittelklasse. Die Rock 'n' Roller hingegen, besonders in der Zeit vor den BEATLES, waren hauptsächlich weiße Kids aus der «working class» und einige Schwarze. Daher wurden sie auch dementsprechend behandelt. Die Rock- und Folk-Bewegungen waren relativ antagonistisch, bis Ausnahmeerscheinungen wie Bob Dylan teilweise diese Klassenunterschiede und -vorurteile bei den Folk-Puristen auflösten. In einer besonders einflußreichen Konzertserie mit der Gruppe, die später THE BAND werden sollte, intellektualisierte Dylan die Rock-Musik in den Jahren 1965 und 1966.

Aber erst in den späten sechziger Jahren, als der in L. A. beheimatete West Coast-Folk-Rock und der psychedelische Sound aus San Francisco aufkamen und die britische Musik-«Invasion» anhielt und für ein weitverbreitetes Wiederaufleben des Rhythm & Blues in den USA wie in England sorgte, nahm die Konzert-Szene, wie sie bis heute besteht, in der Evolution der Ballroom-Szene Gestalt an. Obwohl die Tanzsäle allerorten schnell an Einfluß gewannen, war doch San Francisco die Geburtsstätte dieser Art von Musikveranstaltungen. Die Geschichte der Konzert-Promotion in dieser Stadt ist repräsentativ für das, was anderenorts ebenfalls vonstatten ging. Sie ist auch als Beispiel interessant, da San Francisco ein immenser Musik-Markt ebenso wie der Ausgangsort für die Musikszene der Gegenkultur war. Mehr als anderswo waren Musiker in San Francisco eine kulturelle Kraft, und jahrelang kämpften sie erfolglos gegen das kommerzielle Musik-Establishment und dann das aufstrebende «hip»-Musik-Business in ihrer Stadt.

Bill Graham paßt auf, daß die Züge abfahren

Eine zentrale Figur in der musikalischen San Francisco-Geschichte ist Wolfgang Wolodia Grajanka, der ein fünfunddreißigjähriger deutscher Emigrant war, als er den ersten und berühmtesten Ballroom eröffnete. Als Kind russischer Eltern war er 1931 in Berlin geboren worden, hatte die Jahre bis 1939 in einem Waisenhaus in Frankreich verbracht und Paris zum Zeitpunkt der Invasion durch die Nazis verlassen, um sich zu Fuß nach Marseille und anschließend nach Lissabon zu begeben. Dort bestieg er ein Schiff und kam über Casablanca, Dakar und Bermuda nach New York City, wo er von einer Familie in der Bronx adoptiert wurde, seinen Namen in Bill Graham änderte und als Amerikaner aufwuchs. Graham wurde als Soldat in den Korea-Krieg geschickt, wo man ihn auszeichnete, aber auch zweimal wegen Insubordination bestrafte. Als er 1953 von der Armee entlassen wurde, widmete er sich dem Studium der Betriebswirtschaft, machte seinen Abschluß am City College, nahm alle möglichen Jobs an und bereiste als Schauspieler Europa.

1965 war er in San Francisco als Regional-Manager für Allis-Chalmers, eine Firma für Farm-Ausrüstung, tätig. Noch im selben Jahr gab er diese Stellung auf, um Manager der San Francisco Mime Troupe zu werden. Da er Geld für die Truppe benötigte, überredete er eine Rock-Gruppe, ein Benefiz-Konzert zu geben. Im darauffolgenden Januar organisierten Graham, die GRATEFUL DEAD und Ableger der MERRY PRANKSTERS-Mannschaft das Trips Festival, einen der «Electric Cool Aid Acid Tests». Im selben Jahr eröffnete Graham im Fillmore-Distrikt eine kleine Halle, um Rock 'n' Roll-Shows zu veranstalten. Er hatte damit fantastischen Erfolg. Da er den Bands relativ wenig zahlte, hatte Graham bald ein kleines Vermögen verdient und eröffnete zusätzlich 1968 in New York das «Fillmore East».

Inzwischen war die Rock-Szene in San Francisco erblüht, und andere Leute stiegen in das Konzert-Geschäft ein. Eine Gruppe finanzträchtiger Hippies, die Neigung zum Theater hatten, gründeten eine Firma namens The Family Dog, um Tanzveranstaltungen durchzuführen. Es kam zu einigen dieser Veranstaltungen, darunter einem erinnernswerten Abend mit den JEFFERSON AIRPLANE, aber danach setzte sich die Gruppe nach Mexico ab. Das Management des «Family Dog Ballroom», der auch als «Avalon Ballroom» bekannt war, ging über an Rock Scully und Danny Rifkin, die der GRATEFUL DEAD-Familie angehörten (und dann deren Manager wurden) und schließlich an Chet Helms, einen mysteriösen, aber liebenswerten Burschen aus Texas. Helms betreute das «Avalon» während seiner guten und schlechten (eher schlechten) Zeiten in den späten sechziger Jahren.

Die Grateful Dead selbst machten 1967 die Great Northwestern Tour zusammen mit Quicksilver Messenger Service und Jerry Abrams Highlights. Sie regelten alles selbst, vom Eintrittskartenverkauf über Plakatwerbung bis zum Sicherheitsdienst. «Keine Leute dazwischen, keine Scheiße», sagte Rock Scully zu jener Zeit. «Wir machten alles: Plakate, Eintrittskarten, Promotion, Hallenanmietung. All das, von dem die Veranstalter sagen, man kann es nicht machen, all das machten wir, Mann, und da wir von niemandem abhängig waren, fühlten wir uns frei und alle anderen auch. Und daraus lernten wir, daß wir es machen konnten, wir schwer es auch immer sein mochte – und wir brauchten deren Trip nicht mitzumachen.» Damit begann die lange Geschichte der Dead, die von Verwirrungen in der Geschäftspolitik gezeichnet ist und in der es immer wieder zu Spannungen und Widersprüchen zwischen ihrer wachsenden Popularität und dem Wunsch nach künstlerischer Freiheit und Kontrolle über ihre Auftritte einerseits und dem Produkt andererseits kam. Bald nach der Northwestern Tour verkündeten die Dead, Jefferson Airplane und eine Anzahl anderer Gruppen aus San Francisco und Berkeley, daß sie nicht mehr willens seien, sich von Bill Graham promoten zu lassen. Man beschuldigte ihn, sich an der Jugendkultur und -gemeinschaft der Bay Area zu bereichern, sie auszunutzen, ohne ihr dafür entsprechende Gegenleistungen zu bieten.* «Ich bin kein Freakout», sagte Graham. «Ich bin kein Hippie, ich verkaufe nicht Liebe, ich verkaufe Musikertalente und die dazugehörige richtige Atmosphäre.»[15]

---

* Seit seinen Anfängen als «hip»-Kapitalist hat Graham versucht, die Kritik der Linken, er habe sich auf Kosten der Jugendkultur bereichert und sie übervorteilt, einzubeziehen und zu entschärfen. Er hat eine ganze Reihe von Benefiz-Konzerten veranstaltet, mehr als jeder andere Promoter. Bei einigen von ihnen wurde er für seine Dienstleistungen bezahlt, schöpfte aber keine Profite ab. Bei anderen Gelegenheiten hat er alles auf eigene Kosten gemacht. Überraschend daran ist weniger, daß Graham einen Teil seiner Zeit solchen Wohltätigkeitsveranstaltungen widmete, als vielmehr, daß sich die anderen Konzertveranstalter nicht gezwungen sahen, es ihm nachzutun. Es mag sein, wie Don Law vermutet, daß «Graham sich seine eigenen Probleme schafft, indem er ständig so dramatisch agiert», oder wie Barsalona andeutet: «. . . indem er versucht, sich mit seinem Publikum zu identifizieren und Jeans trägt und all das.» (Barsalona läßt sich von einem Chauffeur in einer Limousine herumfahren und ist nie beschuldigt worden, er sei ein räuberisches Schwein.) Aus welchen Gründen auch immer, Graham ist eine Ausnahme, die die Regeln bestätigt, und überdies keine besonders große Ausnahme. Seine Wohltätigkeitsaktivitäten, mit Hilfe derer er zu vermitteln versucht, nehmen nur einen ganz geringen Teil seiner Zeit ein. Das Geld, das dabei hereinkommt, stammt ausschließlich von dem Publikum, das die Benefiz-Konzerte besucht. Als prozentueller Anteil an seinen Gesamtprofiten und seiner Arbeitszeit ist die Wohltätigkeit, der er sich widmet, minimal. Grahams Benefiz-Konzerte sind jenen «pro bono» («zum Wohle des Volkes»)-Diensten vergleichbar, die Wall Street-Anwaltsbüros als freie Rechtsberatung leisten.

Die protestierenden Gruppen nahmen den «Carousel Ballroom» in Betrieb, einen riesigen alten irischen Tanzsaal in der Innenstadt von San Francisco. «The Carousel» wurde mit zwei geradezu spektakulär guten Konzerten eröffnet, bei denen die DEAD und AIRPLANE spielten, aber bekam schon bald Schwierigkeiten. Die Saalmiete war unerschwinglich hoch, und das Gebäude erforderte beträchtlichen Aufwand, aber es war nicht ständig mit Konzerten ausgebucht. Keine der San Francisco-Gruppen übernahm das Management der Halle oder organisierte eine Buchungsagentur. Schließlich ging das Projekt pleite. Gerade in den letzten Monaten jedoch wollte Bill Graham das «Carousel» mit den DEAD und anderen gemeinsam leiten, und dadurch wäre vielleicht eine zeitweilige Lösung der Geschäftsprobleme gewährleistet gewesen. Im Frühling 1968 hatten die Morde an Bobby Kennedy und Martin Luther King allgemein das Geschäft beeinträchtigt und ganz besonders die Stimmung und Atmosphäre um das «Fillmore West» verschärft, denn es lag mitten in einem schwarzen Getto. Graham war auf der Suche nach einer alternativen Halle und hätte ganz sicher Angebote von den Rock-Bands, das «Carousel» gemeinsam zu führen, gern angenommen. Aber die gaben nicht nach und gingen schließlich bankrott. Bald danach kaufte Graham den Pachtvertrag und eröffnete die Halle unter dem Namen «Fillmore West».

1968 wurden allenthalben Ballrooms eröffnet: «Electric Factory» in Philadelphia, «The Boston Tea Party», «Kinetic Playground» in Chicago, der «Grande Ballroom» in Detroit, das andere «Fillmore» und der «Electric Circus» in New York. «Es war damals ganz leicht, einen Act zu promoten», sagte Herb Spar von der International Famous Agency. «Man hatte sechs oder sieben Hallen in ebenso vielen Städten. Man buchte die Wochenenden in den Ballrooms und die anderen Tage in der Umgebung der Städte, und innerhalb von sieben Wochen hatte man seine Gruppen auf sieben wichtigen Märkten sehr gut eingeführt.»[16] Die Ballrooms wurden teilweise in alten Lagerhäusern oder verlassenen Fabrikgebäuden eingerichtet, so daß sie mit geringen Unkosten operieren konnten, und sie boten kaum Atmosphäre, außer der, die die Musik und die enthusiastischen Fans schufen, die kamen, sie zu hören. Die «Electric Factory» in Philadelphia war mit einigen sargförmigen Boxen ausgestattet, in denen sich die Leute ausruhen konnten. Die meisten Ballrooms boten jedoch keine Sitzplätze.

1970–71 stellten so gut wie alle Ballrooms den Betrieb ein. Dafür gab es eine Anzahl von Gründen. Die Rock-Konzert-Szene war in den letzten Jahren enorm gewachsen, und die Leute, die Top-Acts sehen wollten, ließen sich in den Ballrooms (gewöhnlich groß genug für ungefähr 2000 Besucher) nicht mehr fassen. Es hatte inzwischen Dutzende weitaus größerer Konzertveranstaltungen und erfolgreicher Festivals gegeben, die dies bewiesen. Die Gruppen verlangten immer höhere Gagen, und dadurch wurden die Ballroom-Profite zu sehr geschmälert, die Polizei machte immer mehr Schwierigkeiten, und die Unternehmer selbst waren darauf aus, das große Geld zu verdienen, indem sie in das Veranstaltungsgeschäft auf höherer Ebene einstiegen.

Alle Ballrooms waren von jungen Unternehmern in Schwung gebracht worden, die nur wenig Kapital einzusetzen hatten. Viele von ihnen verdienten gleichsam über Nacht ein Vermögen und entwickelten darüber hinaus, wichtiger noch für sie, Beziehungen zu den wichtigen New Yorker Agenten, die Kontrolle über den Rock-Musik-Markt haben. Nach dem Niedergang der Ballrooms als Konzertstätten wandten sich die meisten dieser Unternehmer Veranstaltungen größeren Umfangs zu, und heute bilden sie das Netz von Veranstaltern, die das Geschäft mit den persönlichen Auftritten kontrollieren und in ihrem jeweils eigenen regionalen Bereich eine Monopolstellung haben. Graham kontrolliert noch immer San Francisco und ist zusätzlich wohl der wichtigste Mann bei nationalen Tourneen. Don Law von «The Boston Tea Party» macht das Rock-Konzert-Geschäft in Boston, Larry Magid von der «Electric Factory» veranstaltet alle wichtigen Konzerte in Philadelphia und so fort. Wie schon zuvor erwähnt, werden diese Stadt- oder Regionalmonopole von den Agenturen respektiert und sogar ermutigt und gefördert.

Als Shelly Finkel von Cornucopia Productions aus New York versuchte, in den frühen siebziger Jahren einen Einstieg in den Konzert-Markt von Boston zu finden, veranlaßten Herb Spar und Frank Barsalona ihn, das zu lassen. Spar erklärte dazu: «Man versucht, das was, das ich letztlich für fair halte. Don Law begibt sich nicht nach Connecticut, wo Cornucopia arbeitet, und Cornucopia sollte auch nicht versuchen, in Boston was anzufangen. Law hat in Boston gelebt, wohnt noch immer da, hat auf dem Markt gearbeitet, er ist einer von den Gründern der ‹Tea Party›, er hat mit der Feuerwehr und der Polizei am Ort zusammengearbeitet, er hat seine Erfahrungen mit den Rauschgift- und Sittendezernaten am Ort . . . er hatte eben den Markt zu dem gemacht, was er ist. Und deswegen finde ich es eben frech und unmöglich, daß sich so ein Typ ins Flugzeug setzt und von irgendwo herkommt und versucht, ihm das Geschäft zu stehlen. Das laß ich nicht durchgehen.»[17] Natürlich erweitert sich das Monopol immer mal wieder auf Einheimische, die daran interessiert sind, in ihrer Heimatstadt Konzerte zu veranstalten. Law sagt:

> Das Rock-Musik-Geschäft ist in der Beziehung nicht viel anders als das mit klassischer Musik. Es gibt nicht sehr viele Leute, die Shows promoten. Da ist jemand, der das Columbia-Management repräsentiert, und dann ist da in jeder Stadt wahrscheinlich nur eine Person, die die Konzerte veranstaltet. Und der Grund dafür ist, daß es bei dem abzuwickelnden Geschäft einfach nicht läuft, wenn drei oder vier Leute versuchen, da mitzumischen. Da rennt man mit den Köpfen gegeneinander. Wenn ein oder zwei Leute da sind, die ihre Sache sehr

gut machen, dann kann man erwarten, daß sie dem Act die bestmöglichen Bedingungen bieten und daß sie nicht ganz plötzlich frontal mit jemandem zusammenstoßen, der versucht, ihnen das Geschäft wegzunehmen. Die Gesamtsituation ist darauf angelegt, nur eine begrenzte Anzahl von Veranstaltern zu erlauben.[18]

Das ist gewiß wahr. Heutzutage kontrollieren nur ungefähr zwanzig Promoter oder Veranstaltungsagenturen mehr als 90 Prozent der Umsätze, die mit Rock-Auftritten zu machen sind. Unter diesen sind Bill Graham, Concerts West, Pacific Presentations, Concert Associates; Ron Delsener und Howard Stein in New York, Bob Begarus in Detroit, Steve Glents in Detroit, Ron Powell in St. Louis, Frank Freed in Chicago, Larry Magid in Philadelphia, Don Law in Boston, John Scher in New Jersey, Mike Belkin in Cleveland, Marty Anode und Donald K. Donald in Kanada, Jack Boyle in Washington, Allen Dolberg in Milwaukee, Alex Coolie in Atlanta und noch ein paar andere. So gut wie alle von ihnen sind seit 1968, dem Jahr der Ballrooms, im Rock-Konzert-Geschäft.

Schafft das Zeitalter des «Aquarius» «Sympathy for the Devil»?

Das erste Rock-Festival fand im Juni 1967 in Monterey statt. Ursprünglich war es als kommerzielles Unternehmen von Ben Shapiro, einem Veranstalter aus L. A., geplant, und zwar zusammen mit Derek Taylor, dem ehemaligen Publicity-Mann der BEATLES, der jetzt für Warner Brothers arbeitet, und Alan Pariser, einem weiteren interessierten Geschäftsmann. Nach einem Besuch in San Francisco, um Bands für das Konzert zu finden, und unter dem Einfluß von Ralph Gleason, dem «Rolling Stone»-Kolumnisten und langjährigen Jazz-Kritiker des «San Francisco Chronicle», änderte sich jedoch das Monterey-Konzept. Man einigte sich auf ein Benefiz-Konzert für die DIGGERS (eine gemeinnützig orientierte Hilfsorganisation für den Hippie-Distrikt Haight Ashbury), für Seminare der Pop-Kultur und andere Möglichkeiten, die Rock-Musik zu popularisieren. Es wurde sogar davon gesprochen, das Geld einigen dezidiert politischen Gruppen zu geben, aber den Plan ließ man sehr schnell fallen. John Phillips und Lou Adler wurden als Ko-Produzenten hinzugezogen, Pariser wurde ausgebootet.

Als erstes der großen und spektakulären Rock-Ereignisse war Monterey überdies besonders bedeutsam insofern, als daß relativ neue Acts wie Janis Joplin und Jimi Hendrix von den Plattenfirmen wahrgenommen wurden. Durch die Publizität des Konzertes wurden sie aus dem «Underground» herauskatapultiert. Es gab jedoch eine Menge Probleme mit der Art und Weise, wie dieses Ereignis organisiert und durchgeführt wurde. Wäre nicht der Verkauf der Fernsehrechte an das ABC-Sendernetz gewesen, der sich als sehr profitabel erwies und 288843 Dollar einbrachte, wäre das Gesamtprojekt mit einem Minus von 77392 Dollar abgeschlossen worden. Das Geld ging schließlich auch nicht an die DIGGERS und andere Repräsentanten der Jugend-Szene von San Francisco, aus der doch die wesentlichen Talente des Konzertereignisses stammten, sondern an den etablierten American Negro College Fund. Michael Lydon kommentierte in seinem Bericht über das Festival im «Rolling Stone»: «Monate, nachdem THE MAMAS AND THE PAPAS die Show beschlossen, bleibt ein schaler Geschmack. Was für manche ein Festival war, erwies sich für andere als Absahne. Die meisten Musiker, die auftraten, brachten ihr Talent, einige hatten Zugkraft. Ein Festival, das Beispiel hätte machen können und sollen und das so manche unbeantwortete Frage hinterläßt.»

Sehr schnelle Fortschritte in der Technologie transportabler PA-Systeme (public address system = Verstärker- und Lautsprecheranlagen), besonders durch die Benutzung von Transistoren und Elektronik (vorgestanzte Stromkreise) haben die Möglichkeiten geschaffen, Rock-Konzerte im Freien zu veranstalten, und sie haben die Voraussetzung geboten, minutiös terminierte und höchst strapaziöse Konzert-Tourneen durchzuführen. Im Sommer 1968 fanden noch verschiedene andere Festivals statt, aber ein zweites Monterey-Festival, nach Jahresfrist am selben Ort, wurde nicht realisiert.

1969 kam es zu riesigen Rock-Treffen in Atlantic City, Seattle, Dallas und zu «Woodstock» – in Bethel, New York. Der Landwirt Max Yasgur bekam 50000 Dollar dafür, daß er seine 600 Morgen Land für ein paar Tage zur Verfügung stellte, und sprach am zweiten Tag des etwas verregneten weltberühmten Festivals zur Menge: «Ich weiß nicht, wie ich zwanzig Menschen ansprechen soll, und daher viel weniger, wie ich zu euch allen sprechen soll . . . ihr seid die größte Menschenmenge, die sich je an einem Ort zu einer Zeit versammelt hat . . . wir haben nie geahnt, daß es so viele werden würden . . . und ihr habt der Welt etwas bewiesen. Daß eine halbe Million Kids zusammenkommen können, um Spaß zu haben und Musik zu hören, und daß sie dann auch nichts als Spaß haben und Musik hören.»[19] Es blieb ihnen kaum anderes übrig. Keine ausreichenden Nahrungsmittel, nur geringe ärztliche Versorgung und Medikamente, keine wirklich hinreichenden Toiletten, aber dafür Mengen von Dope und Musik und guten «Highs». Der «Rolling Stone» äußerte sich fast ekstatisch über das Ereignis:

Neun Tage nach der Verabschiedung der ABM-Bill (Anti-Ballistic-Missiles) durch den Senat der Vereinigten Staaten, einer gesetzlichen Genehmigung, die die totale Vernichtung noch weitgehender als je zuvor zur erfüllten Realität der Menschheit macht, errichtete eine Armee friedliebender Guerillas eine Stadt, größer als Rochester, New York, und erwies ihre konkrete und direkte Bereitschaft, den Wüsten der Großstädte und ihren nicht mehr praktizierbaren Lebensmöglichkeiten den Rücken zu kehren. Sie ist unmittelbar in der Lage, hinüberzuwechseln auf vom Nebel verhangene Felder und in die kühlen, stillen Wälder. Und sie werden es von neuem unternehmen, die jugendliche Alternativbewegung macht ihre Opposition zur bedrohlichen Kraft in Paris und Prag und Fort Lauderdale und Berkeley und Chicago und London, und sie geht immer mehr Verbindungen ein, bis die Welt, in der wir leben, lebenswert und entwicklungsfähig für alle erscheint, die sehen, daß sie Teil von ihr sind, und auch für alle, die sich von ihr begraben fühlen.[20]

Die Festival-Veranstalter waren nicht älter als sechsundzwanzig. Als wirklich treibende Kraft hinter dem Gesamtereignis wirkte John Roberts, vierundzwanzig, dessen Familie ein Pharmazie- und Kosmetik-Unternehmen gehörte. Außer der Unabhängigkeit, die ihm der im Hintergrund stehende Reichtum seines Vaters bot, verfügte Roberts zusätzlich über Einkünfte aus einer eigenen Investment-Beratungsfirma. Er finanzierte das 2,7 Millionen-Dollar-Festival aus seiner Erbschaft und seinem persönlichen Besitz. Wie es ihm gelang, darüber hinaus 1,3 Millionen Dollar mehr auszugeben, als es sich durch Belege nachweisen läßt, bleibt ein Rätsel, zumal die Gagen für die auftretenden Künstler (Jimi Hendrix erhielt die Höchstgage: 18000 Dollar) sich insgesamt nur auf ungefähr 150000 Dollar beliefen. Nach dem Festival verwies Roberts auf eine Anzahl zusätzlicher Kosten, die ihn angeblich in den Bankrott trieben. Angeblich mußten 600000 Dollar für Hubschrauber ausgegeben werden, für Nahrungsmittel und Medikamente, weitere 500000 Dollar habe es gekostet, das Festival von Walkill nach Bethel zu verlegen, und 200000 Dollar Werbungskosten seien entstanden. Am letzten Tag des Festivals jedoch sprachen Mitglieder der Woodstock-Publicity-Mannschaft davon, daß die Gesamtkosten 1,5 Millionen Dollar nicht überstiegen hätten. Irgendwann im Verlaufe des Festivals müssen sie sich also verdoppelt haben. Woodstock war die Idee des ehemaligen Drogen-Dealers Michael Lang, Freund und Berater von Roberts. Bald nach dem Festival, kaum daß die Weiden des Max Yasgur wieder wie Weiden aussahen, verklagte Roberts Lang, und Lang verklagte Roberts. Es ging um Schadensersatzansprüche und die Rechte an dem Namen «Woodstock». Albert Grossman, der viele jener Künstler managte, die in Woodstock auftraten, und in dem Städtchen gleichen Namens tatsächlich wohnte, bot an, alle Film- und Soundtrack-Rechte zusammen mit den angeblichen Schulden für eine Million Dollar zu erwerben. Die mannigfaltigen gerichtlichen Auseinandersetzungen dauerten jahrelang.

Woodstock war ein Festival der Jugendkultur und zugleich Beispiel für ihre Kommerzialisierung und die Kontrolle, die von äußeren Instanzen ausgeübt wurde. Damals kommentierte der radikale Journalist Andrew Kopkind:

> Die Veranstalter müssen geahnt haben, welche Verantwortlichkeiten sie übernahmen. Sie versuchten, alle erdenklichen Aspekte einer Kooptations-Theorie zu realisieren. SDS, Newsreel und Underground-Zeitschriften bekamen Tausende von Dollar, damit sie an dem Festival teilnahmen, und man räumte ihnen exponierten Raum in «Movement City» ein: dahinter stand der Gedanke, sie würden das Wochenende gegenkulturell legitimieren und ihre Aktivitäten seien so innerhalb des System zu kanalisieren. Und sie ließen sich vereinnahmen.[21]

Woodstock war ein gutes Beispiel dafür, wie sich die Gegenkultur von der Gegenkultur aussaugen läßt, von einigen wenigen reichen Kids, die «hip»-Kultur niemals von «hip»-Kapitalismus zu unterscheiden vermochten. In ihren Erinnerungen an das Ereignis, «Young Men with Unlimited Capital», argumentieren die Veranstalter (durchaus nicht unglaubwürdig), daß sie sich auf bestimmte Weise mit der Kultur-Rebellion identifizierten, die Woodstock repräsentierte, auch wenn sie aus ihrer Position als Geschäftsleute und Unternehmer daran orientiert gewesen seien, einen Profit zu machen. Das wirklich große Geld wurde natürlich erst nach dem Festival verdient, als es für Jugendliche beinahe in aller Welt zu einem Mythos geworden war. Das wirkliche Geld wurde mit den Rechten an den Woodstock-LPs und dem Film gemacht. Das Konzert-Publikum spielte seine Rolle auf eine Weise, die sich am Ende als sehr profitabel erwies. In gewisser Hinsicht war die halbe Million Menschen, die kam und sich wohlfühlte, das größte unbezahlte Studio-Publikum in der Geschichte des Showbusiness.

Wenn man Woodstock allgemein als Bestätigung dafür ansah, daß die Gegenkultur Liebe, Kooperation und Gewaltlosigkeit lebte, so wurde Altamont zum Gegensatz, zur dunklen Kehrseite, geprägt von Panik und Gewalt. Das Free-Concert der ROLLING STONES im Dezember 1969 auf einer verlassenen Rennbahn östlich von San Francisco war ursprünglich als eine Art Weihnachtsgeschenk der britischen Rock-Gruppe an ihr USA-Publikum am Ende einer langen und profitreichen Tournee gedacht. Es wurde jedoch schlecht geplant und organisiert. Überlegungen, die sich auf einen Sicherheits- und Ordnungsdienst bezogen, veranlaßten die GRATEFUL DEAD, ihre Freunde, die sadistischen Rocker Hell's Angels, zu beauftragen, als Leibwächter für die STONES und die anderen Gruppen zu fungieren. Die Angels selbst wurden jedoch während des Konzerts zum großen Problem. Marty Balin, der Leadsänger von JEFFERSON AIRPLANE, wurde beim Nachmittagsauftritt der Band von einem Angel bewußtlos geschlagen. Mehrere andere Leute wurden mit Billardstöcken geprügelt. Als die STONES schließlich die Bühne betraten, rissen blutig endende Gewalttätigkeiten in den vorderen Reihen des Publikums schon nicht mehr ab. Der Schwarze Meredith Hunter wurde von einem Angel erstochen, den er anscheinend mit einem Revolver bedroht hatte.

Der Großteil der Zuschauermenge nahm diese Geschehnisse nicht wahr. Das kostenlose ROLLING STONES-Konzert war vier Tage vorher angekündigt worden und hatte Hunderttausende an den sonst verlassenen Ort gebracht. Die meisten von ihnen konnten nicht sehen, was vor der niedrigen Bühne passierte. Mehrere Zeitungen waren über die Gewalttätigkeiten bei dem Altamont-Konzert entweder nicht unterrichtet oder müssen sich entschieden haben, sie zu ignorieren. Fast eine Woche nach dem Konzert war in «Variety» die Überschrift «Stones Create Another Woodstock, 300000 Flock To Boffo Bash» zu lesen («Stones lassen Woodstock wieder aufleben, 300000 versammeln sich bei Erfolg-Gig»). Aber der «cinema verité»-Dokumentarfilm der Stones-Tournee, der von den Maysles-Brüdern gedreht wurde und unter dem Titel «Gimme Shelter» in die Kinos kam, bot im darauffolgenden Jahr einem Massenpublikum ein ungeschminktes Abbild des Altamont-Horrors.*

Es gab andere unerfreuliche Konzerte, Zusammenstöße mit der Polizei, Bombenattentate, und bei Benefiz-Konzerten wurden die Absperrungen gestürmt. All diese Veranstaltungen schienen nicht mehr garantieren zu können, daß das Publikum jene Hochstimmung erfuhr, die

---

* Die GRATEFUL DEAD empfanden anfangs intensive Schuldgefühle wegen Altamont. In dem Text zum Song *New Speedway Boogie* versuchte Robert Hunter (der Songtexter der DEAD), dem Ereignis beizukommen und eine Art weise menschliche Einsicht abzugewinnen. Ob ihm das gelungen ist, mag dahingestellt bleiben. Ein Vers des Songs lautet: «I spent a little time on the mountain/ Spent a little time on the hill/ Things went down we don't understand/ But I think in time we will» (Ich verbrachte Zeit auf einem Berge/ Verbrachte Zeit auf einem Hügel/ Gut ging es nicht aus, und das verstehn wir nicht/ Aber ich denke, irgendwann werden wir's verstehn.) Ein weiterer wiederholt die beiden ersten Zeilen, aber endet mit: «I saw things gettin' out of hand/ I guess they always will.» (Ich mußte mit ansehen, wie wir nicht mehr Herr der Lage waren/ Aber ich denke, das sind wir nie.) Es war ursprünglich geplant, daß die DEAD den ROLLING STONES folgen und das Konzert abschließen sollten. Sie hatten genügend Zeit, zu beobachten, was in den Hügeln von Altamont geschah. Hunter widerspricht der Vorstellung, Woodstock und Altamont seien Anfang und Ende der Gegenkultur. Sie sind einfach verschiedene Ereignisse, die verschiedene Phasen derselben Bewegung widerspiegeln: «Ein Schritt ist getan, ein weiterer begonnen.» Aber wie es nach dieser Erfahrung weitergehen soll und wie die Gewalttätigkeit in Altamont einzuschätzen ist, weiß auch Hunter nicht zu beantworten, der ein hoffnungsvolles Bitten um Versöhnung formuliert: «One way or another/One way or another/One way or another/This darkness got to give.» (So oder so/ So oder so/ So oder so/ Muß aus diesem Dunkel Licht werden.) Die kritische Analyse der Rolle, die die DEAD bei diesem Konzert spielten, fällt schwer bei den geradezu mystischen Qualitäten, die man ihnen zuschreibt.

vorher Inhalt und Zweck gewesen war. Ein Sprecher sagte über das auf geradezu katastrophale Weise fehlgeschlagene (die Leute hatten das Gelände gestürmt, um sich freien Eintritt zu verschaffen) Rainbow People Ann Arbor Blues Festival 1970: «Für die nächsten Jahre ist diese Stadt gestorben, was derartige Konzerte betrifft. Wir haben 25 bis 30000 Dollar zugesetzt. Die Leute haben es sich selbst verdorben. Dies ist offensichtlich das Zeitalter der Anarchie, und hier haben wir den Höhepunkt des Arschloch-Rock in diesem Land erlebt.» In New York beging ein Bursche namens Ishmael Brown ein Bombenattentat auf den «Electric Circus». Seine Gründe dafür waren nicht erfindlich. Er verletzte dabei siebzehn Menschen, und eine Woche später jagte er sich selbst in seiner Wohnung in die Luft. Das Toronto Peace Festival, an dem John Lennon und Yoko Ono beteiligt waren, machte am Ende mehrere tausend Dollar Minus, statt der Anti-Kriegs-Bewegung finanzielle Unterstützung bieten zu können. Der «Aragon Ballroom» in Chicago wurde immer wieder Polizei-Razzien unterworfen, bei denen man nach Drogen fahndete. Die Besitzer hatten es nicht geschafft, eine angemessen hohe Bestechungssumme aufzubringen, um sich den «Schutz» davor zu erkaufen. Als Sly Stone zu einem Konzert 1973 im Grant Park von Chicago zu spät kam, nahmen die Konzertbesucher diese Gelegenheit wahr, sich in gewalttätige Auseinandersetzungen mit der repressiven Stadtpolizei einzulassen.

Anderenorts waren politische Gründe oder andere Anlässe für plötzlich auftretende Krawalle verworrener. Als sich die Colleges in den späten sechziger Jahren für Rock-Konzerte öffneten – neben den Ballrooms wahrscheinlich das zweitwichtigste Forum für Auftritte von Bands –, kam es immer wieder zu hohen Sachschäden. Schrittweise wurde Washington, D. C., insgesamt für Rock-Konzerte gesperrt. Das «Post Pavilion» verschloß seine Pforten Rock-Veranstaltungen, nachdem es zu Krawallen bei einer Show der WHO gekommen war. Die American University veranstaltete keine Konzerte mehr, nachdem eine Menschenmenge die Sporthalle gestürmt hatte, um sich freien Eintritt zu einem Konzert der ALLMAN BROTHERS zu verschaffen. Andere stürmten ein TRAFFIC-Konzert in der George Washington-Halle. Das Baltimore Civic Center gab auf, nachdem dort eine Soul-Show verspätet begann und die Zuhörer sich zu leichten Gewalttätigkeiten hatten hinreißen lassen. Die Constitution Hall machte zu, nachdem Sly dort einer relativ ruhigen Menschenmenge geraten hatte, sich nicht zu scheuen, in den Gängen und auf den Sitzen zu tanzen. Die ultra-konservativen Inhaber der Halle, die «Daughters of the American Revolution», konnten dieser Rock 'n' Roll-Aufforderung nichts abgewinnen. Zu jeder Menge Schlägereien kam es beim GRAND FUNK RAILROAD- Gig im Robert F. Kennedy Stadion. Stadthallen begannen, ihr Publikum gegen Obszönitäten abzusichern. In Oklahoma City mußte der Veranstalter Leonard Jay nach einem Konzert der JEFFERSON AIRPLANE 1000 Dollar bezahlen, weil Grace Slick «bullshit» auf der Bühne gesagt hatte. Seit 1968 wurde Jim Morrison von den DOORS immer wieder verhaftet, weil er angeblich obszön geredet hatte, sich unsittlich entblößte, zu Krawallen aufwiegelte oder sonst auf der Bühne von den Autoritäten nicht zu tolerierende Selbstdarstellung betrieb. Er sagte etwa: «Die Bullen haben ihren Spaß, die Kids haben ihren Spaß, wir haben unseren Spaß. Das ist irgendwie irre.»

Zwischen 1967 und 1970 besuchten mehr als 2,5 Millionen Menschen ungefähr dreißig Rock-Festivals (von achtundvierzig, die angekündigt und geplant waren). Die meisten dieser Festivals waren schlecht gemanagt und litten darunter, daß überraschend zu viele Leute kamen. Aber ihre grundlegende menschliche Anpassungsfähigkeit machte es den Besuchern immer wieder möglich, Spaß und Gefallen an den gemeinschaftlichen Zusammenkünften zu finden, wie schlecht auch immer das Wetter sein mochte und wie lange sie vor den wenigen transportablen Toiletten warten mußten.

Ballroom Blitz und die Entstehung des gegenwärtigen Systems

Ende 1970 verkündete Bill Graham, er werde seine Fillmores, East und West, schließen. Innerhalb weniger Monate hatten auch «Playground», «Electric Factory» und «Tea Party» ihre Pforten dichtgemacht. Graham setzte sich auf typisch dramatische Weise aus der Musik-Szene San Franciscos ab. Typisch daran war auch, daß er es im Grunde gar nicht tat, denn im nächsten Jahr tauchte er schon wieder auf und begann, seine Vormachtstellung im Rock-Entertainment der Stadt mit Konzerten im alten Winterland und im Berkeley Community Theater neu zu etablieren. Gegen Ende der großen Ballroom-Tage, als die Profite immer schmaler wurden, war der leicht mürrische Millionär harter Kritik von Gemeinschaftsorganisationen der Bay Area ausgesetzt, die verlangten, er solle Geld in die San Francisco Community zurückfließen lassen. In New York griffen die Motherfuckers, eine Straßenbande, die ihre Gewalttätigkeiten mit politischen Motiven zu verbrämen suchte, ihn tätlich an.

Die offizielle Ankündigung, er werde seine Fillmores aufgeben, fand am Ende einer langen Zusammenkunft mit Künstlergruppen in San Francisco statt, bei der Grahams Verpflichtung diskutiert wurde, die Leute zu unterstützen, die bei seinen Konzerten für die Light-Shows verantwortlich waren. Graham wollte diese Shows nämlich abschaffen, weil sie nicht wesentlich profitabel waren. Seiner Meinung nach war das Grund genug. «Diese Stadt hat vier verdammte Jahre nicht nachgelassen, einem rechtschaffenen Geschäftsmann zuzusetzen», sagte er den versammelten Leuten. «Ich bin sehr traurig, wenn ich hier weggehe . . . vielleicht mag man sagen, ich stehle mich davon, aber eure Angriffe und euer Verhalten treiben mich dazu.» «Rolling Stone» berichtet hingegen:

> Graham geriet erst wirklich außer sich, nachdem Steve Gaskin, ein Kommunikations-Experte von Family Dog (eine Gruppe, die an den Light-Show-Aufgaben beteiligt war) ihm sagte: «Als du angefangen hast, mußtest du dich zwischen Liebe und Geld entscheiden. Du hast unser Geld genommen, daher kannst du unsere Liebe nicht erwarten und nicht haben . . . Und heute hast du eine dramatische Schau veranstaltet, um mit deinen emotionalen Trips eine Menge Leute aufs Kreuz zu legen.»

Graham erwiderte (wörtlich zitiert von «Good Times», einer lokalen Zeitung):

> «Ich entschuldige mich dafür, ‹motherfucker›, daß ich ein menschliches Wesen bin! Verdammt noch mal, dafür entschuldige ich mich. Emotional . . . da hast du verdammt recht. Fick dich doch ins Knie, du dummes Arschloch! Weißt du denn, was Emotionen sind? Steh doch auf und hab' Gefühle! Steh auf und schaff was. Steh auf und sing! Steh auf und schauspielere! Du denkst, daß ich hier nur was vorspiele? Du hast doch nur Scheiße im Kopf, Mann! Ich hab verdammt mehr Mumm, als du je erlebt hast! Du willst mir irgendwas über Gefühle erzählen? Du kleiner schleimiger Bursche . . . DU KLEINER SCHLEIMSCHEISSER (zu einem Musiker, der versuchte, ihn zu beruhigen)! Mach hier nicht auf friedlich mit mir! Faß mich ja nicht an!!»[22]

Es war ein großartiger Abgang und nur wirklich schade, daß Graham nicht länger fortbleiben konnte. Er und all die anderen «ehrlichen» und «rechtschaffenen» Geschäftsleute der Rock-Musik, die Frontkämpfer des unternehmerischen Kapitalismus – sie waren innerhalb von nur wenigen Monaten wieder voll da: Graham im «Winterland», Magid im «Shubert Theater» und im «Spectrum», Law im «Orpheum Theater», in der «Boston Music Hall» und im «Garden».

Die gestiegenen Unkosten der Ballrooms deuten auf die Expansion des Rock-Konzert-Geschäftes. In seiner Blütezeit hatte zum Beispiel «The Boston Tea Party» eine Kapazität von nicht mehr als 2000 Besuchern. Pro Abend gab es eine Vorstellung. Eintrittskarten kosteten 3.50 Dollar. Die Gagen für Top-Acts plus Unkosten beliefen sich auf nicht mehr als ungefähr 4000 bis 5000 Dollar pro Abend, und Law sagt, daß er und sein Partner Reipen einen wöchentlichen Profit von ungefähr 5000 Dollar für drei Abende machten. 1971 jedoch konnte ein Bruttoumsatz von 7000 Dollar englische Acts wie Jeff Beck, Eric Clapton oder die WHO, die noch zwei Jahre zuvor für vielleicht 2000 Dollar aufgetreten wären, nicht mehr auf die Bühne bringen.

Heute verkauft Law seine Eintrittskarten für durchschnittlich 5, 6 oder 7 Dollar, und er verlangt bei bestimmten Gruppen sogar noch mehr. Er veranstaltet Konzerte in zwei mittelgroßen Hallen, die eine Kapazität von 2860 und 4200 haben, und er versichert, daß er jeweils zu 80 Prozent ausverkaufte Hallen braucht, nur um mit Plusminusnull abzuschließen. Bei der kleinen Halle bedeutet das einen Bruttoumsatz von ungefähr 15000 Dollar, bei der größeren sind es ungefähr 20000 Dollar – nur, um keine Verluste zu machen! Um in die größte Halle am Ort zu kommen, den «Boston Garden», braucht Law mehr als 50000 Dollar, nur um die Türen zu öffnen und die Veranstaltung durchzuführen. Dann kommen erst die Musiker-Gagen.

Rock-Konzerte sind zu einem Multimillionen-Dollar-Business geworden. Obwohl er ein mächtiger und einflußreicher Geschäftsmann ist und den Konzertmarkt in Boston fest im Griff hat, ist Law nur ein Veranstalter mittleren Ranges, der etwas mehr als 3 Millionen Dollar jährlich umsetzt. Howard Stein, der New Yorker Veranstalter, der überall in den Vereinigten Staaten arbeitet, setzt jährlich mehr als 15 Millionen um. Eine einzige Gruppe – CROSBY, STILLS, NASH AND YOUNG – setzte auf ihrer letzten Tournee zwischen 6 und 10 Millionen um. «Billboard» berichtet, daß allein an Reisekosten von der Gruppe mehr als 3 Millionen Dollar ausgegeben worden seien. Zahlen wie diese lassen vermuten, daß die Veranstaltung von Konzerten mindestens ein jährliches Geschäft von 150 Millionen Dollar für die Rock-Industrie ist.

Die Kapitalmenge, die notwendig ist, um ins Promotion-Business zu kommen, ist natürlich proportional gestiegen, Law, Magid, Graham und Stein begannen alle mit wenigen tausend Dollar. Jetzt ist es so, daß ein junger Veranstalter, der ein gutes Konzert-Gebiet aufgetan zu haben glaubt, das noch nicht von einem etablierten Veranstalter abgegrast oder kontrolliert wird (und das ist sehr unwahrscheinlich), Hunderttausende braucht, um sein Geschäft in Gang zu bringen und solange durchzuhalten, bis die Profite beginnen. Gary Perkins und Sepp Donahower, Partner in einer der erfolgreichsten Rock-Promotion-Firma, Pacific Presentations, begannen ihre Laufbahn im Konzertgeschäft 1967. Sie hatten 10000 Dollar Anfangskapital und produzierten die ersten GRATEFUL DEAD-Konzerte in L. A. Weil sie jedoch Management-Probleme hatten und sich ein paarmal verkalkulierten, mußten sie ihr anfangs profitables Unternehmen aufgeben. 1971 begannen sie als Partner von neuem. Zu der Zeit «betrug das notwendige Anfangskapital ungefähr 25000 Dollar. Natürlich hatten wir darüber hinaus unsere Ideen schon ganz klar ausgearbeitet. Wir liehen uns Geld von Leuten, die Interesse hatten, in ein solches Projekt zu investieren. Jetzt benutzen wir ein Vierfaches des Startkapitals als Arbeitsgrundlage.»[23]

Perkins und Donahower sind der Ansicht, daß junge Veranstalter so gut wie keine Chance haben, sich in der fest kontrollierten Konzert-Promotion-Szene zu etablieren. Nicht nur müssen sie über ein Arbeitskapital von 50000 bis 100000 Dollar verfügen, sondern als Neulinge damit rechnen, eine lange Zeit Geld zuzusetzen, bis ihnen die wichtigen Agenturen ständig profitträchtige Acts vermitteln. Wie schon in Einzelheiten bei der Darstellung von Managern und Agenturen erwähnt, vermittelt das Veranstalter-Monopol neue Acts, indem man sie als zusätzliche Gruppe vor den sogenannten Headliners auftreten läßt. Wenn ein neuer Act Erfolg hat, oder, wie zum Beispiel im Falle von BLACK OAK ARKANSAS, die Agentur fest entschlossen ist, den neuen Act durchzubringen, dann bekommt der jeweilige Promoter beim nächsten Mal das Vorrecht, den neuen Star präsentieren zu dürfen. Gemäß des «neuen Systems» von Frank Barsalona arbeiten Agenturen mit Leuten, die sie schon kennen. Sie geben ihnen die besten Acts, damit diese Veranstalter es sich leisten können, ihnen den Gefallen zu erweisen, ihren neuen Talenten die ersten Chancen zu geben. Sind die neuen Talente durch, werden sie denselben Veranstaltern bevorzugt vermittelt. Ein Kreislauf, der kaum zu durchbrechen ist.

Die ersten Rock-Veranstalter waren Drop-Outs aus anderen Bereichen der Industrie oder junge Leute, die sich mit der Musik identifizierten und sahen, welche Profitmöglichkeiten in ihr steckten. Im Laufe der Jahre sind die Veranstalter deutlicher zu Geschäftsleuten geworden, und Geschäftsleute haben größeres Interesse an Konzertveranstaltern gewonnen. Perkins und Donahower studierten beide Betriebswirtschaft, bevor sie sich in das Rock 'n' Roll-Geschäft einließen.

Überall arbeiten Veranstalter ganz eng mit Banken zusammen, wenn spezielle Projekte kurzfristiger Finanzierung bedürfen. Die Banken betrachten das Veranstaltungsgeschäft als relativ stabil und schneiden sich gern ein Stück von dem Profitkuchen ab. Don Law wickelt seine Geschäfte mit der First National Bank in Boston ab. Shelly Finkel von Cornucopia Productions, der das Mammut-Festival von Watkins Glen veranstaltete, bekommt Finanzierungshilfe von der Marine Midland Bank in New York City. Finkel kommentiert: «Die Leute aus dem Bank- und Finanzierungsgeschäft wissen, daß es um großes Geld geht, und sie sind offener und zugänglicher geworden. Als wir das erste Mal zu unserem Bankier gingen und sagten: ‹Wir werden eine große Show veranstalten›, sagte er: ‹Klar.› Wir sagten: ‹Sie werden überall darüber lesen›, und er sagte wieder nur: ‹Klar›. Ich sagte: ‹Eine Menge Geld wird dabei rausspringen›. ‹Klar›, sagte er. Als das Geld kam und er in allen Zeitungen etwas über unsere Veranstaltung las, wurde ihm endlich klar, daß etwas Reales dran war.»[24]

Finkel und sein Partner Jimmy Koplik nutzten das Watkins Glen-Konzert nicht nur zum Geldverdienen, sondern auch dazu, sich als nationale Promoter zu etablieren. Zur Finanzierung des Konzertes bedurfte es 1,5 Millionen Dollar, und es erschienen 600000 Menschen, 450000 mehr als die erwartete Anzahl von bezahlten Eintrittskarten – nämlich

150000 für jeweils 10 Dollar. Das Ereignis ging im Juli 1973 vonstatten. Nach monatelangen Verhandlungen, jeder Menge Schwierigkeiten und möglicherweise Schmiergeldern bekam Cornucopia die GRATEFUL DEAD, die ALLMAN BROTHERS und THE BAND dazu, gemeinsam in einem Programm aufzutreten. Die BAND und die ALLMAN BROTHERS sollen ungefähr 140000 Dollar für ihre jeweils dreistündigen Auftritte bekommen haben, die GRATEFUL DEAD ungefähr 117000 Dollar. Auf jeden Fall betrugen die Gagen ungefähr 400000 Dollar. Unter den zusätzlichen Unkosten waren circa 30000 Dollar für medizinische Betreuung, 50000 Dollar für den Spezialeinsatz New Yorker Polizisten außerhalb ihrer regulären Arbeitszeit, 100000 Dollar für Werbung, 100000 Dollar für 1000 transportable Toiletten, 40000 für die Säuberung des Geländes, 40000 Dollar für Wasser und 200000 Dollar an Bill Graham und seine FM Productions, die Bühnenlicht, Sound und Bühneninstallation betreuten. Alle verdienten ihr Geld, und Shelly Finkel und sein Partner Koplik hatten die gewünschte Publizität.

Später sagte Finkel, Watkins Glen bliebe nicht das einzige Festival seiner Art: «Wir werden noch größere Ereignisse veranstalten, ‹Extravaganzas›, wie wir es sehen, Spektakel. Wir betrachten uns als P. T. Barnums unserer Tage. Das ist das richtige für unser Selbstbewußtsein.»[25] Die Nachteile, die aus einem so spektakulären Konzept für Rock-Konzerte erwachsen können, wurden jedoch schon im nächsten Sommer spürbar, als Cornucopia schätzungsweise 100000 Dollar bei einem schlecht besuchten Konzert auf dem Ontario Speedway in Ontario, Kalifornien, zusetzte. CROSBY, STILLS, NASH AND YOUNG waren präsentiert worden. Ein paar Tage später verregnete den Veranstaltern, die versäumt hatten, eine Schlechtwetterversicherung abzuschließen, ein Konzert in New Jersey, und wieder setzten sie eine Menge Geld zu. Sie waren zeitweilig pleite, aber fanden wieder Finanzierungspartner und sind von neuem im Geschäft.

Festivals sind nicht die Basis des Konzertgeschäftes. Das Tagesgeschäft besteht aus der Routine, Dutzende von Acts über bestimmte Saison-Zeiten, gewöhnlich Monate im voraus, zu buchen und zu kombinieren. Wenn die Grundverträge einmal abgeschlossen sind, besteht die weitere Konzert-Promotion darin, Arrangements für bestimmte Hallen zu treffen, Werbezeit im Radio zu kaufen und Anzeigen in den gedruckten Medien zu schalten, Eintrittskarten drucken zu lassen und sie in den Verkauf zu geben sowie spezifische Vereinbarungen mit Roadies und der Agentur über Einzelheiten der Konzert-Präsentation zu treffen (besondere Bühnenausstattung, Licht und Sound . . .). Die meisten der Monopol-Veranstalter haben verschiedene Hallen in ihren Städten entweder ganz aufgekauft oder zumindest dafür gesorgt, daß sie beinahe unbegrenzten Zugang zu ihnen haben. Don Law zum Beispiel managt das «Orpheum Theater» in Boston und benutzt es, wann immer er es zu von ihm veranstalteten Konzerten braucht. Larry Magid hat eine langfristige Abmachung mit dem «Spectrum» in Philadelphia, die ihm die erste Option auf sämtliche Termine bietet und spezielle Pachtpreise garantiert. Ebenso bekommen die wesentlichen Veranstalter Spezialpreise für Rundfunk-Spots (ebenso wie jeder große Firmen-Sponsor). Der Sales Manager Dick Kalt von WPLR in New Haven ist ehrlicher als manche anderen, indem er dies als Standard-Praktik bezeichnet: «Wenn man bei uns für einen größeren Zeitraum kauft, dann geben wir natürlich mehr Rabatt, als auf den normalen Preislisten angegeben ist.»[26] FM-Radio und die Underground-Presse sind ganz besonders abhängig von den Anzeigen der lokalen Promoter. Law investiert mehr als 2000 Dollar die Woche bei Zeitungen im Gebiet von Boston und bei FM-Radiostationen.

Jeden Tag haben die Veranstalter Kontakt mit den wichtigen Agenturen in New York und Los Angeles, bestätigen alte Termine, erkundigen sich nach neuen Tourneen, tauschen Industrie-Klatsch aus und erfragen die letzten Neuigkeiten. Zumindest formell haben die Acts einen Festpreis, eine Garantiesumme plus prozentuelle Beteiligung am Nettogewinn, und die Veranstalter machen dagegen ihre Angebote. Die Veranstalter verhandeln dabei natürlich hauptsächlich mit den Agenten und nicht mit den Managern der Gruppen. Ein und derselbe Agent verkauft dem Veranstalter verschiedene Acts, und der Veranstalter muß, um erfolgreich zu sein, ein gutes Arbeitsverhältnis und eine verläßliche Beziehung zu dem Agenten haben. Die Gebote für einen bestimmten Act sind weniger wichtig als die Gesamtbehandlung eines bestimmten Veranstalters durch die Agentur. Einerseits besteht das Verhältnis zwischen Veranstalter und Agent darin, daß man sich gegenseitig Gefallen erweist, andererseits handelt es sich auch um ein ziemlich routinemäßig abgewickeltes An- und Verkaufsgeschäft – mit Künstlern. Ein Promoter erklärt, wie er plant, welche Acts in welche Hallen gehen sollten und wieviel er sich leisten kann zu zahlen:

Um mit einem Deal sicherzugehen, braucht man eine Halle und eine Gruppe, dann weist man der Gruppe die Garantie zu, und dazu addiert man die Kosten für die Halle. Dann nimmt man einen Anteil – das ist der Profit, den man macht. Und wenn darüber hinaus noch was bleibt, dann bekommen beide davon einen Anteil. Sagen wir mal, die Bruttoeinnahmen sind 100000 Dollar. Die Gruppe bekommt im voraus als Garantie 20000, die Hallenkosten sind nochmal 20000, das macht zusammen 40000 Dollar. Dann hat man noch all die Werbung und Nebenkosten, und das bringt die Show auf 45000 Dollar, das ist niedrig angesetzt. Gewöhnlich sollte man so mit 60 Prozent von dem Bruttoumsatz rechnen, damit man keinen Verlust macht.

Sagen wir also, wir nehmen die 45000 Dollar. Ich würde 5000 Dollar draufschlagen als meinen Profit. Der gehört zu den Kosten. Dann machen wir eine 60 zu 40 Prozent-Deal aus, die Gruppe bekommt 60 Prozent, und ich bekomme 40

Prozent, und zwar von dem, was über 50000 Dollar ist. Bei genau 50000, also der Hälfte vom Bruttoumsatz, den wir vorhin genannt haben, mache ich meine 5000, die Gruppe kriegt ihre 20000, und die Hallenkosten sind bezahlt.[27]

Veranstalter verdienen unglaublich viel Geld, und die Art, wie normalerweise kalkuliert wird, ist so, wie oben beschrieben. Der Anteil, den sich der Veranstalter ausbedingt, wird gewöhnlich später festgesetzt, wenn man sich dem Ausverkauf der Eintrittskarten nähert. Gewöhnlich sind die Bedingungen nicht ganz so positiv für den Veranstalter, der sein Geld eher durch eine große Anzahl von Konzerten macht als bei Einzelterminen.

Viele Gruppen verlangen eine Garantiesumme, die über 20000 Dollar hinausgeht, und sie wollen einen prozentualen Anteil am Bruttoumsatz, nicht am Nettoprofit. Veranstalter beklagten die Bedingungen, unter denen die David Bowie-Tournee 1976 ablief. Viele der Monopol-Veranstalter nahmen Auftritte wegen dieser Bedingungen nicht an. Für Bowie wurde eine sehr große Garantiesumme verlangt, plus 90 Prozent vom Bruttoumsatz. Ein allgemein akzeptierter Industrie-Kompromiß ist eine Garantiesumme gegen eine prozentuale Beteiligung am Bruttoumsatz, das heißt, ein Act bekommt erst dann prozentuale Anteile, wenn der Veranstalter zumindest durch den Kartenverkauf soviel eingenommen hat, daß er seine Grund-Unkosten begleichen kann.

Es gibt natürlich eine ganze Menge Rock-Musiker, die weniger als 20000 bekommen, aber es gibt auch viele, die beträchtlich mehr verdienen. Bei der International Famous Agency sind zum Beispiel mehrere Preiskategorien repräsentiert. Die Beach Boys, Doobie Brothers und Chicago bekommen mindestens 25000 Dollar pro Abend garantiert; Grand Funk Railroad, Gordon Lightfoot und James Taylor verlangen ein Minimum von 15000 Dollar; Mahavishnu Orchestra, Fleetwood Mac und die Kinks mindestens 7500 bis 10000 Dollar; Jesse Colin Young und Leo Kottke ein Minimum von 2500 bis 3500 Dollar. Alle die Zahlen sind Annäherungswerte – eher ein Rahmen, innerhalb dessen sich Verhandlungen abwickeln, als Festpreise.

Die größten der zwanzig Top-Veranstalter sind Graham, Concerts West, Concert Associates, Frank Freed in Chicago sowie beide Top-Promoter in New York, Ron Delsener und Howard Stein.

Stein ist relativ neu, denn er kam erst ins Geschäft, als Graham 1971 die Stadt verließ. Lange Zeit hatte er die eigenartigsten Jobs gehabt. Einmal war er für 200 Dollar im Monat Pförtner bei Columbia Records in Nashville. Dann hatte er einen T-Shirt-Stand und verkaufte andere Rock-Memorabilia vor dem Madison Square Garden. Nachdem Graham das Fillmore geschlossen hatte, begann Stein, Konzerte in der «Academy of Music» zu veranstalten, einem alten Opernhaus. Damit machte er schon besseres Geld. Jetzt sagt er von sich und seinen Filialen, sie seien «die größten Veranstalter, die in vielen Regionen regelmäßig wöchentliche Konzerte organisieren, mit regionalen Büros und regionalen Angestellten. Beständig präsentieren wir nicht nur die Superstars, sondern bauen neue Künstler auf. Wir schaffen neue Möglichkeiten für die Präsentation neuer Talente. Wir machen auf einer regelmäßigen Basis mehr Konzerte in mehr Großstädten als sonst jemand.»[28]

Aber Stein, der so voller Selbstvertrauen und Zuversicht seine Buchungen abwickelte, mußte im Herbst 1974 – wie viele andere – plötzlich sehen, daß das Rock-Konzert-Geschäft in gewisse Schwierigkeiten geriet. Es waren keine Schlangen mehr an den Eintrittskartenschaltern. Zum erstenmal seit Beginn der ernsthaft und professionell organisierten Rock-Veranstaltungen war der Konzert-Markt in Schwierigkeiten. Wahrscheinlich hatte die Konkurrenz des Fernsehens daran ihren Anteil. Alle Veranstalter hassen Rock-Konzerte im Fernsehen, «. . . und die Künstler sollten es auch tun», fügt Spar hinzu, «denn es schadet ihren Plattenverkäufen, und sie machen sich auf dem Bildschirm zu Narren.»[29] Vielleicht war es aber auch nur der Sommer mit seinen hohen Preisen für Eintrittskarten, der dem Herbstgeschäft so schadete. Oder es mag allgemeine Widerspiegelung der inflationären Wirtschaftssituation gewesen sein.

Die Veranstalter haben begonnen, ihre Buchungstermine zu raffen, und sie stellen Gemeinschaftsauftritte von Bands zusammen, die zuvor einzeln als Headliner hätten auftreten können. Und natürlich sind sie weniger bereit, neue Acts zu unterstützen. Dies ist im Augenblick ein wichtiges Problem der Industrie. Zusammen mit der gesteigerten Kommerzialisierung der «progressiven» FM-Programme und den reduzierten Playlists im AM-Radio führt dies zu einer Verringerung der Einstiegschancen junger und neuer Talente. Die Veranstalter kritisieren Bands und Agenturen, sie verlangten einfach zu hohe Gagen. Die Rock-Stars widersprechen mit dem Argument, sie könnten verlangen, was die Nachfrage möglich mache. Beide Seiten mißachten dabei ihre Verantwortlichkeiten gegenüber anderen Musikern und dem Publikum. Das Rock-Publikum hat im Laufe der letzten Jahre eine unglaubliche Eskalation der Eintrittspreise hinnehmen müssen, und es stehen ihm wahrscheinlich in naher Zukunft weitere Preissteigerungen bevor, solange die Veranstalter ihre hohen Profit-Margen bei etablierten Headline-Acts mit immer höheren Garantie-Forderungen beibehalten.

Stein sieht den Konzert-Markt-«Zusammenbruch als Säuberung und Grundlage für eine gesundere Zukunft».[30] Es wird sich um eine Zukunft handeln, in der sich das Konzert-Business immer mehr konsolidiert. Wenn die Profite an individuellen Konzerten sinken, wird sich immer mehr eine Monopolsituation herausbilden. Diese Richtung deutet sich schon durch Grahams Konzept an, einen einzelnen Künstler oder eine einzelne Gruppe auf dem ganzen nationalen Konzert-Markt zu präsentieren. Dies Konzept vereinfacht alle Verhandlungen und finanziellen Abwicklungen für den Act, stellt eine gleichbleibende Präsentation sicher und ist natürlich für den ausgewählten Veranstalter überaus attraktiv. Obschon diese Idee einmal für Künstler wie George Harrison und Bob Dylan vorbehalten blieb, könnte es geschehen, daß sie sich auf eine ständig wachsende Anzahl von Headline-Acts ausweitet und dadurch zur ersten wesentlichen Auflösung der Veranstaltungsmonopole hauptsächlich regional orientierter Unternehmer führt.*

Wenn der gegenwärtige Rückgang der Konzertbesuche jedoch nicht auf seine Ursachen hin überprüft wird, sagt Stein, «könnte alles aus der Hand gleiten, bis es plötzlich zu spät ist. Und dann ist es vorbei – weil wir uns alle zu sehr am goldenen Kalb gemästet haben.»[31] Der völlige Niedergang der Konzert-Veranstaltung erscheint mehr als unwahrscheinlich. Aber wenn der Markt zusammenbräche, dann hätten sich die großen Promoter gerettet, lange bevor es ernst würde. Leute wie Stein, die keine Zuneigung zur Rock-Musik haben (Stein nennt sie eine Ansammlung von «Akne-Liedern» und zieht den leicht nostalgischen Sound der Tin Pan Alley-Klassiker vor), könnten ihre Talente bestimmt auch woanders profitabel einsetzen.

* Auf Long Island in Howard Steins Anwesen trafen mehrere wichtige Veranstalter der Ostküste zusammen, um mögliche Aktionen gegen Bill Graham und seine nationalen Tourneen zu diskutieren. Stein selbst arbeitete auf einer Anzahl sekundärer Märkte, ebenso wie verschiedene andere Veranstalter, die ihre sichere Basis in bestimmten Großstädten oder Regionalmärkten hatten. Dennoch teilten sie die Meinung, daß Graham durch seine vollständige Kontrolle über die Bob Dylan-Tournee die Toleranzgrenze überschritten habe. «Glaubt mir», soll Stein den versammelten Geschäftsleuten gesagt haben, die allesamt besorgt über ihren Status und über ihre Zukunft waren, «euch werden nicht die Schwänze abfallen, nur weil ihr in euren Städten nicht die Dylan-Konzerte gemacht habt.» Nach Steins tröstenden Worten entschieden sich die Veranstalter, der Dylan-Tournee nicht allzu großen Protest entgegenzusetzen. Ihnen blieb keine große Wahl. Schon ein paar Monate später machte Graham dasselbe mit einer George Harrison-Tournee.

Die Rock-Presse

Die Branchenzeitschriften und ihre Charts

Die Musikindustrie ist ein verzweigter und großer Komplex aus Firmen, Menschen, Geld und verschiedenartigen Produkten. Sie erfordert zur internen Kommunikation ihre eigenen Strukturen: eine ganze Anzahl von Branchenmitteilungen, Vorschlagslisten, Informationsschriften und Magazinen, die sich direkt an Schallplattenfirmen, Einzelhändler, Diskjockeys und Station Manager richten. Die wichtigsten davon sind die sogenannten «Branchen»-Magazine: «Cashbox», «Record World» und «Billboard». «Cashbox» ist schon seit vielen, vielen Jahren auf dem Markt. Die Zeitschrift berichtet über alle grundlegenden Ereignisse in der Industrie und ordnet die Hits in Listen, sogenannten Charts. «Record World» wurde in den frühen sechziger Jahren von Bob Allston und Sid Parnes gegründet, die Redakteure bei «Cashbox» gewesen waren, bis man ihnen von einem Tag auf den anderen kündigte. Diese Zeitschrift erfüllt dieselben Funktionen, macht es jedoch ein wenig besser. An Bedeutung und Auflage nimmt sie zu. Zusammen mit dem Bill Gavin-Report (einem integren «tip sheet», das heißt einer Vorschlagsliste, von einem integren Mann) und Ready On Records (einem Tip-Sheet, das mit «Record World» verbunden ist) bieten «Cashbox» und «Record World» dem Rundfunkpersonal Richtlinien für ihre Programmgestaltung. Aber die einflußreichste, größte und älteste Branchenzeitschrift ist «Billboard», deren Charts von der Masse der Branchenangehörigen fleißig und sorgfältig studiert werden. Was diese Zeitschrift sagt, wird in der Branche als das gültige Wort angesehen.

«Billboard» wurde vor mehr als achtzig Jahren als ein Nachrichtenrundschreiben für all die Entertainment-Instanzen gegründet, die im Freien operierten: auf Jahrmärkten, Viehauktionen und -ausstellungen, bei Wanderschausteller-Unternehmen und beim Zirkus. Im Laufe der Jahre wuchs das zu einem riesigen Unternehmen, einem Verlagsimperium, das auch noch weitere Zeitschriftenserien herausbrachte: «American Arts», «Amusement Business», «Gift and Tableware Reporter», «High Fidelity», «Merchandising Week», «Modern Photography», «Photo Weekly», «Vend» sowie andere Magazine. Es war in zwei Verlagsfirmen unterteilt: Watson Guptill und Whitney Publishing. In den vergangenen Jahren hat Billboard Publications Inc. einige jener Magazine aufgegeben und seine Firmenstruktur konsolidiert, aber die Herausgeber William Littleford und Jules Novick investierten sehr umfangreich in andere Industrien, die vom Musik-Business ziemlich weit entfernt sind, zum Beispiel in das Kabelfernsehen.

«Billboard» hat eine Anzahl von Redaktionsbüros in den Vereinigten Staaten, von denen die wichtigsten in New York und Los Angeles ansässig sind, sowie außerdem auch Büros im Ausland, unter anderen in Mailand und London. Wie die anderen Branchenzeitschriften veröffentlicht «Billboard» allgemeine Nachrichten aus der Musikindustrie und -wirtschaft, unter besonderer Berücksichtigung interessanter neuer Firmen oder wesentlicher leitender Angestellter. Es werden neue Künstler vorgestellt, die Campus-Märkte, Entwicklungen der Aufnahmestudio-Technik und des Studio-Business, Radio- und Fernseh-Programme und ihre Strukturen, klassische Musik, die Country-Musik-Szene, Musikautomaten-Bestückung, Tonband- und Audio-Video-Forschung und -entwicklung, Trends, Marketing, Verkaufstechniken, internationale Nachrichten und der kanadische Markt. Alle redaktionellen Beiträge sind jedoch in gewisser Hinsicht nichts als Hintergrund für «Billboard»s wichtigsten und verkaufsträchtigsten Inhalt: die Charts der Plattenverkäufe.

Im Laufe der Jahre sind diese Charts, die anfangs nur Auflistungen der Top-Songs im Radio waren, immer ausgeklügelter geworden. Sie sind inzwischen in verschiedene Indexe oder Listen aufgeteilt. Es gibt da zum Beispiel einen Chart für AM-Radio-Singles, der wiederum in Unterauflistungen aus acht verschiedenen geographischen Regionen aufgeteilt ist. Es werden separate Listen für National-FM-Action geboten, für Hot Soul Singles, Soul LPs, Easy Listening, Hot Country Singles, Hot Country LPs und für das internationale Geschäft. «Billboard» präsentiert überdies Top-Album-Auswahlen in den Pop-, Soul-, Country-, Jazz-, Klassik-, Disco- und Comedy-Kategorien mit jeweils speziellen Anmerkungen für Rack-Jobbers und Einzelhändler, wie man die verschiedenen neuen Platten am wirkungsvollsten präsentieren könne und welchen besonderer Verkaufsnachdruck zuteil werden möge. Ähnlich gibt es für Radio-DJs Top-Single-Vorschläge. Schließlich sind da noch die «Billboard»-Hot 100-Singles und die 200 Top-LPs und -Tapes.

Die Bewertungs- und Einordnungssysteme bei «Billboard» und den beiden anderen wichtigen Branchenzeitschriften werden immer wieder modifiziert, auf die eine oder andere nicht wirklich entscheidende Weise, aber sie alle gehen zurück auf die Überprüfung von Verkäufen und Radiosendungen in etwas mehr als zwanzig wichtigen Marktregionen des Landes. «Billboard» verfügt wahrscheinlich über das kompakteste System. Man ruft ungefähr achtzig (von hundert ausgewählten und kooperierenden) Plattengeschäfte und -händler in zweiundzwanzig Metropol-Regionen wöchentlich an und läßt sich von ihnen Verkaufsziffern durchgeben. Die Zusammensteller der Charts telefonieren überdies mit 125 ausgewählten Radio-Stationen und bekommen jede Woche deren Playlists. Diese beiden Arten von Informationsdaten werden dann an Hand einer gleitenden Gewichtungsskala bewertet, in einen Computer gefüttert und als die wöchentlich veröffentlichten Listen ausprogrammiert.

Obwohl das System der Branchenzeitschriften, die Popularität von Schallplatten darzustellen und zu verfolgen, dienlich ist, spiegelt es nicht immer korrekt die Verkäufe wider. Die angesprochenen Geschäfte und Händler sollen eigentlich ganz einfach aussagen, welche ihrer Platten sich am besten verkaufen, aber sie stehen unter ständigem Druck von Vertriebsfirmen, und zudem sagt ihnen wohl auch ihr eigener guter Geschäftssinn, es könne nützlich sein, bestimmte mit großem Aufwand unterstützte Veröffentlichungen nachdrücklicher zu berücksichtigen als andere. Die sogenannte Chart-«action» in den «Billboard»-Listen versucht die Veränderungen in der Rangliste der verschiedenen Songs und LPs darzustellen. Eine Stern-Markierung neben der Platte deutet auf eine hohe prozentuale Zunahme der Verkäufe seit der vergangenen Woche. Die Chart-Action wird in hohem Maße als Indikator für die Popularität eines Songs oder einer LP angesehen, aber sie kann auch täuschen. In «Clive», dem Buch von Clive Davis über seine Erfahrungen als Präsident von Columbia Records, vermerkt er, daß viele der bestverkaufenden Columbia-Künstler nie gute Chart-Action zu verzeichnen hatten. Sie mögen zwar die Top 100 erreicht haben und auch monatelang in ihren unteren Bereichen verzeichnet gewesen sein, aber sie verkauften sich eben eher langsam und beständig. Bob Dylan andererseits hatte eine relativ begrenzte Anhängerschaft, die ihm ergebener war. Sobald ein Song oder eine LP von ihm veröffentlicht wurde, schoß sie in den Popularitätslisten in hohe Regionen, denn sie löste eine intensive, jedoch kurze Kaufreaktion aus. Chart-Action wird bedeutsam, wenn sie von Programmdirektoren und DJs dazu benutzt wird, einen neuen Song auf die Radio-Playlists aufzunehmen. Die Kommentare von Davis deuten an, daß Dylan einen unproportional hohen Anteil von Radiosendezeit bekam, wenn man seine Musik strikt daran maß, welcher Allgemeinpopularität sie sich auf dem Gesamtmarkt erfreute.

In seinem kritischen und sehr scharf formulierten Buch über die Industrie, «The Music Machine», berichtet Roger Karshner Einzelheiten über das «trade bugging» (Beeinflussung der Branchenzeitschriften) und die Bestechungsmethoden, die von den großen Firmen angewendet wurden, um für ihre Künstler bevorzugte Berichterstattung oder Behandlung zu erreichen:

> Als ich bei Capitol war, stellte ich jemanden dazu ab, «full time» als Verbindungsmann zu den Branchenzeitschriften zu arbeiten. Alles, was der Typ zu tun hatte, jeden Tag, die ganze Woche, war, bei den Trades schön Wetter zu machen, die Leute einzuladen, auszuführen, zu bewirten. Er wurde instruiert, unter allen Bedingungen für positive Chart-Plätze zu sorgen. Ich bot ihm ganz anständige Erfolgsprämien. Fünfhundert Dollar für einen «Stern» oder gar ein «bullet» (Pistolenkugel-Markierung, die besonders aktive Chart-Action kennzeichnet) dafür, daß eine Platte in der Top 20 vorstieß oder zu einem lokalen «breakout» (Durchbruch) kam, war nicht ungewöhnlich.[32]

Welche tatsächliche Wirkung das Chart-Bugging oder Bestechungsmethoden und Schmiergelder hatten, läßt sich, ebensowenig wie bei allen anderen Formen von Payola (anglo-amerikanischer Ausdruck für aktive oder passive Bestechung), in bezug auf die Gesamtsituation der Industrie, nicht beantworten, aber ganz sicher ist, daß die Charts nicht in absoluter Unabhängigkeit von den wahren Zwängen und Korruptionsbedingungen innerhalb des Geschäfts erstellt werden. Dennoch werden neben manchen Tip-Sheets die Charts in «Billboard», «Record World» und «Cashbox» von Tausenden von Einzelhändlern und DJs gläubig verfolgt.

Die Musik-Presse und ihre Judith Crist

Neben den Branchenzeitschriften und den Tip-Sheets, die ja hauptsächlich die Musikindustrie, ihre Struktur und ihre Operationsweise behandeln und sich nicht mit den Inhalten ihrer Produkte beschäftigen, erwuchs um den Rock 'n' Roll eine Anzahl von Zeitschriften, die sich mit den Persönlichkeiten und der Musik der Rock-Szene auseinandersetzten.

Ihren Anfang nahm die Rock-Presse mit der Zeitschrift «Hit Parader», einem Magazin in Comic-Book-Manier unter der Leitung von Jim Delahunt, der jetzt für Atlantic Records arbeitet. Diese Zeitschrift war besonders erfolgreich Mitte der sechziger Jahre, bis ungefähr 1967 oder 1968, als sie von «Rolling Stone» und anderen, etwas anspruchsvoller gemachten, aber auch glatteren Magazinen an Erfolg übertroffen wurde. Zwischen die pubertären Songtexte der letzten Hits streute Delahunt Artikel über Leute – über die Rock 'n' Roll-Musiker und ihre Einflüsse. «Hit Parader» bot eine Art zeitgenössische und kontinuierliche Geschichte des Rock 'n' Roll und Rhythm & Blues und wurde von den ernsthafteren und interessierteren Fans jener Zeit verschlungen. Viele der etablierten Rock-Kritiker lasen in ihrer Jugend diese Rock-Illustrierte.

«Crawdaddy» erschien im Frühling 1966. Es war ein Kind der Liebe zur Rock-Musik, ins Leben gerufen von dem Englisch-Studenten Paul Williams aus Swarthmore. Die ersten Ausgaben des Fanzines bestanden aus mimeographisch vervielfältigten Blättern, die mit Klammern zusammengeheftet waren. Der Prosa-Stil der Zeitschrift war begeistert und enthusiastisch-überschwenglich, und es gab lange Artikel über die Wurzeln der Rock-Musik im Blues und in der schwarzen Musik. Ende 1966 taten sich Greg Shaw und David Harris in San Francisco zusammen, um in der «Mojo Navigator News» über Musik zu schreiben. Ihre

Zeitschrift war lebendig, präsentierte Cartoons, Plattenbesprechungen und Diskographien. In New York war das «Cheetah»-Magazin Treffpunkt und Ausgangsort für Bob Christgau, Ellen Willis, Richard Goldstein und viele andere, die später zum Establishment der New Yorker Pop-Kritiker werden sollten. Sehr bald stellte «Cheetah» sein Erscheinen ein. Goldstein begann danach mit einer regelmäßigen Kolumne für die «Village Voice» und gab «US» heraus, ein Magazin in Buchform, veröffentlicht von Bantam, das jedoch auch nach einigen Ausgaben schon wieder eingestellt wurde. Inzwischen hatte sich der «Crawdaddy»-Autor/Redakteur/Herausgeber Williams vom College-Zirkel in Philadelphia gelöst und war nach Boston gezogen, wo seine Zeitschrift das Interesse der Autoren Peter Guralnick, Bob Somma, Sandy Pearlman, Ed Ward und, ganz besonders wichtig, Jon Landau weckte.

Als er für «Crawdaddy» zu schreiben begann, war Landau auch schon Autor bei den Magazinen «Hard Times», «Eye» und «Vibrations», weniger erfolgreichen Versuchen aus jener Zeit, den Markt zu erreichen. Landau wurde schnell zum herausragenden Kritiker bei «Crawdaddy», ebenso informiert, aber weitaus populärer als Williams selbst. Er war der erste, der, wie es der Musik-Redakteur von «Real Paper» ausdrückte, «über die Musik schrieb, ohne darüber ins Schwärmen zu geraten, daß er Gott und Purpurfarben sah, wenn immer er sich COUNTRY JOE AND THE FISH anhörte oder sonst eine der allerneuesten Gruppen».[33]

In den Jahren seit «Crawdaddy» hat sich Landau einen unbestrittenen Ruf als der beständigste, populärste und mächtigste Kritiker im Lande erworben. Und er ist tatsächlich soviel wichtiger als jeder andere Kritiker, zumindest vom Standpunkt der Industrie aus, daß niemand auch nur mit ihm zu vergleichen wäre. Landau ist eine respektierte Persönlichkeit, und ihm ist es immer wieder gelungen, kommerzielles Potential ebenso wie Talent auszumachen. Er ist der einzige Autor der Rock-Szene, der begeistert über Bruce Springsteen schreiben konnte («Ich habe die Zukunft des Rock 'n' Roll gesehen, und ihr Name ist Bruce Springsteen»), als Columbia diesen Künstler fallenlassen wollte, weil er sie schon ungefähr 300000 Dollar gekostet hatte, und damit in der Lage war, die Entscheidung der Plattenfirma rückgängig zu machen. Kürzlich sprach Landau bei mehreren Plattenfirmen vor, um sich zu informieren, wie es mit einem Job in der A&R-Abteilung aussähe. «Jeder, dem ich die Hand schüttelte, kam mit irgendeinem Angebot. Aber war das nicht klar?» Er lachte. «Die wissen, daß ich heiß bin!»[34]

Landau ist ein charmanter Mann, der Spaß an seiner Macht hat und dem es gefällt, mit der Industrie und ihren Versuchen, ihn zu benutzen, zu spielen. Seine Artikel und Besprechungen sind eher eingegrenzt, betrachten die Platten im Kontext der früheren Werke des Künstlers und nicht aus einer allgemeineren sozialen Perspektive. Sich auf diese Eingeschränktheit beziehend, vergleicht er sich gern mit Andrew Sarris, dem «auteur»-Filmkritiker, der für die «Village Voice» schreibt. Aber andere Kritiker machen sich über diesen Verweis auf Richtung Film lustig. Sie nennen Landau die «Judith Crist der Rock-Kritik», in Anspielung auf die mächtige und künstlerisch konservative Filmkritikerin der «New York Daily News», um deren Wohlgefallen von den wichtigen Studios immer wieder gebuhlt wurde.

Viele Rock-Kritiker, die später für nationale Musik-Publikationen schrieben, hatten bei Underground-Zeitungen begonnen. In San Francisco zum Beispiel wurde die «Express Times», später in «Good Times» umbenannt, ursprünglich von Marvin Garson und anderen Berkeley-Graduierten herausgegeben und beschäftigte Autoren wie Greil Marcus und Langdon Winner sowie andere Journalisten der Bay Area, die später für den «Rolling Stone» arbeiteten.

Rolling Stone

Die wichtigste der neuen Magazin-Zeitschriften, die aus den sechziger Jahren erwuchs und zum absoluten «Lektüre-Muß» der neuen «hip»-Schallplattenindustrie wurde, ist das Magazin «Rolling Stone». «Rolling Stone»-Herausgeber/Redakteur Jann Wenner hatte niemals Identifikationsprobleme mit seiner Publikation, die von Anfang an kommerziell ausgerichtet war und im Laufe der Jahre durchgängig eng mit Schallplattenfirmen und Hi-Fi-Herstellern als Werbeträger für eine konsum-orientierte Jugendkultur zusammengearbeitet hat. Als Wenner gefragt wurde, ob er jemals den «Rolling Stone» als Teil der Underground-Presse und ihrer Tradition begriffen habe, erwiderte er:

> Nein, niemals. Wir haben uns nie dem Underground-Presse-Syndikat angeschlossen und niemals an dem Nachdruck-System teilgehabt. Wir wußten, daß wir auf ein anderes Publikum zielten und eine völlig andere Ausgangsbasis hatten. Wir versuchten von Anfang an . . . auf einer sehr soliden kommerziellen Basis zu operieren. Wir wollen zudem Geld verdienen. Wir sind im Geschäft, und wir schämen uns dessen nicht, und wir beschäftigen uns mit Musik. Musik ist der wichtigste definierbare Teil der Jugendkultur, das, woran die meisten Leute Interesse hatten und haben, und, was noch wichtiger ist, sie ist das Mittel, mit dessen Hilfe die Leute kommunizieren.[35]

Wenner wurde ziemlich korrekt vor einigen Jahren in einer «Rolling Stone»-Broschüre für potentielle Werbekunden als ein «kleiner stämmiger, oft grimmiger Mann» beschrieben, «über den man wenig weiß und noch weniger Fragen stellt». Er besuchte die University of California während des Aufkommens der «Free Speech»-Bewegung, über die er für den «Daily Californian» und als Korrespondent für die NBC-Nachrichten berichtete. 1967 hatte er sich aus dem College entfernt und arbeitete als freier Musik-Journalist. Er ließ sich voll auf die aufstrebende Musik-Szene an der West Coast ein. Für ein paar Monate ging er nach London, lebte dann in New York und kam schließlich nach San Francisco zurück, um bei «Sunday Ramparts» zu arbeiten, einer wöchentlichen Beilage des altbewährten radikalen Magazins der Bay Area. Dort war er Kultur-Redakteur. Er arbeitete eng mit dem Musik-Kolumnisten Ralph Gleason vom «San Francisco Chronicle» zusammen, den er während seiner Uni-Zeit kennengelernt hatte. Gleason erinnert sich:

Nachdem die Zeitung eingestellt werden mußte – eine frühe Warnung, welche Schwierigkeiten auch noch auf «Ramparts» zukommen sollten –, kam Jann eines Tages zu mir und sagte: «Meinst du, es gibt eine Chance für eine Zeitung über Pop-Musik?» Ich sagte, daß sei verdammt richtig, und am selben Nachmittag noch fingen wir, uns Gedanken über das Konzept zu machen. Es war Janns Idee. Ich hatte eine Menge Erfahrungen verschiedenster Art mit allen möglichen Publikationen, und ich schlug vor, wir könnten auf die einfachste Weise beginnen, wenn uns der Drucker Büroräume zur Verfügung stellen würde. Und so kam es, daß die Druckerei, die «Sunday Ramparts» machte, auch den «Rolling Stone» druckte.[36]

Wenner unternahm schnell Anstrengungen, erfahrene Leute an dem Projekt zu beteiligen. Michael Lydon kam von «Newsweek» als Assistant Editor. Gleason wirkte von Anfang an als Ratgeber und ständiger Kolumnist mit. Und Jon Landau, erster Rock-Kritiker von Ruf, kam vom «Crawdaddy» zum «Rolling Stone». In einem Interview erinnerte sich Landau 1970: «Es war sofort festzustellen, daß der ‹Rolling Stone› ein ernsthaft professionelles Magazin sein sollte. Und besonders von der geschäftlichen Seite her handelte es sich um ein professionell geführtes Magazin. Außerdem herrschte beim ‹Stone› eine engagierte und begeisterte Atmosphäre, an die ich mich aus den ersten Tagen erinnere.»[37]

Die erste Nummer des «Rolling Stone» erschien im Oktober 1967, präsentierte eine Story von Michael Lydon über den Hintergrund des Monterey Pop Festivals («abgehalten für Geld plus Songs, nicht für Songs plus Geld»), ein Foto von John Lennon in Uniform aus dem Film «How I Won The War» auf der Titelseite und ein redaktionelles Leitwort von Jann Wenner, in dem stand:

Wir haben eine neue Publikation begonnen, in der die grundlegenden Veränderungen der Rock 'n' Roll-Musik und die Veränderungen, die mit dem Rock 'n' Roll in Zusammenhang stehen, so dargestellt werden sollen, wie wir sie einschätzen. Weil die Branchenzeitschriften so wenig korrekt geworden sind und außerdem irrelevant und weil die Fan-Magazine ein Anachronismus sind, gestaltet im Rahmen von Mythos und Unsinn, hoffen wir, daß wir hier etwas für die Künstler und die Industrie bieten – und für einen jeden, der «an die Magie glaubt, die die Freiheit bringen kann».

Rolling Stone wird sich nicht nur mit Musik beschäftigen, sondern auch mit jenen Dingen und Lebensanschauungen, innerhalb derer die Musik ihre Gestalt gewinnt. Wir haben sehr hart daran gearbeitet, und wir hoffen, daß euch unsere Arbeit gefällt. Noch mehr zu beschreiben, wäre schwer, ohne daß es nach ‹bullshit» klänge, und ‹bullshit› ist dasselbe, wie Moos ansetzen.[38]

Die erste Auflage von 40000 Exemplaren verkaufte sich nicht gut. 34000 Hefte wurden remittiert, aber nach einigen Monaten schon war der «Stone» ein finanzieller Erfolg. Er machte bescheidenen Profit und verfügte über die besten Autoren. Es kam zu weiteren Änderungen in der Redaktion. John Burks vom «Chronicle» kam als Managing Editor. Greil Marcus kam und brachte Langdon Winner. «Rolling Stone» wurde innerhalb der Industrie als Autorität wahrgenommen. Ein Artikel, der den damals noch völlig unbekannten Blues-Gitarristen Johnny Winter aus Texas pries, führte zum Beispiel zu einem Vertrag über mehrere hunderttausend Dollar mit Columbia Records. Auch die Auflage stieg. Wenner war entschlossen, die ganze Welt mit Rock-Neuigkeiten und seinem «Rolling Stone» zu erreichen. Er schaltete eine ganzseitige Anzeige in der «New York Times», um zu verkünden: «Rock 'n' Roll ist mehr als nur Musik, er ist die Energie einer neuen Kultur und Jugendrevolution.»

Aber das Magazin begann seinem Herausgeber zu entgleiten. Nachlässige Buchhalter informierten Wenner falsch über seine Finanzen und verleiteten ihn dazu, in eine London-Ausgabe des «Stone» (zusammen mit dem nebenberuflichen Kapitalisten Mick Jagger) zu investieren. Das erwies sich als katastrophal, da diese nie zustande kam. Er gab eine Menge Geld für die neuen Büroräume aus, die 7000 Dollar im Monat kosteten und 1970 bezogen wurden. Als Wenner schließlich erfuhr, wie wacklig es um sein Unternehmen stand, traf er sofort einschneidende Maßnahmen. Der Umzug in die neuen Büros an der Third Street bot Gelegenheit für eine Bürokratisierung der Strukturen, um Kosten zu sparen (nur an den höchsten Kosten, der Miete, wurde nicht gespart) und um Produktion und Effizienz zu steigern. Langdon Winner erinnert sich:

Sie ersetzten die improvisierte, mehr oder weniger kollegiale Büroarbeit und -routine, bei der die Schreibtische verstreut herumstanden und die Leute sich ständig miteinander unterhielten und es kaum hierarchische Teilungen gab, durch eben diese Art Teilung, Organisation verschiedener Abteilungen. Wo sich die Leute zuvor ziemlich gleichberechtigt gefühlt hatten und in der Lage gewesen waren, sich miteinander zu unterhalten, obwohl sie verschiedenen Aufgaben nachzugehen hatten, wurde jetzt eine Art reglementierten Informationsflusses organisiert und uns auferlegt. Wer die Telefone benutzen durfte, die Post aufzumachen autorisiert war, und wer mit wem reden konnte, wurde jetzt wichtig, weil reglementiert.[39]

Das Verlangen nach «Effizienz» wurde zur Grundlage für die Konsolidierung von Machtstrukturen.

Es kam zu politischen Differenzen innerhalb der Redaktion des «Rolling Stone». Größtenteils stellten sich diese dar als Spannungen zwischen den Bay Area-Schreibern, die sich den vielen Universitäts- und Subkultur-Oppositionsbewegungen solidarisch fühlten, die in den späten sechziger und frühen siebziger Jahren Berkeley und San Francisco heimsuchten – die Demonstrationen im People's Park zum Beispiel und die Kampagne gegen die Polizei-Brutalität – und Wenner, der schon immer Radikale und radikale politische Ansichten mit Argwohn betrachtet hatte. Anfangs ignorierte der «Rolling Stone» politische Bewegungen. Dann begann er, über sie zu berichten, wenn auch nur über die besonders spektakulären, und das auf eher negativ-kritische Weise. Die Darstellung der Yippie-Aufrufe, den Parteitag der Demokraten im Sommer 1968 in Chicago zu stören, war vehement antiradikal. Die Demonstranten, so sagte Wenner, benutzten «Methoden und Mittel, ebenso korrupt wie die politische Maschinerie, die sie aus den Angeln zu heben hoffen».

Im darauffolgenden Frühling war der Herausgeber des «Rolling Stone» zumindest willens, sich intensiver über Politik zu äußern, wenn auch widerwillig. Im Vorwort einer Spezialnummer, die größtenteils der «Amerikanischen Revolution» gewidmet war, verkündete er im April 1969:

> Ob es uns gefällt oder nicht, wir haben eine Phase der sozialen, kulturellen, intellektuellen und künstlerischen Geschichte der Vereinigten Staaten erreicht, in der wir alle von Politik beeinflußt sind. Wir können das nicht länger ignorieren. Denn diese Tatsache bedroht unser tägliches Leben und unser tägliches Wohlbefinden . . . Die neuen politischen Bewegungen, die wir um uns herum wahrnehmen, können nicht mehr länger an die Peripherie des künstlerischen Bewußtseins verwiesen werden . . . Die Schwarzen und die Studenten sind unsere Brüder, und sie handeln auf eine Weise, derer wir gewärtig sein sollten. Und wir müssen daran teilnehmen, denn sie kämpfen einen Kampf auch gegen unsere Feinde, wenn auch unsere Teilnahme nur darin besteht, daß wir uns dessen bewußt sind.[40]

Ein Großteil der Berichterstattung über die amerikanische Revolution war dennoch negativ. Ralph Gleason faßte die Diskussion zusammen, indem er die Radikalen als unbewußte Opfer ihrer eigenen «Todessehnsüchte» attackierte, und was die Gewalttätigkeit betraf, äußerte er sich: «Ihr solltet euch überlegen, wie ihr eine Revolution veranstalten könnt, ohne dabei Menschen zu töten, denn sonst kann sie keinen Erfolg haben.»

Im Büro haßte Wenner jedwede Art politischer Diskussion. Während der ersten Maitage 1970 war er jedoch nicht im Büro, als die Kent State und Jackson State-Massaker geschahen. Während er sich noch im Urlaub befand, brachten die restlichen Redaktionsmitglieder, angeführt von den «Radikalen», eine politische Ausgabe über die Invasion von Kambodscha, die Studentenproteste und die repressiven Maßnahmen der Polizei heraus. Als Wenner zurückkam, stellte sich ihm ein solidarischer Block von Autoren entgegen, zu dem Winner, Burks und Marcus sowie einige andere gehörten, und man verlangte mehr politische Berichterstattung. Obwohl nie ganz klar geworden ist, was darauf folgte, hat es den Anschein, als habe sich Wenner persönlich bedroht gefühlt von der politischen Unabhängigkeit und der offensichtlichen Einigkeit seiner besten Autoren. Er verwies darauf, daß er wegen der Berichterstattung über Kent State eine Menge Briefe von verärgerten Lesern erhalten habe, in denen immer wieder formuliert sei: «Ich lese den ‹Rolling Stone› wegen der Musik. Laßt mich mit Politik zufrieden.» Wenner war der Ansicht, die Radikalen hätten jeden Bezug zum wirklichen Publikum des «Stone» verloren, und er argumentierte, die Wünsche der Leser in bezug darauf, welche Themen das Magazin präsentierte, sollten intensiver beachtet werden.

Bald darauf wurde Greil Marcus als Plattenkritik-Redakteur kaltgestellt. Nachdem eine Anzahl von Entscheidungen, die Marcus für sein Ressort getroffen hatte, entweder ignoriert oder von Wenner umgestoßen worden waren, der manchmal sogar entschied, Marcus' Kolumne nicht zu veröffentlichen, rief Greil eines Tages Jann an und fragte, ein wenig verletzt: «Jann, arbeitete ich eigentlich für dieses Magazin oder nicht?» Worauf Wenner emotionslos erwiderte: «Offensichtlich nicht.» Nach Marcus feuerte Wenner auch Burks, ein weiterer Radikaler namens Michael Goodwin ging freiwillig, und schließlich entschied sich auch Langdon Winner, in einer solchen Atmosphäre nicht mehr für die Zeitschrift arbeiten zu wollen.

Noch im Herbst 1970 hatte das Magazin zwar seine finanziellen Schwierigkeiten, die durch Wenners Investition hervorgerufen worden waren, aber die radikalen Kräfte waren zumindest entfernt, und das Magazin trat in eine zweite Phase des Wachstums und der Konsolidierung. Wenner fand einige Leute, die interessiert waren, in den «Rolling Stone» zu investieren. Der wichtigste von ihnen war Max Palevsky, Computer-Genie und Selfmade-Millionär, der zum Aufsichtsratsvorsitzenden von Xerox Data Systems aufgestiegen war und überdies dem Aufsichtsrat des Exekutivkomitees von Xerox Corporation angehörte. Palevsky hatte 1961 seine eigene Firma, Scientific Data Systems, gegründet. Als diese 1969 von Xerox aufgekauft worden war, war er in die Hierarchie der Muttergesellschaft aufgenommen worden. Er hatte auf Anraten eines Freundes den «Rolling Stone» gelesen und war «beeindruckt von dessen Brillanz». Palevsky beriet Wenner dahingehend, Straight Arrow (die Mutterfirma von «Rolling Stone») «eher wie ein wirkliches korporatives Geschäftsunternehmen zu leiten, als sich auf Fingerspitzengefühl und Improvisation zu verlassen».[41] Ein weiterer wichtiger Firmenboss von Scientific Data Systems, der wohlbekannte Finanzier Arthur Rock, beteiligte sich am Management von Straight Arrow.

Durch die Verbindungen mit den äußerst gewieften und über erhebliche Mittel verfügenden Industriellen Palevsky und Rock gelang es, die Finanzen des «Rolling Stone» während der sehr kippligen Phase Ende 1970 wieder zu stabilisieren. Aber damit war auch die Richtung vorgezeichnet, die das Magazin in Zukunft einschlagen sollte. Obwohl der «Rolling Stone» von der Linken niemals ernstgenommen worden war, nicht einmal vor der «Säuberung» 1970, war er doch eine Zeitlang das kreativste der kommerziell erfolgreichen «sea-level» (Meereshöhe – nicht mehr Underground, noch nicht Establishment) Blätter. Für jene Leute, denen die isolierten Standpunkte der Rock-Kritik und des politischen Journalismus in den Produkten der Underground-Presse oder die einseitige Berichterstattung in den Medien des Establishments nicht reichte, bot der «Stone» einen flexiblen Rahmen, innerhalb dessen neue Ideen, Musik und Jugendkultur präsentiert wurden. Die Entfernung der eher radikalen Schreiber war kein so dramatisches Ereignis, denn zum Teil hatten sie sich dadurch, daß sie für dieses Magazin schrieben, schon von den radikalen Gruppen insgesamt gelöst, und zum anderen verließen sie die Zeitschrift über einen längeren Zeitraum, so daß die politischen Konsequenzen der Situation nicht abrupt deutlich wurden, nicht einmal in den Büros des «Rolling Stone» selbst.

Und doch handelt es sich hierbei um einen interessanten Wendepunkt in der Institutionalisierung und Anpassung der Gegenkultur, einen Triumph für die Hierarchie und den «hip»-Kapitalismus – symptomatisch für das, was allenthalben stattfand. «Als wir begannen, für das Magazin zu schreiben», kommentierte Langdon Winner später,

> und als die Bewegung noch in die Richtung ging, den Lebensstil und die Werte der Mittelklasse abzulehnen und sich ihnen zu widersetzen, da gab es meiner Meinung nach eine ganze Reihe von Versuchen, eine Alternative zu diesem Lebensstil zu entwickeln, andere Lebensformen zu konzipieren und anzustreben. Ein Großteil der kulturellen Explosion bestand darin, auf geradezu besessene Weise neue Formen für alles mögliche zu suchen – Nahrung, Kleidung, Häuser und Lebensräume, soziale Organisation, neue Formen der Erfahrung –, und meiner Meinung nach ist diese Tendenz abgewürgt worden. Jetzt haben wir einen legitimierten, leicht fortschrittlichen, typisch amerikanischen Konsumenten-Lebensstil, den der «Rolling Stone» in jeder seiner Ausgaben verkauft. Und dieser Lebensstil ist durchaus nicht so verschieden von jedem anderen amerikanischen Konsumstil, auf den man verweisen könnte, außer daß die Produkte sich ein wenig verändert haben und daß sie auf veränderte Weise präsentiert werden.[42]

Winners Kommentar ist schlüssig. Er bestätigt sich auch, wenn man betrachtet, wie sich der «Rolling Stone» selbst verkauft, und zwar als Werbemedium an andere Firmen, die daran interessiert sind, ihre Produkte an die Jugendkultur zu verkaufen. In «Billboard»-Anzeigen verkündete Wenner zum Beispiel die Ergebnisse einer «wissenschaftlichen, unabhängigen und beglaubigten Forschungsstudie . . . basierend auf 5700 Interviews mit ‹Rolling Stone›-Lesern», durch die sich herausgestellt habe, daß der «durchschnittliche Leser (und davon gibt es mehr als 2 Millionen) 61 LPs im Jahr kauft und 27 Tapes. Und er verwendet eine Stunde und 26 Minuten auf die Lektüre einer Ausgabe! 82 Prozent besitzen Tonbandgeräte, 69 Prozent gaben an, daß sie innerhalb der vergangenen sechs Monate um Rat gefragt worden seien, welche Hi-Fi-Geräte empfehlenswert seien, 84 Prozent besitzen Musikinstrumente, 95 Prozent Playback-Geräte.»[43]*

Oder, wie die «Rolling Stone»-Eigenwerbungsbroschüre vor ein paar Jahren formulierte:

> Junge Leute geben eine Menge Geld für Musik aus; Plattenverkäufe belaufen sich inzwischen auf 700 Millionen Dollar jährlich . . . und die Hälfte davon wird von «Rolling Stone»-Lesern ausgegeben . . . die redaktionellen Beiträge im «Rolling Stone» präsentieren Hi-Fi als selbstverständlichen und normalen Teil im Leben unserer Leser, und das haben sie uns auch so vermittelt. Anders als in den Männer-Magazinen, in denen Hi-Fi-Geräte nur als weiterer Luxus dargestellt werden, den man sich verschaffen und dann gleichsam nur vorzeigen sollte, oder in den allgemeinen Zeitschriften, in denen Hi-Fi entweder ehrfürchtig behandelt wird oder einfach als Haushaltsgegenstand. Weil die Musik für die Leser des «Rolling Stone» lebenswichtig ist, ist auch Hi-Fi für sie lebenswichtig.[44]

Der Verkauf von Hi-Fi-Geräten und Schallplatten weist auf zwei offensichtliche Elemente für den Konsumenten-Lebensstil, den der «Rolling Stone» präsentiert und repräsentiert.

In den Jahren seit 1970 ist der «Stone» gar noch größer geworden. Eine Normalausgabe hat jetzt 104 Seiten. Das Magazin erscheint alle vierzehn Tage, und es hat eine verkaufte Auflage von ungefähr einer halben Million. Mit King Features hat man eine Verbreitungsabmachung getroffen, durch die eine «Rolling Stone»-Feature-Story (größerer Artikel über eine bestimmte Gruppe oder ein Thema), eine Plattenbesprechung und ein Künstlerprofil über eine Anzahl von weiteren Zeitungen und Zeitschriften ungefähr 33 Millionen weitere Haushalte erreichen. Die Firmenstruktur ist komplexer geworden, da sich der «Stone» auf andere Sektoren ausgeweitet hat. Im Steuerjahr 1974 hatte allein der «Stone» eine Bruttoeinnahme von über 6 Millionen Dollar, davon 10 Prozent Profit, und für 1975 wurde von 8,5 Millionen gesprochen.

---

* Wenners Behauptung hier ist ein wenig unglaubhaft. Wenn jeder der geschätzten 2 Millionen Leser fast 100 Platten und Tapes im Jahr kauft, die durchschnittlich ja 5 Dollar kosten, dann ist das Publikum des «Rolling Stone» für eine volle Milliarde Platten- und Tape-Umsatz im Jahr verantwortlich – 50 Prozent der Gesamtumsätze der Industrie und ein noch höherer Prozentsatz der Rock-Musik-Umsätze.

Der Aufsichtsrat der Firmendirektoren hat sich verändert und erweitert und damit den «Stone» in das Netz der Hochfinanz integriert. Die «Los Angeles Times» berichtete kürzlich mit sehr konsequenten Formulierungen: «Sollte noch jemand der Ansicht sein, der ‹Rolling Stone› sei nichts als eine Hippie-Postille, die auf eher chaotische Weise von einer Truppe ausgeflippter Freaks produziert wird, hat er entweder die letzten drei Jahre als Kriegsgefangener irgendwo in der Fremde verbracht oder ist gerade von einer ausgedehnten Reise in den Weltraum zurückgekehrt.»[45] Neben Arthur Rock und Max Palevsky gehören jetzt zu den Direktoren Leute wie Richard Irvine, ein ehemaliger leitender Angestellter bei den Walt Disney Productions. Ende 1974 wurde Irvine zum Präsidenten und Hauptgeschäftsführer von Straight Arrow Publishing ernannt. Vor diesem neuen Job war er der Chef der von Disney kontrollierten Educational Media Co. und dazu Disneys Marketing Direktor gewesen. Jerome Hardy ist ebenfalls Direktor beim «Stone». Hardy ist der ehemalige Herausgeber von «Life»-Magazin und gegenwärtig Präsident von Dreyfuss-Corporation, der Investment-Firma. Und Edwin L. Berkowitz, der ehedem die MJB Co. in San Francisco leitete und auch Investment-Makler ist, gehört ebenfalls dem Aufsichtsrat an.

Wenners eigene politische Anschauungen sind von Anfang an deutlich gewesen, obwohl sein persönlicher Ehrgeiz erst seit kurzem ein bißchen klarer geworden ist. Er hat ausführlich immer wieder darüber gesprochen, eine weitere Publikation herausbringen zu wollen, und mittlerweile ist es ihm gelungen, den «Rolling Stone» in den linken Flügel der demokratischen Partei zu integrieren. Das kann die Leser des Magazins eigentlich nicht überraschen. Wenners Ansichten über kulturelle und politische Veränderungen sind ebenso gleichbleibend wie konfus und kurzsichtig gewesen und geblieben. Trotz all seiner rhetorischen Eskapaden war er niemals Radikaler. 1969 sagte er gegenüber «Time»-Magazin: «Rock 'n' Roll ist die zentrale Energie für die Veränderung des amerikanischen Lebens. Aber der Kapitalismus ist es, der uns die unglaubliche Möglichkeit gibt, diese Musik auszuleben.»[46] 1971, als der «Rolling Stone» sein vierjähriges Jubiläum feiern konnte, die Profite wieder stiegen und die Dissidenten ausgeschaltet worden waren, definierte er seine Position ein für alle Mal:

> Wenn man öffentlich mit Kunst und Kommunikation in den Vereinigten Staaten zu tun hat – allein wenn man hier lebt –, dann hat man mit Geld zu tun, und man ist im Geschäft. Eine der Kardinalregeln der kommerziellen Seite des Lebens (als Individuum, als Familie oder als Firma) besteht darin, Profit zu machen. Wenn man das nicht tut, kann man sehr schnell pleite gehen, und dann steht man wieder auf der Straße. (Unglücklicherweise lassen sich die meisten amerikanischen Geschäftsunternehmen dazu hinreißen, aus dieser Regel das Spiel selbst zu machen, und durch diesen Prozeß werden die materiellen und spirituellen Bedürfnisse der Menschen sträflich vernachlässigt.) Wenn man Rechnungen be-

zahlt, sei es für sich selbst, für die eigene Familie oder für sein Geschäft, ist man ein Kapitalist. Die Wahl besteht nur darin, ob man zum Ausbeuter wird oder aufrichtig bleibt und sich seine menschliche Würde erhält.[47]

Der Sinn und die Zielrichtung aller kapitalistischen Strukturen ist darauf gerichtet, Profite zu erzielen. Das ist das gesamte Spiel und eben nicht nur eine wichtige Regel innerhalb eines größeren Rahmens wohltätiger geschäftlicher Betätigung. Und ganz sicher bestätigen die letzten dreihundert Jahre kapitalistischer Entwicklung diese Tatsache. Wenner erweitert die Definition des Kapitalisten von denjenigen, denen Fabriken gehören, Produktionsmittel oder, in seinem Fall, Magazine und die diese dazu benutzen, die Arbeitskraft anderer Menschen auszubeuten, auf jeden einzelnen, der Kontakt mit Geld hat, seinen Gehaltsscheck bekommt oder seine Miete bezahlen muß. Er verwischt (unglaublicherweise) alle Klassenunterschiede zwischen Kapitalisten und Arbeitern und hat in der Hinterhand eine Art intuitive Beurteilung moralischer Art zu den «materiellen und spirituellen Bedürfnissen der Menschen», mit der er die eine Sorte von Kapitalisten (alle, die seiner Definition entsprechen) von der anderen Art unterscheiden zu können glaubt.

Wenners Strategie besteht darin, die wesentliche Struktur des Kapitalismus zu erhalten, gleichzeitig aber jene Firmen zu kritisieren, die seiner Ansicht nach für den offensichtlichsten Schaden an Leben und Besitz verantwortlich sind. Er sagt:

Man ist auch der ewigen Attacken gegen alle Unternehmen der Musikindustrie leid (seien es jetzt Gruppen, Ballrooms, Zeitschriften oder Plattenfirmen), weil diese Geld machen. Das Musikgeschäft, seien es jetzt die Unternehmen oder sonst irgendwie Beteiligte, hat in den letzten fünf Jahren mehr positive Lebenskraft verbreitet als jede andere kommerzielle Institution, die einem in den Sinn kommt. Ist es nicht Zeit, die wahren Probleme ins Auge zu fassen, jene Firmen, die den wirklichen Schaden anrichten?[48]

In Wenners Analyse ist kein Raum für Kritik an den «liberalen» Industrien wie dem Pop-Musik-Business, obwohl es doch das progressive Potential der Musik durch seine Verkaufsmethoden und seine Marktaufbereitung des wirklichen Inhalts beraubt hat, noch scheint er die integralen Verbindungen zwischen dem Plattengeschäft und dem Rest der kapitalistischen amerikanischen Wirtschaft wahrzunehmen oder wahrnehmen zu wollen (siehe Kapitel 6, «Wem gehört die Rock-Musik?»).

Die geschäftlichen Verbindungen mit Max Palevsky haben dem «Rolling Stone» den Eintritt in die Hauptströmung der Parteipolitik in den USA geebnet. 1972 räumte der «Rolling Stone» der intensiv von Palevsky finanzierten Kampagne McGoverns soviel Platz ein, daß der «National Affairs»-Redakteur Hunter S. Thompson daraus ein umfangreiches und in der Grundtendenz lobendes* Buch zusammenstellen konnte. Es

* McGovern war das Thema eines verbitterten Artikels des «New Republic»-

wurde von Straight Arrow herausgebracht. Wenner, der sich einmal besorgt zeigte, er könne seine Leser dadurch verlieren, daß er im «Stone» über die amerikanische Jugendbewegung berichten ließ, räumte nach dem Niedergang einer identifizierbaren Jugendbewegung «Politics» eine ganze Sektion seines Magazins ein. Zuerst zeichnete dafür als Redakteur Richard Goodwin verantwortlich, der ehemalige Autor von Reden für John F. Kennedy und Lyndon Johnson. Jetzt ist Joe Klein der verantwortliche Redakteur, der Wenners Aufmerksamkeit erregte, als er einen Preis aus der Kennedy-Stiftung für seine Berichterstattung über Ergebnisse in Boston gewann, wo er Reporter bei der «sea level»-Zeitung «The Real Paper» war.

Mittlerweile verringert sich die Musik-Sektion des Magazins, die dennoch die höchstgepriesene Charakteristik des «Rolling Stone» sowohl bei Leserschaftsbefragungen wie in der Eigenwerbung für Anzeigenkunden ist. «In diesen Tagen ist der ‹Rolling Stone› im musikalischen Bereich stärker als je zuvor», verkündet eine «Stone»-Anzeige im «Billboard», die darüber hinaus behauptet, das Magazin «bespricht mehr Platten und berichtet häufiger über Musik als je zuvor».[49] Das ist ein eher trügerisches Argument, wie selbst Jon Landau, der Musik-Redakteur, einräumt. Als das Heft noch vierundsechzig Seiten hatte, nahmen die Plattenbesprechungen gewöhnlich fünf Seiten ein. In umfangreicheren Heften wurden ihnen sogar sieben Seiten zugestanden. Jetzt, da das Magazin durchschnittlich vierzig Seiten mehr hat, gibt es gewöhnlich nur noch vier Seiten Plattenbesprechungen.[50] Ein Grund dafür ist, daß Wenner selbst fast alles Interesse an der Musik verloren hat, die in diesen Tagen produziert wird. Schon vor Jahren hörte er eigentlich auf, Rock-Musik zu hören, und seither hat er auf Landau eingewirkt, die Besprechungen zu kürzen und dadurch die Anzahl der erwähnten Schallplatten zu erhöhen. Der «Rolling Stone» hat sich ganz deutlich vom «ernsthaften» kritischen Blick auf Musik entfernt und sich einer mehr an Werbekunden orientierten Besprechungs-Konzeption genähert.

Die Übereinkunft, die zwischen dem «Stone» und der Plattenindustrie erreicht worden ist, besteht darin, daß die Produkte erwähnt werden. Die Hierarchie innerhalb des Musik-Business hat realisiert, daß die gewünschte Erwähnung sowohl aus vielen negativen wie aus wohlwollenden Plattenbesprechungen besteht. Wichtig in der Zusammenarbeit zwischen Industrie und «Stone» ist einfach das implizite Versprechen des Magazins, veröffentlichtes Material zu erwähnen. Der «Stone» bespricht nur so viele Platten, wie es in den Tagen des Redakteurs Greil Marcus

---

Herausgebers Marty Peretz (der eigentlich aus seinem Glashaus nicht mit Steinen werfen sollte). McGovern erwiderte darauf, daß Peretz ihn ganz offensichtlich nicht leiden könne, und verwies Leser, die an einer wohlwollenderen Berichterstattung interessiert seien, auf das Buch von Thompson.

war. Damals waren sie ausführlicher, heute wird ihnen weniger Raum gewährt. Man vollzieht die Minimal-Verpflichtung gegenüber der Plattenindustrie und dem Publikum, und dadurch stellt man sicher, daß die erforderlichen Anzeigenaufträge gegeben werden.

Die Presse und die Industrie

Die Beziehung zwischen den meisten Rock-Zeitschriften und ihren unterbezahlten Autoren und der Musikindustrie andererseits ist von Abhängigkeiten geprägt. «Zoo World» und «Phonograph Record» sind absolut von den Anzeigen der Plattenindustrie abhängig, um überleben zu können. Und ihre Kritiker sind ebenfalls von den Plattenfirmen abhängig. Sie schlagen sich von einem großzügigen Pressefest mit großzügiger Bewirtung zum anderen durch, und sie bestreiten ihre Miete durch die ihnen kostenlos überlassenen Rezensionsexemplare (im Branchenjargon «freebies» genannt). Es ist die Standard-Praktik, daß die Kritiker auf die Veröffentlichungsliste der Schallplattenfirmen gesetzt werden, und das bedeutet, sie werden mit allen Neuerscheinungen bemustert, damit sie sie «besprechen». Natürlich kann kein Kritiker alle Neuerscheinungen auch besprechen oder ist gar in der Lage, sie zu hören oder hören zu wollen. Die meisten dieser LPs bleiben auf diese Weise ungenutzt. Aber man kann sie schließlich im Schallplattengeschäft am Ort zu Geld machen. Diese Möglichkeit hat so manchem hungrigen Schreiber zu einem Taschengeld verholfen. Bob Christgau, der seinen «Consumer Guide» in den Rock-Journalismus einführte, hat einmal zugegeben, daß er nach Erhalt aller seiner kostenlosen Schallplatten per Post diese auf der Stelle in «einen Verkaufshaufen und einen Haufen zum Anhören aufteilte».[51]

Jon Landau erhält, wie berichtet wird, weit mehr als nur Taschengeld aus diesem Verfahren. Warner Brothers und die Unterabteilungen Asylum und Atlantic schicken ihm angeblich jeweils sechs Exemplare aller ihrer Veröffentlichungen. Das bedeutet eine Summe von 10000 Dollar jährlich allein durch neue Schallplatten eines einzigen großen Labels.

Die ökonomische Anhängigkeit von Autoren von der Schallplattenindustrie, weniger von ihren Zeitschriften, ist einleuchtender noch darstellbar an der allgemeinen Praktik, für LPs die sogenannten Liner Notes zu schreiben (Texte, die auf den Schallplattenhüllen abgedruckt werden). Jerry Wexler war Pionier dieser Machenschaften für die neue Generation von Musikkritikern, indem er den begeisterten Jon Landau die Liner Notes für ein Otis Redding-Album schreiben ließ. Inzwischen sind viele Kritiker regelmäßig damit beschäftigt, und gewöhnlich ist es nicht so, daß sie sich auch wirklich mit der Schallplatte identifizieren können. Alle wichtigen Rock-Kritiker, möglicherweise Christgau ausgenommen, haben sich daran das eine oder andere Mal beteiligt. Zu ihnen gehören Marsh, Bob Palmer, Bob Blumenthal, Chet Flippo, Jimmie Isaacs und andere.

Die Abfassung von Plattenhüllentexten läßt sich zumindest zum Teil damit rechtfertigen, daß der Kritiker dazu beiträgt, dem Publikum das präsentierte Musikmaterial zumindest ansatzweise inhaltlich verständlich zu machen – und ganz sicher wird durch die informierten und kenntnisreichen Plattenhüllentexte, die oft Jazz- oder klassische Veröffentlichungen begleiten, eine gewisse erzieherisch-informative Funktion erfüllt. Eine jedoch nicht zu rechtfertigende Praktik besteht darin, daß angeblich freie Rock-Journalisten sich an Publicity-Veröffentlichungen beteiligen, bei Plattenfirmen-eigenen Publikationen mitwirken oder gar als Publicity-Agenten tätig sind. Viele der bekannten Journalisten, viele Rock-Kritiker, die sich bei der «Village Voice», beim «Rolling Stone» oder bei «Creem» einen Namen gemacht haben, sind jetzt oder waren zumindest mit Schallplattenfirmen auf diese Weise verbunden. Stephen Holden macht A&R-Arbeit bei RCA. Bud Scoppa macht die Publicity für A&M. Gordon Fletscher, Todd Everett und Gene Sculatti schrieben alle eine ganze Menge für die inzwischen von Warner Brothers eingestellte Firmenpublikation «Circular». Marty Cerf und Greg Shaw, die «Phonograph Record» zu einer hausinternen Publikation bei United Artists aufbauten, schrieben gleichzeitig auch für andere Zeitschriften. Paul Nelson macht A&R- und Publicity-Arbeit bei Mercury, schreibt aber auch für die «Village Voice». Wayne Robbins pflegte gleichzeitig für «Creem» und die Columbia Records Info-Schrift «Playback» zu arbeiten. Die Liste solcher journalistischer Verquickungen läßt sich beliebig fortsetzen.

Man muß sich nicht nur die Frage stellen, welchen Interessenskonflikten die Autoren ausgesetzt sind, die auf so direkte Weise mit Plattenfirmen verbunden sind und dennoch als freie Journalisten bei unabhängigen Publikationen schreiben, sondern es ist überdies wichtig, die Qualität ihrer Rock-Kritik zu betrachten. Sogar beim «Rolling Stone», der in seiner Existenzfähigkeit nicht von den Plattenfirmen abhängig ist, haben sich die Plattenkritiken gleichsam zu einer Routine-Übung entwickelt. Verschiedene Mitarbeiter sind für jeweils die Musik-Kategorien eingesetzt, an denen sie Freude haben. Gorden Fletcher zum Beispiel ist der Heavy-Metal-Spezialist, und ihm werden die meisten Platten dieser Kategorie zur Besprechung überlassen. Stephen Holden kümmert sich um die Singer/Songwriter. Ken Barnes beurteilt die Pop-Varianten der englischen Rock-Musik, BEATLES- Imitationen und dergleichen. Ken Emerson ist ebenfalls dafür zuständig. Russell Gersten macht Soul, und so weiter.

Wirklich interessant ist die Frage, welche konkret wirtschaftliche Bedeutung positive Plattenbesprechungen haben. Lou Adler weist darauf hin, daß er eine ganze Reihe von Hits hatte, die alle vom «Rolling Stone» verrissen worden waren, andererseits ist da aber auch die LP «Tapestry» von Carole King, zu der viele Rock-Kritiker die Meinung äußern, sie sei von Jon Landau zu eben diesem großen Erfolg gemacht worden. Ähnlich verhält es sich vielleicht mit der Warner Brothers-Veröffentlichung des ersten Solo-Albums von Maria Muldaur. Obwohl es sich dabei um eine sehr stark am Pop orientierte Produktion handelte, sind viele Kritiker der Meinung, daß die LP nur auf dem relativ begrenzten Markt der Jug-Band-Freunde (Muldaur sang früher bei Jim Kweskins Jug-Band) Erfolg gehabt hätte, wenn nicht Jon Landau sie an exponierter Stelle im «Rolling Stone» so sehr gelobt hätte.

Stan Cornyn von Warner Brothers hat gesagt, daß Zeitschriftenanzeigen und gedruckte Besprechungen nicht entscheidend helfen, Schallplatten zu verkaufen, sondern daß das Radio das einzig wirklich wichtige Werbemedium für Musikprodukte sei. Landau selbst dementiert die Wichtigkeit oder den Einfluß des «Rolling Stone» darauf, daß sich die Schallplatten verkaufen. Mit Recht weist er darauf hin, daß die meisten Plattenbesprechungen im «Stone» negativ sind. Jahrelang sind erfolgreiche Rock-Künstler wie die DOORS, Janis Joplin, die WHO, die ROLLING STONES, CHEECH AND CHONG, EMERSON, LAKE AND PALMER, GRAND FUNK RAILROAD und BLACK SABBATH für ihre LPs, die sich millionenfach verkauften, mit niederschmetternden Besprechungen bedacht worden. Was Landau sagt, scheint zumindest teilweise die Erfahrung von Richard Goldstein zu widerlegen, der davon berichtet, daß man ganz konkret versucht hat, ihn zu bestechen. «Ich hatte mir meine Illusion über die wertfreie Reinheit und Unantastbarkeit der Rock-Musik erhalten», sagt er,

> . . . bis zu jenem Tag 1969, als mein Agent mich darüber informierte, daß ein wichtiger Musikverleger mir 25000 Dollar zu zahlen bereit sei, wenn ich drei Abhandlungen über die Situation der populären Musik verfassen würde. Es galt dabei natürlich als selbstverständlich, daß ich in meinen Besprechungen die Künstler seiner Firma auf positive Weise herausheben sollte. Ich war schockiert, aber auch verwirrt. Es war mir bis dahin nicht bewußt gewesen, welche reale kommerzielle Bedeutung dem zukam, was ich schrieb, ebensowenig wie es mir je bewußt gewesen war, daß ein sensibler lyrischer Song-Poet wie Paul Simon für die amerikanische Wirtschaft von vergleichbarer Bedeutung sein konnte wie Harold Geneen (ehemaliger Aufsichtsratsvorsitzender von ITT).[52]

Goldsteins Fall ist eine Ausnahmeerscheinung. Das System ökonomischer Abhängigkeiten von Industriefunktionen, freie Aufträge, Plattenhüllentexte zu schreiben, und Einzel-Jobs im Publicity-Bereich einerseits und ästhetische und kritische Kompromisse in der tatsächlichen Berichterstattung über Rock-Musik laufen zu einem Gesamtsystem zusammen. Zwar erscheinen die Rock-Kritiker als nicht so wichtig in bezug auf die Prägung einer Publikumsreaktion zu einer bestimmten Schallplatte.

Sie erfüllen nicht dieselbe Funktion, bestimmt nicht auf vergleichbar hoher Ebene, wie Theater-, Ballett- oder Filmkritiker. Aber sie sind für die Schallplattenfirmen zumindest nützlich als Indikatoren möglicherweise beim Publikum erfolgreicher Trends, und sie liefern ihnen überdies beständig eigentlich oberflächliche, aber flotte und brauchbare Kommentare, die sich benutzen lassen, Produkte an den Mann zu bringen, wenn diese Produkte gut sind. Der größte Teil des industriellen Bestechungsgeschäfts wird nicht für bestimmte Zugeständnisse oder Versprechungen gegeben, sondern auf kontinuierlicher Basis geliefert. Dadurch entsteht eine Atmosphäre der Kooperation zwischen den Kritikern und dem Business, welche auf fundamentalere Weise die Korruptionsaspekte der Selbsteinschätzung der Autoren als Kritiker verdeutlicht.

Rock-Kritiker sind willkommene Mitglieder der großen Musikfamilie. Sie bekommen Testpressungen neuer Schallplatten, bevor ihre Freunde diese in den Schallplattengeschäften kaufen können. Wenn die LPs erscheinen, bekommen sie sie unentgeltlich ins Haus geschickt, und sie können sie zu Geld machen. Sie werden in luxuriöse Hotels eingeladen, wo man ihnen neue Künstler vorstellt und sie dabei üppig bewirtet. Unentwegt bekommen sie freie Eintrittskarten für Konzerte, sie sind Gäste in Clubs und bei privaten Industrie-Festivitäten. Persönlich identifizieren sie sich immer mehr mit den Plattenfirmen, die geduldig darauf hinarbeiten, daß sie ihnen helfen, ihre Produkte unter die Leute zu bringen. Von dem Publikum der Rock-Musik entfernen sie sich immer weiter. Die Industrie behandelt sie so zuvorkommend und erweist ihnen soviele Gefallen, daß sie, wenn die Zeit gekommen ist, zu allen Gegendiensten bereit sind, die das Promotion-System in Gang halten.

Im weitesten Sinne ist alle populäre Berichterstattung über die Rock-Musik Teil dieses korrupten Systems von Geschenken aller Art und Vergünstigungen, persönlichen Bekanntschaften und Beziehungen von Promo-Leuten auf allen Ebenen. Innerhalb der Industrie, die oberflächlich betrachtet so offen und informationswillig erscheint, ist der Informationsfluß in Wirklichkeit strikt und streng kontrolliert.

Die bestbezahlten Journalisten sind diejenigen, die den weitestgehenden Zugang zu internen Business-Informationen haben. Manche dieser Informationen sind reine Klatschgeschichten darüber, welcher Star gerade wen fickt, welchen persönlichen Geschmack die Rock-Idole haben und welche Angewohnheiten. Dies wird den Fans umgehend mitgeteilt. Manche sind handfeste Fakten und Daten darüber, wann eine LP veröffentlicht wird, wieviel Geld man aufwendet, um für den einen oder anderen Künstler Werbung und Promotion zu betreiben, wie die Einzelheiten von Plattenverträgen aussehen und dergleichen mehr. Aber alle diese Informationen sind Grundlage der Verkäuflichkeit von Rock-Zeitungen und -Magazinen. Journalisten, die eingeweiht sind in diese entscheidend wichtigen Industrie-«Geheimnisse», sind diejenigen, die am meisten Geld verdienen, und man schafft ihnen Zugang zu diesen Geheimnissen nur, wenn sie beweisen, daß sie innerhalb eines Systems zu operieren bereit sind, das das Business schützt und seinen Grundbedürfnissen dienlich ist. Einer dieser Journalisten ist Ben Fong-Torres vom «Rolling Stone», der auf exzellente Weise über Rock-Musik im Fernsehen, über das Underground-Radio und über die FCC berichtet hat, auf den die Schallplattenfirmen jedoch in kritischen Situationen auch immer wieder zählen können. Sie können darauf vertrauen, daß er sich mit einem ganz wichtigen Rock-Star in den Fond einer Limousine setzen läßt und danach ein Künstlerporträt schreibt, das kaum mehr als Lobhudelei ist. Er sorgt für die gewünschte Promotion, und er dient gleichzeitig dem Interesse der Plattenfirma, ihrem Künstler peinliche Kontakte mit der Presse und Belästigungen zu ersparen. Zwischen Industrie und Rock-Presse herrscht ein geschlossener Informationszyklus. Diejenigen, denen man zugesteht, die Inside-Informationen zu verwerten, sind Leute, in die man von vornherein das Vertrauen setzt, sie seien so dumm, so gefügig oder so anbiederisch, daß sie diese Informationen nicht auf eine Weise preisgeben, die dem Musik-Business wirklich schadet oder den Lesern tatsächlich die Augen öffnet.

Agenten, Manager, Konzertveranstalter und die Rock-Presse sind alle für die moderne Musikindustrie von wesentlicher Bedeutung, aber Kern dieser Industrie sind natürlich die Schallplattenfirmen. Wenn auch andere Sektoren der Musikindustrie – Agenturen, Management-Firmen, Konzertveranstaltungsunternehmen und ganz besonders der Rundfunk – autonom betrieben werden, so bleibt doch die Ursprungsquelle der Musik die Schallplattenfirma.

Da die Schallplattenfirma die Kontrolle darüber hat, welche Musik produziert wird, bestimmt sie grundlegend, was im Radio zu hören ist und im Fernsehen präsentiert wird. Bei Konzert-Veranstaltungen ist ihre Macht nicht ganz so groß. Radio, Fernsehen und persönliche Auftritte sind Mittel, die die Plattenindustrie einsetzt, um Schallplatten zu verkaufen; zusammengenommen funktionieren sie letztlich als Promotion-Infrastruktur, die dem Absatz des Produktes dient. Obwohl es von den Schallplattenfirmen insofern abhängig ist, als ihm diese die Musik liefern, wird das Radio natürlich nicht von ihnen kontrolliert. Einflußnahmen der Regierung, verkörpert durch Anti-Trust-Gesetze und Lizenz-Überwachungen sowie durch Nachforschungen, die sich auf jegliche Art von Bestechung richten, haben zu einer Trennung der beiden Medien geführt, die sich als konstante Spannung darstellt. Nichtsdestoweniger bleibt die Funktion des Rundfunks im Gesamtkontext der Musikindustrie Hilfeleistung für den Schallplattenabsatz.

Das Thema des nächsten Kapitels sind die Schallplattenfirmen selbst: wie sie arbeiten und funktionieren, was ihre tägliche Routine ist.

5

Pures Gold
Das Plattengeschäft heute

Vom Rockefeller Plaza zum Sunset Strip mit einer Zwischenstation in Burbank

Musik kontra Fernsehen

Musik – hauptsächlich die Rock-Musik – ist zu der bestimmenden Pop-Kultur Amerikas geworden. Ihr Publikum besteht noch immer wesentlich aus Leuten unter fünfunddreißig Jahren, aber die Einkünfte aus der Konsumfreudigkeit junger Menschen machen die Musikindustrie finanziell zum wichtigsten Bereich innerhalb der Unterhaltungsindustrie. Während Schallplatten- und Tonbandverkäufe 1972 für einen Gesamtumsatz von mehr als 2 Milliarden Dollar verantwortlich zeichneten, brachte es die Filmindustrie nur auf 1,6 Milliarden, und alle Sportereignisse erzielten einen Gesamtumsatz von 600 Millionen Dollar. In vielen Städten gehen mehr Menschen zu Rock-Konzerten als zu Sportveranstaltungen.

Das Fernsehen jedoch ist kommerziell noch bedeutsamer als Musik auf Schallplatten oder Tonbändern. Nach den Zahlen von 1973 übertreffen Schallplatten/Tonbänder die Werbeeinkünfte des Fernseh-Netzes, die sich auf fast genau 2 Milliarden Dollar belaufen, aber wenn die Umsätze mit lokalen (1,1 Milliarden) und mit sogenannten «national»-Spots dazugerechnet werden, ergibt sich ein Gesamtumsatz des Fernsehens von 4,5 Milliarden, und das ist weit mehr als die kombinierten Schallplatten/Tonband-Umsätze.[1]

Auch wenn die Einkünfte aus der Rundfunk-Werbung hinzugenommen werden, was sie vielleicht sollten, da der Rundfunk größtenteils seine Programme mit aufgenommener Musik bestreitet, erweist sich das Fernsehen weiterhin als kommerziell bedeutsamer: 4,5 Milliarden Werbeumsätze gegenüber 3,7 Milliarden für Musik plus Rundfunkwerbung.

Unter dem Gesichtspunkt des Einflusses der beiden Medien auf junge Menschen (unter fünfunddreißig) ist die Musik wichtiger. Obwohl das Fernsehen über ein größeres Potential der Einflußnahme auf das Leben der Menschen verfügen könnte, denn es vermag schließlich ausgebildetere Identifikationsmodelle und Rollen zu vermitteln als Schallplatten und Tonbänder, wird dieses Potential unter den gegenwärtigen Programmkonzeptionen des Fernsehens nicht realisiert.

Um eine Vorstellung davon zu gewinnen, was die Musik in den Vereinigten Staaten bedeutet, sollte man versuchen, alle Musikindustrien – «software» wie «hardware» – zusammenzufassen. 1972, das letzte Jahr, für das derartiges Gesamtzahlenmaterial zur Verfügung steht, stellt sich folgendermaßen dar: Schallplatten/Tonbänder 1,924 Milliarden; Rundfunkwerbung 1,575 Milliarden; Konzertveranstaltungen 150 Millionen; Tonbandgeräte (außer Diktiergeräten für den Bürogebrauch, aber einschließlich kommerziell genutzter Studio-Aufnahme- und Wiedergabe-Geräte) 861 Millionen; Schallplattengeräte 577 Millionen; Rundfunkgeräte (Tischgeräte, Radiowecker, Koffergeräte und Autoradios, aber keine kommerziell genutzten Geräte) 983 Millionen; schließlich Musikinstrumente 1,306 Milliarden. Die Gesamtsumme beträgt also allein für das Jahr 1972 7.367 Milliarden Dollar.[2]

Wenn man die oft nicht leicht konkretisierbaren und verschiedenartigen Methoden einbezieht, mit deren Hilfe derartiges Zahlenmaterial zu statistischen Zwecken von Marktforschungsunternehmen und brancheninternen Gruppen erstellt wird, kommt man beim Umsatz der Fernsehwerbung und dem Verkauf von Fernsehgeräten für dasselbe Jahr auf eine Gesamtzahl von 7,574 Milliarden, die also nur geringfügig höher ist. Ein großer Teil der «Hardware»- und peripheren Musikindustrie ist auf dieselbe Weise am Rock-Publikum orientiert wie die Plattenindustrie. Ungefähr 80 Prozent der auf Tonträgern konservierten Musik ist Rock-Musik. Eine Ausnahme in dem Bereich wären höchstens die Musikinstrumente: hier sind alle Instrumente einbezogen, die von Schul-Bands und -Orchestern benutzt werden, sowie Instrumente, die hauptsächlich von älteren Menschen gespielt werden, zum Beispiel das Klavier.

Als Elvis Presley vor zwanzig Jahren mit seinen Schallplattenaufnahmen für RCA begann, betrugen die Schallplattenumsätze mit 400 Millionen Dollar gerade ein Fünftel dessen, was sie heute ausmachen. Im Jahr der Beatles erreichten sie 862 Millionen, ein Drittel ungefähr dessen, was gegenwärtig umgesetzt wird.

Das ständige Wachstum der Industrie ist bedingt durch eine Anzahl musikalischer, technischer, Marketing-abhängiger, verkaufstechnischer, demographischer und sozialer Faktoren. Auf charakteristisch lakonische

Weise faßte Leo Strauss, ein führender Finanzexperte der Industrie zusammen: «Die amerikanischen Umsatzzahlen sind Resultat hoher Bevölkerungszahl, niedriger Herstellungskosten und eines Konsumentenverhaltens, das höchste Schnellebigkeit akzeptiert.» Soviel zu Elvis, zu den BEATLES, zu Bob Dylan und zu der Ansicht von Mr. Strauss. In den sechziger Jahren hatte der Baby-Boom der Nachkriegszeit zu einem 43prozentigen Anwachsen der Altersgruppe zwischen achtzehn und fünfundzwanzig geführt. Und allein 1970 gaben die Teenager 20 Milliarden Dollar aus, doppelt soviel wie 1959.

Obschon die Musikindustrie auf Tonträgern, der Film und das Fernsehen sowie Sport und Literatur sich im Konkurrenzkampf um die Dollars der Konsumenten befinden, sind diese verschiedenartigen Medien inzwischen teilweise unter der Kontrolle einiger weniger Firmenkomplexe. Diese Konzerne betreiben das Musik- oder Filmgeschäft als Unterabteilungen ihrer gewaltigen Medien/Unterhaltung/Erzichung-Unternehmungen.

CBS, die Muttergesellschaft der in bezug auf weltweiten Umsatz führenden US-Schallplattenfirma, betreibt ein Sendernetz, ein Verlagsunternehmen und außer dem weitverzweigten Musikgeschäft auch noch eine Abteilung für «creative playthings» (kreative Spielzeuge). Bis 1973 gehörte CBS auch noch die Baseball-Mannschaft New York Yankees. Warner Communications betreibt Verlags-, Fernseh- und Film-Abteilungen. MCA und RCA haben ebenfalls mit Fernsehen und Film wie mit Schallplatten zu tun. Die Liste ließe sich lange fortsetzen.

Innerhalb ihrer Muttergesellschaften sind die Schallplattenfirmen immer bedeutsamer geworden. 1973 zum Beispiel war die CBS-Schallplatten-Gruppe für ungefähr 20 Prozent der Gesamtumsätze von CBS verantwortlich (verglichen mit der Fernseh-Abteilung, die für rund ein Drittel des Umsatzes gut war) und für circa 26 Prozent der Gesamtprofite. 1971 machten die Schallplatten-, Tonband- und Musikverlag-Abteilungen von Warner Communications 65 Prozent des Konzern-internen Profits aus. Wie verhält es sich nun also bei den Schallplattenfirmen?

Wie eine Plattenfirma arbeitet

Das Ziel einer Schallplattenfirma besteht darin, Geld zu verdienen, und daher ist eine Vorstellung von den Kosten und Profiten, die durch die Herstellung von Platten entstehen und gemacht werden, Voraussetzung dafür, die Arbeitsweise einer solchen Firma verstehen zu können.

Schaubild 5.1: Was es kostet, eine Schallplatte herzustellen

Zahlungen an den Verleger (2 Cent pro Song)	.24
Zahlungen an die Interessenvertretung der Musiker	.08
Herstellungskosten	.35
Hülle, Innenhülle	.15
Künstlertantiemen (einschließlich der Aufnahmegagen und -kosten) (variabel)	.60
Frachtkosten an den Vertrieb	.03
Werbungskosten	.10
	Dollar 1.55

Quellen: «Business Week», 27. 7. 74; Eigenrecherche

Bei einer großen Firma wie Warner-Reprise lassen sich die administrativen Unkosten für jede Tonträger-Einheit ausrechnen und entsprechend umlegen. Sie betragen ungefähr 33 Cents und bringen so die Gesamtkosten auf 1,88 Dollar pro Schallplatte. Diese Platte wird an eine Vertriebsfirma, wobei es jeweils noch differierende Absprachen und Rabatt-Systeme gibt, für circa 2,51 Dollar verkauft. Die Profite der Schallplattenfirma betragen also 63 Cent pro Platte. (Alle diese Zahlen beziehen sich auf Kosten in den USA im Jahre 1974, als der durchschnittliche Einzelhandelspreis für eine LP 5,98 Dollar betrug.)

Die Kostenrechnung liefert natürlich nur Annäherungswerte. Die Beträge für Hüllen, die Tantiemen und der Aufwand für Werbung können von Fall zu Fall erheblich variieren, besonders zwischen neuen und etablierten Acts. Die Kostenaufrechnung basiert überdies auf der Situation bei erfolgreichen Schallplatten. Bei einer nicht erfolgreichen Platte muß die Plattenfirma für die Aufnahmekosten aufkommen und dem Künstler seinen Vorschuß bezahlen. Wenn sich die Schallplatte als erfolgreich erweist, werden diese beiden Kostenstellen gegen die Tantiemen des Acts aufgerechnet. «Alle Aufnahmekosten werden dem Künstler in Rechnung gestellt», sagt Joe Smith, der Präsident von Warner-Reprise. «Von den fünfzig oder sechzig Cent (Tantiemen) nehmen wir uns solange unseren Anteil, bis die Kosten ausgeglichen sind. Wenn ein Künstler also 50000 Dollar verbraucht hat, um eine LP aufzunehmen, und fünfzig Cent pro verkaufter Platte bekommt, dann behalten wir seine Tantiemen für die ersten hunderttausend LPs ein.»*

* Die Schallplattenfirmen können auch noch mehr als die Studiokosten von den Tantiemen abziehen, aber das ist Sache der vertraglichen Vereinbarungen. Es beginnt schon damit, daß die Tantiemen (angenommen 7 Prozent) gewöhnlich

Eine Schallplattenfirma muß gewöhnlich 25000 Singles oder 85000 LPs verkaufen, um mit Plusminusnull abzuschließen. Die Profite variieren natürlich auch mit der Anzahl der verkauften Platten. Wenn eine LP in Hunderttausenden von Exemplaren abgesetzt wird, verringern sich die Unkosten pro Einheit. Mike Maitland, Präsident von MCA, schätzt, daß der Profit bei einer extrem gut verkauften LP bis zu 1,50 Dollar pro Exemplar betragen kann.

Die Kosten und die potentiellen Profite für eine Einzel-LP zu betrachten, ist sicherlich auf bestimmte Weise instruktiv, aber eine Schallplattenfirma geht auch noch von anderen Bedingungen aus. Da neue Künst-

---

von 90 Prozent des empfohlenen Verkaufspreises berechnet werden (die anderen 10 Prozent werden angeblich für Promotion-Exemplare und sonstige Freiexemplare angerechnet). Dann läßt sich in manchen Fällen ein Prozentsatz für Verpackung zwischen 6 und 20 Prozent abziehen. Schallplatten, die durch Clubs verkauft werden, bringen oft nur die Hälfte der Tantiemensätze. Dasselbe gilt für exportierte Platten. Schließlich erlaubt eine sogenannte «reasonable reserve»-Klausel (angemessene Reserve) den Schallplattenfirmen, Tantiemenzahlungen zurückzuhalten, um damit potentielle Remittenden auszugleichen. Die Reasonable-Reserve-Klauseln wurden besonders in den fünfziger Jahren oft mißbraucht, als manche Schallplattenfirmen die Tantiemen-Reserven ihrer Künstler einfach als Arbeitskapital einsetzten.

Das Einkommen eines Künstlers besteht jedoch aus mehr als nur den Tantiemen durch Schallplattenverkäufe. Wenn er/sie den Song geschrieben hat, dann wird dafür – gegenwärtig – 1 Cent pro Tonträger bezahlt, auf dem dieser Song erscheint. Der Musikverlag, oft identisch mit der Schallplattenfirma oder dem Manager und nicht mit dem Künstler, bekommt ebenfalls einen Cent. Diese Komponisten-Tantiemen werden «mechanicals» genannt. «Performance royalties» (Auftritts-Tantiemen) gehen an den Komponisten jedesmal, wenn der Song im Radio gespielt wird und – theoretisch – auch jedesmal, wenn er live interpretiert wird. Der Verleger – und es sollte nochmals darauf hingewiesen sein, daß er mit dem Komponisten identisch sein kann oder auch nicht – bekommt 4 Cent für jede Radiosendung seines Titels. Bestimmte etablierte Konzertveranstaltungsfirmen und auch Clubs bezahlen Pauschalbeträge für Songs, die in ihren Shows dargeboten werden. Der Komponist oder Autor bekommt zudem 5 Cent Honorar für sein Urheberrecht, während der Verleger 25 Cent bekommt. Keine dieser Tantiemen gehen an den Interpreten, sondern nur an Komponisten und Verleger der Songs, den der Künstler für eine Platte aufgenommen hat oder live vorträgt. In diesem Sinne bekommt ein Künstler nie wirkliche Tantiemen, die ausschließlich dem Komponisten/Verleger gezahlt werden, sondern eigentlich nur eine prozentuale Beteiligung am zahlenmäßigen Plattenumsatz.

Die sogenannten «Mechanicals» werden über andere Verlagsorganisationen durch eine Gesellschaft eingezogen, die sich Harry Fox Agency nennt. Auftritts-Tantiemen werden von Organisationen verwaltet und verteilt, die die Aufführungsrechte kontrollieren. Die beiden wichtigsten sind BMI (Broadcast Music, Inc.) und ASCAP (American Society of Composers, Authors and Publishers), über die wir zu Beginn dieses Buches schon gesprochen haben.

ler oft nicht vor dem dritten oder vierten Album die Investitionen amortisieren (und viele fallengelassen werden, bevor dieser Punkt erreicht ist), und da die Mehrzahl der viertausend LPs, die pro Jahr durchschnittlich veröffentlicht werden, ohne Erfolg bleiben, muß eine Firma alle Schallplatten, die sie innerhalb eines bestimmten Zeitraums veröffentlicht, in ihre Gesamtkalkulation einbeziehen, um Kosten und Profite berechnen zu können.

«Die ökonomischen Bedingungen der Plattenindustrie bestehen darin, daß ein paar Gewinner für eine große Menge von Verlierern zahlen», sagt Smith. Obwohl der Anteil von Hits bei veröffentlichten Platten innerhalb einiger kleinerer und wählerischer Firmen wie A&M und Motown wahrscheinlich größer ist, sind 70 bis 80 Prozent der von der Gesamtindustrie veröffentlichten Platten wohl Verlierer. Sie bringen nicht mal ihre Unkosten wieder herein. Ein ehemaliger Geschäftsführer von CBS Records an der West Coast sagt dennoch:

> Wenn man gewinnt, gewinnt man reichlich. Deswegen kann man sich einen Anteil von 70 Prozent Verlierern leisten. Durch drei Platten, die es schaffen, kann man die Kosten decken, die zehn verursachen, und man kann noch Profit machen. Und wenn man für zehn Platten sagen wir 1 Million Dollar ausgibt und sieben von ihnen 50000 Dollar wieder einbringen, die anderen drei jedoch eine Million machen, hat man immer noch 100000 Dollar Profit, und das sind schließlich immerhin 10 Prozent.[3]

Die Grundfunktion der Schallplattenfirmen besteht darin, Künstler zu finden, mit ihnen Musikaufnahmen zu machen und sie zu produzieren, Promotion zu machen und die Schallplatten dann auf dem Markt abzusetzen, und die Firma ist so strukturiert, daß diese Aufgaben erfüllt werden können. Die Aufgabe, Acts zu finden, obliegt letztlich jenen leitenden Angestellten, die auch die Beziehungen mit der Muttergesellschaft abwickeln und die Gesamtführung der Firma zu überwachen haben. Die A&R-Abteilung kümmert sich um die Produktion. Die Promotion ist Teil einer allgemeineren «creative services»-Abteilung oder selbständig wie bei Warners. Verkaufs- und Vertriebsabteilungen nehmen Marketingaufgaben wahr. Künstlerische Gestaltung und sogenannte «artists relations» (Kontaktpflege zu den Künstlern) sind entweder in den Bereich der Kreativ-Dienste eingeordnet oder werden selbständig von autonomen Abteilungen betrieben. Grundaufgabe eines integrierten Creative-Services-Department ist es, vereinheitlichte Image-Bildung von Einzelkünstlern und Gruppen zu erleichtern.

«Die Funktionen innerhalb einer Schallplattenfirma», sagte Joe Smith 1974, «sind eben das – die Funktionen («mechanics»). Verkauf und Marketing, Promotion, Werbung: sie alle erfordern Talent, und man braucht Top-Leute für diese Aufgaben. Man versucht, die besten Leute anzustellen, die man bekommen kann, aber auch sie können nichts erreichen, wenn man die Maschine nicht mit Treibstoff füttert. Mein Job und der von Mo Ostin ist es, für diesen Treibstoff zu sorgen.»[4] Clive Davis, ehemaliger Chef von CBS Records, sagte «Billboard» gegenüber, er habe Dreiviertel seiner Zeit damit verbracht, neue Talente für Columbia und Epic aufzuspüren und mit ihnen Verträge zu machen. Die höchsten Angestellten müssen die finanziellen Bedingungen, Profite und Verluste ihrer Firmen ständig im Auge behalten, während sie der Aufgabe nachgehen, Talente zu finden und einzukaufen, aber oft bedienen sie sich der Hilfe von Assistenten, die ihnen im wirtschaftlichen Bereich bestimmte Aufgaben abnehmen. Mike Maitland bei MCA ist bekannt dafür, daß er sich um die ökonomischen Verhältnisse seiner Firma kümmert, aber jahrelang war er zudem ausschließlich für die Vertragsabschlüsse mit neuen Künstlern verantwortlich.

Wie stellt es eine Plattenfirma nun an, neue Talente an sich zu binden? Bei etablierten Künstlern ist die Sache relativ einfach. Ausgehend von einer Einschätzung ihres zukünftigen Potentials kann eine Firma sie einer anderen ganz einfach wegkaufen. Diejenigen Firmen mit den größten finanziellen Mitteln, besonders RCA und CBS, haben oft diesen Weg beschritten. RCA kaufte die EVERLY BROTHERS und die KINKS zum Beispiel von Warner. Columbia kaufte DELANEY AND BONNIE, die ASSOCIATION, CRAZY HORSE und Loretta Lynn sowie viele andere mehr. Man bezahlte 4 Millionen Dollar, um MCA Neil Diamond wegzukaufen. Warner lockte die BEACH BOYS von Capitol fort. Wenn man einen Act einer anderen Firma wegkauft, dann rechnet man gewöhnlich auf einigermaßen stabile Verkäufe. Die Sache ist jedoch kostspielig. Firmen ziehen es durchaus vor, eine Gruppe am Anfang ihrer Karriere für ziemlich wenig Geld an sich zu binden und dann zu versuchen, sie zu einem erfolgreichen Act aufzubauen. RCA und MGM stehen in dem Ruf, eher einzukaufen als selbst aufzubauen: weil man dort entweder meint, so sei schneller Geld zu verdienen, oder weil man nicht besonders gut in der Lage ist, Talente zu entdecken und zu erkennen.

Firmen kommen auf die verschiedenste Weise an ihre Künstler. Clive Davis betätigte sich persönlich als Talentsucher. Zum Beispiel entschied er sich beim Monterey Pop Festival für Janis Joplin und THE ELECTRIC FLAG. Hausproduzenten brachten ihm Künstler. Loggins und Messina wurden auf diese Weise zusammengebracht. John Hammond, ein Hausproduzent und jetzt Talentdirektor, fand Bob Dylan. «Freunde» von außen mit Manager-Interesse oder anderen Interessen lenkten seine Aufmerksamkeit auf neue Acts. Bill Graham bat ihn, nach San Francisco zu kommen, um sich SANTANA und IT'S A BEAUTIFUL DAY anzuhören. David Geffen, zu jener Zeit ein Buchungsagent, brachte Laura Nyro, damit sie ihm am Klavier vorspielte und einige ihrer Songs vorsang. Einige Künstler, gewöhnlich welche, die schon eine relativ erfolgreiche Vergangenheit hatten, riefen einfach bei der Firma an oder kamen vorbei –

Davis erwähnt in diesem Zusammenhang die NEW RIDERS OF THE PURPLE SAGE und Eric Andersen.

Bands schaffen sich oft einen regionalen Bekanntschaftsgrad, indem sie immer wieder bei Konzerten auftreten, und sie werden häufig von einem Manager betreut, der ihnen einen Plattenvertrag mit einer Firma verschafft. Einige Clubs in Los Angeles wie das «Troubadour» und das «Whiskey A Go-Go» werden immer wieder von Angestellten der Plattenfirmen und von Managern besucht, die hier neue Talente zu finden hoffen. Ahmet Ertegun sah Eric Clapton zum ersten Mal in einem ähnlichen Club in London. Er war mit Wilson Picketts Band, die bei Atlantic ihre Platten machte, nach London gekommen. Mit dem Rücken zur Bühne machte er Pickett Komplimente über dessen Gitarristen, der eine Pause ausfüllte, in der Pickett nicht sang. Dann aber bemerkte er, daß Picketts Begleitmusiker gar nicht auf der Bühne war, sondern an der Bar stand, und daß oben auf der Bühne ein «kleines dünnes Bürschchen» amerikanischen Blues spielte. Das Bürschchen war Eric Clapton.

Unabhängige Produzenten finden ständig neue Acts und präsentieren sie bei Schallplattenfirmen. Produktionsfirmen, die exklusive Label-Abmachungen mit größeren Firmen haben, verfügen über die Möglichkeit, neue Künstler unter Vertrag zu nehmen und deren Platten dann von der größeren Firma vertreiben zu lassen.

Von außen betrachtet erscheint es so, daß Plattenfirmen oft versuchen, neue Trends ins Leben zu rufen, indem sie bestimmte neue Acts unter Vertrag nehmen, aber die Frage, wer wirklich für neue Trends verantwortlich ist, läßt sich so einfach nicht beantworten. Sicherlich können die Firmen eine bestimmte Art von Musik populär machen, indem sie sich sehr stark für deren Promotion einsetzen und finanzielle Mittel bereitstellen, die Interpreten der Musik öffentlich vorzustellen. Die Musik selbst jedoch existiert gewöhnlich schon vorher. Die verschiedenartigsten neuen Lebensstile oder die Reaktionen auf gewisse kulturelle Bedingungen produzieren eine Art von Musik, an die sich die Schallplattenfirmen anhängen. Die Entfremdung von der Lebensart der Mittelklasse und die Alternativkultur der Hippies waren zum Beispiel Grundlage des Entstehens vieler Bands und ihrer bestimmten Art von Musik in San Francisco. Als Joe Smith die GRATEFUL DEAD unter Vertrag nahm und Clive Davis Janis Joplin, da schufen sie keine neuen Trends, sondern sie entdeckten nur regionale musikalische Stilrichtungen, von denen sie meinten, sie auf profitable Weise im ganzen Land bekannt machen zu können. Dasselbe gilt für RCAs «Entdeckung» von Elvis Presley oder David Bowie. «David Bowie!» mokiert sich Smith. «Bei RCA wußten sie nicht, ob sie was hatten oder ob sie nichts hatten. Es ist ihnen einfach zugeflogen.»[5]

Es scheint zwei gänzlich verschiedene Ausgangshaltungen im Plattengeschäft zu geben. Eine Gruppe von Firmen, zu der zum Beispiel RCA und MGM zählen, ist offensichtlich der Meinung, daß die populäre Musik Trends unterworfen ist, welche bewußt geschaffen und ausgebeutet werden können. Diese Annäherung hat sich als kommerziell erfolgreich in dem am meisten manipulierbaren Bereich der Pop-Musik erwiesen – im sogenannten «Bubblegum». RCA machte Millionen mit den MONKEES und den ARCHIES, die von Anfang bis Ende nichts als bewußt konzipierte und produzierte Ware darstellten.

Die andere Annäherung, repräsentiert von Atlantic und Warner, scheint den Versuch zu unternehmen, Künstler an sich zu binden, die man für am meisten talentiert hält, die sich aber dennoch innerhalb eines breiten Spektrums potentiell kommerzieller Musik ansiedeln lassen. Auf diese Weise erhält sich die Plattenfirma einen engeren Bezug zur musikalischen Entwicklung und Veränderung, denn sie verfügt über Musiker, die die besten ihrer Art sind, aber dennoch den «Kontakt zur Straße» nicht verloren haben.

Beide Tendenzen sind wahrscheinlich zu einem gewissen Grad bei allen Schallplattenfirmen nachweisbar, und es läßt sich nicht leugnen, wie unfähig die meisten, wenn auch nicht alle, leitenden Angestellten bei Plattenfirmen sind, Talente zu beurteilen, und wie sehr sie auf die Urteile anderer angewiesen sind, damit sie aus Empfehlungen ihre Entscheidungen formen. Ahmet Ertegun, einer der wenigen Schallplatten-Bosse, die schon immer in der Lage waren, gute Musiker auf Anhieb zu erkennen, kommentiert dazu:

> Wir stecken immer mitten in einem Trend. Der Trend verändert sich ein wenig. Man hofft ständig, auf dem Höhepunkt einer Welle mitreiten zu können. Täglich versuchen wir, die uns angebotenen Talente dahingehend zu bewerten und einzuschätzen, ob wir mit ihnen Schallplattenaufnahmen machen wollen oder nicht. Natürlich basieren unsere Entscheidungen in hohem Maße darauf, was sich im Laufe der vergangenen beiden Jahre am besten verkauft hat, und die Verkäufe der vergangenen beiden Jahre kreieren den Geschmack für morgen. Wir haben zwei geschmackliche Beurteilungsweisen: unseren eigenen persönlichen Geschmack und den öffentlichen Geschmack, den man sich anzueignen versucht, weil man ihn treffen will.[6]

«Wir haben niemals gesagt», erwähnte Ertegun kurz vor diesen Ausführungen, «also los, nehmen wir mal ein paar englische Bands unter Vertrag. Das wäre, als sagte man: ‹Wir sollten mal ein paar kalifornische Gruppen unter Vertrag nehmen!› Man muß eine – eine bestimmte – Gruppe haben wollen und sie unter Vertrag nehmen. Aber die Leute haben es auch immer wieder anders gemacht. Ich erinnere mich daran, daß es einen Run auf Boston gab. Alle zogen los und nahmen unter Vertrag, was sie in Boston nur auftun konnten. Das ist meiner Meinung nach, und Sie können das bestimmt nachvollziehen, eine zu entfremdete und formale Annäherung an die Problematik.»[7]

Das Produzieren für eine Schallplattenfirma ist im wesentlichen die Aufgabe, den jeweiligen Künstler oder die Gruppe mit einem Produzenten zusammenzubringen, der in der Lage ist, die Kommerzialität – wenn sie überhaupt vorhanden ist – hervorzubringen. «Die meisten A&R-Leute verstehen nichts von Musik», beklagte sich Frank Zappa in den frühen Tagen der neuen Rock-Musik, «sondern sind ausschließlich auf der Suche nach kommerziellem Potential.» Die Verkäuflichkeit ist noch immer von primärer Bedeutung, aber vielen Firmen ist inzwischen aufgegangen, daß Musik, die so gemacht wird, wie sie dem Künstler selbst gefällt und wie sie ihm entspricht, kommerziell ist. Der Großteil der Rock-Musik wird von freien Produzenten geschaffen. Diese Produzenten sind häufig durch einen exklusiven Produktionsvertrag, der dennoch ihre Unabhängigkeit erhält, formal an eine Firma gebunden. Diese Art Vereinbarung gewährleistet künstlerische Autonomie, stellt andererseits aber sicher, daß eine größere Firma die Kontrolle über Vertrieb, Marketing und Werbung hat.

Unter welchen Ausgangspunkten und mit wem erklärt sich eine Schallplattenfirma bereit, einen sogenannten Label-Deal abzuschließen? «Es mag vielleicht ein Dutzend Leute auf der Welt geben, mit denen wir eine solche Vereinbarung zu treffen bereit sind», sagt Joe Smith, ehemaliger Präsident von Warner-Reprise, «Gewöhnlich ist unser Hauptkriterium, ob es da einen wirklich wahnsinnig guten Künstler gibt, aber wenn man auf Phil Spector setzt, setzt man eben auf Phil Spector. Die Künstler kommen und gehen, diese Leute bleiben. Ob es sich um FOGHAT handelt oder jetzt um Todd Rundgren, oder ob nächstes Jahr jemand anders auftaucht, Albert Grossman ist immer beteiligt.»

Eine Label-Vereinbarung wird gewöhnlich so getroffen, daß sich die Plattenfirma einverstanden erklärt, einen bestimmten Tantiemensatz plus eine Beteiligung pro Album (eine vielleicht typische Vereinbarung würde einem etablierten Künstler, der jedoch noch kein «Superstar» ist, 11 Prozent plus 30000 Dollar Vorschuß pro Plattenprojekt zugestehen) einzuräumen, wenn sich der jeweilige Künstler oder die Gruppe verpflichtet, eine bestimmte Anzahl von LPs (eventuell pro Jahr) für die Firma aufzunehmen. Die Schallplattenfirma sichert sich den gegebenen Vorschuß von den Tantiemen, bevor der Künstler seine prozentuale Beteiligung ausbezahlt bekommt. Ein etwas komplizierterer und ausgeklügelterer Label-Deal ist das sogenannte «joint venture» (Gemeinschaftsunternehmen), bei dem der Act und/oder dessen Management im Besitz des Außen-Label ist und die Vereinbarung getroffen wird, die Unkosten zu teilen, gewöhnlich Fünfzig/Fünfzig, bevor sich irgendwelche Tantiemen ergeben. Sobald sich das Album als erfolgreich erweist und sollten

Gewinne gemacht werden, teilt man diese auch Fifty/Fifty auf. Indem das unabhängige Außen-Label das Anfangsrisiko mitübernimmt, sichert es sich auch einen größeren Anteil am potentiellen Profit. Ein typisches Beispiel für eine derartige Vereinbarung ist die Zusammenarbeit zwischen Chrysalis Records (Jethro Tull, Procol Harum und andere) und Warner Brothers als Vertriebsfirma.

Das Produktionsstudio, in dem die Schallplattenaufnahmen gemacht werden, kann an irgendeinem Platz der Welt sein, und oft ist es in der Tat weit entfernt vom Sitz der Plattenfirma. In den fünfziger Jahren ergaben sich die technischen Möglichkeiten für den Ausbau von Studios an Orten wie Muscle Shoals, Alabama oder Kingston, Jamaica oder Colorado. Diese Möglichkeiten wurden von weitsichtigen Schallplattenfirma unterstützt, denen bewußt war, daß Musikaufnahmen an derart «exotischen» Orten oft einen lokalen Reiz bekamen, der in New York oder L. A. nicht denkbar wäre. Zum Beispiel waren auch Sessionmusiker vorhanden, die nicht durch allzu angepaßte Routine sich nicht unangenehm auffielen. Der Löwenanteil aller Schallplattenaufnahmen wird dennoch weiterhin an drei traditionellen Orten abgewikkelt: New York, Los Angeles und Nashville.

Das Maß der Kontrolle, die Produzenten bei einer Schallplattenaufnahme ausüben, ist jeweils verschieden. Viele «bubblegum»-Acts bekommen Material vorgesetzt, das von dem Produzenten ausgesucht wurde, und man sagt ihnen genau, wie sie es zu singen oder zu spielen haben, als schrieben wir noch das Jahr 1953. Andererseits lassen Leute wie Frank Zappa niemanden an sich heran und produzieren konsequent selbst.

Die technische Seite der Produktion hat zu gewährleisten, daß der gewünschte Sound realisiert wird, und das ist ganz sicher nicht unwichtig. Die verschiedenen Instrumente werden auf verschiedenen Tonbandspuren aufgenommen, gewöhnlich auf einem Gerät, das sechzehn Spuren hat. [Heutzutage wird in fortschrittlichen Studios zumindest schon mit 32 Spuren gearbeitet – Anmerkung des Übersetzers.] Der Ton, der von jeweils einem Mikrofon aufgenommen wird, wird auch auf einer Spur gespeichert. Die verschiedenen Spuren (tracks) müssen später zusammengefaßt oder «abgemischt» werden – zu zwei Hauptspuren für den Stereo-Sound, zu vier Spuren für den Quadrophonie-Sound. Die Sound-Qualität ist wesentlich davon bestimmt, wieviel Charakteristika eines Instrumentes erhalten bleiben – wie viel oder wie wenig Baß, Gitarre, Schlagzeug, elektrische Gitarre und so weiter. Oft wird die grundlegende Melodie zuerst aufgenommen, und später fügt man dann die anderen Instrumente hinzu. Schließlich muß die Platte «mastered» werden: es muß ein Mutterband, ein Master Tape, erstellt werden. Ungleichheiten in den Frequenzen müssen soweit ausgeglichen werden, und zwar auf elektronische Weise, daß die Höhen und Tiefen der Gesamtaufnahme nicht zu weit voneinander divergieren.

«Wenn man sich vergegenwärtigen will, was alles zu einer Schallplattenaufnahme notwendig ist», sagt Lou Adler, der seine Künstler (Carole King, CHEECH AND CHONG) als Produzent mehr beeinflußt als die meisten anderen, «dann beginnt das bei der Buchung des Studios und der Auswahl der Musiker. Man muß das Material wählen und den zu produzierenden Künstler auf die richtige Weise mit den ihm entsprechenden Musikern zusammenführen. Man muß dafür sorgen, daß ein Song auf akzeptable Weise in den anderen übergehen kann, man muß mischen und schließlich das Master-Tape herstellen. Dann gibt es Entscheidungen über die Präsentation zu treffen, darüber, wie das Schallplatten-Cover aussehen soll, ob Liner-Notes gewünscht oder notwendig sind (Plattenhüllen-Texte), wie man Werbung betreibt – in den gedruckten Medien und im Radio.»

Die meisten Produzenten überlassen die Präsentation (Verpackung und dergleichen) und die Werbekonzeption der Schallplattenfirma, aber so vollständige Kontrolle, wie sie von Lou Adler beschrieben worden ist, bildet keine Ausnahmesituation. Je mehr Erfahrung sie sammeln, desto mehr sind Acts in der Lage und willens, viele Produzenten- und Produktionspflichten zu übernehmen, weil sie dadurch auch künstlerische Autonomie gewinnen.

Den Act bekannt machen und «durchbringen»

Hier wird die Promotion zum vielleicht wichtigsten Faktor der Vermarktung einer Schallplatte, abgesehen von der Musik selbst und bestimmten Handelspraktiken, die sich verselbständigt haben. Entscheidungen über Werbekonzeption, Promotionmaßnahmen und Hüllengestaltung unterliegen gewöhnlich bei einer Plattenfirma ein und derselben Instanz, so daß ein einheitliches Image kreiert und präsentiert werden kann, um den Künstler und sein Produkt zu verkaufen. Die verschiedenen Bereiche mögen eventuell nicht in einer Abteilung zusammengefaßt sein, aber sie sind doch wenigstens funktionell integriert, da man einzelnen leitenden Angestellten bestimmte Acts zuweist.

Wie ein Act klingt, welchen Sound ein Künstler oder eine Gruppe hat, ist wichtig für die Promo-Leute, die auf den Rundfunk angesetzt sind, aber für alle anderen Leute in den Creative-Services-Abteilungen zählen eher oberflächliche Eigenschaften und Charakteristika, die sich zu einem simplifizierten Image des Acts ausbilden lassen.

Künstlerische Talente lassen sich durchaus mit kommerziellen Produkten vergleichen – mit der Zigarettenmarke, die bevorzugt wird, der Marke des Fernsehgeräts, das man kauft, oder dem Wagen, den man fährt. Man wählt ein bestimmtes Produkt, von dem man überzeugt worden ist, daß man es käuflich erwerben sollte. Also muß auch ein Künstler eine Identität bekommen, zu einem Markenzeichen werden, ein Image haben, und dann muß man ihn dementsprechend verpacken. Dies läßt sich nur bewerkstelligen, indem man die Talente und Eigenschaften eines Künstlers sorgfältig erforscht und dann entsprechend über Publicity und Promotion eben jenes Image präsentiert, das diesen Talenten und Eigenschaften am ehesten entspricht.[8]

Das Konzept des Aufbaus eines Acts, indem man dessen Image mit Hilfe verschiedenster Promotion-Mittel formt und verbreitet, ist sehr einleuchtend an Neil Bogarts Darstellung nachzuvollziehen, die er über die Kampagne von Buddah Records für die Gruppe SHA NA NA abgibt:

Ein Beispiel für die Entwicklung dieser neuen Art von Promotion ist unsere Kampagne für SHA NA NA, die satirische Rock 'n' Roll-Revival-Gruppe. Um diese Gruppe aufzubauen, haben wir einen neuen musikalischen Trend geschaffen. Wir nannten es Rock 'n' Roll-Revival. Mit Slogans, Aufklebern, Ansteckknöpfen, Industrie- und Konsumentenwettbewerben, ja sogar mit schwarzen Motorradjacken aus Leder für unseren Promotion-Stab, brachten wir die fünfziger Jahre wieder zurück. Wir wirkten aktiv darauf hin, SHA NA NA Auftritte in so berühmten Rock-Auditorien wie dem «Fillmore West» zu verschaffen. Wir ließen die Gruppe von Küste zu Küste reisen, stellten sicher, daß sie sich ihrem Publikum und den potentiellen Plattenkäufern präsentieren konnte. Wir ließen Radio-Leute, Konzertveranstalter und Vertriebsfirmenangehörige nach New York und San Francisco fliegen, damit sie sich die Gruppe ansahen.

Insgesamt dauerte unsere Promotion-Kampagne fünf Monate, bevor das erste Album der Gruppe veröffentlicht wurde. Und bevor eben diese erste Platte in den Läden erhältlich war, hatte SHA NA NA einen hohen Bekanntheitsgrad im ganzen Land. Vor dem ersten Album hatten sie einen Rekord an «standing ovations» (Beifallskundgebung, bei der das gesamte Publikum sich erhebt) im «Fillmore West». Vor dem Erscheinen des Albums waren sie in der «Merv Griffin Show» aufgetreten, und es war eine längere Geschichte über sie im «Rolling Stone» erschienen. All das führte dazu, daß sie eingeladen wurden, in Woodstock aufzutreten.

Nach dieser Anfangspräsentation des Acts, mit der wir sie bekannt gemacht hatten, begannen wir uns darauf zu konzentrieren, wie wir das Album gestalten sollten. Die LP mit dem Doppel-Faltcover war Resultat wochenlanger Recherchen in den Archiven der «New York Times», um die besten Rock 'n' Roll-Geschichten des letzten Jahrzehnts zu finden. Als die LP fertig war, machten wir Aufkleber für die Radio-Promotion, erstellten Informationsmappen über die Gruppe und die Musik und ließen eine Pressepräsentation herstellen, die alle möglichen Rock 'n' Roll-Memorabilia enthielt.

Heutzutage wird ein Künstler nicht über Nacht aufgebaut. Bei SHA NA NA wendeten wir fünf Monate auf, um ihre Plattenankunft auf dem Markt vorzubereiten. Bei anderen Künstlern dauert die Entwicklung weitaus länger. Judy Collins, Joni Mitchell und Laura Nyro haben jahrelang gebraucht, bis sie ihren gegenwärtigen Erfolg erreichten.[9]

Mr. Bogart hat sicherlich ein wenig übertrieben, als er sagte, Buddah Records habe Amerika die fünfziger Jahre zurückgebracht, aber mit SHA NA NA hatte er schon recht. Sie schafften es als neue Gruppe.

Oft versuchen Schallplattenfirmen die «Meinungsmacher» zu beeinflussen – die DJs, die Programmdirektoren, die Rezensenten, alle möglichen Personen der Industrie – bevor sie ihre Kampagnen in die Öffentlichkeit tragen. Warner Brothers und A&M zum Beispiel veröffentlichen ihre eigenen kleinen Zeitschriften, in denen sie darüber informieren, was innerhalb ihrer Firmen geschieht, woher ihre Künstler stammen und was sie über sich zu sagen haben. Zudem werden in diesen Zeitschriften Sponsor-Wettbewerbe präsentiert.

Das amerikanische Standard-Promotion-Paket, das sich in den sechziger Jahren entwickelte, ist bis heute gleichgeblieben: Plakatwerbung in New York und L. A., Anzeigen in den Branchenzeitschriften und den nicht wirklich dem Underground zuzurechnenden Zeitschriften, die aber den Jugendmarkt erreichen, «Rolling Stone» und «Boston Phoenix» zum Beispiel, Radio-Spots und eine Konzert-Tournee, auf der die Gruppe sich dem Publikum live präsentiert.

Die Ansichten darüber, auf welche Weise eine Tournee unterstützt werden sollte, haben sich jedoch bei einigen Firmen verändert. Bei Warner Brothers machte man die Erfahrung, daß Tourneen einfach zu kostspielig waren und durch die zusätzlichen Plattenverkäufe nicht aufgefangen werden konnten. «Als führende Instanz in der Industrie machte Warner Brothers den Fehler, Musikertourneen intensiver finanziell zu unterstützen als alle anderen Firmen», sagte Stan Cornyn, Direktor der «Creative Services» bei Warner-Reprise 1973. «Und wir beeinflußten damit eine Menge anderer Firmen, es uns nachzutun – in dem Augenblick, als wir unsere Unterstützung wieder reduzierten. Wenn das Publikum einen Act sehen will, ist es bereit, dafür zu bezahlen. Wenn es ihn nicht sehen will, dann kommt es nicht mal, wenn man ihn kostenlos präsentiert. Es kostete uns manchmal 5 Dollar (an Promotion und Tourneeausgaben), um ein Album für 3 Dollar zu verkaufen. Irgendwann lassen sich diese Ausgaben vielleicht mal wieder auffangen, aber ich habe da meine Zweifel. Ob Tourneen sich wirklich durch Plattenverkäufe auszahlen, bleibt eine Frage, zumindest meiner Ansicht nach.»[10]

Cornyn ist auch nicht sicher, ob sich die Plattenverkäufe einer neuen Gruppe steigern lassen, wenn diese mit einem namhaften Act auf Tournee geht. Er zitiert dazu den Mißerfolg von FLO AND EDDIE (Howard Kaylen und Mark Volman), die als Vorgruppe von Alice Cooper auftraten. Warner Brothers verhält sich jetzt sehr vorsichtig, was die direkte finanzielle Unterstützung von Tourneen betrifft, und man richtet sich weitaus intensiver darauf, Tourneen zu unterstützen, indem man alle erdenklichen Arten von Medienwerbung betreibt, die sich auf die jeweils veröffentlichten Schallplatten beziehen und mit der Ankunft einer

Gruppe in einer bestimmten Stadt zeitlich koordiniert sind. Die Anzeigen sind in diesem Fall gekoppelt mit Hinweisen wie: «Und versäumt diese Gruppe nicht bei ihrem Auftritt im Forum am 29. November!»

Dennoch verlassen sich die meisten Firmen weiterhin auf Einführungs-Tourneen als wichtiges Promotion-Vehikel für neue Acts. Zu den Entscheidungskriterien für einen Vertrag mit einer Gruppe gehört deren Bereitschaft, auch auf Tournee zu gehen. Wenn diese Tourneen vielleicht auch nicht so wichtig sein mögen wie die Rundfunkpräsentation der Musik, so bietet die Promotion-Tournee doch die Möglichkeit, eine Gruppe im ganzen Land einer großen Anzahl von Menschen vorzustellen und ein visuelles Image zu prägen, das die Firma oder die Gruppe, bewußt oder unbewußt, zu vermitteln versucht. Da eine neue Gruppe gewöhnlich mit einer bekannten auf Tournee geht, ist sie auf diese Weise mit einem erfolgreichen Act desselben Musik-Genres verbunden. Die Schallplattenfirma versucht, alle anderen Arten von Promotion mit einer solchen Tournee zu koordinieren. Den Schallplattengeschäften am Ort werden die Platten zugeschickt, Radio-Werbespots werden zeitlich mit dem Auftreten in einer bestimmten Stadt gesendet, in Zeitschriften veröffentlicht man Anzeigen, die sowohl auf die Single oder das Album der Gruppe wie auf den Konzerttermin hinweisen.

Singer/Songwriter wie Joni Mitchell treten anfangs eher in Clubs auf als in Konzerthallen, aber der Einfluß der Schallplattenfirma ist dennoch derselbe. Sie veranlaßt zwar nicht die Buchungen, aber ist dennoch an den Entscheidungen über den Auftrittsort beteiligt. Die Schallplattenfirma kommt für den Großteil der Kosten auf, wobei sie manchmal von der Gruppe selbst oder deren Management unterstützt wird. Die Kosten einer solchen Tournee, Tonanlage, Übernachtung, Reisekosten für Musiker und Roadies, plus Kosten für koordinierte Radio- und Druckmedienwerbung und Bemusterung der örtlichen Geschäfte mit den Platten können beträchtlich werden. Eine Tournee durch vierundzwanzig Städte kann «leicht» 25000 bis 50000 Dollar kosten, wie Mike Maitland, Präsident von MCA, sagt. Eine absolute Schwerpunktaktion wie die David Bowie-Tournee von RCA kann über 100000 Dollar kosten.

Die meisten Schallplattenfirmen haben inzwischen eine eigenständige «Artist Relations»-Abteilung, welche die Acts der Firma betreut, wenn diese auf Konzertreise sind. Diese Abteilung arrangiert Dinge wie Radio-Interviews, den Transport und auch die Versorgung mit den gewünschten Drogen. «Deren Arbeit findet bei Tag und Nacht statt», sagt Cornyn, «das sind ganz abgehärtete Typen.» Wenn Aufgaben schon von ortsansässigen Repräsentanten erledigt werden, sorgt die «Artist Relations»-Kontaktperson der Stammfirma nur für einen reibungslosen Ablauf. Die «Artist Relations»-Leute planen und veranstalten auch alle jene Promotion-Parties und -Feste, für die die Industrie inzwischen berühmt geworden ist.

Am wichtigsten für das sogenannte Durchbringen eines Acts ist Sendezeit im Rundfunk. Während der sechziger Jahre wurden progressive Rock-Songs größtenteils von den FM-Stationen vorgestellt, und dadurch wurden die Acts bekannt. Heutzutage werden durch FM-Präsentation Schallplatten genausogut verkauft wie durch AM-Präsentation, besonders in den Großstädten, wo mehr Plattenkäufer FM hören als AM, und wo sie auch den FM-Stationen länger zuhören. Viele Songs sind noch immer ungeeignet für AM, und zwar wegen ihrer Länge, der Textbezüge auf Sex und Drogen oder gar der «Kakophonie», wie «Billboard» einmal formulierte. Und dennoch versuchen die Acts und ihre Firmen, ein Rock-Album mit einer AM-Single auszustatten, wie «kakophonisch» der Rest des Albums auch klingen mag. «Die Schlüsselfrage», aus der sich ergibt, ob ein erfolgreiches Album 100000 oder 50000 Exemplare absetzen läßt, sagt der ehemalige Columbia-Präsident Clive Davis, «liegt darin, ob auf dem Album eine Top 40-Single ist oder nicht.» Wenn eine aus einer LP ausgekoppelte Single von KHJ-AM in Los Angeles oder WABC-AM in New York gespielt wird, den populärsten AM-Stationen dieser Städte, lassen sich eventuell in jeder dieser Städte 50000 Platten mehr verkaufen. Eine AM-Single ist zwar nicht notwendig, um einen Act zu etablieren, aber ganz sicher hebt sie die LP-Umsätze. (Eine Ausnahme mag das Album «The World Is A Ghetto» der Gruppe War gewesen sein, das 1973 Nummer Eins war, obwohl *Cisco Kid*, die populärste Single der LP, in den Charts zu Jahresende nur die Nummer fünfundfünfzig im «Billboard» erreichte. War hatte jedoch auf früheren Alben Singles, die zu Top-Sellern wurden.)

Manche Platten haben Erfolg ohne viel Promotion. *Soul Makosa* oder die meisten Beatles-LPs sind dafür beispielhaft. «Am Ende ist es so», sagt Stan Cornyn, «daß man eine gute Platte sowieso nicht totkriegt und daß man aus einer schlechten Platte ganz bestimmt keinen Riesenerfolg machen kann. Wenn man eine Platte hat, die mittelmäßig ist, dann hilft Promotion.»

Da ungefähr 5000 Singles und 4000 LPs jährlich veröffentlicht werden, sind die Radio-Stationen natürlich eher übersättigt. Die Schallplattenfirmen halten es für notwendig, ihre Produkte den Programm- oder Musikdirektoren der Rundfunkstationen zumindest vorzustellen, wenn sie schon nicht intensivste Schwerpunktaktionen starten. Normalerweise trifft ein Radio-Promotion-Mann von einer Plattenfirma mit dem Musik- oder Programmdirektor einer Station eine Verabredung und stellt ihm (oder ihr – wahrscheinlich gibt es mehr weibliche Programmdirektoren als Promotionangestellte) die Neuveröffentlichungen der Firma vor. Der Promo-Mann lädt die Radio-Leute zum Essen ein, wenn man der Ansicht ist, eine persönliche Beziehung sei wichtig und wertvoll.

Nach Aussagen von Public Relation-Leuten bei Plattenfirmen und Rundfunkstationen ist dies die Normalsituation. Welche Rolle spielt

7

8

9

10

11

12

13

14

15

16

17

18

19

20

21

Juli

28

Donnerstag

	Juni					**Juli 1988**					**August**				
Mo		6	13	20	27		4	11	18	25	1	8	15	22	29
Di		7	14	21	28		5	12	19	26	2	9	16	23	30
Mi	1	8	15	22	29		6	13	20	27	3	10	17	24	31
Do	2	9	16	23	30		7	14	21	28	4	11	18	25	
Fr	3	10	17	24		1	8	15	22	29	5	12	19	26	
Sa	4	11	18	25		2	9	16	23	30	6	13	20	27	
So	5	12	19	26		3	10	17	24	31	7	14	21	28	
Wo	**22**	**23**	**24**	**25**	**26**	**26**	**27**	**28**	**29**	**30**	**31**	**32**	**33**	**34**	**35**

30. Woche 210/156 Tage −20 +1 Arbeitstage Juli

nun Payola, das Bestechungsgeschäft? Wegen der hohen Gehälter des Rundfunkpersonals und der Isolierung und Machtverringerung der DJs bei den wichtigen Radioketten-Sendern ist sie wahrscheinlich von geringerer Bedeutung als vor zehn Jahren. Roger Karshner, ehemaliger Vizepräsident der Marketing-Abteilung von Capitol, sagt jedoch: «Payola ist noch immer der kleine Bastard der Industrie. Niemand erklärt sich für ihn verantwortlich, aber alle zahlen Alimente, und der kleine Teufel taucht ständig auf – nicht offen, aber zumindest auf leisen Sohlen. Der gierige kleine Blutsauger wächst und gedeiht unter der Oberfläche.»

Da in den letzten Jahren die Playlists der Top 40-Stationen immer reduzierter geworden sind, ist die Arbeit der Promo-Leute der Schallplattenfirmen auch immer schwieriger geworden. «Radio bedeutet nicht mehr Top 40. Es ist Top 15 – und dadurch geht es der Schallplattenindustrie an die Kehle», schimpfte Jay Lasker, Präsident von ABC-Dunhill, im März 1974. ABC fühlte sich veranlaßt, die Anzahl der Radio-Promotion-Leute zu verdreifachen, und beschäftigte schließlich insgesamt fünfzig Angestellte in diesem Bereich. Ein paar Jahre zuvor hatten die reduzierten Playlists bei den Plattenfirmen bewirkt, daß man Single-Veröffentlichungen zeitlich entzerrte. Man wollte Atemfreiheit gewinnen, um sich auf ein, zwei Platten zu konzentrieren und in der Lage zu sein, «sekundäre» Stationen in Vororten oder kleineren Städten zu besuchen. Die größeren Stationen warten oft darauf, daß bestimmte Platten von diesen Sekundär-Sendern getestet werden, bevor es zu einem Durchbruch kommen kann und sie sie auf ihre eigenen Playlists setzen.

Städte, in denen Platten zuerst gespielt und verkauft werden, werden als «breakout»-Bereiche bezeichnet. Sie scheinen von Jahr zu Jahr zu wechseln, aber bei ihnen handelt es sich gewöhnlich um jene Orte, wo sich eine wichtige Musik-Szene entwickelt oder wo bestimmte Stationen bereit sind, bisher nicht getestete Platten zu senden. Während der Freed-Ära war New York eine Schlüsselstadt für derartige Breakouts. Boston und San Francisco nahmen während der Blütezeit des psychedelischen Rock an Bedeutung zu. Detroit war natürlich besonders entscheidend, bevor Motown nach L. A. umzog, ist jedoch noch immer eine Durchbruch-Stadt. Städte, die man als «typisch» einschätzt, werden manchmal zu Breakout-Bereichen, weil man bei den Sendern in anderen Städten glaubt, daß Schallplatten, die in einer demographisch typischen Stadt populär werden, auch in anderen Erfolg haben könnten. East Lansing, Michigan, war einmal dafür beispielhaft. Wenn eine Platte in einem bestimmten Bereich ankommt, dann versuchen die Promo-Leute, ihr auch in anderen Städten Verbreitung zu verschaffen. Das Hauptbüro der Plattenfirma wird umgehend informiert, wenn eine Platte in einem bestimmten Verkaufsbereich durchbricht, damit die Promo-Leute in anderen Regionen sie anpreisen können: «He, Mann, paß mal auf, die Scheibe ist tierisch losgegangen in . . .»

Seit die Fernsehsendernetze Konzerte in ihre Programme aufnahmen, ergibt sich auch im TV-Bereich die Möglichkeit zur Platten-Promotion, wenn man auch bei manchen Firmen der Ansicht ist, daß man dadurch eher die Verkäufe erhöht, als daß man etwa neuen Acts zum Durchbruch verhelfen könne.

Wenn ein Act einmal «durch» ist – und den meisten gelingt es nicht –, versuchen die Schallplattenfirmen, von LP zu LP die Verkäufe zu steigern, bis sich der Plattenabsatz einer bestimmten Gruppe fast automatisch ergibt. Bei Warner-Reprise siedelt man die Acts jeweils auf bestimmten «plateaus» an und versucht, mit jeweils einem neuen Album eine neue Ebene zu erreichen. Ein Künstler, der zwischen 100000 und 250000 Platten verkauft, ist auf der ersten Ebene angesiedelt – Bonnie Raitt zum Beispiel. «Wir denken, daß wir sie auf 300000 oder 350000 bekommen können, wenn wir bestimmte Dinge unternehmen», sagt der Firmenpräsident Smith. «Wenn wir Werbung machen, wenn sie eine (neue) Tour macht, wenn das Album gut ist, wenn wir eine Single daraus auskoppeln können. Wenn wir etwas mehr Geld ausgeben und uns ihr etwas mehr widmen, wenn sie öfter interviewt wird, dann werden mehr Leute ihre Platten kaufen. Der nächste Schritt ist dann, einen Künstler in die Kategorie zu bekommen, in der Schallplatten vergoldet werden. Das bedeutet 450000, 500000 LPs. Und danach ist es dann ein Glücksspiel. Ich meine, niemand kann einen Elvis Presley planen. Niemand kann einen Herb Alpert machen. Niemand dachte sich die BEATLES aus. Und man hätte niemals die ALLMAN BROTHERS planen können.»[11]

Manchmal kommt es zu Konflikten zwischen dem Aufbau eines Acts und dem Anliegen, Schallplatten zu verkaufen. Ein Musiker kann zum Beispiel auf lange Sicht erfolgreicher werden, wenn man ihn oder sie nicht dazu zwingt, die normal verlangten zwei LPs im Jahr herauszubringen, sondern ihm oder ihr Zeit läßt, musikalisch selbst und eigenständig zu wachsen. Auch ein «Greatests Hits»-Album, das von der Firma veröffentlicht wird, kann einem Künstler insofern schaden, als es den Markt plötzlich sättigt oder die natürliche Entwicklung von Album zu Album unterbricht. Eine Schallplattenfirma «kann nicht sagen – bedingt durch die wirtschaftlichen Gegebenheiten des Schallplatten-Business –, daß sie den Künstler drei oder vier Jahre lang wirklich aufzubauen bereit ist», sagt der Manager Eliot Roberts, «denn im fünften Jahr, wenn der Vertrag ausläuft, könnte der Künstler zur Plattenfirma sagen: ‹Was wollt ihr eigentlich, ich bin jetzt ein großer Star und daher will ich mindestens 2 Millionen Vorschuß.›» Wenn man bei einer Plattenfirma nur darauf ausgerichtet wäre, den Act aufzubauen, «wäre man in der ständigen Gefahr, von Managern und Stars unterdrückt zu werden». Das Ziel einer Schallplattenfirma bleibt, von einem Künstler so viele Schallplatten so schnell wie nur irgend möglich zu verkaufen.

Die Promotion läßt sich ausdehnen auf die Vertriebsfilialen der größeren Firmen. Warner Brothers hat Multimedia-Präsentationen der neuen Produkte bei regionalen Vertriebsfilialen abgehalten, um deren Personal mit dem neuen «Produkt» bekanntzumachen.

Die Promotion hat sich mit dem musikalischen Geschmack verändert. Natürlich sind die Promotion-Abteilungen so strukturiert, daß sie die Art Schallplatten verkaufen helfen, die am populärsten ist. Seit gewisser Zeit sind die populärsten Platten diejenigen aus dem Rock- und Soul-Sektor.

Schaubild 5.2: Goldene Schallplatten nach Repertoire-Kategorien geordnet, 1968–72

	1968	1969	1970	1971	1972
Contemporary	**36 %**	**42 %**	**60 %**	**69 %**	**76 %**
Rock	24	37	43	54	41
Teen	9	10	9	10	23
Folk/Folk Rock	3	5	8	5	12
Easy Listening	**33 %**	**37 %**	**28 %**	**16 %**	**4 %**
Pop-Vocal	25	27	24	14	4
Pop-Instrumental	8	10	4	2	–
Andere Arten	**31 %**	**21 %**	**12 %**	**14 %**	**20 %**
Country	11	10	5	8	6
Show- und Filmmusik	9	5	5	3	2
Soul	7	1	–	2	8
Jazz	–	2	–	–	–
Klassik	–	1	–	–	–
Humor	1	1	1	–	3
Andere	3	1	1	1	1
	100 %	100 %	100 %	100 %	100 %

(Quelle: CBS Marktforschung)

Seit 1975 wird eine Schallplatte vergoldet, wenn sie 500000 Einheiten (Schallplatten und Bandkassetten) verkauft hat und der Umsatz mindestens eine Million Dollar beträgt. Das Umsatzminimum ist festgesetzt worden, um sich hervorragend verkaufende 1.98 Dollar-Billig-Alben davon auszuschließen, vergoldet zu werden. Vor 1975, als die Preise niedriger waren, wurde ein Album vergoldet, wenn es ungefähr 400000 Einheiten verkauft hatte. Auf jeden Fall sind Vergoldungs-Zertifikationen nicht immer ganz korrekt, da Platten von den Geschäften später remittiert werden können.

Die Abgrenzung zwischen Soul und Rock ist verschwommen. Alben, die sich ausschließlich auf dem Markt der schwarzen Käufer absetzen ließen, wurden wohl als Soul-Platten kategorisiert. Auch die Humor-LPs (von Comedians) können sich manchmal mit der Rock-Kategorie überschneiden, wie zum Beispiel bei CHEECH AND CHONG.

Basierend auf einer anderen Untersuchung der Schallplattenhersteller, veröffentlichte «Billboard» folgende prozentuale Anteile für das Jahr 1972: «Populär» – 66,1 Prozent, Soul – 13,6 Prozent, Country – 10,5 Prozent, Klassik – 6,1 Prozent, Jazz – 1,3 Prozent, und alle anderen 2,4 Prozent.[12] Das Problem an dieser Untersuchung besteht darin, daß zu den populären Platten auch die der «Easy Listening»-Kategorie zählen. Nach den allermeisten inoffiziellen Schätzungen stammen mindestens 80 Prozent aller verkauften Schallplatten aus dem Rock- und Soul-Sektor.

Die Reise übers Meer:
Der internationale Markt

Die hoch systematisierten und durchstrukturierten Promotion- und Finanztechniken der Schallplattenindustrie haben dazu verholfen, daß man innerhalb von weniger als einem Jahrzehnt die Grenzen des US-Marktes erreicht hatte. Natürlich ist der amerikanische Markt durchaus nicht gesättigt – das durchschnittliche Alter der aktiven Schallplattenkäufer steigt zum Beispiel von Jahr zu Jahr –, aber die jährlichen Zuwachsraten sind nicht mehr so groß. «Wenn die gewohnten Zuwachsraten anhalten würden» (von 700 Millionen auf 2 Milliarden in zehn Jahren), sagt Joe Smith, «dann bestünde die Gesamtwirtschaft in zehn Jahren nur noch aus der Schallplattenindustrie.»

Viele leitende Firmenangestellte, besonders diejenigen, die mit Schallplattenfirmen verbunden sind, deren Muttergesellschaften schon auf multinationaler Ebene arbeiten, schauen verstärkt ins Ausland, wo schnell expandierende Märkte zusätzliche Profite bringen können. «Die Anzahl der Schallplattenfirmen wird in nächster Zeit sinken, da sich die Konkurrenz auf einem langsamer wachsenden heimatlichen Markt verstärken muß», sagte Rocco Laginestra 1973, als er Präsident von RCA Records war. «Im Ausland sind die wirklichen Wachstumsmöglichkeiten gegeben. RCA Records' amerikanische Firma wird weiterhin als Unterabteilung behandelt werden, und die geschäftliche Reichweite und Zielrichtung der Gesamtfirma werden auf die gesamte Welt gerichtet sein.»[13]

RCA hat schon jahrelang mit Elvis Presley im Ausland Erfolge gehabt. Und in der Tat sind es wahrscheinlich die Verkäufe im Ausland, die RCA zur drittgrößten amerikanischen Schallplattenfirma machen, denn schließlich hat die Firma in den US-Charts nicht immer so gut abgeschnitten.

Die Orientierung an Exporten hat eine lange Tradition in der US-Industrie. Gewöhnlich beginnt eine Industrie auf ausländische Märkte zu reflektieren, wenn einerseits eine gewisse Sättigung des amerikanischen Marktes eingetreten ist und andererseits die Expansion nach Übersee von dieser Industrie realisiert werden kann, weil sie von Größe und Struktur her dazu in der Lage ist. Seit dem Zweiten Welt-

Schaubild 5.3: Weltweite Einzelhandelsumsätze von Schallplatten und Tonbandkassetten im Jahre 1973

Land	(Dollar-) Umsätze 1973	Pro-Kopf-Ausgaben
1 USA	2 017 000 000	9,70
2 Japan	555 200 000	5,14
3 Bundesrepublik Deutschland	454 225 823	7,57
4 UdSSR	441 433 333	1,76
5 Großbritannien	384 000 000	6,86
6 Frankreich	248 761 009	5,08
7 Kanada	110 140 100	4,91
8 Niederlande	93 949 056	6,91
9 Italien	79 124 174	1,41
10 Brasilien	66 812 753	,66
11 Schweden	62 198 568	7,64
12 Mexiko	60 477 439	1,07
13 Spanien	45 622 000	1,35
14 Australien	44 533 000	3,36
15 Belgien	43 816 017	4,52
16 Südafrika	34 548 990	1,53
17 Argentinien	30 700 000	1,32
18 Tschechoslowakei	28 940 172	2,02
19 Griechenland	25 575 766	2,84
20 Österreich	22 754 000	3,03
21 Dänemark	22 284 477	4,43
22 Finnland	18 526 565	3,94
23 Polen	16 965 990	,51
24 Jugoslawien	16 133 333	,77
Gesamt	4 923 722 565 Dollar	

(Quelle: «Billboard» 1974, Buyer's Guide)

krieg sind die Profite der US-Konzerne aus Übersee-Operationen um ungefähr 20 Prozent höher als die aus den einheimischen.

Die wichtigsten ausländischen Märkte sind Japan, England, die Bundesrepublik Deutschland und Kanada.

Die japanischen Einzelhandelsumsätze sind mit rund 555 Millionen Dollar im Jahre 1973 auf dem Schallplatten- und Tonbandkassettenmarkt die zweitgrößten nach denen in den USA, aber auf Grund von Restriktionen, die ausländischen Besitz an Firmen, welche in Japan Geschäfte machen, einschränken, ist der dortige Markt von US-Konzernen erst kürzlich konzentriert angegangen worden. Columbia begann ein Gemeinschaftsunternehmen mit Sony, in dem man sich das eingesetzte Kapital und die Gewinne Fünfzig/Fünfzig teilte. US-Firmen haben seit langer Zeit einen Anteil an den Märkten in Großbritannien und Kanada. Der einfachste Weg für eine US-Firma, ausländische Umsätze zu machen, besteht in Lizenz-Verträgen mit ausländischen Herstellern. Aber die Firmen haben zunehmend im Ausland Filialen eingerichtet, die an Ort und Stelle produzieren und herstellen. In Nicht-Englischsprachigen Ländern hat es sich als notwendig erwiesen, auch einheimische Musik zu produzieren, um neben den US-Hits weiteres Verkaufsvolumen zu schaffen.

The Bottom Line (Unterm Strich)

Eine Handvoll großer Firmen kontrolliert fast die gesamte Musikproduktion in den Vereinigten Staaten. An allen LP's, Bandkassetten und Singles gemessen, die 1973 in den «Billboard»-Charts erschienen, konnten sich die obersten zehn Konzerne 82,9 Prozent des amerikanischen Marktes zurechnen. Die vier führenden Konzerne zeichneten verantwortlich für mehr als die Hälfte des Marktes, 52,8 Prozent, die beiden größten allein, CBS und Warner-Elektra/Asylum-Atlantic (Warner Communications), teilten sich in 37,8 Prozent. Wie in dem Abschnitt über Fusionen (Kapitel 3, «Musik um der Musik willen . . .») schon erwähnt, ist der Grad der Firmenkonzentration im Schallplatten-Business ebensohoch wie in allen anderen extrem monopolisierten US-Industrien.

Die «Billboard»-Zahlen, die auf den Hit-Charts basieren, geben einen nützlichen Einblick in die Konzentration des amerikanischen Schallplatten-Business, aber sie lassen sich dennoch nicht wirklich nutzen, um den Erfolg oder den geschäftlichen Einsatz der verschiedenen Firmen miteinander zu vergleichen. Sie zeigen zwar die prozentualen Anteile jener Firmen an US-Hits auf, beziehen sich aber nicht auf Gesamtumsätze

Schaubild 5.4: Marktanteile von Label und Firma 1973

Wie sich die wichtigsten zehn Firmen die «Hot 100-Chart Action» teilten

Rank/Corp.	Anzahl von Schallplatten (0–10–20)	Prozentuale Anteile
Warner Comm.	120	19,6
CBS	71	10,7
Capitol	53	10,4
MCA	24	6,6
RCA	36	6,3
Polygram	50	5,7
ABC	45	5,4
A&M	31	5,3
Motown	29	4,6
Arista	18	3,1

Wie sich die wichtigsten zehn Labels die Top-LP und Tonbandkassetten-«Chart Action» teilten

Rank/Label	Anzahl von Schallplatten (0–5–10)	Prozentuale Anteile
Columbia	88	9,8
Atlantic	47	5,6
Warner Bros.	43	5,6
RCA	47	5,4
A&M	47	5,3
Capitol	43	5,2
MCA	35	4,9
Elektra/Asylum	31	4,5
Epic	31	3,4
Arista	26	3,0

Wie sich die zehn wichtigsten Firmen die Top-LP und Tonbandkassetten-«Chart-Action» teilten

Rank/Corp.	Anzahl von Schallplatten (0–5–10–15–20–25)	Prozentuale Anteile
Warner Comm.	221	24,9
CBS	140	15,5
Capitol	59	6,9
RCA	62	6,8
MCA	43	6,3
A&M	59	6,2
ABC	58	5,5
Polygram	51	4,5
Arista	30	3,7
Motown	31	3,5

Wie sich die zehn wichtigsten Labels die «Hot 100-Chart Action» teilten

Rank/Label	Anzahl von Schallplatten (0–5–10)	Prozentuale Anteile
Capitol	35	7,5
Columbia	38	5,5
Elektra/Asylum	23	4,9
A&M	27	4.8
RCA	29	4,7
Atlantic	27	4,6
Warner Bros.	21	4,3
MCA	22	4,2
Epic	14	2,9
ABC	28	2,9

Wie sich die wichtigsten Labels die «Hot 100 und Top-LP/Tape-Chart Action» teilten

Rank/Label	Anzahl von Schallplatten (0–5–10)	Prozentuale Anteile
Columbia	126	8,9
Capitol	78	5,7
Atlantic	74	5,4
Warner Bros.	64	5,3
RCA	76	5,2
A&M	74	5,2
MCA	57	4,8
Elektra/Asylum	54	4,6
Epic	45	3,3
Arista	39	2,9

Wie sich die zehn wichtigsten Firmen die «Hot 100 und Top-LP/Tape-Chart Action» teilten

Rank/Corp.	Anzahl von Schallplatten (0–5–10–15–20–25)	Prozentuale Anteile
Warner Comm.	341	23,8
CBS	211	14,5
Capitol	112	7,5
RCA	98	6,7
MCA	67	6,4
A&M	90	6,0
ABC	103	5,4
Polygram	101	4,9
Arista	48	3,6
Motown	60	3,6

(Quelle: «Billboard»)

oder Profite zum Jahresende. Informationen und Zahlenmaterial über die Profite sind besonders wichtig, um die kommerzielle Effektivität von Schallplattenfirmen zu messen, da sich in dieser Industrie zahlreiche Label tummeln, welche hohe Verkaufszahlen präsentieren, gleichzeitig aber auch Verluste machen. Diese geschäftliche Situation hat man als «profitless prosperity» (profitlose Prosperität) bezeichnet.

Informationen über Umsätze und Profite sind leider nur bei sehr wenigen Schallplattenfirmen erhältlich. Manche von ihnen sind Teil größerer Konzerne, die ihre Zahlen nicht so weit aufschlüsseln, daß man Einzelheiten über Schallplatten/Tonband-Verkäufe und -Profite erhält. Andere wiederum kombinieren LP- und Tonband-Verkaufszahlen mit Umsätzen aus verwandten Bereichen wie dem Verkauf von Musikinstrumenten und dem Musikverlagsgeschäft. Motown und A&M sind Privatunternehmen und daher nicht verpflichtet, Umsatz- oder Profitangaben zu machen.

Trotz all dieser Nachteile ist es dennoch möglich, grobe Schätzungen darüber zu machen, wie die verschiedenen Schallplattenfirmen einzuordnen sind. Obwohl Profite und Umsätze verschiedene Dimensionen kennzeichnen, zeigen doch die Marktanteile in gewissem Maße, welche Firmen den Trends folgen und den Geschmack beeinflussen können (Schaubild 5.4). Schaubild 5.5 vermittelt dagegen, welche Veränderungen seit 1969 vonstatten gegangen sind, nach LPs und Singles kategorisiert.

Die beiden führenden Firmen der amerikanischen Plattenindustrie sind CBS und Warner-Elektra/Asylum-Atlantic. In den späten fünfziger Jahren als Ableger der Warner Brothers Filmfirma gegründet, ist WEA ein Nachkömmling im großen Geschäft. Der starke Einsatz für die Rock-Musik und eine Anzahl kluger Fusionen haben es der Firma ermöglicht, der Tochterfirma von CBS, Columbia, ernsthafte Konkurrenz zu machen, die zusammen mit RCA seit den zwanziger Jahren führend in der US-Schallplattenindustrie gewesen ist. Warner und RCA werden gegen Ende dieses Kapitels ausführlich besprochen: Warner als Beispiel für eine Firma, die die moderne Rock-Musik auf einfühlsame und kluge Weise ausgenutzt hat, und RCA als eine alte Firma, die zwar riesige Verkaufserfolge hatte, aber dennoch eine Zahl kostspieliger Fehler machte, als sie versuchte, sich der neuen Zeit anzupassen – Fehler, die von so mancher anderen Firma wiederholt wurden.

Schaubild 5.6 zeigt die anteiligen Umsätze und das Profitbild der großen Schallplattenfirmen. Die Zahlen entstammen den verschiedensten Quellen, von denen einige verläßlicher sind als andere. Wenn kein Zahlenmaterial zur Verfügung stand, haben wir Schätzungen in der Rangfolge vorgenommen.

CBS unterscheidet sich von der Konkurrenzfirma WEA in vieler Weise. CBS ist eine sehr große Konzern-untergeordnete Schallplattenfirma, bei der die Entscheidungskompetenz aus den Büros in New York weitergeleitet wird, während WEA im Grunde aus drei Einzelfirmen besteht, die finanziell und, was den Vertrieb betrifft, integriert sind, in bezug auf kreative Arbeit und Produktion jedoch in höchstem Maße autonom operieren. CBS ist wahrscheinlich vielfältiger. Die Firma macht große Umsätze im Ausland durch wichtige Filialunternehmen in Europa, Lateinamerika und Australien sowie anderswo, und sie führt auf dem wichtigen japanischen Markt ein Gemeinschaftsunternehmen mit Sony. WEA beginnt gerade erst, auch im Ausland größere Verkäufe abzuwickeln. CBS verfügt über eine weitreichende klassische Abteilung und eine profitable Country & Western-Abteilung. WEA macht minimale Klassik-Umsätze über das Nonesuch-Label und zeigt auf dem Country & Western-Sektor Ansätze durch Initiativen von Atlantic. CBS Records ist eine Tochterfirma eines der ältesten und mächtigsten Medienkonzerne in Amerika und nur für ein Viertel des Gesamtprofits von CBS, Inc. verantwortlich. WEA ist Eckpfeiler von Warner Communications, einem neuen und schnell wachsenden Medienkonzern, der weder über die firmenstrukturellen und finanziellen Verbindungen noch über die technologische Basis verfügt, auf die CBS sich stützen kann.

Schaubild 5.5: 1970–73 Vergleich der «Billboard»-LP/Tape und «Singles' Chart Action» der verschiedenen Firmen

	1973		1972		1971		1970	
	LP/ Tape	Hot 100	LP/ Tape	Hot 100	LP/ Tape	Hot 100	LP/ Tape	Hot 100
WEA	1	2	1	1	1	1	1	1
CBS	2	1	2	2	2	3	2	3
Capitol	3	3	4	8	4	6	3	4
A&M	4	7	3	9	5		8	
Motown	5	4	6	3	7	2	4	2
RCA	6	10	4	4	3	5	5	6
Polygram	7	5						
MCA	8	9	7	5	6	7		
ABC	9	6	10	9	8	4	6	5
London	10	10	8		10		7	7
UA			9				9	10
Bell		8		7	9	8		8
Apple							10	
Buddah								
Kama Sutra				6		9		9
MGM					10			

CBS

CBS, Inc., hat vier Hauptabteilungen – Broadcasting (Radio und Fernsehen), Schallplatten, Verkauf und Herstellung, Verlag. Die Gesamtumsätze aus allen Abteilungen belaufen sich auf 1,5 Milliarden Dollar im Jahr. Der wesentliche Anteil der Konzernprofite entstammt den Sendergruppen (70 Millionen Dollar im Jahre 1973) Fernseh- und Radiostationen sowie nationale Fernseh- und Radio-Produktionsnetze.

Vor mehreren Jahren waren der Schallplattenclub und die Abteilung für Musikinstrumente mit Schallplatten in einer Abteilung, inzwischen jedoch bilden die einheimischen und internationalen Schallplatten/Tonbandkassetten einen eigenen Firmenzweig. CBS betreibt in der Herstellungs- und Verkaufs-Gruppe die Pacific Stereo Hi-Fi-Geräte- und Schallplattengeschäfte, die Discount Records Ladenkette, den Columbia Record and Tape Club sowie eine Abteilung für Musikinstrumente, die Fender-Gitarren herstellt, Leslie-Lautsprecher, Steinway-Tasteninstrumente, Rhodes-E-Klaviere und Rogers-Schlagzeuge. Es ist in Amerika schwer, mehr als ein paar Dollar für Musik auszugeben, ohne damit auch für CBS-Profite zu sorgen.

1960 zeichnete die Rock-Musik wahrscheinlich für 15 Prozent der Schallplattenverkäufe von CBS verantwortlich, aber 1972 war der Anteil schon auf mehr als 50 Prozent gewachsen. Diese Veränderung ist zum größten Teil von Clive Davis bewerkstelligt worden, der an der Harvard Law School graduierte, aus einem armen Elternhaus stammte und sechs Jahre lang Präsident von CBS Records war, bevor man ihn feuerte, weil er angeblich Firmengelder veruntreute. Davis leistete sowohl auf der kreativen wie auf der administrativen Ebene hervorragende Arbeit und galt als inoffizieller Sprecher der Industrie. Nach Monterey nahm er Janis Joplin, Santana und andere unter Vertrag, und er brachte den Rockbläser-Sound von Blood, Sweat and Tears und von Chicago dem Publikum nahe. Columbia vollzog die Wendung zur neuen Rock-Musik, als man die Byrds unter Vertrag nahm. Dylan hatte man schon vorher an sich gebunden, als er noch ein Folkie war. John Hammond, Sr. hatte ihn aufgetan, ein Produzent und Talentsucher mit langjähriger Erfahrung, der auch Bessie Smith entdeckt hatte.

Nachdem man sich einmal für die Rock-Musik entschieden hatte, konnte Columbia sich auf die finanziellen Mittel von CBS stützen, um zu expandieren. Die Firma kaufte Neil Diamond für 4 bis 5 Millionen Dollar MCA ab, und man zahlte Laura Nyro 2 Millionen für die Entscheidung, mit Columbia zusammenzuarbeiten. Der Vertrag, den die Firma willens war, mit Johnny Winter abzuschließen (Schätzungen belaufen sich auf bis zu 600000 Dollar), scheint den sensiblen Gitarristen überfordert zu haben. Bei Columbia war man schon seit langer Zeit ge-

Schaubild 5.6: Annäherungswerte für Umsatz und Profit

Schallplattenfirma / Umsätze in Millionen Dollar	**1973**	**1972**	**1971**	**1970**	**1969**	**1968**
1 CBS[1]	362,5	312,3	276,2	247,5	207,2	
2 WEA[12]	235,9[2]	214,5	170,8	115,8	87,1	64,2
3 RCA		203[2]				
4 Capitol	142,3[6]	130[5]	143[5]	178[8]		
5 Polygram	(geschätzte Position, alle Firmenzweige)					
6 MCA		70				
7 ABC[3, 10]		82,5	87,3	78,1	69,4	49,1
8 Motown		40				
9 A&M			56[9]			
10 United Artists	keine Zahlen erhältlich					
Profite (in Millionen Dollar)						
1 CBS	25,0[1]	26,8	23,1	18,6	13,1	
2 WEA	22,2[2]	23,8	18,9	14,8	12,1	10,0
3 MCA		12,0				
4 A&M						
5 Motown						
6 Capitol	5,2[7]	1,4[6]	8,0[4]	8,7		
7 ABC[3, 10]		1,0	6,4	3,5	4,6	3,9
8 RCA	Verluste im dritten Quartal (1973)					
9 Polygram						
10 United Artists		kleiner Profit	Verlust	Verlust		

1 CBS Jahresreport 1973, Seite 17. Schließt Preßwerke ein.
2 «New York Times», 5. Mai 1974
3 Schließt Rack-Jobbing und Vertriebsabteilung ein
4 «Billboard», 3. März 1973, Seite 3
5 «Billboard», 19. April 1972
6 «Billboard», 25. August 1973
7 Netto vor Sonderausgaben
8 «Billboard», 28. August 1971, Seite 10
9 «Firmensprecher»
10 «Billboard», 18. April 1973, Seite 8
11 Report der Muttergesellschaft Transamerica Corp. 1972
12 Einschließlich der Verlagsrechte; Warner besitzt den größten Musikverlag der USA

Schaubild 5.7: RCA

Umsätze und Nettoprofite, geordnet nach Firmenbereichen in Millionen Dollar		Umsätze und andere Einkünfte	Prozent insgesamt	Nettoprofite	Prozent insgesamt
Elektronik – Konsumgüter und Dienstleistungen	**1973**	**1,149**	**26,8**	**48,0**	**26,1**
	1972	1,098	28,4	57,7	36,5
Elektronik – Kommerzielle Produkte und Dienstleistungen	**1973**	**644**	**15,0**	**25,8**	**14,1**
	1972	531	13,7	11,7	7,4
Broadcasting (Funk und Fernsehen)	**1973**	**684**	**16,0**	**47,7**	**26,0**
	1972	611	15,8	36,0	22,8
Transportverleih und dazugehörige Dienstleistungen	**1973**	**677**	**15,8**	**19,3**	**10,5**
	1972	636	16,5	15,4	9,7
Kommunikationsbereich	**1973**	**165**	**3,9**	**18,2**	**9,9**
	1972	137	3,5	13,6	8,6
Regierungsgeschäfte	**1973**	**381**	**8,9**	**3,3**	**1,8**
	1972	396	10,3	3,4	2,2
Andere Produkte und Dienstleistungen	**1973**	**581**	**13,6**	**21,4**	**11,6**
	1972	454	11,8	20,3	12,8
Gesamt	**1973**	**4,281**	**100,0**	**183,7**	**100,0**
	1972	3,863	100,0	158,1	100,0

Quelle: RCA Jahresbericht 1973

wohnt, große Summen in die «Forschung» zu stecken, um Profite aus Neuentwicklungen kontrollieren zu können. Die Firma verfügte über einen Etat von mindestens einer Million Dollar jährlich, um das «Schallplattenkonzept» neu zu erforschen und weiter zu entwickeln. Unabhängige Label-Deals wurden mit mehreren erfolgreichen Produzenten abgeschlossen, darunter Kenny Gamble und Leon Huff (Sounds of Philadelphia).

Mit Künstlern wie Johnny Cash, Loretta Lynn und Kris Kristofferson sowie anderen ist die Firma auch sehr stark auf dem Country-Sektor vertreten. Country-Stars haben den Vorteil, daß sie lange erfolgreich bleiben. Die Loyalität ihres Publikums ist weitaus größer als die der Rock-Fans.

Die Gruppe, die Columbia wahrscheinlich am meisten Geld eingebracht hat, ist SIMON AND GARFUNKEL – gemeinsam und jeweils als Solo-Künstler. Paul Simon selbst sagte einmal: «Simon und Garfunkel waren allgemein gesprochen, für das Allgemeinpublikum, ein weitaus größeres Phänomen als die ROLLING STONES.»

Nachfolger von Davis wurde Irwin Segelstein, ein Mann aus der Programmgestaltung der Fernsehnetze, der, wie «Business Week» beschrieb, «ganz besonders viel von Kostenanalyse und Marktforschung hält».

Capitol

Capitol war eine florierende Firma, als die Ära der neuen Rock-Musik Mitte der sechziger Jahre begann. Sie nahm jedoch die neue Musik kaum wahr und wurde 1964 von ihrer Muttergesellschaft EMI, Großbritannien, eher dazu gezwungen, die BEATLES in den Vereinigten Staaten zu vermarkten. Die BEATLES sorgten dann fünf Jahre für den Erfolg von Capitol, und dadurch wurde das grundlegende Problem der Firma kaschiert: veraltete finanzielle Organisation, nur geringes Verständnis für die Rock-Musik. «Durch die BEATLES stieg das Geschäft» der Firma «von 30 bis 40 Millionen auf 120 Millionen». Artie Mogull, ehemaliger Vizepräsident der A&R-Abteilung, sagte gegenüber «Fusion»: «Aber man mußte auch enorme zusätzliche administrative Kosten in Kauf nehmen. Als die BEATLES sich dann auflösten, blieb man darauf sitzen.» Capitol hatte zudem in eine große Rack-Jobbing-Firma, Merco Enterprises, investiert und einen Schallplattenclub gegründet (verkauft 1968). Beide machten Minus.

Als die BEATLES sich auflösten, brachen auch bald die Dämme bei Capitol. Man schien dort bereit zu sein, alles zu veröffentlichen. Im Finanzjahr 1971 machte die Firma einen Verlust von über 8 Millionen Dollar, obwohl sie im Jahr zuvor noch ein Plus von 8,7 Millionen Dollar gemacht hatte.

EMI entließ die führenden Angestellten und schickte Bhaskar Mennon, einen indischen Business-Mann, der sich in komplizierter Finanzpolitik höchst gut auskannte. Man reduzierte die Zahl der Künstler von 270 auf 165, und im A&R-Department wurden von 30 Angestellten 23 entlassen. Den Marketing- und Promotion-Leuten wurde ihr Mitspracherecht bei künstlerischen Entscheidungen beschnitten. Unter Mennons Leitung kam die Firma langsam wieder aus den roten Zahlen heraus und konnte 1973 schon einen Profit von über 5 Millionen Dollar aufweisen. Man hatte Glück mit der Sängerin Helen Reddy und verkaufte eine Menge Alben von GRAND FUNK und PINK FLOYD. Leon Russell und sein Shelter-Label, welches von Capitol vertrieben wird, halfen das Image der Firma ein wenig aufzufrischen, brachten aber, wie man hört, keine bedeutsamen Profite. Mogull, jetzt bei MCA, kennzeichnet mit einer Geschichte aus alten Tagen die Situation bei Capitol:

«Ein wirklich guter Song-Plugger (to plug a song – einen Song unter Einsatz aller Möglichkeiten unterbringen oder verkaufen), der ist leicht zu erkennen. Der ist auf dem Weg nach Hause mit fünf Dollar in der Tasche und der Rechnung vom E-Werk, in der steht, wenn er nicht morgen zahlt, werden sie ihm den Strom abdrehen. Und er trifft dann irgendeinen Bandleader wie Guy Lombardo, und der sagt zu ihm: ‹Komm, gehen wir einen Sandwich essen.› Und er weiß, daß er im Restaurant zahlen muß, denn schließlich ist er ja der Song-Plugger. Aber er weiß auch, wenn er das tut, dann hat er keinen Cent mehr übrig, um seine Stromrechnung zu bezahlen. Also, was macht er?» Artie Mogull unterbricht seine Anekdote. «Fünfunddreißig Jahre lang waren bei Capitol Leute, die nach Hause gegangen sind und ihre Stromrechnung bezahlt haben.»[14]

Polygram

In den frühen siebziger Jahren kauften der britische Elektronik-Konzern Phillips und die Deutsche Grammophon verschiedene Firmen der US-Musikindustrie auf. Durch ihre US-Tochtergesellschaft, die Polygram Corporation in New York, kontrolliert die europäische Gruppe jetzt MGM, Mercury-Phonogram und Polydor Records sowie die Chappell Music Publishing Company, ein großes Verlagshaus mit Tradition.

MGM befand sich in einer absoluten Krise, bevor Polygram die Firma kaufte. Man hatte 1968 und 1969 fast 18 Millionen Dollar Verlust gemacht und 1970 und 1971 mit Mühe und Not Plusminusnull abgeschnitten. Die MGM-Filmgesellschaft, welche die Geschäftspolitik der Schallplattenabteilung jahrelang diktierte, hatte unrealistische Verkaufsquoten festgesetzt, deren man künstlich Herr zu werden versuchte, was wiederum größte Probleme mit Remittenden zur Folge hatte. In einem Herstellungswerk deckte man Diebstähle großen Umfangs auf. Mehrere Fehlschläge wie die «Bosstown»-Kampagne und Vereinbarungen mit unzuverlässigen unabhängigen Produzenten kosteten Millionen. Der Personalwechsel in den oberen Positionen war so häufig und schnell, und interne Intrigen zwischen den Direktoren waren so zahlreich, daß die Probleme nicht konzentriert angegangen werden konnten. Es hat überdies den Anschein, daß verschiedene Firmenbosse, die das Schiff sinken sahen, ihre eigenen finanziellen Interessen auf Kosten der Firma zu schützen begannen.

Unter Mike Curb, dem letzten Präsidenten, hat sich MGM auf Bubblegum-Acts verlegt, die bei einem jugendlichen Publikum von unter Zwölfjährigen ankommen. Unter Polygram versuchte die Firma langsam wieder den Einstieg in das Mainstream-Rock-Geschäft zu finden.

Mercury hatte eine weitaus solidere Geschäftsgrundlage als MGM. Die Firma war bahnbrechend in Computer-Technik und Vermarktungstechniken gewesen. Mercury verfügte über verschiedene Verbindungen mit englischen Labels, die der Firma zu so erfolgreichen Künstlern wie Rod Stewart verhalfen.

Es scheint die Intention der Polygram Corporation zu sein, mehrere Schallplattenfirmen zusammenzufassen, um so Geld bei dem Vertrieb und der Herstellung zu sparen und eine Gemeinschaftsfinanzierung abzuwickeln. Damit hat sie Verkaufsorganisationen für ihr europäisches Musikprodukt und kann umgekehrt neue amerikanische Acts auf relativ unkomplizierte Weise im Ausland absetzen. Diese Konsolidierung erinnert an die Firmenstrukturierung, die MCA vornahm, indem man Uni, Kapp und Decca vereinte (siehe unten), führt aber eventuell nicht zu denselben profitablen Ergebnissen. Es gibt keine amerikanischen Stars auf den Labels, außer vielleicht BACHMAN-TURNER OVERDRIVE auf Mercury-Phonogram (und die sind Kanadier) sowie einigen Acts mit Potential. Mehrere Acts auf MGM wie die OSMONDS waren mit der Firma sehr unzufrieden.

MCA

MCA Records in seiner gegenwärtigen Form ist relativ neu. In den späten sechziger Jahren kaufte MCA, Inc., Kapp Records und gründete Uni Records. Decca gehörte schon zu MCA. Die drei Firmen wurden eine Zeitlang autonom geführt und dann unter Mike Maitland zusammengefaßt, der Präsident von Warner-Reprise gewesen war.

Die Firmen waren reif für eine derartige geschäftliche Maßnahme. Da sie jeweils ihre eigenen Vertriebssysteme hatten, waren sie unabhängigen Vertriebsfirmen «ausgeliefert», wie Maitland sich erinnert, die einer der drei, nämlich derjenigen, die gerade das heißeste Produkt hatte, zahlen konnten, ohne den beiden anderen zu zahlen. Die Konsolidierung machte dem ein Ende, und sie gab der Firma zudem die Möglichkeit, ihre Vertriebsstellen von fünfundzwanzig auf sieben zu reduzieren und die Filialen zu benutzen, die sich im Besitz der Gesamtfirma befanden. Auch die Preßwerke wurden zusammengefaßt, und man zentralisierte die in New York verstreuten Decca-Büros. Musikalisch paßten die drei Firmen relativ gut zusammen. Decca war von jeher stark auf dem Country-Sektor, und Kapp veröffentlichte eine Anzahl von Broadway-Show-Aufnahmen sowie den Middle-of-the-Road-Sänger Roger Williams, während Uni sich aktiv auf dem Singles-Markt hervortat.

Während dieser Phase der Konsolidierung hatte MCA zwei wichtige Erfolge. Nachdem sich «Tommy» von den WHO schon eine Million mal hatte verkaufen lassen, kam ein Comeback, und «Jesus Christ Superstar», ein Projekt von geringer Bedeutung, wie man vorher gemeint hatte, verkaufte in seiner ursprünglichen Form beachtliche 4 Millionen Schallplatten und Tapes. Zusätzlich brachte es die Filmversion auch zu einer Goldenen Schallplatte. MCA, Inc., machte überdies noch Geld aus den Tournee-Aufführungen des Musicals. Derartiger christlicher Schlock war ebenso erfolgreich – wenn auch dankenswerterweise nur kurz – wie die Kitschversionen östlicher Religion während der Maharishi-Periode der BEATLES.

Dann brachte jemand Russ Regan, der für MCA arbeitete, eine Elton John-Platte. Es gelang der Firma, ihm in Amerika zum Durchbruch zu verhelfen, obwohl er in England, woher er stammte, noch so gut wie unbekannt war. Im Dezember 1972 war die Konsolidierung abgeschlossen, und das neue Label MCA Records, wurde mit Veröffentlichungen von Elton John und Neil Diamond gestartet, um den Namen so schnell wie möglich bekannt zu machen. («Decca» war ein schlechter Markenname, denn außerhalb der USA gehörte er der britischen Decca.)

Diamond wurde später von Columbia weggekauft, aber MCA hat die WHO behalten, obwohl sich diese enttäuscht von Deccas schwerfälliger Promotion-Arbeit zeigten, und Elton John. Mitte der siebziger Jahre unterschrieb Elton John einen Fünf-Jahres-Vertrag über sechs LPs mit MCA, der ihm acht Millionen Dollar aus 20prozentiger Tantiemenbeteiligung garantierte – bis zu einem späteren Vertrag zwischen Stevie Wonder und Motown der finanziell wahrscheinlich höchste Abschluß, der mit einem Musiker gemacht worden ist. John brachte auf seinem Rokket-Label Kiki Dee zu MCA, und die Firma hatte außerdem Erfolg mit Olivia Newton-John und LYNYRD SKYNYRD. Der Soundtrack des Universal Pictures-Films «American Graffiti» war ein völlig unerwarteter Erfolg. Mit ungewöhnlicher Musik und viel Glück hat man bei MCA genügend Künstlern zum Durchbruch verholfen, um innerhalb von kurzer Zeit zu einer erfolgreichen Firma zu werden.

Viele der Erfolge bei MCA Records entspringen organisatorischen und finanziellen Entscheidungen. Die Firma macht größeren Profit (12 Millionen Dollar bei einem Umsatz von 70 Millionen 1972) als verschiedene andere Firmen, die höhere Umsätze zu verzeichnen haben. «Unsere A&R-Abteilung betrachtet eine Schallplatte als künstlerisches Werk, unsere Herstellungsabteilung sieht in ihr ein ‹Produkt›, ich sehe sie als 1 Dollar bis 1,25 Dollar. ‹Produkt› mag vielleicht eine etwas unangemessene Bezeichnung sein, weil wir es hier mit einem Geschäft zu tun haben, das seine künstlerische Seite hat, aber man darf auch die Tatsache nicht vergessen, daß bei uns Leute am Fließband arbeiten, wie bei Ford.[15]

MCA, Inc., die Muttergesellschaft, ist ein Konzern, der seine Grundpfeiler in der Unterhaltungsindustrie hat. Neben der Platten-Abteilung gehören der drittgrößte Musikverlag in den USA zu MCA, Inc., die Universal Films and TV, man leitet die Friedhöfe in Arlington und Mt. Vernon*, führt die Dienstleistungen im Yosemite National Park, man besitzt die Spencer Gifts-Geschenkladenkette und eine Bank in Colorado.

ABC

ABC hat sich immer auf Fusionen mit kleineren Labels gestützt, um Talente zu fördern. Eine Zeitlang hieß die Firma ABC-Paramount, dann ABC-Dunhill und jetzt ABC-Blue Thumb. Die Umsätze von ABC Records steigerten sich zum Beispiel in dem Jahr, da die Firma Dunhill kaufte, um 150 Prozent, und sie bekam nicht nur The Mamas and the Papas, sondern auch Dunhills Geschäftsführer Jay Lasker, der jetzt Firmenpräsident ist. Gegründet worden war die Firma ursprünglich 1955 als Schallplatten-Zweig der American Broadcasting Company.

Der Erwerb von Lasker und Lou Adlers Dunhill-Label brachte ABC mit der Rock-Musik in Berührung, aber das geschah nicht etwa, weil irgend jemand bei ABC diese Musik mochte. Man sah es eher so, daß man den Kids geben mußte, was die Kids wollten, damit man Geld ver-

---

* Schallplattenkonzerne scheinen eine Neigung dazu zu haben, Friedhöfe zu betreuen oder umgekehrt. Warner Communications erwuchs auch aus einem weitverzweigten Friedhof- und Mausoleum-Business. Musik und Tod sind in den Vereinigten Staaten Geschäftszweige, in die es sich zu investieren lohnt.

dienen konnte. Larry Newton, der ehemalige Präsident von ABC Records, erzählt die Geschichte auf eine Weise, die die Ausgangshaltung von ABC klarmacht: «1966 beschlossen vier Typen, eine Firma zu gründen – Dunhill Records. Das schlimme war nur, sie hatten kein Geld. Also streckten wir ihnen 75000 Dollar vor. Acht Monate später kauften wir sie für 2,5 Millionen Dollar auf. Was war geschehen? Die erste Platte, die sie machten, war ein Flop (Mißerfolg). Die nächste verkaufte eine Million. Sie machten eine dritte. Die brachte einen Gesamtumsatz von 4 Millionen Dollar. Wissen Sie, mit wem? THE MAMAS AND THE PAPAS, vier Tiere. Sie steckten 268000 Dollar an Tantiemen ein, und wir kauften die Firma für 2,5 Millionen Dollar nur wegen dieser einen Gruppe.» [16]

Besonders wichtige Acts von ABC sind THREE DOG NIGHT und STEPPENWOLF gewesen, danach unter anderen STEELY DAN, die POINTER SISTERS und Jim Croce, der posthum mit ABCs Hilfe Gold-Album auf Gold-Album veröffentlicht. Für den Plattenkäufer bedeutet die Identifikation einer Firma wenig oder gar nichts. Für ihn zählen nur der Sound und der Künstler.

Die Reichen werden reicher, die Armen machen Label-Deals

Im Augenblick werden die zehn wichtigsten Schallplattenfirmen als «große Firmen» angesehen, vielleicht mit Ausnahme von A&M und Motown. Größe bringt bestimmte Marktvorteile mit sich. Leichterer Zugang zu größeren finanziellen Mitteln bedeutet die Möglichkeit, in günstigen Situationen zu expandieren, und die Fähigkeit, in schlechten Zeiten oder wenn Fehler gemacht worden sind, Verluste auffangen zu können. Ein großer Katalog in der Vergangenheit veröffentlichter Platten sorgt für einen ständigen Grundumsatz, der den kleinen Firmen fehlt. Der Vertrieb durch Firmenfilialen bedeutet einerseits Kontrolle und erspart andererseits, daß zwischengeschaltete Instanzen Profite abschöpfen, außerdem kann ein totales Vertriebsnetz von einem Hit mehr Platten absetzen, weil es diese schneller in die Geschäfte bringt. Auf der anderen Seite bedeutet natürlich Größe auch mehr allgemeine Verwaltungskosten.

Ob die Zusammenarbeit mit einer großen Firma einem Act hilfreich ist oder ihn behindert, bleibt in der Schallplattenindustrie eine Frage, zu der die Meinungen geteilt sind. Letztlich ist sie unrealistisch, da nur sehr wenige «am Künstler orientierte» kleine Firmen existieren. «Unabhängige» Labels sind gewöhnlich mit einer größeren Firma verbunden – zumindest, was den Vertrieb betrifft, und oft auch im Promotion- und Werbe-Bereich. Große Firmen sind sich in gewissem Grade des Problems bewußt – schließlich ist es auf lange Sicht doch nicht profitabel, sich den Künstlern zu entfremden – und haben daher sehr oft kleinere Unterabteilungen gegründet oder Artist-Relations-Abteilungen ins Leben gerufen.

Und dennoch haben viele Künstler das Gefühl, bei großen Firmen ziemlich unpersönlich behandelt zu werden oder gar unbeachtet zu bleiben. Sie spüren, daß sie kaum mit jemandem verläßliche Abmachungen treffen können, der sich nicht noch nach oben absichern muß. Schlimm wird es, wenn eine Firma zu beschließen scheint, daß ein bestimmter Act es nicht schaffen kann oder daß er nicht wesentlich mehr Platten zu verkaufen imstande ist. Schließlich liegt es im Interesse der Firma, für eine Gruppe Promotion zu machen, die verkaufen wird, und selbstverständlich wird die Entscheidung, für wen man Promotion macht und wen man sich selbst überläßt, von der Firma getroffen und nicht vom Künstler, sie hat auch nur wenig mit der Qualität der Musik zu tun. Unter diesen Prioritäten wird daher für Jazz (mit Ausnahme von wenigen Jazz-Rock-Fusionen) und klassische Musik nur sehr selten Promotion gemacht.

Joe Smith von Elektra faßt unter der Perspektive einer großen Firma zusammen:

> Da gibt es Bob Krasnow und sein Blue Thumb-Label (kürzlich von ABC gekauft), und das ist eine «Künstler»-Firma, aber es bestehen eben finanzielle Probleme. Sie können keine großen Zusicherungen machen, sie können nicht dieselben Garantiesummen bieten, sie können ihre Acts auch nicht so betreuen wie andere – dazu fehlt ihnen einfach das nötige Geld. Ganz sicher haben solche Firmen ihre Reize und Vorteile, aber ich fürchte für die Bob Krasnows. Derartige Firmen sind ständig auf der Suche nach Firmen wie der unseren, um Vertriebsvereinbarungen abzuschließen, damit sie sich um den Bereich nicht zu kümmern brauchen. Und dann werden sie zu unabhängigen Produktionsinstanzen. Darauf läuft es wohl hinaus: ein halbes Dutzend große Vertriebsoperationen und alles andere . . .[17]

Der Zwang zum Wachstum kommt aber nicht nur aus dem Schallplatten-Business selbst. Mehr Künstler bedeuten gewöhnlich größere Umsätze und größere Profite, wenn Vertragsabschlüsse und Aufnahmen nicht wahllos getroffen werden. Je größer die Umsätze und Profite einer Schallplattenfirma sind, desto mehr Macht gewinnt sie innerhalb des übergreifenden Konzerns und der Gesamtstruktur, deren Teil die meisten Plattenfirmen sind. Größere Macht der Schallplattenabteilungen bedeutet für die leitenden Angestellten dieses Bereichs bessere Aufstiegschancen innerhalb des Gesamtkonzerns.

Remittenden-Schlucken

Die Schallplattenindustrie ist denselben Wachstums-Problemen ausgesetzt, die alle kapitalistischen Herstellungsbetriebe betreffen: für sie sind das steigende Betriebskosten bei Studiozeiten und im Promotion-Bereich, Versorgungsschwierigkeiten mit Ausgangsmaterial wie Papier für Umschlaghüllen und Vinyl für die Platten selbst und steigende Tantiemenforderungen der Künstler. Aber die Plattenindustrie ist dem Rest der monopolisierten Industriezweige Amerikas mit der Lösung gefolgt, die sich allezeit bewährt hat: durch Preissteigerungen. Und wie die Stahl- und Automobilkonzerne schlagen auch die Plattenfirmen noch schnell einen kleinen Extra-Profit auf die «gerechtfertigten» Preissteigerungen. Schallplattenhersteller haben die Erfahrung gemacht, daß ihre Käufer sich immer wieder mit Preiserhöhungen «abfinden». Sie sind sogar willens, einen Extra-Dollar für die Platte eines Superstars draufzulegen, obwohl ein garantierter Bestseller den Hersteller pro Stück weniger kostet.

Die beiden anderen Probleme sind eher für das Schallplatten-Business spezifisch: reduzierte Playlists im Radio und die Kosten, die mit der Remission nicht verkaufter Platten verbunden sind.

Plattenremissionen haben die Schallplattenindustrie schon seit langer Zeit Millionen an Profit gekostet. Unverkaufte Platten werden dem Hersteller gegen volle Rückerstattung oder im Tausch gegen ein neues Produkt zurückgeschickt. Die Verpackungs-, Arbeits- und Transportkosten betragen nach Schätzungen 27 bis 45 Cent pro LP oder für fünf Singles. Von dieser Summe trägt der Einzelhändler 2 bis 5 Cent, der Rack-Jobber 20 bis 30 Cent und der Hersteller 5 bis 10 Cent. An einer durchschnittlichen Rack-Jobbing-Firma ist aufgezeigt worden, daß man 18 Prozent der Betriebskosten für die Abwicklung der Remission braucht. Der Anteil der Hersteller ist größer, als die Studie aufzeigte, denn er muß die Remittenden als «cut-outs» zu Niedrigpreisen wieder auf den Markt bringen oder sie sonst «schlucken»: das heißt einschmelzen, um aus dem Material neue Platten herstellen zu können.

Sprecher der Industrie haben seit Jahren ihre Stimmen gegen die Geschäftspolitik 100prozentiger Remissionsprivilegien erhoben, aber diese Geschäftspraktik wird weiterhin beibehalten, denn sie dient einem Zweck. Sie hilft, Platten zu verkaufen. Die meisten Platten von nicht etablierten Künstlern, darauf hat ein führender Rack-Jobber hingewiesen, würden niemals das Innere eines Schallplatteneinzelhandelsgeschäftes sehen, wenn unverkaufte Platten nicht remittiert werden könnten. Der Kompromiß liegt auf der Hand, er besteht darin, die Bestellungsaktivität sorgfältiger einzuschätzen. «Ich habe Bestellungen, die ich als zu enthusiastisch ansah, halbiert», sagt Ahmet Ertegun, und die

WEA-Gruppe sagt von sich, sie könne die Remittenden bei 16 bis 17 Prozent halten, auf einer Ebene, die zu «bewältigen» sei. Und bei RCA können Nachbestellungen jetzt bei Bedarf innerhalb von zehn Tagen gepreßt und in die Geschäfte geliefert werden. Remittenden werden immer ein Problem bleiben, denn als kapitalistische Unternehmen brauchen die Schallplattenfirmen immer höhere Verkäufe.

Rock Steady:
Die Zukunft

Obwohl die Wachstumsrate für Schallplatten und Tonbandkassetten sich zu stabilisieren beginnt, sieht die Zukunft für die Schallplattenindustrie dennoch rosig aus. Schallplatten verkaufen sich sogar in Zeiten der Rezession, denn sie sind, wie Sam Goody zu sagen pflegte, «ein Luxus des armen Mannes».* Sie sind überdies relativ billig und haltbar, wenn man sie mit Film, Sport oder anderen Formen von Unterhaltung vergleicht. Und das Höchstalter der aktiven Schallplattenkäufer, im Moment wahrscheinlich Anfang dreißig, steigt von Jahr zu Jahr. In fünfzehn bis zwanzig Jahren wird es ein weitaus größerer Anteil der Bevölkerung sein, der Schallplatten kauft.

Rock-Musik und Rock-Stars werden dann auch das Fernsehen beherrschen. Der durchschnittliche Fernsehzuschauer wird mit den BEATLES aufgewachsen sein oder Carole King, und er wird sich nicht mehr den altmodischen Pop bieten lassen, den man heutzutage präsentiert. Nicht etwa, daß sich der «geschmackliche» politische Inhalt des Fernsehens ändern wird – wir werden einfach eher John Denver als Moderator spätabendlicher Talk-Shows sehen, und nicht mehr Johnny Carson, und Grace Slick wird Dinah Shore ersetzen. Helen Reddy und George Carlin sind jetzt schon im spätabendlichen Angebot.

Jedes Sendernetz hat seine Konzert-Show. Sogar CHEECH AND CHONG sollen, wie ihr Produzent Lou Adler verlauten läßt, für eine Comedy-Sendung zurechtgestutzt werden.

Fernseh-Werbespots für Oldies-Zusammenstellungen haben jetzt schon im Grunde neues und ungeahntes Business aufgetan. 1973 wurden in den USA 62 Millionen Dollar für Fernsehwerbung solcher Zusammenstellungen ausgegeben, und man verkaufte Millionen von LPs. Der quadrophonische Sound braucht zwar länger als das Stereo, um akzep-

---

* Jay Lasker, Präsident von ABC Records, hat dazu seine eigene Theorie. Die Leute bleiben dabei, Schallplatten zu kaufen, weil sie «richtig trainiert worden sind», sagte er einmal. Man hat sie kaufsüchtig gemacht.

tiert zu werden, aber wird dennoch schon zum wichtigen Geschäft. Im ersten Jahr der Markterschließung verkaufte Columbia für 6 Millionen Dollar Quadro-Platten. Aber bei dieser technischen Entwicklung ist eher für die Gerätehersteller ein Geschäft zu machen als für die Plattenfirmen.

Eine technologische Bedrohung für die Schallplatte könnte aus der Video-Entwicklung entstehen und der Einführung wandgroßer Projektionsschirme für Farbbilder. Dennoch werden wohl weiterhin auch diese Geräte in erster Linie Musikgruppen bei Konzerten vorführen. Außerdem liegen Forschung und Entwicklung dieser neuen Artikel bereits fast ausschließlich im Monopol der größten Schallplattenfirmen und ihrer Muttergesellschaften – CBS, RCA, MCA, Warner Communications und ABC. MCA hat eine Video-Scheibe entwickelt, die in ihrer Qualität der Videokassette nicht unterlegen ist, aber fast wie eine normale Schallplatte aussieht und auch so vertrieben werden kann. Fast alle Firmen sind jetzt darum bemüht, wenn sie Verträge mit Künstlern abschließen, sich nicht nur die Schallplatten- und Tonbandrechte, sondern auch die Videorechte zu sichern.

Auf verschiedener Wellenlänge:

Die Firmengeschichte von Warner-Reprise und RCA

Die Warner Brothers Filmgesellschaft hatte einen interessanten Anfang. Nachdem die Firma von 1925–27 jährlich mehrere Millionen Dollar Verluste gemacht hatte, als mittelgroße Filmgesellschaften, die keine Uraufführungstheater kontrollierten, von reichen Monopolgesellschaften wie Paramount, die eben diese Kontrolle hatten, vom Markt gedrängt wurden, führte Warner Brothers den Tonfilm, die «talkies», auf dem amerikanischen Markt ein. Man arbeitete mit einem exklusiven Geräte-Lizenzvertrag von Bell Telephone, wo man die Sound-Technik entwickelt hatte, und Warner Brothers kam groß ins Geschäft. Schon 1927 konnte man einen 17 Millionen-Profit vorweisen.

Die glorreichen kapitalistischen Tage der frühen Warner Brothers waren 1958 schon lange vorüber, als die Filmgesellschaft eine Schallplattenabteilung ins Leben rief. Und es war die neue Rock-Musik der Sechziger, die der Firma nochmal zu einem Riesenerfolg verhelfen sollte. Das Comeback, das durch die Schallplatten ermöglicht wurde, dauerte nur etwas länger als das Firmenglück, das die «talkies» verursacht hatten.

Die ersten vier Jahre von Warner Brothers Records waren katastrophal. Geleitet von Jim Conklin, ehemaliger Präsident von Capitol und Columbia, versuchte die Firma, gleichsam über Nacht zu einer vollwertigen Plattenfirma zu werden, und sie hatte einen großen Veröffentlichungskatalog, in dem viel zuviele verschiedene Musikrichtungen vertreten waren. Man hatte Bob Newhart, einen populären Comedian, unter Vertrag nehmen können und außerdem die EVERLY BROTHERS, aber dennoch machte man ungefähr 3 Millionen Dollar Minus im Jahr, als Mike Maitland 1961 Präsident wurde. Die Filmgesellschaft hatte schon mit dem Gedanken gespielt, die Schallplattenabteilung einzustellen, aber man fürchtete, noch mehr Geld durch von Vertriebsfirmen nicht bezahlte Rechnungen zu verlieren. Aber kurz danach begann der Erfolg. Man nahm einen weiteren Comedian unter Vertrag, Allen Sherman, und außerdem das Folk-Trio PETER, PAUL AND MARY, die enorm verkauften. Die Gruppe verkaufte im Laufe der folgenden acht Jahre 15 Millionen Tonträger. Ein dritter Comedian, Bill Cosby, seit 1963 unter Vertrag, verstärkte den Erfolgstrend. Eine Zeitlang war Cosby für einen ungewöhnlich hohen prozentualen Anteil am Geschäft verantwortlich – fast 50 Prozent.

1963 kaufte die Firma Reprise Records von Frank Sinatra. Die Warner Brothers Filmgesellschaft wollte damit ursprünglich erreichen, daß Sinatra vier Filme für sie drehte. Man zahlte Sinatra 22 Millionen Dollar sowie eine Drittelbeteiligung an den kombinierten Plattenfirmen und allen weiteren Labels, die man später eventuell noch dazu erwerben sollte. Die Filmpläne zerschlugen sich, aber Reprise wurde plötzlich sehr erfolgreich. Es war ein Middle-of-the-Road-Label mit Künstlern wie Dean Martin, Dinah Shore, Sammy Davis und Alice Faye gewesen, das sich in einer Pop-Welt, die plötzlich der Rock-Musik den Vorzug gab, nicht behaupten konnte. Doch dann kam es zu einem Umschwung. Dean Martin, Nancy Sinatra und Trini Lopez verkauften Platten. Warner Brothers-Reprise war etabliert, aber es war kaum ein zeitgenössisches Label – von der Rock-Musik begann das große Geld zu kommen. Vorsichtig streckte man Fühler in diese Richtung aus. Joe Smith, ein Diskjockey aus Boston, den Maitland als nationalen Promotion-Mann angestellt hatte, nahm die GRATEFUL DEAD unter Vertrag, nachdem er sie im «Avalon Ballroom» von San Francisco gesehen hatte. Man hatte schon die KINKS durch einen Lizenzvertrag mit England. Aber jetzt lenkte eine Reihe von Versuchen, Warner Brothers zu kaufen, davon ab, daß sich die Schallplatten-Abteilung immer mehr auf die Rock-Musik eingelassen hatte. Jack Warner verkaufte an Seven Arts, eine kleine Film-Produktions- und Verleih-Firma.

«Es war, als hätte die ‹Pasadena News› die ‹New York Times› aufgekauft», sagte Smith später. Seven Arts bediente sich Fusionsfinanzierungstechniken, die in den sechziger Jahren gang und gäbe waren, und kaufte Warner Brothers für «ausschließlich geliehenes Geld, das man sich unter Auferbietung aller Kräfte verschaffte. Sie hatten schreckliche Schulden und betrieben die Firma auf eine Weise, die nur darauf abzielte, die Aktienpreise in die Höhe zu treiben, um einen schnellen Geldumsatz zu bewirken.»[18]

Seven Arts, die die Firma gekauft hatten, um sie wieder zu verkaufen, trafen eine wichtige Entscheidung, bevor sie wieder verkauften. Man erwarb 1967 Atlantic Records. Die Erteguns und Jerry Wexler wollten Kapital und verkauften für 17–22 Millionen. Atlantic war eine stabile Firma, die seit Jahren als führend auf dem R&B- und Soul-Markt galt, aber jetzt wurde sie plötzlich noch erfolgreicher. Einige englische Gruppen, die Ahmet Ertegun durch persönliche Besuche, Kontakte mit dem Manager Robert Stigwood und Abmachungen mit Polydor Records in England für Atlantic gewonnen hatte, wurden zu Verkaufsschlagern: CREAM, LED ZEPPELIN, die BEE GEES. Jerry Wexler produzierte Aretha Franklin, die bei Columbia nur bescheidenen Erfolg gehabt hatte und machte mit ihr Millionengeschäfte. Der Stax-Volt Label-Deal, der Otis Redding brachte, erwies sich als gewinnbringend, und Atlantic sicherte sich neue weiße progressive Rock-Bands wie CROSBY, STILLS AND NASH. Drei Jahre, nachdem Atlantic gekauft worden war, brachte es vor Steuern ungefähr die Summe an Profiten, für die es verkauft worden war.

Nach dem Atlantic-Kauf wurde schon offenbar, welch großartiges Geschäft Frank Sinatra gemacht hatte. Ihm gehörte jetzt auch Atlantic zu einem Drittel. Der Mann, der die Rock-Musik «die brutalste, häßlichste, erschreckendste und bösartigste Ausdrucksform, die ich je das Unglück hatte, mir anhören zu müssen» nannte, machte jetzt durch sie mehr Geld, als er durch sein eigenes Crooning je gemacht hatte. Die Drittel-Anteil-Klausel wurde später reduziert, so daß Sinatras Anteil schließlich 20 Prozent betrug.

Als Seven Arts die Firma zum Verkauf anbot, realisierten sich die ersten Abmachungen nicht. National General wollte kaufen, wurde aber von der Anti-Trust-Abteilung des Justizministeriums daran gehindert. Commonwealth United, ein Konzern, der schnell expandierte, begann schon die Fusionsabwicklung, verkaufte dann aber seine Option an die Kinney Corporation, einen Konzern, der Friedhöfe betreute und Reinigungsdienste umfaßte. Kinney bezahlte zwischen 350 und 400 Millionen Dollar für Warner Brothers, abhängig von den Aktien-Preisen. «Wir fühlten uns während der Zeit extrem unglücklich», erinnert sich Smith. «Ich weiß, daß die Erteguns, Jerry Wexler, Mo Ostin, Mike Maitland und ich extrem unglücklich waren. Da leiteten wir zwei der vielleicht sechs erfolgreichsten Schallplattenfirmen der Welt, und die verhökerten uns an irgendwelche Leute, die weder Feeling für uns hatten noch irgendwelche Berührungspunkte.»

Die Kinney Corporation war ein relativ junger, erfolgreicher Konzern, nicht viel älter als die Warner Brothers Schallplattenfirma. Sie wurde von einem ehrgeizigen Mann aus Flatbush geleitet, der jetzt 49 Jahre alt ist und Steven J. Ross heißt. Ross hatte aus dem Geschäft der Familie seiner Frau, großen Bestattungsunternehmen, einen Konzern gemacht, der Leihwagenagenturen (ursprünglich Bestattungslimousinen), Parkplätze (ursprünglich freie Parkplätze für Leihwagenmieter) und Reinigungsdienste für Häuser zusammenfaßte.

Die Parkplätze befanden sich anfangs im Besitz der Kinney Corporation, die von den Familienunternehmen der Ross unabhängig war. Da die Mafia sehr in das Geschäft mit Parkplätzen in New York eingelassen ist, in Müllabfuhrfirmen und auch in Reinigungsdienste, haben das «Forbes»-Magazin und auch andere spekuliert, daß Kinney und dadurch auch Warner etwas mit dem organisierten Verbrechen zu tun haben könnten. Kinney und Warner haben derartige Unterstellungen weit von sich gewiesen. Jedenfalls wurde Ross zur entscheidenden Persönlichkeit der unter dem Namen Kinney fusionierten Firmen.

1967 machte ein Freund Ross mit Ted Ashley bekannt, dem Chef der Ashley Famous Agency, einer der größten Talent-Agenturen der USA. Ross gab 10 Millionen Dollar an Vorzugsaktien für die Agentur, und dann wurde ihm bewußt, daß Ashley und seine leitenden Angestellten einen Stab weitaus ungenutzter Talente im Unterhaltungsgeschäft repräsentierten. Die Ashley-Leute kannten sich in der Film- und in der Plattenindustrie aus und hatten zahlreiche Kontakte. Dennoch führten sie eine Organisation, die in einem guten Jahr höchstens eine Million Dollar Profit machte – so das «Fortune»-Magazin. Ross entschloß sich, im Unterhaltungsgeschäft nach einer Aufkaufsmöglichkeit zu suchen, um den Ashley-Leuten einen besseren und profitableren Arbeitsplatz zu bieten. William Sarnoff, ein Neffe des RCA-Chefs David Sarnoff, wurde damit beauftragt, eine Liste möglicher Akquisitionen aufzustellen, und Warner Brothers-Seven Arts, wie es damals genannt wurde, stand ziemlich an der Spitze dieser Liste. Kinney kaufte Warner Brothers im selben Jahr, als er auch zwei große Reinigungsfirmen in Cleveland erwarb und die Hackensack Trust Company (jetzt die Garden State National Bank). Ashley wurde in der Folge zum Gesamtchef von Warner Brothers gemacht. Er leitet jetzt die Filmabteilung und ist im Aufsichtsrat von Warner Communications.

Die Fusion mit Kinney verhalf der Schallplattenabteilung zu dem nötigen Kapital, um expandieren zu können. Es wurde ein internationaler Vertrieb aufgebaut, ein einheimischer Filial-Vertrieb wurde ins Leben gerufen, und für 10 Millionen Dollar erwarb man eine dritte Schallplattenfirma – Elektra Records. Elektra war von Jac Holzman gegründet worden, und zwar in den fünfziger Jahren als Folk-Label. Die Firma zählte Judy Collins zu ihren Künstlern und, eine Zeitlang, Tim Buckley, dazu die PAUL BUTTERFIELD BAND, Spider John Koerner, Dave «Snaker» Ray und Tony Glover. Sie hatte sich zudem ein klassisches Repertoire aufgebaut und wandte sich 1965 mit der Gruppe Love der Rock-Musik zu. Ein wichtiges Label wurde Elektra 1967, als man Aufnahmen mit den Doors machte. Da die Firma am stärksten in Bereichen orientiert war, die Warner Brothers-Reprise und Atlantic nicht repräsentierten, paßte sie sehr gut in das Kinney-Konzept.

1973 wurde die Asylum Record Company von Warner Communications gekauft und ein Jahr später mit Elektra verbunden. Der Chef des Label, David Geffen, trat bald an die Stelle von Jac Holzman. Geffen war ein junger, extrem ehrgeiziger Buchungsagent, der sich einen guten Ruf insofern erworben hatte, als er Acts über längere Zeiträume betreute und sie nicht mit Tourneen und dergleichen innerhalb der kürzest möglichen Zeit auspreßte. Nachdem er die Buchungsagentur verlassen hatte, schloß er sich Eliot Roberts an, und die beiden führen die Geffen-Roberts Management-Firma. Sie betreuten eine Menge Acts, die sich nicht mehr so behandeln lassen wollten, wie es vor den sechziger Jahren normal war. Die «nette» Umgangsweise mit Künstlern wie Joni Mitchell, Crosby, Stills, Nash, Young und Jackson Browne machte sie beide zu Millionären.

Nach Aussagen von Roberts gründeten Geffen und er die Firma Asylum, um für Singer/Songwriter, die in dem ihnen gemäßen Tempo zu arbeiten wünschten, dies mit minimalen vertraglichen Zwängen zu ermöglichen. Als das Label zu groß wurde, verkaufte Roberts seine Anteile an Geffen und wandte sich wieder dem Management zu. Geffen gelang es, Bob Dylan für ein Album von Columbia wegzulocken, und 1974, sechs Monate, nachdem Elektra und Asylum zusammengegangen waren, konnte die Firma die drei Top-LPs in den Charts vorweisen: «Planet Waves» von Bob Dylan, «Court and Spark» von Joni Mitchell und «Hotcakes» von Carly Simon.

Ashley und Kinney hatten schon lange vor dem Asylum-Kauf versucht, die drei Firmen zu integrieren, um Kosten zu sparen, aber sie werden noch immer autonom geführt, außer im Vertriebsbereich und in den Gesamtfinanzen. A&R, Werbung, Promotion, Marketing und Verkaufsabwicklung werden getrennt vorgenommen. Diese Trennung erhält zwar den individuellen Stil der Firmen und beschränkt in einem gewissen Maße die Verbürokratisierung, aber es liegt wohl an den verschiedenartigen Persönlichkeiten an der Spitze der einzelnen Labels, daß Warner niemals so wie MCA integriert worden ist.

Es existiert jedoch ein sogenanntes Musik-Komitee, das die Schallplattenabteilung überwacht. Es besteht aus Ahmet und Nes hui Ertegun von Atlantic, Smith und Mo Ostin von Warner-Reprise und David Geffen von Elektra-Asylum. Geffen, 32, und Ahmet Ertegun, 51, sind gemeinsam Vorsitzende des Komitees.* Man trifft Allgemeinentscheidun-

---

* 1976 wurde Smith Präsident von Elektra-Asylum, und Geffen ging zur Warner-Filmabteilung.

gen, zum Beispiel über Vertriebsfragen, die die gesamte Schallplattenabteilung betreffen. Keiner dieser Label-Präsidenten ist im Aufsichtsrat der Muttergesellschaft Warner Communications, und Smith, bis 1976 Präsident von Warner-Reprise, spricht davon, daß es fast überhaupt keine Kontakte zum Warner-Aufsichtsrat gibt.

Musik und Image

Als Warner Brothers auf dem Konzernmarkt gehandelt wurde und die Schallplattenabteilung expandierte, schickte man sich bei Warner-Reprise in Burbank an, die Rock-Musik wahrzunehmen und sich auf sie einzulassen. Wie schon oben erwähnt, nahm man bis dahin hauptsächlich Middle-of-the-Road-Künstler wie Sinatra und Martin auf. Grundsätzliche wirtschaftliche Einsichten waren die Motive: während die Firma einen ihrer MOR-Künstler mit viel Einsatz auf Verkäufe von ungefähr 300000 LPs bringen konnte, mußte man plötzlich entdecken, daß Jimi Hendrix 2 Millionen Alben verkaufen konnte.

Nach den GRATEFUL DEAD machten Mo Ostin und Smith weitere Verträge mit Rock-Acts und Singer/Songwriters. Die DEAD und Hendrix hatte man, jetzt wurden Verträge mit JETHRO TULL, PROCOL HARUM, DEEP PURPLE, BLACK SABBATH, den FACES und den MOTHERS OF INVENTION abgeschlossen. Smith und Ostin waren wie Ertegun nicht zufrieden mit der geringen Anzahl von Gruppen, die durch englische Plattenfirmen, mit denen man liiert war, angeboten wurde. Sie fuhren nach England, um dort direkt Vertragsverhandlungen zu führen. BLACK SABBATH und DEEP PURPLE sind zu Zeiten Warner-Reprise Bestseller gewesen, obwohl sie in der Rock-Presse (Amerikas – Anmerkung des Übersetzers) nur selten erwähnt werden. Sie sind zwar höchst kommerziell, dennoch aber keine Bubblegum-Acts. Ein Großteil ihrer Verkäufe besteht in Tonbandkassetten, und sie gefallen besonders jungen Autobesitzern, die während der Fahrt ihre Auto-Stereoanlagen gern auf höchste Lautstärke stellen. Smith hat ein leicht überhebliches Verhältnis zu Hard-Rock-Gruppen:

> Wenn ich heutzutage eine Schallplattenfirma gründen sollte und dazu das totsichere Ding brauchte, dann würde ich auf «high energy» – ein Euphemismus für laut – Rock-Gruppen setzen. Die scheinen gesichtslos zu sein. Man kann innerhalb dieser Gruppen Musiker auswechseln – natürlich nicht Leute wie Mick Jagger oder Rod Stewart. Aber man kann drei Leute von Uriah Heep wegnehmen und sie einfach durch drei andere ersetzen, und das macht fast keinen Unterschied, solange sie über eine gewisse musikalische Kompetenz verfügen. Diese Gruppen scheinen eine Art Sex Appeal für junge Leute zu haben.[19]

Was Singer/Songwriters betrifft, so nahm Ostin Joni Mitchell für 15000 Dollar unter Vertrag, nachdem sie von Columbia und RCA abgelehnt worden war, bekam Neil Young, der bei BUFFALO SPRINGFIELD aussteigen wollte, um eine Solo-Karriere zu machen, und Arlo Guthrie. Smith holte Van Dyke Parks, Gordon Lightfoot (der bei Liberty gewesen war), Van Morrison und James Taylor, der enttäuscht war von der geringen Aufmerksamkeit, die man ihm bei Apple hatte zuteil werden lassen. Auch Randy Newman schloß sich der Firma an. Bei Warner-Reprise war man offensichtlich der Ansicht, daß diese eher akustischen Acts populär werden würden, denn man holte viele von ihnen bei anderen Firmen weg, aber Smith sagt eindeutig, man habe keine bewußte Firmenpolitik betrieben, indem man sich auf Singer/Songwriters richtete, sondern «die Verträge mit diesen Leuten spiegelten nur den persönlichen Geschmack» von Ostin und ihm «wider». Die allgemeine Ausrichtung auf Acts, die dem jungen und expandierenden Publikum gefielen, wurde allerdings äußerst bewußt betrieben.

Progressive Rock-Acts bedurften einer anderen Art von Promotion, als die Schallplattenindustrie sie gewohnt war. Warner-Reprise erlernte die neuen Techniken (Poster, T-Shirts, alle möglichen Werbegeschenke und Konzert-Tourneen) durch die Promotion der GRATEFUL DEAD. Zufälligerweise wurde jedoch zu der Zeit auch der Werbemanager ausgewechselt, und die Firma adaptierte ein neues «hip»-Image, das auf erfolgreiche Weise Warner-Reprise mit musikalischem Wandel und der neuen Untergrund-Kultur identifizierbar machte.

«Haben Sie die Werbung bei Warner-Reprise verändert, weil Sie sich einem neuen Publikum gegenübersahen und weil die Firma gerade neue Rock-Künstler unter Vertrag genommen hatte?» fragte ein Interviewer Stan Cornyn, damals Direktor der Creative Services, jetzt Vizepräsident. «Nein, so intelligent bin ich auch wieder nicht», antwortete Cornyn. «Der Typ, für den ich arbeitete, mußte sich einfach ein paar Monate Urlaub nehmen, um sein Jura-Examen zu machen. Deswegen mußte ich die Anzeigen machen, und ich machte sie eben auf meine Weise, denn ich hatte die Art, wie sie bis dahin gemacht worden war, eigentlich auch satt – gewöhnlich eine Großaufnahme von Tony Bennett und im Hintergrund ein Feuerwerk oder so. Ich schrieb und konzipierte sie einfach auf die Weise, wie es mir lag, wirklich: meine Art zu kommunizieren ist ehrlich, mit einem Sinn für Humor und Selbstironie. Das kommt dann ein bißchen ausgedreht raus. Und in der Plattenindustrie zeigte man sich sehr überrascht, da man eine ganz andere Art Masche gewohnt war.»[20]

Die Anzeigenserie, die Cornyn machte, rief unter anderem auf zu einem «Win a Fug Dream-Date»-Wettbewerb (Ein Abend mit einem Mitglied der Gruppe THE FUGS!), zu einem «Pigpen Look Alike»-Wettbewerb (Wer sieht so aus wie Pigpen? – Pigpen war Mitglied der GRATEFUL

Dead) – um die Grateful Dead zu pushen, und er formulierte auch das Angebot, kostenlos Sand aus dem Topanga Canyon, wo Neil Young wohnt, abzugeben: «Free Dirt!» (Schmutz umsonst!). Cornyn machte sich lustig über das offensichtliche Unvermögen der Firma, Schallplatten von Van Dyke Parks und Randy Newman zu verkaufen, und bot daher in seinen Anzeigentexten an, sie zu verschenken, verwies aber gleichzeitig darauf, daß Warner-Reprise willens sei, hinter einem Künstler zu stehen, bis er es geschafft habe. Die Verschenkaktion der Newman-Platten wurde kommentiert mit dem Satz, man habe hier die Chance zu sehen, «wie sich der Kapitalismus direkt vor den eigenen Augen auflöst».

Derartige Anzeigen halfen, Platten zu verkaufen, aber das war nicht ihr Hauptnutzen für die Firma. Cornyn hat oft gesagt, daß gedruckte Anzeigen nur selten einem neuen Künstler helfen und eher nur etablierte neu ins Gedächtnis rufen. Wichtig war besonders, daß Künstler, die nicht bei Warner arbeiteten, durch das Werbe-Image der Firma das Gefühl vermittelt bekamen, sie stünde der Musik näher. Auf diese Weise verhalf das Image der Firma zu neuen Künstlern. «Es war symbolisch dafür, daß man nicht wie Peggy Lee zu sein brauchte, um für das Management unserer Firma akzeptabel zu sein», sagt Cornyn.

Eine Anzeigenserie für Joni Mitchell hatte jedoch auch unangenehme Konsequenzen: «Joni Mitchell Is 90 Percent Virgin» in Anspielung auf die Tatsache, daß sie nur ein Zehntel der LPs verkaufte, die Judy Collins absetzen konnte; «Joni Mitchell Takes Forever» – weil man auf ihre neuen Alben so lange warten mußte; «Joni Mitchell Finally Comes Across» zum Erscheinen ihres dritten Albums. Joni Mitchell und ihr Manager Eliot Roberts hielten den Tenor der Anzeigenkampagne für erniedrigend, und das war einer der Gründe, warum sie die Firma verließ und zu Asylum ging. Was Warner Communications betraf, ging sie der Firma nicht lange verloren, denn ein paar Jahre später wurde Asylum aufgekauft.

«Ms.», «Mad» und Warner Comm. Corp.

Man hört jetzt gewisse Kritik, Warner-Reprise sei zu groß geworden und das am Künstler orientierte Image stimme nicht mehr. Die Kinks und Brownsville Station sind zwei Acts, die sich darüber beklagt haben, daß sie sich im Getümmel verloren vorkämen und man sie für keine angemessene Promotion mache. Leitende Angestellte, die miteinander rivalisieren, haben vorausgesagt, daß Künstler die Firma wechseln werden.

Diese Probleme bestehen aber auch bei den meisten anderen Schallplattenfirmen, und es gibt nur wenige Labels, an die sich ein Künstler, der sich verloren vorkommt, wenden könnte. Von den zehn wichtigsten sind die einzigen kleinen Firmen wirklich nur noch Motown und A&M. Motown beschränkt sich fast ausschließlich auf schwarze Künstler und nimmt sowieso nur wenige neue Gruppen. A&M hat sich dezidiert für eine Beschränkung ausgesprochen, was die Aufnahme neuer Gruppen betrifft. Ein unzufriedener Künstler konnte zu Asylum gehen, wie Joni Mitchell es tat, aber die Profite kommen dennoch der Warner Communications Corporation zu, da Asylum Teil von ihr ist. Die Strategie von Warner Communications, drei Schallplattenfirmen relativ autonom gewähren zu lassen, schränkt tatsächlich jene Art Verbürokratisierung ein, unter der Künstler zu leiden haben, zumindest im Gegensatz dazu, was bei RCA und Columbia geschieht. Und man hat tatsächlich geschafft, der Verknöcherung zu entgehen, und zwar auf die bewährte Industrie-Manier: man kauft ein heißes, junges, unabhängiges Label auf.

Obwohl die Warner Schallplattenfirmen noch immer von CBS an Auslandsverkäufen und Repertoire-Umfang übertroffen werden, konnte man sich doch die führende Stellung erhalten, was die Position der Alben in den Charts betrifft. Seit mehreren Jahren liegen die Warner-Firmen dabei an der Spitze. Die Musik-Abteilung von Warner Communications, die Einkünfte aus dem Verlagswesen und aus dem Verkauf von Schallplatten und Tonbandkassetten bezieht, konnte 1973 einen Gesamtumsatz von fast 234 Millionen Dollar verzeichnen. Im Durchschnitt sind die Verkäufe seit 1969 um 28 Prozent jährlich gestiegen, obwohl die Zuwachsrate insgesamt Jahr für Jahr gesunken ist. Die Profite stiegen zwischen 1969 und 1972 jährlich um ungefähr 25 Prozent. (Sie sanken jedoch um 7 Prozent im Jahre 1973; die Profitverluste in dem Jahr scheinen industrieweit gewesen zu sein. Auch bei CBS fielen die Profite um fast 7 Prozent.) Die Warner-Gruppe wird wahrscheinlich in den einheimischen Charts CBS überlegen bleiben, und es gibt auch Anzeichen dafür, daß sie ihren Anteil am ausländischen Markt vergrößert. Jedenfalls scheint es so, als würden diese beiden Firmen auch in Zukunft den Markt dominieren.

Die kombinierte Musik-Abteilung der Warner Communications ist der wichtigste Teil der Gesamtorganisation und hatte 1973 einen 43prozentigen Anteil an den Verkäufen und einen 46prozentigen an den Profiten. Die alte Kinney-Organisation von Reinigungsdiensten, Bestattungs- und Friedhofsunternehmen und Parkplätzen sowie ein oder zwei Firmen der Unterhaltungsindustrie hat sich zu Warner Communications gewandelt und ist im wesentlichen (mit Ausnahme einiger Banken in New Jersey und Immobilienbesitz) ein Medien-/Unterhaltungsindustrie-Konzern geworden. (Ein Großteil der ehemaligen Kinney Corporation wird als getrennter Zweig weitergeführt.) Natürlich hat man sich sehr stark ins Fernseh- und Filmgeschäft eingelassen und außerdem ins Kabelfernsehen und ins Verlagswesen. Warner Communications gehört ein Viertel des Magazins «Ms.», die Zeitschrift «Mad», und es werden dreiundsechzig Comic-Book-Reihen herausgegeben. «Mad» kann die höchste Profitrate im Verhältnis zum Umsatz aller Warner-Geschäfte aufweisen – 2,5 Millionen Dollar Profit bei 6 Millionen Dollar Umsatz im Jahre 1973. Warner Communications hat erfolgreicher als jede andere US-Firma in den letzten zehn Jahren verstanden, aus der Pop-Kultur eine Handelsware zu machen.

Radar, Kühlschränke und Schallplatten: *RCA*

RCA ist Zielscheibe einer verbreiteten spöttischen Kritik innerhalb der Industrie. Die Firma ist ein Konzerngigant, welcher den «Zug verpaßte», wie in einer selbstkritischen Anzeige 1970 formuliert wurde, sowohl in den fünfziger Jahren den Rock 'n' Roll-Zug wie in den sechziger Jahren den Rock-Zug. RCA hielt sich Elvis Presley und die JEFFERSON AIRPLANE, Top-Seller in ihren jeweiligen Phasen, schätzte jedoch Rock 'n' Roll und progressive Rock-Musik als bloße Modeerscheinungen ein.

Die Geschichte der Firma ist die typische Geschichte der Industrie-Reaktionen auf die neue Musik. Ein Firmenporträt wie das von MGM würde die Darstellung der Industriereaktionen verzerren, denn MGM erwies sich in der extremen Geringschätzung seiner Rock-Gruppen, von denen man einige gar wegen ihrer textlichen Anspielungen auf Drogen eliminierte, als so anti-Rock, daß es schon wieder untypisch ist, während eine eingehendere Betrachtung von CBS den Eindruck vermitteln könnte, daß jede große Firma in der Lage sein müßte, den Umschwung zu leisten. RCA war durchschnittlich in struktureller Ausrichtung und Organisation. Als monolithischer Konzern bildet die Firma zudem eine interessante Vergleichsgrundlage gegenüber der Warner-Label-Gruppe.

In den Jahrzehnten vor dem Aufkommen des Rock 'n' Roll wurde RCA oft als führende Schallplattenfirma in den Vereinigten Staaten angesehen. Der einzige starke Konkurrent war Columbia. Die Firma war auf dem Country-Sektor und im klassischen Bereich sehr gut vertreten, die im Jahre 1955 wahrscheinlich jeweils für 20 Prozent des Gesamtgeschäfts verantwortlich zeichneten, und die Pop- oder Middle-of-the-Road-Musik der Firma verkaufte sich ebenfalls gut. Man machte einige große Fehler – verpaßte zum Beispiel die Einführung der LP (RCA wies den «Erfinder» der LP, Dr. Peter Goldmark, ab, als er in die Vereinigten Staaten kam und Arbeit suchte – er ging statt dessen zu CBS), aber in der etwas trägen Industrie der vierziger und fünfziger Jahre schienen die großen Verdienstspannen und die standardisierten Geschmacksvorstellungen ausreichend zu sein.

1956, als die Rockabilly-Bewegung am Rande der Country-Musik erwachte, erregte Elvis Presley die Aufmerksamkeit von Steve Sholes, dem RCA-Direktor für Country-A&R. Presley wurde für 35000 Dollar eingekauft, man machte gute Promotion für ihn, und er nahm neben Country auch Pop- und sogar R&B-Songs auf. Seine Verkäufe stiegen ins Immense. Zwischen 1956 und 1962 war er verantwortlich für 31 von RCAs 39 Millionen-Singles, und zwischen 1958 und 1960 waren von den vierzig Gold-Alben der Firma 9 von ihm. Man hat in der Industrie die Vermutung geäußert, daß mehr als zehn Jahre lang ein Viertel des Umsatzes von RCA Records Elvis Presley zuzuschreiben war.

Es wäre doch eigentlich ganz natürlich gewesen, wenn die Firma sich nach weiteren Rock 'n' Roll-Acts umgesehen hätte, aber man tat es nicht. Presley wurde von den meisten RCA-Angestellten als eine Art Freak angesehen, zum Beispiel auch von George Marek, einem Opern-Liebhaber, der die Firma leitete, nachdem man kurz zuvor Elvis Presley unter Vertrag genommen hatte. Auch wenn es keine Interventionen von außerhalb der Plattenabteilung gegeben haben mag, den Rock 'n' Roll bei der Firma in Grenzen zu halten, so waren doch die Plattenbosse selbst genügend unsicher, weil das Establishment Presleys ungehemmten Auftritten soviel Abneigung entgegenbrachte. Außerdem fühlten sich die meisten leitenden Angestellten der Firma viel eher im klassischen Bereich zu Hause. Von 1958 bis zu seinem Tode 1964 gehörte Sam Cooke der Firma an, aber man sah in ihm einen R&B-Künstler, und RCA traf kaum Anstalten, ihn auf anderen Märkten zu promoten.

In den frühen sechziger Jahren verfügte die Firma über ein starkes MOR-Repertoire, das es ihr erlaubte, sich keine Sorgen darum zu machen, ob die mangelnde Einlassung in den Rock 'n' Roll sich vielleicht negativ auswirken könne. Man erzählt sich die Geschichte, daß Bob York, zu jener Zeit A&R-Mann der Firma, bei einer Sitzung verkündete, man brauche «einen Pianisten, einen Instrumentalisten, einen Sänger, eine Sängerin, einen ausländischen Sänger und eine Folk-Gruppe». Daraufhin nahm er Peter Nero, Al Hirt, John Gary, Ann-Margret, Sergio Franchi und die LIMELIGHTERS unter Vertrag. Mit diesen Künstlern und zusätzlich Elvis, Henry Mancini und Harry Belafonte versetzte sich die Firma in die Lage, die Ohren gegenüber allem, was sonst im Lande geschah, geschlossen halten zu können. Nicht mal die BEATLES machten Eindruck auf die Talentsucher von RCA.

Ende 1965 nahm die Firma JEFFERSON AIRPLANE unter Vertrag. Diese Entscheidung schien darauf hinzudeuten, daß RCA sich vielleicht stark in der Rock-Musik der sechziger Jahre engagierte, aber man verhielt sich abwartend und war unsicher. Man wollte sehen, was die AIRPLANE brachten. Die Gruppe brauchte zwei Jahre, um außerhalb von Kalifornien den

Durchbruch zu schaffen, aber es gelang ihr. «Surrealistic Pillow» wurde 1967 zum ersten Goldenen Album von insgesamt sechs, die die Airplane der Firma im Verlaufe der nächsten sechs Jahre verschaffen sollten. Man bemühte sich schon mehr, dieser Musikrichtung zu folgen, verbrannte sich jedoch nur die Finger. Fünf psychedelische oder progressive Acts wurden präsentiert, darunter PRISM, GROUPQUAKE und JOYFUL NOISE, aber sie erwiesen sich alle als totale Fehlschläge.

Nur mit den AIRPLANE hatte die Firma Glück. Das Problem bestand darin, daß die A&R-Abteilung zwar eine Moderichtung erkennen konnte, innerhalb dieser aber nicht die wirklich qualitativ gute Musik herauszusuchen verstand. Joe Di Imperial, RCAs A&R-Mann, der für den Vertrag mit den AIRPLANE verantwortlich zeichnete, soll gesagt haben, daß man diese neuen Gruppen nicht zu hören brauche, sondern sich nur vor den Clubs aufhalten müsse, um festzustellen, wo die längsten Schlangen von Leuten auf Eintritt warteten. Danach könne man sich bei Vertragserwägungen richten. Dieses Konzept traf vielleicht im Falle AIRPLANE zu, repräsentierte aber «eine eher synthetische Annäherung an das Problem», wie Ahmet Ertegun in einem ähnlichen Zusammenhang einmal formulierte.

Die Firma widmete auch den Singer/Songwriters, die am Rande der Rock-Szene auftauchten, wenig Aufmerksamkeit. Ebenso wie bei Columbia wies man Joni Mitchell ab. «Wir brachten ihnen Jonis Songs und Demos», erinnert sich der Manager Eliot Roberts. «Und sie sagten: ‹Das ist nett, ein Mädchen und einige Songs, aber daraus wird nichts. Wir wollen die RASCALS oder Wilson Pickett.›»

RCA machte also keine Fortschritte, aber man verkaufte doch weiterhin ziemlich viele Platten. Elvis und das klassische wie das Country-Repertoire brachten immer genug ein, um über die Unkosten hinaus noch etwas übrig zu behalten. Eine Absprache mit dem Produzenten Don Kirshner brachte zwei gutverkaufende Bubblegum-Acts, die ARCHIES und die MONKEES. Die MONKEES haben wohl kaum einen wesentlichen Beitrag zur Musik geliefert, aber darum scherte man sich bei RCA nicht. Man brauchte weder einen Dylan, eine Joplin oder einen Miles Davis, solange die MONKEES in drei Jahren 15 Millionen Alben verkaufen konnten. Dann hatte man noch die GUESS WHO, eine Gruppe, die in dieselbe Kategorie gehörte wie GRAND FUNK RAILROAD bei Capitol.

Die MONKEES hatten jedoch nicht dieselbe Langlebigkeit wie Dylan. Und die Firma konnte es sich nicht ständig leisten, auf ein paar Bubblegum-Acts zu setzen, die für kurze Zeit Hits produzierten. Man mußte den grundlegenden Rock-Markt anpeilen. Immer wieder wurden in der A&R-Abteilung die Leute gewechselt. Auch in den Gestaltungs- und Promotion-Abteilungen schien man kaum Ahnung davon zu haben, was die neue Musik erforderte.

Die YOUNGBLOODS, die bei RCA eine Single herausgebracht hatten, die zum Millionenseller wurde, *Get Together*, verließen das Label und gingen zu Warner-Reprise. Sie beklagten sich darüber, daß man ihnen Plattencover aufzwang, die ihnen nicht gefielen, und daß man den Stil ihrer Aufnahmen einschränkte. «Es gab da ein sehr grundlegendes Mißverhältnis zwischen RCA und den YOUNGBLOODS», sagte ihr Manager Stu Kuchins gegenüber dem «Rolling Stone». «Deren Stil ist alt, und ihre Ideen sind altmodisch . . . In letzter Zeit haben sie einige Anstrengungen unternommen, aber damit machen sie höchstens Fehler aus der Vergangenheit einigermaßen gut. Es herrscht bei der Firma ein grundlegender Verständnismangel für die Musik, um die es geht, und für die Leute, die diese Musik mögen. Man weiß einfach nicht, wie man einen RCA-Künstler auch an das ihm entsprechende Publikum bringt. Man handelt bei RCA nur dem augenblicklichen Impuls entsprechend.»

1969/70 nahm RCA zwei Künstler unter Vertrag, die zwischen MOR und Rock angesiedelt sind – John Denver und Harry Nilsson. Beide brauchten mehrere Jahre, um den Durchbruch zu schaffen. Zu dieser Zeit kam auch ein neuer A&R-Mann, Dennis Katz, der endlich einige Acts unter Vertrag nahm, die eventuell dem Hard Rock zugeordnet werden können. Dennis ist der Bruder von Steve Katz, der BLOOD, SWEAT AND TEARS angehörte, und er hatte die Gruppe als Manager betreut. Er brachte David Bowie, Lou Reed und die KINKS zu RCA.

Manche Leute aus der Industrie haben gesagt, daß RCA Bowie nur genommen habe, um das Image der Firma zu verändern, und daß man mit ihm nur zugesetzt habe. Natürlich weist die Firma dies weit von sich. Herb Helman, Vizepräsident für Public Relations, hat geäußert, diese Gerüchte stammten aus der Überschätzung der finanziellen Mittel, die RCA in Bowies erste Amerika-Tournee investierte. Wie Helman sagt, waren die Kosten hoch – 100000 Dollar –, aber nicht unzumutbar hoch. Jedes Bowie-Album klettert stetig und beständig in den Charts, und es hat den Anschein, als hätten sich die Promotion-Kosten ausgezahlt. Ob die Firma diese drei Acts aus geschmacklichen Gründen unter Vertrag genommen hat oder weil man das altmodische Image mit ein wenig Glitter verzieren wollte, ist schwer zu sagen. Firmenoffiziell ist gesagt worden, daß es Bowies Musik war, an der Katz anfänglich Gefallen gefunden hatte und daß sein extravaganter Lebensstil erst später zu einem von der Promotion vorzüglich auszubeutender Nebeneffekt geworden sei. «Wir wollten die KINKS nicht deswegen, weil Ray Davies vielleicht seinen nackten Arsch zeigen würde», protestiert Eliot Horn von RCA nicht ganz überzeugend. «Wir mochten die KINKS!» Auf jeden Fall verfügte die Firma endlich über einige Acts, mit denen sie im Mainstream der Rock-Musik operieren konnte.

RCAs Probleme waren jedoch noch nicht ganz gelöst. Man hatte andere Sorgen. Obwohl Katz und der RCA-Präsident, unter dem er arbeitete, einige Top-Acts aufgetan hatten, waren nicht viele darunter, die das Vertrauen erweckten, auch sie könnten es vielleicht schaffen. RCA ist eine derart riesige Firma, daß eine Anzahl erfolgreicher neuer Künstler auf allen Sektoren gebraucht wird, um die Unkosten wieder hereinzubringen.

1973 wechselte die Firma überdies zum Vertriebssystem über firmeneigene Filialen. Man hatte die Schallplatten anfangs über RCA-Gerätehändler vertrieben und war dann auf ein «zweigleisiges» System umgestiegen. Dieser neuerliche Wechsel kostete die Firma Millionen und erforderte ein starkes Management. 1973 verfügte die Firma noch nicht darüber, und im dritten Quartal machte sie daher auch Minus. Steigende Kosten hatten die Profite in gewissem Maße auch bei anderen Firmen wie CBS und Warner gesenkt, aber in jenem Jahr war das für RCA auch kein annehmbarer Trost.

1974 machte RCA wiederum einen neuen Mann zum Präsidenten der Schallplatten-Abteilung. Er hieß Ken Glancy und war, anders als Laginestra, der aus der Finanzabteilung von NBC stammte, ein «Schallplatten»-Mann, der während der sechziger Jahre bei CBS A&R gemacht hatte und anschließend die britische Abteilung von RCA Records leitete. Mit Bowie, Reed, Denver und Nilsson auf dem Pop/Rock-Sektor ausgestattet, kann es die Firma vielleicht wieder zu Profiten bringen, aber das wird nicht über Nacht geschehen.

«Victor ist ein Elefant», sagte George Marek vor zwanzig Jahren, «und man kann nicht erwarten, daß ein Elefant herumspringt wie eine Gazelle.»

Der Konzern

RCA Records ist in erster Linie Teil einer übergreifenden Gesamtfirma. Umsätze und Profite der Schallplattenfirma werden nicht aus den Umsatz- und Profitzahlen für alle «Electronics-Consumer Products and Services» herausgenommen. Die Schallplattenabteilung ist einem Vizepräsidenten unterstellt, der auch noch für verschiedene andere Abteilungen außer der Schallplattenfirma wie zum Beispiel für Random House und Global Communications zuständig ist. Die Tagesentscheidungen werden den leitenden Angestellten der Plattenabteilung überlassen, aber größere finanzielle Entscheidungen müssen mit dem Vizepräsidenten abgesprochen werden. Verträge, die über eine bestimmte Summe hinausgehen, und Investitionen in Broadway-Shows, die Hunderttausende von Dollars erfordern, sind Beispiele dafür.

Mit ihrem Hauptquartier im Rockefeller Plaza in New York ist RCA, Inc., ganz sicherlich einer der größten Konzerne der Welt. Mit Umsätzen von über vier Milliarden Dollar im Jahre 1973 nahm die Firma unter den größten Konzernen der Vereinigten Staaten die zwanzigste Stelle ein. Die Korporation ist wesentlich im Verteidigungssektor engagiert und stellt neben vielen anderen Dingen auch elektronische Ausrüstung sowie Frühwarnsysteme gegen Raketenangriffe her. Anfang 1974 arbeitete RCA an mehr als tausend Regierungsaufträgen. Diese Aufträge beliefen sich im Finanzjahr 1974 auf mehr als 243 Millionen Dollar. (Eine gewisse traurige Ironie läge darin, wenn es einen Zusammenhang gäbe zwischen RCAs Unterstützung des Vietnam-Krieges und der Promotion, die man für Barry Sadler machte, dessen «Ballad Of The Green Berets» der Firma 1966 zu einem Gold-Album und einer Millionen-Single verhalf.)

Diese Firma bietet ein ausgeklügeltes automatisiertes Kommunikationssystem an, das von der 800 Meilen langen Alaska-Öl-Pipeline genutzt wird, betreibt NBC-Radio und -Fernsehen und stellt Hunderte von Elektronik-Produkten für die Industrie und den Privatkonsumenten her, darunter Fernsehgeräte und Ersatzteile. Zu RCA gehören Hertz Rent-a-Car, Banquet Foods und die Cushman and Wakefield-Immobilien-Firma. Wie Warner Communications und CBS ist man auch im Verlagswesen engagiert. Der RCA gehören die Verlage Random House und Alfred A. Knopf. Ein Blick auf die Umsatz- und Profitzahlen der Jahre 1972 und 1973 vermittelt die immense Größe dieses Konzerns (siehe Schaubild 5.7).

Die Präsidenten der Schallplatten-Abteilung von RCA haben die Talentsuche von jeher den A&R-Leuten überlassen. Daher sind die entscheidenden Firmenchefs von den musikalischen Veränderungen isoliert gewesen, und insofern befand sich die Firma im Nachteil gegenüber solchen Konkurrenten wie Motown, Atlantic, Warner-Reprise und CBS (während der Davis-Ägide). Eine Schallplattenfirma kann durchaus operieren, ohne daß die Direktoren direkt mit den Künstlern zu tun haben, aber diese Direktoren müssen sich dann ihrer eigenen Schwäche bewußt sein und wenigstens über so viel Gespür verfügen, daß sie A&R-Leute einstellen, die das richtige Ohr haben – wie bei MCA.

Die Produktion hat bei RCA weitaus intensiver im Hause stattgefunden als bei vielen anderen Schallplattenfirmen. 40 bis 50 Prozent der neueren Platten sind von Hausproduzenten gemacht worden. Da Hausproduzenten oft schon vorangeschrittenen Alters sind und überdies gewohnt, innerhalb der RCA-Struktur zu arbeiten, hat auch diese Situation die Firma von der neuen Musik eher ferngehalten.

Die Entscheidung, Jefferson Airplane, einen ziemlich autonomen Label-Deal zu gestatten, hat sich als klug für RCA erwiesen. Die Beziehungen sind zwar wegen bestimmter Textstellen, die zensiert wurden, auf die Probe gestellt worden («up against the wall, motherfucker» und eine Zeile über Jesus, der mit Maria schläft, mußten herausgenommen werden), aber der Vertrag hat eine der am wenigsten konzern-orientierten Gruppen im Lande wirtschaftlich an eine der mächtigsten US-Korporationen gebunden. Grunt wurde ein finanzieller Erfolg und hat zudem als Sprachrohr der San Francisco-Szene seine Dienste geleistet, indem auf dem Label Gruppen präsentiert wurden, die RCA allein ganz sicher nicht als präsentabel wahrgenommen hätte.

Im Laufe der Jahre war die Werbung immer eine Schwäche bei RCA. Bis 1970 wurde sie von beauftragten Firmen wahrgenommen, die mit Musik nichts zu tun hatten. Derartige Werbefirmen haben oft nur wenig Verständnis für die Rock-Musik und ihr Publikum.

Katalog-Repertoire und Modeströmungen

Die Stärke von RCA sind ganz sicher der Repertoire-Katalog und die Bandbreite der angebotenen Musik. Ungefähr 2000 Platten sind im Katalog enthalten. Viele davon erreichen niemals die Top 200-Charts, aber in geringeren Anzahlen verkaufen sie sich doch beständig. Dutzende klassischer Platten haben sich im Laufe der Jahre mehrere hunderttausend Mal verkauft. Im klassischen Katalog sind Brahms, Beethoven und Bach, die niemals aus der Mode kommen werden. Nur zwei klassische LPs sind jemals mit Gold ausgezeichnet worden – eine Van Cliburn-Interpretation von Tschaikowsky auf RCA und «Switched On Bach» von Walter Carlos auf Columbia. Die LP «The Sound Of Music» hat sich ebenfalls im Laufe der Jahre als ungeheurer Verkaufserfolg für die Firma herausgestellt. 8 Millionen Exemplare sind davon in den USA abgesetzt worden und weitere 5 Millionen im Ausland. Zusammen mit Carole Kings «Tapestry» mag diese LP vielleicht als die bestverkaufte aller Zeiten gelten. (Die Platte von Carole King ist ganz sicher in den USA noch häufiger verkauft worden und wahrscheinlich auch insgesamt der Rekord-Seller.)

Verkäufe im Ausland waren für RCA schon immer wichtig. Als Tochtergesellschaft des multinationalen Konzerns RCA, Inc. verfügt die Schallplattenabteilung über Wissen und Möglichkeiten, im Ausland Geschäfte abzuwickeln. Zu einem bestimmten Zeitpunkt veröffentlichte die Firma ihre Platten gleichzeitig in den USA und in Übersee. In der Tat würde RCA auch besser abschneiden, wenn in den Umsatz-Charts der Branche nicht nur die US-Verkäufe, sondern die internationalen Gesamtverkäufe registriert wären. Verkäufe auf dem Country-Sektor sind oft ebenso stetig und langlebig wie im klassischen Bereich. Country-Fans haben sich immer als loyal erwiesen. Wenn sich ein Künstler erst mal etabliert hat, werden seine/ihre Platten auch jahrelang verkauft. Diese stetigen Katalog-Verkäufe sichern die Firma ab, wenn kein Einzelbereich besonders erfolgsträchtig ist.

Eine annähernde prozentuale Aufteilung der gegenwärtigen Verkäufe nach Musik-Kategorien bei RCA würde wohl 50 Prozent für die Rock-Musik aufweisen (bei RCA wird diese Musik «zeitgenössische» genannt), 17 Prozent MOR, 20 Prozent Country, 8 Prozent Klassik sowie 5 Prozent Jazz und R&B, die ausschließlich an ein schwarzes Publikum verkauft werden. Diese Aufteilung bringt John Denver zusammen mit Perry Como in die MOR-Kategorie. Auf dem Country-Sektor hat sich RCA oft als dominierend erwiesen, und bei der Firma sind solche Größen wie Chet Atkins, Floyd Kramer, Bobby Bare, Skeeter Davis, Waylon Jennings, Lester Flatt, Dolly Parton und Charlie Pride. 1974 hatte RCA sechzig Singles in den Country-Charts, mehr als jede andere Firma.

Die drei bestverkaufenden Acts der Firma sind John Denver, Charlie Pride und natürlich Elvis Presley. Elvis hatte 1973 eines seiner besten Jahre und war noch nahe an der Spitze, als er vier Jahre später starb. Extrem schwach war die Firma auf dem R&B-Markt, obwohl sie eben diesen Sektor vor dem Zweiten Weltkrieg zusammen mit CBS beherrschte.

Die Schwäche der Firma lag in ihrer Unfähigkeit, auf die Veränderungen in der Mainstream-Rock-Musik zu reagieren. Wo man meinte, daß sich etwas tat, griff man zu und bekam doch nur einen Teil einer kommerziellen Modeströmung zu fassen. Die Firma hat sich nie als imstande erwiesen, bedeutsame neue Musik auch als Musik anzuerkennen und zu begreifen. Die starke Fluktuation bei den leitenden Angestellten, die mangelnde Nutzung der Kreativität unabhängiger Produzenten und die altmodische Werbestrategie haben die Distanz der Firma zu der Musik nur verstärkt. RCA ist repräsentativ dafür, wie verbürokratisierte Konzerne alten Stils mit der Kreativität verfahren.

Fundamentale Unterschiede bestehen jedoch nicht zwischen RCA und der lockereren und erfolgreicheren Firma Warner Communications, die als mehr «hip» gilt. Sie beide verfolgen dasselbe Ziel: Musik und Musiker zur Handelsware zu machen, die Musik so kommerziell wie nur möglich zu machen, sich dazu der verschiedensten Techniken zu bedienen. Sie wollen Musik so gut verkaufen, wie sie auch Eisschränke verkaufen würden, sie reduzieren Musiker auf ein oberflächliches Image, das man Anzeigen wie einen Stempel aufdrücken kann und das sich in Radiospots von sechzig Sekunden Dauer verwenden läßt. Und sie machen aus Musikern Leute, die am Ende wie Handelsvertreter in eigener Sache dastehen.

Es ist nur so, daß Warner darin besser ist als die verknöcherte alte RCA. Warner hat gelernt und eingesehen, daß eine Firma einen größeren Profit macht, wenn sie mit mehr Geschmack vorgeht und ihre Künstler mit einem bestimmten Grad von Sympathie behandelt. Am Ende kommt dabei mehr heraus. Wie sagte doch Joni Mitchells Manager Eliot Robert? «Sei klug und einfühlsam, dann machst du mehr Geld.»

6

Wem gehört die Rock-Musik? Gesellschafts- und Wirtschaftspolitik der Musikindustrie

Politische Bedingungen sind aus keiner Diskussion populärer Kultur auszuklammern. Kritiker einer etablierten Kunstauffassung haben lange am Image des Künstlers als eines von seiner Zeit isolierten Individuums gehangen und es gefördert. Die konservative Tradition der Kritik sieht die Probleme der Kunst und ihre Lösungen auf rein persönlicher und individueller Ebene angesiedelt, wie auch der konservative oder bürgerliche Künstler seine Freiheit als innerhalb eines ausschließlich individuellen Rahmens als möglich erachtet. Wenn man «Volks»-Kunst und -Kultur betrachtet, läßt sich diese am Individuum orientierte Interpretation vom Künstler und seinem Werk aus ästhetischen wie aus politischen Gründen nicht mehr aufrechterhalten. Der Künstler ist nicht mehr von der Gesellschaft isoliert, wie es die klassischen Künstler waren – ganz im Gegenteil, er bezieht seine Bilder und Ausdrucksformen aus Traditionen, die seit langem im Allgemeinverständnis ausgeprägt sind. Seine existentiellen Anstrengungen und seine persönlichen Erlebnisse sind in der Gemeinschaft, in der er sich befindet, nicht ungewöhnlich.

Der Konflikt zwischen «hoher» Kunst und populärer Kunst ist auch ein sozialdynamischer. Die klassische Position des Künstlers ist die eines isolierten und ausgestoßenen Rebellen gewesen, dessen Werk die progressiven Aspekte einer Denunzierung und Anklage des Gesellschaftssystems hat, aber so wie es ausgedrückt und vermittelt wird, wirkungslos bleibt. Zusätzlich besteht zwischen dem Künstler und der Masse des Volkes eine Distanz. Volkskunst ist oft gemeinschaftlich, sowohl in ihrer Form als auch in der Art, wie sie praktiziert wird, und sie vermag die

Wirkungslosigkeit der künstlerischen Gesellschaftskritik aufzuheben, weil sie wiedererkennbar und verstehbar aus der Gemeinschaft des Menschen erwächst und aus der Beziehungsstruktur zwischen Menschen, innerhalb derer der Künstler selbst zu Hause ist. In der amerikanischen Volkskunst und -musik hat sich diese Verbindung des Künstlers zu großen Massen von Menschen oft mit einer gemeinsamen Erfahrung in politischen Auseinandersetzungen deutlich bewiesen – von Joe Hill, der für die Demonstrationen der I.W.W. (Industrial Workers of the World) schrieb, bis zu Bob Dylans Bedeutung für die Studentenrebellion, den Bürgerrechtskampf und die Neue Linke während der sechziger Jahre sowohl in den USA wie im Ausland. Der Großteil der Rock-Musik ist viel weniger politisch als Dylans frühe Songs, aber dennoch sind diese Musik und ihre Interpreten Teil einer breiten Bewegung für politische und kulturelle Veränderungen gewesen, die ihre Wurzeln in der starren Repressivität der fünfziger Jahre hatte und Amerika in den sechziger Jahren in Aufruhr versetzte.

Auch im Rock 'n' Roll verbinden sich in eigener Dynamik künstlerische und soziale Kräfte. Von den Wurzeln her ist der Rock 'n' Roll schwarze Musik. Und die schwarzen Menschen sind in den Vereinigten Staaten eine unterdrückte Minderheit. Eben diese Unterdrückung ist teilweise Grund dafür, daß sie auf so kreative und beständige Weise eine Musikkultur entwickelt haben, denn die schwarze Gemeinschaft war gezwungen, sich auf die eigenen Ursprünge in der Volkskunst zu besinnen, um Identität und Kraft zu finden. Die Musikindustrie ist rassistisch wie alles andere in den Vereinigten Staaten, und viele der gesellschaftspolitischen Zwänge, denen sich die Schwarzen außerhalb des Musikgeschäftes ausgesetzt sehen, wiederholen sich innerhalb der Industrie. Da das Musik-Business in den letzten zwanzig Jahren sehr viel Geld aus der Kreativität schwarzer Musiker gewonnen hat, ist es wichtig, die Entfaltung eben dieses Rassismus in der Geschichte der Musikindustrie zu betrachten.

Die Frauen sind ebenfalls eine Außenseitergruppe, deren Unterdrükkung noch nicht in dem Maße registriert worden ist, wie die der Schwarzen, aber dennoch ebenso beständig gewesen ist. Die kulturelle Entfaltung der Frau ist traditionell in jene begrenzten Bereiche eingeordnet worden, in denen man ihr autonome Betätigung gestattete: in der Küche, im Nähzimmer und im Kinderzimmer. Die Frauen verfügen nicht über ein umfangreiches musikalisches Erbe wie die Schwarzen, aber sie sind von der Musikindustrie ausgebeutet worden, die ebenso sexistisch ist wie alle anderen Industrien Amerikas. Frauen sind schon immer Thema von Rock 'n' Roll-Songs gewesen. Jetzt beginnen sie, ihre eigenen Songs zu schreiben und zu spielen. Ihre gegenwärtige Rolle ist – das bleibt zu hoffen – eine Übergangsphase, und es wird sich eine starke Frauen-Musik entwickeln. Es ist daher wichtig, auch diese Entwicklung im Kontext der Musikindustrie zu untersuchen.

Der Hauptgrund dafür, daß die klassische und konservative Kulturkritik und das Verständnis der Künstlerrolle innerhalb der und für die Gesellschaft sich auflösen, ist – neben der Tatsache, daß die Musik von bestimmten Menschen gemacht wird, die ihre eigene Geschichte haben und sich auf bestimmte andere Menschen beziehen – wahrscheinlich, daß dies gerade in den Vereinigten Staaten geschieht, einer kapitalistischen oder Wirtschafts-Gesellschaft, die auf Verkauf und Profit basiert. Weil sie populär ist und daher vermarktet und verkauft werden kann, ist auch die Rock 'n' Roll-Musik, wie die meisten anderen Arten von Musik oder Kunst, zuerst und zuletzt eine Ware. In ihrem Warencharakter unterscheidet sich die Musik daher nicht von Fernsehprogrammen, Baseball-Schlägern oder Schuhen. Eben auch das Musikgeschäft, die Schallplattenfirmen und Radiostationen sind in einen größeren Rahmen anderer Wirtschaftsunternehmen eingegliedert, in kapitalistische Finanzstrukturen und das übergreifende Netz des Wirtschaftssystems, das ein Interesse daran hat – und zwar ein reales, materielles Interesse –, daß der Status quo reproduziert und untermauert wird. Daraus erwächst eine wichtige Spannung für die Rock-Musik, und das Wissen um diese Widersprüchlichkeit ist entscheidend für ein echtes Verständnis, wie die Rock-Musik in der amerikanischen Gesellschaft funktioniert. Während die Musik selbst oder die Musiker oder ihr Lebensstil, den sie haben oder zu haben scheinen, dem gegenwärtigen System kritisch gegenüberstehen, sind sie gleichzeitig materiell in dieses System eingebunden. Durch dieses System und seine Wirkungsweise verdienen sie ihren Lebensunterhalt und bringen zusätzlich Profite für eine Anzahl von Konzernen, von denen viele nur ganz am Rande mit der Musik selbst verbunden sind.

Viele Leute sind der Ansicht, daß die Geschäftsgemeinschaft um die Schallplattenindustrie sich ganz erheblich und deutlich unterscheidet von den übrigen industriellen Gemeinschaften. Zu Zeiten sind Schallplattenfirmen in der öffentlichen Meinung mit linksgerichteten politischen Gruppen und Zielsetzungen in Verbindung gebracht worden. Aber für diese Verbindung gibt es tatsächlich keine wirklichen Beweise, und in vielen Fällen gehören Schallplattenfirmen den am offenkundig reaktionärsten und militaristischsten Konzernen der USA. Aber es gibt so viele Formen der Auseinandersetzung über die Liberalität und den progressiven Charakter der Musikindustrie, und diese werden immer wieder geführt. Uns erscheint es wichtig, den tatsächlichen politischen Charakter der Industrie zu umreißen, bevor wir uns darauf einlassen, den Rassismus und den Sexismus in ihr zu diskutieren und uns mit der Vereinnahmung der Rock-Musik durch das Wirtschaftssystem auseinanderzusetzen.

Der Wall Street Shuffle:
Parteinahme für zwei

Drei große Schallplattenfirmen befinden sich im Besitz der ältesten amerikanischen Industriekonzerne der Elektronik und des Broadcasting und sind politisch von ihren Muttergesellschaften nicht unterscheidbar: RCA, CBS und ABC. RCA und CBS sind seit langem Teil eines wirtschaftlichen Establishments, das beide wichtigen politischen Parteien regelmäßig unterstützt und nur während bestimmter politischer Krisen der einen oder der anderen den Vorzug gibt. Dies war nicht immer der Fall, sondern gilt erst seit dem Zweiten Weltkrieg. RCA zum Beispiel war ursprünglich fast ausschließlich mit der Republikanischen Partei identifiziert worden. Eine derartige einseitige Parteinahme erwies sich aber als nachteilig. RCA-Präsident David Sarnoff hatte wiederholt Franklin Roosevelt scharf kritisiert, bevor dieser gewählt wurde. Sarnoff hielt Roosevelts Ansichten für einen gefährlichen Ausverkauf an den Sozialismus.

Mit der Depression in den dreißiger Jahren und der zunehmenden Macht von Roosevelt kam es, wie viele Kommentatoren beobachteten, bei RCA zu einer Abnahme der geschäftlichen Erfolge und Sicherheit. Zu Ende des Krieges hatte RCA die Lektion verstanden und war in obersten Kreisen der demokratischen Regierung wieder in Gnaden. Der Konzern erfreute sich einer engen Beziehung zu der konservativen demokratischen Regierung des Harry Truman und zu der langjährigen republikanischen Regierung des Dwight D. Eisenhower in den fünfziger Jahren.

Der Vietnam-Krieg war wichtig insofern, als wichtige wirtschaftliche Instanzen, die im Grunde seit dem Zweiten Weltkrieg und dem Tod von Roosevelt einträchtig zusammengearbeitet hatten, sich in ihren Meinungen spalteten, als sich eine langandauernde Niederlage der USA andeutete. Die meisten Direktoren von CBS und RCA unterstützten den Krieg, als er bei den Demokraten und Republikanern unter den Eisenhower-, Kennedy- und Johnson-Regierungen seinen Rückhalt hatte, entwickelten aber, zusammen mit vielen anderen wichtigen multinationalen Konzernen, eine Neigung zum «Disengagement», als der Krieg zu hohe ökonomische und soziale Schwierigkeiten zu machen begann (wilde Inflation, ungünstige Zahlungsbilanzen, Rezession in den späten sechziger und auch in den siebziger Jahren, die Studenten- und Getto-Aufstände). Medienorgane des Establishments wie «The Wall Street Journal» und «The New York Times» sowie die Fernsehnetze spiegelten diesen Meinungsumschwung wider.

Ein dramatisches Beispiel für die Neueinschätzung der amerikanischen Militärintervention in Südostasien durch einen Medienkonzern war der CBS-Dokumentarfilm «The Selling Of The Pentagon», der 1973 ausgestrahlt wurde. In ihm wurden die Propagandaaktionen des Militärs dargestellt, und ganz speziell kritisierte man die ziemlich einseitige Pro-Pentagon-Darstellung des Vietnam-Krieges durch die Sendernetze. Auch das Netzwerk NBC, das sich vollständig im Besitz von RCA befindet, begann den Krieg zu kritisieren, obwohl der Umschwung erst später stattfand als bei CBS. In seiner Berichterstattung war NBC schon immer weniger konsequent als CBS gewesen, und das ist verständlich, denn RCA wollte sich nicht völlig vom Verteidigungs-Establishment entfremden. Der Konzern ist einer der größten Zulieferer des Militärs. Während der Anfangsphase des Vietnam-Krieges konnte RCA über jährliche Aufträge des Verteidigungsministeriums von durchschnittlich 300 Millionen Dollar verfügen, und noch 1974 hatte der Konzern in diesem Bereich ein Auftragsvolumen von 243 Millionen Dollar. Damit ist klargestellt, daß es nicht im Interesse des Konzerns liegen konnte, sich zu weit von den politischen Ansichten zu entfernen, die dem Pentagon genehm waren.

Obwohl CBS weniger direkt Vorteile aus der Propaganda für den Vietnam-Krieg und andere Kriege schöpfen konnte, haben Direktoren des Konzerns doch Schlüsselrollen in der Entwicklung der amerikanischen Außenpolitik gespielt. Bob Lovett zum Beispiel ist als CBS-Direktor in den Romanen von Louis Auchincloss als eine graue Eminenz mit ungeheuer guten Beziehungen hinter den Kulissen Washingtons verewigt worden. Er war als Ratgeber für mehr als vier Regierungen tätig, und sein Einfluß reicht bis in die Zeit von Franklin Roosevelt zurück. Als Siebzigjähriger wurde er von John Kennedy als Außenminister vorgeschlagen.* Henry Schact, ein anderer Konzerndirektor, ist Mitglied des «Council on Foreign Relations», einer Gruppe von ungefähr 2000 Geschäftsleuten, Regierungsführern und Akademikern, die man die «geheime und ständige Regierung» der Vereinigten Staaten genannt hat. Während der vergangenen dreißig Jahre hat man eine wirklich erstaunliche Anzahl führender Beamter im Innen- und Verteidigungsministerium aus diesem Council rekrutiert, dessen Vorsitzender David Rokkefeller ist, gleichfalls Vorsitzender des Aufsichtsrats der Chase Manhattan Bank, Treuhänder des größten amerikanischen Privatvermögens und Bruder des ehemaligen Vizepräsidenten der Vereinigten Staaten. Die Publikation «Foreign Affairs» ist der einzige Zugang, den die allgemeine Öffentlichkeit zu dieser Organisation hat, die die allermeisten außenpolitischen Entscheidungen der USA trifft, bevor die Konsequenzen daraus dem Kongreß und der Allgemeinheit in Form von «Politik» enthüllt werden.

---

* Mehr Einzelheiten über Lovetts immensen Einfluß und seine Karriere in David Halberstam «The Best And The Brightest», Random House, New York 1973.

Es kann nicht überraschend sein, daß die Direktoren eines der größten Medienkonzerne der Welt für diejenigen von Interesse sind, die Außenpolitik machen, da die Fernseh- und Radionetze eine Schlüsselrolle darin gespielt haben, im Laufe der Jahre verschiedenartigste trügerische und illegale politische Aktionen und Entscheidungen der Regierung populär zu machen. Während der sechziger Jahre bemühte sich die Regierung ganz besonders um den CBS-Präsidenten Frank Stanton. Von 1957 bis 1967 war er Aufsichtsratsvorsitzender der Rand Corporation, jener berüchtigten, in Kalifornien ansässigen und von der Air Force finanzierten Denk-Fabrik, in der man Geheimforschungen für das Militär anstellte, und zwar über so verschiedenartige Themen wie gegenaufständische Kriegstechniken, Effektivität von Befragungsmethoden von Gefangenen und Polizeiüberwachung durch Kabelfernsehen. Zusammen mit Harold Geneen, zu der Zeit Chef von ITT, Frederick Kappel, Chef von AT&T und David Sarnoff, Chef von RCA, war Stanton Mitglied des «Committee on Communications», eines Fünf-Personen-Komitees, das 1965 von Lyndon B. Johnson ins Leben gerufen wurde, um den Stand der weltweiten Kommunikation zu untersuchen und Pläne für ein zukünftiges globalcs Medien-Imperium der USA zu entwickeln. Schließlich war Stanton Leiter eines Komitees, das jährlich die Aktivitäten der U.S. Information Agency prüfte, einer vom CIA finanzierten Auslandspropaganda-Organisation, und er war Mitglied im Aufsichtsrat von Radio Free Europe, einem weiteren Propaganda-Instrument, das vom CIA finanziert wurde. Die Direktoren von CBS, RCA und ABC sind ebenfalls Mitglieder der Aufsichtsräte anderer führender US-Konzerne. Nehmen wir von CBS als Beispiel Frank Stanton: Aufsichtsrat der New York Life Insurance, der Pan American World Airways, von Atlantic Richfield, Diebold Venture Capital und anderen; Courtney Brown: Aufsichtsratsmitglied der Chemical Bank of New York, Direktor beim Union Pacific und Borden, Inc., sowie bei anderen Firmen; William A. M. Burden, dessen Sohn Carter einmal die «Village Voice» gehörte: Direktor von American Metal Climax und Aerospace Corp.; Lovett: Präsident des mächtigen Investment Bank-Konsortiums Brown Bros., Harriman und Co. und im Aufsichtsrat einer Anzahl von Eisenbahnfirmen; Schact: Präsident von Cummings Engine Co., Mitglied des «Committee for Economic Development» und Mitglied des Exekutivrats der Harvard Business School Association.*

---

* Die Liste der institutionellen und firmenübergreifenden Verflechtungen innerhalb der großen Schallplattenfirmen der Sendernetze ließe sich um aberhunderte Beispiele fortsetzen. Viele sind sorgfältig in einer Broschüre der Research Group One (Baltimore, Maryland) dargelegt und nachgedruckt in «The Insurgent Sociologist», Vol. IV, Nr. 4, Sommer 1974. Noch mehr Verbindungen lassen sich in den einschlägigen Industrieveröffentlichungen finden.

Direktoren verschiedener anderer Musikfirmen sind ausschließlich mit der Demokratischen Partei verbunden gewesen. Der Soziologe G. William Domhoff hat darauf verwiesen, daß die leitenden Leute bei Gulf & Western (Paramount und bis vor kurzem Blue Thumb), 20th Century Fox und MGM Teil einer von ihm als «Jewish-Cowboy»-Gruppe bezeichneten Clique sind, die Finanzmittel zur Unterstützung der Demokratischen Partei aufbringt. Arthur Krim und Robert Benjamin, Schlüsselleute bei United Artists und Direktoren der Muttergesellschaft Transamerica, haben wichtige Funktionen als Geldgeber der Demokraten in New York. Auch Benjamin war Mitglied des «Council on Foreign Relations». Lew Wasserman von MCA war lange eine wichtige Persönlichkeit hinter den Kulissen der Demokratischen Partei.

Die alteingesessenen Firmen

Außer den Verbindungen mit anderen Industriezweigen, Institutionen und politischen Parteien und der Tatsache, daß sie Teile von Großkonzernen sind, haben die wichtigen Sendernetze und Schallplattenfirmen natürlich auch ihre engen und langjährigen Bankverbindungen. Viele Beobachter sind der Ansicht, daß die übergreifende Kontrolle über die Konzerne bei den Großbanken, Versicherungsgesellschaften und anderen Kapital-«Gruppen» liegt, die aus den führenden Familien der «Räuberbarone» und Industrie-«Kapitäne» des neunzehnten Jahrhunderts hervorgegangen sind. So existiert das Bank-Vermögen der Morgans weiter in der Morgan Guaranty Trust Group, das Öl-Vermögen der Rockefellers in der Chase Manhattan Bank and Chemical Bank of New York Trust, die Ford-, Dillon-, Read- und Harriman-Vermögen in der First National City Bank of New York, einer noch nicht so alten Interessengruppe um den Manufacturers Hanover Trust, und in einer Anzahl regionaler Gruppen, einschließlich der Philadelphia-Boston-Koalition in dem Mellon National Bank and Trust und der First Boston Corporation, einer getrennten Boston-Gruppierung um die First National Bank of Boston (die Familien wie die Adamses, die Lowells, die Cabots und andere repräsentiert), in der in Maryland ansässigen Dupont-Gruppe, usw.

Um das für Expansion benötigte Kapital zu bekommen, haben die meisten Konzerne schon lange den Weg in die «Öffentlichkeit» beschritten und fast alle ihre Aktien Tausenden miteinander nicht verbundener Anteilbesitzer überlassen, die einen Teil des Profits per Dividende ausbezahlt bekommen, aber nicht den geringsten Einfluß auf die Aktivitäten der Konzerne haben. Da die meisten Aktienanteile weit gestreut sind, bedarf es nur eines relativ geringen Anteils (1 Prozent), um eventuell Kontrolle über die Firma zu haben. Kontrolle bedeutet in diesem Fall die Macht, die Direktoren der Firma zu bestimmen, langfristige Zukunftsentscheidungen zu fällen, wichtige Verbindungen zu anderen Geschäftszweigen und zur Regierung zu knüpfen, wesentliche Investitionsentscheidungen zu treffen, d. h. zum Beispiel in neue Technologien zu investieren, Quellen von Finanzkapital zu erschließen und die übergreifende Firmenpolitik zu bestimmen. Diese Kontrolle hat nichts mit dem Tagesbetrieb oder dem Management der Firma zu tun, die den Firmenoffiziellen überlassen bleiben.

In dieser Hinsicht läßt sich sagen, daß ABC von der Morgan-Gruppe, die 65 Prozent Aktienanteile besitzt, kontrolliert wird, und CBS von den Rockefeller- und Morgan-Gruppen mit ungefähr 47 Prozent Aktienanteilen. Viele Beobachter sind jedoch auch der Ansicht, daß dieses Konzept von Kontrolle insofern verwirrend ist, weil es die Macht der Banken zu sehr in den Vordergrund stellt. Die Konzerne, so sagen sie, haben ihre eigenen Finanzquellen gefunden, hauptsächlich durch die eigenen immensen Profite, und sie bedürfen daher nicht der Hilfe von Finanzierungsinstitutionen. Und in der Tat sind die Konzerne ihrem eigenen Management unterworfen, machen ihre Tagesentscheidungen eigenständig und haben ihr Eigenleben und ihre Eigenmacht, die sich weit entfernt von den Banken abspielen. Dieses Gegenargument erscheint besonders einleuchtend, wenn es sich um von Familien geführte Konzerne wie Ford und RCA handelt. Trotz der Tatsache, daß zum Beispiel 30 Prozent der Aktien von RCA sich im Besitz der Rockefeller-, Morgan- und Manufacturers Hanover Trust-Gruppen befinden, hat die Sarnoff-Familie den Konzern so gut wie unbeeinflußt seit Generationen mit eiserner Hand gelenkt.

Unabhängig davon wie die genauen Verbindungen zwischen Finanzgruppen und Medien-Schallplatten-Konzernen sind, ihre Interessen bleiben doch im weitesten Sinne dieselben. Die Medien-Schallplatten-Firma arbeitet mit den wichtigen Finanz-Institutionen der amerikanischen Wirtschaft Hand in Hand, welche sich wiederum auf die ersten Vermögen der «Räuberbarone» gründen. Die Medien-Konglomerate sind voll in die Industrie- und Kapital-Strukturen der USA integriert.

Sind neue Stimmen lauter?

Aufgrund der Verbindungen zum großen und ganz großen Kapital kann keine progressive politische Initiative von den Muttergesellschaften der Schallplattenfirmen kommen. Eine liberale Theorie, an der der «Rolling Stone» zum Beispiel festzuhalten scheint und die von vielen Sprechern der Industrie unterstützt wird, besteht darin, daß die Schallplattenabteilungen innerhalb ihrer Muttergesellschaften immer wichtiger werden und daher ihre maßgeblichen Leute (angeblich «hip» und ultra-liberal) einen größeren Einfluß auf die übergreifenden Konzerne haben, seien es jetzt United Artists oder CBS. Daß der Präsident von CBS Records, Clive Davis, gehen mußte, könnte eigentlich darauf verweisen, daß dies nicht stimmt. CBS behauptete, Davis habe mit David Wynshaw, der damals Direktor von Artist Relations war, und «anderen» darauf hingewirkt, Firmengelder zu veruntreuen, um sie zum eigenen Nutzen zu gebrauchen. Davis speziell wurde beschuldigt, 20000 Dollar an CBS-Geldern für die Unterstützung eines Bar Mitzvah benutzt zu haben, 53000 Dollar zur Renovierung seines Hauses und 20000 Dollar an «unnötigen» Hotelkosten in Los Angeles verursacht zu haben. Diese angeblichen Veruntreuungen fanden im Verlaufe mehrerer Jahre statt, in denen Davis ungefähr 350000 Dollar jährlich an Gehalt und Sonderzuwendungen legitim verdiente. Angehörige der Schallplattenindustrie fragten sich natürlich, warum ein Mann, der soviel Geld verdiente, es nötig gehabt haben mochte, derartige Summen nebenbei an die Seite zu bringen, und, wichtiger noch, warum CBS dem so viel Wichtigkeit beimaß, da man ihm doch soviel Geld zahlte und Davis, der zu den wichtigsten Persönlichkeiten im Musikgeschäft zählte, für CBS Millionen machte. Man begann, woanders nach den Gründen zu suchen, die für die Entlassung entscheidend gewesen sein mochten.

Wynshaw, so stellte sich heraus, hatte Verbindungen zu einem Kriminellen, der verhaftet worden war, weil er angeblich einen Heroin-Schmuggel-Ring kontrollierte. Einer Sekretärin bei CBS warf man vor, an dem Schmuggel beteiligt gewesen zu sein. Der wahre Grund für die Entlassung von Davis scheint die Existenz dieses in der Öffentlichkeit weitaus peinlicheren Drogenskandals innerhalb der Plattenfirma gewesen zu sein. (Zu jener Zeit wurde auch immer wieder davon gesprochen, daß Drogen als Bestechungsmittel bei den Rundfunkstationen eingesetzt wurden.)

Warum reichte dies aus, um den erfolgreichen Präsidenten der größten Schallplattenfirma im Lande zu feuern? Weil zur selben Zeit die Nixon-Administration ihre Eingriffe und Beeinflussungsversuche der Nachrichtenmedien fortsetzte und nach möglichen Sündenböcken für die Watergate-Affäre suchte, die immer stärkere Auswirkungen zeitigte. Der CBS-Aufsichtsrat, besonders der Vorsitzende Paley, machte sich Sorgen, daß die Lizenzen für die Fernsehstationen, die sich im Besitz von CBS befanden, von der Nixon-Administration oder Firmen, die für sie agierten, beansprucht würden, wie es mit der Lizenz für eine Fernsehstation in Florida geschah, die sich im Besitz der «Washington Post» befand. Die Schallplattenabteilung mußte schnell gesäubert werden, und Davis mußte schnell gehen, wenn man die Fernsehstationen retten wollte. Mit anderen Worten: die Schallplattenabteilung war nicht so wichtig wie die fünf CBS-Fernsehstationen. Es gingen die Gerüchte, daß man bei Paley darauf drang, Davis in seiner Position zu lassen, daß dieser jedoch der Ansicht war, die Schallplattenabteilung sei kein so stabiler Firmenteil wie das Broadcasting. CBS hatte natürlich den größten Teil seiner Profite mit dem Fernsehen gemacht, wenn auch nicht so viel an lokalen Stationen, aber schließlich waren Schallplatten ein hektisches Business mit Jugendlichen, das erst seit zehn Jahren ungefähr wichtig geworden war. In diesem Kontext wurde das finanzielle Fehlverhalten, von dem Davis dachte, es werde außerhalb der Gerichte stillschweigend durch einen Vergleich gelöst, nur zu einem oberflächlichen Angelpunkt in einem übergreifenden Machtkampf, bei dem die Schallplattenabteilung das Nachsehen hatte.

Ein Großteil des Widerstandes dagegen, Leuten aus der Schallplattenindustrie größere konzerninterne oder politische Macht zu geben, begründet sich wohl aus der Haltung der älteren Leute zur Rock-Musik. Ein Gespräch mit dem Warner-Reprise-Präsidenten Joe Smith verdeutlicht die Situation:

Interviewer: Sind Sie der Ansicht, daß es ein zeitliches Mißverhältnis zwischen der gegenwärtig gigantischen ökonomischen Macht der Plattenindustrie und ihrem politischen Einfluß gibt? Zum Beispiel hat die Filmindustrie anfangs sehr wenig politische Macht gehabt, aber als sie wuchs, als sie zu einer riesigen Industrie wurde, war sie in der Lage, als Lobby für gewünschte Gesetzsprechung in Kalifornien und Washington aufzutreten, und dann sind aus ihr Politiker wie Ronald Reagan und Senator Murphy hervorgegangen. Es hat den Anschein, als sei das in der Plattenindustrie noch nicht geschehen.

Joe Smith: Ja, davon sind wir fünf oder zehn Jahre entfernt. Weil das Schallplattenpublikum, Leute, die Schallplatten kaufen und wirklich auf die Musik stehen, zum größten Teil noch keine fünfunddreißig Jahre alt sind. Das sind die Leute, die mit Presley aufgewachsen sind. Presley ist seit ungefähr 1956 dabei, das sind jetzt siebzehn Jahre. Die Leute, die damals, sagen wir, achtzehn waren, die sind jetzt fünfunddreißig. Die politische Macht liegt bei Leuten zwischen vierzig und sechzig. Wenn wirklich Einfluß aus der Musikindustrie kommen wird, dann in den nächsten zehn Jahren. Die Leute, die fünfunddreißig oder darunter sind, kontrollieren einen großen Anteil der Kaufkraft – sie kaufen zum Beispiel für 2 Milliarden Dollar Schallplatten. Aber ihre politische Einflußnahme wird sich erst später bemerkbar machen. Jetzt im Moment besteht noch gegenüber der Musikindustrie und den Stars eine heftige Abwehr und Mißachtung der Leute über vierzig, fünfundvierzig. Man mag uns nicht wegen der Auffälligkeit, wegen unseres großspurigen Auftretens, der Arroganz und wegen des enormen Geldes, das in dieser Industrie steckt. Und die meisten Leute über vierzig können die Musik einfach nicht hören. Sie können sie nicht ertragen, denn sie ist ihren Ohren fremd. Und daher haben wir nicht nur keine Leute mit politischem Einfluß, die bereit sind, sich einzusetzen und Aufgaben zu übernehmen, sondern die Leute mit Einfluß, die sind zudem noch gegen uns.[1]

Was wäre der Einfluß der Rock-Musik auf die Politik, was der der Politik auf die Rock-Musik? Smith und Warner Communications sind Neulinge in der politischen Arena, verglichen mit RCA oder United Artists, und man könnte vielleicht glauben, daß sie dem Schallplattenkonsumenten näherstehen als die etablierten Firmen. Und dennoch sind Smith' persönliche Vorlieben nicht liberaler als der Kennedy-ähnliche ehemalige Senator von Kalifornien, John Tunney, den Smith mithalf, ins Amt zu hieven. Smith befindet sich damit ganz bestimmt nicht außerhalb des Mainstreams der Parteipolitik der Demokraten: «Ich bin noch nicht entmutigt vom politischen System dieses Landes. Ich glaube, man kann die Dinge wenden. Wissen Sie, vielleicht nicht drastisch, aber . . .»[2]

«Rolling Stone» repräsentiert ebenfalls eine Möglichkeit politischer Veränderung, die von der Musikindustrie ausgeht. Aber auch hier reichen die politischen Ansichten kaum über normale Eingrenzungen. Das Magazin stellte sich als dezidierter Anhänger von George McGovern dar, aber alle politischen Bewegungen, die sich außerhalb des Zwei-Parteien-Systems abspielen oder nicht von irgendeinem Sektor der amerikanischen Wirtschaft unterstützt werden, sind in diesem Magazin entweder heruntergespielt oder ganz ignoriert. Im wesentlichen behandelt das Magazin Politik als Konkurrenz zwischen Individuen, nicht als Auseinandersetzung zwischen Repräsentativ-Instanzen verschiedener ökonomischer oder Klassen-Gruppierungen. Die wichtigen politischen Autoren wie Hunter S. Thompson bedienen sich zwar eines gewissen «Gonzo»-Elementes in ihrem Schreibstil, sprechen jedoch kaum jemals von den ökonomischen Determinanten politischer Entscheidungen. Das Magazin selbst, das ganz sicher autonom agiert, könnte dennoch nicht so groß und mächtig sein, wenn es auf das Anzeigenvolumen der Musikindustrie verzichten müßte. «Rolling Stone» ist dem «New Yorker» von vor vierzig Jahren sehr ähnlich, der damals auch eine neue feinsinnige Mittelklasse repräsentierte, die gebildet und «hip» war und zudem über eine gewisse Moral verfügte. In zwanzig Jahren, wenn die «Rolling Stone»-Leser über etablierte Machtpositionen verfügen, wird die Zeitschrift wohl zu einer dem «New Yorker» vergleichbaren Institution geworden sein. Natürlich mit einer moderneren Rhetorik.

Es ist inzwischen wohl offenkundig, daß die Schallplattenfirmen mit dem Großkapital der Vereinigten Staaten verbunden sind. Weder bei den Muttergesellschaften, den teilweise autonom operierenden Schallplattenabteilungen oder dem «Jugend»-Geschäft, wie es vom «Rolling Stone» repräsentiert ist, gibt es Anzeichen dafür, daß man verantwortlich für fundamentale politische Veränderungen in den USA sein wird oder sie auch nur zu unterstützen in der Lage und willens ist. Nur im abgegriffensten Sinne des Wortes ist die Schallplattenindustrie revolutionär oder radikal.

«Welche Mafia? Welches Schallplatten-Business?»

Korruption in der Musikindustrie

Dem Allgemeinpublikum erscheint es so, als sei das Musikgeschäft von immenser Korruption beherrscht. Payola zwischen Schallplattenfirmen und Radio-Programmdirektoren oder Diskjockeys war vor zehn Jahren verbreiteter, aber ist gewiß noch existent. Die Firmen, welche Publikumsreaktionen auf Radio- oder Fernsehsendungen erforschen und bewerten und daher in der Musik- und Unterhaltungsindustrie sehr wichtig sind, mußten 1963 von der FTC verlangte Erklärungen unterschreiben, daß sie mit unfairen Praktiken Schluß machen würden. Sie hatten zum Beispiel angerufene Testpersonen, die nicht zu Hause waren, als «Zu Hause» aufgeführt und die Anzahl von Zuschauern und Zuhörern, die als Basis ihrer Bewertungslisten galten, übertrieben. Verschiedene Fernsehsendungen wurden bezichtigt, sogenannte «Kickback»-Zahlungen von Schallplattenfirmen erhalten zu haben, indem sie Teile des Geldes, das die Shows angeblich den auftretenden Künstlern zahlten, einbehielten. Die «American Federation of Musicians» beklagte sich über skrupellose Manager, die Probedemos von naiven Künstlern «stahlen», indem sie sie zu übereilten Verträgen überredeten. Ein Rock-Festival in Powder Ridge, Connecticut, wurde von New Yorker Kriminellen unterstützt, die 20000 bis 40000 Dollar durch den Eintrittskarten-Vorverkauf in Höhe von 20 Dollar pro Karte eingenommen hatten. Glenn Yarborough beklagte 1970, daß das 100-Millionen-Dollar-College-Konzertgeschäft «sehr schmutzig geworden ist, denn es werden ‹Kickbacks› zwischen Unteragenten (meistens Studenten, die in den College-Unterhaltungs-Komitees saßen) und Agenten, zwischen Unteragenten und Colleges gewährt». Ein wichtiger Konzertveranstalter aus Alabama wurde 1973 beschuldigt, im Austausch gegen besonders günstige Termine von manchen Acts Geld erhalten zu haben. Schallplattenfirmen haben ihren Künstlern zu wenig Tantiemen ausgezahlt, indem sie die Verkaufszahlen frisierten. Die Künstlerverträge verlangen jetzt oft das Recht, die tatsächlichen Verkaufszahlen von Buchhaltern eigener Wahl überprüfen zu lassen.

Innerhalb der Schallplattenindustrie gab es illegitime Praktiken, die der Presse und dem Publikum kaum bekannt wurden. «Billboard» berichtete 1972, daß unabhängige Aufnahmestudios auf Grund der Konkurrenzsituation, die durch den Bau zu vieler Studios in den sechziger Jahren entstanden war, bis zu dreißig Prozent Kickback an unabhängige wie an Haus-Produzenten abgeben mußten. Diese Kickbacks waren auch «Standard-Praktik» in New York und Nashville, so sagt jedenfalls der Artikel. Roger Karshner, ehemaliger Sales-Vizepräsident bei Capitol Records hat ähnliche Behauptungen über Studio-Kickbacks aufgestellt und hinzugefügt, daß unabhängige Produzenten oft ihre Rechnungen für die Schallplattenfirmen übertrieben hoch aufstellen und sich als Sessionmusiker aufführen, um das AFM-Aufnahmehonorar zu erhalten. Karshner hat zudem behauptet, unglücklicherweise ohne Termine, Daten oder Namen zu nennen, daß Kredit-Manager bei ziemlich locker geführten Schallplattenfirmen Schulden gegen eine Kickback-Summe gestrichen haben, daß die für Verträge verantwortlichen Leute bei Schallplattenfirmen übertrieben großzügige Vereinbarungen mit den Künstlern trafen und dafür Geld bekamen und daß Promotion-Leute und Vertreter oft Promo-Platten unter der Hand verkaufen.

David Wynshaw sagte vor Gericht in Newark aus, daß während der vorangegangenen zwei Jahre ungefähr eine halbe Million Dollar an Payola vom CBS-Promotion-Budget gezahlt worden sei. Als die Firma unter einem geradezu chaotischen Management litt, kam es zu Diebstählen großen Ausmaßes in den Plattenlagern von MGM. Eine unabhängige Buchprüfungsfirma beschuldigte Stax Records 1973, für ungefähr 380000 Dollar kostenlose Platten und Tonbandkassetten an Vertriebsfirmen geschickt zu haben, um dafür Kickbacks zu bekommen, und es wurde überdies angegeben, daß leitende Angestellte der Firma an Fotografen in verschiedenen Fällen insgesamt 26000 Dollar überhöhtes Honorar gezahlt hatten, um dafür Kickback-Rückzahlungen zu erhalten. Große Einzelhändler haben von Schallplattenfirmen oft Kickbacks in Form kostenloser Schallplatten oder als Zahlungen für nie existente Werbungsmaßnahmen in ihren Läden bekommen. Diese Kickbacks sind wie Rabatte oder Preisnachlässe und gelten nach den Bundeshandelsgesetzen als unlauterer Wettbewerb. Ein Interviewer fragte 1973 den Ladenketten-Besitzer Sam Goody in New York, ob «große Einzelhändler bessere Rabatte von Schallplattenfirmen eingeräumt bekommen?» «Niemals, Sir!» erwiderte Goody. «Und sie sollten sich lieber auch nicht dabei erwischen lassen.»[3]

Einige dieser Einzelfälle mögen am Ende nicht bewiesen worden sein, aber sie sind dennoch repräsentativ für Praktiken, die in der Musikindustrie bestehen. Ganz sicher hat sich diese Industrie ein übergroßes Maß an Publizität erworben. Ist sie wirklich korrupter als andere amerikanische Industriezweige? Wahrscheinlich nicht.

Erstens betrachten die etablierten Medien, wie Joe Smith oben zitiert, das Rock 'n' Roll-Business mit Mißtrauen und Abneigung, weil es sich so arrogant und provokativ darstellt. Die Attacken gegen Payola und jetzt Drugola (Bestechung durch Geld, Bestechung durch Drogen) sind teilweise nichts als Vorwände gewesen, hinter denen sich grundsätzliche Abneigung gegen Musik verbirgt, die etwas mit Sexualmoral zu tun hat, sich gegen schwarze Musik richtet und gegen Rock-Musik. Und zweitens erwächst die Industrie jetzt gerade erst ihrer Anfangs- und Aufbauphase. Sie ist erst innerhalb des letzten Jahrzehnts zum Big Business geworden. Viele andere amerikanische Industriezweige waren während ihrer Gründerzeiten, als einzelne die Konkurrenz auszuschalten und zentrale Kontrolle zu gewinnen trachteten, nicht weniger korrupt oder gar noch korrupter. Das Eisenbahngeschäft basierte auf Landüberlassungen, die durch den Kongreß gebracht wurden, indem hohe Schmiergelder verteilt wurden, und man erpreßte die Groß- und Kleinstädte, die an den Eisenbahnlinien lagen. (San Francisco mußte eine Million Dollar bezahlen, um sicherzustellen, daß die Eisenbahnlinie nicht an der Stadt vorbeiging.) Öl- und Bergbaufirmen hatten ihren Nutzen durch illegale Rabatte von Eisenbahn- und Frachtgesellschaften. Die Rabatte waren wie heute im Großhandelsgeschäft mit Schallplatten darauf gerichtet, kleinere Firmen zu benachteiligen. Bauaufträge von Untergrundbahnen über Highways bis zur Landerschließung beruhten oft genug auf Kickbacks zwischen dem Auftragnehmer und Regierungsbeamten. Der Maryland-Fall, in den der ehemalige Vizepräsident Spiro Agnew verwickelt war, mag nur als besonders auffälliges und überall publiziertes Beispiel dienen.

Bei amerikanischen Geschäftszweigen, die sich noch in ihrer Aufbauphase befinden, ist die Korruption nur deutlicher, nicht so geschickt kaschiert. Wenn sich eine Industrie erstmal etabliert hat, wird die Korruption innerhalb des legalen Systems formalisiert. Weitaus größere Summen werden gespart, indem man die Steuerbestimmungen manipuliert oder innerhalb der legalen Strukturen Schlupflöcher findet. In der Tat ist ein Großteil der Korruption, die sich auf niedriger Ebene abspielte und bei der es um geringe Summen ging, die zwischen niedrigen Angestellten und kleinen Unternehmen ausgetauscht wurden, die der entwikkelten Industrie dienlich waren, abgebaut worden. Große Firmen bedienen sich Management-Ratgebern, Anwälten und Buchhaltern von außerhalb, die ihre Betriebe überprüfen, um derartige Machenschaften auszuschalten. Und letztlich verfügen die großen Konzerne über Möglichkeiten, «korrupte» Praktiken zu institutionalisieren. Sie geben jährlich Millionenbeträge aus, damit Gesetzgeber und Kongreßabgeordnete gewählt werden, die sich für Gesetze einsetzen, die den Firmeninteressen entgegenkommen und sie schützen. Die Ölförderungssubventionen zum Beispiel sind keine korrupten Praktiken nach der Normaldefinition, aber sie haben doch der Ölindustrie mehr Geld eingebracht, als sie es sich durch jedwede betrügerischen Machenschaften hätte aneignen können. Wenn Skandale aufgedeckt werden, beauftragen die Großfirmen teure Public-Relations-Firmen und nutzen ihre Medienkontakte aus, um den Schaden auszubügeln. Oft aber führen derartige Maßnahmen schon vorher dazu, daß die Korruption überhaupt nicht publik wird.

Die Musikindustrie nähert sich jetzt ihrer institutionalisierten Phase. Die meisten Firmen sind jetzt Teile größerer Konzerne, welche ihre Erfahrungen damit haben, wie man Finanzbestimmungen und Bundesaufsichtsbehörden auf legale Weise manipulieren kann. Diese Konzerne verfügen über ihre erfolgreichen Lobbies im Kongreß und bei staatlichen Behörden. Man darf durchaus erwarten, daß in fünf oder zehn Jahren z. B. Bestechungen nicht mehr die übertriebene Publizität haben werden wie in der Vergangenheit.

Der Einfluß der Mafia oder des organisierten Verbrechens auf das Musikgeschäft ist ein anderes Problem. Das organisierte Verbrechen hat bewiesen, daß es imstande ist, ebenso auf klug gehandhabter Firmenebene wie auch auf der Straße in geringerem Umfange zu operieren. Der Besitz von Multimillionen-Dollar-Casinos in Nevada, die Kontrolle über gigantische Pensions-Fonds bei den Gewerkschaften und die Bemühungen der Meyer-Lansky-Organisation von der Chase Manhattan Bank einen tatsächlich wesentlichen Anteil an Pan American World Airways zu erwerben, sind dafür Beispiel genug.

Die Beteiligung des organisierten Verbrechens am Musikgeschäft läßt sich sehr schwer einschätzen. Das Geschäft mit Musikautomaten ist schon von jeher teilweise in der Hand der Mafia gewesen. Von achtundfünfzig Unterweltlern, die 1957 bei einer nationalen Konferenz in Appalachia, New York, verhaftet wurden, hatten neun öffentlich deklarierte Anteile an Musikautomatenfirmen. Die Musikbox-Industrie, von einem Großteil der Schallplattenindustrie seit dem Zweiten Weltkrieg nur noch am Rande wahrgenommen, ist dennoch ein Geschäft, bei dem es jährlich um mehrere hundert Millionen Dollar geht. Ein Großteil der Fälschungen und Raubpressungen, die man 1973 auf einen Wert von 250 Millionen Dollar geschätzt hat, ist ebenfalls vom organisierten Verbrechen kontrolliert worden. Bestimmte Stars unter den Pop-Sängern in den fünfziger Jahren und früher wurden populär durch die Promotion, die ihnen in vom Mob geführten Nachtclubs zuteil wurde. Oft beanspruchten die Mafia-Clubbesitzer einen «Management»-Anteil vom Honorar des Sängers, der auch noch gezahlt werden mußte, wenn dieser aus den Nachtclubs ins Platten- oder Filmgeschäft aufgestiegen war. Frank Sinatras Kontakte zu Angehörigen des organisierten Verbrechens sind in der Presse häufig genug erwähnt worden, und seine Lizenz, in den Casinos von Nevada aufzutreten, wurde 1963 widerrufen, als er sich allzu öffentlich mit dem Verbrecherboss Sam Giancana aus Chicago einließ. (Giancana wurde 1976 ermordet.)

Derartige Nachtclubs haben aber für die Verbreitung der modernen Rock-Musik nur geringe Bedeutung. Hohe Spielschulden und Drogengenuß führender Musiker haben die Schallplattenfirmen jedoch mit dem organisierten Verbrechen in Kontakt gebracht. CBS berichtete 1974 in einem Fernseh-Dokumentarfilm, daß die Artist-Relations-Abteilung mit einem Mafia-Angehörigen Kontakt aufnehmen mußte, um dem Columbia-Künstler O. C. Smith zu helfen, dem man mit Mord drohte, weil er seine Spielschulden nicht bezahlt hatte. Der Mafioso, dessen Hilfe man in Anspruch nahm, um Smith zu schützen, war Pat Falcone, jetzt des Heroinschmuggels überführt und im Gefängnis. Falcone brachte seinen einflußreichen Freund und «Kredithai» Anthony «Fat Tony» Salerno ins Spiel, der schließlich Smith half. Danach wurde Falcone der Manager von Smith.[4] Auch der Rock-Star Jeff Beck (den ebenfalls Falcone schützte) ist bedroht worden. Ein Schallplattenproduzent bezeichnete diese Bedrohungen als fast an der Tagesordnung:

> Ich weiß, daß die Mafia – die schwarze Mafia und auch die weiße Mafia – also ich weiß, daß die eine Menge der Super-Stars einzuschüchtern versuchen. Sie – sie drohen – wenn er ein Musiker ist, dann drohen sie, ihm die Hand zu brechen, und wenn er ein Sänger ist, dann drohen sie, ihm die Kehle aufzuschlitzen. Und sie wollen dann, und das kriegen sie auch, ein Viertel von den Künstlerhonoraren als Kickback – dafür, daß sie ihn in Ruhe lassen.[5]

Mafia-Leute sind auch verläßliche Quellen für Kokain, die bevorzugte Rock-Droge. Die Drogen werden entweder bar bezahlt und den Spesenabrechnungen der Promotions- und A&R-Leute untergeschoben, oder man begleicht mit LP-«Freebies» (kostenlose Schallplatten) – einem Zahlungsmittel, das im Dunstkreis der Promotion durchaus üblich ist.

Eine der direktesten und am weitesten institutionalisierten Mafia-Einlassungen in die Industrie kam bei Senatsanhörungen 1973 ans Tageslicht, als Gerland Zelmanowitz, ein Mafia-Angehöriger, der zum Spitzel geworden war, aussagte, daß Angelo «Gyp» DeCarlo, ein Mafioso aus New Jersey, und Tommy Eboli (alias Tony Ryan), ein weiterer hochgestellter Mobster, der in New York erschossen worden ist, Partner bei Roulette Records waren. Der Präsident des Labels, Morris Levy, sagte zwar, der Mob habe nie etwas mit Roulette zu tun gehabt, räumte jedoch ein, Mafia-Geld stecke in Promo Records, einer Firma, die er gemeinsam mit Eboli geführt hatte.[6]*

Aber welche Einflüsse und Kontrollen die Verbrecher-Syndikate in nationalen Unterhaltungs-Konzernen haben können, bleibt unklar. Vor vielen Jahren verschafften sich Gewerkschaftsgangster einen Zugriff zur nationalen Filmvorführer-Gewerkschaft, einem Teil der «International Alliance of Theatrical Stage Employees». Sie benutzten ihren Einfluß auf die Gewerkschaft dazu, von den großen Studios Millionenbeträge zu erpressen. Gewerkschaftsmitglieder auf der normalen Ebene sahen von diesem Geld nichts. Im Augenblick – so läßt sich wahrscheinlich vermu-

---

* Als er von einem Interviewer gefragt wurde, was er über die Mafia im Musikgeschäft wisse, erwiderte Phil Spector: «Wenn ich etwas wüßte, würde ich sowieso nichts sagen. Ich versuch nur die Jungs anzustellen, das ist alles. Nein, ich würde kein Wort über sie sagen. ‹Welche Mafia? Welches Schallplatten-Business?› Warum müssen wir eigentlich so'n blödes Interview machen, wo's doch im Fernsehen 'n Mordsprogramm gibt?» (Rolling Stone Interviews, Vol. 2, Seiten 247–48.)

ten – scheint der Einfluß des organisierten Verbrechens in der Musikindustrie geringer zu sein als der in der Nahrungsmittelindustrie, im Hotelwesen, im Fuhrgeschäft oder in den Staatsregierungen von Nevada, New Jersey oder Rhode Island.

Die Schallplattenindustrie ist allgemein mit der Gesamtwirtschaft der USA verbunden, was Besitzverhältnisse und politischen Charakter betrifft. Wie alle anderen Industriezweige ist auch sie rassistisch. Wie sich dieser Rassismus darstellt und wie er sich entfaltet hat, ist besonders wichtig für das Verständnis dieses Zweiges der Unterhaltungsindustrie, der sich so besonders stark auf die Kunst der Schwarzen gründet.

7

Schwarze Wurzeln – weiße Früchte Rassismus in der Musikindustrie

«Billboard» nannte 1955 DAS JAHR, IN DEM DER R&B DEN POP-SEKTOR ÜBERNOMMEN HAT. Schwarze Rhythm & Blues-Platten hatten im vorangegangenen Jahr eine verblüffende Umsatzsteigerung von 200 Prozent erlebt. Die Schlagzeile war jedoch ein wenig übertrieben – typisch für die Branchenzeitschriften. Auf dem Gesamt-Pop-Markt hatte sich die Anzahl schwarzer Künstler, die Top-Seller-Singles aufnahmen, nur von 3 auf 10 Prozent erhöht (siehe Schaubild 7.1).

Der Aufschwung des Rhythm & Blues hatte jedoch wesentliche musikalische und kulturelle Auswirkungen. Mit den neuen Namen «Rock 'n' Roll» übernahm die laute Musik mit den treibenden Rhythmen, den undeutlich gesungenen Texten und der offenen Sexualität die Ätherwellen, zuerst von den unabhängigen Stationen unterstützt, dann langsam von den großen Senderketten übernommen. Die offenkundige Zunahme der Popularität schwarzer Musik war den wichtigen Kräften innerhalb der Schallplattenindustrie rätselhaft. Auf unterster Ebene, d. h., bevor die Platten besonders häufig im Rundfunk gespielt worden waren, kauften die weißen Kids schon «race»-Schallplatten in den Läden weg.

Rock 'n' Roll:
Eine Dankplakette für Arthur Crudup

In den vierziger Jahren war die schwarze Musik von der weißen fast total getrennt. Noch im Jahre 1949 nannte «Billboard» den Rhythm & Blues «race»-Musik. Die schwarzen Schallplattenfirmen existierten als eigen-

Schaubild 7.1: Anteile schwarzer Acts an den Top 50 Singles (1950–1974) und LPs (1961–1974) im jeweiligen Jahresabschluß

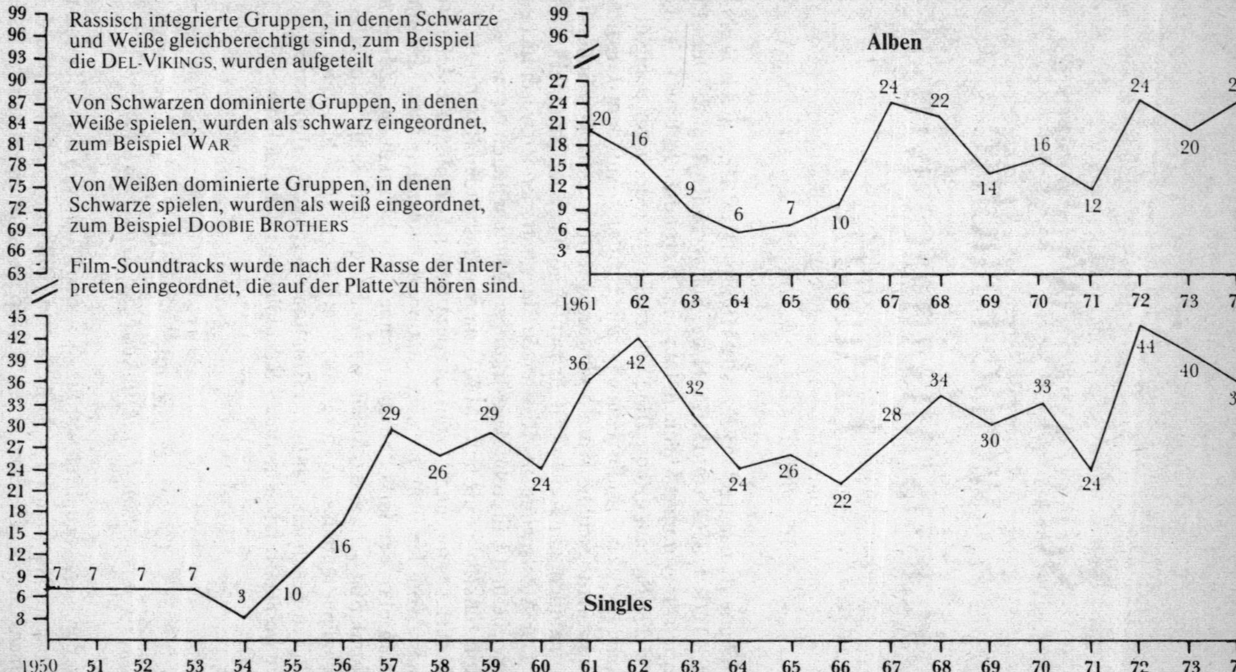

Quellen: «Cashbox» (1950–1973) und «Billboard» (1974)

ständige und unterprivilegierte Instanzen weit ab von den von Weißen kontrollierten großen Labels. Außer den wenigen schwarzen Interpreten, die seicht genug klangen, um beim weißen Publikum absetzbar zu sein, wie zum Beispiel Nat King Cole oder die MILLS BROTHERS, wurde schwarze Musik von den Rundfunknetzen einfach nicht gespielt. Schwarze Musik wurde in schwarzen Schallplattengeschäften in den Gettos verkauft, und eine ähnliche Rassentrennung herrschte auch in den Musikautomaten.

Zu Anfang der fünfziger Jahre hatte sich die Situation jedoch schon beträchtlich verändert. Der relative Niedergang der Rundfunknetze (und der Aufstieg und die zunehmende Bedeutung des Fernsehens) hatten den unabhängigen Radio-Stationen und den Besitzern der kleinen Radio-Ketten die Möglichkeit verschafft, mit speziellen Programmen zu experimentieren und sich auf die verschiedensten musikalischen Geschmacksrichtungen zu spezialisieren. Die lokalen Sendestationen erkannten die Popularität von Rhythm & Blues-Platten bei weißen Kids und sie setzten auf das kommerzielle Potential, das sich daraus ergab. In den Großstadtzentren beginnend und sich dann auf den Rest des Landes ausweitend, führte die Begeisterung für den R&B zu einem Zusammenbruch der rassengetrennten Strukturmuster im Schallplattenverkauf und der Bestückung von Musikautomaten. Das begann 1952.

Der R&B, den diese Radio-Stationen spielten, der Vorläufer des Rock 'n' Roll, war selbst eine Mischform. Der Begriff Rhythm & Blues als Kategorie war 1949 in der Musikindustrie aufgegriffen worden, um als übergreifende Bezeichnung zu dienen und die eher abwertende Kennzeichnung «race music» zu ersetzen. Er beinhaltete so verschiedene Stilrichtungen wie Gospel, Blues und Jazz. In dem nationalen musikalischen Schmelztiegel, der durch das Radio entstand, vereinigten sich bestimmte Einflüsse zum Rock 'n' Roll. Der R&B-Künstler Johnny Otis, der mit einer Road-Show auf Tournee ging und in den frühen vierziger Jahren einen R&B-Nachtclub in L. A. eröffnet hatte, beobachtete das Phänomen an der West Coast. Er beschreibt den Entwicklungsprozeß:

> In den frühen vierziger Jahren entwickelte sich eine musikalische Mischform an der West Coast. Was oben in Chicago passierte, das war eine ganz andere Sache. Später hieß das alles Rhythm & Blues, aber die Chicago-Bands, die Leute, die aus dem Delta gekommen waren, die brachten ihre Mundharmonikas mit und ihre Gitarren – Muddy Waters und wie sie alle hießen. Die hatten was Bestimmtes an sich, und wir liebten das und waren auch in gewisser Hinsicht davon beeinflußt. Aber an der Küste hier, die Leute wie ich und Roy Milton, T-Bone Walker und Joe Liggins und die HONEYDRIPPERS, wir hatten alle Big Band-Erfahrung. Wir alle dachten in Big Band-Maßstäben, aber als es unmöglich wurde, die Big Bands am Leben zu erhalten und zu arbeiten und damit seinen Lebensunterhalt zu verdienen, da mußten wir uns auflösen und kleinere Einheiten bilden, aber wir beschränkten uns auch nicht nur auf eine Gitarre und Rhythmusgruppe dazu. Wir

versuchten noch immer, einen Teil des Sound der Jazz Bands beizubehalten. Wir erhielten uns vielleicht eine Trompete, eine Posaune und noch zwei Saxofone – damit war noch was von der Bläsergruppe übrig, und wir konnten die Bop- und Swing-Riffs weiterspielen. Und als dies mit der Country-Blues- und Boogie-Struktur zusammengebracht wurde, entstand daraus der Rhythm & Blues. Und aus dem Rhythm & Blues erwuchs der Rock 'n' Roll.[1]

Als der Rock 'n' Roll sich als unabhängiger Stil etabliert hatte, war die Bläsersektion noch eingeschränkter – zuerst nur ein Saxofon, später überhaupt keine Bläser mehr, und die rhythmische Basis der Boogie-Struktur war noch dominanter geworden. Dennoch bleibt es wichtig, im Gedächtnis zu behalten, daß die formengebenden Einflüsse auf den Rock 'n' Roll und auch so gut wie alle frühen musikalischen Erneuerer (zum Beispiel Joe Turner, ein Blues-Shouter aus Kansas City; Muddy Waters, Delta-Großvater des Chicago-Blues; städtische Harmoniegesangs-Gruppen wie die CROWS und die CHORDS) schwarz waren. Noch 1956 bezeichnete «Billboard» die Rock 'n' Roll-Musik als «eine popularisierte Form des R&B».

Die Unterschiede zwischen Rock 'n' Roll und R&B waren real und deutlich. Oft entsprangen sie dem Geschmack des neuen weißen Publikums. Otis bemerkt dazu:

> Wir fanden heraus, daß wir das weiße Publikum eher begeisterten, wenn wir die Musik wie eine Karikatur präsentierten – mit dem Saxofon auf den Rücken fielen, die Beine in die Luft kickten usw. Wenn wir davon zuviel vor einem schwarzen Publikum machten, dann riefen die uns zu: «Hört auf mit dem Scheiß – macht lieber Musik!»
>
> Und aus dem Grund kamen Leute wie Fats Domino und B. B. King beim schwarzen Publikum auch besser an als Little Richard zum Beispiel – obwohl auch er großen Erfolg beim schwarzen Publikum hatte. Aber wenn er zuviel von seiner Show brachte und allerhand Mätzchen machte, dann mußte er sehr bald vom Publikum hören: «Nein! Spiel lieber deine Musik.»[2]

Viele Rock 'n' Roll-Interpreten erfanden derartige Bühnengags oder übertrieben sie. Little Richards Klavier-Akrobatik, Chuck Berrys «Entengang» («duck walk»), das «animalische Hüftschwenken» von Elvis Presley und die Art, wie Bill Haleys Saxofonist sich bei seinen wimmernden Soli nach hinten beugte und mit dem Kopf den Boden berührte, sind dafür Beispiele.

Der hektische Stil der DJs, die den Big Beat anpriesen, definierte einerseits die Charakteristika der Musik, hatte aber auch jene Elemente der Karikatur. Für die weißen Kids, die die Schallplatten kauften, war dies der erste Einblick in schwarze Kultur. Sie konnten sich leichter damit befreunden, wenn es ihnen direkt vor den Bug geknallt wurde. Der Rock 'n' Roll hatte diese Stärke. Er besteht eben in dem Unterschied zwischen Elvis Presleys Version von *Hound Dog* und dem Original, das von Big Mama Thornton gesungen wurde. Sie war eine alte Blues-Mama, die wußte, was es bedeutet, ein Leben in der Tretmühle zu verbringen. Presley war ein «good ol' country boy», dem es einen Höllenspaß machte, in der Ed Sullivan Show mit den Hüften zu wackeln (obwohl man das über die Sendernetze nicht ausstrahlte). Die Übertreibung des Rock 'n' Roll machte aus Bill Haleys Cover-Version von *Shake, Rattle and Roll* einen Pop-Hit. Joe Turners Original war gewiß im R&B-Genre authentischer. In seiner Version von Turners Song entschärfte Haley den sexuellen Inhalt und verlegte die Handlung aus dem Schlafzimmer in die Küche. Trotz dieser weniger «anstößigen» Textzeilen intensivierte Haleys übertriebener Stil die Kraft der Musik.

In den fünfziger Jahren wurden die großen Schallplattenfirmen durch den Aufstieg der Unabhängigen bedroht, die beinahe unangefochten die neue Musik im Griff hatten und zudem anscheinend über einen geradezu unheimlichen Sinn dafür verfügten, welchen bizarren Geschmack die amerikanische Jugend entwickeln würde. In dem Kampf zwischen Großen und Unabhängigen, also zwischen großem Geschäft in Händen von Weißen und kleinem Geschäft in Händen von Weißen, hatten die schwarzen Musiker das Nachsehen. Saul Bihari bezahlte, wie man sich erinnern wird, seine Musiker mit einer Flasche Schnaps. Big Mama Thornton nahm *Hound Dog* drei Jahre vor Elvis Presley auf, und wie sie sagt, verkaufte sich ihre Platte in zwei Millionen Exemplaren. Was ihre Tantiemen betrifft, hat sie zu sagen: «Ich habe einen Scheck über 500 Dollar erhalten, und danach habe ich nie wieder etwas gesehen.» Presley nahm *That's All Right* auf, einen Song von Arthur «Big Boy» Crudup. Obwohl dieser Song für Elvis zu einem Hit wurde, hat Crudup angeblich nie mehr von Elvis und seinem Manager dafür bekommen als eine Dankplakette.

«Diesen Leuten bezahlt ihr Tantiemen?»

Die Ausbeutung der schwarzen Kultur und die schlechte Behandlung schwarzer Musiker begann aber nicht erst mit der plötzlichen Popularität des Rhythm & Blues in den fünfziger Jahren. Sie sind Teil der Geschichte amerikanischer Musik seit den ersten Tagen der Minstrel-Shows bis heute. Und sie haben tatsächlich ihren wichtigen Einfluß auf die ständige Erneuerung und Experimentierfreudigkeit schwarzer Musik.

In den vierziger Jahren entstand der Bebop oder «hot»-Jazz als Reaktion darauf, daß schwarze Big Bands ständig von weißen Bands übervorteilt wurden. Statt Musik zu produzieren, die nur fürs Tanzen (also zur Unterhaltung) gedacht war, wandten die Bop-Musiker ihre Energien nach innen und spielten für sich selbst. Die Bop-Musik war (für Weiße) bedrohlich, besonders weil sie ganz streng an der schwarzen Gemeinschaft orientiert war. Bop-Musiker redeten «seltsam» (in ihrem eigenen Slang), schienen nicht im geringsten von kommerziellem Erfolg motiviert zu sein und richteten sich auf eine eher verbale Kultur aus. «Head Arrangements», eine Technik, die sich aus dem New Orleans-Jazz entwickelt hatte, war eine musikalische Kurzschrift, die nicht nur für Musiker gedacht war, die Noten lesen konnten, sondern auch für diejenigen, die nur nach Gehör spielten. Als brillante Parodie weißer Kultur war die Bop-Musik eine Herausforderung an europäische musikalische Form, an melodische Struktur und Notenschrift, und sie war zudem der Anfang einer bewußten schwarzen Musik-Ästhetik.

Aber vor Ende der vierziger Jahre war der Bebop durch eine koordinierte Anzahl von Polizei-Razzien und falschen Beschuldigungen der bekanntesten Exponenten dieser Musik in den Untergrund gezwungen worden. Der Musiksoziologe Ortiz Walton sagt dazu:

> Ganz gewiß kann man die Erfindung des Heroin weder der Jazz-Musik noch den Bop-Musikern zuschreiben. Auch seine Herstellung und sein Vertrieb ist ihnen nicht zur Last zu legen, und ganz bestimmt waren einige wenige schwarze Bebop-Künstler nicht die einzigen Mitglieder der Gesellschaft, die zwischen den frühen vierziger und mittleren fünfziger Jahren diese Droge benutzten. An der Anzahl von Verhaftungen, Verurteilungen und der weitverbreiteten Publizität gemessen, die Bop-Musiker für den angeblichen Besitz von «horse», wie die Droge genannt wurde, betrafen, könnte man dennoch den Eindruck gewinnen, sie seien wirklich für all das oben Erwähnte verantwortlich gewesen. Denn praktisch alle herausragenden Bop-Musiker dieser Zeit wurden wegen Heroin verhaftet und einige, zum Beispiel Sonny Rollins und Gene Ammons, erhielten langjährige Gefängnisstrafen.[3]

Da der Hot-Jazz in den fünfziger Jahren unter Kontrolle war, wurden die R&B-Künstler zu den Opfern der Industrieausbeutung. Einer der Faktoren dafür, daß die Musik in ihrer ursprünglichen Form nicht populärer wurde, war die Kurzlebigkeit der Künstler, über die «Billboard» in einem retrospektiven Artikel 1952 zu sagen hatte:

> Im Ganzen gesehen behielten die älteren und etablierten Künstler in diesem Jahr ihre Stellung. Weniger als eine Handvoll neuer Namen etablierte sich auf dem Pop-Sektor, und im Country & Western-Bereich waren es noch weniger. Der Rhythm & Blues-Sektor, wo die Künstler verwehen wie die Blätter im Herbst, folgte auch in diesem Jahr dem wohlbekannten Schema der Kurzlebigkeit.[4]

Dieses wohlbekannte Schema blieb während der gesamten fünfziger Jahre gleich. Gruppen wie die Chords, Charms, Spiders, Spaniels, Crows und Four Tunes, die alle 1954 Hits hatten, waren ein Jahr später nirgends mehr zu finden. Der Grund ist einfach. Die schlechte Behandlung von Interpreten war auf dem Pop-Sektor allgemein vorhanden, aber schwarze Künstler wurden ganz besonders ausgebeutet. R&B-In-

terpreten hatten größte Schwierigkeiten, ehrliche Anwälte, Manager, Gerichtsurteile oder Antworten auf ihre Fragen zu Vertragsangelegenheiten zu bekommen. Man holte sie oft direkt vom Bauernhof weg oder wie im Fall von Little Richard aus der Küche eines Omnibus-Bahnhofs, wo er Teller wusch, und es war einfach die Normalsituation, daß man schwarze Künstler um ihre Verlagsrechte betrog, für Club-Auftritte nicht bezahlte oder ihnen die Mitgliedschaft in der «American Federation of Musicians» verweigerte. Obwohl man während dieser Zeit auch weiße Musiker übervorteilte, wurden sie dennoch nicht so offen und unverschämt auch auf den höchsten Ebenen der Industrie ausgebeutet wie die Schwarzen.

Ahmet Ertegun, der Präsident von Atlantic, hat eine interessante Geschichte über Columbias Tantiemenzahlungen vor Jahren auf dem R&B-Sektor zu erzählen. Ein Vertreter von Columbia besuchte ihn:

> Er wollte eine Vereinbarung mit uns treffen, damit Columbia den Vertrieb der Atlantic-Platten übernehmen konnte, weil wir ihnen auf dem Sektor der von ihm so genannten Race-Records als sehr erfolgreich und gut erschienen. Und ich sagte: «Nun, was haben Sie uns denn anzubieten?» Er sagte: «Drei Prozent.» «Drei Prozent!» staunte ich. «Wir zahlen ja unseren Künstlern mehr als das!» Und er sagte: «Den Leuten bezahlt ihr Tantiemen? Ihr müßt ja von Sinnen sein!» Natürlich nannte er sie nicht Leute. Er gebrauchte ein ganz anderes Wort.[5]

Die Hit-Auflistung in den nationalen Branchenzeitschriften reflektierte und verstärkte ebenfalls den Rassismus jener Tage. «Billboard» und «Cashbox» veröffentlichten rassengetrennte Charts für Pop, Country & Western und Rhythm & Blues. Die Trennung zwischen Pop und Rhythm & Blues zu einer Zeit, als eine ganze Menge R&B-Material Eintritt in den Pop-Markt fand, spiegelte die Unterschiede im Vertrieb dieser beiden Musikarten wider. Pop-Musik wurde von den großen Firmen mittels ihrer eingespielten Vertriebssysteme vermarktet, und zwar auf nationaler Ebene. R&B-Musik wurde von unabhängigen Labels durch unabhängige regionale Firmen vertrieben. Große Labels verfügten zwar über R&B-Unterabteilungen, aber diese Musik war in ihren Katalogen getrennt aufgeführt und wurde von unabhängigen Vertriebsfirmen auf dem Markt verteilt. Anfangs wurden R&B-Songs ausschließlich in schwarze Geschäfte und an schwarze Radiostationen geleitet. Wenn sie sich dort gut genug verkauften, wurden die Platten eventuell von weißen Geschäften und Rundfunkstationen übernommen, und so gelang ihnen ein Crossover auf den Markt der weißen Schallplattenkäufer. Das schwarze Publikum war als sekundärer Markt separat angesiedelt, für den andere und geringere Promotion-Etats aufgewendet wurden.

Noch heute ist der Unterschied zwischen R&B und Pop weniger musikalisch begründet als in der Rassenzugehörigkeit der jeweiligen Interpreten. In den sechziger Jahren wurden weiße Künstler wie Janis Joplin, Joe Cocker und andere, die fast ausschließlich R&B-Material aufnahmen, in den Pop-Charts aufgelistet, während man Schwarze, gleich, welche Musikrichtung sie repräsentierten, erst mal in die R&B-Charts verwies und verweist. Curtis Mayfield sagt darüber in bezug auf seine Gruppe, die IMPRESSIONS: «Wie sehr sie sich auch an Beethoven oder Symphonien orientierten, es blieb ein R&B-Produkt. Und Pop, das sind die weißen Künstler.»[6] 1968 wurde Charlie Pride zum ersten neuen schwarzen Interpreten seit Ray Charles, der in den Country & Western-Charts aufgeführt war.

Die deutlich getrennte Vermarktung von schwarzen und weißen Musikern bleibt bis heute bestehen und ist reflektiert in den verschiedenen Charts-Auflistungen (obwohl jetzt Hot R&B Singles im «Billboard» Hot Soul Singles heißen). Sekundäre Märkte gibt es noch immer. In den meisten Fällen müssen schwarze Songs zuerst auf dem R&B-Markt den Durchbruch geschafft haben, bevor sie im Pop-Promotion-Netz Aufmerksamkeit erregen. Viele Schallplattenfirmen haben noch immer separate R&B-Promotion-Abteilungen. Es scheint ihre Strategie zu sein, mit relativ wenig Aufwand die Verkäufe etablierter Künstler auf dem Markt für schwarze Musik sicherzustellen, die Risiken jedoch möglichst nicht einzugehen, die mit einem Vorstoß auf den Markt der Weißen verbunden wären. Die Schallplattenfirmen bestärken und reflektieren noch immer den Rassismus des Publikums, während sie offiziell argumentieren, die musikalischen Unterschiede seien so wesentlich, daß sie eine getrennte Charts-Auflistung und separate Promotion rechtfertigten. Die Branchenzeitschriften äußerten sich sehr deutlich, als sie zum ersten Mal mit dem Problem konfrontiert waren, daß schwarze Künstler sehr populär wurden. In den vierziger Jahren wurden deren Platten einfach als «race music» (Rassenmusik) bezeichnet. Als diese Musik sich jedoch Eintritt auch in den Markt der weißen Schallplattenkäufer verschaffte, bedurfte es einer etwas weniger diskriminierenden Bezeichnung. Schallplattenfirmen experimentierten eine Weile mit Label-Namen wie «Ebony» und «Sepia», aber die wiesen zu sehr auf die Hautfarbenunterschiede, nicht auf musikalische Verschiedenheiten. Schließlich wurde «rhythm and blues» die allgemein akzeptierte Bezeichnung, bis man sie in den späten sechziger Jahren in «soul» änderte.

Cover-Versionen

Eine weitere Taktik, die man zuungunsten der schwarzen Musik anwandte, bestand in der verbreiteten Popularisierung der «cover versions» schwarzer Hits. Genaugenommen ist eine Cover-Version gewöhnlich die Kopie der Originalaufnahme, interpretiert durch einen anderen Künstler in ähnlichem Stil und veröffentlicht noch während der erwarteten Popularitäts-Phase des Originals. Schaubild 7.2 listet einige der bekannteren Cover-Versionen auf. Einige der Aufnahmen entsprechen nicht unserer strengen Definition, zum Beispiel die Versionen der BEATLES von *Twist And Shout* und *Roll Over Beethoven*, die einige Jahre nach den Originalen veröffentlicht wurden, sie aber dennoch Ton für Ton mit identischem Gesangsstil und Arrangement reproduzieren. Andere Aufnahmen, die man allgemein für Cover-Versionen ansieht (zum Beispiel die Aufnahme der ROLLING STONES von Slim Harpos *I'm A King Bee* und die Aufnahme der CREAM von Skip James' *I'm So Glad*), sind in der Liste nicht aufgeführt, da man bei ihnen zumindest den Versuch einer Neu-Interpretation spürt und sie außerdem in zeitgenössischerer Weise eingespielt worden sind. In den fünfziger Jahren benutzte man die Cover-Versionen bei den großen Schallplattenfirmen, um die Einbußen gutzumachen, die durch die Popularität des R&B auf dem Markt der weißen Käufer jener Zeit entstanden waren. Man fand heraus, daß zumindest in den Anfangsjahren des R&B das weiße Teenager-Publikum (und deren Eltern) sich gern damit zufriedengaben, die weißen Cover-Versionen schwarzer Songs zu kaufen. Einige der frühen Cover-Versionen, wie zum Beispiel Elvis Presleys *Hound Dog*, hatten vielleicht ihre künstlerische Legitimität. Aber den meisten fehlte doch das Feeling und die Erregung, die den Originalen innewohnten. Oft waren die Cover-Versionen kaum mehr als die Reduzierung auf Refrains zum Mitsingen.

Schaubild 7.2: Cover-Schallplatten und fragwürdige Revivals

Song	*Original-Interpret*	*Interpret der Cover-Version*
1. Sh-Boom	Chords	Crew Cuts
2. Earth Angel	Penguins	Crew Cuts
3. Don't Be Angry	Nappy Brown	Crew Cuts
4. Gum Drop	Charms	Crew Cuts
5. Goodnight Sweetheart Goodnight	Spaniels	McGuire Sisters
6. Sincerely	Moonglows	McGuire Sisters
7. Dance with Me Henry (Wallflower)	Etta James	Georgia Gibbs
8. Tweedle Dee	LaVerne Baker	Georgia Gibbs
9. Kokomo	Gene and Eunice	Perry Como
10. Shake, Rattle, and Roll	Joe Turner	Bill Haley
11. Hound Dog	Big Mama Thornton	Elvis Presley

Song	*Original-Interpret*	*Interpret der Cover-Version*
12. Money Honey	The Drifters	Elvis Presley
13. Lawdy Miss Clawdy	Lloyd Price	Elvis Presley
14. Ain't That a Shame	Fats Domino	Pat Boone
15. I Almost Lost My Mind	Ivory Joe Hunter	Pat Boone
16. Tutti Frutti	Little Richard	Pat Boone
17. I'll Be Home	Flamingos	Pat Boone
18. Little Darlin'	Gladiolas	Diamonds
19. I'm Walkin'	Fats Domino	Ricky Nelson
20. Party Doll	Buddy Knox	Steve Lawrence
21. Butterfly	Charlie Gracie	Andy Williams
22. I Hear You Knocking	Smiley Lewis	Gale Storm
23. The Twist	Hank Ballard and the Midnighters	Chubby Checker
24. You've Really Got a Hold on Me	Miracles	Beatles
25. Roll Over Beethoven	Chuck Berry	Beatles
26. Twist and Shout	Isley Brothers	Beatles
27. Money	Barrett Strong	Beatles
28. Do Wah Diddy	Exciters	Manfred Mann
29. Over and Over	Bobby Day	Dave Clark Five
30. I Like It Like That	Chris Kenner	Dave Clark Five
31. Cry to Me	Solomon Burke	Rolling Stones
32. Hitchhike	Marvin Gaye	Rolling Stones
33. Have Mercy Baby	Don Covay	Rolling Stones
34. Hang On Sloopy (My Girl Sloopy)	Vibrations	McCoys
35. Just a Little Piece of My Heart	Erma Franklin	Janis Joplin
36. Cry Baby	Garnett Mims	Janis Joplin
37. Night Time Is the Right Time	Ray Charles	Creedence
38. Good Golly Miss Molly	Little Richard	Creedence
39. Heard It Through the Grapevine	Marvin Gaye	Creedence
40. Up on the Roof	Drifters	Dawn
41. Raindrops	Dee Clark	Dawn
42. I Shot the Sheriff	Wailers	Eric Clapton
43. Locomotion	Little Eva	Grand Funk Railroad

In den frühen Jahren des Rock 'n' Roll wurden mehrere Dutzend Songs von den Großen erfolgreich ge-covert. RCA begann mit einer von Perry Como gesungenen Version des Songs *Kokomo* von Gene and Eunice. Columbia ließ denselben Song von Tony Bennett aufnehmen. Columbia und Victor waren so abgeneigt, auch nur das geringste mit dem Rock 'n' Roll zu tun zu haben, daß sie sogar nur selten mit ihren Cover-Versionen Erfolg hatten. Bei Mercury machten die Crew Cuts (für das Teenager-Publikum der fünfziger Jahre mit dem richtigen Namen ausgestattet) ein Cover von *Sh-Boom* der Chords (ursprünglich auf dem Cat-Label von Atlantic), das der fünfbest verkaufte Song von 1964 wurde. Nach *Sh-Boom* beutete man die R&B-Hitlisten weiter aus: man coverte Hits wie Nappy Browns *Don't Be Angry* (Savoy), *Gum Drop* von den Charms (Deluxe) und *Earth Angel* von den Penguins. Georgia Gibbs coverte für Mercury *Wallflower* von Etta James in einer gereinigten Version unter dem Titel *Dance With Me Henry*. Die Originalversion verkaufte 400000 Exemplare für Modern und die Gibbs-Cover-Version eine Million für Mercury. Decca bediente sich der McGuire Sisters (auf dem Sub-Label Coral), um *Sincerely* von den Moonglows (Chess) aufzunehmen und machte die Platte zum siebbest verkauften Pop-Song 1955. Außerdem hatte man mit dem Cover von Joe Turners Shake, Rattle and Roll denselben Erfolg.

Pat Boone hat sich mehr als jeder andere seinen Ruf als Rock 'n' Roll-Sänger dadurch erworben, daß er schwarze Rhythm & Blues-Titel coverte. Sein Label Dot war diejenige Firma, die mit Hilfe dieser Methode die größten Erfolge hatte. Boone nahm *Ain't That A Shame* (Fats Domino), *I Almost Lost My Mind* (The Harptones) und *Tutti Frutti* (Little Richard) sowie viele andere Songs in Cover-Versionen auf.

Um weit größere Tantiemen aus Live- und Medien-Darbietungen, Plattenverkäufen und Sheet Music-Verkäufen auf dem Markt der Weißen zu erzielen, brachten kleine Schallplattenfirmen, die sich im Besitz der Verlagsrechte befanden, manchmal ihre R&B-Songs zu den großen Firmen, damit diese sie coverten. Solche Praktiken hielten die schwarzen Original-Versionen eines Songs dem weißen Pop-Markt fern und enthielten dem Original-Interpreten die Tantiemen vor, die er bekommen hätte, wenn seine Schallplattenfirma und/oder sein Musikverlag die erste Version als potentiellen Crossover-Hit zu vermarkten versucht hätte. 1956 war die anfängliche Unterdrückung der schwarzen Musik schon allgemein nicht mehr so erfolgreich. Der R&B hatte sich gewandelt und war zum Rock 'n' Roll geworden – und damit zum dominierenden Pop-Stil. Die Original-Versionen der Songs waren bei einem anspruchsvolleren weißen Publikum stark gefragt.

Die profitable Methode, Cover-Versionen zu machen, wurde von den Copyright-Gesetzen nur gestützt. Die Gesetze, unter denen die Künstler arbeiteten, stammten aus dem Jahre 1909 und schlossen auf Tonträger aufgenommenes Material nicht ein. Bis zum heutigen Tag ist es unmöglich, das Copyright auf eine spezielle Interpretation eines Songs anzumelden. Man kann nur das Copyright für die zugrundeliegende Sheet Music erwerben. Während also ein Verleger Tantiemen für die Benutzung seiner Verlagsprodukte bekommt und ein Komponist Tantiemen für die Aufführung seiner Musik, werden durch die tatsächliche Aufnahme keine Tantiemen fällig. Der Interpret wird ausschließlich am Umsatz der von ihm gemachten Schallplatten beteiligt. In einer Zeit, in der Cover-Versionen an der Tagesordnung sind, haben die Interpreten besonders zu leiden. Und die meisten Interpreten, deren Songs ge-covert wurden, waren schwarz.

Die Formulierung der Copyright-Gesetze hat auch oft zu anderen Arten des Mißbrauchs geführt. Obwohl die Tantiemenzahlungen für jedes Musikstück eigentlich zu gleichen Teilen an Autoren und Verleger gehen, bekamen viele Interpreten, die auch ihr eigenes Material schrieben, dafür kein Geld. Lee Berk, Vizepräsident und Sohn des Gründers der Berklee School of Music in Boston, sagte dazu:

> Das US-Copyright-Gesetz spricht davon, daß – im Falle eines Anstellungsverhältnisses – die Partei, die anstellt, das Recht beanspruchen kann, als Autor oder Komponist des Werkes aufzutreten, und nicht der Komponist. In einem solchen Fall wäre also die anstellende Partei durch eben dieses Anstellungsverhältnis auch der Besitzer des Werkes, und sie hätte nicht nur das Recht, ein Copyright auf das Werk anzumelden und sich daher als Copyright-Inhaber zu bezeichnen, sondern sie kann sich auch als Komponist bezeichnen.[7]

Der Name, der also auf der Platte als Komponist erscheint, braucht daher nicht derjenige des tatsächlichen Autoren zu sein. Aber auch, wenn der tatsächliche Autor auf der Platte erwähnt ist, kann es sein, daß sein Name bei den Organisationen für Verlagsrechte (ASCAP und BMI), die die Tantiemenzahlungen für Künstler handhaben, nicht angemeldet ist.

Fred Parris zum Beispiel schrieb *In The Still Of The Night* und nahm den Song mit seiner eigenen Gruppe, den Five Satins, auf. Die Platte ist ein Rock 'n' Roll-Klassiker und hat, so sagt Parris, mindestens 10 bis 15 Millionen Exemplare verkauft. Stützt man sich auf die zurückhaltendere Schätzung von 10 Millionen Exemplaren, dann wäre *In The Still Of The Night* allein an sogenannten «mechanischen» Tantiemen (1 Cent für jede verkaufte Platte) schon 100000 Dollar für den Autor wert, gar nicht zu sprechen von den Aufführungsrechten, die für jede Radiosendung 2,5 Cents Tantiemen garantieren. Wäre Parris zudem noch im Besitz der Verlagsrechte, dürfte die Platte mehr als das Doppelte wert sein. Wie es sich in der Realität jedoch verhält, kommentierte Parris:

> Ich weiß nichts von BMI. Gut, ich sah, daß auf jedem Etikett BMI draufstand, aber ich wußte nichts davon, was es bedeutete. Ein BMI-Autor wurde ich auch

nicht – und das ist sehr traurig – bevor *In The Still Of The Night* seine populärste Zeit hinter sich hatte. Also, mein Name, der stand schon auf dem jeweiligen Plattenetikett. Daher hatte ich das Gefühl: «Nun, mein Name steht da drauf, ich bin der Autor, ich bekomme schon meinen gerechten Anteil ...» Ich will hier keinen beschuldigen, aber es muß doch gesagt werden, daß bei BMI als Autor jemand anders angegeben war, und da kam ja schließlich das Geld her. Als ich von der Armee entlassen wurde, bin ich dann gleich mit meinem Problem zu denen hingegangen und die sagten: «O. K., das tut uns wirklich sehr leid für Sie.» Und weder kannte ich mich nicht genug in dem Geschäft aus, noch hatte ich genügend Geduld, um zum Beispiel zu sagen: «Also, da werden Sie von meinem Anwalt hören. Ich kann warten.» Ich brauchte das Geld gleich und wollte es auch. Sie sagten: «Gut, wir werden das von dem und dem Datum an ändern.» Aber dies Datum lag eben so, daß die wirklich großen Verkäufe schon vorher gewesen waren. Ich bekam schließlich 783 Dollar ausgezahlt.[8]

Ein weiterer Faktor, der half, schwarze Musik und ihre Interpreten zu benachteiligen und zu unterdrücken, waren die technischen Erneuerungen der Industrie, die die Plattenkonsumenten dazu zwangen, ihre Abspielgeräte gegen neue zu ersetzen. In den späten vierziger Jahren wurden die unzerbrechlichen 45er- und 33er-Schallplatten entwickelt, die andere Abspielgeräte erforderlich machten, als für die 78er gebraucht worden waren. Einfach aus Geldmangel konnte sich das schwarze Publikum diese Umstellung nur sehr viel langsamer leisten als das weiße. 1952 brachten Victor und Columbia Plattenwechsler mit drei Geschwindigkeiten auf den Markt, aber noch 1957 wurden auf dem Markt der schwarzen Musikkonsumenten 78er-Schellackplatten verkauft. Unabhängige Produzenten vermochten Voraussagen zu treffen, wann ein Song auf den weißen Markt übernommen würde, indem sie die Nachfrage nach 45er-Schallplatten dieses Songs zur Hilfe nahmen. Eine R&B-Platte mußte schon ein starkes Verkaufspotential aufweisen, um als 45er gepreßt zu werden. Diese zweigleisige Technologie hatte zur Folge, daß das weiße Publikum mit vielen R&B-Künstlern keine Bekanntschaft machen konnte. Vielleicht war dies keine Absprache unter den großen Schallplattenfirmen, aber die neuen und besseren Platten sowie die absolut dazugehörigen Abspielgeräte isolierten die schwarze Musik noch weitergehend.

Rockabilly:
Weiß oder schwarz?

Die zweite Welle der Rock 'n' Roll-Interpreten, die in den Charts groß herauskamen, bestand aus Weißen. Dies waren Sänger wie Elvis Presley, Carl Perkins, Jerry Lee Lewis, Johnny Cash und die Everly Brothers – die Rockabilly-Künstler. Ihre Musik wurde weithin angesehen als eine Mischform aus R&B und Country & Western, ersterer Anteil aus der Tradition der schwarzen Künstler, letzterer vorwiegend aus der weißer. Als Volksmusik-Formen wiesen R&B wie Country & Western eine Spontaneität aus, die sie sehr unterschiedlich zum Tin Pan Alley-«Pop» ihrer Zeit machte. Aber der jeweilige Anteil an der gleichermaßen authentischen Rockabilly-Strömung ließ sich weitaus schwerer definieren. *I Walk The Line* von Johnny Cash zum Beispiel stand traditionellem Country-Material näher, hatte Country-Phrasierung und eine Baß-Linie, die für den stetigen Country-Rhythmus sorgte. Der Harmoniegesang der EVEERLY BROTHERS war ebenfalls typisch für das Country-Genre, aber ihre unorthodoxen und synkopierten Gitarren-Riffs wiesen sie ganz deutlich als Rock 'n' Roller aus. Ähnlich war es bei Presley, Perkins und Lewis: sie sangen zwar alle mit dem unverwechselbaren traditionellen Country-Tonfall, aber bei ihren schnelleren Titeln stammten die Gesangsphrasierung und die treibende Rhythmus-Basis aus der R&B-Tradition. Daß individuelle Künstler in jeweils unterschiedlichem Maße bei den verschiedenen Stilformen Anleihen machten, erlaubt es ganz gewiß nicht, das Rockabilly-Phänomen auf die simple Formel «Halb weiß, halb schwarz» zu bringen. Die Country-Musik selbst hat nämlich schwarze Einflüsse, und die Rockabilly-Künstler verdanken der schwarzen Musik weitaus mehr als der weißen.

Allgemein wird gesagt, die Country & Western-Musik habe sich aus der schottisch/irischen Folk-Tradition entwickelt. Das trifft wohl auf die Musik jener Immigranten schottisch/irischer Herkunft zu, die sich in den Appalachen ansiedelten. Mit der Sklaven-Kultur der Südstaaten und ihrer afrikanischen Musik hatten sie kaum Berührungspunkte. Im Süden jedoch, woher die meisten Rockabilly-Künstler stammten, gab es eine ständige Interaktion zwischen europäischen und afrikanischen Kulturen, obwohl während der Zeit der Sklavenhalterei die Rassentrennung Gesetz war. Der Blues war ursprünglich eine Form ländlicher Volksmusik, die von den Schwarzen populär gemacht wurde. Der Kritiker Peter Guralnick schreibt: «Blind Lemon Jefferson, in Wortham, Texas, geboren, reiste immer wieder durch den gesamten Süden. Man erinnert sich an ihn sogar in Virginia und den Carolinas, und er scheint ein entscheidender Einfluß im Leben mindestens ebenso vieler weißer wie schwarzer Musiker gewesen zu sein.»[9] Als sie die Freiheit hatten, umherzuziehen, verbreiteten die Blues-Musiker den Einfluß der schwarzen Musik überall im tiefen Süden. Das Banjo zum Beispiel, ein Instrument, das man noch am ehesten mit der Country-Musik identifiziert, ist afrikanischen Ursprungs und wurde zuerst von schwarzen Musikern populär gemacht. Sogar das Wort «banjo» stammt aus einer afrikanischen Sprache.

Die gegenseitige Beeinflussung afrikanischer und europäischer Musik reicht sogar noch weiter zurück. Im Europa der Nach-Renaissance existierte die Musik der bäuerischen Kultur mit ihren mündlich überlieferten Traditionen und den im Höchstmaße improvisierten Stilrichtungen oft weitab von der «klassischen» Musik der Höfe. Die klassische Musik basierte auf der eher rational ausgerichteten diatonischen Tonleiter (eine Standard-Acht-Ton-Leiter). Sie war ausschließlich für Interpreten komponiert, die Noten lesen konnten, war überaus diszipliniert und ließ kaum Raum für Improvisationen. Die nicht so festgelegte Struktur der ländlichen und bäuerischen Kulturformen erlaubte Einflüsse aus Nachbarkulturen. Derartige grenzüberschreitende Beeinflussungen wurden durch verschiedene Rassenzugehörigkeit nicht ausgeschlossen. Die Tarantella, ein Volkstanz, der im gesamten mittelalterlichen Europa populär war, kam ursprünglich aus Afrika. Als europäische Emigranten im 17. Jahrhundert in die Neue Welt zogen, brachten sie ihre Volkskulturen mit. Die diatonische Tonleiter wurde jedoch bestimmend für die populäre amerikanische Musik. Innerhalb dieses Grundrahmens hatte die afrikanische Sklavenkultur einen tiefgriefenden Einfluß auf unsere musikalische Entwicklung.

Afrikanische Kultur ist ihrem Wesen nach schon musikalischer als europäische, da die Bedeutung der Wörter oft von der Tonhöhe abhängt, in der sie gesprochen werden. Diese Qualität verleiht afrikanischen Sprachmustern ihre eigene Musikalität.

Das intensive Gefühl für Sprache als Musik erweitert sich zudem auf die afrikanischen Konzepte musikalischer Instrumentation. Die Instrumente wurden in der afrikanischen Musik oft dazu benutzt, die menschliche Sprache nachzuahmen, und sie sind nicht wie in der europäischen Musik einfach Hilfsmittel, um Töne und Melodien zu produzieren. Die afrikanischen Sprechtrommeln zum Beispiel verbreiteten ihre Botschaften nicht in einem abstrakten System, das sich mit dem Morse-Alphabet vergleichen ließe. Sie imitierten die Tonhöhen und die rhythmischen Muster der Sprache, d. h. sie sprachen wirklich. Jahrhunderte später sagte Ray Charles, es sei diese menschliche Qualität, welche ihn an der Instrumentation der Country-Musik begeistere:

> Ich hatte schon immer das Gefühl, an der Country-Musik sei irgendwas dran, schon als Junge spürte ich das. Damals konnte ich nicht so richtig sagen, was es war, aber jetzt weiß ich es . . . Obwohl ich mit dem Blues aufwuchs, und er immer um mich herum war, hatte ich immer Interesse auch an anderen Arten Musik, und ich hatte das Gefühl, daß es die Country-Musik war, die dem Blues am nächsten stand. Die ließen ihre Steel-Gitarren weinen und jaulen und wimmern, und das hatte seinen Reiz.[10]

Nach dem Bürgerkrieg trat der Blues als unverwechselbare afro-amerikanische Musik in der Volkstradition in den Vordergrund. Zuerst hatte er keine standardisierte Form und auch kein rhythmisches Muster, sondern war vollständig improvisiert und abgeleitet von dem Gesang der Feldarbeiter («field hollers»). Mit der europäischen diatonischen Struktur interagierend, prägte sich der Blues bald zu zwei oder drei allgemeinen Standard-Formen aus. Die bekannteste davon ist der sogenannte «klassische» Blues. Er hat eine 12-Takt-Struktur und das Akkord-Muster Tonika, Subdominante, Dominante (E, A, B^7). Die europäische Notenschrift und musikalische Aufzeichnung ließ sich jedoch nicht für die Art und Weise in Anwendung bringen, wie die Blues-Künstler wirklich sangen. Ihre Abweichungen von der erwarteten melodischen Struktur wurden als «blue notes» bezeichnet. Für die westlich geschulten Ohren klingt eine «blue note» etwa um einen halben Ton niedriger als erwartet, also nicht niedrig genug, um als der nächstniedrige Ton der Tonleiter identifiziert zu werden. In der Tat ist eine «blue note» afrikanischen Ursprungs. Auf der europäischen Tonleiter ist das kleinste Intervall zwischen den Tönen ein Halbton. In afrikanischer Musik, die ja über eine enge Beziehung zu Sprachmustern verfügt, ist es Allgemeinbrauch, Töne einer gegebenen Abfolge so zu «beugen» oder «biegen», daß man eine gewünschte Stimmung ausdrücken kann. Viele der Blues-Sänger klangen so, als sängen sie zwischen den Tönen der diatonischen Skala. Musikalisch eingeschränkt denkende westliche Kritiker hielten diese Töne für «falsch» («off key»). Tatsächlich jedoch sangen die Blues-Künstler in ihrem eigenen System. Blue Notes finden sich überall im Rock 'n' Roll, zum Beispiel in Elvis Presleys Aufnahme von *Hound Dog* und Jerry Lee Lewis' *Whole Lotta Shakin'*, die beide der klassischen Zwölf-Takt-Blues-Struktur folgten.

Ein weiteres afrikanisches Stilmittel, das seinen Weg in den Rock 'n' Roll fand, war die «call and response»-Struktur. Gewöhnlich mit den Harmonien der Gospel-Musik identifiziert, kam dieser Stil in den Arbeitsliedern der Sklaven zum Ausdruck und mag durch die in Ketten gelegten Gefangenengruppen, die bei Arbeit ähnlich sangen, seinen Weg ins Bewußtsein der weißen Kultur gefunden haben. Die immer wiederholten und monotonen Arbeitsprozesse prägten diese Form aus: ein Anführer bestimmte durch Rufe oder Kommandos («call») das Tempo, und der Rest der Gruppe antwortete ihm singend («response»). In der afrikanischen Kultur wurde diese «call and response»-Struktur bei religiösen Zeremonien ebenso wie bei kollektiver Arbeit verwendet. In Amerika fand sie eine neue religiöse Heimstatt in den christlichen Wiedererweckungszusammenkünften, bei denen die Sklaven, denen man die Verehrung ihrer ursprünglichen Götter verwehrte, sie mit europäischen Melodien und Harmonien mischten. In der afrikanischen Musik existiert der «call and response»-Stil nicht nur als gesangliche Form, bei der ein Sänger dem anderen antwortet, sondern auch als instrumentale, bei der die Erwiderung durch ein Instrument der Leit-Stimme direkt folgt und sie verstärkt. Beide Ausprägungen finden sich im Rock 'n' Roll wieder. Die schwarzen Gesangsgruppen der fünfziger und frühen sechziger Jahre benutzten Gospel-Stilrichtungen als die Grundlage ihres Sound. Die gesamte auf dem Blues basierende Rock 'n' Roll-Musik bediente sich instrumentaler «call and response»-Folgen. In dem von Weißen dominierten Rockabilly-Stil sind instrumentale «call and response»-Folgen in *Whole Lotta Shakin'* und Bill Haleys *See You Later, Alligator* sowie in vielen der Aufnahmen der Everly Brothers zu hören.

Der bedeutungsvollste Beitrag schwarzer Musik zum Rock 'n' Roll war jedoch der Rhythmus. Afrikanische Musik ist polyrhythmisch, d. h. sie kann mehr als einen Rhythmus zu gleicher Zeit halten. In Amerika, wo man den Sklaven die Benutzung ihrer Trommeln verbot (weil man es für politisch gefährlich hielt, da sie hätten benutzt werden können, um zu einem Aufstand aufzurufen), entwickelten sich andere rhythmische Hilfsmittel. Bei Revival-Meetings (religiösen Wiedererweckungsfeiern) wurde die «call and response»-Struktur der Gospel-Musik durch polymetrisches Fingerschnippen, Händeklatschen und Fußstampfen akzentuiert.

Polyrhythmen sind in europäischen Volksmusikformen nicht zu finden und ebensowenig in deren amerikanischen Country-Musik-Ableitungen, die immer die sogenannten «strong beats» betonen und einen einfachen, nicht synkopierten Rhythmus halten. Der Big Beat des Rock 'n' Roll, bei dem der Schlagzeuger die zweiten und vierten Schläge einer rhythmischen Einheit auf einer Snare-Drum akzentuiert, während er den zugrundeliegenden 4/4-Takt mit einer Bass-Drum und einem Bekken hält, war von afrikanischen Polyrhythmen abgeleitet. Dieser Big Beat fand sich in fast allen schnellen Rock 'n' Roll-Nummern, einschließlich aller Rockabilly-Aufnahmen.

Musikalisch sind also der Rock 'n' Roll und das Rockabilly-Genre sehr stark von afrikanischen Einflüssen geprägt, aber der Einfluß schwarzer Musik und schwarzer Musiker läßt sich auch im persönlichen Leben und in den Lebensweisen der meisten wichtigen Rockabilly-Musiker feststellen.

Vor dem Auftauchen des Rockabilly war Sam Phillips' Sun-Label fast ausschließlich der Blues-Musik vorbehalten gewesen. Phillips hatte Aufnahmen mit Blues-Giganten wie B. B. King, Bobby Bland, Howlin' Wolf und James Cotton gemacht, als diese noch am Anfang ihrer Karrieren standen. In Elvis Presley verwirklichte sich sein Traum von einem weißen Jungen, der wie ein Schwarzer singen konnte, und das machte Sun Records zu einem ungeheuren kommerziellen Erfolg. Die meisten weißen Künstler, die für Sun Aufnahmen machten, hatten ihr ganzes Leben mit Schwarzen oder unter Schwarzen verbracht. Jerry Lee Lewis erzählte von seiner Kindheit:

Ich hing immer in Haney's Big House herum, so ein Laden für Farbige, wo sie Tanzveranstaltungen abhielten und so . . . Wir waren ja noch Kids, und daher durften wir nicht rein. Also gingen wir hintenrum und schlichen uns rein, wenn es irgendwie ging. Ich hab da 'ne ziemliche Menge mitgekriegt, all die Blues-Leute gehört. Nein, die hatten nichts dagegen, daß wir weiß waren, sondern wir waren einfach zu jung. Also, das war damals nicht solche Sache wie heute. Wenn einer da hingehen wollte, dann war's nicht irgendwie 'ne große Sache, weil das 'n Laden für Schwarze war. Aber natürlich waren wir so ungefähr die einzigen, die da hingingen.[11]

Carl Perkins, der Sohn eines kleinen Pachtbauern, erklärte:

Ich wuchs auf einer Plantage im Flachland von Lake County, Tennessee, auf, und wir waren so ungefähr die einzigen Weißen dort. Ich spielte mit den farbigen Kids – Football mit alten Socken, die wir mit Sand gefüllt hatten. Bei der Arbeit in der Sonne auf den Baumwollfeldern war die Musik die einzige Ablenkung. Die Farbigen sangen immer, und ich sang mit, war ja nur ein kleiner Bursche, und die Musik war der Rhythm & Blues der Farbigen, der dann später, so 1956, Rock 'n' Roll genannt wurde, aber dieselbe Musik gab es auch schon Jahre vorher, und sie war meine Musik.[12]

Elvis Presley, dessen Bühnenshow der des Chicago-Blues-Sängers Bo Diddley sehr ähnlich war, wuchs im Mississippi-Delta auf, aus dem so entscheidende Blues-Persönlichkeiten wie Muddy Waters, Howlin' Wolf, John Lee Hooker und Jimmy Reed stammten. Obwohl er so starke Anleihen bei der schwarzen Kultur machte, war der Rockabilly doch eine echte musikalische Bewegung, die den Blues der Schwarzen mit Country & Western-Stilrichtungen verschmolz. Er hatte seine eigene Identität und in Leuten wie Presley, Perkins und Lewis Interpreten mit Originalität und Talent.

Unglücklicherweise ist es nicht möglich, die Popularität des Rockabilly ohne den Zusammenhang mit einem rassistischen Strukturmuster zu sehen, das in der amerikanischen Musikkultur besteht und einen Stil, der von schwarzen Künstlern initiiert wird, im Laufe der Zeit zu einer Musikrichtung macht, die von den Weißen popularisiert, dominiert und schließlich gar als ihre eigene definiert wird. Dies ist in der Geschichte der schwarzen Musik in Amerika immer wieder geschehen, im Ragtime, im Swing, im Jazz – und der Rock 'n' Roll bildet keine Ausnahme. Johnny Otis äußerte sich dazu:

Schwarze Künstler haben immer wieder für musikalische Erneuerung gesorgt, sie haben neue Formen geschaffen und ihnen Leben eingehaucht. Der Jazz ist ein Kind des schwarzen Amerika, und daran besteht kein Zweifel. Dennoch wurde Paul Whiteman der König des Jazz. Die Swing-Musik kam von den Schwarzen – geschaffen von Künstlern wie Count Basie und Duke Ellington – aber dennoch wurde Benny Goodman zum König des Swing erhoben. Im Rock 'n' Roll – und hier nicht ohne eine gewisse Berechtigung, denn er brachte viel Originalität mit – wurde Elvis Presley König. Und dennoch sind die wahren Könige des Rock 'n' Roll Fats Domino, Little Richard, Chuck Berry . . . Immer wieder geschieht es, daß die schwarzen Künstler etwas erschaffen und entwickeln, und dann werden sie betrogen, und der Ruhm und das Geld werden von weißen Künstlern eingestrichen. Also stehen sie ständig unter dem Zwang, sich etwas zu schaffen, das die Weißen ihnen nicht stehlen können.[13]

Aus diesem Grunde kann man Elvis Presley sowohl als «den größten Rock 'n' Roller aller Zeiten» ansehen wie auch als «den größten Minstrel, den Amerika je hervorgebracht hat, der frech sein weißes Gesicht präsentierte» (so Margo Jefferson in einem Essay über weiße Musiker, die bei den Schwarzen mehr als nur Anleihen machten).

In einer Gesellschaft, in der alle Rassen gleichberechtigt wären, ließen sich die kulturellen Beiträge nach ihrem individuellen Verdienst messen. In einem Land, in dem die Versklavung der Schwarzen Grundprinzip ist und die Rassenintegration Terror und Aufstände hervorruft, ist das nicht möglich. Ray Charles:

> Einer wie Elvis Presley, Mann, das ist doch klar, der taucht auf und schon gehen immer mehr Leute los und wackeln mit dem Arsch und tanzen so. Du weißt doch, wo Elvis das her hat – er trieb sich auf der Beale Street in Memphis herum. Und da sah er, wie die Schwarzen es taten. Von uns würden sie niemals einen ins Fernsehen lassen und ihm erlauben, so aufzutreten, aber er durfte es, denn er ist schließlich weiß.[14]

Schlock Rock:
Der Tod des Rock 'n' Roll

Die Rockabilly-Interpreten waren keine Schwindler, aber die nächste Welle weißer Idole, die die Rock-Szene beherrschten, bestand aus Heuchlern. Fernsehauftritte sorgten dafür, daß eine klare Trennungslinie zwischen Presley und seinen schwarzen Wurzeln gezogen wurde, und danach nutzte man das Medium, um die neuen Teen-Idole bekanntzumachen. Das waren Leute wie Frankie Avalon, Fabian, Ricky Nelson, Bobby Rydell, Connie Francis, Paul Anka und Neil Sedaka. Sie waren die Nachkömmlinge von Pat Boone und hätten alle Gewinner in einem «Wer sieht aus wie Elvis?»-Wettbewerb sein können. Sie hatten einen Hit nach dem anderen, schlaffe Musik ohne Biß: *Tiger, Turn Me Loose, Dede Dinah, Gingerbread, Venus, Bobby Sox To Stockings, Why, A Teenager's Romance, Be-Bop Baby, Stood Up, Poor Little Fool, Lonesome Town, Travelin' Man, Kissin' Time, We Got Love, Swingin' School, Who's Sorry Now, Stupid Cupid, Lipstick On Your Collar, Lonely Boy, Puppy Love, Oh Carol, Calendar Girl* usw. usw.

Die Schlock-Rocker. Sie besaßen keine identifizierbaren Verbindungen zu irgendeiner musikalischen Form (außer, daß man sie im schwer definierbaren Bereich Pop ansiedelte); da sie aber einen gewissen Rhythmus nachzuahmen verstanden und jung waren, wurden sie als Rock 'n' Roll-Sänger vermarktet. Sie verpaßten dem Rock 'n' Roll die endgültige Image-Kosmetik der fünfziger Jahre, indem sie die Hit-

Charts wieder blütenweiß machten. Der Anteil schwarzer Musiker in den Singles-Auflistungen zum Jahresende war von nur 3 Prozent 1954 auf eine Rekord-Höhe von 29 Prozent im Jahre 1957 gestiegen. Der Schlock-Rock war weder originell noch interessant genug, die schwarze Musik gänzlich aus dem Rennen zu werfen, aber innerhalb der nächsten Jahre wuchs seine Popularität ständig an. Ende der fünfziger Jahre wurde er zum Haupt-Trend im Singles-Verkauf.

Der Anfang des Schlock hatte in Philadelphia seine Zusammenhänge mit der Fernseh-Show «American Bandstand» von Dick Clark. Nicht nur war dieses Programm höchst simpel konzipiert, sondern es deckte zudem den Markt für Musik mit einem gewissen Beat ab, hielt die schwarzen Teens beim Tanzen schön getrennt von den weißen und präsentierte täglich eine Musikware, die nicht nur für die Kids, sondern auch für Erwachsene konsumierbar war. Clarks Auftritte sind schon beschrieben worden. Er war eigentlich nur der zweite Mann für die Sendung und bekam sie übertragen, nachdem der R&B-Diskjockey Al Jarvis bei ABC abgelehnt hatte, weil das Sendernetz nicht wollte, daß auch schwarze Künstler in dem Programm auftraten. Clark ließ sich bereitwillig auf die rassistische Politik des Netzes ein, und seine Loyalität sowie der ungeheure Erfolg von «Bandstand» verhalfen ihm zu einer privilegierten Position.*

Die zweite Schlock-Generation bescherte uns Chubby Checker, dessen *The Twist* die erste einer Reihe von Tanz-Moden einleitete, welche in den frühen sechziger Jahren das ganze Land heimsuchten. Seine Aufnahme war eine Cover-Version des Songs von Hank Ballard and the Midnighters, der zwei Jahre zuvor erschienen war. Ballards Aufnahme war viel mehr «funky». Sie verkaufte sich auf dem R&B-Markt äußerst erfolgreich, aber machte kaum Eindruck im Pop-Bereich und ließ nicht im geringsten ahnen, welche nationale Begeisterung Chubby Checker später damit hervorrufen sollte. Checker war ein wahres Pop-Phänomen. Wie schon Bobby Rydell vor ihm, wurde auch er per Firmenentscheidung in den Büros von Cameo-Parkways Records in Philadelphia kreiert. Mit seinem Namen wollte man wohl an Fats Domino erinnern (Fats – Chubby, Domino – Checker). Obwohl Checker später auch zu einem gewissen Grad selbständig gearbeitet hat, bleibt dennoch Charlie

* ABC hat jahrelang zu Clark gehalten. In den frühen siebziger Jahren beschloß das Sendernetz, Clarks «Saturday Bandstand»-Show jeweils mit einer schwarzen Tanzparty-Show wechseln zu lassen. Die logische Wahl wäre der erfolgreiche «Soul Train» gewesen, eine Show, die aus Chicago kam, im ganzen Land übertragen wurde und deren Gastgeber Don Cornelius war. Clark verkündete: «Es geht um meine Sendezeit – wenn ABC einen schwarzen ‹Bandstand› haben will, dann werde ich ihn machen.» Er produzierte eine schlechte Kopie, die er «Soul Unlimited» nannte und die vom Sendernetz gekauft wurde.

Gilletts Einschätzung seiner frühen Jahre gültig: «In höherem Maße als jeder Rock ’n’ Roll-Sänger vor ihm war Chubby Checker eine Marionette, die an den Fäden ihrer Schöpfer tanzte.»[15]

Der Twist selbst ist sozial ambivalent. Er hatte zwar seinen Erfolg, als die schwarze Befreiungsbewegung in den Vereinigten Staaten ihre ersten wichtigen Aktionen begann, aber dennoch war der führende Exponent dieser Musikrichtung ein harmloser Schwarzer, der unter der Kontrolle seiner Firma agierte. Im Grunde war der Twist nichts als eine frivole Modeerscheinung, die vom weißen Publikum begrüßt wurde, weil sie eine willkommene Abwechslung von den Sorgen und der Angst bot, die mit Luftschutzbunkern, mangelnder Raketenabwehr und dem ewig in der Vorstellung drohenden Krieg mit Rußland zu tun hatten, aber andererseits befreite er auch die Weißen von ihren körperlichen Inhibitionen und eröffnete ihnen die Möglichkeit, sexuell befreiter zu tanzen. *The Twist* war zweimal eine Nummer-eins-Platte, zuerst 1960 und dann wieder 1962. Besonders in den Städten des Nordens stellte er einen Tanzstil vor, dem auch ein älteres weißes Publikum frönen konnte und der daher zur kommerziellen Grundlage für viele Discotheken wurde. Der Twist war besonders dadurch einflußreich, daß er Erwachsene zu Konsumenten innerhalb des Rock-Marktes machte, daß die wichtigen und großen R&B-Künstler und Schallplatten-Labels keine andere Wahl hatten, als auf die Mode einzusteigen. Sam Cooke nahm 1962 *Let's Twist The Night Away* auf. Atlantic veröffentlichte ein altes Ray Charles-Album unter dem Titel «Do The Twist With Ray Charles» neu.

In dieser Dürrezeit des Rock ’n’ Roll waren die sogenannten «Mädchen-Gruppen» der frühen sechziger Jahre wie eine Oase. Die Harmoniegesangs-Gruppen der fünfziger Jahre hatten ihre Wurzeln in der A-Capella-Straßenkultur, und sie konnten mit den verfeinerten musikalischen Begleitungen und Studio-Produktionen, die sich inzwischen entwickelt hatten, nicht konkurrieren. Die neuen Gesangsgruppen, die fast ausschließlich aus schwarzen Frauen bestanden, waren Studio-Produkte. Sie machten ausgezeichnete Musik, aber nach 1963 hatten nur die CHIFFONS jemals eine Top 10-Single (*Sweet Talkin' Guy*, 1966). Obwohl die Produktion ihrer Musik so anspruchsvoll war, mußten diese Künstler einfach zu viele Hindernisse überwinden: auf vielerlei Weise waren sie in den fünfziger Jahren verwurzelt, sie waren schwarz und sie waren Frauen. Ihre Popularität war eher (angenehm) überraschend als ihr Niedergang (siehe Kapitel 8).

Die englische Invasion

Alle jene Faktoren, die den Erfolg der Mädchengruppen eingrenzten, wirkten sich positiv für die BEATLES aus, die einerseits männliche Weiße waren, die in gewisser Weise zeitgenössischer auftraten, andererseits sehr kompetente Musiker und brillante Songschreiber waren. Im Gegensatz zu der Musik anderer englischer Invasoren war ihre Musik harttreibender Rock 'n' Roll, und ihre Inspirationen und Einflüsse auf vielen frühen Platten stammten von schwarzen Künstlern.

Kurz nachdem sie 1964 in Amerika bekanntgeworden waren, veröffentlichten die BEATLES solche Klassiker wie *Roll Over Beethoven* von Chuck Berry, *Twist And Shout* von den ISLEY BROTHERS, *Money* von Barrett Strong, *Boys* von den SHIRELLES und *Long Tall Sally* von Little Richard. Auf ähnliche Weise erweckten die ANIMALS *Hit The Road Jack* von Ray Charles (geschrieben von Mayfield) zu neuem Leben und *Shake* von Sam Cooke. Die ROLLING STONES nahmen *Walking The Dog* von Rufus Thomas auf, *Hitchhike* von Marvin Gaye und eine Anzahl von Chuck Berry-Titeln wie *Carol*, *Talking about You* und *Around and Around*. Danach ließen sie sich noch enger mit dem Country-Blues-Genre ein, als sie *I'm A King Bee* von Slim Harpo aufnahmen.

Die BEATLES machten kein Hehl daraus, wieviel sie den R&B-Künstlern als ihren ersten Einflüssen verdankten, besonders der Musik von Chuck Berry, den MIRACLES, Chuck Jackson und Ben E. King. Während sie jedoch ganz offen und immer wieder deutlich machten, wieviel sie schwarzer Musik schuldeten, und auch mit R&B-Größen wie Little Richard auf Tournee gingen, waren die BEATLES und Dutzende anderer englischer Gruppen einfach leichter zu vermarkten als die schwarzen Künstler, die sie imitierten.

Innerhalb von zwei Jahren nach dem ersten Auftauchen der BEATLES waren nicht weniger als zwanzig englische Rock-Gruppen in den amerikanischen Charts. Vor ihnen war dort keine einzige englische Gruppe verzeichnet gewesen. Im April 1964, gerade vier Monate, nachdem sie sich in den USA vorgestellt hatten, erschienen die Platten der BEATLES auf fünf verschiedenen Labels, und die Gruppe hatte zwölf Singles in den Hot 100 von «Billboard», fünf davon in den Spitzennotierungen. Drei Wochen lang waren es die BEATLES, die für 60 Prozent aller verkauften Singles verantwortlich zeichneten. Promo-Leute beklagten, daß «die Radio-Stationen unsere Platten wie Werbe-Spots innerhalb eines BEATLES-Programms spielen». Schwarze Acts hatten einen starken Rückgang in den Singles-Charts zu verzeichnen – von einem Rekord-Anteil von 42 Prozent im Jahre 1962 auf 22 Prozent 1966, dem niedrigsten Anteil seit den Anfängen des Rock 'n' Roll in der Mitte der fünfziger Jahre. Die Mädchengruppen hatten sich mit Mühe an der Oberfläche gehalten, aber nach dem Auftreten der BEATLES gingen sie unter. In den LP-Charts stammten nur drei der Top 50-Platten in den Jahren 1964 und 1965 von schwarzen Künstlern.

1965, übersättigt von englischer Rock-Musik und dem gerade an Bedeutung zunehmenden Folk-Rock, spielten sogar die R&B-Stationen die Platten weißer Künstler. Man nannte diese Produkte «blue eyed soul». Neben Interpreten wie Presley, den BEATLES, den STONES und den RIGHTEOUS BROTHERS, die alle auf dem R&B-Markt ihren Anspruch anmeldeten, spielte man auch Leute wie Barry McGuire, Brenda Lee, SONNY AND CHER und Billy Joe Royale bei den schwarzen Stationen. Diese Stationen waren so auf die Werbe-Dollars angewiesen, daß sie angesichts der Dominanz weißer Gruppen keine andere Alternative hatten, als Pop-Material auf ihre Playlists zu setzen und in vielen Fällen sogar weiße Diskjockeys anzustellen.

Die einzige schwarze Musik, die zu dieser Zeit im weißen Radio gespielt wurde, kam von Motown. Sie war durchaus schwarz, aber nicht schroff in ihrer Härte, und sie betonte ebensowenig wie die gemäßigte Bürgerrechtsbewegung jener Zeit ein separates schwarzes Bewußtsein. Motowns Präsident Berry Gordy schulte seine Acts darin, einem großen weißen Publikum zu gefallen (Ende der sechziger Jahre konnte Gordy darauf verweisen, daß alle erfolgreichen Motown-Hits 70 Prozent an Weiße verkauften), und er stellte sie in von Weißen geführten und von Weißen besuchten Nachtclubs vor, wann immer er konnte.

Die große weiße Blues-Kontroverse

1967 war die Britische Invasion nicht mehr zu unterscheiden von den weitaus intensiveren kulturellen Veränderungen, die in den Vereinigten Staaten vonstatten gingen.

Die einheimische Bewegung begann musikalisch mit dem Aufkommen des Folk-Rock 1965 und erfuhr ihre Blütezeit in der San Francisco-Szene und deren Kommerzialisierung im «summer of love» 1967. Im Zeitraum von 1964 bis 1969, nach der Popularität der vom Blues beeinflußten englischen Bands, kam es auch unter amerikanischen Rock 'n' Rollers zu einem Wiedererwachen des Interesses am Blues. Gruppen wie THE BLUES PROJECT in New York City, PAUL BUTTERFIELD BLUES BAND in Chicago und später THE ELECTRIC FLAG in San Francisco hatten auf dem Markt Erfolg mit ihren Blues-Alben, ohne daß diese von Hit-Singles getragen wurden. In der zweiten Welle englischer Gruppen von 1967 bis 1969 ragten die CREAM als eine besonders stark vom Blues beeinflußte Gruppe heraus. Ginger Baker, Jack Bruce und der Gitarrenvirtuose Eric Clapton präsentierten auf ihrer ersten LP *I'm So Glad* von Skip James. Zu ungefähr derselben Zeit war in Amerika Janis Joplin die einzige Frau, die besonders stark vom R&B beeinflußtes Material interpretierte. Mit Big Brother and the Holding Company nahm sie *Piece Of My Heart* (ein Jahr zuvor von Erma Franklin veröffentlicht) und Mama Thorntons *Ball and Chain* auf. Sowohl in den USA wie in England hatte eine Anzahl weiterer weißer Gruppen mit zeitgenössischen Varianten des R&B beträchtliche Erfolge: u. a. Mitch Ryder and the Detroit Wheels und die Young Rascals sowie in England die Spencer Davis Group.

Die Gegenkultur- oder Alternativkultur-Bewegung war in hohem Maße ein weißes Mittelklassenphänomen und spiegelte die sich verstärkenden Unterschiede zwischen den weißen und den schwarzen Bemühungen um ein radikales Bewußtsein wider. Im Bereich der populären schwarzen Musik kam es zu einem Aufleben des harttreibenden R&B, der den Wurzeln näherstand und in der Gegend um Memphis-Muscle Shoals im Süden aufgenommen wurde. Künstler wie Sam and Dave *(Soul Man)*, Arthur Conley *(Sweet Soul Music)* und Percy Sledge *(When A Man Loves A Woman)* waren einige der neuen Spitzenreiter in den Charts. Aretha Franklin wurde zur «Lady Soul» gekrönt. Als James Brown 1965 seinen ersten Top 10-Hit *(Papa's Got A Brand New Bag)* hatte, war er immer noch «der Schwerstarbeiter im Show-Business», aber jetzt als King of Soul. 1968 verkündete seine Hit-Single selbstbewußt: «Say It Loud, I'm Black And I'm Proud». Vorreiter der neuen Stilrichtung war das Stax-Volt-Studio in Memphis, wo man mit Produktionstechniken arbeitete, die an die Einfachheit der fünfziger Jahre gemahnten, und wo Booker T. and the MGs als Session-Rhythmusgruppe arbeiteten. Die verschiedenen Stile von Stax-Volt und Motown werden von Otis Redding kommentiert:

> Bei Motown machte man eine Menge Überspielungen (overdubbing). Das sind studiotechnische Möglichkeiten. Bei Stax hieß die Regel: Was immer ihr fühlt, spielt es! Wir nahmen alles zusammen auf: die Bläser, die Rhythmusgruppe, den Gesang. Das machten wir drei- oder viermal. Dann hörten wir uns die Aufnahmen an und suchten die beste heraus. Wenn jemandem irgend etwas an einem Song nicht gefiel, eine Textzeile oder so, dann nahmen wir ihn nochmals ganz auf. Bis zum letzten Jahr, 1967, hatten wir noch nicht mal ein Vier-Spur-Aufnahmegerät. Auf einer Einspurmaschine kann man keine Überspielungen machen.[16]

1967 und 1968 war schwarze Musik dieser Art zunehmend und auffällig stark in den Chart-Auflistungen zum Jahresende zu finden. Die Schwarzen schienen in ihrer politischen Ausrichtung militanter und entschiedener geworden zu sein, während so manche Weiße vollständig aus der Normalexistenz ausstiegen und zum erstenmal versuchten, eine wirkliche «Alternative» zum Mittelklassenleben zu entwickeln. Ihre Experimente mit neuem Lebensstil und Alternativkultur waren einerseits geprägt von Schuldgefühlen ihrer Eltern wegen des Rassismus und von Furcht vor militanter Auseinandersetzung, andererseits von dem Bemühen, sich von schwarzer Erfahrung und Musik abzusetzen, um sie nicht ausbeuten zu müssen. (Außer den Hippies der Gegenkultur gab es genügend weiße Jugendliche, die ebenso militant waren wie die politisierten Schwarzen.)

In einem Leitartikel einer frühen Ausgabe des «Rolling Stone» von 1968 verkündete Ralph Gleason, der sich selbst zum Sprecher des San Francisco-Sound erklärt hatte, seine Kritik unter der Schlagzeite «Stop This Shuck Mike Bloomfield» («Hör auf mit dem Quatsch, Mike Bloomfield»). Gleason attackierte den ehemaligen Lead-Gitarristen der BUTTERFIELD BLUES BAND, weil er ELECTRIC FLAG gegründet hatte und weiterhin dabeiblieb, Blues zu spielen. Beide Bands von Bloomfield waren rassenintegriert. «Die bleiben immer noch dabei, daß sie auf Soul-Food stehen, dabei ist das, was sie machen, Hühnersuppe, Baby, Hühnersuppe», sagte Gleason. Und dann pries er die weißen San Francisco-Bands dafür, daß sie sich selbst treu waren:

Besonders ermutigend an der gesamten Hippie-Szene und der Rock-Musik in San Francisco, die ihr entwuchs, ist, daß niemand versucht, ein anderer zu sein, als der er wirklich ist. Die weißen Söhne der Mittelklasse Amerikas schämen sich nicht, weiß zu sein. Sie sind die ersten amerikanischen Musiker – außer den Country & Western-Musikern – die nicht versuchen, schwarz zu klingen.[17]

Zwei Wochen später antwortete der Lead-Sänger von ELECTRIC FLAG, Nick Gravenites, Gleason in einem Artikel unter der Überschrift: «Stop This Shuck Ralph Gleason» («Hör auf mit dem Quatsch, Ralph Gleason»). Wie Bloomfield war auch Gravenites ein Veteran der Blues-Szene von Chicago. Er argumentierte, daß in Chicago die Blues-Musiker rassisch integriert seien und daher ein weißer Musiker, der an der Szene teilhatte, weder beschuldigt werden könne, er prostituiere sich, noch, er imitiere nur. Er sprach einen wichtigen Aspekt der Kontroverse, nämlich den finanziellen, an und fragte: «Wo sind denn die gemischten Bands in San Francisco? . . . vielleicht . . . ist es nicht profitabel, Schwarze in einer Band zu haben, die vor einem vornehmlich weißen Publikum auftritt.» Gravenites hatte eine ziemlich geringe Meinung von den weißen San Francisco-Gruppen und sagte:

Komm schon, Ralph, gib's doch zu. Pigpen (von den GRATEFUL DEAD) kann sich nicht unter der Dusche hervorsingen. Es gibt einen griechischen Tellerwäscher, der in der Türkei geboren ist und in einem griechischen Restaurant in Boston arbeitet – der singt Grace Slick unter den Teppich. Ralph Gleason spricht davon, Originalität sei der «Schlüssel». Originalität ist nicht der Schlüssel, Ralph. Originelle Scheiße ist nicht anders als unoriginelle Scheiße. Das ist alles dasselbe, Ralph. Es ist Scheiße.[18]

Dieser etwas pubertäre Streit ist doch repräsentativ für die Debatten, die unter Weißen geführt werden und die wir die große weiße Blues-Kontroverse nennen. Sie dauert bis heute an. Unglücklicherweise führt die Diskussion über die weißen Gruppen der sechziger Jahre, die starke Anleihen bei den Schwarzen machten, meistens dazu, daß die eine Partei die andere mit Schuldgefühlen überhäuft. Dabei geraten die wirklichen, nämlich ökonomischen Dimensionen des Rassismus hinter rein ästhetischen Argumenten viel zu leicht in Vergessenheit. Wenn die ökonomischen Bedingungen angesprochen werden, dann gewöhnlich im Rahmen von Wiedergutmachung. Aber dadurch werden die rassistischen Grundbedingungen nicht verändert. Der Rassismus unter Musikern und ihrem Publikum hat sein Eigenleben, aber ist am verderblichsten im kapitalistischen Wirtschaftssystem, in dem Musik und Kunst auf denselben Status reduziert werden wie jede andere Handelsware auch und in dem die natürliche Tendenz verschiedener Kulturen, sich gegenseitig zu beeinflussen, zum Diebstahl wird.

Die ästhetische Kontroverse dauert seit Jahren an. Können Weiße Blues, Gospel, Rhythm & Blues und Soul singen oder spielen? Sie haben es jahrelang getan – manche so gut, daß ihre Rassenzugehörigkeit Weiße wie Schwarze gleichermaßen erstaunt hat. Viele Produzenten und Autoren von schwarzer Musik waren Weiße. Lieber und Stoller schrieben *Hound Dog*, fast das gesamte Material der auf brillante Weise auch komischen COASTERS und einen Teil der besten Songs der DRIFTERS nach 1959. Phil Spector produzierte eine Anzahl von schwarzen Mädchengruppen und dann die erstaunlichste «blue eyed» Soul-Gruppe, die RIGHTEOUS BROTHERS. In den sechziger Jahren, als er noch bei der SPENCER DAVIS GROUP war, klang Stevie Winwoods Interpretation von *Down and Out* genau wie Ray Charles, der selbst dazu sagte:

> Ich erinnere mich, daß mich einmal ein Typ gefragt hat: «Meinst du, ein Weißer kann den Blues wirklich singen?» Die Frage ist berechtigt. Meine Gefühle hat sie nicht verletzt. Ich bin der Meinung, daß jeder, wenn er nur den Blues wirklich schlimm genug empfunden hat, und wenn er den Hintergrund hat, wenn er die Schrecken und das Leid des Blues erlitten hat, daß er dann den Blues bringen kann . . . und mir ist's egal, ob er weiß ist oder grün oder violett, Mann.[19]

Die Ansichten von Ray Charles erkennen die Möglichkeiten kultureller Grenzüberschreitung an. Wie bei den umherziehenden Musikern wie Blind Lemon Jefferson und in bezug auf die Lebensweise der Rockabilly-Künstler sind kulturelle Überschneidungen besonders im Süden der Vereinigten Staaten keine Seltenheit gewesen.

Eine komplexere Betrachtungsweise der ästhetischen Bedingungen akzeptiert Weiße, die Anleihen bei der schwarzen Kultur machen, aber auch ihre eigene Originalität der Interpretation haben und bewahren. Margo Jefferson erklärte dazu:

Die Anleihen selbst sind nicht das Problem, denn jede Art Musik lebt vom Eklektizismus. Aber wenn man Anleihen macht, muß man auch etwas zurückgeben, und niemand möchte eine Imitation zurück, wenn man das Original verliehen hat. Bonnie Raitt, Carole King, Bonnie Bramlett, Randy Newman, JOY OF COOKING, Tracy Nelson, Bob Dylan und so manche andere haben ihren eigenen Charakter und ihre eigene Tradition, in die sie Blues und Jazz einbezogen und einbeziehen . . . Aber viel zu viele weiße Interpreten geben sich mit Darstellungen und Interpretationen zufrieden, die kaum mehr sind als Bauchrednerei oder schwarze Tünche auf weißen Gesichtern – unverantwortliche Fußnoten zu einem schlecht interpretierten Blues-Text.[20]

Die weißen Gruppen Mitte der sechziger Jahre waren wenigstens ehrlicher in ihrer Anerkennung und Popularisierung der Blues-Wurzeln als die Cover-Interpreten der fünfziger Jahre wie Pat Boone, der einfach das R&B-Idiom verwässerte, um für Dot einen weithin konsumierbaren weißen Sound zu produzieren. Die weißen Blues-Gruppen der sechziger Jahre machten ihr weißes Publikum mit einem großen Erbe schwarzer Musik bekannt, das sonst vielleicht verlorengegangen wäre. Mick Jagger sagte einmal:

Wir wollten nicht immer den Blues spielen, wir wollten nur die Leute auf andere Musiker hinweisen, die sehr gut waren. Also kann man sagen, wir spielten Blues, um die Leute darauf anzutörnen, aber daß sie von uns darauf angetörnt werden mußten, das erscheint mir auch verdammt blöd. Ich meine, was soll's, uns zuzuhören, wenn wir *I'm A King Bee* spielen, wo man doch viel eher Slim Harpo zuhören sollte.[21]

Das weiße Publikum wurde nicht nur mit berühmten Künstlern wie B. B. King und Muddy Waters bekannt gemacht, sondern hörte auch unbekanntere Blues- und R&B-Musiker (und kaufte manchmal deren alte Platten). Weiße Stadt-Blues-Folkies wie Jesse Colin Young, Dave «Snaker» Ray, «Spider» John Koerner und John Hammond hatten damit begonnen, das Publikum auf schwarze Blues-Musiker zu verweisen. Die vom Blues inspirierten Rock-Gruppen mit ihrer elektrifizierten und zum Tanzen animierenden Musik wirkten in dieser Beziehung jedoch aufklärerisch für ein weitaus größeres Publikum.

Als der Blues zunehmend von der Pop-Musik vereinnahmt wurde, entwickelte sich die ästhetische Kontroverse deutlicher zu einer ökonomischen. Eric Clapton ließe sich wohl kaum dafür kritisieren, daß er Blues-Gitarre spielte, wenn er nicht Millionen mit seiner Musik verdient hätte, während die Blues-Leute, die er kopierte, verhungerten.

In den sechziger Jahren waren die Künstler, die Songs alter Blues-Musiker aufnahmen, mit ihren Tantiemenzahlungen ehrlicher als der Colonel Parker und Elvis. Obwohl Slim Harpo schon tot war, als die STONES *I'm A King Bee* aufnahmen, zahlte man dennoch seiner Witwe mehrere tausend Dollar an Tantiemen. Auch Skip James bekam von CREAM noch relativ viel Geld für deren Cover-Version von *I'm So Glad*.

Wenn die Cover-Künstler vielleicht auch ehrlicher geworden sein mögen, so gibt es in der Industrie noch genügend Instanzen, die es nicht sind. Arthur Crudups *That's Right Mama* und *My Baby Left Me* zum Beispiel sind von fast jedermann aufgenommen worden, von Presley bis Elton John, CREEDENCE CLEARWATER REVIVAL, CANNED HEAT, Rod Stewart, Tracy Nelson und vielen anderen. So hätten Crudups Songs für ihn bestimmt einen Wert von ein- bis zweihunderttausend Dollar haben müssen. Er bekam jedoch nie irgendwelche Tantiemen. Kurz vor seinem Tod sagte er dazu: «Die Firma bezahlte meinen Manager, aber der zahlte mir nie etwas. Ich sollte eigentlich 35 Cent von jedem Dollar bekommen, den er einnahm. Nun, ich bekam nichts.» Crudups Manager war Lester Melrose, der vor ein paar Jahren gestorben ist. Nach Melrose' Tod klagte Crudup auf Auszahlung aus der Hinterlassenschaft seines Managers. 1974 schien es zu einem Vergleich in Höhe von 60000 Dollar mit den Melrose-Erben und der Verlagsfirma der Songs, Hill and Range, gekommen zu sein. Crudup und seine Familie wurden nach New York geflogen, um den Scheck in Empfang zu nehmen, aber buchstäblich in der letzten Minute, als Crudup im Büro der Hill and Range-Anwälte wartete, wurde ihm eröffnet, man werde die Angelegenheit neuerlich vor Gericht bringen. Crudup starb ein paar Monate danach.

Auf dem Höhepunkt des Blues-Revivals nahm Mississippi Fred McDowell eine LP mit dem Titel «I Do No Play No Rock 'n' Roll» auf. Sie wurde von Capitol veröffentlicht, und man verkaufte 25000 Exemplare. Dick Waterman, der später McDowell managte und auch für den Crudup-Prozeß verantwortlich war, hat vielleicht mehr als jeder andere in der Musikindustrie dafür getan, daß alte Blues-Musiker Arbeit bekamen und nicht finanziell übervorteilt wurden. Er nannte die Verkaufszahlen «Höchst verblüffend. Soviel haben wahrscheinlich Skip James und John Hurt und Sun House und Robert Pete Willims und Mance Lipscomb zusammen nicht verkauft.» Sogar zur Blütezeit des Blues-Revivals verkauften die originalen Country-Blues-Musiker kaum jemals mehr als 3 oder 4000 Exemplare ihrer Platten. Von den Cover-Versionen ihrer Songs wurden Millionen abgesetzt. Das McDowell-Album wurde im Malaco-Studio in Jackson, Mississippi, aufgenommen, und man verkaufte das Master-Band an Capitol in Kalifornien. McDowells Anteil am Plattenverkauf kommentierend, äußert sich Waterman nur zögernd:

Ich will sehr vorsichtig damit sein, was ich sage, damit man mir hier nicht mit Prozessen wegen übler Nachrede kommen kann. Ich glaube, Fred bekam 3 Prozent Tantiemen. Geht man von einem Listenpreis der LP von 4,95 oder 5 Dollar aus, so sind das 15 Cent pro Exemplar, und das ist sehr niedrig, sehr, sehr niedrig. Und ich glaube, die Abmachungen mit Fred lauteten auch, daß er die Studiokosten zu tragen hatte: die Abmischung, das Master-Band, die Toningenieur-Kosten, die Kosten für die Hüllengestaltung, all das. Das ist ein ziemlich ungünstiger Deal, aber nicht ungewöhnlich.

Ich glaube jedoch, daß noch eine Klausel im Vertrag war, wonach Fred aus seinen Tantiemen alle Kosten zu tragen hatte, die dadurch entstanden, daß die Malaco-Leute, mehrere von ihnen, nach Kalifornien flogen, um mit Capitol zu verhandeln: die Flüge, die Hotelrechnungen und all die Spesen. Also, das ist wohl ein bißchen irre. Damit ist die Glaubwürdigkeit wirklich überstrapaziert. . . . derartige Kosten müssen vorher abgerechnet sein, bevor es zum Profit und den entsprechenden 3 Prozent kommt. Die, wie gesagt, sowieso sehr, sehr niedrig waren und die Kosten nicht auffangen konnten. Wenn man dann noch bedenkt, daß er ein Solo-Musiker war – man brauchte Baß und Schlagzeug für die Sessions. Aber die Herstellungskosten der Platte . . . die konnten nicht hoch sein. Man brauchte weder ein 16-Spur-Mischpult noch etwa 32 Spuren. Das Album hat man für wenig Geld machen können, ich schätze, man hätte mit 1 000, 1 200 Dollar auskommen können, ich weiß nicht, so ungefähr . . . Andererseits produzierte Malaco das Album im eigenen Studio, und die können ihm ihre Studiozeit mit 10 Dollar die Stunde, mit 50 Dollar oder gar mit 100 Dollar berechnet haben, und bis heute weiß ich nicht, was sie verlangten, denn sie zahlten sich selbst aus und belasteten dann Freds Konto, und bei 3 Prozent konnte er einfach nicht dagegen ankommen. Da blieb nichts übrig.[22]

Eine andere Weise, die alten Blues-Musiker zu übervorteilen, bestand darin, ihr Material zum Allgemeingut zu erklären. Waterman sagt dazu:

Manchmal begegnet man einem traditionellen Blues-Musiker, der einen Song spielt, den man ganz ehrlich für seinen eigenen hält. Also meldet man Copyright dafür an und bekommt es auch, und wenn man dann die Verlagstantiemen einkassieren will, weil irgend jemand den Song aufgenommen hat, dann sagen die Leute bei der Plattenfirma: «Nein, der Song ist Allgemeingut.» Und man erwidert: «Ich habe das Copyright soundso darauf.» Die sagen: «Der Song wurde 1944 von Huddie Ledbetter gesungen und von Tommy Johnson 1927 und von Roosevelt Sykes 1931. Die kommen einem also mit drei oder vier Versionen von dem Song, und vielleicht stimmt eine Zeile überein, vielleicht sind es zwei, drei oder gar vier, vielleicht ein ganzer Vers oder zwei, es kann sogar der ganze Song sein. Auf die Weise können sie die Tantiemenzahlungen umgehen. Jemand muß einen Anwalt bezahlen. Und wenn man weder das Geld noch die Rücklagen hat, sich einen Anwalt zu nehmen, denn Anwälte sind sehr teuer und Copyright-Klagen dauern sehr lange, dann muß man sich schon zurückhalten und abwägen. Man muß sich fragen: ‹Wer hat den Song aufgenommen? Ist er auf einem ALLMAN-BROTHERS-Album? Oder vielleicht auf einem von den ROLLING STONES?› Wenn das so ist, dann kann man sich vielleicht überlegen, daß es Sinn hat. Wenn der Song jedoch von einer neuen Gruppe, auf einem neuen Album oder auf einem neuen Label aufgenommen wurde, dann hat es alles keinen Zweck. Die Anwälte der Schallplattenfirmen verstehen sich auf Verzögerungstaktiken, und es geht einfach zu langsam und wird zu teuer.[23]

Wo Leute aus der Industrie versuchen, etwas für die schwarzen Musiker zu tun, denen man so übel mitgespielt hat, laufen die Vorschläge gewöhnlich auf Wiedergutmachung für die Vergangenheit hinaus. Waterman schlägt vor:

Musiker, die sich auf riesige internationale Popularität stützen können, sollten bedenken, daß die Tantiemen von einer B-Seite Skip James (der 1969 gestorben ist) oder Sun House oder Sleepy John Estes oder den Erben von John Hurt mehr Geld einbringen dürften, als sie in monatelanger Arbeit in Clubs, Kaffeehäusern oder bei kleinen Konzerten verdienen.[24]

Ralph Gleason hat die führenden Gruppen aufgerufen, den Blues-Leuten Arbeit zu verschaffen:

Die meisten Blues-Schöpfer sind betrogen und ausgebeutet worden. Und zwar von allen, ob schwarz oder weiß, die über die Jahre mit ihnen gearbeitet haben. Ihre Songs haben sogar noch heute keine genauen Veröffentlichungstitel. Wem welche Rechte an Titeln gehören, die innerhalb von fünf Jahren unter zehn verschiedenen Namen veröffentlicht worden sind, kann vielleicht nie geklärt werden. Im Streit darüber, ob jemand einen Song gestohlen hat oder ob er schon Allgemeingut ist, kann man sich leicht verzetteln. Aber ganz sicher kann eins getan werden: man kann diesen Blues-Leuten Arbeit verschaffen, und es ist an den führenden Gruppen, dafür zu sorgen.[25]

Manchmal sind solche Versuche unternommen worden. 1969 nahm John Mayall eine LP über J. B. Lenoir auf und spendete die Tantiemen seiner Witwe. Von den wichtigen weißen Gruppen machten wahrscheinlich die Young Rascals am glaubwürdigsten alle Anstrengungen, schwarzen Musikern zu Arbeit zu verhelfen. Sie waren eine «blue eyed»-Soul-Gruppe, die fast ausschließlich R&B-Material aufnahm, die besonders häufig von schwarzen Radiostationen gespielt wurde und deren Platten sich auf dem R&B-Markt stets gut verkauften. In den späten sechziger Jahren ließ die Gruppe verkünden, sie werde keine Konzertauftritte mehr akzeptieren, wenn nicht auch schwarze Gruppen aufträten. Einmal lehnten sie einen Auftritt in der Ed Sullivan-Show ab, weil sie gegen die ihrer Ansicht nach «rassistische Politik» dieses Programms protestieren wollten. Die weiße Blues-Gitarristin Bonnie Raitt versucht, des öfteren zusammen mit alten Blues-Leuten aufzutreten. Sie wird gemanagt von Dick Waterman.

Schwarzen Musikern Arbeit zu verschaffen, kann durchaus ein erster Schritt sein, innerhalb der ökonomischen Ungleichheit, die dem Rassismus entstammt und seine Wurzel ist, ein Gleichgewicht zu schaffen. Aber diese Bemühungen haben kaum etwas mit einem direkten Kampf gegen den Rassismus der Industrie und des Publikums zu tun. Wiedergutmachung bleibt abhängig vom guten Willen weißer Interpreten, die am Material von Schwarzen schon verdient haben. Dieser Widerspruch läßt sich nicht umgehen, auch nicht durch wohltätige Gesten. Jerry Butler sagte dazu:

Das wirklich schlimme ist, daß schwarze Musik, die man abgelehnt hat, erst akzeptiert wird, wenn sie von Leuten mit weißer Hautfarbe dargebracht wird.

Kopiert zu werden, ist etwas anderes – erstes Anzeichen größerer Bedeutung. Wenn jemand etwas imitiert, das ich gemacht habe, dann fühle ich mich ein wenig geschmeichelt. Wenn mir ein Typ sagt: «Mann, das ist großartige Musik, ich möchte lernen, wie man sie spielt», dann ist das ein Kompliment. Aber daß sie (vom Publikum) akzeptiert wird, wenn er sie spielt, und nicht, wenn ich sie spiele, das ist eine böse Erfahrung.[26]

Trotz des gigantisch expandierten Marktes für Rock-Musik unterscheiden sich die Bedingungen für die Entwicklung und Ausprägung schwarzer Musik heutzutage kaum von denen, die in den fünfziger Jahren herrschten. Schwarze Acts werden immer noch schlechter bezahlt als weiße, und der Anteil schwarzer Musiker in den oberen Bereichen des Pop-Marktes hat sich nicht entsprechend des Einflusses ihrer Musik vergrößert. Schwarze Musiker, die großen Erfolg haben, sind Ausnahmen, gewöhnlich auf eigenartige Weise dem weißen Publikum zugänglich oder wirklich außergewöhnlich talentiert. Wenn man einfach argumentiert, die öffentliche Nachfrage nach weißen Acts sei eben größer, dann muß man sich wenigstens teilweise belehren lassen, daß Schwarze ganz offensichtlich weniger Zugang zum Fernsehen und zu den entscheidenden Rundfunkstationen haben (besonders in den frühen und mittleren sechziger Jahren) und daß doch im allgemeinen Musik dargeboten wird, die schwarze Wurzeln hat.

Um sich ihre künstlerische Integrität zu erhalten, müssen schwarze Musiker oft neue Stilmittel entwickeln, die sich nicht auf der Stelle von Weißen vereinnahmen lassen. Traditionellerweise finden derartige Experimente in der Jazz-Musik statt, der sich immer wieder junge schwarze Musiker zuwenden. Unglücklicherweise erweisen sich diese Experimente nur als sehr wenig kommerziell. Um wirklich erfolgreich Geld zu verdienen, müssen schwarze Musiker gewöhnlich ihre Imitatoren neuerlich imitieren. Der Jazz-Pianist Herbie Hancock mühte sich jahrelang, gewann ständig die Polls im «Downbeat»-Magazin und wurde von Kritikern hoch gepriesen, bis er schließlich nachgab und ein Pop-Jazz-R&B-Album aufnahm, das zum Millionenseller wurde. Die erfolgreichste schwarze Schallplattenfirma, Motown, führte absichtlich ihre Künstler weg vom harschen Soul-Sound und nahm mit ihnen Musik auf, die so arrangiert war, daß sie auf dem weißen Markt Erfolg haben konnte. Während der Blütezeit des Blues-Revivals zeigte die Karriere von Jimi Hendrix die ganze Widersprüchlichkeit auf.

Jimi Hendrix:
Psychedelischer Blues-Musiker

Hendrix war ein virtuoser R&B-Gitarrist, der in den fünfziger Jahren seine Laufbahn als Begleitmusiker für Gruppen wie die Isley Brothers begann. Aber in Amerika fand er nie ein Publikum für seine Art, Gitarre zu spielen, und daher ging er nach England, wo er sein Sex-Image geradezu zur Karikatur steigerte und einen kommerzielleren Gitarren-Stil entwickelte.

Eric Clapton beschreibt, wie Hendrix' Popularität wuchs:

> Als er nach England kam – weißt du, die Engländer, bei denen ist das solche Sache mit Bimbos. Die lieben das magische Element daran und auch das sexuelle Ding. Darauf fahren die alle ab. In England glaubt doch noch jedermann, daß die Bimbos große Pimmel haben. Und Jimi, der kam hierher, und er machte sich das zunutze, schlug ganz schwer zu. Alle fielen drauf rein, Scheiße.
>
> Ich fiel auch drauf rein. Nach 'ner Weile aber kamen mir Bedenken. Als ich ihn dann kennengelernt hatte, fand ich heraus, wie das bei ihm lief. Das Zeug, was er auf der Bühne macht, das macht er nur, um sein Publikum zu testen. Er kam mit einer ganzen Menge Sachen, machte mit der Zunge rum und spielte die Gitarre hinterm Rücken und schob sie sich zwischen die Beine. Und dabei betrachtete er das Publikum. Wenn die Leute drauf standen, dann gefiel ihm das Publikum nicht. Und dann machte er immer weiter damit, legte sie rein, spielte immer weniger Musik. Wenn sie's aber nicht mögen, dann spielt er wirklich los, denn er weiß, daß er muß und kann. Ist schon komisch.
>
> In England kam für ihn alles mögliche zusammen. Er war genau, was der Markt verlangte, ein psychedelischer Pop-Star, der freaky aussah, und dann die Faszination an Bimbos, und die ganze Blues-Sache, die spielte auch mit. Also trat Jimi auf die Bühne, und er gab ihnen, was sie verlangten. Es war das perfekte Konzept.[27]

Hendrix brachte seinen englischen Erfolg zurück in die USA, wo er Millionen Dollar verdiente (und ausgab). Millionen Platten verkaufte er fast ausschließlich auf dem Markt der weißen Käufer. Gegen Ende seiner Karriere versuchte er, seine Musik zu verändern, aber die geschäftlichen Interessen, denen er ausgeliefert war, zwangen ihn dazu, bei dem psychedelischen und sexbetonten Image des Schwarzen zu bleiben, weil es kommerziell war. Diese Zwänge der geschäftlichen Situation trieben ihn in seine Electric Ladyland-Studios, nachdem seine Gruppe The Experience sich aufgelöst hatte. Dort spielte er fast 800 Stunden Bandmaterial ein (die Warehouse Tapes) – dort widmete er sich der Musik, die er gern auch öffentlich gespielt hätte. Zusammen mit Musikern wie John McLaughlin und anderen Größen des Avantgarde-Jazz versuchte er R&B, Jazz und zeitgenössische Rock-Stile zu verschmelzen. Zu seinen Lebzeiten wurde dies Material nicht veröffentlicht.

Hendrix war einer der wenigen schwarzen Musiker, die über genügend finanzielle Sicherheit verfügten, um lange Zeitspannen im Studio verbringen zu können und sich Konzeptalben zu widmen, statt Hit-Singles herausbringen zu müssen. Als die LPs im Laufe der sechziger Jahre einen immer größeren Anteil der Gesamtproduktion ausmachten, verlangten die Schallplattenfirmen von ihren schwarzen Künstlern weiterhin Singles-Produktion. Man glaubte nicht, daß die großen Vorschußzahlungen, die für Alben aufgewendet werden mußten, sich durch Verkäufe wieder hereinbringen ließen. Dadurch kommt es zu einem verzerrten Bild der schwarzen Erfolge in den späten sechziger und frühen siebziger Jahren. Während schwarze Künstler im allgemeinen einen hohen Anteil von Hits auf dem Singles-Markt verbuchen konnten (1972 ein Höchststand von 44 Prozent der Top 50 zu Jahresende), bildeten gleichzeitig die Singles nur einen Anteil von 13 Prozent der Dollar-Umsätze der Musikindustrie. Bei den LP-Umsätzen haben Schwarze niemals auch nur ein Viertel des Marktes beanspruchen können. Es ist erst relativ kurze Zeit her, daß führende schwarze Pop-Künstler die benötigte Unterstützung von den Schallplattenfirmen bekamen, um Konzept-LPs zu produzieren, wie es die BEATLES und andere weiße Gruppen schon seit zehn Jahren gemacht hatten.

Schwarzer Kapitalismus: *Motown*

Als die reformistische Bürgerrechtsbewegung, deren Anführer und musikalische Sprecher oft Weiße waren, sich in den späten sechziger Jahren zu einer Befreiungsbewegung der Schwarzen entwickelte, veränderte sich die schwarze Musik und erfuhr eine Art Renaissance. Rassenunruhen in Newark, Detroit, Watts und Cleveland sowie das Auftauchen militanter politischer Organisationen wie die Black Panthers gingen einher mit einer Rückbesinnung auf den harttreibenden R&B und den Blues. In den Studios der Südstaaten wurde diese Musik, wie schon erwähnt, verstärkt produziert. Das Wiedererwachen des R&B war symptomatisch für die politischen Veränderungen innerhalb der schwarzen Gemeinschaft.

Aber es lenkte auch die Aufmerksamkeit der Regierung und der Wirtschaft auf die Musikindustrie als idealen Rahmen zur Bewältigung und Vereinnahmung der schwarzen Revolte. Man war der Ansicht, Schwarze sollten etwas mehr Anteil an dem Business haben, man müsse ihnen die Möglichkeit geben, im künstlerischen Bereich etwas Dampf abzulassen, und sie brauchten dann zusätzlich nur noch ein wenig Geld zu verdienen, dann könne man sie gewiß in den noch immer vermarktbaren

Amerikanischen Traum einbetten und sie so beruhigen. Im Mai 1969 hielt Senator Jacob Javits vor der RIAA eine Rede, in der er dem Wunsch Ausdruck gab, die Industrie möge ihre Fortschritte machen, indem sie dem schwarzen Kapitalismus eine Chance gäbe. Man bediente sich der verschiedensten Taktiken, man versuchte zu übertölpeln, und man versuchte es mit rationalen Argumenten, man gab Versprechungen und man drohte. Die Regierung und die Großfinanz erweckten den Eindruck, als hätten sie ein gemeinsames Programm, mit dessen Hilfe sie das Musik-Business zu einem Modell der Rassenintegration machen wollten. In «Billboard» waren Leitartikel zu lesen, die die Industrie aufriefen, mehr Schwarze anzustellen. Die FCC informierte Radio-Stationen, sie hätten bei Diskjockeys und leitenden Angestellten für Rassenintegration zu sorgen. Aber natürlich hatten weder «Billboard» noch die FCC auf dieses Problem wirklich Einfluß.

Die Idee des schwarzen Kapitalismus ist schon seit langem vorhanden, um eventuell dadurch beschönigen zu können, wie ungleich Reichtum und Macht in den Vereinigten Staaten verteilt sind. In jenen Bereichen, in denen man den Schwarzen schon von jeher Aufstiegschancen gewährt hat (weil es eben Bereiche sind, innerhalb derer Individuen erfolgreich sein können, nicht Massen von Menschen), d. h. im Sport und in der Unterhaltungsindustrie, bleibt diese Idee besonders hartnäckig vorhanden. Und sie ist zudem besonders schädlich, denn sie erscheint als Strategie weniger trügerisch und sogar erfolgsträchtig.

Motown Industries ist die größte Privat-Firma der Vereinigten Staaten, die sich im Besitz von Schwarzen befindet. Sie wurde Anfang der sechziger Jahre von Berry Gordy gegründet, einem Jazz-Platten-Händler der Mittelklasse, dem aufging, daß die Schwarzen R&B-Schallplatten vorzogen. Bei einer Reihe früher Hits arbeitete er eng mit Smokey Robinson zusammen und entwickelte dann ausgeklügelte und raffinierte Produktionstechniken, die dem Phil-Spector-Konzept ähnelten. Satte Gospel-Harmonien verband er mit üppigem Studio-Sound zu einem perfekten Pop-Konzept: Musik, die unbestritten schwarz war, aber nicht bedrohlich klang, und zu der sich hervorragend tanzen ließ. Gordy baute seine Acts geduldig auf und stutzte sie so zurecht, daß sie langlebigen Verkaufserfolg versprachen. Als er begann, war er eine progressive Kraft, die schwarzen Musikern, die sonst kaum irgendwo auf Interesse stießen, einen kommerziellen Rahmen bot. Gordys Bemühungen um die Karriere-Planung und das Management seiner Acts waren für schwarze Musiker bis dahin nie gekannt.

Aber die Stärken der Firma waren auch zugleich ihre Schwächen. Wenn die Künstler eine gewisse Reife erreicht hatten, wurde ihnen Gordys ständige Einmischung in ihr Leben und ihre Arbeit schnell unerträglich. Eine Zahl wichtiger Musiker kehrte dem Label den Rücken. Martha Reeves erklärte:

Wem gehört sie nun…

...die Rock-Musik? Fallen dem, dem die Noten einfielen, auch die Banknoten zu? Ist auch dem Rock-Musiker das Hemd näher als der Rock?

Ohne money money bist du nur ein Clown, heißt es in einem Song. Das ist vielleicht nur ein bißchen Rock, aber auch ein bißchen wahr. Und deshalb liebt der Mensch Geld in seiner Rocktasche.

Die Firma wuchs, der Baum wurde schwach, und die Zweige begannen abzubrechen. Als erste ging Brenda Holloway. Damit war der Anfang gemacht. Florence Ballard (von den SUPREMES) folgte. Und dann begannen die Blätter zu fallen, und jeder merkte es.[28]

Was als willkommene Heimstatt für schwarze Musiker und Songwriter begonnen hatte, wurde bald künstlerisch lähmend und unterdrückend. 1971 schrieb Jon Landau vom «Rolling Stone»: «Von all den großen Schallplattenfirmen bleibt nur noch Motown als diejenige übrig, in der alles im Haus gemacht wird. Man hat das Gefühl – mag es stimmen oder nicht –, daß Berry Gordy jeder einzelnen Single, die auf seinem Label veröffentlicht wird, die persönliche Zustimmung gibt.»[29] Das Magazin «Fortune» berichtete 1967, daß sich alle Aktien von Motown im Besitz Gordys befanden. Zu jener Zeit machte die Firma einen jährlichen Brutto-Umsatz von 30 Millionen Dollar.

Wie jeder Geschäftsmann wollte auch Gordy künstlerische Kontrolle, aber er scheint überdies finanziell nicht ganz korrekt gehandelt zu haben. Holland, Dozier und Holland, die erfolgreichsten Autoren/Produzenten der Firma, verklagten die Firma, weil sie angeblich noch 22 Millionen Dollar zu bekommen hatten. Sie produzieren nicht mehr für Gordy. David Ruffin von den TEMPTATIONS wurde gefeuert, weil er «zu viele» Fragen über finanzielle Angelegenheiten stellte. Als die Temptations 10000 Dollar pro Abend an Gage bekamen, zahlte man den Mitgliedern der Gruppe nicht mehr als 500 Dollar wöchentlich, so Ruffin. Aus Solidarität mit Ruffin verließ auch Eddie Kendricks die TEMPTATIONS, wurde aber vom Label nicht freigegeben. «Die haben mich am Wickel», kommentierte er 1971. «Ich glaube, denen gehört sogar mein Gesicht.» (Auf die Frage, wieviel künstlerische Freiheit gewährt werde, sagte er lakonisch: «Keine.») Martha Reeves hat sich beklagt: «Meine eigenen Finanzen durfte ich nie abwickeln. Ich hatte immer einen Roadmanager, der das Geld an sich nahm und in einem grünen Umschlag zu Motown brachte. Als das Geld alle war, konnte ich die VANDELLAS nicht mehr bezahlen und verlor sie.»[30] Auch auf dem Höhepunkt der Popularität der Gruppe bekam Reeves nach eigenen Angaben nicht mehr als 200 Dollar die Woche bezahlt. 1974 wurde sie von Motown freigegeben, nachdem MCA, ihr neues Label, 200000 Dollar ihrer Schulden bei Motown beglichen hatte. Die FOUR TOPS und GLADYS KNIGHT AND THE PIPS verließen die Firma, als ihre Verträge ausliefen.

Stevie Wonder und Marvin Gaye sind seit langer Zeit erfolgreiche Motown-Künstler und arbeiten noch immer für Gordy. Aber beide mußten hart um ihre künstlerische Freiheit kämpfen. Als er einundzwanzig geworden war, widersetzte sich Wonder der restriktiven Geschäftspolitik bei Motown, indem er seine Tantiemen verlangte, eine Summe von ungefähr einer Million Dollar (bei Verkäufen von circa 30 Millionen Einheiten ein niedriger Tantiemenanteil von ungefähr

2,5 Prozent), die von Gordy für ihn treuhänderisch verwaltet wurde. «Stevie Wonder kam zu mir», sagte Ewart Abner, damals Präsident der Schallplattenabteilung von Motown, «und sagte: ‹Ich bin jetzt einundzwanzig. Ich tue nicht mehr, was mir von euch befohlen wird. Mein Vertrag ist nichtig.› Ich bekam beinahe einen Schlaganfall.»

Von Motown unabhängig, investierte Wonder ungefähr 250000 Dollar in die Produktion seines ersten progressiven Albums, «Music Of My Mind». Nach dessen überwältigendem Erfolg kehrte er zu dem Label zurück, bekam aber weitaus günstigere Bedingungen eingeräumt. Wonder hat jetzt als erster Motown-Künstler seinen eigenen Musikverlag.

Auch für Marvin Gaye hat sich viel geändert, seit er von Motown für frühe Session-Aufnahmen «fünf Dollar pro Plattenseite» bekam. Gaye wurde schon immer als ein Außenseiter angesehen, und ihm widerstrebte von Anfang an die Mentalität, die gemeinhin bei Motown zum Ausdruck kam.

Mir behagte nicht das Gefühl, etwas nur tun zu müssen, weil eine Menge Leute es so wollten. Als sei ich ein Roboter und könne selbst nicht denken oder wüßte etwa nicht, was mir gefiel und was nicht. Die größte Beleidigung war, daß sie immer behaupteten, mein Talent zu respektieren, es aber nie dadurch bewiesen, daß sie mich machen ließen, was ich wollte.[31]

Gayes Loyalität (er ist mit Gordys Schwester verheiratet) erlaubte es ihm nicht, das Label zu verlassen. Aber Jahre der Hartnäckigkeit brachten schließlich insofern Erfolg, als die Firma seine erste Konzept-LP «What's Goin' On» finanzierte, der dann eine zweite, «Let's Get It On» folgte. Beide wurden in den siebziger Jahren zu Millionensellern. Besonders wohl durch Gaye und Wonder hat Motown gelernt, daß man manchmal die Zügel ein bißchen lockerer lassen sollte, wenn man auf Millionenerfolg aus ist.

Heute sind die Motown Industries (beheimatet in L. A., nicht Detroit) ein internationaler Konzern, der auch in andere Medien als nur die Musik investiert, besonders den Film (z. B. «Lady Sings The Blues», in der Hauptrolle Diana Ross als Billie Holiday). Gordy machte E. G. Abner zum Präsidenten der Schallplattenabteilung. Bevor er 1964 zu Motown kam, hatte Abner das alte Vee Jay-Label in Chicago geleitet und die Impressions, die Four Seasons, Jerry Butler und andere aufgenommen. Gordy war weniger eine progressive Kraft, die der schwarzen Gemeinschaft gedient hat, als vielmehr jemand, der diese schwarze Gemeinschaft auf besonders kluge Weise vermarktete, und zwar für ein Publikum, das zum erheblichen Teil aus Weißen bestand. Er ist gewiß nicht schlimmer als andere Geschäftsleute der Industrie, aber er ist auch nicht besser, indem er seine schwarze Hautfarbe benutzt, um seine kapitalistischen Ziele zu verbergen.

Die Industrie und die Schwarzen

Das Fortschreiten des schwarzen Kapitalismus in anderen Bereichen des Musik-Business folgte einem ähnlichen Muster, und in den Machtstrukturen des Geschäftes und deren Auswirkungen auf die Menschen veränderte sich eigentlich wenig. Ende der sechziger Jahre tauchten Schwarze zum erstenmal in den Werbespots der Fernseh-Sendernetze auf. In den frühen siebziger Jahren kam es zu einer Art Durchbruch des schwarzen Films. Streifen wie «Shaft», «Superfly» und «Trouble Man» waren von Schwarzen produziert, Schwarze führten Regie, Schwarze waren die Schauspieler, und Schwarze schrieben die Filmmusik, zum Beispiel Isaac Hayes, Marvin Gaye und Curtis Mayfield. Obwohl sie politisch etwas progressiver waren als die Alltagskost weißer Abenteuer-Thriller, repräsentierten die sogenannten «blaxploitation» (black und exploitation – Ausbeutung der schwarzen Qualität) – Filme im Grunde auch nichts anderes als ein profitables geschäftliches Unternehmen, das an der schwarzen Gemeinschaft Geld verdiente. Andere Filme wie «Putney Swope» und «Sweet Sweetback» hatten ihren bestimmten eigenen Charakter und waren progressiver, besonders «Sweetback», unter der Regie und geschrieben von Melvin Van Peebles – ein überraschender Film mit linker Tendenz, der auch in seiner Produktionstechnik sehr originell war.

In anderen Bereichen des Musikgeschäftes machten Schwarze als Produzenten von sich reden. Kenny Gamble und Leon Huff begannen mit einem 700-Dollar-Kredit und produzierten innerhalb von fünf Jahren 30 Singles, die zu Millionensellern wurden. Allein 1968 hatten sie 22 Platten in den Charts. Zusammen mit dem Produzenten Thom Bell aus Philadelphia schufen sie den weichen Soul-Sound, den man gegenwärtig mit dieser Stadt assoziiert. Sie beschreiben ihn als «nicht so Blues-orientiert wie die Sachen aus Memphis/Muscle Shoals und nicht so poppig wie die aus Detroit». 1970 setzen Gamble und Huff über eine Million Dollar um.

Bei einem Treffen schwarzer Fernseh- und Radioansager 1969 beschuldigte Stan Gortikov, damaliger Präsident von Capitol, die Industrie, «zu verdammt weiß» zu sein. Zwischen 1969 und 1971 reagierten Stax-Volt und Warners neben Capitol darauf, indem sie Aufnahmestudios in den Gettos bauten und einrichteten, um dort einheimische Talente zu finden und mit ihnen zu arbeiten – ähnlich wie Chess das Delta bereist hatte, um dort Aufnahmen mit Blues-Sängern zu machen. Erwähnenswerte Ergebnisse brachten die Studios jedoch nicht. Viele Schallplattenfirmen experimentierten mit schwarzen Promo-Leuten und behielten sie, wenn man herausfand, daß sie an «hip» DJs besser verkaufen konnten als ihre weißen Kollegen. Teilweise verstanden sie es besser, mit den Schuldgefühlen der weißen DJs umzugehen und sie auszunutzen, teilweise verstanden sie die Musik besser und hatten engeren Bezug zu ihr. Die sekundären R&B-Radio-Märkte haben an Wichtigkeit gewonnen, was den Durchbruch schwarzer Songs betrifft, und auch in diesem Bereich erweisen sich schwarze Promo-Leute als erfolgversprechender.

Die Neuorientierung bei Produktion und Promotion war von den wichtigen und großen Schallplattenfirmen, die von Weißen kontrolliert wurden, nicht im voraus geplant gewesen. Sie entwickelte sich ganz von selbst als eine bessere Strategie im Marketing und in der Produktion neuer Schallplatten. Diese geringfügigen Veränderungen und die Ausweitung der schwarzen Teilnahme an der Industrie erwiesen sich als profitable Schritte, denn Platten sind, wie Sam Goody sagt, «der Luxus des armen Mannes» und verkaufen sich besonders gut auf den Märkten der Schwarzen. Al Bell, Vizepräsident von Stax-Volt sagte: «Die Statistiken sagen aus, daß Schwarze pro Kopf, unabhängig von ihrem Einkommen, mehr Schallplatten und Abspielgeräte kaufen und zudem mehr Geld für Unterhaltung ausgeben als sonst jemand auf den wichtigen Märkten».[32] Während man sich schwarzer Promo-Leute bedient, um Schallplatten besser zu pushen, werden die wesentlichen Bereiche der Talentförderung, Konzerte/Clubauftritte und das Radio, noch immer vollständig von Weißen kontrolliert.

Noch 1972, als die «Schwarze Kapitalismus»-Bewegung schon vier Jahre im Gange war, beklagte sich der schwarze Künstler Jerry Butler, daß es im gesamten Land nur drei schwarze Konzertveranstalter von Bedeutung gab: Teddy Powell in New York, Regal Sports in St. Louis und Henry Winn in Atlanta. Der Konzert-Markt und das Veranstaltungssystem, die heute bestehen, erwuchsen aus der Ballroom-Szene der weißen Freaks, verlagerten sich dann auf die Colleges und weiter auf den breiteren kommerziellen weißen Markt. Die schwarzen Gemeinschaften verfügen nicht über genügend Geld, um einen separaten Konzert-Markt aufrechterhalten zu können, und viele weiße Veranstalter klagen über Rassenspannungen, wenn sie schwarze Acts präsentiert haben. Schwarze Rock-Acts sind von der entscheidenden Konzert-Szene ausgeschlossen, einerseits wegen des Rassismus des Publikums, andererseits wegen des Rassismus der Veranstalter und ihrer Furcht vor Störungen.

Die überwältigende Mehrheit von Acts, die heute auf Tournee geht, ist weiß. Das Zusammentreffen großer Menschenmengen bei Rock-Konzerten hat schon immer die Gefahr von Gewalttätigkeiten und Krawallen (zu denen es manchmal auch kam) beschworen, aber die weißen Veranstalter agieren mit einer gewissen Doppelmoral in bezug auf ihr Risiko. Veranstalter und Buchungsagenturen haben besonders große Angst vor Rassenauseinandersetzungen. Aus diesem Grunde neigen sie dazu, keine Veranstaltungen mit schwarzen Acts zu machen, die populär genug sind, um gleichermaßen weißes wie schwarzes Publikum anzuziehen, und die Buchungsagenturen scheinen es sich zur Geschäftspolitik gemacht zu haben, keine schwarzen Acts zusammen mit weißen auftreten zu lassen. Aus diesen Gründen ist es für schwarze Acts, die langsam an Erfolg gewinnen, schwer, sich auf dem Pop-Konzert-Markt zu etablieren oder auch nur den Einstieg zu finden. Die meisten schwarzen Acts, die erfolgreich ihre Schallplatten auf dem Pop-Markt absetzen, verfügen nicht über ein entsprechend starkes Konzertpublikum. Die meisten Acts, die fast ausschließlich schwarzes Publikum anziehen, werden daher in den Club-Bereich verwiesen, und diese Szene läßt sich ganz einfach nicht mit dem weißen Konzert-Markt (Promotion und Aufbau neuer Gruppen) vergleichen.

Das von Weißen dominierte AM-Radio-Establishment hat im Zeitraum von 1969 bis 1972 eventuell sogar Rückschritte gemacht. 1969 verkündete «Billboard»: «Bei Top 40-Stationen geht Soul zurück». Jerry Wexler kommentierte die Entscheidung vieler AM-Stationen, weniger schwarze Musik zu senden:

> Die Radio-Stationen, die sich als Dienstleistende an ihrem Publikum betrachteten, wollten sich nicht mit dem Klang berstender Scheiben in Watts oder den Polizeisirenen in Detroit belasten. R&B-Musik wurde zu jener Zeit damit identifiziert. Nach Meinung der Radio-Leute war der R&B für ihre Zuhörer, die größtenteils der Mittelklasse entstammten, eine Belastung und Zumutung, und daher nahmen sie diese Musik aus ihrem Programm.[33]

Während dieses Zeitraums der objektiven Unterdrückung des R&B verkaufte sich schwarze Musik jedoch weiter. Auf seine unnachahmliche Weise wußte «Billboard» zu berichten, daß sich «Soul-Produkte trotz weniger oder überhaupt keiner Darbietung durch die Pop-Stationen mittels neuer raffinierter Sound-Qualität über starke Pop-Händler-Umsätze in Positionen unter den Hot 100 vorschieben». Jerry Wexler erklärte dies Phänomen wie folgt:

> Der alte Mythos sagte, daß eine R&B-Platte vielleicht 200000 Exemplare verkaufen konnte, aber erst auf dem Pop-Markt (an Weiße) abgesetzt werden mußte, um wirklich interessant zu werden. Aber jetzt sind meiner Meinung nach Millionenverkäufe von «secret service»-Hits möglich – Platten, mit denen Weiße nicht wirklich vertraut sind.[34]

In einer Zeit immer mehr reduzierter AM-Playlists wandten sich viele Schallplattenfirmen, so zum Beispiel auch United Artists, an die FM-Stationen, um ihre schwarzen Künstler dem weißen Publikum vorzustellen. In manchen Fällen, wie bei dem UA-Act War, hatte diese Strategie beträchtlichen Erfolg. Wie immer bleiben jedoch die R&B-Stationen die wichtigste Präsentationsstätte für schwarze Gruppen, und beim Top 40-AM-Radio dauert die Unterdrückung der schwarzen Musik an. Jerry Butler sprach die allgemeine Soul-Phobie des Top 40-Radios an und beklagte sich: «Sie sagen, ihr Konzept ist zeitgenössische Musik, und sie spielen nur Top-Hits. Wenn es also einen schwarzen Hit gibt und sie ihn nicht spielen, dann machen sie entweder ein schlechtes Programm, oder es liegt an ihren Rassenvorurteilen.»[35] Pop-Stationen können sich gezwungen sehen, einen Soul-Hit ins Programm zu nehmen, aber das geschieht nur, wenn eine solche Platte zuvor bei einer R&B-Station den Durchbruch geschafft hat. Nach Aussagen einiger Programmdirektoren besteht die nicht-offizielle Faustregel heutzutage darin, eine Soul-Platte auf die Playlists zu nehmen, wenn sie auf nationaler Ebene die Top 10 der Pop-Charts erreicht hat. Aber nicht mal diese Regel wird immer in Anwendung gebracht. Der Programmdirektor einer wichtigen Station wies darauf hin, daß *On and On* von GLADYS KNIGT AND THE PIPS von keiner Top 40-Station in Boston gespielt wurde, obwohl die Platte die Top 5 der nationalen Pop-Charts erreicht hatte. *Living For The City*, Stevie Wonders Hit-Single, wurde bei WRKO in Boston erst ins Programm aufgenommen, als man von ihr zwei Millionen Exemplare verkauft hatte.

Trotz aller Kundgebungen der Industrie, man solle zur Unterstützung der schwarzen Musik schwarze DJs bei Pop-Stationen anstellen und man habe das auch wirkungsvoll betrieben, sind Schwarze bei den Top 40-Stationen nur höchst geringfügig häufiger vertreten. Station-Manager äußerten sich gegenüber «Billboard» wie folgt: «Wir haben uns mit vielen unterhalten, aber danach meldeten sie sich nicht mehr» oder «Wir haben eine ganze Menge junger Kids aufgetan, aber die waren zu ungeschliffen, um sie bei uns einzuarbeiten». Trotz der Einrichtung von Trainings- und Ausbildungsprogrammen bleiben die Schwarzen in Funk und Fernsehen extrem unterrepräsentiert. 1971 zum Beispiel schlossen sich in San Francisco zwei Interessengruppen – die «Community Coalition for Media Change» und «Blacks in Media for Affirmative Action» – zusammen, um gegen die «rassistische und rücksichtslose» Politik der lokalen Stationen KGO, KPIX, KNBR, KFRC, KSFO und KCBS zu protestieren. Dennoch wiesen 1974 Statistiken der FCC aus, daß der Anteil von Schwarzen, die in der Bay Area beim Radio oder Fernsehen angestellt waren, geringer als 10 Prozent war (149 von insgesamt 1 589). Jesse Jackson hatte bei Chicagos schwarz-orientierter WVON-Station mehr Glück, denn es gelang ihm, einen Vertrag auszuhandeln, der die Gehälter der DJs fast verdoppelte.

Während die schwarzen Radio-Stationen ihnen häufig den Eintritt in diesen Berufsweg verschaffen, möchten viele Schwarze dennoch gern später zu den von Weißen kontrollierten Sendernetzen und -ketten, weil sie dort populärer werden können und bis zu 25000 Dollar im Jahr mehr verdienen. Eine der wichtigsten AM-Senderketten, RKO-General, ist der Allgemeinsituation insofern voraus, weil man einen «Alibi»-Schwarzen («und manchmal sogar zwei», sagt Bruce Johnson, Präsident der

Rundfunk-Abteilung) in jeweils allen wichtigen Marktbereichen beschäftigt. Die übriggebliebenen Soul-Stationen haben alle finanzielle Schwierigkeiten. Der damalige Präsident von NATRA, Del Shields, beklagte 1969: «Es gibt bei Soul-Radio-Stationen Leute, die nicht mehr als 65 Doller die Woche verdienen. Und wie viele schwarze Vizepräsidenten gibt es bei Radio- oder Fernseh-Stationen?»[36]

Schwarze DJs bei schwarzen Stationen werden noch immer sehr schlecht bezahlt, und das war einer der Gründe, warum die NATRA die gegenwärtigen Payola-Untersuchungen als besonders scheinheilig kritisierte. Es liegt eine gewisse Unehrlichkeit darin, wenn weiße Geschäftsleute schwarze DJs dafür kritisieren, daß sie nebenbei ein wenig Geld angenommen haben, wenn die weißen DJs durchschnittlich mehr verdienen als ihre schwarzen Kollegen (das Normalgehalt bei AM beträgt ungefähr 30000 Dollar im Jahr, während man als DJ bei den wichtigsten Soul-Stationen die Hälfte oder ein Drittel davon verdient).[37] Rodney Jones, ein DJ bei WVON, sagte Ende 1973, die Beschuldigungen gegen schwarze Radio-Leute, sie hätten sich bestechen lassen, hätten zur Folge gehabt, daß viele Radio-Stationen im ganzen Land ihre Playlists so reduzierten, daß die kleinen und unabhängigen Schallplattenfirmen, die schwarze Musik produzierten, eliminiert wurden.

Da das AM-Radio die Soul-Musik und andere zeitgenössische Formen des R&B nicht präsentiert, sind die FM-Stationen zusammen mit den traditionellen R&B-Stationen zum wichtigsten Medium für die Musik geworden. In einer kürzlichen Untersuchung in L. A. wurde festgestellt, daß 80 Prozent der schwarzen Radiohörer FM bevorzugten. Und bei der allgemeinen Expansion des Musikmarktes lassen sich schwarze Produktionen auch bei begrenzten Sendungen über das Radio verkaufen, weil die Mund-zu-Mund-Propaganda kräftig mithilft.

Für diejenigen Schwarzen, die es zu Star-Ruhm bringen, machen sich wie bei den Weißen die Zwänge und die notwendigen Kompromisse, zu denen der Erfolg veranlaßt, insofern bemerkbar, als man sich immer mehr von seinem ursprünglichen Publikum entfernt. Die Karriere von James Brown ist ein geradezu dramatisches Beispiel für diesen Entwicklungsprozeß. In den fünfziger und frühen sechziger Jahren war er ein R&B-Künstler, der schwer zu kämpfen hatte und dessen Musik kompromißlos war – und bei den Weißen ganz gewiß nicht populär. Als er Mitte der sechziger Jahre auch auf dem Pop-Markt Erfolge hatte, war sein Stil noch die Verkörperung von Stolz und Zorn der jungen Schwarzen. *Say It Loud, I'm Black And I'm Proud* war ein großer Hit und wurde zur Hymne jener schwarzen Kulturbewegung, deren politisches Bewußtsein nicht in radikalen Handlungen zum Tragen kam. 1970 zitierte der «Rolling Stone» seine Äußerungen:

Ich und Nixon kommen nicht miteinander zurecht. Er wollte, daß ich seine Wahlkampagne in Memphis unterstütze. Aber ich will nicht seine kugelsichere Weste sein. Ich wollte ihn nicht vor meinen Leuten schützen und sie dadurch betrügen. In ihnen den Eindruck erwecken, als gehörte er zu mir und ich zu ihm.[38]

Aber die Jahre des Erfolgs verlangten ihren Tribut. 1972 wurde der Soul Brother Nr. 1 zum Sold Brother Nr. 1 (zum Bruder, der sich verkauft hatte). 200000 Dollar soll er angeblich dafür bekommen haben, daß er Nixons Präsidentschafts-Kampagne unterstützte. Diese Entscheidung erschütterte seine Glaubwürdigkeit innerhalb der schwarzen Gemeinschaft und sie schadete auch seinen Plattenverkäufen. Als Nixons Popularität schwand, erwies sich Brown als ewiger Opportunist und nahm die Hits *Payback* und *Funky President* auf.

Eine gewisse Veränderung deutet sich in der Industrie an. Während der vergangenen Jahre hat sich United Artists als Plattenfirma mit einer Anzahl äußerst talentierter und erfolgreicher Acts in den Vordergrund geschoben (WAR, die CORNELIUS BROTHERS und Sister Rose, IKE AND TINA TURNER sowie Bobby Womack). Man behauptet, daß diese Künstler gleichberechtigt neben den weißen Musikern vermarktet werden und nicht als minderwertige R&B-Acts auf den entsprechenden Märkten. Die spektakulärste Erfolgsgeschichte haben WAR aufzuweisen, die Eric Burdons Begleitband waren, nachdem er die ANIMALS verlassen hatte.

Nachdem sie ihr sechstes Platin-Album erhalten (eine Million Tonträger-Einheiten) und mehr als 33 Millionen Platten-Umsatz gemacht haben, erwiesen sich WAR als insofern wichtige Ausnahme von der Regel, als es bisher als unbedingt notwendig erschien, weißen Publikumsgeschmack zu treffen, um auf dem Pop-Markt wesentliche Plattenverkäufe zu erzielen. «Billboard» schreibt den Erfolg der Gruppe einer jungen und anspruchsvollen schwarzen Käuferschicht zu. Diese Analyse muß jedoch Einschränkungen unterworfen sein, da jedes Album, das sich millionenfach verkauft, auch auf dem weißen Markt erfolgreich sein muß. United Artists beansprucht Anerkennung für die nicht diskriminierende Marketing-Methode, derer man sich bediente. Der verblüffende Erfolg von WAR ist schwer zu analysieren, aber es gibt einige Hinweise darauf, daß UA doch nicht ganz so vorurteilsfrei agiert, wie behauptet wird. 1974 begann WAR den Versuch, sich auf legale Weise aus den Vertragsbedingungen mit der Firma zu lösen, wahrscheinlich wegen des sehr niedrigen Tantiemenanteils. Ein weiterer sehr wichtiger Künstler von UA, Bobby Womack, der mit seiner Single «Understanding» einen Millionenseller hatte, sagt:

Meine Firma ist Scheiße . . . Sie sagen: «He, Mann, Don McLean, der geht gut los», und ich sage: «Ja, Mann, aber seht euch doch an, wie lange da nichts lief und ihr alle ihn abstoßen wolltet. Scheiß auf ihn, und ich verdammter Nigger geh überhaupt nicht los, was? Wenn ihr für mich dieselbe Promotion machen würdet wie für ihn, dann würdet ihr sehen, welchen Super-Star ihr in Bobby Womack habt.»[39]

Zusammenfassung

Die Afrikaner wurden in Ketten in dieses Land gebracht. Bis der Norden Anstrengungen unternahm, den Süden aus seiner rückständigen ökonomischen Struktur zu befreien, die sich auf Plantagen gründete, und den Bürgerkrieg führte, wurden Schwarze als Sklaven gehalten. Seit dem Bürgerkrieg sind sie de facto noch immer Sklaven. Sie werden von einem Wirtschaftssystem, das ungebrochen bis ins 19. Jahrhundert zurückreicht, unterm Strich geführt.

Mehr als dreihundert Jahre Klassengesellschaft, jetzt in hohem Maße Konzern-orientiert, haben die Schwarzen unterdrückt und den Rassismus als Grundhaltung des weißen Amerika gefestigt. Historisch sind die verschiedenen ethnischen Gruppen immer wieder in den Arbeitsprozeß eingegliedert worden, indem man sie durch die nächstniedrige Gruppe ersetzte. Die Deutschen und Iren wurden durch die Italiener ersetzt, die wiederum durch die Polen usw. Schwarze sind niemals auf diese Weise «ersetzt» worden, noch wird es mit ihnen je geschehen. Die große Expansion der US-Wirtschaft, die immer auf der billigen Arbeitskraft von Immigranten basierte, gründet sich jetzt darauf, daß man derartige Arbeitskraft in Asien, Südamerika, den Philippinen und sonstwo findet, wo die US-Wirtschaft investiert. Der Rassismus daheim ist eine wohlgenutzte Waffe in den Händen der Unternehmer, derer man sich bedient, um die Arbeitskräfte untereinander konkurrierend zu erhalten.

Die Statistiken der USA sagen ganz konkret aus, daß der Anteil der schwarzen Bevölkerung an der Arbeitskraft der vergangenen dreißig Jahre abgenommen hat, während der der Weißen gestiegen ist. Die Mitgliedschaft Schwarzer in den Gewerkschaften ist sogar noch geringer. Das durchschnittliche Einkommen der Schwarzen hat sich im Laufe der vergangenen fünfzig Jahre zwar absolut gesehen vergrößert, aber es ist dennoch im Vergleich zu dem der Weißen gesunken.

Schwarze Musik, interpretiert von Schwarzen, hat einen Anteil von ungefähr 20 Prozent des Industrie-Produktes, und diese Zahl korrespondiert mit dem Bevölkerungsanteil, der schwarz ist. Aber der Beitrag der schwarzen Musik zum Mainstream-Pop ist weitaus größer, als die Plattenverkäufe andeuten, und der scheinbar gleichberechtigte Anteil der schwarzen Interpreten täuscht nur über die Realität hinweg, daß die Schwarzen von anderen wichtigen Positionen der Industrie ferngehalten werden. Die Profite aus schwarzer oder von Schwarzen beeinflußten Musik kommen weiterhin in höchstem Maße weißen Top-Angestellten, Produzenten, Agenten, Konzertveranstaltern und, natürlich, Aktienbesitzern zugute. Das gegenwärtige Besitz- und Profitsystem hat nur geringe positive Auswirkungen auf die schwarze Gemeinschaft und das Wachstum und die Unterstützung der Musik, die zu dieser Gemeinschaft gehört. Auf einem sich ständig erweiternden Rock-Markt hat sich die Nachfrage nach von Schwarzen interpretiertem R&B, ob klassisch oder zeitgenössisch, nicht proportional zu der Nachfrage nach den weißen Imitationen gesteigert.

Diese de facto bestehende Rassentrennung zwischen Schwarz und Weiß sowie die tatsächliche Unterdrückung von Schwarzen durch Weiße sind nicht nur in der Musikindustrie, sondern in der Gesamtwirtschaft der USA nachzuweisen. Die Musikindustrie ist nur ein besonders eindrucksvolles Beispiel dieses andauernden Rassismus, zumal sie sich mit Hilfe der kreativen Impulse und der Kultur der Schwarzen erhebliche Profite erwirtschaftet hat. Im Laufe der Jahre hat man die Musik der Schwarzen gestohlen, nachgeahmt und ausgebeutet – auf sehr subtile Weise –, während man die Künstler unterdrückte und ihnen den angemessenen Lohn verweigerte.

8

Der lange und harte Aufstieg Frauen in der Rock-Musik

Frauen sind ebenso wie Schwarze in der populären Musik schon immer von Bedeutung gewesen. Aber während die Schwarzen musikalische Formen entwickelt haben, bei denen man Anleihen machte und die man popularisierte, dienten Frauen als Thematik von schwarzen *oder* weißen Songs. Erst seit kurzer Zeit hat sich eine Frauen-Musik als eigenes Genre zu entwickeln begonnen, das gegenüber der männlichen Pop-Musik autonom ist. Daß die Frauen keinen schöpferischen Anteil an der Pop-Musik hatten, läßt sich auf sexistische Gründe zurückführen, so wie man den Diebstahl schwarzer Musik als rassistisch bezeichnen muß. Auch auf das Risiko hin, akademisch zu klingen, sollten die Definitionen an dieser Stelle klargemacht werden, denn die meisten Leute, die der Pop-Musik nahestehen, haben erst seit kurzer Zeit diese Problematik als eine solche zu betrachten angefangen.

Sexismus ist die systematische Geringschätzung und Degradierung der Frauen, und sie besteht zudem darin, daß man den Frauen im menschlichen Lebensbereich keine gleichberechtigte Machtstellung einräumt. Der Sexismus kennzeichnet die Rock-Musik wie jeden anderen Bereich von Musik. Er läßt sich in der Struktur der Musikindustrie ebenso nachweisen wie in den Texten und der Darbietung der Musik selbst.

Der Rock 'n' Roll und später die Rock-Musik haben ein Frauenbild beibehalten und widergespiegelt, das dem der allgemeinen amerikanischen Gesellschaft entspricht (und nicht nur der amerikanischen). Die Darstellungsweisen in der Rock-Musik sind herber und oft realistischer gewesen als in der Pop-Musik der vorangegangenen Generation und in der klassischen Musik und Oper, aber grundsätzlich sind die Definitionen des Mannes als Aggressor/Initiator/Bestimmer und die der Frau als passives Objekt/Unterlegene/Bestimmte dieselben geblieben. In demselben Maße, wie sich die allgemeine Gesellschaft verändert, wandeln sich auch die oberflächlichen Darstellungsweisen: von der Frau als masochistische Blues-Mama in den dreißiger und in den vierziger Jahren über den Teen-Engel in den fünfziger Jahren bis hin zur geilen Lady der sechziger Jahre. Die explizitere Sexualität der Rock-Musik der sechziger Jahre verhalf dazu, eine weitere eher romantisierende Ebene der Beziehung zwischen Mann und Frau abzubauen – in demselben Maße wie die Gesamtbewegung zur Befreiung der (männlichen) Sexualität – und veranlaßte dadurch eine Neueinschätzung der traditionellen Beziehungen zwischen Männern und Frauen. Aber die Rock-Musik der sechziger Jahre erwies sich letztlich nicht als befreiender für die Frauen als der Rock 'n' Roll und der R&B der fünfziger Jahre. Erst in den letzten Jahren ist es zu einer Frauenbewegung in der amerikanischen Gesellschaft gekommen, die mit einer gewissen Bedeutsamkeit agiert. Diese Bewegung hat auch zu den ersten vereinzelten Veränderungen der bis dahin normalen Betrachtungsweise von Frauen in der populären Musik geführt, und sie hat eine erweiterte Teilnahme der Frauen an der Rock-Musik eingeleitet.

Das Problem, dem sich die Frauen in der populären Musik gegenübersahen, ist ein anderes als das der Schwarzen. Die historischen Bedingungen in Amerika erlaubten den Schwarzen keine kulturelle und nationale Einheit. Seit dem Zweiten Weltkrieg waren die Schwarzen zwar an ihren Arbeitsplätzen in den Fabriken des größten Teils des Landes nahezu gleichgestellt, aber ihre Getto-Existenz erhielt die separate Entwicklung z. B. von Literatur und Musik. Die Entwicklung einer starken kulturellen und oft musikalischen Identität war für das Überleben notwendig. Daher gibt es eine identifizierbare schwarze amerikanische Musik. Der Rassismus in der populären Musik und in der Pop-Industrie läßt sich sehen als der Diebstahl schwarzer musikalischer Ausdrucksformen und als ihre Unterdrückung, und er bedeutet auch die Ausbeutung der schwarzen Musiker.

Historisch existierte eine Frauenkultur, die sich in Kunst und Kunsthandwerk der Frauen in ihren traditionellen Rollen als Haushälterin, Mutter, Ehefrau widerspiegelte. Zudem besteht sie in den verschiedenen Ausbrüchen der Frauen, mit denen sie Anteile an den allgemeinen Macht-ausübenden Instanzen der Gesellschaft zu gewinnen suchten. Frauen haben Heimarbeiten zu Kunstformen entwickelt, haben mündliche Überlieferung gepflegt und innerhalb bestimmter Epochen Hebammendienste geleistet. Die Kultur der Frauen hat dennoch keinen der homogenen, nationalen Kultur der Schwarzen vergleichbaren Charakter. Frauen haben immer nur im Zusammenhang mit Männern existiert, und sie waren in jeweils die Gesellschaftsklasse eingeordnet, die ihre Männer innehatten. Die Schwarzen in Amerika haben sich im großen und ganzen zur Klasse der Armen und zur Arbeiterklasse vereinigt, während Frauen auf alle erdenklichen Klassen der Gesellschaft verteilt waren und sind.

Diese Faktoren haben im Zusammenhang mit dem verwehrten Zugang zu Musikintrumenten die Frauen davon abgehalten, wichtige Beiträge zur Hauptströmung der Pop-Musik zu leisten. Die Musik der Frauen war beschränkt auf Küchenlieder, Wiegenlieder und Kinderreime, wenn sie überhaupt zum Ausdruck kam, auf Kirchengesang und Leitgesang in Chören. Arrangement, Komposition und Instrumentalmusik sind in den allermeisten Fällen Männern vorbehalten geblieben.

Wegen der Textinhalte (*Under My Thumb, Whole Lotta Love, High Ball Shooter* und endlos so weiter), der Macho-Pose vieler männlicher Rock-Stars und der Tatsache, daß bis vor kurzer Zeit fast keine Frau ein nicht-akustisches Instrument spielte, hat man die Rock-Musik oft als sexistische Musik-Form angesehen. Genausowenig wie jede andere formale Ausprägung ist die Rock-Musik jedoch von ihrer Anlage her sexistisch. Was sie sexistisch macht, ist die Tatsache, daß man Frauen die grundlegenden Rollen verwehrt hat, die in dieser Musik notwendig sind: Schlagzeuger, Gitarrist, Autor/Songwriter (mit nur wenigen Ausnahmen) und, auf der Industrieseite, Produzent und DJ (wiederum mit wenigen Ausnahmen aus letzter Zeit). «Immer wieder mal», sagt Nicky Barclay, Keyboard-Spielerin der Frauen-Band FANNY,

> kommen uns irgendwelche Leute damit, daß wir männliche Musik machen. Das ist aber nur insofern richtig, als diese Musik bisher immer nur von Männern gemacht wurde. Wir spielen Rock 'n' Roll. Die Leute fragen uns immer wieder, ob wir hart und laut spielen, weil wir wie Männer sein müssen, um akzeptiert zu werden. Wir spielen hart und laut, weil wir vier Musikerinnen sind, die Rock 'n' Roll lieben und daher in einer Rock 'n' Roll-Band spielen.[1]

Die Sexualität der Rock-Musik, die der Musik ihre elementare Energie vermittelt, ist nach unserer Meinung ebensowenig grundsätzlich sexistisch, sondern prägt sich nur momentan so aus. Die Sexualität eines Großteils der Rock-Musik ist ganz deutlich eine männliche, aber es ist nicht gesagt, daß es auch so bleiben muß oder wird, denn Frauen nehmen immer häufiger elektrische Gitarren zur Hand und sie hören immer mehr weiblichen Rock-Interpretinnen zu, da diese immer zahlreicher werden. Die Sexualität der Rock-Musik hat insofern positive Aspekte, als sie den herrschenden Puritanismus auflöst. Wo immer diese Befreiung von Frauen kontrolliert wird, hat sie einerseits einen nicht-sexistischen Charakter, während sie andererseits die intensive Energie des Rock-Mediums beibehält. Vielleicht läßt sich der langwährende Versuch, Frauen kreative Möglichkeiten in der Rock-Musik vorzuenthalten, der Tatsache zuordnen, daß die männliche Gesellschaft allgemein darauf angelegt ist, den Frauen jene Position zu verwehren, in der sie sexuell initiativ werden können.

Wollten Frauen generell die Rock-Musik boykottieren, machten sie sich dadurch eine Energiequelle unzugänglich, die sie in nicht-elektrifizierten Kunstformen wie der Volksmusik nicht finden dürften. Volksmusik und akustische Musik können vielleicht als eine Art Zufluchtsort dienen, wohin die Frauen sich zurückziehen, um mit Hilfe progressiver Liedtexte an einem Trugbild weiblicher Kollektivität zu arbeiten, aber im Kontext moderner Kommunikationstechnik bleibt dies ein Anachronismus mit begrenztem Publikum.

Die Geschichte der Frau in der Rock-Musik ist die von Schwierigkeiten. Die Frauen mußten einen hohen Tribut zahlen, und Erfolge waren selten. Schrittweise hat eine kleine Anzahl von Frauen alle jene Tabus gebrochen und jene Rollenbilder aufgelöst, die ihnen im Wege waren und die sie gehindert haben, eine Frauenmusik zu entwickeln. Ob es wirklich eine echte Zukunftsperspektive innerhalb der Rock-Musik für Frauen als Musikerinnen, als Songschreiberinnen, als Produzentinnen, als Diskjockeys gibt, bleibt abzuwarten. In hohem Maße wird der Erfolg davon abhängen, welchen Weg die Frauenbefreiung außerhalb der Rock-Musik nimmt. Es ist nämlich diese Bewegung, die in letzter Zeit zu wichtigen Veränderungen in der Anteilnahme der Frauen an der Rock-Musik geführt hat, und es sind Frauen dieser Bewegung, die zum Teil das Publikum stellen und weitere Veränderungen stützen, wenigstens bis die amerikanische Gesellschaft, männlich und weiblich, weniger sexistisch ausgerichtet ist und als Ganzes eine nicht-sexistische Rock-Musik tragen kann.

Die Fünfziger:
«He Hit Me (And It Felt Like A Kiss)»

Die musikalische Revolution, die Rock 'n' Roll genannt wurde, verbannte die Frauen sieben Jahre lang aus den Charts – bis die sogenannten «Girl Groups» aufkamen. Vor den Anfängen des Rock 'n' Roll 1955 konnten weibliche Künstler ein Drittel der Titel in den Singles-Charts zu Jahresende für sich beanspruchen. Die meisten dieser Frauen waren Pop-Künstlerinnen wie Patti Page, Doris Day und Rosemary Clooney, an deren Stelle keine einzige Frau trat, die Rock 'n' Roll sang. 1958 war der Anteil der Frauen in den Singles-Charts auf 8 Prozent gesunken.

Der Rock der fünfziger Jahre wurde so gut wie ausschließlich von Männern geschrieben und interpretiert. Frauen sangen nicht, man sang von ihnen. Die gebräuchlichste Bezeichnung für Frauen war «baby», und die Anzahl von Hit-Singles, in denen Frauen als «baby» angesprochen werden, ist verblüffend groß. Unter den Top 50-Singles 1956 und 1957 waren *Bebop Baby, Honeycomb, Won't You Be My Baby, Be Bop A Lula, She's My Baby, Since I Lost My Baby, Since My Baby Left Me,* um nur einige zu nennen.

Schaubild 8.1: Anteil der Frauen an den Top 50 Singles (1950–1974) und den Alben (1961–1974) zum Jahresende

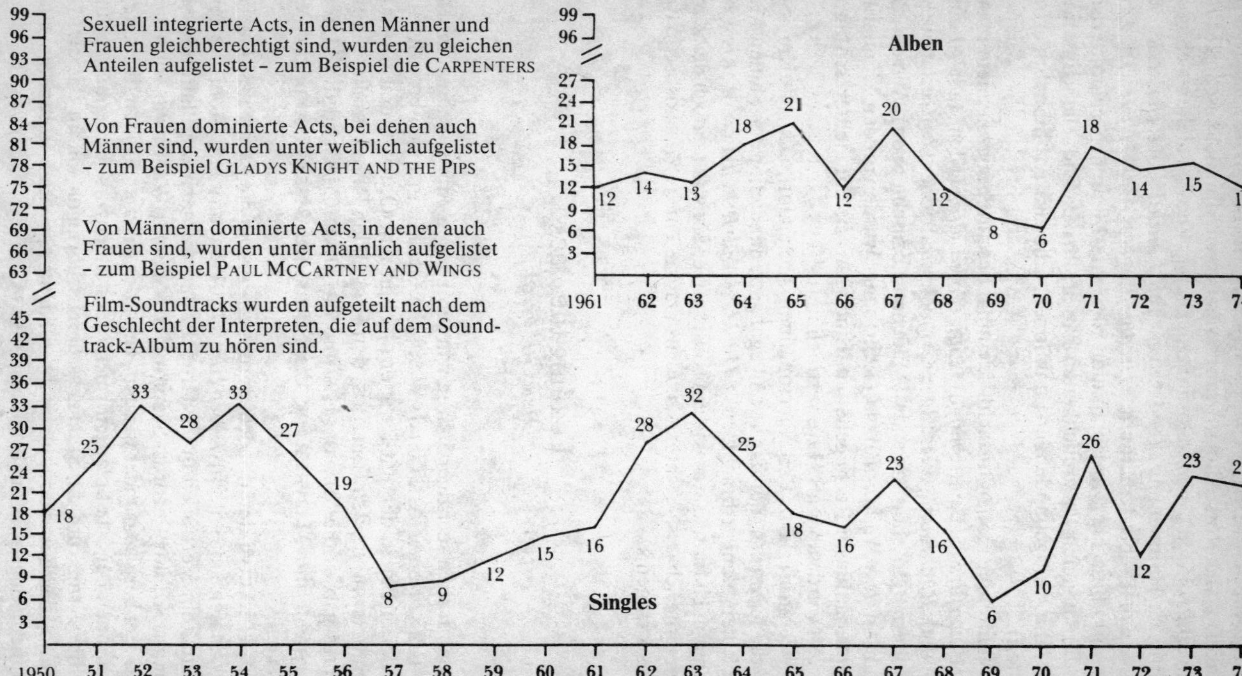

Quellen: «Cashbox» (1950–1973) und «Billboard» (1974)

Als Alternative zum «baby»-Syndrom diente das «angel»-Syndrom (Engel) – die Vorstellung, Frauen seien vom Himmel geschickt (*Little Star, Blue Moon*), seien Göttinnen (*Diana, Venus*), hielten sich gegenwärtig im Himmel auf *(Teen Angel, Tell Laura I Love Her)* oder seien sonst ätherische Kreaturen *(Dream Lover, All I Have To Do Is Dream)*. Fast nie wurden Frauen als reale Menschen charakterisiert, die ihre eigenen Persönlichkeiten haben, ihre individuellen Emotionen und ihre erdgebundenen Funktionen (die waren Männern vorbehalten).

Wenn man Frauen tatsächlich einmal beschrieb, bezeichnete man sie als *Butterflies* (Schmetterlinge), *Little Town Flirts* (Kleinstadt-Abenteuer) und *Runaround Sues*. Die Doppelmoral jener Zeit erlaubte den Männern, «to shop around» (Mädchen abzuschleppen). Wovon Gogi Grant in *The Wayward Wind* (1956) sang, wurde von den Männern erwartet, ja, für ihr Recht gehalten. Eine Frau, die mit mehreren Männern schlief, wurde aber als Hure verunglimpft.

1962 produzierte Phil Spector einen Jerry Goffin/Carole King-Song für die CRYSTALS, der das vorangegangene Jahrzehnt der Frauen-Musik auf einen Nenner brachte: *He Hit Me (And It Felt Like A Kiss)* («Er schlug mich [und es war wie ein Kuß]»). Der Song fiel jedoch der Zensur zum Opfer.

Leading the Pack:
Die «Girl Groups»

In den frühen sechziger Jahren wurden Frauen zum erstenmal im Rock 'n' Roll zu einer Art Trend. Weibliche Gesangsgruppen erreichten die vorderen Plätze der Hit-Paraden. Neben den ORLONS, den CRYSTALS, den SENSATIONS, den CHIFFONS, den ESSEX, den RONETTES und den JAYNETTES gab es die SHANGRI-LAS und die DIXIE CUPS und die Motown-Gruppen: die MARVELETTES, die SUPREMES, MARTHA AND THE VANDELLAS.

Der Prototyp der «Mädchengruppen» waren die SHIRELLES. Für Decca nahmen sie den Hit *I Met Him On A Sunday* auf. Aber die Firma setzte kein Vertrauen in die Gruppe, und die nächsten Platten erschienen auf Sceptor Records. Sceptor (jetzt Sceptor/Wand) war von Florence Greenberg gegründet worden, einer der wenigen Frauen, die leitende Positionen bei Schallplattenfirmen innehatten. Mrs. Greenberg gründete ihre Firma, um die SHIRELLES herauszubringen, die in Passaic, New Jersey, Klassenkameradinnen ihrer Tochter gewesen waren. Sie sangen in einem klagenden «call and response»-Gospel-Stil, der vom Produzenten Luther Dixon mit großstädtischem Studio-Sound unterlegt wurde, und brachten zwischen 1960 und 1962 eine Reihe von Rock 'n' Roll-Klassikern heraus: *Will You Still Love Me Tomorrow, Dedicated To The One I Love, Mama Said, Baby, It's You* und *Soldier Boy*. 1962 hatten sich weibliche Gesangsgruppen auf dem Markt durchgesetzt, und Dixons Produktionstechniken, die zur gleichen Zeit auch von Phil Spector und Berry Gordy angewendet und ausgeprägt wurden, hatten sich fast zu einer eigenen Wissenschaft entwickelt.

Der Grund für die Popularität der Mädchengruppen besteht hauptsächlich darin, daß ihre Musik kein Schlock-Rock war, sondern beinahe das genaue Gegenteil des zu jener Zeit herrschenden Trends. Auf der Schlock-Szene gaben weiße Männer als Solisten den Ton an (Neil Sedaka, Freddy Cannon, Bobby Rydell, Bobby Vee, Bobby Vinton, Brian Hyland, Paul Anka), die Frauen-Acts waren schwarze Gesangsgruppen. (Die SHANGRI-LAS waren die einzige bedeutende Gruppe des Genres, die weiß war.)

Die Mädchengruppen präsentierten während dieser abgeschlafften Phase des Rock 'n' Roll die einzig wirklich sinnliche und sexuelle Musik. Die Rocker der fünfziger Jahre waren nicht mehr in den Charts, und die Schlocker vermittelten ein sauberes Image, das eigentlich nur bei weiblichen Teenagern ankam. Es gab zu jener Zeit keine einzige weiße Sängerin, die etwa sexy gewesen wäre. In den Tagen vor der «sexuellen Revolution» wurden weiße Frauen immer noch auf einen Sockel gehoben. Als Sex-Objekte erreichbar waren nur schwarze Frauen. Über die RONETTES stand 1968 im «Rolling Stone»:

> Sie waren die abgebrühten Frauen der Unterklasse, hatten etwas von Nutten an sich, waren weibliche Hell's Angels mit einer Aura schamloser Sexualität. Die RONETTES waren wie schwarz-puertorikanische Huren mit langen schwarzen Haaren und hautengen Kleidern, die ihre wohlgerundeten Hintern betonten, wenn sie auch nicht ganz mit dem Hintern von Tina Turner konkurrieren konnten . . . RONETTES-Platten hätten unter der Theke verkauft werden sollen, zusammen mit Sex-Magazinen und Präservativen.[2]

Die anderen weiblichen Gesangsgruppen waren vielleicht weniger «schamlos» als die RONETTES, aber vom weißen Publikum wurden sie oft auf ähnliche Weise rezipiert.

In ihrer Rolle als Sex-Objekte eines größtenteils weißen Publikums des Pop-Rock 'n' Roll wurden die Mädchengruppen ähnlich behandelt und angesehen wie die schwarzen Blues-Sängerinnen der dreißiger Jahre. Obwohl die schwarzen Sänger jener Zeit kaum aus den Clubs herauskamen, gestand man diesen Blues-Sängerinnen zu, Plattenaufnahmen zu machen, weil sie keine Bedrohung der bis dahin herrschenden Sexnormen (der weißen Männer) darstellten. Ortiz Walton führt dazu in seinem Buch «Music: Black White and Blue» aus:

Mamie Smith war die erste Sängerin, die eine Blues-Platte aufnahm. Die Platte war so erfolgreich, daß die Firmen es mit einer ganzen Anzahl von Sängerinnen versuchten, weil sie hofften, eine zweite Mamie Smith zu finden. Unter den «Entdeckungen» waren Eliza Brown, Ida Cox, Lil Green, Lucille Hagamin, Rosa Henderson, Victoria Spivey, Ethel Waters, Edith Wilson. LeRoi Jones hat einleuchtend darauf verwiesen, daß eher schwarze Frauen als schwarze Männer diese Auftrittsmöglichkeiten bekamen, weil Amerika immer ein gleichsam orgiastisches Spiel zwischen weißen Männern und schwarzen Frauen akzeptieren konnte, man aber niemals duldete, daß weiße Mädchen oder weiße Frauen von schwarzen Männern sexuell aufgereizt wurden.

Wegen dieser sexuellen Attitüde haben die Weißen der westlichen Zivilisation die schwarze Musik, und besonders den Blues, immer wie mit Scheuklappen betrachtet und die offene Sinnlichkeit und Lebensfreude dieser Musik als «unzüchtig» fehlinterpretiert. Und dies führte zu einer ambivalenten Haltung gegenüber der schwarzen Musik: einerseits fühlte man sich angezogen, andererseits bedroht – von dem, was im Westen verboten ist: Sex.[3]

Es gibt auch einen historischen Grund dafür, warum in den dreißiger Jahren eher schwarze Sängerinnen als schwarze Sänger Musikaufnahmen machten. Die Frauen waren ortsansässiger als die Männer, denn sie konnten Arbeit als Hausangestellte finden und daher länger in einer Stadt bleiben. Damit von ihm Aufnahmen gemacht werden konnten, mußte ein Blues-Künstler in einer großen Stadt sein und durfte nicht in ländlichen Gebieten umherziehen, denn transportable Aufnahmegeräte waren vor dem Zweiten Weltkrieg nicht in Gebrauch.

Die weiblichen Gesangsgruppen der frühen sechziger Jahre unterschieden sich von den Schlock-Rockern auch auf andere Weise. Die Stars aus Philadelphia hatten nur sehr wenige Wurzeln in irgendeiner musikalischen Form, die man als authentischen Rock 'n' Roll hätte bezeichnen können. Sie waren Image-Träger, Ausgeburten von Rock 'n' Roll-Politik, die Schöpfung des Fernsehens. Die weiblichen Gesangsgruppen ließen sich direkt auf den R&B zurückverfolgen und auf die Gesangsstile der fünfziger Jahre. Wie beim Rock'n'Roll der fünfziger Jahre war das Medium ihrer Popularität ausschließlich die Schallplatte, nicht das Fernsehen. Wie die Gesangsgruppen der fünfziger Jahre waren die weiblichen Gruppen der frühen sechziger Jahre anonym. Niemand wußte, daß Marthas Nachname Reeves war, oder wie die Vandellas hießen. Keiner kannte die Namen der Frauen, die bei den Chiffons sangen, den Crystals oder den Shangri-Las. Diese Gruppen waren nur Sound, ihre Mitglieder hätten nie zu Kultur-Idolen werden können, weil sie nicht über identifizierbare Persönlichkeiten verfügten. Die Philadelphia-Schlock-Stars hingegen hatten ihr jeweiliges Image entwickelt. Man sah sie im Fernsehen, und ihre Namen ließen sich den Gesichtern zuordnen. Ihre Vorlieben und ihre Abneigungen, ihre Hobbies, ja sogar ihre heimlichen «Flammen» wurden ausgiebig in den Fan-Zeitschriften für Teenies offenbart.

Wenn man zu jener Zeit im Teenager-Alter war und weiblich dazu, wollte man ganz gewiß gern eine dieser heimlichen «Flammen» sein. Da die Männer die Kultur-Idole und -Heroen waren, mußten die Frauen allgemein ihre Selbstachtung durch die Männer gewinnen, denen sie als Freundinnen oder Ehefrauen verbunden waren. Frauen hatten keine eigenen weiblichen Kultur-Idole – keine Rollenvorbilder, die unabhängig von ihren Beziehungen zu Männern existierten. Es bahnten sich Anfang der sechziger Jahre soziale Veränderungen an, aber auf dem Pop-Markt pries man noch immer die Zeit der Sonnabendabend-Verabredungen, des Fest-miteinander-Gehens, der «anständigen Mädchen, die so was nicht tun». Aber auch die abgebrühten anonymen Frauen der Gesangsgruppen sangen nicht von sich selbst, sondern von ihren Männern, die *Rebels* waren und *Leader Of The Pack*. Die Geschichte ihrer Songs war: *He's So Fine*, ich wünschte *Be My Baby*, und als er mich anrief, bat ich ihn, *Don't Hang Up*, bis *One Fine Day* er mich nach Hause brachte und *Then He Kissed Me*. Ich wußte, wenn ich die richtigen Trümpfe ausspielte, dann folgte ganz bestimmt *Goin' To The Chapel*, aber das war natürlich *Easier Said Than Done*, *Da Doo Ron Ron Ron, Da Doo Ron Ron*.

Eine Folk-Heldin tritt auf

Obwohl sie soviel besser als die Schlocker waren, mußten auch die weiblichen Gesangsgruppen die Charts räumen, als die BEATLES 1964–65 die Szene betraten. Das abgebrühte und rebellische Image, das sie hatten, war dem Rock 'n' Roll angemessen, aber doch auch ein Rückverweis auf die fünfziger Jahre, und es konnte dem cleveren Image der BEATLES nicht standhalten.

Joan Baez, die einzige Frau, die zum Kultur-Idol wurde, kam nicht von der Rock-Musik. Ihr traditioneller Folk-Stil war in den frühen sechziger Jahren kurzzeitig auf dem Pop-Markt einflußreich und erfolgreich, als sich der politische Aktivismus der Bürgerrechtsbewegung entwickelte. Die Vorstellungen von gesellschaftlicher und politischer Veränderung erforderten Inhalte, die die seichten Leerformeln der Pop-Musik nicht liefern konnten. Auf ihrer Suche nach einer substantielleren Alternative entdeckten die Aktivisten die Folk-Musik. Zu jener Zeit machte man (vehement) Unterscheidungen zwischen «ethnischem» Folk und «kommerziellem» Folk. Wie das ziemlich glatte, am College-Publikum orientierte Kingston Trio zählten auch PETER, PAUL AND MARY zum kommerziellen Folk. Joan Baez war ethnisch.

Sie verkörperte für die Frauen eine positive Wendung: sie war politisch aktiv, gab ihre Meinung kund und vertrat kontroverse Standpunkte. Soweit man sehen konnte, war sie von keinem Mann abhängig, und musikalisch orientierte sie sich eigenständig. Der Sieg, den sie davontrug, war jedoch nicht ohne Kompromiß. Es war kein Zufall, daß die erste Frau, die den Status eines Kultur-Leitbildes erreichte, eine Folk-Sängerin war, die sich in einem Genre präsentierte, das gemeinhin als asexuell zu bezeichnen ist. In einer Gesellschaft, die sich auf Doppelmoral gründet, sowohl rassisch wie sexuell, ist es für eine Frau viel schwerer als für einen Mann, die eigene Sexualität so darzustellen, daß sie sich für das Image positiv auswirkt. Die «Wahl», die zu jener Zeit blieb, schien die zwischen der offenen, oft rassistischen Sexualität der schwarzen Frauen ohne Namen oder der Asexualität einer weißen Folk-Sängerin zu sein.

Obwohl das Talent und der Einfluß von Joan Baez auf jene Zeit nicht unterschätzt werden sollen, bleibt es doch in gewisser Weise widersinnig, daß sie zusammen mit der übrigen Pop-Folk-Bewegung zu einem Zeitpunkt populär wurde, als es eigentlich um den Befreiungskampf der Schwarzen ging. «Trotz des Engagements für die Schwarzen», schreibt Carl Belz,

> war die populäre Folk-Bewegung stilistisch weiß, weißer sogar noch als der Rock-Stil, den sie zu ersetzen hoffte. Fast nur weiße Künstler waren an ihr beteiligt. Wenn man schwarze Folk-Sänger einbezog, dann Josh White, Leadbelly und andere, die viele Jahre im Folk-Idiom gearbeitet hatten und als sichere historische Leitbilder hervorgehoben werden konnten. Die schwarzen Songs, die mit der Folk-Bewegung populär wurden, kamen aus einer alten Tradition und waren gleichsam nostalgische Rückblicke in die Vergangenheit. Schließlich war der Stil der populären Folk-Sänger radikal verschieden von dem des schwarzen Folk Blues. Er war sauber, geschliffen und künstlerisch, und er besaß nichts von der rauhen Unmittelbarkeit der schwarzen Tradition.[4]

Die Forderung nach «Freedom Now» konnte eigentlich nur abgeschwächt werden dadurch, daß man eine nicht mit Schuld beladene weiße Frau zur wesentlichen musikalischen Sprecherin der Bewegung machte. Joan Baez hatte ihre Wirkung, und sie war sich musikalisch treu, aber wären Veränderungen nicht vielleicht schneller eingeleitet worden, wenn man eine schwarze Sängerin oder die schwarze Musik in den Vordergrund gestellt hätte?

Durchbruch:
Grace Slick, Janis Joplin, Aretha Franklin

Die wahrscheinlich prominentesten Frauen in der Rock-Musik zwischen 1964 und 1970 waren Grace Slick, Janis Joplin und Aretha Franklin. Alle drei waren Sängerinnen, die sich von Bands begleiten ließen, die aus Männern bestanden. Grace Slick war vielleicht etwas mehr in ihre Gruppe integriert. Ihre Beziehungen zum neuen Selbstverständnis der Frauen, das zu jener Zeit noch in den Anfängen steckte, waren unterschiedlich, aber alle drei sind Modellfälle.

Zuerst als Lead-Sängerin bei GREAT SOCIETY, dann bei den JEFFERSON AIRPLANE war Grace Slick geradezu Paradebeispiel für das «Ego-Problem», das Abe Kesh als typisch für die Sängerinnen der San Francisco-Szene ansah. «Grace war ganz offensichtlich das talentierteste Mitglied der Gruppe (GREAT SOCIETY)», erinnerte sich Tom Donahue, der die Band für sein Label Autumn unter Vertrag genommen hatte, «und daher spürte man, wie die Band versuchte, sie in den Hintergrund zu drängen, weil man Angst hatte, sie könne ein zu großer Star werden.»[5] Bei den AIRPLANE trat sie nicht in demselben Maße in den Vordergrund, sondern teilte sich Autoren-Credits und Publikumsaufmerksamkeit mit Paul Kantner. Ihr Status gründete sich auf die Verehrung, die ihr von einem männlichen Publikum zuteil wurde, und sie schien höchst angetan von ihrer Rolle als psychedelisches Sex-Symbol. Ihre Erfahrungen beeinflußten sie nie zur Opposition gegen das in San Francisco vorherrschende Konzept von «chick singer» (Mädchen, Frau gleich «chick» –Huhn), und sie kritisierte die Anhängerinnen der Frauenemanzipation (women libarationists). Zu einer Zeit, als die Jugendkultur noch nicht zur Handelsware verkümmert und vereinnahmt war, repräsentierten Slick und die AIRPLANE sehr rebellische Aspekte der Rock-Musik, besonders mit ihrem Album «Volunteers Of America». Als die Jugendkultur ihren kritischen Einfluß und ihre Richtung zu verlieren begann, erschienen auch die Science-Fiction-Traumgespinste der AIRPLANE eher unbedeutsam als hilfreich utopisch, und Grace Slick, Tochter eines Investment-Bankiers, wirkte eher bilderstürmerisch als wirklich revolutionär. Daß die AIRPLANE eine Zeitlang die höchstbezahlten Konzert-Künstler der USA waren und 7 500 Dollar pro Auftritt bekamen, als diese Summe die absolute Top-Gage war, hat vielleicht dazu beigetragen, sie zu isolieren.

Wie Grace Slick war auch Janis Joplin für die weiße Mittelklassen-Jugend, die sich von der Lebenshaltung ihrer Eltern abwandte, ein Symbol der Rebellion. Nachdem sie im konservativen Port Arthur, Texas, schon immer eine Außenseiterin gewesen war, die die Bürgerrechtsbewegung unterstützte, Gedichte schrieb und Folk-Musik machte, zog sie wie so viele andere nach Beendigung der High School nach San Francisco. Janis war eine sehr intensiv empfindende Frau, die trank und sich immer wieder in Liebesaffären stürzte. Ihre persönlichen Schwierigkeiten, unter denen sie sehr litt, entstammten vielleicht dem Haß auf das eigene Äußere und den bitteren Erfahrungen aus menschlichen Beziehungen. Dieser Schmerz verband sich mit einer wachsenden Professionalität, und sie schuf glaubhafte weiße Blues-Songs von kathartischer Wirkung: *Ball And Chain, Turtle Blues, Combination Of The Two* und andere mehr. Sie hätte wohl die Kraft und das Einfühlungsvermögen gehabt, eine der größten Blues-Sängerinnen aller Zeiten zu werden, aber sie starb, bevor sie die dazu erforderliche Selbstkontrolle gewonnen hatte. Sie sagte einmal einem Interviewer, Aretha Franklin oder Billie Holiday seien in der Lage, mit zwei Tönen auszudrücken, was es auszudrücken gäbe, und sie selbst sei noch lange nicht soweit. Sie hoffte, noch dahinzukommen.

Janis Joplin hatte starke Bindungen zu Frauen und erlebte mehrere lesbische Beziehungen, aber zu oft war ihr Liebesleben eher selbstzerstörerisch als befreiend. Sie war sich ihrer Unterdrückung als Frau weitaus mehr bewußt als Grace Slick, aber sie vermochte dieser Einsicht nie wirklich konkreten Ausdruck zu geben. Sie starb, bevor sie ihre Karriere zur Vollendung gebracht hatte. Nach ihrem Tod noch mehr als zu Lebzeiten ist Janis Joplin zum Symbol des intensiven Leids geworden, dem sich Frauen nicht entziehen konnten, die in den Wirren und Neuorientierungen der sechziger Jahre so in den Vordergrund traten.

Aretha Franklin präsentierte ein weitaus konventionelleres Image als Grace Slick oder Janis Joplin, aber auch sie hat wohl genausoviel persönliche Schwierigkeiten durchleiden müssen wie diese. Ihre Mutter, die ebenfalls Sängerin war, verließ die Familie, als Aretha noch ein Kind war, und starb vier Jahre darauf. Mit vierzehn ging Aretha erstmalig mit dem Gospel-Caravan ihres Vaters auf Tournee. Die Gospel-Szene stellte höchste Anforderungen, war aber auch lukrativ. Ihr Vater, Reverend C. L. Franklin, bekannt als der «Mann mit der Millionen-Dollar-Stimme», bekam bis zu 4 000 Dollar für eine Predigt. Aretha heiratete ihren Manager Ted White und bekam drei Kinder, noch bevor sie zwanzig Jahre alt geworden war. White soll sie immer wieder geschlagen haben.

Im Musikgeschäft wurde Aretha Franklin fast kaputtgemacht. Columbia versuchte jahrelang, sie zu einem Pop-Star zu machen, indem man sie Songs wie *Rock-a-Bye Your Baby With A Dixie Melody* aufnehmen ließ. Erst als ihr Vertrag von Atlantic übernommen wurde, begann sie sich als Sängerin zu entwickeln. Jerry Wexler produzierte sie, und das Ergebnis war authentischer R&B wie *I Never Loved A Man, Respect, Natural Woman* und *Chain Of Fools*, Songs, die alle 1967 zu Hits wurden. 1968 war sie «Lady Soul», die einzige schwarze Frau in der populären Musik, die den Antrieb und die Kraft der militanten schwarzen Bewegung jener Tage verkörperte. «Aretha betete nicht wie Mahalia

(Jackson) um die Kraft, alles durchzustehen», schrieb Hettie Jones in «Big Star, Falling Mama»,

> noch drückte sie ihr Leid aus, wie Billie Holiday es getan hatte. Die Aussage, die schwarze Künstler machen wollten, hatte sich verändert. Der Blues war von Zorn und Stolz geprägt. Arethas Musik zelebrierte das eigene Selbstverständnis, sie war «die mahnende Erdmutter, Priesterin, die anklagte, sie war militant und verlangend, sie war die verlassene Frau, die klagte». Sie war schwarz, sie war schön, und sie war die beste. Jemand nannte jenen Zeitabschnitt 1967 «den Sommer von Retha, Rap and Revolt» (Retha von Aretha, rap – die Reden, die sie vortrug, und Revolte).[6]

Arethas Musik war symbolisch für die schwarze Bewegung, aber trotz ihres Hintergrundes hat sie in der Frauenbewegung keine vergleichbare Rolle gespielt. Die meisten schwarzen Radikalen sahen ihre Hauptaufgabe darin, die schwarze Männlichkeit innerhalb der weißen Gesellschaft zu verteidigen – besonders in jener Zeit. Es gab in der schwarzen Bewegung keinen Raum für den Befreiungskampf der Frau. Erst Angela Davis und die schwarze Anwältin Flo Kennedy haben diese Verbindung vollzogen. Als Aretha ihre ersten Erfolge hatte, war die Frauenbewegung noch so gut wie nicht existent. Später, da sich der schwarze Radikalismus eher uneinheitlich darstellt, scheint sich Aretha Franklin als Sex-Symbol zu präsentieren, denn auf dem Cover ihres Albums von 1974 ist sie nackt abgebildet (bis auf eine Nerzstola, die sie über den Schultern trägt). Die Kraft, die sie musikalisch verkörperte, bestärkte ganz sicher den Freiheitskampf der Schwarzen, aber ihre eigenen politischen Standpunkte waren niemals deutlich radikal.

Die Tore öffnen sich:
Singer/Songwriter

Obwohl Musiker wie Dylan, Arlo Guthrie und Janis Ian, die ihr eigenes Material schrieben und interpretierten, schon in der zweiten Hälfte der sechziger Jahre auftauchten, machte die Musikindustrie erst ungefähr 1970 das Phänomen «Singer/Songwriter» zu einem Trend. 1970/71 hatten drei Singer/Songwriter immensen kommerziellen Erfolg: James Taylor, Cat Stevens und Carole King. Trotz Hard Rock und Soul schien jetzt für einen etwas sanfteren und individuelleren Sound die Zeit gekommen. Zum erstenmal seit den Mädchengruppen der Vor-BEATLES-Ära waren die Bedingungen für eine Wiederkehr von Sängerinnen gegeben.

Carole King war die populärste in diesem Bereich. In der Musikszene war sie jedoch ganz und gar kein Neuling. Sie war Mit-Autorin von *The*

Locomotion für Little Eva, die 1962 das Dienstmädchen ihrer Eltern gewesen war. Jahrelang war sie Songautorin bei Donny Kirshner, und zusammen mit Jerry Goffin, den sie heiratete, schrieb sie Dutzende von Songs für die SHIRELLES, Aretha Franklin und die DRIFTERS. Ihre eigenen Songs nahm sie erst später auf. «Tapestry» ist bis jetzt das bestverkaufte Album aller Zeiten. Obwohl sie menschliche Beziehungen mit ziemlich starker Offenheit in Song-Texten behandelte und kommerziell anderen weiblichen Singer/Songwriters den Weg bahnte, war Carole Kings Aussage über Frauen in ihren Texten (die größtenteils von Männern geschrieben sind) beinahe ebenso hoffnungslos trivial wie die vieler anderer Rock-Musikerinnen. In den meisten ihrer Songs sind die Frauen passiv, unterwürfig und willens, für immer auf ihre Männer zu warten. Von einigen Ausnahmen abgesehen *(It's Too Late, You Go Your Way, I'll Go Mine, My My, She Cries)* hat Carole King gemeinhin keinen besseren Rat für sich selbst oder andere Frauen als den, in Liebe auszuharren. Ihr Stil als Interpretin, auch auf der Bühne, ist nicht weniger passiv. Sessions werden von ihrem Manager Lou Adler organisiert, der sie zudem bewußt von der Presse fernhält. Nur sehr selten geht sie auf Tournee und stellt sich eine Band zusammen.

Joni Mitchell präsentiert sich ebenso wie Carole King mit künstlerischer Vollendung. Ihre Wurzeln sind weder im R&B oder im Pop-Bereich, sondern in der Folk-Musik. Ihren ersten größeren Bekanntheitsgrad erreichte sie, als Judy Collins 1968 ihren Titel *Both Sides Now* aufnahm. Während der Hard Rock-Zeit der frühen siebziger Jahre blieb sie akustisch orientiert, und erst auf späteren Platten bediente sie sich einer Rock-Begleitband. Diese Hinwendung zur Rock-Musik hat ihr Publikum beträchtlich erweitert, und dadurch hat sie Einflußmöglichkeiten gewonnen, die den akustischen Folk-Musikern oft verschlossen bleiben. Sie tritt als Sängerin auf, die von einer Band begleitet wird; da sie aber fast alle Songs, die sie vorträgt, selbst geschrieben hat, ist ihre Kontrolle größer als die der meisten anderen Sängerinnen, die sich von Rock-Bands begleiten lassen. Sie produziert ihre Alben sogar selbst. Als Modell ist natürlich Joni Mitchells Kontrolle über Technik, Komposition und Produktion für die Frauen in der Rock-Musik hilfreich. Ihre Songtexte sind teilweise progressiv und sexuell aggressiver als die Texte der meisten anderen Rock-Sängerinnen.

Zuweilen, zum Beispiel in dem Song *A Case Of You*, präsentiert sie sich in einer fast masochistischen Verletzlichkeit. Leid ist so intim und feinfühlig dargestellt, daß Zweifel an einer sich entwickelnden Rock-Härte entstehen. Wird sie sich den rauhen Lebensumständen in den Vereinigten Staaten stellen oder im Laurel Canyon abgeschieden ihre Künstlerexistenz führen? Sie ist ein extrem isolierter Rock-Star und geht nur sehr selten auf Tournee. Interviews gewährt sie so gut wie nie. Vielleicht ist sie an sich eine sehr scheue und schüchterne Frau, aber ihre

Isolation wird gewiß auch von ihrem Manager Eliot Roberts unterstützt. Roberts sagt, Joni Mitchell (und auch einige andere Musiker, die er betreut), «suchen für uns nach Orientierung.»

Sie sind nicht da draußen auf der Straße . . . sie wissen nicht, was los ist. Und das kümmert sie auch nicht. Ich meine, sie sind wirklich . . echte Künstler. Ihnen geht es um Kunst. Sie sind alle sehr – nicht verschlossen oder wirklich ganz und gar abgekapselt, denn sie sind eigentlich auch sehr offen, aber sie – sie haben eben ihr eigenes ganz persönliches Spektrum, und sie erwarten von uns, daß wir sie zusätzlich informieren. Darüber aufklären, was sonst noch so passiert. Und das tun wir.[7]

Joni Mitchell ist, wie Roberts vermerkt, eine reiche Frau. Es ist nicht leicht für sie, sich als Hippie darzustellen. Sie hat sich aus eigener Kraft in einem Männer-«Beruf» behauptet. Was ihren Erfolg betrifft, hat sie vielleicht das Gefühl, andere Frauen seien ebenso dazu in der Lage. Wie bestimmte Schwarze in hohen Positionen können sich viele extrem talentierte Frauen nicht als Ausnahmen sehen. Viel eher meinen sie, auch andere Frauen könnten es ebenso wie sie schaffen, wenn sie nur hart genug arbeiten. Sie sehen nicht, daß nur die außergewöhnlichsten und extrem begabtesten, oder wie in Joni Mitchells Fall, zusätzlich die nach männlichen Kriterien schönsten Frauen in einer strukturell sexistischen Industrie eine echte Chance haben und alle Frauen mit weniger großem Talent fast automatisch ausgeschlossen werden.

Du willst also ein Rock 'n' Roll-Star werden . . .

«So you want to be a rock'n'roll star
Well, just pick up a guitar and learn how to play»
The Byrds

Weibliche Singer/Songwriters haben den Texten von Rock-Musik eine weibliche Perspektive gegeben. Das vielleicht größte Hindernis für eine tatsächlich gleichberechtigte Teilnahme an der Musik ist zu diesem Zeitpunkt der Vorbehalt gegenüber weiblichen Instumentalisten. Alle weiblichen Gesangsgruppen der frühen sechziger Jahre benutzten Studiomusiker als Begleitgruppe. Sängerinnen wie Janis Joplin und Aretha Franklin spielten selbst kein Instrument. Es war wie eine ungeschriebene Regel, daß nur Männer mit den Instrumenten umgehen konnten. Wenn Frauen Instrumente spielten, dann höchstens die akustische Gitarre oder Piano, niemals elektrisch verstärkte Instrumente und fast niemals Blasinstrumente. Von einigen Ausnahmen abgesehen, bleibt diese Situation grundsätzlich unverändert.

Carole Kaye ist eine erfolgreiche Session-Musikerin, die bei einer ganzen Anzahl von Motown-Hits den Baß gespielt hat, u. a. *Love Child, Bernadette, Get Ready* und *I Was Made To Love Her*. Es gibt einige wenige weitere Session-Musikerinnen, zum Beispiel Hope Ruff, aber der Öffentlichkeit werden sie nie bekannt. Beide Bläser in Sly Stones Band sind Frauen, aber dies ist auch die einzige rassisch und sexuell integrierte Gruppe, die je in die Pop-Charts gekommen ist. SLY AND THE FAMILY STONE sind jahrelang die große Ausnahme gewesen. Ruth Underwood spielt jetzt bei Frank Zappa; Maureen Tucker war die Schlagzeugerin von VELVET UNDERGROUND. Einige regional bekannte Bands sind von Frauen gegründet worden, aber die meisten von ihnen überdauerten nicht lange. Die Schwierigkeiten waren zu groß. Von denen, die übrigblieben, ist FANNY die bekannteste.

Innerhalb der Frauenbewegung wurde FANNY mit einer gewissen peinlichen Berührtheit wahrgenommen. Mit Alben-Titeln wie «Charity Ball» und «Fanny Hill» und auch dem Namen der Gruppe selbst (fanny – Anspielung aufs weibliche Hinterteil) boten sie hinreichend Anlaß, ihr Bewußtsein als Frauen in Frage zu stellen. Innerhalb der Musikindustrie wurden FANNY als Kuriosität betrachtet, und auch wenn ihre Konzerte Anklang fanden, blieb doch die vorherrschende Meinung: «Nicht schlecht . . . für Mädchen.» Obwohl das von der Band selbst gewählte etwas frivole und doppeldeutige Image ihnen erschwerte, als ernsthafte Musiker anerkannt zu werden und sie eher als weibliche Sexobjekte angesehen wurden, hätte man einer männlichen Band mit ähnlich sexistischem Namen und ähnlich zweideutigen Albentiteln auch um ihrer Musik willen zugehört. FANNY hatten dasselbe Image-Problem wie Grace Slick. Man setzte auf männliche Fantasien und war, um Erfolg zu haben, hauptsächlich auf männliche Fans angewiesen.

FANNY müssen im angemessenen historischen Zusammenhang gesehen werden. Es überrascht nicht, daß die erste erfolgreiche weibliche Rock-Band aus Frauen bestand, die aktiv an der Emanzipationsbewegung der Frauen keinen Anteil hatten (teilweise ihren Erfolg aber dieser Bewegung verdankten). Ende der sechziger Jahre hätte eine ausschließlich aus Frauen bestehende Rock-Band mit einem weit entwickelten feministischen Bewußtsein wahrscheinlich nicht existieren oder gar berühmt werden können. Zu jener Zeit hätten sich dem Feminismus verschriebene Frauen aus von ihnen realistisch eingeschätztem Mangel an Rückhalt nicht der Rock-Musik zugewandt. Jegliche Art von Feminismus blieb eher auf eine kleine Gruppe von Intellektuellen und Radikalen beschränkt. Es blieb kaum eine andere Wahl. Die Frauen, die FANNY gründeten, wollten Rock-Stars werden, und indem sie zu elektrisch verstärkten Instrumenten griffen, halfen sie eines der wirkungsvollsten Tabus zu neutralisieren, dem die Frauen auf diesem Sektor unterworfen waren. Wie Joni Mitchell haben sie es unglücklicherweise anderen überlassen, weitere Fortschritte einzuleiten.

Der erste wirkliche Hoffnungsstrahl ist wohl die Gruppe Joy of Cooking gewesen. Drei Männer spielten in ihr mit, tonangebend waren jedoch zwei Frauen – Toni Brown und Terry Garthwaite. Sie spielten elektrisches Klavier und elektrische Gitarre, und sie schrieben den wesentlichen Anteil des Materials. Ihre Musik entstammte den verschiedensten Quellen, war aber Rock 'n' Roll. Die Instrumentierung, die Bühnenpräsentation und das der Öffentlichkeit vermittelte Image der Band lassen sich vielleicht als Anfang einer nicht-sexistischen Tradition in der kommerziellen Pop-Musik ansehen. Aber nach drei LPs und nachdem sie einen erheblichen nationalen Bekanntheitsgrad erreicht hatten, löste sich die Band auf. Grund dafür waren keine katastrophalen Schwierigkeiten, sondern die einzelnen Mitglieder von Joy of Cooking hatten sich ganz einfach musikalisch in verschiedene Richtungen entwickelt, so daß ihre Gruppe nicht mehr das richtige Medium für ihre Musik war. Toni und Terry machten gemeinsam ein Album unter dem Titel «Cross Country». Terry trat weiterhin auf, aber hauptsächlich als Solokünstlerin.

Homosexualität in der Musikszene

Neben der Entwicklung von Bands, die von Frauen geprägt waren, ist in den letzten Jahren auch eine homosexuelle Musikszene entstanden. Diese Strömung, die sich in den ersten David Bowie-Alben andeutete, besonders in «Hunky Dory», ließ anfangs eine ehrlichere Darstellung männlicher wie weiblicher Sexualität erhoffen, stellte die Homosexualität offen dar und schien eine Feinfühligkeit in den emotionalen Beziehungen zwischen den Geschlechtern einzuleiten, wurde jedoch sehr bald von Bowie und seinen zahlreichen, eher modisch orientierten Anhängern insofern wieder verraten, als sie begannen, sexuelle Ambivalenz als kommerziellen Reiz zu vermarkten, statt eine starke und ehrliche homosexuelle Perspektive in der Rock-Musik zu etablieren. Die meisten homosexuellen Interpreten, zum Beispiel auch Lou Reed, bestritten ganz einfach ihre Neigungen und ließen sich sogar dazu hinreißen, Songs zu schreiben, die die Frauen herabsetzten. Eine Ausnahme ist vielleicht Ray Davies von den Kinks, der keine Heuchelei betrieb. Bis jetzt hat die nur an der Oberfläche mit Homosexualität kokettierende Rock-Musik noch nicht einer offenen und ehrlichen Darstellung Platz gemacht, und es ist nicht abzusehen, wann das stattfinden wird. Im Falle weiblicher homosexueller Rock-Interpreten scheinen größere Inhibitionen vorzuherrschen. Bis jetzt ist keine kommerziell erfolgreiche lesbische Frauenband aufgetaucht.

Rock 'n' Roll-Frauen in den siebziger Jahren

Im Moment eröffnen sich für Frauen größere Möglichkeiten, erfolgreich auf dem Rock-Sektor zu arbeiten. Rita Coolidge, Linda Ronstadt, Maria Muldaur, Patti Smith und Bonnie Raitt sind einige der neuen Rock 'n' Roll-Frauen, die in der Szene von sich reden machen. Sie alle sind fähig, sich zu artikulieren, und haben College-Ausbildung (obwohl die meisten keinen Abschluß gemacht haben). Die Rock 'n' Roll-Frauen der siebziger Jahre hätten andere Möglichkeiten als eine Musik-Karriere gehabt, und verglichen mit den Blues-Sängerinnen der dreißiger Jahre und den Gesangsgruppen der frühen sechziger Jahre, die entweder aus Verzweiflung sangen oder sonst in allen anderen Möglichkeiten eingeschränkt waren, mußten sie nur wenig erdulden. Obwohl keine dieser neuen Sängerinnen besondere Neigungen zum Feminismus gezeigt hat, verdanken sie doch ihren Erfolg zumindest teilweise der Frauenbewegung und dem wachsenden weiblichen Publikum für Rock-Musik. Sie gestehen zudem ein, daß die Frauenbewegung ihr Leben beeinflußt hat. Alle diese Frauen haben zumindest ein gewisses Maß an Bewußtsein für die Konflikte, unter denen jede Frau zu leiden hat, die sich in der Rock-Sparte zu behaupten versucht.

Weibliche Interpretinnen unterliegen grundsätzlich erstmal denselben Normen, denen auch männliche Künstler von der Musikindustrie ausgesetzt werden. Bonnie Raitt ist dafür beispielhaft. Sie begann als Cambridge-Folkie und sang meistens Blues-Material. Inzwischen ist sie eine der besten Bottleneck-Gitarristen (männlich oder weiblich) der Rock-Musik. Ihr Image ist das einer etwas sanfteren Blues-Mama à la Janis Joplin. Da sie in erster Linie Live-Interpretin ist, hat ihr ihre starke Bühnenpräsenz eine ergebene Kult-Anhängerschaft gebracht. Sie ist keine Studio-Künstlerin. Bis vor kurzem hatte Bonnie Raitt vollständige Kontrolle über ihre Produktionen – «Ich suchte die Studio-Musiker raus, das Studio, den Produzenten und das Material.» Auf ihren ersten drei LPs benutzte sie keine Session-Musiker, und der Produktionsstil der Platten vermochte die mitreißende Atmosphäre ihrer Live-Auftritte einzufangen. Nach dem kommerziellen Plan ihres Label Warner-Reprise wurde erwartet, daß die erste LP ungefähr 50000 Exemplare verkaufte, die zweite 150000 und die dritte genügend, um «vergoldet» zu werden. Der Erfolg der ersten beiden LPs entsprach den Erwartungen, als aber die dritte, «Takin' My Time» nicht so erfolgreich war, bestand man bei Warner darauf, daß sie für ihr viertes Album «Streetlights» einen professionell erfolgreichen Produzenten und Studiomusiker benutzen sollte. Jerry Ragavoy trat auf den Plan, die Hit Factory in Manhattan war im Spiel, Bläser und Streicher glätteten den Hintergrund. Ein Studio-Album war das Ergebnis, ja, ein gutes Studio-Album, aber eben kein Bonnie Raitt-Album. Den Songs fehlten die Vitalität und die Spontaneität des Live-Materials. Bei Warner hoffte man, mit Hilfe dieser geglätteten Produktionsweise «Streetlights» auf die von und für Bonnie Raitt nächsthöhere kommerzielle Ebene zu bringen. Der Preis, den sie zahlen mußte, war der teilweise Verlust ihres eigenen Images und geringeres Mitspracherecht.

In bezug auf Plattenverkäufe können nur einige wenige weibliche Acts mit männlichen Künstlern konkurrieren. Von allen LPs, die zwischen 1972 und 1974 Gold-Status erreichten, waren nur weniger als 12 Prozent von Frauen. In der Pop/Rock-Kategorie gibt es zwei verschiedene grundlegende Arten weiblicher Musik: den sanften Rock-Sound von Carole King, Carly Simon und Joni Mitchell sowie die Bühnenpräsentationen von Acts wie Bette Midler oder den POINTER SISTERS. Helen Reddy wäre irgendwo in der Mitte einzuordnen. Zum gegenwärtigen Zeitpunkt gibt es unter den Frauen keine Hard Rockers, die goldene Schallplatten erreichen könnten. Mittlere Popularität in diesem Rahmen haben einige weibliche Rock-Musikerinnen, die über ein etwas härteres Image verfügen, führend ist Patti Smith.

On the Road

Für die männlichen Rock-Stars, deren Platten alle vergoldet werden, für die ALLMAN BROTHERS zum Beispiel und CSN&Y, bieten sich Auftrittsmöglichkeiten in Stadien und auf Autorennbahnen, bei denen sie bis zu 100000 Dollar pro Abend verdienen. Gewaltige Massen junger Leute besuchen diese Konzerte, die Stars, die dort auftreten, werden zu ihren Kultur-Idolen. Unglücklicherweise scheinen die wenigen Frauen diese Konzert-Szene vor jugendlichem Publikum zu verlassen, sobald sie genügend Platten verkaufen. Sie werden einfach Platten-Stars oder Songschreiberinnen. Carole Kings «Tapestry»-Album hat ihr Millionen an Tantiemen eingebracht, und jetzt ist sie, wie Katherine Orloff es ausdrückt, «eine Hausfrau, die Songs schreibt». Carly Simon geht auch nicht mehr länger auf Tournee, sondern bleibt daheim und versucht, ihrem Mann James Taylor dabei zu helfen, die Windeln der gemeinsamen Tochter Sarah zu wechseln, wie sie einem Interviewer sagte. Als Erbin des Vermögens aus dem Simon & Schuster-Verlagshaus braucht sie das Geld sowieso nicht.

Das Leben unterwegs auf Tournee ist für fast alle strapaziös und entfremdend, aber für weibliche Musiker stellt es sich fast als tägliche Übung in Schizophrenie dar. Eine Solistin auf Tournee hat im allgemeinen einen männlichen Manager, männliche Roadies und männliche Begleitmusiker. Einige der Musiker mögen vielleicht ihre «old ladies» (Freundinnen) dabeihaben und manchmal auch Groupies, aber grundsätzlich und allgemein ist die Solo-Künstlerin die einzige Frau auf einer Tournee, die eine wichtige, wenn nicht gar die wichtigste Rolle spielt. Auf der Bühne muß sie sich möglichst sexy präsentieren, und wenn sie nach dem Auftritt noch weiterhin mit den Beteiligten zusammenbleibt, dann wird sie als «one of the guys» (einer von den Jungs) angesehen. Daraus ergeben sich natürlicherweise Konflikte, und es ist sehr schwierig, einer solchen Doppelrolle gerecht zu werden. Die Gesellschaft ist ebensowenig in der Lage, Frauen in Primärrollen oder -positionen zu akzeptieren wie Männer in sekundären Positionen. Maria Muldaur mußte sehr schnell erkennen: «Es ist für eine Menge Typen unerträglich schwer und geradezu bedrohlich, sich einer Frau gegenüber zu sehen, die selbständig und beieinander ist. Eine Frau zu respektieren, die nicht einfach ihren Schlafsack nimmt und mit ihm hingeht, wo er hin will.»[8]

Helen Reddy ist in gewisser Weise ein Spezialfall. 1966 kam sie aus Australien in den USA an, hatte mit einer dreijährigen Tochter, ohne Ehemann und ohne Geld schwer zu kämpfen, konnte ein paar Erfolge verbuchen und kam dann mit *I Am Woman* heraus, einer Hit-Single, die in den Charts die Spitzenposition erreichte. *I Am Woman* war kompromißlos feministisch und wurde außer an das ältere FM-Publikum auch an Hunderttausende von weiblichen Teenagers verkauft. Reddy hat sich immer wieder ganz konkret zu Frauenfragen geäußert (eher als zu sozialen Problemen) und mag wohl zu einem besonders einflußreichen Modell für alle jene Frauen geworden sein, die weiblicher Rock-Musik zuhören oder selbst diese Art Musik machen.

Ihr Hang zu einem angenehmen Leben und ihre Tendenz zum Schlock haben sie inzwischen jedoch in dieser Position eingeschränkt. 1973 schrieb Ellen Willis, Helen Reddy habe,

> wenn sie in Höchstform ist, die Fähigkeit, zwei musikalische Formen miteinander in Einklang zu bringen – den reinen Pop und den sanften Rock. Sie könnte das Publikum dieser beiden Richtungen erreichen und helfen (zusammen mit Bette Midler), aussagestarke Gesangsdarbietung wiederzubeleben und zu verfeinern. Aber wenn es ihr nicht gelingt, dies feinfühlig auszubalancieren – und ich glaube, danach muß bewußt und entschlossen getrachtet werden –, dann endet sie als eine sehr gute Pop-Sängerin, mit ein bißchen mehr Durchblick und Aussage als die meisten anderen, aber dennoch unerheblich für die jungen Leute und die entscheidende Richtung populärer Kultur.[9]

Seitdem jener Artikel erschien, ist Helen Reddy in der Carol Burnett-Show aufgetreten, bei Flip Wilson, bei Johnny Carson, bei Merv Griffin, bei Mike Douglas, hat ihre eigene Fernseh-Show gemacht und eine ganze Anzahl von Spezialsendungen. Sie und ihr Ehemann/Manager Jeff Wald besitzen ihren Mercedes Benz. Sie ist derselben Problematik wie männliche Stars ausgesetzt, wie John Lennon z. B., die auch ziemlich starke politische Prinzipien haben. Das Problem besteht darin, wie man seine Wurzeln außerhalb des Musikgeschäftes erhalten kann, wenn man von einem Dollar-Regen zugeschüttet wird. Helen Reddy scheint ihre Wahl getroffen zu haben.

Sind Frauen wie sie dafür zu tadeln, daß sie sich der Frauenbewegung nicht mehr in dem Maße zugehörig fühlen und sie vielleicht sogar verraten? In bestimmtem Maße natürlich schon, aber die wahre Verantwortung muß der Musikindustrie zugewiesen werden, welche den Frauen einflußreiche Positionen im entscheidenden Rahmen der Jugendkultur schlußendlich doch verwehrt.

Die Industrie:
Männer an der Spitze

Obwohl bestimmte Künstlerinnen Fortschritte in der Rock-Musik zu machen scheinen – die Songtexte ändern sich durch ihren Einfluß, sie spielen elektrisch verstärkte Instrumente, usw. –, geht dieser Prozeß doch nur sehr langsam vonstatten. Sie haben größeren Anteil an der Rock-Musik, aber in den Charts zu Jahresende hat sich nicht viel verändert. Ihr geringer LP-Anteil mag sich ein wenig erholt haben, seit der progressive männliche Rock in den sechziger Jahren so überwältigend war, aber er ist dennoch von 18 Prozent 1971 auf 12 Prozent 1974 gesunken. Auch der Anteil an den Hit-Singles ist niedriger als 1971, noch niedriger als zwischen 1962 und 1964 und gegenüber der Zeit von 1952–1955 kaum mehr vergleichbar. Ein wesentlicher Grund dafür ist die Diskriminierung der Frau, die sich hinter den Kulissen in der Musikindustrie selbst abspielt.

Die Musikindustrie operiert in einer nicht transparenten Struktur, die es einigen Interpreten erlaubt, in den Vordergrund zu treten und Erfolg zu haben, und diese Struktur ist überdies dafür verantwortlich, welches weibliche Image jeweils gepflegt wird. Wenngleich es im Laufe der Jahre auch durchaus erwähnenswerte Ausnahmen gegeben hat, hatten doch nur verschwindend wenige Frauen mittlere oder gar höhere Funktionen in der Industrie. Fast nie waren Frauen Produzentinnen, verfügten also nicht über die Schlüsselstellung, was Kreativität betrifft. Das Image der Frauen, das von der Industrie genutzt wurde, um in höchstem Maße reißerische Sex-Ware zu verkaufen, mußte immer aus kommerzieller Notwendigkeit die Frau zum Objekt degradieren, mußte und hat sie als Körper verkauft und nicht als Menschen. Radio und Rock-Presse, die beiden wichtigsten Medien zur Popularisierung der Musik, sind von Männern dominiert gewesen. Hätten Frauen entscheidend mehr Rechte in diesen Positionen, wären ganz sicher mehr Frauen unter Vertrag genommen, produziert und auf Platten präsentiert worden. Die Frauen-Musik hätte sich freier entwickeln können, als es bisher möglich war. Natürlich bliebe immer die Gefahr bestehen, daß sich Frauen ähnlich wie Helen Reddy vereinnahmen lassen und sich dann kaum mehr von den reichen männlichen Stars unterscheiden, sondern sich von den meisten anderen Frauen (und Männern) isolieren und nichts als Teile der profitorientierten amerikanischen Industrie werden. Die einzige wirkliche Garantie gegen diese Vereinnahmung ist eine starke Frauenbewegung außerhalb der Industrie.

Die wenigen hochverantwortlichen Frauen in der Musikindustrie lassen sich schnell aufführen: Florence Greenberg, Gründerin und Chefin von Sceptor/Wand, Miriam Bienstock, ehemalige Rechnungsprüferin bei Atlantic, Barbara Skydell, Vizepräsidentin von Premier Talent, Eileen Briscoe, Chefin von Bang Record, Betty Benneman, nationale Musikdirektorin bei RKO Broadcasting, Suzanne de Passe, Vizepräsidentin und Chefin der Creative Services bei Motown, sowie verschiedene Chefinnen der klassischen Abteilungen bei ein oder zwei der wichtigen und großen Labels. Aber diese Frauen bleiben Ausnahmen. Bei Schallplattenfirmen, Radio-Ketten und Agenturen, ganz abgesehen von Management- und Konzertverstaltungsfirmen und Clubs, gab es nur eine Handvoll wirklich wichtiger Frauen.

Die Situation läßt sich einigermaßen einleuchtend an der sogenannten «Executive Turntable» ablesen, einer wöchentlichen Kolumne des «Billboard», in der Namen, Titel, Positionen und kurze Kompetenzbeschreibungen derjenigen Angestellten der Industrie aufgeführt werden, die befördert worden sind. Natürlich hat diese Auflistung keine echte Systematik, aber sie gibt doch einen beachtenswerten Eindruck. Vom Herbst 1973 bis zum Herbst 1974 betrafen von 1 400 Beförderungen weniger als hundert Frauen, also ungefähr 7 Prozent. Davon waren wiederum 10 Prozent nichts als euphemistische Bezeichnungen für Sekretärinnen – «Assistent to». Diese Assistenz-Stellen werden oft nur zur Kaschierung benutzt und spiegeln nicht wirklich verantwortliche administrative Kompetenzen wider. Positionen auf mittlerer Ebene wie Publicity-Direktorin oder Art-Direktor-Assistentin reflektieren eher den wirklich Status. Die Platten- und Musikindustrie scheint liberal. Man darf getrost annehmen, daß immer mehr Frauen mittlere Management-Positionen zugesprochen bekommen, wenn der nicht-radikale «Feminismus» unter den professionell arbeitenden und Oberklassen-Frauen weiterhin zunimmt und sich in gleichem Maße das Publikum für Frauen-Musik erweitert. Im Augenblick ist die Musikindustrie jedoch weit weniger liberal, als sie sich nach außen gibt.

Die wichtigste kreative Funktion, von der Frauen ausgeschlossen bleiben, ist die des Produzenten. Es gibt einfach keine erfolgreichen Produzentinnen, weder bei den Firmen noch unabhängig. (In den sechziger Jahren produzierte Valerie Simpson einige von Marvin Gayes Platten zusammen mit Nick Ashford. Simpson und Ashford sind jetzt ein Gesangsduo bei Warner Brothers.) Wie schon in früheren Kapiteln ausgeführt, ist der Produzent der entscheidende Mann für den Stil einer Schallplatte. In vielen Fällen entscheidet er auch, wer einen Vertrag bekommt.

Da das vornehmliche Ziel der allermeisten Produzenten der kommerzielle Erfolg ist, werden weibliche Interpreten gewöhnlich dem Image entsprechend präsentiert, das nach Ansicht der männlichen Produzenten Platten zu verkaufen hilft: Sammi Jo zum Beispiel, eine Country-Sängerin, die den Pop-Hit *Tell Me A Lie* machte, wurde von ihrem Manager Tony Caterine dem Produzenten Sonny Limbo von den Fame Studios vorgestellt. Caterine verkündete, man könne aus ihr «'ne richtig heiße Großstadt-Sängerin mit viel Sex» machen. Limbo sagte ihr:

> Mach alles, was ich dir sage, und ich mach dich zum Star. Sie tat es. Ich tat es. Wir machten es. Und nur so geht es, das ist die Methode – eine Wahnsinnsstimme und ein Fetzer-Song – um 'ne Else durchzubringen, braucht man das. Wenn sie toll aussieht und auch noch dicke Titten hat – dann kann sie's schaffen.[10]

Toni Brown und Terry Garthwaite, die beide ernsthaftere eigene Vorstellungen hatten als Sammi Jo, mußten dieselben Probleme mit David Rubinson, dem Manager der POINTER SISTERS, erleben:

> Er sagte zu Terry und mir, wenn er uns produzieren würde, dann sollten wir doch am besten tiefausgeschnittene Kleider tragen. Und wir sollten auf die Bühne gehen und versuchen, die Leute so richtig anzumachen . . . das und andere Dinge machten es uns unmöglich, mit ihm zusammenzuarbeiten.[11]

Dennoch produzierte Rubinson das erste Solo-Album von Terry Garthwaite.

Männliche Produzenten und Manager sind absolut der Überzeugung, daß Frauen Sex zur Schau stellen müssen, um das (sexistische) männliche Publikum dazu zu bringen, ihnen zu applaudieren und ihre Platten zu kaufen. Maria Muldaur stellte sich die Frage: «Was wäre, wenn ich im ‹Troubadour›-Club mit meinen Wanderstiefeln und ausgebeulten Hosen und einem Sweatshirt auftauchte? Würden die Leute mich wegen meiner Musik akzeptieren?» Wenn auch weitaus allgemeiner, ist doch die Situation, der sich Frauen konfrontiert sehen, durchaus analog derer, mit der sich Jimi Hendrix auseinandersetzen mußte. Von der Industrie wurde er gleichsam gezwungen, sein hervorragend verkäufliches Image eines «psychedelischen schwarzen Super-Sex-Helden» zu behalten. Ähnliche Zwänge werden von der Industrie Frauen auferlegt, damit sie direkt an die sexuellen «Instinkte» des männlichen Publikums appellieren.

In der Werbung der Musikindustrie stattet man Frauen bevorzugt mit Sex-Image aus. Sexuell sind Frauen jahrelang ausgenutzt worden, um männlich chauvinistischen Rock zu verkaufen. Es gibt unzählige Beispiele dafür, angefangen bei den langweiligen Fotos von Bikini-Mädchen am Strand auf dem Album-Cover bis hin zu der fast pervers ausgetüftelten Werbekampagne für Humble Pies «Eat It»-Album (eat it – Anspielung auf Cunnilingus) und den Unterhöschen aus Papier, die dem Album «Schooldays» von Alice Cooper beilagen. Manche Werbekampagnen sind noch direkter in ihrer Perversität, indem sie an männliche Vergewaltigungsfantasien appellieren, die unterschwellig besonders stark im amerikanischen Sexismus ausgeprägt sind. Da gab es zum Beispiel eine Anzeige für Alben und Tonbänder von Warner-Reprise, die den Slogan «Bound to Please – Now Released für Your Pleasure» unter dem Bild einer Frau präsentierte, welche auf eine Art Folterrad geschnallt ist, dessen Dornen sich ihren Schenkeln nähern.

Obwohl Radiosendungen in hohem Maße für die Popularität von Musikern sorgen, gibt es nur sehr wenige weibliche DJs, die Frauen-Musik bekanntzumachen helfen könnten. RKO-General, in bezug auf die Rock-Musik wahrscheinlich die wichtigste Radio-Kette, beschäftigt zwar eine Frau als nationale Musik-Direktorin, aber weibliche DJs sind so gut wie keine angestellt. AM-Stationen ziehen die aggressiv und schnell sprechenden Männer vor und trauen Frauen nicht zu, diese Arbeit erfolgreich zu leisten. «Ich habe einige weibliche Jocks gehört», sagte RKO-General-Präsident Bruce Johnson, «aber eine wirklich gute war nicht darunter. Ich habe gehört, daß es ein paar geben soll, aber selbst habe ich eben noch keine gehört. Ich weiß nicht. Wir haben da keine Restriktionen, sondern einfach nur keine gefunden, die uns gefällt.»[12]

FM-Stationen haben, wenn überhaupt, höchstens eine einzige Frau als DJ, und oft sind diese Frauen, die von männlichen Entscheidungsträgern ausgewählt wurden, Spezialistinnen für männliche Heavy Metal-Gruppen oder britische Rock-Musik. Rachel Donahue, ehemals bei KSAN-FM in San Francisco, jetzt bei KMET-FM in L. A., und Maxanne Satori bei WBCN-FM in Boston sind Beispiele. Boston ist als wichtiger Marktbereich in dieser Hinsicht repräsentativ. Außer Satori bei BCN gibt es bei den wichtigen Stationen der Stadt keine weitere vollbeschäftigte DJ-Frau. Bei WBZ-AM hat eine Frau sonnabends nachts eine Sendung, und die winzige Station WCAS-AM in Cambridge beschäftigt ebenfalls eine Frau als DJ. Der Mangel an Frauen bei FM-Stationen ist in unserem Zusammenhang besonders bedenkenswert, weil ein weiblicher FM-DJ zumindest theoretisch im Programm einen größeren Anteil weiblicher Künstler und weniger sexistische Gruppen präsentieren könnte. Bei AM-Stationen hätten Frauen, selbst wenn sich die Personalsituation verändern würde, wahrscheinlich nicht die Machtbefugnis, Musikerinnen oder weniger sexistisches Material vorzustellen.

Musikzeitschriften und die Underground-Blätter sind nicht so wichtig wie das Radio, aber auch in diesem Medium ist die Situation in bezug auf weibliche Anteilnahme ähnlich. Große Zeitschriften wie «Rolling Stone» beschäftigen ein, zwei Frauen, die LPs rezensieren – nicht mal notwendigerweise LPs von Frauen –, aber die Musik-Redaktionen der meisten anderen Zeitschriften sind ausschließlich mit Männern besetzt. Plattenrezensenten sind überdies vorwiegend beschränkt auf Kommentare zu den Songtexten und dem musikalischen Stil, und nur sehr selten haben sie Gelegenheit oder gar Interesse, sich über den institutionalisierten Sexismus in der Musikindustrie zu äußern. Im «Rolling Stone» werden Rock-Frauen auch außerhalb der Plattenbesprechungen vorgestellt, aber zu häufig zielt man auf das männliche Leserpublikum, indem man Buffy St. Marie abbildet, die auf ihrem Platten-Cover eine Brustwarze sehen läßt, Suzi Quatro in «voller Ledermontur» zeigt und Fotos aussucht, auf denen ein nacktes Groupie den darob sehr peinlich berührten Jerry Garcia umarmt oder ein barbrüstiges Mädchen neben Leslie West auf der Bühne tanzt.

Lösungen

Frauen sehen sich, was die Produktion von Rock-Musik betrifft, einer komplexen Problematik gegenüber. Um eine echte Lösung zu finden, müßten sie weiterhin eigene Songs schreiben und zusätzlich alle in der Rock-Musik benutzten Instrumente beherrschen lernen. Sie müssen sich die technischen Fähigkeiten aneignen, müssen lernen, wie man Mischpulte handhabt, müssen das Sound-Equipment kennenlernen, sich in Aufnahmestudios auskennen, müssen Produzentinnen, Toningenieurinnen und Technikerinnen werden. Jene Frauen, die sich als Feministinnen und radikale Frauenrechtlerinnen verstehen, sollten Kontrolle darüber haben, welches eigene Image sie der Öffentlichkeit präsentieren wollen. Mehr Frauen müssen DJs sein und Kritikerinnen in einflußreichen Positionen. Nach unserer Meinung muß auch das allgemeine Massenpublikum der Pop-Musik Frauenmusik wahrnehmen, und daher darf sie nicht nur in Randbereichen (gewöhnlich akustischen Stilrichtungen) stattfinden, in denen relativ isolierte Frauen doch eher veraltete Musik machen. Schließlich, und das ist wohl das schwierigste Problem, müssen Frauen wie Männer in der Rock-Musik zu vermeiden versuchen, von der nach höchst raffinierten und komplexen Strukturen organisierten Musikindustrie vereinnahmt zu werden. Die Musik muß sich in ihrer Weiterentwicklung die kritischen Inhalte bewahren.

Eine vielleicht naheliegende, aber dennoch beschränkte und letztendlich wohl unbefriedigende Möglichkeit für die Lösung einiger dieser Probleme wäre «weiblicher Kapitalismus» – d. h. die Gründung einer ausschließlich von Frauen betriebenen Schallplattenfirma, die darauf gerichtet ist, den Beteiligten Profit zu bringen. Vielleicht könnte eine solche Firma tatsächlich helfen, weibliche Toningenieure und Produzenten heranzubilden, Plattenaufnahmen von Frauen machen, weibliche Bands präsentieren und Songschreiberinnen beschäftigen, ja sogar – wenn auch unter besonderen Schwierigkeiten – nicht-sexistische Werbekampagnen starten, um die Künstlerinnen zu fördern. Aber auch wenn eine solche Firma vermeiden könnte, ihre Künstlerinnen so ausbeuterisch zu gängeln, wie es zum Beispiel bei Motown geschah, wäre sie doch als kapitalistische Institution, deren Primärfunktion darin besteht, Profite zu erwirtschaften, den Zwängen der nach alten Mustern operierenden Industrie und den Medien ausgesetzt. Und natürlich verändert nicht die Tatsache, daß Frauen statt Männer die administrativen Aufgaben wahrnehmen, die Grundstruktur: die Arbeit von Menschen wird ausgebeutet.

Tendenziell müßte eine solche Firma sich in die sexistische und profitorientierte Gesamtindustrie zumindest teilweise integrieren und täglich in ihr arbeiten. Wenn Profiterwirtschaftung die treibende Kraft der Firma sein würde, wie es in allen anderen Geschäftszweigen ja auch ist, müßten schließlich immer wieder Kompromisse mit sexistischen Club-Besitzern, Konzertveranstaltern, Agenten und Programmdirektoren gemacht werden. Auch Frauen, die ihre eigenen Songs singen und spielen, werden zur Handelsware, die profitabel ist, wenn man sie gut absetzen kann, die aber nicht mehr produziert wird, wenn sie unverkäuflich ist. Innerhalb der amerikanischen Wirtschaftsstruktur müßte auch eine Frauenfirma, die sich an feministischen Wertvorstellungen orientiert, zu einer oppressiven Instanz werden. Sie wäre nichts als ein leicht progressiver Ableger eines Klassensystems, das darauf basiert, daß die Mehrheit der Bevölkerung für eine Minderheit Profite erwirtschaftet.

Es stellt sich die Frage, ob die weitreichenden Ziele des Feminismus sich innerhalb einer kapitalistischen Gesellschaft erreichen lassen. Da nahezu die Hälfte der Arbeitskräfte in diesem Land Frauen sind und im Kapitalismus keine Gleichstellung von Besitzern der Produktionsmittel und Arbeitern erreichbar ist, kann es nicht zu einer Lösung kommen. Eine Elite privilegierter Frauen, gut bezahlt und relativ weniger entfremdet von der eigenen Arbeit, läßt sich tatsächlich in einer kapitalistischen Schallplattenfirma in Frauenhänden vorstellen, und ein Modell für diese elitäre Nicht- oder Scheinlösung gibt es schon: das «Ms.»-Magazin. Diese Zeitschrift begann mit ähnlicher Zielsetzung, wie sie von uns in bezug auf eine feministische Schallplattenfirma skizziert wurde, entwickelte sich jedoch sehr schnell zu einem professionell und journalistisch ansprechend realisierten Organ für die berufstätige Frau der Oberklasse. Das Magazin war sehr schnell Teil der obersten Ebene amerikanischer Wirtschaft, in der weibliche Manager ebenso akzeptiert werden können wie schwarze Manager, solange sie den Kapitalismus unterstützen.* Noch läßt sich nicht sagen, ob die Firma Olivia Records, die sich im Besitz von Frauen befindet und für Frauen arbeitet, eventuell denselben Weg gehen wird wie «Ms.».

Eine zweite institutionelle Möglichkeit, die Situation zu verändern, wäre die Gründung von nicht-profitorientierten alternativen Schallplattenfirmen und ähnlich organisierten Konzertagenturen. In der Frauenbewegung sind kleine Gruppen in diesem Bereich bisher äußerst erfolgreich gewesen. Diskussionsgruppen, Selbsthilfe-Organisationen, Frauengruppen aller Art haben die Idee des Feminismus – und ganz gewiß ohne jede kommerzielle Förderung – im ganzen Land verbreitet. Könnte man auf ähnliche Weise weibliche Musiker und Sängerinnen populär machen? Bis zu einem gewissen Grad, ja. Frauen-Zentren und Frauenveranstaltungen haben weiblichen Gruppen wie der NEW HAVEN BAND und CHICAGO WOMEN'S LIBERATION ROCK BAND Arbeit verschafft. Nicht-kommerzielle Vertriebsorganisationen haben Platten wie die von HOLLY NEAR AND THE RED STAR SINGERS oder Elaine Brown in Frauen- und Alternativ-Buchhandlungen gebracht. Aber außerhalb der großen Rundfunknetze, der übergreifenden Konzertveranstaltungsszene und Plattenproduktion kann kein Massenpublikum erreicht werden. Aktivitäten in dem angedeuteten reduzierten Bereich können nicht das Kapital aufbringen, das notwendig ist, um Plattenstudios und Radiostationen zu betreiben. Konzerte in kleinem Rahmen, bei denen die Gagen gewöhnlich überaus niedrig sind, und Klubauftritte können nicht die Kosten decken, die moderne Rock-Gruppen für ihre Tourneen und ihr Sound-Equipment aufbringen müssen. Obschon eine feministische Basis als emotionale Unterstützung und politische Hilfe für Musikerinnen absolut notwendig ist, kann sie im Moment zumindest noch nicht gewährleisten, daß Frauen-Musik auch ein Massenpublikum erreicht.

Geld und Verehrung, mit denen Rock-Stars überhäuft werden, die Tendenz, daß die Musik-Szene zu ihrem täglichen Leben und ihrer einzigen Realität wird, und die Tatsache, daß sie eine Ware produzieren, selbst Ware werden, die verpackt, verkauft und gekauft wird, isolieren jeden Musiker, ob Mann oder Frau, schon hinreichend, wenn er aus armen Verhältnissen stammt oder aus der Arbeiterklasse kommt. Ansätze zu radikalen politischen Tendenzen werden sehr schnell verschüttet. Das Musik-Business ist eine komplexe, in sich geschlossene und vereinnahmende Institution. Es ist trügerisch attraktiv, denn Arbeitsmöglichkeiten in diesem Business sind, verglichen mit denen in anderen Berei-

* 25 Prozent Anteile an «Ms.» gehören inzwischen Warner Communications. Ursprünglich wurde das Magazin teilweise von Katherine Graham finanziert, der Millionärin und Herausgeberin der «Washington Post».

chen der amerikanischen Wirtschaft, interessant, attraktiv, gut bezahlt und sexuell weniger restriktiv.

Natürlich können Frauen oder Männer auch sehr leicht jede progressive Identität verlieren, wenn sie Produzenten, DJs oder Programmdirektoren werden. Erfolgreiche Produzenten verdienen hunderttausende Dollar im Jahr. Erfolgreiche DJs verdienen bei den wichtigen FM-Stationen 300–700 Dollar die Woche, 30000 bis 70000 Dollar im Jahr bei AM-Stationen. Und doch läßt sich eine Frauen-Musik nicht ohne weibliche Produzenten entwickeln, und ohne feministische DJs kann sie nicht verbreitet werden. Schon ein paar mehr weibliche Produzenten würden die Entwicklung von Frauen-Musik erleichtern. Viel mehr weibliche DJs als Produzentinnen wären aber notwendig, um feministischen Einfluß auf breiter Ebene wirkungsvoll zu machen.*

Weibliche Rock-Musik befindet sich im ersten Entwicklungsstadium. Frauen beginnen, über sich selbst als Frauen zu schreiben, und sie stellen sich nicht mehr nur als die Geliebten von Männern dar. Sie greifen zu elektrischen Gitarren, und sie erreichen ein wachsendes Frauenpublikum, das sich durch die Einflüsse der Emanzipationsbewegung verändert hat und selbstbewußter geworden ist. Frauen sind so lange Objekte der Rock-Musik gewesen und waren innerhalb der Musikindustrie so lange und so vollständig von wichtigen Macht-Positionen und kreativen Betätigungen ausgeschlossen, daß es einige Zeit dauern wird, bis sich Musikerinnen und weibliche Rock-Musik etabliert haben. Die Bewegung wird noch viele Niederlagen erleiden müssen, und viele weibliche Interpreten werden, wie es auch Männer erleben mußten, vereinnahmt werden, aber wenn sich eine produktive Spannung zwischen den Frauen in den kleinen autonomen Organisationen der feministischen musikalischen und politischen Alternativ-Bewegung und denjenigen Frauen aufbauen und erhalten läßt, die die benötigten Schlüsselpositionen in der Musikindustrie innehaben, dann besteht Hoffnung, daß sich eine starke und nicht-sexistische weibliche Rock-Musik etablieren kann. Entscheidend für einen solchen Erfolg wird auch sein, auf welche Weise eine Zusammenarbeit mit anderen radikalen Befreiungsbewegungen stattfindet.

---

* Im weiteren Bereich der Musikszene könnte eine solche Situation auch politisch links orientierte Musik unterstützen. Produzenten- und Diskjockey-Positionen wären notwendig, um ein Massenpublikum heranzubilden und zu erreichen. Gleichzeitig wäre ein Alternativ-Netz kleiner Clubs, Wohltätigkeitskonzerte und dergleichen, das sich dezidiert politisch darstellt, notwendig. Diese beiden Ebenen würden sich gegenseitig unterstützen und ergänzen, so daß sich weniger Leute innerhalb der Industrie und außerhalb ihrer isoliert fühlen müßten.

9

Milliarden-Dollar-Baby Die Vereinnahmung der Rock-Musik

Die Rock-Musik und das System

Seit den fünfziger Jahren ist mit Hilfe vieler Rock 'n' Roll- und Rock-Musikstücke Kritik am wirtschaftlichen und politischen System der USA ausgedrückt worden.

Der Rock 'n' Roll der fünfziger Jahre wandte sich – oft indirekt – gegen die Institutionen, durch die sich die jungen Leute aller Bevölkerungsschichten während der ansonsten «Silent Years» (ruhigen Jahre) der Eisenhower-Regierung 1952–60 kontrolliert fühlten. Die autoritäre Haltung jener Zeit wurde genutzt, um eine antikommunistische Hysterie zu erzeugen und zu bestärken, damit das amerikanische Volk die massive ökonomische «Hilfe» und die CIA-Einflußnahme unterstützte, mit deren Hilfe Europa auf den Großkonzern-Kapitalismus vorbereitet wurde. Man brauchte zudem einen unerschütterlichen Gemeingeist, um die Wirtschaft für die gigantische Produktion von Verteidigungwaffen anzukurbeln, die in der Friedenszeit notwendig war, um die Rezession aufzufangen, die sich nach dem Korea-Krieg angebahnt hatte. Die autoritären Strukturen, die die öffentliche Zustimmung zu diesen Wirtschaftsprogrammen gewährleisteten, die für das Wachstum und die Konsolidierung des amerikanischen Business-Establishments notwendig waren, lassen sich in hohem Maße als Ergebnis der traditionellen Familienstrukturen sehen, von denen sie zudem bestärkt wurden. Die sexuelle Repressivität und die strengen sexuellen Normen stützten ebenfalls die autoritäre Geisteshaltung.[1]

Wegen ihrer aufreizenden Bühnenpräsentation, des gutturalen Gesangs, der zweideutigen Songtexte und dergleichen mehr wurden Presley und die anderen Rocker, die Körpermusik machten, von den Kritikern des Establishments der fünfziger Jahre als Bedrohung für die

Wohlanständigkeit und die Familienstabilität angesehen und gebrandmarkt. Der Rock 'n' Roll leitete das Entgleiten der Jugend aus der elterlichen Kontrolle ein. Die Generationskluft wurde sogar von dem sexuell weitaus harmloseren Schlock Rock aus Philadelphia bestärkt. Die Schaffung einer Teenager-Kultur war ganz gewiß keine revolutionäre Entwicklung, aber sie brachte doch eine gewisse Distanzierung der jungen Leute von Heim und Kirche und war die Saat für eine rebellische Haltung, die sich auszudrücken begann, aber noch nicht konkret gegen das Establishment gerichtet war.

Die meisten Rock 'n' Roller dieser Ära kamen aus armen Verhältnissen und der Arbeiterklasse – anfangs aus den armen Regionen des Südens und der Grenzstaaten (Presley, Lewis, Perkins, Little Richard). Sie attackierten die Normen des Anstands, die bürgerliche Moral und in einem gewissen Grad auch das «Good Life»-Lebenskonzept der oberen Mittelklasse, das von den zuvor tonangebenden Pop-Sängern wie Perry Como oder Doris Day verkörpert worden war. Die neuen Rock 'n' Roller erweiterten zudem das Massenpublikum für Schallplatten über die Grenzen der erwachsenen Mittel- und Oberklasse hinaus. Wenn auch nicht politisch radikal, so war diese neue Musik zumindest gesellschaftlich progressiv.

Als es in Großbritannien 1960–64 zu einem Rock-Revival kam, handelte es sich bei den Musikern grundsätzlich um Mitglieder derselben Gesellschaftsschicht, die auch in den USA die Rock 'n' Roller hervorgebracht hatte. Natürlich gab es auch wesentliche Unterschiede, denn zum Beispiel stammten die Mitglieder der frühen englischen Gruppen zwar aus der Arbeiterschaft, aber sie waren nicht vom Lande. Die frühe Rock-Musik in Großbritannien war ein städtisches Phänomen und nicht wie in den Vereinigten Staaten eine regionale ländliche Entwicklung. Die britische Rock-Musik war jedoch ebenfalls Kritik und Angriff gegen die etablierten Werte, eine Rebellion gegen die Normen der traditionellen Institutionen der konservativen Gewerkschaften der Arbeiterklasse ebenso wie gegen die der herrschenden Klasse. Die ROLLING STONES, die ANIMALS, die KINKS und auch die BEATLES, die ihre Eigenart hatten, wandten sich gegen die britische Familienstruktur, gegen das Allgemeinverständnis von «Wohlerzogenheit» und «Anstand» und gegen das elitäre Denken der Oberklasse.

Mit dem Aufkommen der progressiven Rock-Musik in den Vereinigten Staaten, das teilweise von einigen der britischen Gruppen unterstützt wurde, ergab sich eine etwas formalisiertere und gezieltere Rebellion. Im Laufe der fünfziger Jahre war die kapitalistische US-Wirtschaft immer konsumorientierter geworden. Die Produktion der Schwerindustrie, besonders auf dem Verteidigungssektor, lief weiterhin auf Hochtouren, aber Konsumgüter wurden zum Zentralbereich der amerikanischen Wirtschaft. Die Produktion von Konsumgütern wurde durch einen neuen Reichtum der Mehrheit der Bevölkerung ermöglicht. Dieser Reichtum gründete sich auf die neu gewonnene weltweite Vorherrschaft des US-Kapitalismus nach dem Zweiten Weltkrieg, der Großbritannien in den Bankrott getrieben hatte und die Rivalen Japan und die neugegründete Bundesrepublik zeitweilig ausschaltete. Das amerikanische Wirtschaftswachstum weckte einen größeren Bedarf an wohlausgebildeten Angstellten der mittleren Management-Ebene, man brauchte zahlreiche neue Techniker, Wissenschaftler und Ingenieure, um den technischen Fortschritt zu gewährleisten und voranzutreiben. Das amerikanische Universitätssystem mußte daher erweitert und verbessert werden. Die Beziehung zwischen diesem Universitäts-Boom und den Bedürfnissen des korporativen Kapitalismus in den späten fünfziger und frühen sechziger Jahren wurde von den Universitätsplanern bewußt wahrgenommen.[2] Der Anteil junger Leute, die Colleges besuchten, erreichte bisher nie dagewesene Ausmaße. Mehr als die Hälfte aller jungen Leute zwischen siebzehn und siebenundzwanzig hatte zum Beispiel in den westlichen Staaten ein College besucht. Die Expansion des Regierungsapparates und die Verbürokratisierung anderer Bereiche des amerikanischen Lebens während jener Zeit wurden allgemein wahrgenommen und akzeptiert.

Auch wenn sich diese Bedingungen nicht in allen Einzelheiten darstellen lassen, soll doch darauf hingewiesen werden, daß der bürokratische Konsum-Kapitalismus zu einer weitverbreiteten Protestwelle unter den Kindern der neu-reichen Mittelklasse und – zu einem etwas geringeren Grad – auch unter den Kindern der Oberklasse führte. Die moralischen Protestaktionen reichten von Anti-Atombomben-Kampagnen über das Beatnik-Phänomen bis hin zu den Bürgerrechtsdemonstrationen. Obwohl einige der politischen und kulturellen Anführer der späteren Jugendbewegungen aus diesem Hintergrund kamen, bildete sich doch die Massenbasis der Mittelklassen-Revolte durch die Veränderung der Bedürfnisse des kapitalistischen Systems und als Reaktion auf den Vietnam-Krieg und der damit verbundenen Zwangsrekrutierung.

Die Protestbewegung hatte ihre Anfänge in den am meisten von der Mittelklasse bestimmten, konsumorientierten, suburbanen Bereichen des Landes, in denen das Leben eigentlich am bequemsten und angenehmsten war: in Kalifornien und in den besseren Vorstädten New Yorks. Sie hatte ihr Zentrum in den bürokratischen Institutionen, an denen jetzt eine große Anzahl junger Amerikaner teilhatte – in den Universitäten und den in deren Umgebung angesiedelten Gemeinschaften von Ex-Studenten.

Der Protest gegen den amerikanischen Konsumkapitalismus in den sechziger Jahren spiegelte sich auf die verschiedenste Weise in der neuen progressiven Rock-Musik zahlreicher, größtenteils der Mittelklasse entstammenden Musikgruppen wider: MOTHERS OF INVENTION, GRATEFUL DEAD, JEFFERSON AIRPLANE, COUNTRY JOE AND THE FISH, die FUGS, die DOORS, Bob Dylan. Die neuen Bands fanden ihr Publikum unter den Studenten und den Drop-Outs (aus dem Universitäts- und College-Betrieb «ausgestiegene» junge Leute). (Die neuere Rock-Musik wurde in Großbritannien nicht in demselben Maße von einem Studentenpublikum getragen, denn die britische Industrie war bei weitem nicht so automatisiert wie die US-Wirtschaft – 70 Prozent der britischen Arbeiter verrichteten noch manuelle Arbeit –, und daher bestand ein geringerer Bedarf an Arbeitskräften mit Universitätsausbildung.) Der Krieg in Vietnam und die frühen Bürgerrechtsproteste waren spezifisch amerikanische Probleme, die ebenso einen großen Teil des Publikums dieser Musik politisierten wie auch einige der Musiker. Aber die allgemein verspürten Entfremdungsprozesse innerhalb der Gesellschaft hatten ebenfalls ihren großen Anteil an der Politisierung. Zu jener Zeit teilte die Rock-Musik viele der gegen das Establishment gerichteten Proteste der aufkeimenden Jugendkultur und der älteren Radikalen. Grundsätzlich ging es gegen die materialistisch orientierte Konsumgesellschaft und die puritanischen Sexualnormen. In vielen Fällen richteten sich die Proteste aber auch ganz konkret gegen den Vietnam-Krieg oder sie waren Solidaritätskundgebungen für die schwarze Befreiungsbewegung.

Innerhalb der nächsten Jahre jedoch ging die kritische Wirkung der Rock-Musik verloren.

Der Stellenwert der Musik als immer wichtigere Kultur-«Ware» innerhalb der Konsumgesellschaft schwächte jedwede anti-materialistischen Inhalte ab. Die sexuell befreienden Aspekte blieben zwar erhalten, aber die sexuelle Befreiung selbst wurde von der «befreiten» Wirtschaft zum verkaufsfördernden Aspekt degradiert und integriert. Die sexuell befreite Persönlichkeit widersetzte sich nicht zunehmend dem System, sondern wurde zum der Konsumgesellschaft angemessensten psychologischen Typus. Und schließlich entfernte sich die Musik immer weiter von jenen politischen Ausgangspunkten, die ihr in den sechziger Jahren teilweise kritische Schärfe (wie auch Thematik und bestimmte Darstellungsweisen) gegeben hatten. Die Musiker und die kreativ arbeitenden Leute innerhalb der Musikindustrie wurden in das «Entertainment Business» integriert, das inzwischen fester Bestandteil der amerikanischen korporativen Wirtschaftsstruktur ist. Wie war das möglich?

Kultur als Ware

Während die Musikindustrie wuchs und die Konsumwirtschaft sich erweiterte, war die Möglichkeit für eine Vereinnahmung der Rock-Musik ständig gegenwärtig. Obwohl diese Musik anfangs kulturell das Gesellschaftssystem zu bedrohen schien, war sie doch ökonomisch innerhalb der kapitalistischen Wirtschaftsorganisation nie ein Problem. Ob in Form einer Schallplatte, einer Tonbandkassette, einer Konzerteintrittskarte oder einer Verdienstspanne für eine Buchungsagentur – die Rock-Musik stellte sich als verpackte Ware dar, die wie jede andere Konsumware gekauft und verkauft werden konnte. Innerhalb der kapitalistischen Struktur wurde sie gehandelt, anfangs von wagemutigen Unternehmern und kleinen Firmen, später von Großkonzernen und Monopolkorporationen.

Das kapitalistische System hat seit Beginn dieser konsumorientierten Periode bis heute die Tendenz gezeigt, Formen der Freizeitbeschäftigung und auch andere Aspekte des täglichen Lebens in ein Konsumwarensystem zu integrieren. Diese Tendenz verstärkt sich, je mehr Geld die einzelnen Mitglieder der Gesellschaft zur Verfügung haben, je größer die Automatisierung der Produktion wird und je mehr das ökonomische System seine Kapazität vergrößert, Güter und Dienstleistungen anzubieten. Die Grundbedürfnisse einer sich noch in der Industrialisierung befindlichen Gesellschaft sind nicht mehr ausreichend, um hinreichend Bedarf* an den von einer immensen Produktionskapazität herstellbaren Waren zu schaffen, wenn das kapitalistische System besonders hochentwickelt ist. Eine Überproduktion oder ein Plus an Gütern, Kapital zum Investieren, Arbeitskraft und Kenntnissen «verlangt» – da es sonst zur Stagnation kommen kann – neue Absatzmöglichkeiten durch angereizte Konsumenten- und Regierungsbedürfnisse. Der Bedarf, der durch die Schwerindustrie geschaffen wird und durch «infrastrukturelle» Ergänzungen wie Kommunikationssysteme, Straßen und Transportnetze sowie Ausbildungsstätten, die alle notwendig sind, um volle industrielle Kapazität zu ermöglichen, reicht nicht mehr aus, um die Wirtschaft in Gang zu halten, denn diese ist bereits hochindustrialisiert.

In den vergangenen Jahren sind der Überschuß und das Plus an Produktion (niemals wirklich ausreichend, wie periodisch auftretende Rezessionen zeigen) dadurch aufgefangen worden, daß man in drei Bereichen Bedarf und Nachfrage schuf: Export, Regierungsausgaben, wachsende Konsumorientierung. Umsätze und Profite im Ausland sind mehr und mehr für die amerikanischen Konzerne wichtig geworden. Das gilt, wie schon vorher erwähnt, auch für die Schallplattenfirmen. Im Vergleich zu den einheimischen Umsätzen und Profiten haben sie sich ständig erhöht. Der von der Regierung geschaffene Bedarf beschränkt sich hauptsächlich – wegen der politischen Machtverteilung in diesem Land –

---

* Bedarf in diesem ökonomischen Sinn bedeutet das Verlangen oder das Bedürfnis eines wirtschaftlichen Sektors, industriell oder vom Konsumenten her, nach Gütern und Dienstleistungen, die notwendigerweise angeboten werden müssen, um die Produktion weiterlaufen zu lassen oder Bedürfnisse zu befriedigen.

auf den Verteidigungssektor und auf Forschungsbereiche, die damit im Zusammenhang stehen, sowie die Raumfahrt. Der Regierungsbedarf an Dienstleistungen privater Konzerne läßt sich als eine Art Subvention betrachten.

Was die Konsumgüter betrifft, den dritten Sektor des expandierenden Wirtschaftssystems, so sind in zunehmendem Maße Freizeitaktivitäten, das Leben daheim und alle anderen Aspekte des täglichen Lebens mit einem Warencharakter ausgestattet worden. Dies war vor dem Zweiten Weltkrieg bei weitem nicht in demselben Maße möglich. Freizeitaktivitäten, die man zu Konsumware machen kann, sind zum Beispiel Urlaubsreisen, Sportgeräte, Filme und Schallplatten. Sie alle lassen sich als Ware verpacken und verkaufen. Man kann durch sie Profite erwirtschaften.

Obwohl sie dem Konsumenten völlig anders erscheinen, sind diese neuen Freizeitwaren für die profitorientierten Korporationen keine andere Standardware oder Handelsware als Weizen, Autos oder Kühlschränke. Ein Mitglied unserer Gesellschaft muß immer mehr Geld an private Korporationen bezahlen, um seine Bedürfnisse an Freizeitbetätigung zu befriedigen, während in einer Gesellschaft, die sich nicht an den Prinzipien des Privateigentums und Profits orientiert, diese Bedürfnisse zusammen mit Grundbedürfnissen wie Gesundheitsfürsorge und Lebensmitteln von der Gesellschaft als solcher befriedigt werden. In dieser Art ökonomischen Systems macht kein sich im Privatbesitz befindliches Unternehmen Profit an der gleichen Bedürfnisbefriedigung.

Freizeit- und Unterhaltungsindustrien wie die Musikindustrie, die Filmindustrie und die Urlaubsindustrie sind zu integrierten Teilen des kapitalistischen Systems geworden. Was die Befriedigung des ökonomischen Bedarfs betrifft, sind Freizeit- und Unterhaltungsindustrie ebenso wichtig geworden wie die primäre Schwerindustrie.[3] Das Wachstum dieser Industrien läßt sich teilweise der zunehmenden Freizeit und dem wachsenden «Reichtum» der relativ umfangreichen «Mittel»- und Oberschicht dieses Landes zuschreiben. Zudem gibt es auch in der Arbeiterklasse einen hohen Anteil von Menschen, die qualifiziert sind und gewöhnlich gut bezahlt werden. Deren relativer Reichtum wiederum ist teilweise abhängig vom US-Imperialismus und den Konzernaktivitäten im Ausland, wo die Arbeitskraft der dort Einheimischen ausgebeutet wird.

Ein weiterer wichtiger Faktor für das Wachstum sind jedoch auch die Arbeits- und Lebensbedingungen in den Städten der USA, durch die ein wirkliches Bedürfnis nach Freizeitbetätigung, Entspannung und Flucht aus dem Alltag geschaffen wird. Die Arbeit ist größtenteils langweilig und entfremdet. Die Arbeitnehmer haben keine Kontrolle über die Güter, die sie produzieren, und schon gar nicht darüber, wofür die Profite verwendet werden, die sie durch den Einsatz ihrer Arbeitskraft für die

Korporationen erwirtschaftet haben. Unter den gegenwärtigen Bedingungen sind viele Arbeitsplätze der Gesundheit abträglich und extrem ermüdend. Die meisten Menschen brauchen daher Entspannung in Form von Drogen, Alkohol, Fernsehen, Film und Musik, wenn sie nach der Arbeit zu Hause sind.

Die sinkende Lebensqualität außerhalb der Arbeitsplätze schafft zusätzliche Bedürfnisse. Bedrohung durch zunehmende Kriminalität – besonders in den USA – schafft das Bedürfnis nach Sicherheit – Wohnungen und Häuser müssen bewacht werden, man versichert sich, man besucht Selbstverteidigungskurse. Luftverschmutzung und Lärmbelästigung führen zu dem Wunsch, «allem zu entkommen», die Städte zu verlassen und aufs Land zu fahren (wenn auch nur fürs Wochenende oder für einen Kurzurlaub), sich in seinem Zimmer einzukapseln und sich mit Schallplatten, Fernsehen und Büchern zu unterhalten. Die allgemein angespannte Lebenssituation schafft diese Bedürfnisse nach Flucht, und die Flucht führt in den Konsum entspannender Drogen, in sportliche Betätigung und so weiter.

Der unglaubliche Widersinn dieser Situation liegt darin, daß das kapitalistische Wirtschaftssystem einerseits die unerträglichen Lebensbedingungen am Arbeitsplatz und außerhalb des Arbeitsplatzes geschaffen hat, andererseits aber wiederum gerade daran profitiert, daß die Menschen ihre Arbeitskraft erneuern müssen, sich entspannen und diesen unmenschlichen Bedingungen zu entfliehen suchen. Die Konsumgüter und Dienstleistungen, die für eine Freizeiterholung notwendig sind, werden den Menschen von Privatkorporationen verkauft. Private Immobiliengesellschaften kontrollieren den Verkauf ruhiger und sicherer Heime, Wohnungen und Erholungsstätten. Hotel- und Touristikunternehmen besitzen Erholungsparks, Campingplätze und Vergnügungsparks. Privatunternehmen vermarkten Sportartikel, Filme, Fernsehsendungen, Alkohol und Schallplatten.

Als Kulturware im Gesamtwert von Milliardenhöhe paßt die Rock-Musik sehr gut in die Bedürfnisstruktur der amerikanischen Konsumgesellschaft. Ihr Produktcharakter schwächt alle kritischen Ansätze ab, die der Inhalt dieser Musik von Zeit zu Zeit vermitteln mochte. Der spezifische Inhalt der Musik wurde vereinnahmt und angepaßt und auch die Sexualität der Rock-Musik verlor ihre kritische und befreiende Kraft.

Der Industrialisierungsprozeß eines kapitalistischen Landes macht es notwendig, die Disziplin der arbeitenden Kräfte sicherzustellen. Und da ein Großteil der Profite für die weitere Expansion der Schwerindustrie und die Erhaltung und die Ausweitung der industriellen Kapazitäten benötigt wird, ist eine allgemeine Persönlichkeitsstruktur notwendig, die sich auf Sparsamkeit, Fleiß, Selbstbeschränkung und harte Arbeit konzentriert, solange das System sich in den ersten Wachstumsphasen befindet. Das Sexualverhalten, das psychologisch mit einer disziplinierten und sich selbst beschränkenden Persönlichkeitsstruktur einhergeht, ist eines der Rigidität. Rigidität kennzeichnet in dem hier gemeinten Sinn sowohl eine regressive «anale» Persönlichkeitsstruktur wie eine, die in bezug auf sexuelle Beziehungen, Nacktheit und dergleichen extrem eingeschränkt ist. Sexuelle Rigidität, besonders in letzterer Hinsicht, ist historisch das Produkt der patriarchalisch-puritanisch-religiösen Familienstruktur. Die Befürwortung sexueller Freizügigkeit, die sich in offenen sprachlichen Bildern, in deutlichen Song-Texten und eindeutig-zweideutigem Tanzstil ausdrückt, ist daher eine Bedrohung der Charakterstruktur der arbeitenden Menschen, die in der Industrialisierungsphase eines kapitalistischen Landes Grundvoraussetzung sein muß.

Derartige kulturelle Bedrohungen werden als schädlich für die benötigte Autoritätsstruktur angesehen und sie unterhöhlen die Einflußkraft der Institutionen, welche persönlichkeitsformend wirken und die Ordnung stabilisieren – Schulen, Colleges, Universitäten, Armee. Gleichermaßen bedroht die Befürwortung dessen, was man als «instant gratification» (sofortige Bedürfnisbefriedigung) bezeichnet hat, die notwendigen Konzepte von Genügsamkeit (Befriedigungsaufschub) und harter Arbeit. Wenn eine Gesellschaft jedoch hinreichend industrialisiert ist, wächst das Bedürfnis nach einer allgemeinen Persönlichkeitsstruktur, die konsumfreudiger und offener ist.

Eine solche Persönlichkeitsstruktur ist zur sofortigen Bedürfnisbefriedigung bereit und gibt sich nicht mehr mit einem Aufschub zufrieden. «Gute» Konsumenten haben eine fast kindliche Haltung, was ihr Verlangen nach Besitz betrifft – sie reagieren positiv auf die Manipulationen der Organisatoren der Wegwerfgesellschaft und auf ständig neue Modeerscheinungen. Ein guter Konsument zieht zum Beispiel das neueste Modell eines Autos dem letztjährigen vor, ebenso wie er lieber die neueste Platte eines Musikers haben möchte als eine frühere. Dabei spielen Erwägungen, die die Qualität betreffen, nicht die geringste Rolle.

Solch eine «sexuell befreite Persönlichkeit» (d. h., um es nochmals zu wiederholen, eine Persönlichkeit, die augenblickliche Bedürfnisbefriedigung im Konsum bevorzugt und etwas entspanntere Haltungen gegenüber sexuellen Beziehungen, «Obszönität» und Nacktheit hat – dennoch aber in der «Befreiung» eingeschränkt und manipulierbar bleibt) erweist sich weiterhin als problematisch für gesellschaftliche Institutionen wie Schule, Armee und Arbeitsstätte, in denen Autoritätshörigkeit verlangt wird. Für die Konsumgesellschaft ist sie jedoch höchst geeignet.

Daraus erwächst eine Spannung. Eine Art schizophrenes Verhalten, wobei jemand sich am Arbeitsplatz anders verhält als in der Freizeit, wäre ideal für die Aufrechterhaltung des Systems, aber dazu scheint es noch nicht gekommen zu sein. In bestimmten «fortschrittlichen» Bereichen der Wirtschaft, wo die Arbeitsbedingungen alten Stils die Arbeitnehmer fast zur Sabotage bringen und dazu führen, daß sie sich extrem häufig krankmelden oder dem Arbeitsplatz einfach fernbleiben, hat man Anstrengungen unternommen, die Bedingungen so zu verändern, daß sie Freizeitbedingungen ähneln. Man hat versucht, die Arbeit eher zu «fun» (zum Vergnügen) zu machen.

Antiautoritäre Vorstellungen und Spontaneität der sexuellen Befreiung, die von der Rock-Musik geweckt werden, können, wenn sie bis hin zum Arbeitsplatz und den Fließbändern Auswirkungen haben, zu Aktionen führen, die das System stören, aber im Konsumbereich ist die «befreite» Persönlichkeit selbstverständlich weitaus leichter und effektiver integrierbar.

Man hat sich der Sexualität in immer stärkerem Maße bedient, um zum Konsum zu verlocken. Nackte Körper (bisher fast ausschließlich weibliche) wurden bei Werbekampagnen für Milch, Flugreisen, Kameras – praktisch für alle Produkte, die grundsätzlich sexuell doch wohl als neutral zu bezeichnen sind, eingesetzt. Diese Werbemethoden sind sehr wirkungsvoll und waren in der sexuell repressiven Vorkriegsatmosphäre undenkbar. Die mit der Rock-Musik verbundene Sexualität hat zusammen mit anderen kreativen Medien geholfen, ein Klima zu schaffen, in dem sie als verkaufsfördernd fast unwidersprochen eingesetzt werden kann. Damit soll nicht impliziert werden, daß sexuelle Befreiung immer dem System dienlich ist, aber das System kann sich die befreitere sexuelle Atmosphäre zunutze machen, um den Konsum anzukurbeln. Damit verliert die Sexualität in befreiter Form ihre gesellschaftskritische und -verändernde Kraft.

Diese Konsum-Sexualität ist natürlich nicht wirklich befreit oder befreiend. Im Gegenteil, sie ist unfrei und entfremdet. Da die Sexualität in Einzelaspekten zum Imageträger reduziert wird, um Ware abzusetzen, werden Männer wie Frauen tendenziell veranlaßt, ihre eigene Sexualität als verkürzte und manipulierte Werbe-Images zu sehen. Darüber hinaus bedeutet «sexuelle Freiheit» in den USA zu häufig nur, daß mehr Männer sich öfter die Freiheit nehmen können, sexuell mit mehr Frauen zu verkehren, ohne sich zu stark von den alten Tabus gegenüber vorehelichem und außerehelichem Geschlechtsverkehr belastet zu fühlen.

In dieser eingeschränkten, männlich-orientierten sexuellen «Befreiung» sind die Frauen noch immer den alten Konzepten der Passivität unterworfen. Sie sind noch immer «unterlegen». Männer spielen die Rolle der Aggressoren und Beherrscher. Männer wie Frauen sind auf heterosexuelle Beziehungen festgelegt. Die Frauenbewegung ist besonders darauf gerichtet, diese Einschränkung der Sexualität und die Degradierung zum Sexual-Objekt aufzubrechen. Aber die Rock-Musik hat fast ausnahmslos die Normen der Sexualität bestärkt. In einem Gesamtzusammenhang, in dem die sexuelle Befreiung den Zielen der Konsumgesellschaft dienstbar gemacht wird, wirkt die unkritische Unterstützung dieser Befreiung durch die Rock-Musik gerade systemerhaltend.

Was geschah?

Die Struktur der Musikindustrie impliziert die spezifischen Vereinnahmungsprozesse. Während der Gesamtära des Rock 'n' Roll und während der ersten Jahre der progressiven Rock-Musik in den USA entstammte die Musik Kulturkreisen und -bereichen, die sich nicht mit denen deckten, aus denen die Industrie ihre Mitarbeiter rekrutierte. Interpreten brachten ihre Songs ein und ließen sich betreuen von einem Industriepersonal, dessen Lebensstil, besonders während der Zeit zwischen 1954 und 1964, von dem der Interpreten – arme Weiße, Schwarze aus den Gettos, Hippies, die Drogen nahmen und aus den neuen Jugendgemeinschaften kamen – überaus verschieden war. Die Musik wurde von einer Subkultur und Außenseitergruppen geschaffen, aber produziert und vermarktet von normalbürgerlichen leitenden Angestellten und Unternehmern. «Ich mache keine Kultur», sagte Dick Clark, «ich verkaufe sie.»

Als die Industrie an Größe und Umsatzvolumen wuchs, reduzierten sich die Unterschiede zwischen den schöpferischen Kräften und den Produzenten/Verkäufern. Auf der Industrieseite wurden die Angestellten und Techniker «hip»: sie ließen sich lange Haare wachsen, begannen «dope» zu rauchen, adaptierten «relaxed» (entspannte) Lebensgewohnheiten, gingen mit der Mode, was Kleidung betraf. Jac Holzman, damals Chef von Elektra, dem Label der Doors, Tim Buckleys und Judy Collins', brachte das bei einem Industrie-Treffen auf eine Formel: «Um die Musik von morgen zu verstehen, muß man seinen musikalischen Horizont erweitern, man muß eine neue Sensibilität gewinnen, denn die Atmosphäre und die Stimmung zeitgenössischer Existenz darf nicht aus zweiter Hand gewonnen werden.»

Angestellte und Chefs der höchsten Ebenen veränderten ihre Lebensweise weniger und entwickelten auch in geringerem Maße eine neue Sensibilität, und das ist einleuchtend, denn schließlich mußten sie ebenso die finanziellen Geschäfte abwickeln wie die musikalischen, und sie waren zudem Vermittlungsinstanzen zwischen den von ihnen geleiteten großen Labels und den Muttergesellschaften, die mit Musik nichts zu tun hatten. Die Produzenten begannen so auszusehen und so zu leben wie die Musiker, mit denen sie Schallplattenaufnahmen machten. Die Promotion-Leute wandten sich vom alten Stil «booze and broads» (Schnaps und Bräute) ab, der in den fünfziger Jahren von ihnen gepflegt wurde. Sie rauchten von dem Dope mit, das sie verteilten, kleideten sich wie die FM-DJs, die sie besuchten, und – so geht jedenfalls das Gerücht – hörten sich sogar die Platten an, deren Umsatz sie zu fördern die Aufgabe hatten. Werbeleute begaben sich auf die Ebene des Publikums, das sie ansprechen wollten. Sogar die Verkäufer in den Einzelhandelsgeschäften und die Manager einiger Laden-Ketten wie zum Beispiel Tower Records adaptierten den Lebensstil ihrer Kunden.

Auf der Interpretenseite entwickelten die Künstler eine Professionalität, die ganz natürlicherweise dazu führte, daß sie sich in ihrem Verhalten den Profi-Gehaltsempfängern in den Produktionsabteilungen der Schallplattenfirmen anglichen. Die Industrie wurde zur Welt, in der Künstler und Songwriter sich einzurichten begannen. Künstler fanden immer leichter Zugang zum Personal der Schallplattenfirmen. Es ergaben sich sogar die Möglichkeiten, nicht mehr selbst aufzutreten und Platten zu machen, sondern unabhängiger Produzent oder Haus-Produzent zu werden. Die Grenzlinie zwischen Kreativität und Warenproduktion wurde überschritten.

Die Art und Weise, wie Schallplatten verkauft werden, vereinnahmt an sich schon Musik und Musiker, indem sie sie zur Handelsware macht. Ein Künstler oder seine Musik werden auf ein Image reduziert, das aus verschiedenen «selling points» (Verkaufsargumente) besteht. Dieses reduzierte Image wird durch Werbung, Radio-Spots, Anzeigen in Zeitungen und Zeitschriften und dergleichen verbreitet. Wenn man diesen Image-Aufbau sorgfältig betreibt, dann bleibt das Verkaufs-Image eines Künstlers konsequent: auf Schallplattenhüllen, Werbeplakaten und Werbeaufstellern in Plattengeschäften, bei Promotion-Gimmicks, bei der Auswahl der Gruppe, mit der ein Solo-Künstler auf Tournee geht. Der Act wird konsequent verpackt. Ein gutes Beispiel für ein konsequentes und reduziertes Image sind die verschiedenen Alice Cooper-Kampagnen. Wer weiß mehr über Alice Cooper oder einzelne Mitglieder seiner Band, als sich in einem oder zwei Sätzen sagen läßt? Eine oder zwei visuelle Vorstellungen hat man von ihm, mehr nicht. (Sein Image ist: Milliarden-Dollar-Baby.) Komplexere Persönlichkeitsstrukturen von Musikern oder Charaktereigenschaften sind der Öffentlichkeit ebensowenig bekannt wie die von Politikern. In den Vereinigten Staaten werden Politiker wie Musiker nach fast demselben Konzept «verkauft».

Die größten Rock-Stars werden sogar in noch weit höherem Maße zur Ware. Ihr Image wird mit Kleidung, Spielsachen und aller Art Waren gekoppelt und den Fans verkauft. Rock-Stars übernahmen die Rolle von Trendsetters, wie es vor Jahrzehnten Film-Stars waren. Die allgemeinen Trends entstehen eigentlich in den Jugend- und Getto-Subkulturen, aus denen die Musiker kommen, aber das breite Publikum weiß davon nichts. Es schreibt sie den Rock-Stars zu, die sie populär machen.

Die normale Vertragsvereinbarung, die vom Künstler verlangt, zwei Alben im Jahr zu machen, ermöglicht es der Plattenfirma, das einmal konzipierte Image vor der Öffentlichkeit aufrechtzuerhalten und die Investitionen mit hoher Wahrscheinlichkeit wieder zu erwirtschaften. Die Musik selbst muß oft unter diesen Bedingungen leiden. Wenn für zwei verlangte Alben nicht genügend gutes Material geschrieben werden kann, dann bringt man zugegebenermaßen zusammen mit den guten Songs auch schlechte auf den LPs heraus.

Das Ausmaß an künstlerischer Kontrolle, das den Musikern zugestanden wird, hat kaum Einfluß auf die Vermarktung der Ware Schallplatte. Selbst wenn eine Plattenfirma bestimmte Aspekte der Image-Prägung aus der Hand gibt – zum Beispiel die Gestaltung einer Plattenhülle –, müssen die Platten schließlich doch vermarktet und verkauft werden, und das geschieht auf die eingespielte Standard-Weise. Der Künstler wird also höchstens in den Vermarktungsprozeß seines eigenen Produktes mehr integriert.

Die Tatsache, daß Rock-Acts in den sechziger Jahren hohe Vorschüsse und lukrative Verträge bekamen, die Jahre zuvor noch undenkbar gewesen wären, hat doch die industrielle Struktur und den Wirtschaftsprozeß nicht fundamental verändert. Ralph Gleason schrieb 1968 im «Rolling Stone», seiner Ansicht nach habe die neue Macht der Rock-Gruppen tatsächlich zu einer Veränderung der Verhältnisse geführt und er sagte: «Man verändere die Art, wie die Geldverteiler das Geld verteilen, und damit verändert man die Gesellschaft. Die Rock-Musik tut das.»

In der Tat haben Unterhaltungskünstler schon immer einen sehr starken Einfluß und außergewöhnliche Macht in der Unterhaltungsindustrie des Kapitalismus gehabt, denn schließlich sind sie es ja, die die kreative Arbeit leisten. Schallplattenfirmen erklären sich gern einverstanden, ihren ständig gut verkaufenden und langlebigen Acts einen größeren Anteil am Profit-Kuchen zu geben, wenn diese sich dafür bereit erklären, bei der Firma zu bleiben. Eines der zentralen Probleme der Unterhaltungsindustrie besteht darin, einen ständigen Nachschub an künstlerischem Material zu gewährleisten. Die Konzerne sind willens, künstlerische Freiheit und große Summen Geldes zu gewähren, wenn dieser Nachschub erhalten bleibt. Firmen, die dazu nicht bereit waren, MGM zum Beispiel, hatten schließlich erheblich darunter zu leiden.

Der Zuwachs der Hörerschaft und das Ansteigen der Einkünfte aus der Werbung führten zur kommerziellen Vereinnahmung des FM-Radios – obwohl auch die Stationen selbst einen nicht unerheblichen Anteil an dem Anpassungsprozeß hatten. Ursprünglich war FM eng mit den Jugend- und Getto-Subkulturen verbunden. Die Werbung bei vielen FM-Stationen war anfangs ein Spiegelbild der gesellschaftskritischen und anti-materialistischen Grundhaltung dieser Sender. KPPC in Los Angeles, die Schwesterstation von KSAN in San Francisco, lehnte zum Beispiel Werbespots für Pepsi Cola anfangs ab. Aber diese Restriktionen wurden schrittweise aufgehoben. Mit dem Anwachsen der Zuhörerschaft, die in manchen Fällen sogar die von AM-Stationen übertraf, stiegen natürlich auch die Preise für Werbezeit. Diese hohen Preise führten schließlich dazu, daß Großfirmen, die auf nationaler Ebene operierten, zu Werbekunden wurden und Kleinunternehmen mit regionaler Basis langsam ausgeschlossen wurden. Die großen nationalen Werbekunden erreichten schließlich über FM sehr effektiv den Jugend-Markt, und die FM-Stationen mit ihrer «revolutionären Rock-Musik» wurden in die Konsumgesellschaft integriert. Das heißt, sie integrierten sich selbst.

Der Erfolg und die Popularität der Rock-Musik waren die wesentlichen Gründe für ihre Vereinnahmung. Sie erreichte auf so wirkungsvolle Weise eine riesige Anzahl junger Leute, daß man sich erlauben konnte, in allen Bereichen ihrer Produktion große Summen zu investieren. Die Schallplattenfirmen konnten sich leicht erlauben, ihren Künstlern wie ihren Angestellten in den Bereichen Creative Services, Promotion und Werbung viel Geld zu zahlen: die Musik erwies sich als Goldgrube.

Die Benutzung der Rock-Musik in der Werbung war ein weiterer Faktor für die Integration in das Konsumsystem. Da man mit dieser Musik die Jugend erreichte, war sie für Firmen interessant, die andere am Jugendmarkt orientierte Produkte absetzen wollten. Wenn eine «hip» Rock-Gruppe sich für die Werbekampagne eines bestimmten Produktes einspannen ließ, dann wurde dies Produkt, wie immer trivial es eigentlich auch sein mochte, plötzlich zu einem für die Jugend überaus attraktiven Konsumartikel. Als die JEFFERSON AIRPLANE «Avantgarde»-Commercials für Levi Strauss-Jeans machten, enthoben sie sich selbst ihres revolutionären Anspruchs.

Der Verlust des revolutionären Feeling und des explizit kritischen Inhalts vieler Rock-Songs hatte eine Vielzahl von Gründen. Als man die amerikanischen Truppen aus Vietnam zurückzuziehen begann, verlor die Anti-Kriegs-Bewegung einen Teil ihres Einflusses; viele ehemalige Angehörige der Jugend-Subkultur nahmen Jobs an, denn schließlich wurden sie ja älter; die spezifische Jugendkultur verbreitete sich in abgeschwächter Form unter der Mehrheit der amerikanischen Jugend und auch bei einem Teil der Erwachsenen; starke psychedelische Drogen wie LSD und Meskalin wurden nicht mehr so häufig genommen; unter der Nixon-Regierung wurden die Anführer der radikalen politischen Gruppen kaltgestellt oder mundtot gemacht. Diese Entwicklungen nahmen der Atmosphäre und Umgebung, in der viele Künstler lebten, einen Teil des politischen Engagements. Die Schwarzen wurden von den Veränderungen nicht auf dieselbe Weise betroffen. Da die schwarze Gemeinschaft blieb, was sie immer gewesen war – eine ökonomisch benachteiligte Gruppe, die in Gettos lebte –, erhielt sich die Musik der politisch bewußten schwarzen Musiker ihre Kritik an den bestehenden Verhältnissen.

Die Schallplattenfirmen haben Musik, die sich im weitesten Sinne gegen das Establishment richtete, zumindest seit den fünfziger Jahren, nicht eindeutig unterdrückt oder zensiert. Die meisten (wenn auch nicht alle) Firmen machten Schallplattenaufnahmen von Songs mit linksgerichteten Texten, wenn man ihnen kommerzielles Potential unterstellte. Folk-Musik, das Genre der amerikanischen Musik mit dem höchsten Anteil politischer Inhalte, ist ganz gewiß nicht mehr kommerziell. Eine Entscheidung, keine Schallplattenaufnahmen von politischer Folk-Musik zu machen, ist daher ökonomisch und nicht politisch motiviert. Musik, die sich für schwarze Gleichberechtigung und später für schwarze Befreiung einsetzte, wurde weitaus länger aus den Ätherwellen ferngehalten als weiße Musik mit politischen Inhalten. Im Bereich der weißen Musik war Barry McGuires Song *Eve Of Destruction* eine Art Wendepunkt. Einige der konservativeren Rundfunkstationen weigerten sich, nach *Eve Of Destruction* weitere politische Songs zu spielen, die meisten jedoch öffneten sich ihnen geradezu.

Die erfolgreichen Schallplattenfirmen haben häufig den Anschein erweckt, als solidarisierten sie sich mit der Jugendkultur und revolutionären Tendenzen. Das ist natürlich kommerzielle Heuchelei. Besonders CBS hat sich mit Werbekampagnen hervorgetan, die eine Identifikation mit der Jugend vorgaben. Eine Anzahl von Neuveröffentlichungen wurden als «The Revolutionaries» angepriesen, eine weitere Anzeigenkampagne hatte den Slogan «The Man can't bust our music» (Das Establishment kann uns nicht unsere Musik nehmen). Nun läßt sich aber unmöglich sagen, daß CBS irgend jemanden mit diesen Anzeigenkampagnen, etwa die Jugendlichen, vereinnahmt hätte. Es bleibt höchst zweifelhaft, daß jemand in der «Zielgruppe» diese angebliche Solidarität nicht durchschaut hätte. Warner Brothers war, wie schon an anderer Stelle erwähnt, in der projizierten Identifikation mit der Jugendszene weniger heuchlerisch. Die Firma sprach über die zugrundeliegenden finanziellen Motive mit einer cleveren Offenheit, die von einer großen Anzahl der Plattenkäufer akzeptiert wurde.

Die Tatsache, daß die Schallplattenfirmen in Underground-Zeitungen inserierten, bewirkte auch eine gewisse Abschwächung des Einflusses dieser Institution in der Jugend-Subkultur. Zwar tauschten die Underground-Zeitungen nicht wie manche Branchenzeitschriften positive Plattenbesprechungen und Künstler-Porträts gegen Anzeigenaufträge, aber sie gerieten doch bald in eine gewisse Abhängigkeit von den Schallplattenfirmen, weil diese ihre wesentlichen Anzeigenkunden waren. Als sich die Schallplattenfirmen entschieden, ihre Anzeigenaufträge bei den Subkultur-orientierten Underground-Zeitschriften einzuschränken und diese wiederum keine sexistischen Anzeigen aufnehmen wollten, mußten viele von ihnen ihr Erscheinen einstellen. Sie hatten sich nicht hinreichend um alternative Anzeigenkunden gekümmert. (Einige Redakteure haben behauptet, die Nixon-Regierung habe die großen Schallplattenfirmen ersucht, die Unterstützung der radikalen Underground-Zeitschriften durch Anzeigen einzustellen. Vielleicht gab es gewisse politische Motive für den Entschluß der Plattenfirmen, aber im nachhinein erscheint es einleuchtend, daß sich das FM-Radio als wichtigeres Promotion-Medium darstellte und daß man Werbung im «Rolling Stone» und im FM-Radio geschäftspolitisch klüger plazierte als in den politisch orientierten und instabilen Subkultur-Blättern.)

Die Anzeigentexte der Schallplattenfirmen standen zudem in oft starkem Widerspruch zu den redaktionellen Anliegen der Zeitungen und schwächten dadurch deren Wirkung ab. Nur wenige Underground-Organe vermochten eine klare Trennungslinie zwischen ihren anti-materialistischen Zielsetzungen und den kapitalistischen Intentionen von Schallplattenfirmen zu ziehen.

Die Hauptursache dafür, daß Songs mit politischen Texten nur noch selten zu hören sind, liegt nicht bei den Schallplattenfirmen oder den Radio-Stationen (wenigstens nicht den FM-Stationen), sondern bei den Musikern und Gruppen selbst.

Rock 'n' Roll-Selbstmord:
Die Vereinnahmung und Entfremdung der Musiker

Zu diesem Zeitpunkt, Mitte der siebziger Jahre (bei Erscheinen der amerikanischen Originalausgabe also), kann ein etablierter Künstler schreiben und aufnehmen, was er will, solange ein kommerzieller Erfolg garantiert scheint. Wenn jedoch ein Künstler mehrere Alben hintereinander veröffentlicht, die sich nicht verkaufen, dann verliert er seinen Einfluß bei den Schallplattenfirmen, den Konzertveranstaltern und auch in allen anderen Bereichen der Industrie. Es gibt jedoch so gut wie keine Zensur in bezug auf die von einem Künstler gewünschten politischen Aussagen.

Gewisse Ausnahmen bestehen allerdings: Neue Künstler, die noch nicht bewiesen haben, daß sie ihre anfänglichen Erfolge zu wiederholen in der Lage sind, stehen unter stärkerem Druck, sich konform zu verhalten; Songs mit außergewöhnlich eindeutigen oder gar perversen Sex-Texten oder Songs, die zu freizügig Aussagen über Drogenkonsum machen oder ihn gar propagieren, werden von Radio-Stationen vielleicht zensiert, jedoch nicht von den Schallplattenfirmen. Ein völliger Zusammenbruch der politischen Verhältnisse in den Vereinigten Staaten hätte ganz sicher Zensurmaßnahmen gegen ein Massenmedium wie die Schallplatte zur Folge, aber ein solcher Zusammenbruch würde Zensurmaßnahmen gegenüber anderen Medien, Erziehungsinstitutionen, politischen Organen usw. wahrscheinlich schon früher einleiten.

Politische «Zensur» ist viel eher Selbstzensur der Künstler. Grob lassen sie sich in zwei Kategorien einteilen: einmal diejenigen, die unbedingt Erfolg haben wollen, die auf nichts anderes aus sind, als «es zu schaffen», zum anderen diejenigen, denen es mehr um ihre Musik geht als um Geld und Ruhm. Die Künstler der ersteren Gruppe neigen eher dazu zu tun, was ihnen ihr Manager rät, der entweder von einer kurzfristigen oder einer langfristigen Profitorientierung ausgeht. Sie beschränken sich in der Länge ihrer Songs auf AM-Ansprüche, vermeiden etwa Ärgernis erregende Wörter in ihren Songtexten, lassen sich mit Agenten und Konzertveranstaltern auf Abmachungen und Kompromisse ein. Aber diese Gruppe ist für unsere Diskussion eher unerheblich: wenn ein Künstler sowieso nur Geld machen will, ist er von vornherein vereinnahmt, oder anders gesagt, er war nie kritisch. Er hat sich einem der eher destruktiven amerikanischen Ideale anheimgegeben: Reichtum. «Ich habe amerikanische Ideale», sagt Alice Cooper. «Ich liebe Geld.»[4]

Aber einer großen Anzahl von Musikern ist offensichtlich und glücklicherweise sehr an der Aussage der eigenen Musik gelegen. Aber auch die meisten von ihnen sind nicht in der Lage, eine radikale Musik zu machen. Besonders am Anfang ihrer Laufbahn sind viele von ihnen in bestimmtem Maße zu Kompromissen bereit. Diejenigen, die unsicher sind, fürchten dann, das Publikum, das sie schließlich unterstützt und ihnen Selbstsicherheit gibt, zu verlieren, wenn sie ihren Stil ändern. Viel häufiger geschieht es jedoch, daß Musiker, denen es um ihre Musik geht, sich isolieren.

Widersinnigerweise verlieren sie gerade durch die hohe Qualität ihrer Musik leicht die Beziehung zu ihrer Umwelt und ihrer Herkunft, denn qualitativ hochstehende Musik verkauft sich gut und verhilft ihrem Interpreten oder Autoren zu wahrhaftig unglaublichen Mengen Geld. Man hat geschätzt, daß mindestens fünfzig Super-Stars mehr als eine Million Dollar jährlich verdienen. (Manche von ihnen investieren in der Großindustrie. Bob Dylan besitzt zum Beispiel Aktien der Ölindustrie, und Neil Young gehört eine Reihe von Einkaufszentren.) Ein Musiker, der 50000 oder 100000 Dollar im Jahr verdient – und davon gibt es hunderte – pflegt dann natürlich einen Lebensstil, der sich erheblich unterscheidet von dem des fünfundzwanzigjährigen Maurers oder der Sekretärin, die seine Platten kaufen. Und auch wenn die Orientierung an Sex und Drogen bei einem Rock-Star nicht so grundlegend verschieden ist von der bei einem arbeitslosen Jungen auf der Straße, lassen sich doch gewiß die jeweiligen persönlichen Erfahrungsmöglichkeiten nicht miteinander vergleichen.

Unter diesen Bedingungen dauert es nicht lange, bis ein Musiker aus armen Verhältnissen oder der Arbeiterklasse seine Wurzeln verliert. Sein Leben ist plötzlich so anders von dem, das er gewohnt war, daß er gewöhnlich Schwierigkeiten in den Beziehungen zu seinen alten Freunden hat. Er beginnt, sich in Gesellschaft anderer erfolgreicher Musiker zu bewegen, kommt mit Produzenten zusammen und Angehörigen der

Musikindustrie, die denselben Lebensstil pflegen. Top-Stars wie die Mitglieder der Rolling Stones zum Beispiel sind in den internationalen Jet-Set integriert. Ihre Rebellion erschreckt nicht die Erbinnen großer Vermögen und Filmstars. Sie kitzelt nur ihre Nerven.

Verschiedene Musiker haben ihre verschiedenen Wege gewählt, mit den Zwängen des Star-Daseins umzugehen, ohne Jet-Set-Angehörige zu werden oder sich in die Musikindustrie integrieren zu lassen. Die beiden häufigsten Nicht-Lösungen der Problematik sind jedoch nicht weniger entfremdend. Einige Stars wie Santana oder Mahavishnu John McLaughlin sind auf einen absolut lächerlichen Religions-Trip gegangen, mit dem sie sich selbst und ihre Anhänger zum Narren halten. Andere wie Joni Mitchell haben ihren Reichtum benutzt, um sich absolut zu isolieren und abzukapseln.

Viele Musiker werden mit dem Problem plötzlichen Reichtums überhaupt nicht fertig. Sie zerstören sich selbst. Der frühe Rockabilly-Sänger Carl Perkins ist ein typisches Beispiel. «Wenn man ein Junge vom Lande ist, der gerade den Pflug beiseite geschoben hat», sagte er, «und plötzlich wird man ein Star mit Geld in den Taschen, Autos, Frauen, Großstadt, Menschenmassen, dann ist der Wandel eben zu stark und zu schnell . . . Man braucht eine Krücke.»[5] Perkins wurde Alkoholiker und schloß sich dann nach einigen Jahren der Johnny Cash-Tournee an. Für die erste Welle der ausgebrannten Rocker bot die Country-Musik eine gewisse Sicherheit, aber für die jungen Musiker aus den Großstädten existiert sie nicht. Die begannen Heroin zu spritzen, und dann verschwanden sie von der Bildfläche.

Einige etablierte Musiker scheinen mit der Situation fertig geworden zu sein, haben eine Perspektive außerhalb der Musikindustrie gefunden und ihre eigenen Prinzipien entwickelt. Gil Scott-Heron, Country Joe McDonald, die Persuasions und John Lennon sind dafür wohl Beispiele. Aber die Zwänge, im korporativen Wirtschaftssystem zu arbeiten, bringen auch für sie eine gewisse Isolation. Um bei gesundem Menschenverstand zu bleiben, müssen sie bewußt den Kontakt zu Leuten suchen und pflegen, die nichts mit der Musikindustrie zu tun haben und auch keine Fans sind. Wenn sie sich innerhalb einer umfassenderen politischen, radikalen oder kulturellen Subkultur bewegen, ist diese Aufgabe für sie leichter zu lösen. Damit sich politische Musik überhaupt entwickeln kann, ist eine radikale politische Bewegung ganz außerhalb der Musikindustrie wohl unbedingt notwendig. (Der Zusammenbruch der radikalen Jugendbewegung der sechziger Jahre und der Mangel an Unterstützung durch die profitorientierte Industrie für einen politischen Songschreiber, der seine Schwierigkeiten hatte, gelten bei vielen als die beiden Hauptgründe dafür, daß Phil Ochs im April 1976 Selbstmord beging.)

Die Situation schwarzer Musik und schwarzer Künstler ist anders.

Schwarze Musik war, abgesehen von der Motown-Phase, allgemein politischer als weiße. Ein großer Teil der schwarzen Musik ist dabei natürlich auch nichts anderes als normale Pop-Kost.

Die Position der Schwarzen in den Vereinigten Staaten ist relativ unverändert geblieben. Sie waren und sind eine unterdrückte Minderheit, die in Gettos lebt und am Rande der Gesamtwirtschaft in ihrer Arbeitskraft ausgebeutet wird, damit sich das allgemeine Lohnniveau niedrighalten läßt. Die Schwarzen verrichten die niedrigste Arbeit für den niedrigsten Lohn. Arbeit und Wohnungen bietet man ihnen als letzten, nach Übersee schickt man sie als erste, um die amerikanischen Interessen zu verteidigen.

Weil dies ihre tägliche Realität ist, versteht es sich von selbst, daß Schwarze oft politischer denken und sich ausdrücken. Jahre vor dem modernen schwarzen Jazz und dem R&B machte der Blues-Sänger jenen Refrain populär, der nicht nur vor den Schaltern der Arbeitsvermittler seine Gültigkeit hat: «If you're white all right, if you're brown stick around, but if you're black get back.» In den vierziger Jahren brachte man Bebop-Musiker hinter Gitter. Der Korea-Krieg machte Charles Brown radikaler, und der Vietnam-Krieg veranlaßte Marvin Gaye, die PERSUASIONS, John Lee Hooker und andere dazu, das weiße kapitalistische Amerika anzuklagen.

Die Ewigkeit dauert lange:
Die mögliche Auferstehung der Rock-Musik

Zu diesem Zeitpunkt muß deutlich sein, daß die Rock-Musik kaum mehr eine Herausforderung für die Grundlagen der amerikanischen Gesellschaft ist – die Produktion für den privaten Profit, die Gesellschaftsstruktur, die Konsum-Orientierung, die Produktion von Wegwerfartikeln und Waffen, die ausgeklügelten Institutionen und die Geisteshaltungen, die hinter ihnen stehen, die Konzerne, die alles zu vereinnahmen in der Lage sind*, die «hip» Medien, die Lust am Verbrauch, die Sexualität im Dienste des Systems.

Die Situation ist nicht eindimensional. Es besteht eine ständige Spannung zwischen der Rock-Musik und der Jugendkultur einerseits und dem

---

* COUNTRY JOE AND THE FISH saßen einmal zusammen mit Colonel Sanders, dem Besitzer der gigantischen Kette von Brathähnchen-Restaurants, in einem Flugzeug. Der Colonel trägt nur weiße Anzüge wie die Plantagenbesitzer früherer Zeiten. «Mögen Sie Hippies, Colonel?» fragte Dewey, ein Mitglied der FISH. «Nun, die essen doch auch Hähnchen, oder nicht?» erwiderte er mit einem Lächeln.

amerikanischen Gesellschaftssystem andererseits. Diese Spannung verleiht sogar der gegenwärtig apolitischen Rock-Musik eine progressive Wirkung innerhalb zweier wichtiger Institutionen, die nicht so leicht wie der Konsumbereich sexuell befreiende Ansichten oder Haltungen, die die Disziplin unterminieren, auffangen können: Armee und Arbeitsplatz.

Rock-Musik, Drogen, antiautoritäre Haltungen und sexuelle Befreiung hatten einen starken Anteil an der Zerstörung der Moral in den amerikanischen Streitkräften. Die Musik und die Kultur haben zusammen mit der expliziten politischen Agitation gegen die imperialistische Rolle der USA in Vietnam zu einer tatsächlichen Krisensituation bei den amerikanischen Invasions-/Besetzungstruppen in Südostasien geführt.[6] Das Musik-/Drogen-/Befreiungs-/Politik-Gesamtphänomen ist wahrscheinlich Hauptauslösefaktor für die vielen Pseudoreformen innerhalb der Armee gewesen und war daran beteiligt, daß die allgemeine Wehrpflicht abgeschafft wurde. Dies Gesamtphänomen ist wohl auch verantwortlich für einen Streik bei General Motors in Lordstown, Ohio. Anschließend kam es auch dort zu Pseudoreformen.

Das vielleicht größte Potential für eine Veränderung in der Rock-Musik liegt in der Art begründet, wie sie gemacht wird. Anders als Film oder gar Video, sind Musik und Rock-Musik ein volksnahes Medium – jeder kann eine Gitarre zur Hand nehmen, Baß spielen, Schlagzeug oder Mundharmonika oder Orgel – Millionen tun es. In dieser Hinsicht ist die Rock-Musik Musik des Volkes.

Wenn sich unser Gesellschaftssystem radikal verändern würde, könnte die Rock-Musik zu einer Basis einer revolutionären Massenkultur werden. In den beiden wichtigsten sozialistischen Gesellschaften, der Sowjetunion und China, sind musikalische Formen aus dem 19. Jahrhundert und früher als Kunst des Volkes definiert und bestärkt worden: das Ballett, die Symphonie und die Oper. Aber diese kulturellen Institutionen waren im wesentlichen Schöpfungen der Feudalelite der vorsozialistischen Zeit. In den USA und in Westeuropa haben zum erstenmal elektronische Technologie und fortschrittliche Kommunikationsmöglichkeiten eine «Volksmusik» – die Rock-Musik – einer ganzen Generation jugendlicher arbeitender Menschen zugänglich gemacht.

Im Moment ist der Rock 'n' Roll klingende Münze. Er ist eine wohlverpackte Ware. Aber der Rock 'n' Roll wird uns auch erhalten bleiben. Der Rock 'n' Roll bleibt bestehen. Unterm Strich bleiben zum Jahresende Profite, und es bestehen 10 Millionen Dollar-Platten-Verträge, Arthur Crudup wurde betrogen, und die Rock-Musik der Frauen wird weiterhin unterdrückt, und Rock 'n' Roller werden zu Selbstmördern – aber die Musik lebt weiter. Ihr Potential als eine wahre Musik des Volkes bleibt bestehen.

Wie lange es braucht, dies Potential zu verwirklichen, bleibt abzuwarten.

Nachwort

Mitte der sechziger Jahre schrieben TRAFFIC einen berühmten Song über einen Mann in einem feinen Anzug, der seinen Profit mit dem Traum eines Musikers machte. Bob Dylan nannte diesen Mann «Dear Landlord».

Die Landlords in ihren feinen Anzügen – die Albert Grossmans und Clive Davises der Musikszene – hätten ein besseres Buch über die Rock 'n' Roll-Industrie schreiben können als wir. Ihre Bücher hätten mehr zu erzählen über die Machtkämpfe, die vonstatten gegangen sind, wüßten mehr Industrie-Klatsch zu berichten, könnten die Inside-Story präsentieren.

Wir haben nicht Janis Joplin gemanagt, und wir haben auch nicht BLOOD, SWEAT AND TEARS unter Vertrag genommen. Aber wir glauben auch nicht, daß irgend jemand an der Industrie-Spitze ein Buch über die Geschichte des Business schreiben wird, das eine andere Perspektive bietet als die der Konzerne. Der «hip» Konzerne vielleicht. Deshalb haben wir dies Buch geschrieben.

«Rock 'n' Roll Is Here To Pay» war ein schwieriges Buch. Wir werden erst in ein paar Jahren wissen, ob wir recht hatten.

Wir haben gemäß unserer Fähigkeiten als Schreiber versucht, einen Stil zu finden, der möglichst allgemeinverständlich ist. Wir hatten unsere verschiedenen Meinungen darüber, was witzig ist und was interessant. Wir haben ein komplexes Thema behandelt, und wir haben uns über Argumente und Definitionen, Darstellungsweisen und Aspekte geeinigt.

Es mag, besonders von der Linken, Kritik an unserer Darstellung geben, wie die Frauen und die Schwarzen von der Industrie behandelt wurden. Aber wir waren der Meinung, daß eine Diskussion dieser Thematik für das Verständnis der Musikindustrie besonders entscheidend ist. Wir meinten, über hinreichende Einsichten zu verfügen – also haben wir uns an die Arbeit gemacht. Außer in bezug auf den Jazz, bei dem die Situation natürlich ganz anders gelagert ist als bei der Rock-Musik, ist der politische Charakter der Pop-Musik von schwarzen oder feministischen Autoren/innen nicht besonders häufig oder extensiv behandelt worden. Hoffentlich lassen sich bald Stimmen vernehmen, die aus dieser Richtung kommen.

Wir möchten ganz offen auf ein Problem hinweisen, das alle freien Schriftsteller betrifft: Geld und Zeit. Dieses Buch stammt von zwei Autoren, die phasenweise getrennt recherchiert und geschrieben haben, die zusammen aber die Endfassung bearbeiteten und das Manuskript tippten. Zwei Jahre lang haben wir gearbeitet und 1975 waren wir fertig. Hoffentlich hat das Manuskript weniger gelitten als wir.

Anmerkungen

Kapitel 1

1 «The 50-Year Story of RCA Victor Records», RCA-Broschüre, New York 1953, S. 8
2 Archer, L. Gleason: «History of Radio to 1926», America Historical Co., New York 1938, S. 178
3 Gillett, Charlie: «The Sound of the City: The Rise of Rock and Roll», Outerbridge and Dienstfrey, New York 1970, S. 11
4 Zwick, Edward: «An Interview with the Father of Hi-Fi: Dr. Peter Goldmark», «Rolling Stone», 27. 9. 1973, S. 44f.

Kapitel 2

1 «World of Soul», «Billboard», 23. 6. 1967, S. 26
2 «Billboard», 23. 6. 1967, S. 16f.
3 «Armed Forces Network», September 1962, zitiert in Gillett, «The Sound of the City», a. a. O., S. 34
4 «New Musical Express», 21. 9.1956, zitiert in Gillett, S. 328f.
5 Guralnick, Peter: «Feel Like Going Home: Portraits in Blues and Rock 'n' Roll», Outerbridge and Dienstrey, New York 1971, S. 188f.
6 «Rolling Stone», 11. 10. 1973, S. 16
7 Lydon, Michael: «Rock Folk: Portraits from the Rock 'n' Roll Pantheon», Dell, New York 1968, S. 10
8 «Hit Parade» (Britain), Januar 1957, zitiert in Gillett, S. 39
9 Lydon, S. 9f.
10 «Hit Parade» (Britain), Januar 1957, zitiert in Guralnick, S. 142
11 Passman, Arnold: «The Deejays», Macmillan, New York, S. 90
12 «New Musical Express», 23. 9. 1956
13 Die finanziellen Informationen über dieses wegweisende Konzert werfen ein interessantes Licht auf Widersprüchlichkeiten in der Rock-Geschichte. Arnold Passman, Autor des Buches «The Deejays», sagt, man habe 18000 Eintrittskarten für eine Halle verkauft, die nur für 10000 Besucher gebaut ist. Eben dieser zu hohe Kartenverkauf habe dazu geführt, daß die Menschenmenge vor den Türen mehr als unzufrieden war. Charlie Gillett, gewöhnlich überaus korrekt, schrieb in «Sound Of The City» von 30000 Besuchern, und damit zitierte er wohl eine «Billboard»-Geschichte, in der dieselbe Zahl auftauchte. In dem ebenso brillanten wie witzigen und klugen Buch von Ian Whitcomb, «After The Ball», in dem sich ziemlich viele Übertreibungen befinden, wird gar von 80000 Besuchern geredet. Er hat sich wahrscheinlich vertan. Wenn eine Menge von 80000 schwarzen und weißen Kids 1952 zu einem Rock 'n' Roll-Konzert in Cleveland, Ohio, gekommen wäre und dort einen Zusammenprall mit der Polizei gehabt hätte, wäre schon passiert, was in Kent State erst zwei Jahrzehnte später geschah.
14 Siepann: «Radio's Second Chance», S. 186f., wie zitiert in Barnouw, Erik: «History of Broadcasting in the United States» Band 2, Oxford University Press, New York 1966, S. 221

Kapitel 3

1 Lydon, a. a. O. (siehe Anm. 7, Kap. 2), S. 117
2 Steve Chapple, Interview mit Joe Smith 1973
3 Friesen, Gilbert B. (A & M Records): «New Techniques to Update the Standard American Promotional Package» in: Ackermann, Paul, Zhito, Lee (Hg.): «The Complete Report of the First International Music Industrie Conference», Billboard Publishing, New York 1969, S. 18f.
4 «Billboard», 7. 11. 1970, S. 1
5 Steve Chapple, Interview mit Lou Adler 1973
6 a. a. O.
7 «Billboard», 31. 8. 1968, S. 8
8 Mogull, Arthur (Tetragrammaton Records): «The Independent Artist/Composer/Producer as a Self-Contained Organization», in Akkermann, Zhito, S. 82
9 «Billboard», 16. 9. 1967, S. 6
10 a. a. O., 28. 12. 1968, S. 3
11 Greenfield, Robert: «Keith Richard: Got to Keep It Growing», in: Fong-Torres, Ben (Hg.): «The Rolling Stone Interviews» Band 2, Warner Paperback, New York 1973, S. 291f.
12 Brown, Stanley H.: «The Motown Sound of Money», in: «Fortune», 1. 9. 1967, S. 104
13 «Billboard», 9. 11. 1955
14 a. a. O., 26. 1. 1974
15 Mueller, Willard F.: «The Measurment of Industrial Concentration», in einer Anhörung vor dem Antitrust and Monopoly-Unterkomitee des Rechtskomitees, US-Senat, 1./2. 7. und 9.–11. 9. 1964, S. 115–120
16 Tarr, Irwin (RCA Records): «Current Impact [of Tape Systems] in the United States – and Prospects», in: Ackermann, Zhito, S. 247f.
17 «Billboard», 12. 7. 1968
18 a. a. O., 22. 1. 1972, S. 10
19 Davis, Clive J.: «Creativity within the Corporation», in: «The Music Industry: Markets and Methods for the Seventies», Billboard Publishing, New York 1970, S. 288
20 «Billboard», 18. 11. 1972, S. 76
21 Wenner, Jann: «Joe Smith, Record Company Executive», in: Fong-Torres (Hg.), S. 338
22 Passmann, a. a. O. (siehe Anm. 11, Kap. 2), S. 288
23 Steve Chapple, Interview mit Bruce Johnson 1973
24 a. a. O.
25 Steve Chapple, Interview mit Tom Donahue 1973
26 a. a. O.
27 a. a. O.
28 «Rolling Stone», 2. 4. 1970
29 a. a. O.
30 Donahue Interview
31 «Rolling Stone», 6. 4. 1968
32 Donahue Interview
33 «Rolling Stone», 2. 4. 1970
34 a. a. O., 16. 4. 1970
35 a. a. O., 2. 4. 1970
36 David Bael, Interview mit Scott Muni 1974
37 Donahue Interview
38 a. a. O.
39 Muni Interview
40 «Rolling Stone», 2. 4. 1970

Kapitel 4

1 David Beal, Interview mit Frank Barsalona 1974
2 a. a. O.
3 a. a. O.
4 David Beal, Interview mit Don Law 1974
5 Barsalona Interview
6 Law Interview
7 David Beal, Interview mit Herb Spar 1974
8 David Beal, Interview mit Ralph Mann 1974
9 Spar Interview

10 McCabe, Peter, Schonfield, Robert: «Apple to the Core: The Unmaking of the Beatles», Pocket Books, New York 1972, S. 31
11 a. a. O., S. 50
12 Steve Chapple, Interview mit Eliot Roberts 1973
13 a. a. O.
14 a. a. O.
15 «Billboard», 6. 5. 1967, S. 104
16 Spar Interview
17 a. a. O.
18 Law Interview
19 «Rolling Stone», Juli 1967
20 a. a. O.
21 a. a. O.
22 a. a. O., Dezember 1969
23 «Tabut and Booking», September 1972
24 Steve Chapple, Interview mit Shelly Finkel 1974
25 a. a. O.
26 Joel Rogers, persönliches Gespräch 1973
27 Finkel Interview
28 «Zoo World», 29. 8. 1974
29 Spar Interview
30 «Village Voice», 21. 11. 1974
31 a. a. O.
32 Karshner, Roger: «The Music Machine», Nash Publishing, Los Angeles 1971
33 Joel Rogers, Interview mit Jim Miller 1974
34 Joel Rogers, Interview mit Jon Landau 1974
35 «The Bulletin of the American Society of Newspaper Editors», September 1971, Nachdruck erhältlich über «Rolling Stone»
36 «Rolling Stone», 20. 1. 1972
37 «Fusion», August 1972
38 «Rolling Stone», 9. 11. 1967
39 Joel Rogers, Interview mit Langdon Winner 1974
40 «Rolling Stone», 5. 4. 1969
41 «Fusion», August 1972
42 Winner Interview
43 «Billboard», Eigenwerbung von «Rolling Stone» im Herbst 1974
44 «Rolling Stone Advertiser Kit», wie zitiert in «Fusion», August 1970
45 «Los Angeles Times», 25. 8. 1974
46 «Time», 25. 4. 1969
47 «Rolling Stone», 11. 11. 1971
48 a. a. O.
49 «Billboard»
50 Landau Interview
51 Christgau, Robert: «Any Old Way You Choose It: Rock and Other Pop Music, 1967–1973», Penguine Books, Baltimore 1973, S. 87
52 «New York» 1974

Kapitel 5

1 CBS-Jahresbericht 1973, S. 8 (basierend auf den Angaben von McCann Erickson, Inc. und CBS/ Broadcast Group Economics and Research)
2 Wichtigste Quellen: Consumer Electronics, «1973 Annual Review»; CBS, «Annual Report 1973»; Music USA, «1973 Review of the Music Industry and Amateur Music Participation». Die Konzertzahlen sind Schätzungen, die auf Interviews mit Agentur-Angestellten und Konzertveranstaltern basieren. Die Hardware-Zahlen schließen Importe ein und schließen ebenfalls die US-Produktion ein, die für den Export bestimmt war. Die Umsätze von Fernsehgeräten beziehen sich auf Farbebenso wie auf Schwarz-Weiß-Geräte.
3 Denisoff, R. Serge: «The Vinyl Crap Game», in: «Journal of Jazz-Studies», Juni 1974
4 Steve Chapple, Interview mit Joe Smith 1973
5 a. a. O.
6 Steve Chapple, Interview mit Ahmet Ertegun 1974
7 a. a. O.

8 Purcell, Gerald W. (Produzent, Manager und Direktor von GWP Records und Gerald W. Purcell Associates): «Teamwork: The Agent, Publisher, and Record Company», in: Ackermann, Paul/Zhito, Lee (Hg.): «The Complete Report of the First International Music Industry Conference», Billboard Publishing, New York, 1969, S. 25
9 Bogart, Neil: «Multimedia Promotion», in: «The Music Industry: Markets and Methods for the Seventies», Billboard Publishing, New York 1970, S. 20
10 Steve Chapple, Interview mit Stan Cornyn 1973
11 Smith Interview
12 «Billboard International Music Industry Directory», New York 1973/74, S. 9
13 «New York Times», 12. 10. 73, S. 31
14 Mills, Paul: «Capitol Records: Number Three and Counting», in «Fusion», August 1973, S. 57
15 Steve Chapple, Interview mit Mike Maitland 1973
16 «$ 2 Billion Worth of Noise», in: «Forbes», 15. 6. 1968, S. 22f.
17 Wenner, Jann: «Joe Smith, Record Company Executive», in: Fong-Torres, Ben (Hg.): «The Rolling Stone Interviews: Vol. 2», Warner Paperback, New York 1973, S. 350
18 a. a. O.
19 Smith Interview
20 Cornyn Interview

Kapitel 6

1 Steve Chapple, Interview mit Joe Smith 1973
2 a. a. O.
3 «Billboard»
4 CBS-TV, «The Trouble with Rock», 11. 8. 1974
5 a. a. O.
6 a. a. O.

Kapitel 7

1 Reebee Garoalo, Interview mit Johnny Otis 1974
2 a. a. O.
3 Walton, Ortiz M.: «Music Black White and Blue», William Morrow, New York 1972, S. 98
4 «Billboard», 3. 1. 1953
5 Steve Chapple, Interview mit Ahmet Ertegun 1974
6 «Billboard», 22. 8. 1970
7 Berk, Lee Eliot: «Legal Protection for the Creative Musician», Berklee Press, Boston 1970, S. 177
8 Reebee Garofalo, Interview mit Fred Paris 1974
9 Guralnick, Peter: «Feel Like Going Home: Portraits in Blues and Rock 'n' Roll», Outerbridge and Dienstfrey, New York 1971, S. 25f.
10 «Rolling Stone», 18. 1. 1973
11 Guralnick, S. 150f.
12 Lydon, Michael: «Rock Folk: Portraits from the Rock 'n' Roll Pantheon», Dell, New York 1968, S. 32
13 Otis Interview
14 «Rolling Stone», 18. 1. 1973
15 Gillett, Charlie: «The Sound of the City: The Rise of Rock and Roll», Outerbridge and Dienstfrey, New York 1970, S. 21
16 «Rolling Stone», 20. 1. 1968
17 a. a. O., 11. 5. 1968
18 a. a. O., 25. 5. 1968
19 a. a. O., 18. 1. 1973
20 Jefferson, Margo: «Ripping Off Black Musik», in: «Harper's Magazine», Januar 1973
21 «Rolling Stone», 2. 10. 1968
22 Reebee Garofalo, Interview mit Dick Waterman 1974
23 a. a. O.
24 «Billboard», 29. 3. 1969
25 «Rolling Stone», 3. 5. 1969
26 a. a. O., 30. 4. 1970
27 a. a. O., 11. 5. 1968
28 a. a. O., 23. 5. 1974

29 a. a. O., 13. 5. 1971
30 a. a. O., 23. 5. 1974
31 Fong-Torres, Ben: «Marvin Gaye: Honor Thy Brother-in-Law», in: Fong-Torres (Hg.): «The Rolling Stone Interviews: Vol 2», Warner Paperback, New York 1973, S. 368
32 «Billboard», 4. 4. 1970
33 a. a. O., 20. 11. 1971
34 a. a. O.
35 a. a. O., 6. 5. 1972
36 a. a. O., 23. 8. 1969
37 a. a. O., 8. 8. 1973
38 «Rolling Stone», 11. 1. 1970
39 a. a. O., 19. 6. 1973

Kapitel 8

1 Orloff, Katherine: «Rock 'n' Roll Woman», Nash Publishing, Los Angeles 1974, S. 24
2 «Rolling Stone», 11. 5. 1968
3 Walton, Ortiz M.: «Music: Black White and Blue», William Morrow, New York 1972, S. 35
4 Belz, Carl: «The Story of Rock», Oxford University Press, 2. Ausgabe Harper and Row, New York 1969 und 1972, S. 181 f.
5 Steve Chapple, Interview mit Tom Donahue 1973
6 Jones, Hettie: «Big Star Fallin' Mama», New York 1974
7 Steve Chapple, Interview mit Eliot Roberts 1973
8 Orloff, S. 101
9 Willis, Ellen: «Rock etc.», in: «New Yorker», 3. 3. 1973
10 «Rolling Stone», 15. 8. 1974
11 Orloff, S. 35
12 Steve Chapple, Interview mit Bruce Johnson 1973

Kapitel 9

1 Zur Erklärung der psychologischen Basis dieser Zusammenhänge in ihrer Wichtigkeit in der Vor-Konsumgesellschaft siehe unter anderen: Adorno, Theodor W.: «Studien zum autoritären Charakter», Suhrkamp, Frankfurt am Main 1973; Horkheimer, Max/Adorno, Theodor W.: «Dialektik der Aufklärung», Fischer TB, Frankfurt am Main, besonders 3. Kapitel; Marcuse, Herbert: «Triebstruktur und Gesellschaft», Suhrkamp, Frankfurt am Main 1973; Reich, Wilhelm: «Die sexuelle Revolution», Fischer TB, Frankfurt am Main 1975 und «Die Massenpsychologie des Faschismus», Fischer TB, Frankfurt am Main 1974; Reiche, Reimut: «Sexuality and Class Struggle», New York 1970
2 Kerr, Clark (ehemalig Chancellor der University of California): «Uses of the University», Harvard University Press, Cambridge, Mass. 1963
3 Damit soll nicht gesagt werden, daß die Freizeit- und Unterhaltungsindustrie von derselben Wichtigkeit wie die Primärindustrien ist, um eine stabile Wirtschaft zu gewährleisten. Eine Wirtschaft, die zuviel Gewicht auf nichtindustrielle Bereiche legt – Freizeit und Dienstleistungen –, kann aus dem Gleichgewicht geraten, da im Verhältnis zur Arbeit weniger Kapital genutzt wird, verglichen mit der Produktion in den Grundindustrien (Stahl, Bergbau, usw.). Wenn ein höherer Prozentanteil der Wirtschaft den Dienstleistungen zukommt, wird es schwieriger, das gewohnte Wachstum der Produktivität aufrechtzuerhalten und damit auch das Lohnniveau. Allerdings ist dies eine zu komplexe Angelegenheit, um sie zu einem Buch über Rockmusik adäquat abzuhandeln.
4 «The Rockers Are Rolling in It», in: «Forbes», 15. 4. 1973, S. 29
5 Lydon, Michael: «Rock Folk: Portraits from the Rock 'n' Roll Pantheon», Dell, New York 1968, S. 41

6 Spontaneität, antiautoritäres Verhalten und Haltungen, die die Disziplin unterlaufen, haben einen positiven und progressiven Aspekt, wenn sie sich gegen das wirtschaftliche System der USA und gegen die militärische Ordnung richten. Aber innerhalb der linken Bewegungen, die in Opposition zu dieser Ordnung stehen, wird eine solche Orientierung gewöhnlich nicht als positiv angesehen. Innerhalb der linken Organisationen werden Disziplin, harte Arbeit und Einsatz sowie eine langfristige Perspektive oft für unabdingbar gehalten. Manche Radikale stimmen solcher Disziplin und einem Mangel an Spontaneität nicht zu, und sie führen dabei das Argument ins Feld, daß gerade dadurch die Entwicklung und der Sinn radikaler Organisation unterminiert werde. Die Auseinandersetzung ist konkret taktisch wichtig, wenn man eine oppositionelle Ordnung entwickeln will. Zu welcher Entscheidung man auch immer kommen mag, wahre sexuelle Befreiung bildet keinen Widerspruch zu den Bedürfnissen einer sozialistischen Bewegung.

Register

* *Kursive Seitenzahlen verweisen auf Zitate.*